JN253300

藤原道長事典

御堂関白記からみる貴族社会

大津透・池田尚隆 編

思文閣出版

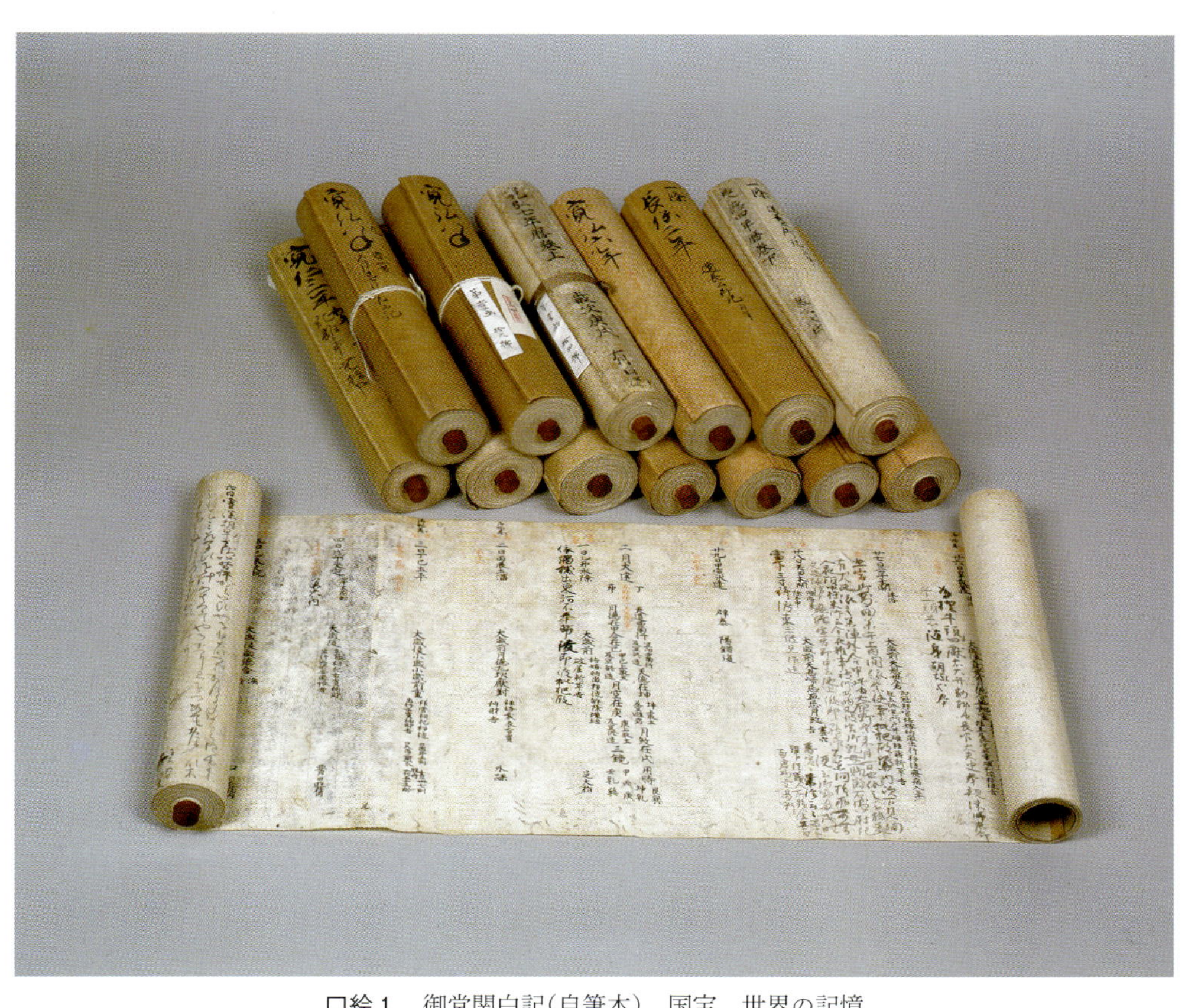

口絵１　御堂関白記（自筆本）　国宝　世界の記憶
陽明文庫蔵

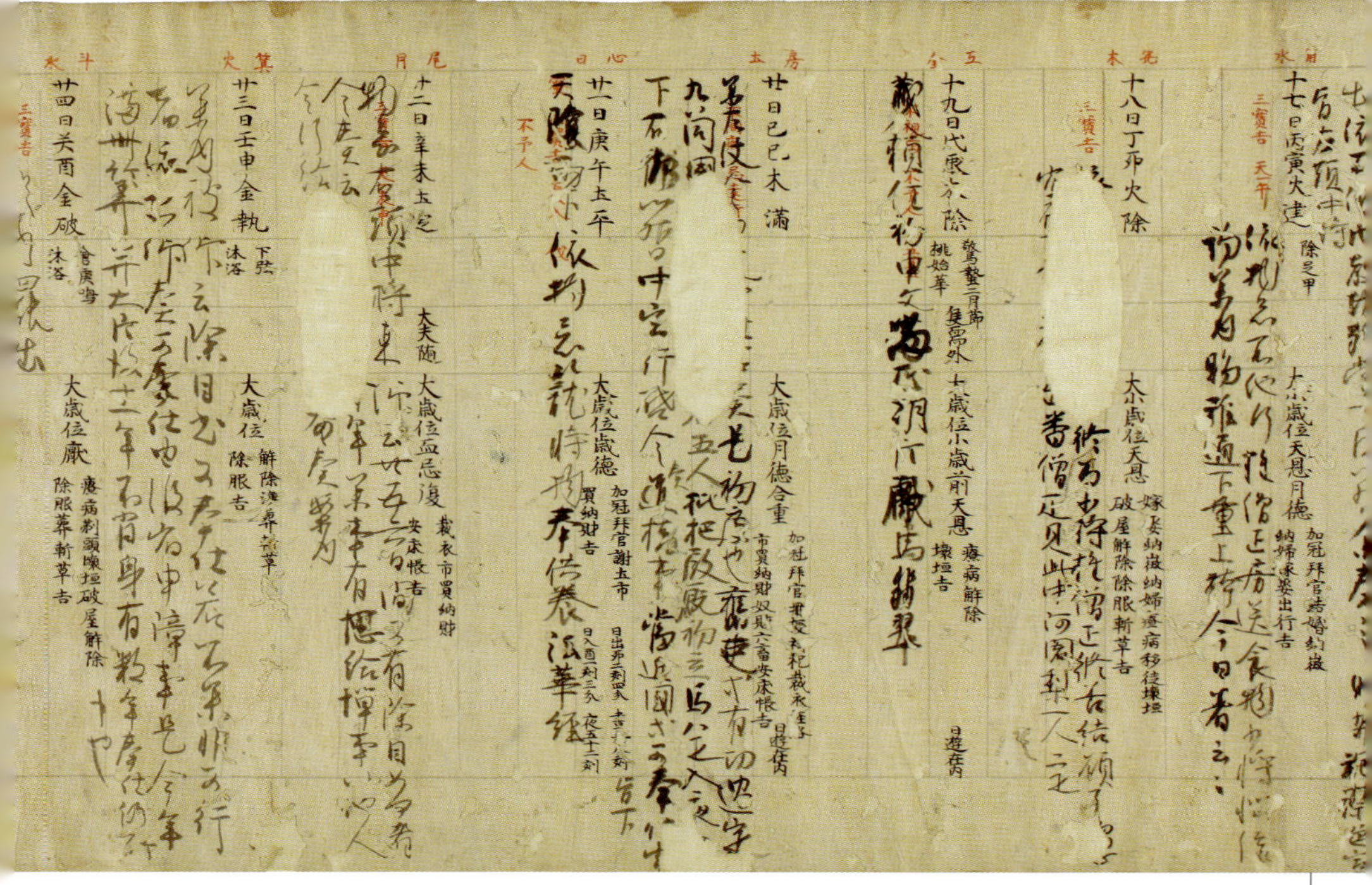

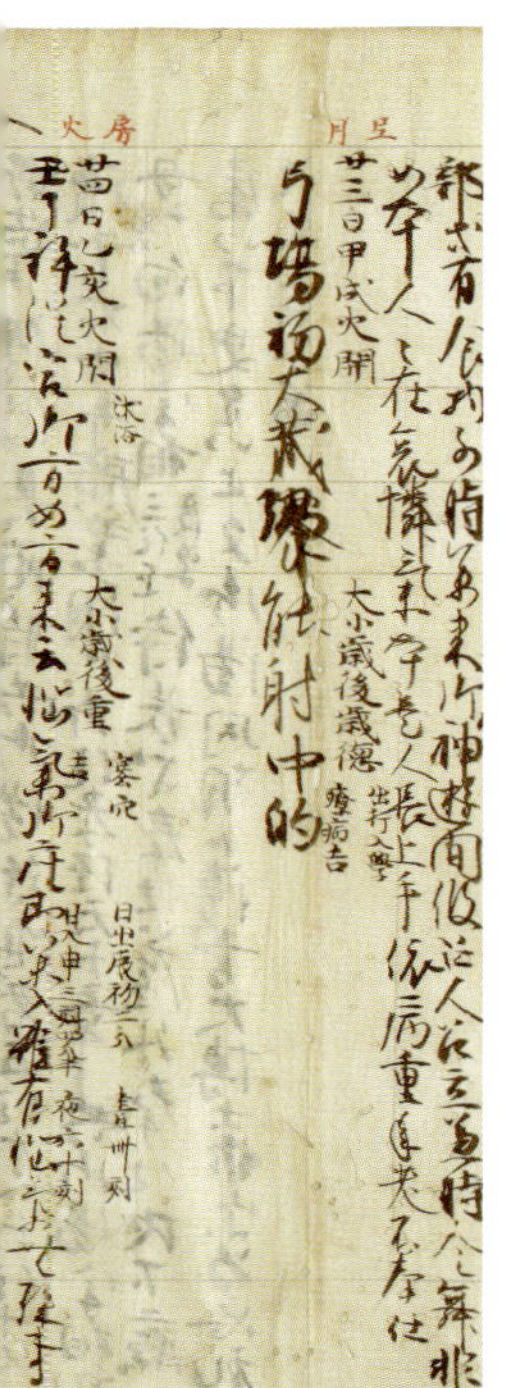

口絵 2
御堂関白記（自筆本）　寛弘 2 年上巻
陽明文庫蔵

正月は、三つの節会、御斎会、叙位、除目ときわめて多忙な月である。寛弘 2 年 (1005) 正月20日には官奏を奉仕し、九カ国の受領の功過を定めた。23日には、四十歳になり、「不肖の身にして数年奉仕す」として除目執筆の辞退を一条天皇に申し出たが、道長が来なければ行わないとまでいわれて、25日から27日まで除目を一上左大臣として行っている。今年の除目は「道理行はる」と満足の意が記されている。

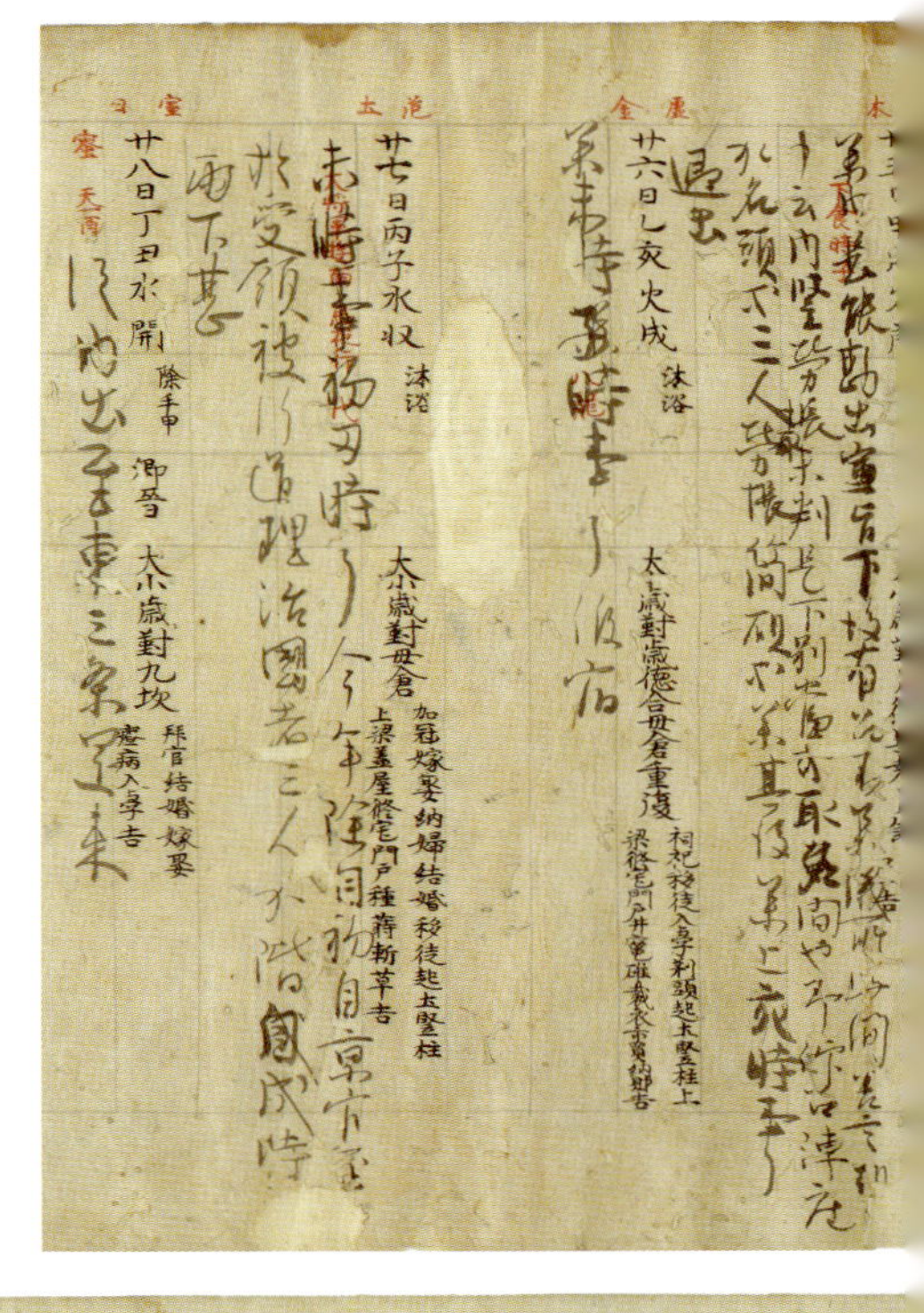

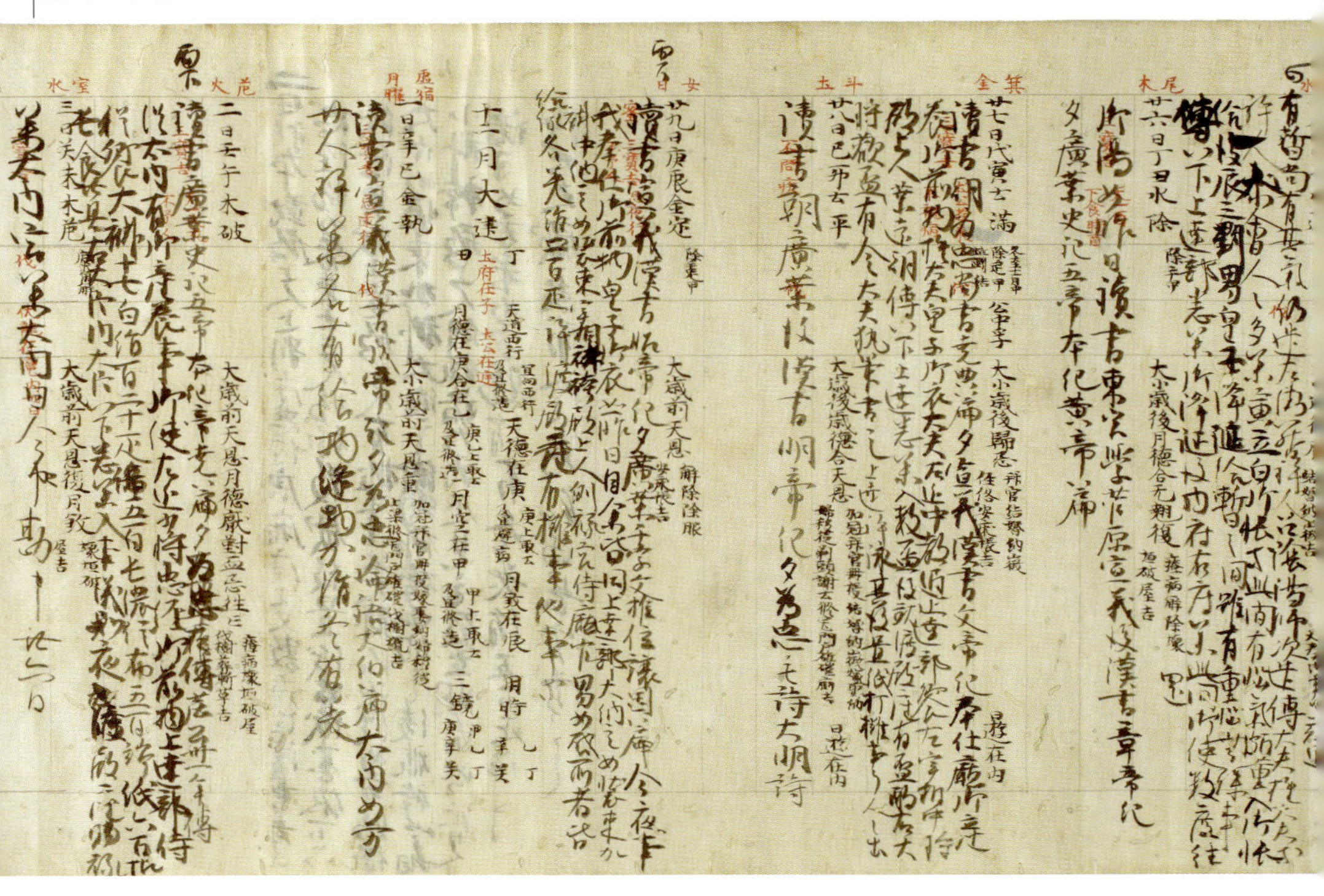

寛弘６年（1009）11月25日に、一条天皇中宮彰子（道長の長女）が、産気づいて、辰の三刻に無事男子を出産したことを記す。のちに後朱雀天皇となる敦良親王である。内大臣・右大臣以下公卿がことごとく参上したという。以後乳付け、湯殿の儀、読書の儀などが詳しく記される。一日おきに産養があり、三日は中宮庁、五日は道長主催、七日（12月２日）は一条天皇の主催であった。

口絵３
御堂関白記（自筆本） 寛弘６年下巻
陽明文庫蔵

口絵４　清涼殿東廂より昼御座をのぞむ
（写真提供：宮内庁京都事務所）

口絵５　陣座
（写真提供：宮内庁京都事務所）

藤原道長事典

——御堂関白記からみる貴族社会——

序文

本書は、藤原道長が生き、見ていた十世紀末から十一世紀初めの貴族社会のあり方を、いくつかのテーマにわけ事典のかたちをとって具体的に明らかにしようとするものである。

筆者をはじめとして、山中裕先生を囲むメンバーは、東京や京都での研究会にわかれ、長い期間にわたって藤原道長の日記『御堂関白記』を読んできた。その成果の一部は古代学協会の雑誌『古代文化』に掲載されたが、一九八五年から山中裕編『御堂関白記全註釈』(第一期全八冊、国書刊行会・高科書店)として出版をはじめた。二〇〇三年からは思文閣出版にお願いして第二期として出版を再開し、二〇一〇年に全八冊を刊行して完結し、さらに第一期最終配本で頒布と内容の検討に問題があった寛弘六年について二〇一二年に改訂版を刊行し、三〇年近くをかけて全一六冊を完成することができた(山中裕「『御堂関白記全註釈』完結について」『古代文化』六三-一、二〇一一年、を参照)。

完結にあたり、註釈の索引を作ったら便利ではないかとの声が寄せられたが、註釈項目の選び方が統一されていないことや、刊行が長期にわたったため註釈の誤りや精粗のばらつきがあるなどの問題が多くあった。そこで事典のかたちで、『御堂関白記』を理解する上で必要と思われる項目について、『全註釈』の成果を継承、発展させて解説したら役に立つのではないかということになった。

本書では、一〇〇〇項目をめどに『全註釈』の頻度の多い項目を選んで立項し、「政務・儀礼」以下「御堂関白記の表現」にいたる一一のテーマに項目を分類し、それぞれのテーマの冒頭には摂関期における特色を明らかにする解説をおき、また巻頭に編者の大津と池田による歴史・文学の立場から道長の役割や実像にせまる総論を載せた。したがって摂関期に存在した制度や官職であっても、『御堂関白記』に出てこないものは項目が立っていない(いくつかの文学作品や『御堂関白記』

執筆終了後の道長の事績にかかわる項目は立てた）。すなわち道長にとって現実に意味のあったことをとりあげているのである。また古記録フルテキストデータベース（東京大学史料編纂所）もあるので、索引としての単なる語句の検索はそちらに譲り、『御堂関白記』のなかで各項目がどのようにあらわれ、道長をはじめとする貴族社会においてどのような意味があったかを中心に叙述している。『藤原道長事典』と題した所以である。辞書というと公正だが無味乾燥な叙述になりがちであるが、本書は道長が見た世界を描くことをめざし、各項目が読んでおもしろい事典になっているのが特色だと思う。

事典の編集においては、項目選定にいたる準備作業が重要であるが、中村康夫氏のご厚意により、本書の出版をめざして、国文学研究資料館で特定研究「藤原道長の総合的研究――王朝文化の展開を見据えて――」（研究代表者：大津透）を二〇一一年度から三年間行なうことができた。山中先生のお宅で行なっていた研究会の参加者に、遠方の研究者数名を加えて二〇名ほどを研究分担・協力者とし、事典作成への協力をお願いした。国文研での研究会において研究発表を行ない、文学・歴史の枠をこえた平安時代研究の場とすると同時に、若手のメンバー六名（磐下・武井・林〔黒須〕・松岡・松野・吉田〔幹〕）には編集委員として項目選定と執筆の分担決定に尽力してもらい、執筆依頼にまでこぎつけることができた。

残念なことは、山中裕先生が、二〇一四年六月一三日に九三歳で逝去されたことである。その年のお宅の近くで開いた新年会では、お元気で『藤原道長事典』のことも気にされていたので、残念である。本書は先生の三周忌にあわせて出版することをめざしていた。諸般の事情から一年ほど遅れてしまったが、先生の霊前に謹んで報告するとともに、本書が平安時代の文学や歴史に興味を持つ人びとの手にとられて、国文・国史の枠をこえた平安時代研究の進展に寄与することを祈念したい。最後になったが、出版編集にあたり労を惜しまれなかった思文閣出版と、『御堂関白記』自筆本のカバーおよび口絵掲載に便宜をはかっていただいた公益財団法人陽明文庫の名和修氏にお礼を申し上げる。

（大津　透）

◉目次

序文 （大津透）

道長の世界をさぐる

藤原道長のめざしたもの……大津透 2

文学作品に描かれた道長……池田尚隆 11

政務・儀礼……（磐下徹・大隅清陽・大津透・黒須友里江） 25

藤原道長と政務・儀礼……磐下徹 26

官司・官職……（大津透・武井紀子） 93

摂関期の官職構造……大津透 94

道長をめぐる人びと……（植村眞知子・木村由美子・倉本一宏・黒須友里江・中村康夫・福長進・吉田小百合） 135

藤原道長の人間関係……黒須（林）友里江 136

邸宅・地名……（松野彩・吉田幹生） 203

平安京と邸宅……松野彩 204

神事・神社……（武井紀子・丸山裕美子） 227

平安時代の神祇祭祀……武井紀子 228

仏事・寺院……（磐下徹・藤本勝義・松岡智之・松野彩・吉田幹生） 263
藤原道長と仏事・寺院……池田尚隆 264
風俗・信仰……（中島和歌子） 297
貴族の風俗と信仰……中島和歌子 298
学問・芸能……（佐藤信一・妹尾好信・塚原明弘・吉田幹生） 331
藤原道長と学問・芸能……吉田幹生 332
衣食住……（近藤好和・松野彩） 361
貴族の衣食住……近藤好和 362
病と医療……（丸山裕美子） 391
藤原道長の病と医療……丸山裕美子 392
御堂関白記の表現……（池田尚隆） 405
『御堂関白記』の伝来……倉本一宏 406
藤原道長年表 （木村由美子）
参考付図（①平安宮内裏図／②平安宮清涼殿図／③東三条殿復原図／④土御門第想定図）
藤原道長略系図
項目索引

凡　例

・本書で立項されている項目は、『御堂関白記全註釈』（全十六冊、思文閣出版）の註釈文から関連する語句（人名、官職名、行事名、物品名、建物名など）を抽出し、そのうち出現頻度の高いものを中心に選定した。

・本書では、

1「政務・儀礼」（摂関期の政務や儀礼に関する項目）
2「官司・官職」（摂関期の官司や官職に関する項目）
3「道長をめぐる人びと」（道長周辺の人びと）
4「邸宅・地名」（平安宮内の殿舎や平安京内の邸宅、および平安京内外の地名に関する項目）
5「神事・神社」（平安時代の神祇祭祀に関する項目）
6「仏事・寺院」（道長を中心とした仏事や寺院に関する項目）
7「風俗・信仰」（平安貴族の風俗・風習に関する項目）
8「学問・芸能」（道長を中心とした学問や文学・芸能に関する項目）
9「衣食住」（平安貴族の装束や乗り物、身のまわりの調度品などに関する項目）
10「病と医療」（平安貴族の病や薬、治療法に関する項目）
11「御堂関白記の表現」（道長あるいは『御堂関白記』に特徴的な語彙・表現）

の、全十一テーマの大項目を設けた（かっこ内は内容）。冒頭に各テーマを概観する文章を付し、その後に五十音順で個々の項目（小項目）をその解説文とともに配列した。

・解説本文では、当該小項目が解説されるが、その同一テーマ内に出てくる他出項目については＊で表示した。また解説文中で『御堂関白記』の所在を示す場合には「―年―月―日条」とのみ記載した。

・小項目は、解説本文に加え、【所在】【参考史料】【参考文献】の各情報を掲載している場合がある。
・【所在】には、具体的な記述内容をともなっている記事や『御堂関白記全註釈』に詳細な註釈が付されているものを中心に、当該小項目が登場する主な『御堂関白記』の記事の所在を示した。
・【参考史料】には、当該小項目の理解に資する史料を掲載した。ただし、大半の小項目にかかわる内容を持つ、『西宮記』『北山抄』『江家次第』は省略した。
・【参考文献】には、当該小項目の理解に資する主要な先行研究を、比較的近年のものを中心に掲載した。
・小項目の解説において引用・参照した主な史料については、特に断らない限り次の刊本に依拠した。
『小右記』：大日本古記録（岩波書店）、『権記』：史料纂集（続群書類従完成会）・増補史料大成（臨川書店）、『左経記』：増補史料大成（臨川書店）、『西宮記』『北山抄』『江家次第』：新訂増補故実叢書（明治図書出版）、『紫式部日記』：新潮日本古典集成（新潮社）、『栄花物語』：新編日本古典文学全集（小学館）
・独立して立項されていないが、ある小項目の中に、詳しい説明が記述されている語句については、それを見出しとして掲出し、説明の含まれる小項目の所在を示した。
・「道長をめぐる人びと」でとりあげる人名は、姓：訓読み、名：音読み（ただし天皇・僧侶名は通用の読み方）の昇順に並べた。
例：藤原頼通（ふじわらのらいつう）
冷泉天皇（れいぜいてんのう）

道長の世界をさぐる

藤原道長のめざしたもの

大津　透

道長のめざした政治と制度

はじめに摂関政治とは何かであるが、天皇の外戚である摂関が、天皇のうしろみ（後見）をして行なうミウチ政治というのが一般的な理解で、大雑把にいえば血縁関係をもとに天皇に代わって専制的な権力をふるったと考えられがちである。しかし戦前に考えられていたような摂関家政所を中心に政治を私物化して皇室をないがしろにしたというイメージは、土田直鎮氏によって、摂関期においても中心は太政官政治であるとして明確に否定されている（『奈良平安時代史研究』、吉川弘文館、一九九二年）。血縁とミウチ政治によって政権は安定するとしても、好きなことが何でもできたのではなく、どのように政治を行なったかを考えるべきであろう。

摂政・関白とは、天皇が幼少のときは摂政として権力を代行し、成人すると関白として天皇に上奏、あるいは下される文書をあずかりもうすことで、だいたい十世紀にそうしたあり方が定まるが、その起源は太政大臣にあり、それと一体であった。村上天皇の親政のあと、冷泉天皇から摂関は常置されたというのが一般的だが、実際には、実頼、伊尹のあとすぐ兼通が摂関になった事実はなく、兼通は太政大臣になってようやく関白の詔（みことのり）を受けたらしい。それ以前の内大臣としての内覧の活動が前提にあったのである。それを変えたのは一条天皇即位のときに兼家が大臣を辞めて摂政の地位に就いたことで、そのとき太政大臣が空いていなかったためだが、摂政が大臣から独立した地位になった。しかし藤原道長は摂関になったことはほとんどなく一上（いちのかみ）・左大臣に固執し、三条天皇からの関白就任の要請を拒んだことから、やはり摂関政治の本質は太政官の頂点にあって官僚機構を領導することにあったと考える。

その太政官の政治の基本は政と定である（橋本義彦『平安貴族』、平凡社、一九八六年）。政というのは外記政・陣申文など、公卿が一人で（中納言以上、これを上卿という）申請を決裁することである。公卿聴政ともいい、申文を決裁するので、申文ともいう。

定というのは公卿が集まって（原則は全員）合議することで、紫宸殿の東北廊にある左近衛陣の陣座で行なわれるので陣定といわれる。公卿というのは大臣・大納言・中納言と参議だが、参議とは、議に参ずる、陣定に参加するという意味である。この陣定は、重要な議題の場合に開かれるのが慣例で、国家の象徴や刑罰・外交にかかわる案件、それから地方行政つまり受領に関するテーマで必ず開催され、受領の統制と財政上の審査が最も重要であった。この陣定を道長は一上（筆頭大臣）として積極的に参加し主導したのが特色といえる。

『御堂関白記』寛弘元年（一〇〇四）三月七日条では、自らが陣座について諸国申請条々雑事・前紀伊守大江景理の功過・西大寺別当（諸寺別当定）を定めていて、参加した右大臣顕光以下八名の公卿を記している。

藤原行成が書いた寛弘二年四月十四日の陣定定文が伝わっている（二〇一三年の東京国立博物館特別展『和様の書』で展示）。これは諸国申請雑事定の実例で、大宰大弐藤原高遠、上野介橘忠範、加賀守藤原兼親、因幡守橘行平の四人の受領からの申請について公卿が審議したもので、申請の多くは税の納入を負けてほしいという内容である。それに対する公卿の意見を、最初には左大臣以下参加者の十名全ての人名（官名）をあげてその意見内容を記す。その後のほとんどが「同前諸卿定め申して曰はく」というように意見が一致しているが、大宰府申請の第二条だけ二つに意見が分かれている。当任の貢上物を往年の未進にあてるのを停止してほしいという申請に対して、右大臣以下八名の公卿はよいのではないかといったが、左大臣道長と右衛門督公任は却下すべしと厳しい意見を述べたことがわかる。陣定では下位の者、新任の参議から順に全員発言する習わしで、民主的である。

もしも権力のある大臣が最初に発言したら結論は決まってしまうだろう。それを参議が整理して定文に記して奏上するが、このように意見の統一はせず、誰がどの意見をいったかわかるように記す。決定には至らず、最後は天皇や摂関の判断で決まるので、参考意見にとどまり陣定の意味は小さいとする意見もある。しかしこうした手続きにこそ大きな意味があるのであり、実際には全員一致になれば覆ることはないだろう。公卿個人の意見が、つまり少数意見が尊重されるところが特色なのであって、多数決で決めればよいというものではない。

『御堂関白記』を見ていくと、受領功過定の記述が多いのも特色である（寛弘二年正月二十日、同五年正月二十日、同七年正月五日・二十三日、長和元年十月二十八日条）。寛弘元年正月二十一日条には「権左中弁に勘解由使勘文の神社・仏寺条、目録を奉仕すべき由を仰す」と受領功過定の具体的な審査項目について指示している。この神社・仏寺条はこの数年前の長保四年（一〇〇二）十月に、受領の任期中に国内の寺院・神社の従来の破損分の十分の二、三を修理することを義務づけて、功過定の審査対象として追加された項目である。

道長が好きなように決められたわけでなく、意見が通らなかった例もある。『御堂関白記』寛弘九年（一〇一二）十二月二十五日条に三条天皇即位後の元号定が記されている。年号を何にするのかは、平安時代には文章博士など学者にいくつかの候補を出させて、それを公卿による陣定（元号定）で決定した。『御堂関白記』には陣定に両文章博士の奉った年号勘文を給わり、このときに「大初・政和・長和」が勘申され、そのうち長和がよいと定めたと記している。ところが『小右記』逸文では、公卿はこの中では長和がよいと決め、道長は寛仁がよい年号なのだがといったが、諸卿は博士の勘申がない以上決められないとして、結局長和になったことがわかる。改元定のまえに藤原実資が道長のところにいくと、一条天皇のとき大江匡衡が「寛仁・寛弘」を勘申した、本当は寛仁がよかったが諱（天皇の実名が懐仁）のため寛弘にしたので、今度は文章博士にその寛仁の勘文を探せといったのだが（匡衡は死亡している）、見つけられなかったといっていたとある。以上のことはたまたま『小右記』によってわかるが、道長は不満はあったものの、制度に従って定められたので仕方がないと考えて自らの日記には記さなかったのだろう。ちなみに「寛仁」は次の後一条天皇の年号に採用された。

一方の政については、大臣・大納言・中納言という官職に応じて、決裁できる案件のレヴェルが定まり、場所も南所申文や陣申文など異なっていた。一番重要なのは陣座で行なわれる陣申文で大臣が主に決裁した。さらに案件に応じてその場で決められるもの、天皇に奏上が必要なものに分けられ、さらに大臣が天皇に決裁を求めるのを官奏という。また儀式の運営についても上卿という担当の公卿（中納言以上）が決められ、そのもとで行ない、さらに即位式など臨時の大行事に当たっては、上卿と弁官と史からなる行事所という組織が作られ、責任を負って儀式を執行した。このように公卿が分担して政務を執行したことが特色で、寛弘の四納言として、藤原斉信（ただのぶ）・公任・源俊賢・藤原行成があげられる（『十訓抄』）。これに大臣になった藤原実資もくわえ、一条天皇前後の時代は、優秀な公卿が輩出し、政務に当たったのが特色だといえる。

こうした公卿の分担と合議を、一上と内覧として統括したのが道長の政治の特色だと考える。寛弘八年八月に三条天皇が即位するさい関白につくようにたびたび仰せがあったが、それを辞退し、「上下文書を触れ示して後、奏聞すべきの宣旨」つまり内覧の宣旨を受けている。長和四年（一〇一五）十月に三条天皇の眼病が悪化して、官奏を見られなくなり、結局道長に代行させる、つまり道長は准摂政となるが、そのときも「摂政の例に準じて、官奏を見ること、除目を行なふこと」のほかに「一上のことを行なふべきこと」とあり、一上の地位を離さなかった（『小右記』）。摂政や関白になると、一上を次席の大臣に譲り自らは陣定にくわわらずその諮問を受ける側になるのが一般的だが、自らが一上として会議に参加することによって政権運営をしたのである。

長和五年に孫の後一条天皇が即位すると、まだ幼少のため道長ははじめて摂政になった。そのときは一上は当然次の右大臣の顕光になるのだが、老齢（本当は無能）だからといい、内大臣の公季も同様だといって、大納言以上の参入した公卿に一上のことを申すようにと命じている（『小右記』三月十六日条）。先述のように優秀な納言がたくさんいたためだが、道長が太政官の運営を重視していたことがわかる。

なお古瀬奈津子氏は、道長の政治について、奏事という公卿を通さない奏上方式を作りだし、公卿を政治から疎外し、それまでの太政官政治を壊していったことに意義を認め、それが院政に至るとする（『摂関政治』、岩波新書、二〇一一年）。頼通に権力を譲ったのちの後一条天皇後半の「大殿」時代の道長は、何の官職にも就いていないのに権力を持っていて、たしかに太政官政治を変質させていった。しかし奏事については曾我良成氏が十一世紀後半にはじまるとしている（『王朝国家政務の研究』、吉川弘文館、二〇一二年）。それを道長が内覧になったときにさかのぼらせる説によるのだが、以上の道長の陣定への熱心な参加をみれば、疑問が残る。

以上述べたように、道長は公卿連合による太政官政治の上に権力を築いた頂点だといえる。公卿の合議は日本の古代国家の、大和朝廷での有力氏族代表者による「大夫の会議」以来の政治権力のあり方の特色である。律令制の伝統の到達点だという評価もできる。

一方、合議で決められないのが人事で、除目と叙位である。これは摂政なら自ら行なうので権力を行使できるが、そうでなければ、天皇の御前で執筆の大臣が決めていくので、天皇に人事権がある。論理的には天皇の権力が大きいことになるが、実際には一条天皇は道長に大変厚い信頼があり、除目・叙位は道長が一上としてほぼ毎年執筆の大臣をつとめた。また清涼殿にほとんどの公卿が参列してその前で行なうことは、公開・公平性を保証したのだろう。受領の人事で、一条天皇の意向に対して、道長や「諸卿衆人」が反対して任命が保留となったこともあった（寛弘三年正月二十八日条）。さらに除目の中でも、受領挙や顕官挙などといって、公卿に特定の官職の推薦権があり、人事に参加できた。

『御堂関白記』寛弘二年正月には、道長不参により叙位が一日延引し、除目も道長は思い憚るところがあるので他の人にさせてほしいといったが、一条天皇から必ず奉仕せよ、もし不参なら除目を行なわないとまでいわれ、除目を行なったことを記す。また寛弘四年にも同じようなやりとりがあった。こうした天皇との信頼関係を基礎に、執筆の大臣として人事権を行使したところに特色があるのだろう。興味深いのは『御堂関白記』に、寛弘二年正月には「三十五人」、三年には「二十六人」、七年には「三十六人」と叙位の総人数が書かれ、除目でも長和二年正月には「百七十一人」と任じた人数が書かれている。除目は三日がかりでその大部分は下級の国司の任用だが、全体を指揮したのだろう。とくに受領の任命は重視していたようで、恒例の除目とは別に行なわれる臨時除目での任官の例が多く記されている。寛弘八年二月一日条によれば、このときは道長は除目に参加しなかったが、一条天皇からあらかじめ受領任官の御書（人事案）が届けられていた。また寛弘二年正月二十七日条には「今年の除目、京官より初めて受領に至るまで道理を行なはる、治国の者三人加階す」と、渋々行なった除目であったが、満足の意を記しているのも興味深い。

道長の文化史上の役割

主に政治の場面での道長の役割を考察したが、では文化史上どのような貢献をしたのか。上島享氏は『日本中世社会の形成と王権』（名古屋大学出版会、二〇一〇年）という大著の中で、「道長の王権」という議論をしている。仏教・神祇などの宗教的側面から院政の王権のあり方のはじまりを道長に求める議論である。たとえば浄妙寺、金峰山埋経、無量寿院から法成寺の造営（仏教・仏像・絵画・書道など美の一大体系としての総合芸術である）などが、のちの法勝寺や千体の群像仏像（蓮華王院など）、高野山参詣や熊野詣などの院政期の宗教的王権のあり方へとつながり、道長は天皇にはならないものの、宗教的な意味で王権を形成したと論ずる。こうした考えは、『栄花物語』「おむがく」や「たまのうてな」が描き出した法成寺造営における道長後半生の仏教的な意義に通じているので、一定の共感するところがある。

しかし文化的な王権だというなら、道長の前半生も視野に入れ、より広い側面を検討する必要がある。目崎徳衛氏は、「藤原道長における和歌」において、道長の歴史的意義は、一に文化的業績の卓抜にあると述べ、大文化指導者であり、仏教文化の外護者としてのほか、作文・和歌などの文芸や、後宮・私邸を場とする宴飲などのハレとケの中間領域において文化的創造に貢献したと評価する（『貴族社会と古典文化』、吉川弘文館、一九九五年）。そもそも一条天皇中宮の彰子の後宮に高度な文化サロンを設けたこと自体が文化的なパトロン活動であり、『紫式部日記』も道長が彰子の出産の記録として紫式部に執筆を依頼した蓋然性が高いので、道長が王朝文学を支えたことは疑いないし、それはあらためていうまでもない。

『御堂関白記』は、三行おきの暦の日付の行間余白に書かれるので、それほど長い記事は見えない。例外的に詳しく記した文化記事を拾うと、上述のさまざまな仏教行事の他に、漢詩をつくる作文会を開いたことがあげられる。道長自身が漢詩を作って漢文学の盛行をもたらし、自邸で作文会を盛んに開き、宴会を催し、さらに内裏でも行なった。寛弘三年（一〇〇六）三月四日の東三条第（里内裏）での花宴、寛弘四年四月二十五日・二十六日の内裏密宴は大規模なもので、『御堂関白記』に、異例ともいえる裏書にまでおよぶ大変長い記事がある。『源氏物語』「絵合」巻に「末の人の言ひ伝ふべき例を添へむと思し」（のちの先例になればと思い）との表現があるが、まさに道長自身、のちの例になるようにきわめて詳しい記録を残したのである。寛弘三年の花宴は里内裏東三条第寝殿で開催され、道長の邸宅でもあるために、中宮彰子が参加しているのも特色である。

『御堂関白記』寛弘元年十一月三日条には内裏での羹次が記されている。これは清涼殿に地火爐（囲炉裏）を設置して行なわれた一種の鍋パーティで、公卿一人が当番となって料理を作るという寛弘年間に特徴的な行事である（同年十月十日の羹次は、鎌倉時代の『古事談』巻一－二八で一条朝の遊宴として詳しく語られている）。一条天皇は酩酊して中宮彰子のもとに行き、公卿と殿上人も一緒に移ったというもので、そこには当然女房たちも参加しただろう。道長の時代の後宮・女性を含めた文化の雰囲気をよく示している。

目崎氏は、道長は、漢詩については真剣に詩作に励んだのに対して、和歌は宴飲たけなわの酔余の余興であったと区別する。しかしそれを契機にして、とっさに機知を発揮する必要から和泉式部・紫式部以下の女房歌人が道長政権期に輩出したと述べる。この評価は道長自身の詠んだ和歌を対象としているのだろうが、和歌がより公的な側面を持つようになったことにも注目すべきである。

それが屏風歌の作成である。長保元年（九九九）十一月、彰子入内のおりに四尺の倭絵屏風が作られ、花山院・公任はじめ公卿層が和歌を献じて、行成が清書した。『栄花物語』「輝く藤壺」の冒頭に、この屏風の作成のとき公任が献上した代表作ともいえる名歌を載せる（「紫の雲とぞみゆる藤の花いかなる宿のしるしなるらむ」）。記念碑的文化事業として高位の公卿層に歌を求め、和歌が公的なあるいは政治的性格を強めたことに大きな意味がある。ただし『御堂関白記』には、まだ日記を書きはじめたころで詳しい記述はない。さらに記念碑的なのは、寛仁元年（一〇一七）に摂政内大臣となった頼通が翌年正月に開催した大臣大饗のために作られた倭絵屏風である。寛仁二年正月には、参会した公卿（公任と斉信）とともに和歌と漢詩を選定し、行成が色紙形を清書したことが『御堂関白記』に記されている。このときの和歌は専門歌人が読んだが、『栄花物語』「ゆふしで」に和泉式部の和歌があげられ、女房歌人の歌がこのような公的なモニュメントにとりあげられたことが注目できる。

また賀茂祭の斎院の御禊や、天皇の諸社行幸の行列のように、神祇祭祀が華やかなパフォーマンスとなるのがこの時代の特色であるが、その中で最重要の代替わり祭祀である大嘗祭においても、大嘗祭御禊での天皇の鴨河までの行列、とくに女御代の行列が人々の注目を浴びるようになる。女御代は本来幼少の天皇に女御の代わりに供奉する女性であり、御禊自体には関与せず、儀式の中ではとくに役割はない。ところが三条天皇の長和元年（一〇一二）のときに道長の娘威子が女御代となって、以後大臣の娘をあてる慣例となるのである。このときのありさまを、『栄花物語』「ひかげのかづら」は道長の娘や公卿が車を奉ったこと、その美しさ、女房の衣装のさまなどを描く。さらに『御堂関白記』長和元年閏十月二十七日条にはこのときの装束や車の様子、行列のさまを異様なほど詳しく記し（大日本古記録で三十行弱）、「風流詞をもって云ふべきにあらず、未だ見ざる所なり。目耀き心迷ふ、書き記すべきにあらず」と自画自賛している。

大嘗祭での和歌も同様である。本来大嘗祭は、地方を代表して悠紀国と主基国が新米を捧げて天皇に服属する儀礼であり、その中で風俗歌とは、当国の歌人がその土地の民謡に近い国風を天皇に献上することで服属を示したものである。その風俗歌は『栄花物語』「ひかげのかづら」に、三条天皇大嘗祭のときの大中臣輔親・源兼澄による悠紀方・主基方各十首全てを紹介しているように、文化的営みとして発展した。また大嘗会屏風歌という、和歌を記した四尺屏風は、三条天皇のときに初めて作られたもので、『栄花物語』「たまのむらぎく」には後一条天皇大嘗祭の屏風歌三首を記録している（『御堂関白記』によれば作者は儒者の慶滋為政・藤原義忠と歌人の大中臣輔親だった）。さらにまとめとして「このたびの即位・御禊・大嘗会などのほどの事ども、すべて数知らずめづらし。やむごとなくて年中行事の御障子にも書き添えられたる事ども、いと多くなむあなる」と記していて、年中行事障子が改訂されるほどの新たな文化的営みがなされたのである。

道長は、神聖なる神事に後宮社会を巻き込む大文化行事としての側面をくわえていき、屏風歌の整備のように和歌に代表される女性を含む文化を歴史の表舞台に引き立てていったのであり、文化の基盤を拡げたのである。『栄花物語』は作者である女性の、後宮に仕える女房の視点からその意義を認め、記録しているのだろう。『源氏物語』では「花宴」は南殿で開かれ、そこに中宮と弘徽殿女御が参列している。節会は公式な宴会であり、宴は私的な行事だといわれるが、それも臨時だというだけで、いずれも天皇中心の男性官人の行事であるので、本来このようなことはあり得ない。『源氏物語』の準拠論については多くの論があるが、「花宴」は延喜・延長の聖代を再現しているようでありながら、山中裕氏が指摘するように、寛弘三年の東三条第での中宮彰子が参加した花宴、つまり道長が実現した王権儀礼のあり方をふまえているのである（『平安朝文学の史的研究』、吉川弘文館、一九七四年）。

（付記）本稿は、紫式部学会（二〇一二年十二月、東京大学）および陽明文庫講座（二〇一五年一月、立命館大学）での講演の内容をもとに加筆している。拙著『日本の歴史06　道長と宮廷社会』（講談社、二〇〇一年）も参照されたい。

文学作品に描かれた道長

池田尚隆

『紫式部日記』に描かれた道長

文学作品に描かれた藤原道長から、その実像の一端を探りたい。その際、まずとりあげるべきは『紫式部日記』であろう。道長の娘彰子に仕え、道長その人とも親しくかかわった女房であり、さらに『源氏物語』の作者である紫式部の日記は、道長を知るための第一級の資料である。もちろんそれがどれだけ実態を伝えているかは簡単に判断できないが、『紫式部日記』には、公式で華やかな場面における手放しの道長礼讃はほとんどなく、むしろ内輪の記録のなかに埋もれたような記事が多い。それだけに虚構とは考えにくく、一定の信頼性はあると考える。

『紫式部日記』の冒頭から全体の三分の二ほどは、寛弘五年（一〇〇八）九月十一日の一条天皇皇子敦成（あつひら）親王（のちの後一条天皇）の誕生記となっている。すでに左大臣内覧であった道長が、自身さらには自家の立場をより卓越したものにするために、長女の彰子を一条天皇の後宮に入内（じゅだい）させたのは長保元年（九九九）十一月、彰子十二歳の時であった。それから九年が過ぎ、ようやく彰子は懐妊した。道長の心中には期待と不安が渦巻いていただろうが、『紫式部日記』には、お産が始まってからの道長の緊張が活写されている。道長みずからがお産用の白い調度への変更を仕切り、僧侶たちに交じって仏に祈る。さまざまに指示を出す道長の声に、僧たちの祈りの声も聞こえないほどであったともある。

いずれも当然の行動ともいえるが、やはりその場にあった紫式部の記述からは、道長の息づかいさえ伝わってくるように感じられる。

皇子誕生後の喜びのさまにも、印象的な場面が多い。誕生後すぐ、祈りに奉仕した僧や陰陽師(おんようじ)らの禄を手配した道長は、寝殿の妻戸の外へ出て、遣水(やりみず)の手入れをさせたとある。お産の騒動でしばらくはそれどころではなかったのであろう、出産後の儀式が始まる前、わずかにできた時間に、外の空気を吸い、遣水に目を向ける道長の姿の描写からは、静かに喜びと緊張から解き放たれた安心が伝わる。

さらにその後の記事では、道長の底抜けの喜びようが描かれる。おしっこをかけられた際には「あはれ、この宮の御しとに濡るるは、うれしきわざかな」と相好を崩し、十月十六日の一条天皇土御門殿行幸には、「あはれ、さきざきの行幸を、などて面目ありと思ひたまへけむ」と酔い泣きする。五十日(いか)の夜には、祝いの歌を詠んだあとに、彰子や室倫子に対し、自分はよい父親、夫であると自讃の冗談を言い、紫式部に「こよなき御酔ひのまぎれなりと見ゆ」と評されている。

これらの記事も喜びのあらわれとしてはいかにもありそうなものだが、やはり記事の具体性が道長の人柄を伝えている。家族や女房たちしかいない御簾(みす)の内では直情を隠すことはなく、『枕草子』や『大鏡』に描かれた兄道隆を思わせるような猿楽言(さるごうごと)も口にするという道長の一面をみせる。

先にも道長の酔った様子が出ていたが、もう一例、敦成誕生記ではなく、弟宮敦良(あつなが)親王誕生後の寛弘七年正月二日、初子(はつね)の日の記事から。二人の皇子を前に例によって酔ってしまった道長は、二人の寝入った帳台を引き開けながら、「野辺に小松のなかりせば」と口ずさむ。これは『拾遺集』に載る壬生忠岑の歌「子の日する野辺に小松のなかりせば千代のためしになにを引かまし」による。そのさまは、『紫式部日記』に「あたらしからむことよりも、をりふしの人の御ありさま(折にあった道長様の御様子は)、めでたくおぼえさせたまふ」と賞讃されているが、翌日条にも中務(なかつかさ)の乳母(めのと)(中宮女房で敦良親王の乳母)と一緒に、前夜の「御口ずさみをめできこゆ」とある。中務についてはわざわざ「この命婦ぞ、ものの心えて、かどかどしくははべる人なれ」との注記が付されており、このシーンは紫式部にとって、記録する価値の高いものであったことがわかる（中務は敦良五十日の場面でも再び「かどかどしきけはひぞしたる」と評価されている）。

酔余の振る舞いであるが、場にふさわしい古歌を吟ずる道長の姿は、男性貴族のひとつの理想像と意識された。当時は、藤原公任によって朗詠に適した漢詩の秀句と和歌を集成した『和漢朗詠集』が作られ、『枕草子』『源氏物語』などにも貴公子の朗詠が賞讃される場面は多い。『紫式部日記』にも、藤原頼通が『古今集』歌の一節「おほかる野辺に」を朗詠しながら立ち去る姿に「物語にほめたる男のここちしはべりしか」とあり、年月不詳の御堂詣の場面では、藤原斉信が「徐福文成誑誕多し」と誦したのに対し、「こよなう今めかしく見ゆ」とある。そのような価値観のなかで、道長が女房たちからきわめて高い評価を得ていることが『紫式部日記』に記されているわけである。

『紫式部日記』には、ほかにも道長と紫式部をはじめとする女房たちとの親しいかかわりを描いたシーンが散見される。冒頭近くでは、朝早くに庭を歩いていた道長が、いきなり紫式部の局に立ち寄り、女郎花一枝を差し出して和歌を要求している。五十日では、酔った公卿たちの騒ぎを避けて隠れていた宰相の君と紫式部をみつけた道長が、やはり和歌を求める。この二つの場面では、いずれも紫式部の歌に対し、道長が返歌していることも注目される。贈答歌となることで、これらの歌もサロンのエピソードとして語り継がれやすくなるのであろう。

逆に道長から紫式部に歌が詠みかけられ、紫式部が返した場面もある。そのひとつは『源氏物語』の名が出るだけに注目される（先の斉信記事に続くもの）。

源氏の物語、御前にあるを、殿の御覧じて、例のすずろ言ども出できたるついでに、梅の下に敷かれたる紙に書かせたまへる、

すきものと名にし立てれば見る人のをらで過ぐるはあらじとぞ思ふ

たまはせたれば、

人にまだをられぬものを誰かこのすきものぞとは口ならしけむ

めざましう、と聞こゆ。

彰子の御前に『源氏物語』があることを道長は好ましく思っている。そのため冗談を口にしたあと、道長のほうから親しさを含んだからかいの歌が、紫式部に与えられたのである。少々色っぽい意を含むこの歌に対し、紫式部は型通りの歌を返すが、「めざましう（心外なことです）」には、道長の地位を顧みない親しさが感じられる。女房たちとのこのような関係の形成が彰子サロンの盛りあげには必要だったのであろうが、道長はそれを十分になしていたわけである。

寛弘五年十一月十七日の彰子内裏還啓前にみえる冊子作りの場面にも、道長と『源氏物語』のかかわりがみえる。紫式部を中心に物語の写本作りが行われる。『源氏物語』の名は出ないが、紫式部が中心になっていること、大部の作品であること、すぐ続いて紫式部が局に隠しておいた「物語の本ども」が道長によって持ち出されてしまい、「よろしう書きかへたりしは、みなひき失ひて、心もとなき名をぞとりはべりけむかし」という嘆きが書かれている点から、『源氏物語』とみて間違いないであろう。作品名が記されないことも、かえって『源氏物語』であることを示唆しているのではないか。

そこで道長は彰子を「なぞの子持ちか、つめたきにかかるわざはせさせたまふ」とからかうものの、紙や筆墨、硯などを用意する。それらを彰子が紫式部に取らせたことに対して、「惜しみののしりて、「もののぐにて向かひさぶらひて、かかるわざし出づ」とさいなむ」と続く。からかいながらの後援というあり方は、先の贈答歌に通じるものである。

『源氏物語』の流布には道長が深く関与している。紫式部に「お前は好き者だ」「中宮さまをたぶらかしよって」などと言いながら、彰子の元にあることを認め、写本製作の後援をし、みずから本を持ち出して妍子方へ届けもするのである。

『紫式部日記』には他にも『源氏物語』に関する記事がある。

うちの上の、源氏の物語、人に読ませたまひつつ聞こしめしけるに、「この人は、日本紀をこそ読みたるべけれ。まことに才あるべし」と、のたまはせけるを、

一条天皇が、『源氏物語』を歴史書に通じるところがあると評価したという有名な場面である。しかし、そもそもなぜここに『源氏物語』があったのだろうか。天皇の御前である。たまたまあったとか、誰か女房がこっそり持ってきて御覧に入れたとかは考えられない。道長の関与があったと考えるのが自然であろう。

続いてこれも有名な、藤原公任が紫式部に「あなかしこ。このわたりに、若紫やさぶらふ」と声を掛けた場面。敦成親王の五十日の夜のことである。当時最高の教養人と名高かった公任については、先立つ五夜の産養（うぶやしない）の記述のなかで、女房たちが、公卿たちに歌を詠むことになった場合、「四条の大納言（公任）にさし出でむほど、歌をばさるものにて、こわづかひ用意いるべし」と緊張していたとある。そのような公任が『源氏物語』を読んでいたのかどうかまではわからないものの、少なくとも内容を知っていた。「若紫」とは作者である紫式部を名指ししたものであり、『源氏物語』について語ろうというさそいである。それは作品を評価していることの表明ともなる。『源氏物語』の価値を認めていることを、衆人環視の場で公言したわけである。

実頼―頼忠―公任と続く小野宮流の直系であり、男性教養人として高い誇りを持って生きた公任のこの言動は、当時の物語の評価を考えると、いくら祝いの夜の酔余の戯れ言とはいえ、下手をすると笑いものになりかねない。その裏には、道長が推す『源氏物語』であり、その作者はほかならぬ道長家の女房であるという意識があったのではないだろうか。この場が『源氏物語』を擁し、広がりを後援する家であることを意識しての発言だと思われる。

『紫式部日記』からは、道長と『源氏物語』のかかわりの深さを読みとることができる。『源氏物語』は、道長が認め、流布を後援することで、急速に広まっていったと考えられる。一条天皇や公任は、決して物語と近いと

ころにいた人びとではない。しかも広がりには写本製作という高いハードルがあるなかで、道長の後援を得ることで、同時代人の彼らに、いわば書かれたそばから届くという稀有の環境が整えられていったのではないだろうか。

一方、紫式部の側からみれば、二人の超大物と、本来私的な作品である『源氏物語』のかかわりを『紫式部日記』に書き残すことは、それほど簡単なことではなかったはずである。『紫式部日記』でも、清少納言を「したり顔にいみじうはべりける人」「人にことならむと思ひこのめる人」と批判している紫式部である。公任の話は、五十日の騒ぎのなかの小さなエピソード、一条天皇の話は、左衛門の内侍の紫式部中傷の原因という文脈のなかで書かれており、大いに誇れるはずの話題であるにもかかわらず、矮小化されることでやっと書き残されたという体裁になっている。ぎりぎりのわれぼめの記述を可能にしたのも、外からの力、つまりは道長の支えがあってのことではないだろうか。

それでは、なぜ道長は『源氏物語』を後援したのか。道長は当然、彰子が一条天皇の寵愛を得るため、彰子のサロンの評価を高めるためには、できることはなんでもしたに違いない。そこで物語、とくに『源氏物語』の可能性に目を付けたのであろう。また、対抗者である定子サロン（この時点で定子はすでに亡くなっていたが、定子サロンの記憶との比較で彰子サロンが評価されることも多かった）が、清少納言を中心として漢詩文の教養という新しさを打ち出したことに対抗する意識もあったに違いない。

道長の批評眼はさすがであり、後援者としても理想であったことが、『紫式部日記』からうかがえる。『源氏物語』のその後は、道長によって切り開かれたといっても過言ではないだろう。

和歌、漢詩からみる道長像

『紫式部日記』にみられた女房との関係、また物語とのかかわりは『赤染衛門集』にも同様の記事がある。

殿に、「はなざくら」といふ物語を、人のまゐらせたる、つつみがみにかいたる、

かきつむる心もあるをはなざくらあだなる風にちらさずもがな

「返しせよ」とおほせられしかば、

みる程はあだにだにせず花ざくらよにちらんだにをしとこそ思へ

道長のもとへ物語が送られたとあり、ここでも物語収集が行われていたことがわかる。その返歌を赤染衛門にさせており、赤染は道長のごく身近に仕え、秘書的役割を果たすこともあったわけである。

『赤染衛門集』には他にも道長との親しさが散見されるが、そのような関係から、赤染による道長追悼歌も詠まれるのであろう。

入道どのおはしまさでのち、御だうに詣でたりしに、いとさびしく、いけのうき草しげかりしに、

いにしへのかべにだにこそありときけいけにうつれるかげも見えなん

藤原兼輔が、亡き妻が壁に書き付けた文字をみて詠んだという『後撰集』所載の歌（寝ぬ夢に昔の壁を見つるよりうつつに物ぞかなしかりける）を踏まえて、道長の死の悲しみを詠んだ独詠歌である。贈答を前提にした歌でないだけに、道長を悼む真情があふれている。

『和泉式部集（正集）』にも、道長が和泉を「うかれ女」とからかったのに対し、「越えもせむ越さずもあらむ逢坂の関守ならぬ人な咎めそ」と応じた和歌が載る。紫式部との「すきものと」「人にまだ」のやりとりと同様の親しさがうかがえる。

和泉の娘である小式部の内侍が道長の息子教通の子を産んだ際には、次のような贈答もあった。

入道殿の、小式部の内侍子産みたるに、宣はせたる、

嫁の子の子ねずみいかがなりぬらむあなうつくしと思ほゆるかな

御かへし、

君にかく嫁の子とだに知らるればこの子鼠の罪かろきかな

小式部の内侍は母同様、彰子に仕える女房であり、いわば教通の愛人の一人にすぎない。そこに生まれた孫を「嫁の子」と呼び、「あなうつくし」と祖父としての感情を隠すことなく出している。和泉式部の返歌は道長の思いやりへの感謝の念を述べている。

漢詩を中心とした道長と男性官人たちのかかわりについても、興味深い記録が残っている。『御堂関白記』『小右記』寛弘二年三月二十九日条に、藤原伊周が道長邸を訪れ、弓で遊んだあと、作文が行われたことがみえる。『小右記』に「属文の卿相以下、文人も多く会す、と云々」とあるように、私邸での催しとはいえ、かなりの規模となったらしい。未時から翌四月一日の辰時におよんだこの詩会で、もっぱら賞讃を受けたのは伊周の作であった。この日の題は春三月の終わりにちなんだ「花落春帰路」で、「春帰不駐惜難禁」に始まる七言律詩（『本朝麗藻』）は、過ぎ去る春にみずからの老いを重ね、道長や一条天皇の恩顧を願って閉じられる。「外帥（伊周）の詩、句毎に感有り。満座涙を拭ふ」（『小右記』四月一日条）ほどの感動を得、道長は引出物に馬を贈った。長徳の変以後、逼塞を余儀なくされた伊周はようやくこの二月二十五日に朝参を認められたばかりで、その運命を重ねみて、皆の涙を誘ったわけだが、道長はこの大きな詩会を催すことで、むつかしい関係にあった伊周と一応の和解をなしたのである。

道長が漢詩文を好み、一条天皇とともにその隆盛をもたらしたことはよく知られている。道長自身もどこまで独創性があるかは別にして、巧みな作者であった。それに加えて中心となって詩壇を運営することで、男性官人たちを領導することにもつなげたのである。

同年十一月十三日には、内裏飛香舎において一条天皇の第一皇子敦康親王の読書始があり、その後、「冬日陪於飛香舎聴第一皇子始読御注孝経応教詩」の題で作文が行われた。宮中の盛儀（飛香舎は彰子の御在所。翌十四日条の『小右記』によれば、一条天皇も密かに渡御した）であり、多くの公卿、文人が詩を献じたが、『本朝麗藻』には序を作った大江以言以下、八人の七言絶句を載せる。以言に続くのが道長の詩で、結句に「自蒙君命不殊孫」とある。この時、敦康親王は七歳で、一条天皇の唯一の皇子であった。道長は、実母である定子の崩御後、敦康を彰子の養子とすることで将来に備えていたが、この公の場でも、それは一条の命によるものであり、敦康は自分の孫に異ならないと宣言したのである。このような宮中に最上位の貴族たちが集まる大きな作文の会は、道長にとって政治的に重要な場ともなった。

さて、先にみた三月二十九日の作文に関して、『小右記』は二日後の四月二日条にも、藤原尚賢の言として、伊周の詩が感動を呼んだことを記すが、続いて、やはり尚賢から、前日四月一日に、道長が藤原公任に「谷の戸を閉ぢや果てつる鶯の待つに声せで春も過ぎぬる」の歌を贈り、公任から「往き帰る春をも知らず花さかぬ深山がくれの鶯の声」の返歌があったことを聞いたとある。

道長の歌は、公任が寛弘元年十月二十一日に藤原斉信に位階で抜かれてから、出仕していないことをうけて贈られたものである。他にも『公任集』に「世すさまじうてこもりゐたまへるころ、大殿より、春のことなり」「御返し」の詞書で、さらに『御堂関白集』には「あるやうあるべし、いかなる事か有けん、左衛門督のもとへつかはす、殿」「御返事」、『拾遺集』には「右（左が正しい）衛門督公任籠り侍ける頃、四月一日に言ひ遣はしける　左大臣」「返し　公任朝臣」の詞書で載る。

籠居する公任に贈られた道長の歌は、惜春の念に公任不在が続く無念を重ねたもので、立場は異なるが、過ぎる春に老いゆく自分を重ねて、悲哀を訴える伊周の詩と、身の不遇を扱う点で通じるものがある。大変な感動を呼んだ伊周の詩が引き金になって、この歌が作られ、公任に贈られたのであろう。実資のもとにすぐに噂が伝わっているが、そこまで世の関心を得たのも、尚賢が一続きに語っているように、伊周の詩とひとつのものとして受けとられたためと考えられる。道長は和歌によって公任の心を和らげようとし、一方でその和歌のやりとり自体が貴族社会に感動をもって伝えられ、記録されたわけである。

和歌も漢詩と同様に、道長がからむことで政治的な意味合いを持つことにもなる。長保元年十一月の彰子入内にあたり、道長は最高の屛風を用意した。『小右記』十月二十八日条に、詠者として花山院、藤原公任、藤原高遠、藤原斉信、源俊賢の名がみえ、実資は「上達部、左府の命に依り和歌を献ず。往古聞かざる事なり。何ぞ況(いは)んや法皇の御製に於いてをや」と、怒りをあらわにしている。もちろん公卿以外の歌人たちにも命は下されていたし、絵は故飛鳥部常則、色紙形は藤原行成が書くという贅沢さであった。いうまでもなくそれは、一条天皇の寵愛を得るため、彰子サロンの評価を高めるために、道長が行ったことである。

後宮の重要性が増すなかで、とくに大和絵屛風が珍重されるようになった。その色紙形に書かれる屛風歌は紀貫之以来の伝統があるが、専門家や特定の能書(のうしょ)が担う絵や書とは異なり、歌については身分が高く、かつ優れた詠者が求められるようになっていく。道長がすでに当時の歌壇を手の内に入れており、庇護者、指導者の地位を確立していたことが、この屛風歌の準備からみてとれるのである。

詩壇、歌壇の両方におよぶ道長の影響力であるが、それは政治権力だけで可能になるわけではない。女房たちとの個人的な和歌のやりとりから、大勢の官人たちが集う宮中における公的な詩会まで、道長はその場にふさわしい対応ができる教養人であり、あらゆる交流の機会を成果あるものとすべく力を尽くし続けた。そのことが、道長時代を文化的に輝く時代にしただけではなく、その政治的な立場を裏から支え続けもしたのである。

『栄花物語』と道長

『栄花物語』正編三十巻の中心が道長であることはいうまでもない。道長は（「兼家の息子たち」ではない）個人としては巻三で登場し、巻四で内覧となる。巻八で敦成、敦良両親王を得、巻十五で出家、巻三十の死で『栄花物語』正編は閉じられる。ほぼ道長の一生とともに、正編はある。

一方、『栄花物語』の巻一は「世始りて後、この国の帝六十余代にならせたまひにけれど、この次第書きつくすべきにあらず、こちよりてのことをぞしるすべき」と始まる。天皇を基準にした歴史叙述から始まり、道長の死で終わるのが『栄花物語』正編なのである。『栄花物語』以前の歴史書は、天皇を基準に歴史を組み立ててきた。『栄花物語』は作品の内部で、大きな価値変換をなしている。その原動力となるのは出家者、仏道への奉仕者としての道長の評価であると考えられる。

道長が出家者として行った仏事善業は、巻十五以降、大量かつ華麗に描かれる。さらに、その『栄花物語』における重要性は、作品の根本にまでおよんでいる。

道長は巻十五で出家するが、この巻はきわめて特殊な構造を持っている。寛仁三年（一〇一九）三月二十一日の出家から始まり、道長の過去から未来にわたる仏事善業を総括的に描くのである。『栄花物語』は冒頭の村上朝記事をのぞき、ほぼ完璧な一年単位の編年体をとる。必ず年変わりを書くことで、すべての記事が何年のことなのか明確にされる。これは『栄花物語』が歴史であるための最も基本的な方法であり、作品の根幹であった。道長の出家はそれさえも越える出来事とされているわけである。さらに巻十八は道長が築いた法成寺の偉容を尼たちの巡礼記というかたちで描く。時間を基準とする『栄花物語』が唯一空間的な視点をとるのである。

正編の最終巻である巻三十には、道長の死を釈迦の死になぞらえる記述が目立つ。

仏の世に出でたまひて、世をわたしたまへる、涅槃の山に隠れたまひぬ。

釈尊入滅後は世間みな闇になりにけり。世の灯火消えさせたまひぬれば、長き夜の闇をたどる人、いくそばくかはある。

道長は仏のようにこの世にあらわれ、人びとを救った、その死がもたらす悲哀は釈迦入滅に通じる、という評価である。この釈迦に匹敵するという評価が、天皇に代わって時代を区切るだけの重みを道長にもたらしている。あくまで臣下であり、天皇に仕える側である俗世での位置付けとは別の、仏教的価値観をもとにした視点で道長の卓越が捉えられることで、天皇に代わる新しい歴史の区切りを可能にしたと考えられるのである。

それでは、このような『栄花物語』正編のあり方は、どうして可能であったのか。結局それは、道長その人がもたらしたということになるだろう。

まず、後宮において、天皇と東宮を孫に持ち、一家から三后を出すという前例のない成功を得た。このことは『栄花物語』が巻十五などで高く評価するところである。『栄花物語』は摂関時代史を書いた最初の作品であり、その政治面における基本理念は、後宮が歴史の場であること、外戚となることが何より優先される世の中であること、の二つといえる。今でこそ当然のことと考えられているが、実は、後宮から歴史を描くことが可能というのは、『栄花物語』が独自に生み出した新しい歴史叙述のあり方である。そこに至るハードルを越えさせたのは、後宮における稀有の成功者であり、それをもとにこの上もない栄華を手にした道長の存在だったのではないだろうか。

また、道長の仏道への奉仕は、半端なものではなかった。法華三十講を毎年催し、一族の墓所として木幡（こはた）に浄妙寺を創建、法成寺に至る数多くの堂塔を建立し、とあげていくと、そのまま『栄花物語』巻十五になる。独創性と網羅性において、道長のなした仏事善業は類をみないものであった。正編後半は、このような道長のあり方をさながら写したような、豊かさと華やかさにあふれている。

そして文化の庇護者であり、創造者でもあったこと。とくに、道長が『源氏物語』を認め、その評価と拡大に尽くしたことは、物語で歴史を書くという『栄花物語』の破天荒な試みに直結している。

『栄花物語』を特徴付ける諸相は、道長その人のあり方とあまりに近く、切り離せるものではない。他の徴証から『栄花物語』は道長死後、それほど時間を経ずに成立したと考えられている。たしかに、道長その人の独自性、創造性を同時代人としてみた人間の作と考えると、『栄花物語』のもろもろのあり方も納得されるのである。

文学作品に描かれた道長からは、とくに文化面における多大の寄与を読みとることができる。優れた女房たちを自家に集め、自身も積極的に交流、支援するなかで、その力を発揮させたこと。加えて、作品の収集と伝播においても、きわめて有力な後援者であった。詩壇・歌壇の中心にあり、それぞれの発展をもたらしたこと。人生がそのまま、歴史物語という文学史上の新しいジャンル誕生の契機となったこと、など、その功績は枚挙にいとまがない。『栄花物語』は、官人としての道長の一生を「唯一無二」（巻三十）と評し、出家者としてのあり方を釈迦になぞらえたが、道長が文化史において果たした役割も、それに匹敵すると言って過言ではない。

道長を描く文学作品として、他にも『大鏡』や説話集など、文学史的に重要な作品は多い。ここでは実在の道長その人に直接かかわると考えられる作品に限定した。なお、『御堂関白集』については、本書「学問・芸能」のうちの「御堂関白集」を参照されたい。

引用文献（表記など、私に変更した箇所がある）

『紫式部日記』　新潮日本古典集成（新潮社）
『赤染衛門集』　『赤染衛門集全釈』　私家集全釈叢書（風間書房）
『和泉式部集』　『和泉式部集全釈〔正集篇〕』（笠間書院）
『小右記』　大日本古記録（岩波書店）
『本朝麗藻』　『本朝麗藻簡注』（勉誠社）
『栄花物語』　新編日本古典文学全集（小学館）

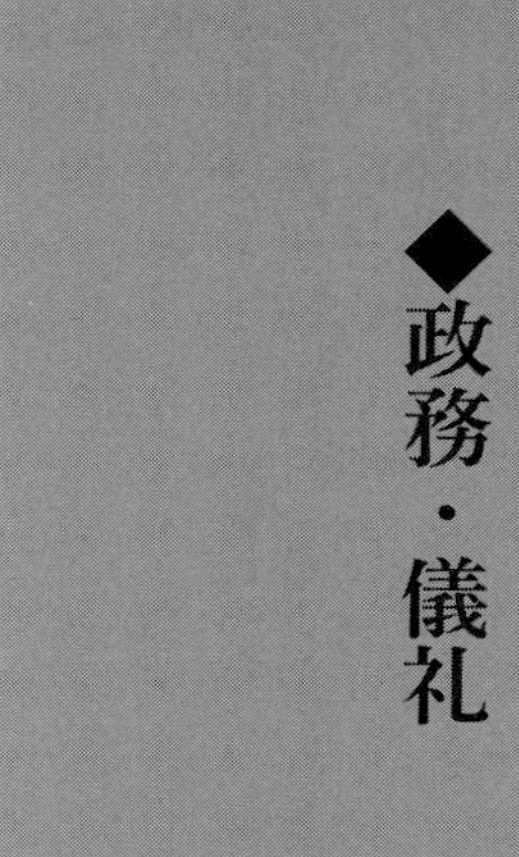

◆政務・儀礼

藤原道長と政務・儀礼

藤原道長の生きた時代、政治的意思決定や種々の行政手続きといった政務、社会秩序の維持・確認などは、儀礼（儀式・年中行事）として行われていた。

「儀礼」や「儀式」という言葉は、ともすれば負のイメージとともに、形骸化したもの、空疎なものの象徴ととらえられがちである。しかし、この「政務・儀礼」の項目で解説されている、道長の時代の儀式・年中行事などが、当該期を理解するうえで不可欠の事象であることは、土田直鎮氏の指摘以来すでに周知の事柄に属すだろう。

ここではまず、除目を瞥見してみたい。主要な官職の任官者を決める政務儀礼の除目は、四所籍や年官、受領挙など、複数の任官手続きが組み合わされた複雑な構成をとっている。また、多種多様な文書が用いられ、それらがたいへん煩瑣な作法にしたがって処理されることで人事が進められていく。しかし、これら複雑で煩瑣な手続き・作法の一つひとつは決して無意味なものではなく、しかるべき理由・淵源をもつものである。

一例として、外記や史、式部・民部丞などの任官を決める顕官挙に注目してみたい。顕官と称されるこれらの官職の任官手続きは、次の通りである。

まず、事前に天皇のもとに提出されていた申文（任官を希望する自薦状）が、執筆大臣を経由して、除目の場に列している公卿たちに下される。次に公卿らは順に申文を閲覧し、一名の欠員に対して三名程度にまで候補者を絞り込む。そしてこれらの候補者は、再び執筆をへて奏上され、天皇の判断によって最終的な任官者が決定される。

顕官とされる官職は、養老選叙令3任官条によれば、奏任の官とされる。『令集解』の同条に付された跡記は、奏任を「官定に任せて奏聞するのみ」と註釈している。すなわち、太政官の議政官（公卿）による定をへたのちに奏聞され、任官が確定するという意味である。この太政官（公卿）の判断・意見をもとに、天皇が任官者を最終決定するという手続きは、公卿たちの推薦をもとに、天皇が任官者を決定するという顕官挙のそれと一致する。したがって顕官挙の淵源は、八世紀に成立した令制に求められるだろう。

このように除目を構成する個々の任官の手続きを分析すれば、それぞれにその淵源や特質を知ることができるはずである。一見すると煩瑣なだけで、実質をともなっていないように思われる手続きにも、歴史的な背景や意義が見出されることに留意しなければならない。それらを前提に、瑕疵なき手順をへて確定された結果だからこそ、任官事実が現実社会のなかで認知され、機能するのである。

　次に、毎年の節日ごとに開催される節会について、みてみたい。元日節会や白馬節会（ともに正月）、相撲節会（七月）、豊明節会（十一月）など、季節ごとに設けられた節会は、新年の寿ぎや相撲の観戦など、それぞれに異なった特色を備えている。しかしそれらを通覧すると、共通した儀式構造を見出すことができる。それは、天皇と臣下たちが飲食空間を共にするという点である。

　この節会における共飲・共食の場も、単なる形式ばった宴会にすぎないととらえてはならない。まず、天皇と臣下による飲食空間の共有は、君臣関係の維持・確認という政治的・現実的な意味をもっていた。そこで口にされる酒食は、天皇から下賜されたものであり、それらを供される座席は、位階・官職によって厳密に定められ、天皇との距離を視覚的に示していた。このような飲食空間を共にすることで、天皇と臣下の結びつきは更新されていったのである。とくに五位もしくは次侍従以上にのみ給付された節禄は、天皇と五位以上官人集団との特別な関係を象徴するものであった。

　また節会は、そこに参加する貴族・官人らが相互の序列を再認識する場でもあった。席次はもとより、地位や身分によって厳密に決められた勧杯や巡杯の手順、料理の内容や配膳次第は、宮廷社会における各自の位置づけと対応していたのである。

　このように、主に紫宸殿を中心に節日ごとに毎年繰り返された優美な宴も、ただその時々の風物を愛でるだけの場ではない。節会はその煩瑣な形式によって、天皇を頂点とした貴族・官人相互の序列を可視化し、宮廷社会の秩序を正しく律する役割も担っていたのである。

　上記のような儀礼の重要性に鑑みれば、平安貴族が熱心に日記を書き残した理由もおのずと明らかとなる。政務や儀礼においては、何よりも適切な先例の選択と踏襲が求められた。そのような場で粗相のない立ち居振る舞いをする、もしくは上卿としてその進行をつかさどるにさいしては、自身もしくは祖先・先達の書き残した政務や儀礼の記録＝日記は、最も有用なマニュアルだったはずである。このような背景のもと、日々の記録を書き継いでいく日次記の他に、特定の儀式次第を詳しく書き残した別記、さらには政務・儀礼ごとに関連記事を分類・集成した部類記など、日記は実用的なツールとして充実していく。『西宮記』や『北山抄』、『江家次第』といった儀式書も、その延長線上にとらえることができるだろう。

　この意味では、道長の『御堂関白記』も例外ではない。

残された彼の日記が、内覧となった長徳元年（九九五）からであり、その実質的な最後が出家の年の寛仁三年（一〇一九）であることは、山中裕氏のいうように道長の日記の本質が「政治家としての日記」であることをよく示している。廟堂の指導者としての自覚のもと、政務・儀礼のスムーズな遂行、あるべき宮廷秩序の維持を図るため、道長は指針とすべき先例の記録と蓄積に腐心したのである。

しかしその密度は一様ではない。初期の長徳・長保年間（九九五〜九九九）の記事はまばらであり、寛弘年間（一〇〇四〜一二）に入るとようやく詳しく記されるようになる。そしてこれに続く長和・寛仁年間（一〇一二〜二一）の記事は、日記全体を通して最も充実した内容となり、執政者として必要な事柄が要領よく記述される。この変化は、時間とともに経験を重ねた道長が、政務・儀礼の運営に慣れていったことと相関しているのだろう。彼の三人の娘、彰子・妍子・威子は、ともに天皇の后となり、『御堂関白記』にはその立后儀を中心とした娘たちの記録が残されている。山中氏が指摘したように、その記述は回を重ねるごとに具体的かつ詳細なものとなっていくが、このことは道長の見識の深まりをよく示している。

一条・三条朝の道長は、原則として摂関の地位につくことなく、内覧・左大臣（一上）として権力を行使した。太政官政務を直接掌握する立場であり続けたことにより、おのずと政務・儀礼への造詣は深まっていったのだろう。また、『西宮記』を著わした源高明の娘である明子を妻の一人としていることも、看過できない事実である。

このようにして道長は、祖父師輔以来の「九条流」に、藤原実頼・実資の「小野宮流」もとりいれながら、「御堂流」と称すべき儀式作法を大成したとの指摘がある。彼の自著と思しき『蓮府秘抄』（『御堂関白記』寛弘二年九月十一日条）は、それらをまとめた書物である可能性も想定される。しかし「御堂流」という明確な意識は、院政期以降の摂関家の確立過程のなかで、道長の玄孫にあたる忠実の時代を中心に、称揚されるようになったとするのが妥当だろう。ただし、道長が儀礼の場を通じてみずからの差異化を図っていたことは事実とみてよいのではないだろうか。

道長は「九条流」にこだわらず、「小野宮流」をはじめとして、さまざまな流派の儀式作法をとりいれながら儀礼に臨んでいるが、これは決して儀礼に対して無頓着なのではない。実資が「小野宮流」を意識して行動するように、他の公卿たちが各々の属する流派にしたがって政務・儀礼に参加するのとは異なり、道長は宮廷社会におけるさまざまな作法・先例を統合する存在としてみずからを位置づけているのである。

また、長和年間を中心とした時期には、道長とその一族は、他の公卿らとは異なった装束の着用を志向するようになるとされる。このような、いわば新たな故実の創出も、儀礼の場を通じた自己の差別化を意識した行動といえるだろう。さらに院政期を特徴づける政務形態の一つである奏事（太政官組織が実質的に関与することなく、天皇や院に案件が奏上される政務処理）の萌芽的形態が、彼の執政期に発現していることも注目される。

これまで述べてきたような、道長の行動や志向を勘案すれば、彼が政務・儀礼の場面を通してみずからの地位の差異化・隔絶化を図っていたことは明らかだろう。そして、こうした政務・儀礼に対する道長の姿勢や意図は、上島享氏の主張する、平安後期の院権力に継承される新たな権力形態としての「道長の王権」の形成とも深くかかわっていたのではないだろうか。

叙上のように、道長の生きた時代を考えるにあたっては、政務・儀礼という視点は不可欠である。『御堂関白記』をはじめとした当該期の古記録の翻刻・校訂や読解・註釈といった基礎的作業の積み重ねによって、こうした認識は現在では広く学界に共有されるに至っている。今後の研究課題は、これらの成果を十分に咀嚼しつつ、個々の政務・儀礼の詳細な検討を進めていくことであろう。それによって、摂関期や藤原道長研究の新たな局面が切り開かれるのではないだろうか。

『御堂関白記』に残された政務・儀礼の記述は、十世紀末～十一世紀の最高権力者がみずから残したヴィヴィッドな記録である。道長が記したそれらの記事は、いまだはかり知れない可能性を秘めているのである。

【参考文献】

竹内理三「口伝と教命―公卿学系譜（秘事口伝成立以前）―」（『律令制と貴族政権　第Ⅱ部』、御茶の水書房、一九五八年）
土田直鎮『日本の歴史5　王朝の貴族』、中央公論社、一九六五年
山中裕「『御堂関白記』と藤原道長の人間像」（『平安時代の古記録と貴族文化』、思文閣出版、一九八八年）
山中裕「『御堂関白記』と儀式行事」（同右）
玉井力「十・十一世紀の日本―摂関政治―」（『平安時代の貴族と天皇』、岩波書店、二〇〇〇年）
大津透『日本の歴史06　道長と宮廷社会』、講談社、二〇〇一年
告井幸男「摂関期の有職故実―御堂流の検討から―」（『摂関期貴族社会の研究』、塙書房、二〇〇五年）
上島享「藤原道長と院政」（『日本中世社会の形成と王権』、名古屋大学出版会、二〇一〇年）
末松剛「摂関家の先例観―御堂流故実の再検討―」（『平安宮廷の儀礼文化』、吉川弘文館、二〇一〇年）
大津透「節会と宴―紫式部の描く王権―」（山中裕編『歴史の

なかの源氏物語』、思文閣出版、二〇一一年）
佐々木恵介『天皇の歴史03　天皇と摂政・関白』、講談社、二〇一一年
古瀬奈津子『シリーズ日本古代史⑥　摂関政治』、岩波新書、二〇一一年
坂上康俊『日本古代の歴史⑤　摂関政治と地方社会』、吉川弘文館、二〇一五年

（磐下　徹）

白馬節会（あおうまのせちえ）

正月七日に天皇が紫宸殿に出御して群臣に賜宴し、群臣とともに左右馬寮（め）の牽く白馬を見る節会。七日節会とも。歳首に青馬を見て邪気を除くという古代中国の風習に由来し、もとは青馬と表記したが、十世紀には白馬と記して「あおうま」と読むようになった。天皇が紫宸殿に出御の後、まず外任（げにん）奏*、御弓（おんたらし）奏、五日にされた正月叙位の位記召給が行われる。次いで左右馬寮が計二十一疋の馬の毛並みを奏する白馬奏を行った後、左右允（じょう）、属（さかん）、助（すけ）が順にそれぞれ白馬七疋を紫宸殿南庭で牽き廻した。その後、内膳司の供膳、御酒（みき）、国栖（くず）奏、内教坊の女楽・舞などがあり、宣命（せんみょう）*、見参（げざん）*奏上の後、賜禄で儀を終える。貞観十四年（八七二）を初例に、凶事などのため節会が停められた場合には、清涼殿前で白馬を見る儀のみを行うことがあり、長保二年（一〇〇〇）正月七日条の事例はそれにあたる。

【所在】寛弘三年正月七日条、同五年正月七日条、同七年正月五・七日条、寛仁元年正月七日条

【参考文献】中田武司『白馬節会 研究と資料』（桜楓社、一九九〇年） （大隅清陽）

五十日（いか）

生まれて五十日目の夜に、子に餅を含ませて祝う通過儀礼。生児を吉方に向かせ父または祖父が箸を取り、餅を含ませる。寛弘五年（一〇〇八）十一月一日に行われた一条天皇皇子敦成の五十日は『御堂関白記』に記事があり、道長が餅を含ませた。『紫式部日記』にも詳しく記録され、「小さき御台、御皿ども、御箸の台、洲浜なども、ひひな遊びの具と見ゆ」とあるように、調度類は小形に作り、籠物（こもの）・折櫃（おりびつ）などは五十にちなんで五十合用意され、善美を尽くしたものが、敦成と彰子の前に並べられた。終わって宴と管絃の遊びがあった。同皇子敦良のときは道長が準備した餅を一条天皇が含ませているなどの詳細な記載があり（寛弘七年正月十五日条）、三条天皇皇女禎子の五十日についても、禎子に奉じられた御膳の内容など詳しい記事がある（長和二年八月二十七日条）。

【参考文献】中村義雄『王朝の風俗と文学』（塙書房、一九六二年） （大津透）

位記（いき）

叙位*されたことを通知・証明するための文書。大宝令において唐制に倣って制定されたが、唐では散官をふくめた任官にさいして告身が発給されたのに対し、日本ではもっぱら位階についてのみ位記が授与された。摂関期の位記は、叙位の結果をまとめた叙位簿にもとづいて内記が作成し、内印*の請印（しょういん）*を経て交付された。位記の様式は公式令にもみられるが、弘仁九年（八一八）に唐の制授告身式を模した様式に改められた。延喜内記式によれば、位記は軸と帯をつけた巻子状の文書とされる。また、親王・散三位・秀才・国用・乳母（めのと）など、叙位対象者の官職や地位、叙位理由などに応じて位記の文面は使い分けられ、それぞれ定型化していった。男官の位記は男位記、女官のそれを女位記とよんだ。なお、僧位や神階にも位記は作成・交付された。

【所在】長和元年閏十月五・八日条

【参考史料】『朝野群載』巻十二「内記」、『内局柱礎抄』 （磐下徹）

闈司奏（いしそう）

官人が天皇の前に参上するとき、内裏内郭の門を入るために闈司が取り次ぐこと。閤門（こうもん）内が大王（天皇）と宮人（女官）のみの空間であり、男官は原則として女官による取り次ぎをへなければ入閤できなかったことに由来する。本来は日常的に行われたが、摂関期には儀式のなかの一要素として行われるものとなっていた。儀式における闈司奏は、尋常ならば延政門、大きな儀式では主に承明（しょうめい）門（または逢春（ほうしゅん）門）で行われた。具体的には、官人が門前にいたると、大舎人（おおとねり）が叫門*（「みかどのつかさ」と二度呼びかけ）をして官・姓名・用件を門内の闈司に伝え、

闈司がそれを伝奏し、勅許を得て伝宣すると官人が門を入る、というものであった。『御堂関白記』に記録された闈司奏（長和五年七月十六日条）は旬のなかで行われたものである。

【参考文献】 吉川真司「律令国家の女官」（『律令官僚制の研究』、塙書房、一九九八年）

（黒須友里江）

一上（いちのかみ） 太政官や朝廷の諸公事を執行する職能・身分。太政大臣や摂政・関白をのぞく筆頭公卿（通常は左大臣）が宣旨を蒙ってつとめた。道長は、内覧であった期間（長徳元年五月〜長和四年十月）は事実上の一上の地位にあり、准摂政となると同時に一上の宣下を受けた（『小右記』長和四年十月二十六日条）。摂政となった後は、先例に反して一上の後任を指名せず、大納言以上の公卿のうち当日参内した者の上首に一上のことを行わせるとの宣旨を下した（長和五年三月二十六日条）。

【参考文献】 山本信吉「一上考」（『摂関政治史論考』、吉川弘文館、二〇〇三年）（黒須友里江）

一種物（いっしゅもの） 酒、肴を参加者が一種ずつ持ち寄って開く宴会。またはその肴。「いっすもの」とも。『壒嚢抄』には「各ノ一種ノ物ヲ随身シテ殿上ニ於テ興宴アリ」とある。『日本紀略』康保元年（九六四）十月二十五日条には、左近衛陣に諸卿が「魚鳥珍味毎物一両種」を持ち寄り、「中重」にて「調備」し、「菓子飯」や「酒」ももうけたことがみえる。

【所在】 長保二年正月四日条、寛弘六年正月四日条

【参考史料】『小右記』永延元年二月二十三日条、『続古事談』巻一・二十二話

【参考文献】 大島建彦「一種一瓶」（『新日本古典文学大系月報』六九、一九九六年）、服藤早苗「宴と彰子—一種物と地火炉—」（大隅和雄編『文化史の構想』、吉川弘文館、二〇〇三年）

（大隅清陽）

射場始（いばはじめ） 天皇が内裏校書殿北東の射場殿（弓場殿とも）において、公卿以下殿上人の賭弓を御覧する儀。弓場始（初）とも。『御堂関白記』での表記は弓場初が六例、弓場始が寛弘三年（一〇〇六）十月十六日条の一例。式日は十月五日だが、他の日や十一・十二月とされる場合もある。当日は弓場殿の装束の後、天皇が出御。近衛府が的を懸けた後、王卿が召されて着座する。まず能射の者の試射があり、次いで射手と念人（射手の世話係）の名、弓を射る回数と賭物が読みあげられ、内蔵寮が勝方に与える懸物と射分銭を献じた後、競技が始まる。その間、内蔵寮が酒餞、御厨子所が菓子を供した。競技終了ののちに王卿が再拝、天皇が還御して儀が終わる。弓を射る回数は四度を原則とするが、長和元年（一〇一二）十二月四日条や、『春記』長暦三年（一〇三九）十二月二十七日条では、三度しか行われなかったことが問題視されている。

【所在】 寛弘五年十月五日条、同六年十一月二十三日条、長和五年十二月十六日条

【参考史料】『雲図抄』十月五日「弓場始事」、『年中行事絵巻』

（大隅清陽）

倚廬（いろ） 天皇が父母の死にさいして服喪にこもるために内裏にもうけられる仮殿。簡素な調度で作られ、天皇は剣璽を持して渡御した。寛弘八年（一〇一一）十一月十六日条に三条天皇が父冷泉上皇の死去にあたり倚廬に御したことがみえる。このときは神仙門と無名門の間に倚廬がもうけられ（『小右記』に詳しい）、下侍の間で内侍が剣璽に候した。十三日間（一年を月を以て日に易える）こもり、二十九日に清涼殿に遷御した。また貴族が近親者・配偶者の喪にこもる建物を土殿といい、普段の住まいの一定の場所の板敷を取り除き土間としてもうけた。一条天皇の葬儀の後に中宮彰子が、三条天皇葬儀の後に中宮妍子が土殿に移御し素服を着したことがみえ

る（寛弘八年七月十七日条、寛仁元年五月二十七日条）。　（大津透）

位禄　四位・五位の官人に位階に従って支給される禄*。摂関期には、兼国のある者にはその国の正税、ない者には年料別納租穀から支給することになっており、後者については二月中旬（ただし実際には四・五月であることが多かった）に位禄定を開催して対象となる人数と国を定めた。位禄定に先立ち、官所充により弁・史からなる位禄所が設置され、位禄所は諸大夫・命婦歴名、主税寮別納租穀勘文*、官所宛文、位禄目録、去年の定文を準備する。位禄定では以上の文書を大臣が確認して位禄目録（四位・五位の数と国名を書いたもの）を奏上し、大弁に定文（位禄文）を書かせ位禄所の弁に給う。その後、位禄所の弁が各人をどの国に充てるか（国充）を定め、各国へ宛てた官符*によって位禄が支給されることになっていた。位禄の語は『御堂関白記』に多くみえるものの、具体的な記述はほとんどない。例外として、寛仁元年（一〇一七）五月二十七日条には三条院崩御の直後であったためか、道長が「今は位禄を給ふべきに非ず」と官符発給を止めさせたことがみえる。

【所在】寛仁三年三月四日条　（黒須友里江）

雨儀　雨や雪が降ったさいに、儀式の装束や次第を一部変更して行うもの。晴天の場合は晴儀という。儀礼前から雨が降っている場合は、雨に濡れるのを避けるため、庭上の儀は軒廊で執行し、諸役の座も門内に変更する。晴儀の途中で雨が降りだした場合は、雨儀を用いることを奏上してから雨儀の装束に改める。『御堂関白記』では、寛弘五年（一〇〇八）正月七日条の白馬節会*で、雨儀により西廊に宣命*の版位を置き、標*を立てたこと、長和元年（一〇一二）正月二十六日条の叙位議*で、公卿が南殿の北廂から弓場殿に立ったことがみえ、同二年（一〇一三）正月六日条の叙位議でも、公卿が弓場殿にいたる直前に雪が降りだしたため、納言以下が急遽、雨儀を用いたとある。　（大隅清陽）

産養　生まれた日から数えて三・五・七・九日目の夜に、母方と父方が交互に主催して行う祝いの饗宴。親族・知人から衣服や調度が贈られ、産婦と生児に膳が供され、乳母や侍女にも饗膳がだされた。寛弘六年（一〇〇九）十一月二十七日から十二月四日条によれば、十一月二十五日に誕生した敦良のときは三日夜が中宮職（彰子）、五日夜が道長、七日夜が大内（一条天皇）、九日夜が頼通の主催であった。寛弘五年九月十一日に誕生した敦成の場合も同じ順であったことが『紫式部日記』の詳しい記述からわかり、七日夜は天皇が主催するのが恒例であった（長和二年七月十二日条の禎子内親王の場合も同じ）。寛弘四年正月七日・九日・十一日条には、道長の娘嬉子誕生による三日・五日・七日の産養の記述があり、七日は中宮彰子が主催して盛大な行事になっているが、いずれの日にも「産婦前物」が明記されていることから、新生児をもてなすというよりも、出産の危機を乗り越えた産婦に対する労いの意味があったと推定される。源明子が道長の六男長家を出産したときも七日夜に道長が産婦前物と男女房の饗を贈っている（寛弘二年八月二十六日条）。

【参考文献】平間充子「平安時代の出産儀礼に関する一考察」（『御茶の水史学』三四、一九九一年）、新井重行「皇子女の産養について」（『書陵部紀要』六三、二〇一二年）　（大津透）

宴座・穏座　節会・大饗*などの宴会のうち、最初の正式な宴席を宴座といい、その終了後に場を変えて行われる私的な宴席を穏座という。穏座は「おんざ」とも。寝殿の母屋や廂での献杯を中心とする宴座に対し、簀子敷などで開かれる穏座は、肴や菓子を揃えて酒を飲み、楽器を手に催馬楽などを奏歌する管絃の御遊が催されるなど、くつろいだ遊興的な性格が強い。『江次第抄』には「穏座者非厳重威儀之座、自他舒懐、故曰穏」とある。宴座・穏座とも、天皇の諒闇などにより中止されることがあり、『御堂関白記』寛弘八年（一〇一一）八月二十八日条、長和元年（一〇一二）八月十一日条はその実例。また、寛仁元年（一〇一七）三月四日条の大饗では、同日に内大臣に任ぜられたばかりの頼通が主人であったため、道長は穏座のみに出席している。

【所在】寛弘四年十一月八日条、同五年正月二十五日条、長和二年三月三十日条、寛仁元年正月二十七日・十二月四日条

【参考文献】倉林正次『饗宴の研究　儀礼編』（桜楓社、一九六五年）　（大隅清陽）

御馬御覧（おうまごらん）　天皇が宮中の庭に牽きだされた馬を見る恒例または臨時の行事。対象となる馬は、駒牽*のさいに諸国の御牧から貢進された牧馬、賀茂・石清水臨時祭などの神社祭礼の神馬、白馬節会*など年中行事で用いられる馬、陸奥国の交易の馬、諸臣からの献馬などの多岐にわたる。天皇の私的祭祀としての性格が強い臨時祭の馬は左右馬寮が弁備するのが原則であるが、十世紀後半以降、御牧からの貢馬が停滞すると、『御堂関白記』長保二年（一〇〇〇）三月二十八日条のように、摂関家が不足分を補うこともあった。また三条天皇は、しばしば臨時の御馬御覧を行ったことが知られ、長和四年（一〇一五）六月四日条はその一例である。端午節会については、『玉葉』文治二年（一一八六）五月五日条に「五月五日午日に当たるの時、必ず御馬御覧有り。先例なり」とあり、五月五日が午日にあたった場合は御馬御覧を行うのを先例とするとあるが、『御堂関白記』寛弘三年（一〇〇六）五月五日条にも「今日、午日に当たるに依り、左右の御馬を候宿し御覧ず、と云々」とみえる。

【所在】長和四年四月二十一日条、寛仁元年三月十八日条

【参考文献】高木叙子「『親信卿記』に見える馬と貴族社会」（佐藤宗諄先生退官記念論文集刊行会編『『親信卿記』の研究』、思文閣出版、二〇〇五年）　（大隅清陽）

大間書（おおまがき）　除目*のさいに使用される文書で、外記が用意した。官次にしたがって欠員のある官職を列挙する。欠官名の下には空白がもうけられており、執筆*の大臣がそこに任官者を書き込んでいく。名の後ろに細字で任官事由が書き込まれることもあるが、これを尻付という。原則としては、大間書に列挙された欠官のすべてに任人名を書き込めば除目は終了することになる。一通り任官が終わると大間書は奏上され、その後はそれを転記するかたちで召名*（清書）が作られた。ただし、召名作成のさいに追加の任官が行われることもあり、その情報は大間書には反映されないため、除目の最終的な結果が記されるのはあくまで召名だった。なお、大間書と成文（任官のかなった申文*）は、執筆が自邸に持ち帰るとされている（『西宮記』巻二除目）。大間書は巻子状をしているが、除目における任官は必ずしも官次にしたがって行われないため、執筆は大間書を折り本のように折り畳んで使用した。これを「大間を繆る」という。長徳二年（九九六）の春除目の大間書の写しが残されている（『続群書類従』第十輯下）。長和五年（一〇一六）十一月二十三日条には「大間除目三度」という表現がみられる。通常大間書を用いる除目は、春と秋の恒例除目に限られる（小除目*には用いない）が、同年には春除目に続いて二月に行われた後一条天皇の即位にともなう除目でも大間書が使用されたため、十一月の秋除目が大間書を用いた三度目の除目となったことをあらわしていると考えられる。

【所在】寛弘元年正月二十四日条、長和二年正

月二十四日条

【参考史料】『九条家本除目抄』

【参考文献】玉井力「平安時代の除目について」（『平安時代の貴族と天皇』、岩波書店、二〇〇〇年）　（磐下徹）

御湯殿儀（おゆどののぎ）　皇子女誕生のさい、産湯をつかわせる行事。誕生後七日間朝夕二回行う。女房が御剣*・虎の頭をもって奉仕し、散米の後、読書・鳴弦*の儀が行われる。寛弘五年（一〇〇八）の敦成誕生のときは、午時に御湯殿の具を造りはじめ、酉時に御湯を供したと記す（同九月十一日条）。『紫式部日記』には「御湯殿は酉の時とか。火ともして、宮のしもべ緑の衣の上に、白き当色着て御湯まゐる」などと儀式の有様を詳しく記す。敦良誕生の日にも同様の記事があり（寛弘六年十一月二十五日条）、禎子内親王のときは誕生当日は避けられ翌日に御湯を供した（長和二年七月八日条）。

【参考文献】中村義雄『王朝の風俗と文学』（塙書房、一九六二年）　（大津透）

下名（おりな）　叙位*・除目*のさいに作成される、叙位者・任官者を位階別に書き分けた文書のこと。叙位の場合は、位記*の作成・請印*の後に執筆*もしくは入眼*上卿*の指示によって参議が書きあげる。除目のさいには、清書上卿が召名*とともに作成させた。これらの下名は、叙位は位記召給、除目は下名儀の前に上卿から式・兵部省に下され、参列する叙人・任人を紫宸殿や太政官庁などの会場の門外で点呼するときに用いられた。なお、叙位の結果を書き込んだ叙位簿を下名と称することもある。

【所在】寛弘五年正月七日条、長和二年十月二十四日条、同五年十一月二十七日条

【参考文献】西本昌弘「八・九世紀の内裏任官儀と可任人歴名」（『日本古代儀礼成立史の研究』、塙書房、一九九七年）　（磐下徹）

女叙位（おんなじょい）　女性に従五位下以上の勅授の位階を授ける儀式。奈良時代には男女合同で叙位*が行われていたが、八世紀末頃から分離し、延暦年間には女叙位が成立した。式日は正月八日、隔年とされた。寛弘二年（一〇〇五）正月九・十日条に実施記事がみえ、翌々年（同四年）正月十二・二十二日条には、女叙位を行うべく準備が進められていることが確認できる。しかし左大臣道長、右大臣藤原顕光がともに奉仕しなかったためできず、翌五年正月十一日に行われた。このように隔年開催が意識されている。なお、女叙位にあわせて蔵人補任や男官の叙位が行われることも多い。恒例のほかに大嘗会のさいなどには臨時の叙位もあった。叙位方法については『江家次第』巻三「女叙位」に詳しい。それによれば、闈司・主水・東豎が順に叙される小輪転と、女司・主殿女官・御手水洗女官・掌縫女官・闈司・主水・東豎で番を組む大輪転とがみられる。また、切杭といって、みずからの勤務年数（＝労）に母親の労をあわせて叙爵を申請することもあった。このように女叙位でも労が基準とされた。

【所在】寛弘七年正月二十日条、同八年十月十九日条、長和五年二月十三・十五日・十一月二十三日条、寛仁二年正月十日条

【参考文献】岡村幸子「女叙位に関する基礎的考察」（『日本歴史』五四一、一九九三年）　（磐下徹）

仮（か）　官人に与えられた休暇のこと。淵源は仮寧令の規定にある。仮を申請する文書を仮文という。『北山抄』巻四「請仮事」には、治病の休暇を請う殿上に提出する仮文、治病の休暇を請う外記に提出する仮文、触穢にともなう休暇を請う仮文、親族の喪に服するための休暇を請う仮文の書様が掲載されている。これらが当時の仮を申請するさいの主な理由だったと考えられるだろう。

【所在】長保二年四月十二日条、寛弘四年十月二十六日条、長和元年閏十月二日条、同二年六

月二十九日条、寛仁二年四月十二日条

（磐下徹）

加冠 →元服

加名

文書に実名を書き入れること。加署。「名字を加ふ」とも。寛弘二年（一〇〇五）正月二十五日条では、道長は内豎所別当として除目に必要な内豎労帳に加名している。そのほか『御堂関白記』には、教通の任権中納言・左衛門督にともなう左衛門陣への着陣儀のさいの文書への加名（長和二年七月三日条）、後一条天皇の元服を祝う賀表への公卿らの加名（寛仁二年正月七日条）などの事例が確認できる。

（磐下徹）

勧学院歩

藤原氏出身の大学寮学生のための寄宿舎（氏院、大学寮別曹）である勧学院の職員・学生らが、藤原氏出身者の任大臣・立后などの慶事のさい、その邸に赴いて慶賀すること。勧学院は単なる教育機関ではなく、その管理は氏長者の任命する藤氏出身の公卿別当・弁別当以下の職員によりなされ、業務も寄宿生の管理だけでなく、氏寺・氏社関係など氏族の共同事務全般におよんだ。またその財源は、勧学院寮荘園のほか大臣・皇后・中宮などが寄進した封戸を中心とするため、この行事には、そうした寄進に対する感謝の意味もあった。次第については『江家次第』巻二十に簡単な記載がある。『御堂関白記』では、寛弘八年（一〇一一）九月九日条が敦成親王立太子、長和五年（一〇一六）十二月二十一日条が道長任摂政、寛仁元年（一〇一七）十二月二十一日条が道長任太政大臣の例で、道長はいずれも「饗禄」または「禄」を賜ったと記す。なお『御堂関白記』にはみえないが、『小右記』長和元年五月二日条には、道長が、藤原娍子の立后にさいしての勧学院歩を停めたことがみえる。

（大隅清陽）

元日節会

元日に天皇が紫宸殿に出御して群臣に賜宴する節会。「がんにちのせちえ」とも。本来は元日朝賀に続いて行われたが、朝賀が衰退した十世紀以降には、小朝拝の後とされた。参列者の範囲は白馬節会などより狭く、次侍従以上に限られる。まず参列の国司の姓名を奏する外任奏、続いて諸司により七曜御暦奏、氷様奏、腹赤奏などが内侍に付して行われ、天皇出御の後、群臣が南庭に列立、昇殿して謝座・謝酒し、三献の儀に移る。一献の後に吉野国栖奏、二献で御酒勅使、三献で立楽が催され、宣命、賜禄の後に天皇が還御して儀を終える。諒闇などで小朝拝が停止されると、元日節会も天皇出御のない平座で行われた。内弁は第一の大臣がつとめるのを原則とするが、『御堂関白記』では、道長が内弁を奉仕しなかった例が、寛弘二年（一〇〇五）、同四年、長和二年（一〇一三）、同五年、寛仁元年（一〇一七）、同三年などに散見し、寛弘八年元日条では、風疾の発病のため途中で右大臣顕光に委ねて退出している。

【所在】寛弘三年正月一日条、長和四年正月一日条、寛仁元年正月一日条、同二年正月一日条

【参考文献】山中裕『平安朝の年中行事』（塙書房、一九七二年）

（大隅清陽）

勘申

必要な情報を調べ上申すること。諸官司および諸道が行い、その内容も多岐にわたる。勘申の結果を記した文書を勘文という。史料に最も頻繁にあらわれるのは、外記による先例勘申と陰陽寮による日時勘申である。前者について、外記は外記日記をはじめとした公事の記録とその集積を担っており、その情報は公事を行う上で不可欠であった。後者について、日取りが固定されていない公事や臨時の公事の開催においてはまず日（時）勘申をした。『御堂関白記』にみえる勘申もほとんどが以上の二つである。その他特徴的な例としては、大江匡衡を召して前月誕生した皇子（敦成親王）の名を勘申させたこ

とがみえる（寛弘五年十月四日条）。

→三二一頁「勘申」　（黒須友里江）

官奏（かんそう）　太政官に上申された諸司・諸国からの文書のうち、とくに必要と認められたものを天皇に奏上し勅裁を受ける儀式。上卿*と大弁が陣座に着し、上卿は史が差しだした奏文を確認して殿上弁に官奏を行う由を奏上させる。次に上卿は御前に参上して奏文を天皇に差しだし、天皇が覧じて返却する。このとき上卿は文書の事書を読みあげるが、この作法を「結ね」という（史料には「結ね申す」というかたちでよくみえる）。上卿は陣座に戻って奏文を確認して史に下し、奏報（天皇からの指示）を伝える。翌日の朝、史は奏報を蔵人に付して奏上するほか、各所に進上する（奏報の提出先について、『江家次第』九には「奏料・執柄・奏大臣・他大臣・両大弁・直弁・大夫史・文殿」とある）。なお、旬*のなかでも官奏が行われるが、その場合は紫宸殿に出御した天皇に奏上する。

寛平九年（八九七）に藤原時平・菅原道真が官奏候侍者として指名されて以降、宣旨*により指名された公卿（多くは大臣）が官奏に候ずることとなっていた。『御堂関白記』には長徳元年（九九五）七月十三日、道長が内覧となって初めて官奏に候じたことが記されている。その後、道長が官奏に候じた記事が頻繁にみられるが、長和四年（一〇一五）、三条天皇の眼病により三月以降官奏ができず、九月十七日に行うも天皇の御覧なしという事態となり、除目*・官奏などの滞りを解消するため十月二十七日に道長に准摂政の宣旨が下された。摂政が置かれているときの儀は、奏者の弁と史が摂政直廬に参上して弁が奏文を差しだし、摂政は奏文を確認して弁に返却、別の場所で弁が史へ奏文を下して奏報を伝える、というものである。『御堂関白記』には道長が准摂政となった後の官奏の記録も数回あるが、それらは上記のように道長が奏文をみて天皇へは奏上しないものであった。

官奏では、南所申文や陣申文*において奏上すべきと判断された文書が扱われ、『北山抄』七の「一上に申すべき雑事」「大中納言に申すべき雑事」のうち奏上するとされた項目は、その代表的なものであったと考えられる。ただし、『御堂関白記』の官奏の記事に不堪佃田奏*が目立つことからもうかがえるように、当該期には官奏の項目が限定され儀式化されてきていたようである。

【所在】寛弘五年二月二十六日条、長和元年九月二十日条、同五年十二月二十一日条

【参考文献】曽我良成「太政官政務の処理手続―庁申文、南所申文、陣申文―」（『王朝国家政務の研究』、吉川弘文館、二〇一二年）、山本信吉「平安中期の内覧について」（『摂関政治史論考』、吉川弘文館、二〇〇三年）　（黒須友里江）

官符（かんぷ）　太政官符。符は直接の上下関係にある上位の機関から下位の機関に対して発給される文書で、太政官符は八省・諸国（ただし西海道諸国については大宰府に官符が発給され、大宰府が各国へ下す）に対して発給された。神祇官の発給する符は官符とはよばず、「官符」といえば太政官符を指す。官符は通常、上卿*の宣を受けて弁・史が作成した。形式としては、まず「太政官符〇〇〇」と宛所が示され、次に官符の件名（「事書」という）、続いて本文（「事実書」という）、官符を作成した弁・史の位署、年月日が記される。発給にあたっては、原則として諸国に下すものについては内印*、在京諸司に下すものについては外印が捺された。『御堂関白記』には道長が官符の発給や請印*を指示したことがたびたびみえるが、その他特徴的な事例として、外孫である儇子が親王宣下*されたさい、その手続き自体には道長は関与しないものの左大史丹波奉親が官符を見せにきたことがみえる（寛仁三年三月十三日条）。　（黒須友里江）

勘文（かんもん）　必要な情報を調べ上申する文書。「かもん」ともいう。その内容は行政、諸道の学問など多岐にわたる。『御堂関白記』にもさまざまな勘文がみえるが、そのうち主要なものを以下にあげる。行政的な内容の勘文としては、まず受領功過定*で用いられる勘解由勘文、主税勘文・主計勘文がある。これらは大勘文ともよばれた。また、位禄*定のさいには主税寮による別納租穀勘文が提出される（ただし、寛弘五年五月十六日条で道長が「位禄勘文」と記しているのは位禄目録のことだと考えられる）。諸道の勘文としては、日時勘文のほか、改元のさいの年号勘文（長和元年十二月二十五日条、寛仁元年二月十一日条）、事件・犯罪の処理にかかわる明法勘文・罪名勘文、天文道による地震勘文などがある。なお、「修理職納物勘文」（長和二年十一月十日条）や「事初参不国々勘文」（長和五年四月七日条）のような報告文を勘文とよぶ例もみえる。　　（黒須友里江）

擬階奏（ぎかいのそう）　毎年四月七日、六位以下八位以上の叙位*について大臣と式部省・兵部省が天皇に奏上する儀式。二月十一日の列見*の後、式部省（文官を担当）・兵部省（武官を担当）は成選短冊（叙位の対象者〔成選人〕それぞれについて位階・姓名を記したもの）と選別記（官人の位階・姓名の詳細な記録）をつきあわせて擬階簿（成選人の一覧）を作成し太政官へ提出する。太政官ではその内容が正しいことを確かめて擬階奏文を作成し、参議以上が署名する。当日は、天皇が紫宸殿に出御し、大臣が擬階奏文を奏上、続いて式部省が成選短冊を奏覧し、兵部省も同様に行う。ただし、九世紀後半以降には天皇の不出御が一般化しており、その場合の儀は以下の通りである。上卿*が擬階奏文を奏上し、参議以上は宜陽殿に着す。続いて上卿が式部省・兵部省を召し、成選短冊を持ち帰って処理するよう命ずる（奏覧は行われない）。『御堂関白記』にみえる擬階奏はいずれも不出御儀である。長和五年（一〇一六）、道長は擬階奏の日に紫宸殿で行われた別の公事の例を事前に調べさせ（三月二十八日条）、四月七日に大嘗会悠紀・主基国郡卜定・行事定と並行して擬階奏を行った。このとき道長は擬階奏の上卿をつとめたが、『御堂関白記』には形式的な記録しかみえず、当日の道長の関心は擬階奏にはなかったことがうかがえる。

【所在】長和元年四月七日条、同二年四月七日条

【参考文献】神谷正昌「九世紀の儀式と天皇」「平安初期の成選擬階儀」（『平安宮廷の儀式と天皇』、同成社、二〇一六年）　　（黒須友里江）

吉書（きっしょ）　事が改まったときに扱う儀礼的な文書。年始・代始・改元などでは吉書を奏上する官奏*（吉書奏）が行われた。このときの吉書は鉤匙文（国司が不動倉の鎰を請う解）である。吉書奏上は、官奏のかたちをとらずに官方吉書（諸国年料米解文）・蔵人方吉書（内蔵寮請奏）を奏上するかたちでも行われた。道長は内覧宣下を受けたときに官方・蔵人方吉書をみている（寛弘八年八月二十三日条、『摂関詔宣下類聚』所引『時範記』康和元年八月二十八日条）。以上のように吉書はそれぞれ決まった内容の文書で、ほかにも藤氏長者の吉書は勧学院に入る学生*の名簿*、貴族の家（政所）の吉書は封戸解文*と決まっていた。『御堂関白記』から特徴的な吉書の例をあげると、道長が藤氏長者となったさいにその就任儀礼の一環としてみた勧学院に入る学生の名簿（長徳元年六月二十七日条）、妍子・娍子が女御宣下を受けたことによると思われる吉書（寛弘八年八月二十三日条）がある。また、頼通が東宮権大夫となって初めて東宮関係の文書をみたことも記されている（寛弘四年二月二日条）。

【参考文献】遠藤基郎「中世公家の吉書」（羽

下徳彦編『中世の社会と史料』、吉川弘文館、二〇〇五年）　（黒須友里江）

饗（きょう）　天皇や二宮、大臣以下の貴族が開く宴会。宴ともほぼ同義であるが、「うたげ」と訓む宴が参加者の一体感を高めることを主眼とするのに対し、「あへ」と訓む饗は主宰者が他者をもてなしたり、それによって君臣・主従・上下といった関係を確認する服属儀礼的な性格が強い。とくに、二宮（中宮・皇太后・太皇太后と東宮）による正月二日の饗を二宮大饗*、大臣が正月や任官時に行うものを大臣大饗という。任官時の饗としては、近衛大将に任ぜられた場合の任大将饗もある。『御堂関白記』では、「饗禄」（寛仁元年三月二十二日条）、「饗を給ふ」（寛仁二年十月二十六日条）といった表現から、饗は禄*と同じく主宰者が賜うものとの認識がうかがえる。「饗を居う」「饗を取らす」（長和二年三月二十九日条）とあるのは、具体的には饗饌を指す。また「饗料」（同六月二十九日条）とは、饗をもうけるための財源のことである。

【所在】長和二年四月十三日条、同四年十月二十八日条、寛仁二年十月二十七日条

【参考文献】倉林正次『饗宴の研究　儀礼編』（桜楓社、一九六五年）、榎村寛之「飲食儀礼からみた律令王権の特質」（『日本史研究』四四〇、一九九九年）　（大隅清陽）

行幸（ぎょうこう）　天皇が居所（内裏・里内裏）から他所へ出かけること。帰還することを還御という。行幸には剣璽*や大刀契などのレガリア（宝器）のほか、駅鈴も携行された。そのため出立・還御のさいには、駅鈴の出納を求める少納言の鈴奏が行われた。摂関期の行幸は、①大内裏内への行幸、②京内への行幸、③京外への行幸、に大別できる。①には神今食のための中和院（神嘉殿）行幸（寛弘元年六月十一日条）、伊勢奉幣使・例幣使発遣にともなう八省院行幸（同年八月十六日・九月十一日条）などがある。②は火事を契機とするものが目立つ。内裏や里内裏が焼亡すると天皇は一時的に後院や臣下の邸宅に滞在し、新造内裏の完成を待った（寛弘八年八月十一日条、長和四年九月二十日・十一月十九日条、同五年六月二日条）。このように天皇の御在所の移動にともなう行幸を遷幸という。このほかに天皇が年頭に上皇や母后のもとを訪れる朝覲行幸や、道長はじめ臣下の邸宅への行幸も確認できる。なお『御堂関白記』の最長記事とされる寛仁二年（一〇一八）十月二十二日条は、後一条天皇の土御門行幸の記録で、天皇に加え東宮敦良親王・母后彰子・皇太后妍子・中宮威子らが一堂に会し、道長の栄華の絶頂を描写している。③の京外への行幸については、大嘗祭にともなう鴨川への御禊行幸（長和元年閏十月二十七日条、同五年十月二十三日条）のほか、寛弘元年（一〇〇四）十月十四日の松尾社、同二十一日の平野社と北野社への行幸や石清水行幸（長和二年十一月二十八・二十九日条）、賀茂行幸（寛仁元年十一月二十五日条）といった神社行幸がみられる。これらの行幸のさいには「行幸式」が作成されたことも確認できる。なお、東宮や三后が居所から出かけることを行啓という。

【所在】寛弘三年九月三・二十二日条、同五年十月十六日条、長和元年閏十月二十七日条、同二年正月十六日・九月十六日・十一月二十九日条、同五年六月二日条

【参考史料】『小右記』寛弘五年十月十六日条、長和二年九月十六日条、寛仁二年十月二十二日条

【参考文献】詫間直樹編『皇居行幸年表』（続群書類従完成会、一九九七年）　（磐下徹）

行事（ぎょうじ）　公事を執り行う役。多くの公事は上卿*・弁・史を基本とするユニットによって行われたが、行事蔵人が関与する場合もあり、とくに清涼殿・後宮での儀は行事蔵人のみによってなされた。祭祀・国忌*

を中心とした恒例の公事の行事は分配*によって定められ、それ以外の行事はそのつど定められた。一つの公事の行事官全体あるいはその執務場所を行事所という。独自に費用を調達できるのが行事所の特徴で、柔軟に公事運営にあたることができた。行事所のなかでも、とくに大嘗会行事所は悠紀・主基それぞれに設置される大規模なものである（寛弘八年八月十五日条には三条天皇即位後の大嘗会行事所の構成が記されている）。『御堂関白記』には、読経や土御門第の掃除、枇杷殿の造作といったいわば道長の個人的事業の責任者を「行事」と記した例もみえる。

【所在】長和五年五月十一日条

【参考文献】古瀬奈津子「行事蔵人について—摂関期を中心に—」（『日本古代王権と儀式』、吉川弘文館、一九九八年）、大津透「雇役から臨時雑役へ—摂関期の造営体制—」（『律令国家支配構造の研究』、岩波書店、一九九三年）、大隅清陽「延喜式から見た太政官の構成と行事」（『律令官制と礼秩序の研究』、吉川弘文館、二〇一一年）

（黒須友里江）

下文（くだしぶみ）　通常は、上位者（上位機関）の命令を伝達する文書である、官宣旨（弁官下文）や摂関家政所下文などを指すが、『御堂関白記』での用法は、必ずしもこれに限らない。長和五年（一〇一六）四月二十二日条では、率分所切下文を指している。これは、朝廷の諸費用確保のため、諸国の年料（毎年納入すべき税額）の十分の二相当額を正蔵率分所に別納する、正蔵率分制にもとづく文書で、必要に応じて比較的少額の料物の進上を諸国に命じるさいに発給された文書である。また同年五月二十日条では、天皇（道長）が陣定*に下して公卿たちに審議させた案件を指し「下文」と称している。

（磐下徹）

国充（くにあて）　内裏や大寺社の造営を諸国に分担させること。大粮*・位禄*を諸国に負担させることも国充というが、本項では造営の国充を扱う。十世紀半ば以降、内裏はたびたび焼亡し、そのつど再建された。内裏造営にあたっては、殿舎・門・廊・垣などが修理職・木工寮および諸国に割りあてられた（紫宸殿は修理職、清涼殿は木工寮が担当する）。畿内・畿外を問わない諸国への造営の割りあては天徳四年（九六〇）にはじまり、『御堂関白記』には寛弘二年（一〇〇五）と長和四年（一〇一五）の内裏焼亡による造営の国充が記録されている。なお、内裏造営の国充は焼亡にともなう臨時のものだが、大垣造営は受領への恒常的賦課となっていった。道長は寛弘二年十二月二十一日の造宮定において、造営が重なり諸国が疲弊しているため国司の勧賞を検討すべきことや、すでに造営を充てられている国・亡弊している坂東の負担を軽くすべきことを述べている（『小右記』）。また長和四〜寛仁二年（一〇一八）の造宮*では、疫癘流行の間は造宮を強行すべきでないと述べる（『小右記』長和四年六月十二日条）など、国充への積極的な発言がみられる。

【参考文献】大津透「雇役から臨時雑役へ—摂関期の造営体制—」（『律令国家支配構造の研究』、岩波書店、一九九三年）、上島享「大規模造営の時代」（『日本中世社会の形成と王権』、名古屋大学出版会、二〇一〇年）

（黒須友里江）

競馬（くらべうま）　馬二頭を走らせて、その優劣を競う競技の一つ。馳馬とも。単純な速さではなく、スタート地点である馬出からゴールの馬駐までの定められた範囲で、いかに相手の邪魔をして先着するかという乗尻（騎手）の技術を競う。年中行事としては、五月五日・六日の節日にさいし、内裏の馬場殿で騎射とともに行われていたが、同節会の衰退にともない、離宮・行宮や摂関などの第宅での臨時競馬や、石清水や春日などの神社の境内でされるものが中心となった。会場の設営にあたっては、騎射における三本の的懸の木を基準に、一の的の位置を馬出、二の的を勝負の木、三の的の位置に標*の桙（ほこ）を立てて馬駐とした。馬出には馬出勅使、馬駐には標勅使がそれぞれ座し、出走の管理と勝敗を判定する。競技に先立ち馬の毛並みを奏上する御馬（おうま）奏は、その年の吉凶を占う年占を背景とするとの説もある。馬は左右一頭の計二頭を一番（一組）として、計十番で競技するのを通例とし、乗尻が落馬した場合は負、勝負が決定しない場合は持（もち）とする。終了後、左方が勝方なら「陵王」、右方なら「納蘇利（なそり）」を奏するのを例とした。→三三八頁「競馬」

【所在】寛弘元年五月二十七日条、同三年九月二十二日条、長和二年九十六日条、寛仁元年九月二十二日条

（大隅清陽）

蔵人宣旨（くろうどせんじ）　蔵人を補任（ぶにん）するための宣旨*。蔵人の補任方法には、蔵人所別当が下すのと蔵人頭・蔵人が下す二つのルートがあった。前者は、蔵人所別当が御前で天皇の仰せにより定文を執筆し、それを蔵人頭または蔵人に下し、さらに出納に下して宣旨を書かせる。後者は、蔵人頭または蔵人が御前で仰せを奉じて宣旨を書き、出納に下す。蔵人宣旨には本人の官位姓名と蔵人が署名し、左近衛陣に給わった。『御堂関白記』にも蔵人補任の記事は多いが、道長は蔵人所別当であったから、それらは前者のルートで宣下された可能性が高い。蔵人は毎年正月に補任されたほか、代替わりや欠員が生じたさいにも補任された。補任された者は各所に慶賀*を申し、当日もしくは三日以内の吉日に参内（さんだい）・候宿する。

【所在】寛弘四年正月十三日条、同五年正月十一日条、長和五年十二月二十五日条

（黒須友里江）

郡司読奏（ぐんじどくそう）　郡司のなかでも奏任の官たる郡領（大領・少領）の任用手続きの一つ。郡領の任用手続きは、①国司による候補者の選抜・推薦（国擬）、②式部省における候補者の審査（式部省銓擬）、③国擬・式部省銓擬にもとづく郡領人事案の天皇・太政（だじょう）官への報告・決裁（郡司読奏）、④任官儀礼（郡司召）となる。このうち、唯一天皇が関与する③の読奏は、一連の手続きの中核をなす。本来読奏は、紫宸殿に出御した天皇の面前で行われていたが、九世紀半ば以降は不出御儀が定着する。この場合は、宜陽殿（ぎようでん）で上卿（しょうけい）*と式部官人らによる事務手続きが行われ、その経過や結果を清涼殿（御在所）の天皇に奏上し最終的な決裁が下された。摂関期の読奏はもっぱら不出御儀であったが、十一世紀後半頃に廃絶したようである。『小右記』長徳二年（九九六）十月十三日条に、当該期の読奏の詳しい様子が記録されている。

【所在】寛弘三年十二月二十七日条、同七年八月二十三日条

【参考文献】磐下徹「郡司読奏考」（『日本古代の郡司と天皇』、吉川弘文館、二〇一六年）

（磐下徹）

慶賀（けいが）　任官したり叙位*された者が、天皇や摂関をはじめ任命権者にお礼の挨拶をすること。慶申（よろこびもうし）ともいう。天皇に対しては奏慶という。『西宮記』巻八では新任官・叙位人事として天皇への拝舞*を規定する。寛弘五年（一〇〇八）十月十六日条の一条天皇土御門第（つちみかどてい）行幸*では、敦成の親王宣下*に対して氏の公卿・大夫がそろって慶賀を奏し、ついで公卿別当になった斉信が慶賀を申し、叙位が行われると、叙位された人びとが慶賀、道長も子息の頼通・教通が加階したため慶賀を奏した。翌日には道長のところに叙位された人びとが慶賀のために来ている。『枕草子』「慶び奏するこそ」段には、拝舞のさまのすばらしさが述べられている。

（大津透）

啓陣（けいじん）　行啓や立坊・立后（りっこう）*のさいに、東宮や三后らの警衛のため、天皇が六衛府官人を派遣して陣を敷かせること。あるいはこれに従事する官人たちを指す。円融天皇の

ときの遵子立后を伝える『小右記』天元五年（九八二）三月十三日条では、立后の啓陣は三日間を例としている。確かに長保二年（一〇〇〇）の彰子のさいは、立后が二月二十五日で、陣が解かれたのは二十八日（『権記』）となっており、三日間陣が敷かれていた。しかし、長和元年（一〇一二）二月十四日に立后した妍子のときは二十一日に解陣し（七日間）、寛仁二年十月十六日に立后した威子の場合は、二十日まで啓陣が行われていた（四日間）ようである。

【所在】寛弘三年九月二十二日条、寛仁元年八月九日条、同二年十月二十日条　（磐下徹）

警蹕（けいひつ）　天皇の出御や行幸*などのさいに、周囲へ戒め告げるため、あるいは邪気払いのために、「おし」などと先払いの声を発すること。『枕草子』「清涼殿の丑寅の隅の」段に「けいひちなど「おし」といふ声きこゆるも」とみえる。時代や状況によってその作法には違いがあった。『北山抄』巻八「神社行幸」では、神社行幸のさいは社頭での警蹕は憚るべきであるが、還御の折には宿院御在所においては警蹕を称するとしている。長和二年（一〇一三）十一月二十九日条には、三条天皇が石清水行幸から還御するさい、宿所（宿院）から御輿に乗るとき「常の如く」警蹕が称されたとあり、先の『北山抄』の記述と対応している。　（磐下徹）

外記政（げきせい）　諸司諸国の上申した事項を決裁する公卿聴政の一形態。太政官（だいじょう）曹司庁で行われていた公卿聴政である官政が内裏建春門近くの外記庁（太政官候庁）に場を移したもので、弘仁十三年（八二二）には成立していたことが確認でき、やがて常儀となった。平安時代の史料で単に「政」といえば通常外記政を指す（『御堂関白記』には「庁政」という表現もある）。外記政は、主に庁申文（もうしぶみ）*と外印請印（げいんしょういん）*からなる。前者は諸司諸国の上申事項を弁官が公卿に上申する手続きであり、史が文書を読みあげて決裁を仰いだ。後者は外印（太政官印）の押捺であり、公卿と少納言・外記により行われた。外記政に続いて参会者は侍従所（外記庁の南にあるため南所ともよばれる）に移動し、史が文書を上卿（しょうけい）*に差しだして決裁を仰ぐかたちの公卿聴政である南所申文が行われた。また庁申文・南所申文に先立ち、弁官が上申事項を処理する結政（かたなし）があった。外記政の回数は十世紀半ばから減少をはじめ、平安時代中期には外記政ではなく南所申文の方が実質的に機能していた。十世紀を通じて南所申文は大・中納言が上卿をつとめるのが通例となり、南所申文で処理しきれない案件は、大臣が上卿をつとめる陣申文に持ち込まれるか官奏*が行われるシステムとなった。したがって、『御堂関白記』には道長が出席した外記政の記事はない。外記政の記事は政始（まつりごとはじめ）*のものが多く、通常の外記政については一つも記事がない年すらある。なお、『北山抄』七に「大中納言に申すべき雑事」としてあげられている（『西宮記』七、『九条年中行事』にも同様の記載がある）のは、南所申文に持ち込まれた事案と考えられる。

【所在】長和四年十一月二十八日条

【参考文献】橋本義則「「外記政」の成立」（『平安宮成立史の研究』、塙書房、一九九五年）、曽我良成「太政官政務の処理手続—庁申文、南所申文、陣申文—」（『王朝国家政務の研究』、吉川弘文館、二〇一二年）、吉川真司「申文刺文考—太政官政務体系の再編成について—」（『律令官僚制の研究』、塙書房、一九九八年）　（黒須友里江）

外記日記（げきにっき）　太政官（だいじょう）の外記が職務として記録した公日記。朝儀や公事を記録した。道長の時代、儀式の先例を調べるにあたり、まず参照されたらしい。寛弘四年（一〇〇七）正月二十日条に脩子内親王を一品（いっぽん）に叙するにあたり年官と年爵をどうするかについて、天暦八年（九五四）の日記により康子内親王の例を参照しているが、これは外記日記であろう。長和四年（一〇一五）八月二十九日条には孔雀が卵を産んだが孵化しないことについて「先年の外記日記、之に同じ」とあり、延喜十一年（九一一）の外記日記を参照したのだろう。『日本紀略』後半部や『本朝世紀』は外記日記を主な材料として編纂されたとされる。

【参考文献】橋本義彦「外記日記と殿上日記」（『平安貴族社会の研究』、吉川弘文館、一九七六年）

（大津透）

見参（げざん）　目下の者が目上の者に拝謁すること、あるいは上位者が下位者を引見すること。また、節会などの儀式に参加することや、参加者の署名、署名した出席簿のことも指す。古記録では儀式参加者の出席簿としてよくみられる。見参に名を連ねることは、当該儀式に参加したことを意味し、これをもとに、禄*支給や出仕の勤怠把握がなされた。やや特殊な例として、太政官庁で行われる列見*があげられる。列見にさいしては、当日参内している公卿らは実際に官庁に赴かずとも見参に加えられ、行事に参列したとみなされた（寛弘五年二月二十三日条）。

【所在】長保二年正月一日条、長和元年九月九日条、同二年三月二十三日・十一月十六・二十九日条

（磐下徹）

月奏（げっそう）　毎月初めに前月の官人の上日（出勤日数）を奏聞すること。『侍中群要』六には殿上、蔵人所、御厨子所、滝口、楽所、小舎人、六衛府、内・外御書所の上日を、毎月一日に集計し三日に蔵人が奏聞することが記されており、本来月奏とはこれを指した。この月奏に加署することは蔵人所別当の職務であり、道長もこれを行っている（寛弘六年七月七日条）。一方、太政官（参議以上・少納言・外記・弁・史）および出居*侍従、内記の上日は毎月晦日に集計され、翌月一日に内侍に付して奏聞された。摂関期以降両者は混同され、ともに「月奏」と呼称されるようになった。寛弘八年（一〇一一）七月十五日条はその早い例である。そのほか、後院の職員の上日奏聞も月奏とよばれており、三条院の後院の月奏を院蔵人が道長にもたらしている（長和五年三月十七日条）。

【参考文献】佐藤全敏「宮中の「所」と所々別当制」（『平安時代の天皇と官僚制』、東京大学出版会、二〇〇八年）

（黒須友里江）

検非違使宣旨（けびいしせんじ）　検非違使（佐以下）を補任する宣旨*。検非違使補任にあたっては、蔵人頭が対象者の官位姓名を記した宣旨を書いて下し、それをうけ上卿*が官符*（検非違使官符）を作成させる。官符は弾正台・京職・馬寮・本府に下され、その実例として『類聚符宣抄』七「検非違使」所載の長保三年（一〇〇一）二月三日付太政官符がある。その後、補任された者は関白・所属する府の督・検非違使別当に恐みを申す（『侍中群要』九）。『御堂関白記』の記事はほとんどが補された人を記すのみだが、長和元年（一〇一二）十二月十六日条には補任の事情が詳しく記されている。

（黒須友里江）

解文（げぶみ）　被管官司（下位者）から所管官司（上位者）にだされる上申文書の様式のこと。申文*とも。公式令に淵源を持つ。摂関期には諸司・諸国からの行政案件は解文によって上申され、これを弁官が受理し、結政をへて内容に応じて公卿聴政や官奏*などで処理された。長保元年（九九九）五月九日条では、陸奥国からの臨時交易御馬の進上にさいし、道長は交易使が弁官に提出した陸奥国の解文の上申を受け、蔵人に付けて天皇に奏上している。また寛弘五年（一〇〇八）二月二十七日条では、道長はあらかじめ奏上されていた尾張国守の非法を訴える郡司・百姓らの解文（愁文）を一条天皇から下され、必要な指示をだしている。このように道長は政務

処理の過程でさまざまな解文を扱っていた。（磐下徹）

外弁（げべん）　即位・朝賀・節会において、会場内で儀式を取りしきる内弁に対し、会場外（朝堂院では会昌門外、内裏では承明門外）に控える公卿を外弁という。とくにその上首である外弁上卿は、参入前のその場の諸事を執り行った。また、その場所自体を外弁とよぶこともある。中宮彰子の大饗にさいし道長が「南外弁」（寛弘五年正月二日条）、「外弁庇」（寛弘八年正月二日条）と記しているのは、この用法を土御門第にあてたものである。外弁の参入までの動きはおおよそ以下の通りである。即位・朝賀では公卿以下は朝集堂に就き、外弁上卿が外弁鼓を打たせると章徳・興礼門（会昌門の腋門）が開く。その後、大極殿に天皇が出御し、会昌門が開くと内弁が鼓（刀禰を召す鼓）を打たせ、公卿以下が参入する。節会では公卿以下は承明門外に控え、外弁上卿が大舎人・侍従・国栖などの参不を外記に確認する。内弁が少納言を通じて参入の旨を伝えると、公卿以下が参入する。なお、外弁は内弁（第一の大臣がつとめる）より下位の公卿であったから、『御堂関白記』には道長が外弁であった記事はない。→二一二頁「外弁」（黒須友里江）

解由（げゆ）　解由状のこと。官人の交替にさいし、後任者が前任者の在任中の職務に懈怠がなく、引継ぎが問題なく行われたことを証するために発行した。解由状を得ることを放還という。また、前司に問題があり解由状をだせない場合には、その理由と前司の弁明とを並記した不与解由状が発行され、勘解由使で審判された。受領は任期を終えると受領功過定を通過することで勧賞されたが、その前提として解由状（不与解由状）の取得は不可欠であった。また、前職の解由を得ていないと位禄の減額（停止）、節会への参加停止などの罰が科された。寛弘三年（一〇〇六）十二月二十九日条では、摂津守の解由を取得しておらず、約一年間参内していなかった右大弁藤原説孝を職務復帰させるため、一条天皇が放還を指示している。

【所在】長和二年八月九日条

【参考文献】福井俊彦『交替式の研究』（吉川弘文館、一九七八年）（磐下徹）

検校（けんぎょう）　『御堂関白記』中では、①大規模な行事所の参議以上、②諸寺の公卿別当、③寺務をつかさどる僧職、の三つの意味で用いられる。①は弁・史からなる「行事」に対する語で、大嘗会や仁王会、造内裏の行事所について用いられることが多い。ただし、長和四年（一〇一五）十二月二十七日条に検校・行事と二分して記された造内裏行事所が『小右記』翌日条では一括して行事とされているように、必ずしも常に検校と行事を区別したわけではない。②は諸寺公卿別当のなかでもとくに高位の人物がつとめる延暦寺・興福寺・東寺について用いられた。道長は、長徳元年（九九七）九月二十七日に延暦寺三綱から同寺検校就任の祝賀を受けている。③は臨時の職として九世紀半ばから史料にあらわれ、のちに諸寺に常置されるようになった。『御堂関白記』には「御願寺検校」がみえる（長和二年二月二日条）。（黒須友里江）

兼字（けんじ）　召名（清書）に列挙された当該除目における任官者のうち、兼官者の名前の下に「兼」字を書くこと。『江家次第』巻四「除目清書事」には「一人一度除目任両官、末官付兼字」とみえる。ただし、除目で新たな官職についた者が引き続き従来の地位を兼任する場合も兼字が行われた。召名に「兼」字を書き込むことが事実上兼官を承認することになるため、「兼字を賜う」と表現される。

【所在】寛弘三年二月二十日条、同五年正月二十九日条

【参考史料】『小右記』天元五年三月五日条、長

和元年四月二十七日条、万寿四年三月十六日条
(磐下徹)

剣璽(けんじ) 天皇位を象徴するレガリアとされる、いわゆる三種の神器のうちの宝剣と神璽(璽筥)のこと。摂関期には神鏡は温明殿(賢所)に安置・奉斎されたのに対し、剣璽は清涼殿の夜御殿に置かれた。行幸*のさいには内侍や近衛次将によって捧持され、天皇とともに移動した。『年中行事絵巻』朝覲行幸の場面には、紫宸殿に出御した天皇の後方に、剣璽を捧持する内侍の姿が描かれている。また譲位にさいしては、前帝から新帝のもとに剣璽渡御が行われ、践祚儀の中核をなした。

【所在】長和元年五月三日条・十一月二十二日条、同二年九月十六日条、同五年正月二十九日条

【参考文献】『帝室制度史・五』(帝国学士院、一九四二年)、加茂正典「平安時代における剣璽渡御儀礼」(『日本古代即位儀礼史の研究』、思文閣出版、一九九九年)
(磐下徹)

兼宣旨(けんせんじ) 大将や大臣の任官、あるいは立后*のさい、あらかじめその旨を天皇の仰詞をもって伝える宣旨*。史料上の表記としては「兼」字をともなわない場合も多く、大臣の場合は任大臣*宣旨、大将の場合は任大将宣旨と称される。宮中に召して蔵人頭が伝えるのを通例としたが、教通の任左大将・道長の任太政大臣のさいには頼通が(寛仁元年三月二十二日・十一月二十七日条)、頼通の任内大臣のさいには道長が兼宣旨を伝えた(同年二月二十八日条)。立后の場合は蔵人頭が勅使として本人の宿所に来て伝える(長保二年正月二十八日条、長和元年正月三日条、寛仁二年十月五日条)。兼宣旨を受けると、陰陽師に任官・立后の日時を勘申*させ、次いで大饗*雑事(立后の場合はそれにともなう雑事)を定めた。
(黒須友里江)

元服(げんぷく) 男子が成人となったことを承認する通過儀礼。貴族社会の通過儀礼のなかでは最も重要で、とくに天皇・皇太子の場合は統治権の点から意味が大きい。清和天皇は貞観六年(八六四)元日に十五歳で元服したが、このとき『大唐開元礼』を用いて中国風の式*が作られ、以後の規範となった(『新儀式』巻四)。天皇の場合、十一歳から十五歳くらいに行われた。それまで髪を左右に分けてみずらで結んでいたのを、元結で髪を束ねて頭上でまとめて髻とし、初めて冠をかぶる。服装も闕腋の袍から縫腋の袍に着替える。加冠・理髪の役があり、冠をかぶらせる加冠は重要で、髪を冠のなかに引き入れることから「引入」ともいい、理髪は加冠に先立ち空頂黒幘を脱がせ、加冠後に櫛で鬢を整える役である。天皇元服では加冠は太政大臣があたるとされた。寛仁二年(一〇一八)正月三日条には、後一条天皇元服儀が南殿(一条院寝殿)で行われたことが詳しく記され、前年に太政大臣となった道長が加冠、摂政頼通が理髪をつとめ、道長が御冠を持ち祝詞を申して冠を加え、摂政が進み髪を整えると、いったん天皇以下退出する。采女が御座の前に簀薦を敷き、箸と肴を設け、天皇が縫腋袍に着替えて出御すると、道長が醴酒を受けとり、進んで祝詞を述べ杯をすすめ、天皇が受けとる。頼通が肴をすすめると天皇は祭ってのち嘗め、さらに杯をとり、匕をもって醴酒を祭り嘗め、終わると北廂に退出する。采女が膳物を片付け、天皇が御倚子につくと、開門、群臣が拝舞*した。正月五日には御元服後宴が開かれ、天皇が南殿に出御し、上寿者(このときは藤原道綱)が南階より上り、采女が御酒一杯を授けると、上寿者はそれを受けて陪膳の采女に授け、采女が御前にすすめると、上寿者は祝詞を申し、群臣が再拝*する。天皇が酒を飲み杯をあげると、群臣は拝舞し、全員が昇殿*して宴会となった。さらに正月七日には賀表の奉上が行われた。

また親王の場合も『新儀式』巻五に式文が

あるが、寛弘七年（一〇一〇）七月十七日条には一条天皇第一皇子敦康の、長和二年（一〇一三）三月二十三日条には三条天皇第二・第三皇子敦儀・敦平の元服儀が詳細に記され、それぞれ天皇出御のもと、前者は道長が加冠、蔵人頭源道方が理髪、後者は左右大臣の道長と顕光が加冠、やはり蔵人頭の藤原公信と朝経が理髪をつとめた。

臣下の場合は、『御堂関白記』にはみずからの子息や養子（兼経）の元服の記載が散見するが、寛弘三年十二月五日条には教通と能信の元服が記され、加冠は右大臣顕光と大納言道綱がつとめ、このとき教通に正五位下、能信に従五位上が授けられている。摂関や太政大臣の子息が元服と同時に叙爵される慣行が定着し、内覧左大臣道長にも適用されたらしい。

【参考文献】中村義雄『王朝の風俗と文学』（塙書房、一九六二年）、同「元服儀礼の研究」（『二松学舎論集』昭和四十年度）、服藤早苗「元服と家の成立過程」（『家成立史の研究』、校倉書房、一九九一年）　（大津透）

拘禁（こうきん）　事件の下手人などを一定の場所に拘束すること。拘禁の場所としてまずあげられるのは獄であり、『法曹至要抄』には「獄・獄舎政所・便所」とある。ただし、五位以上は六位以下と区別され左衛門府弓場が拘禁場所とされた。その他、諸国から召しあげられた者、滝口・帯刀・侍なども左衛門府弓場に拘禁された。また、当事者の権門間で事件が処理される場合や下手人の本主が独自に処分する場合には、諸司・諸家の施設が拘禁場所となることがあった。拘禁の後、さらなる処分が下される場合もあれば、拘禁を実質的な刑罰として赦されることもあった。道長は、中宮（藤原妍子）侍長の藤原惟兼（長和二年十二月二十四・二十五日条）、皇太后宮（藤原彰子）侍の内蔵有孝（長和五年三月二十・二十一日条）など、道長自身が主家にあたる者について拘禁処分を下している。また、道長の荘園の使者と争った前太皇太后宮（藤原遵子）大進昌隆を拘禁したこともみえる（寛仁元年十一月三日条）。なお、摂関期の権門間での事件処理においては、下手人の身柄を加害者側から被害者側へ引き渡す中世的慣行が間々みられる（被害者側は下手人を返送することが多い）。道長についていえば、源明子の下人が藤原懐平の随身らに乱暴をはたらいたさい、懐平に犯人の身柄を引き渡そうとしたのを懐平が辞退したこと（長和二年正月二十七日条）、道長の雑色が東宮舎人と争ったさい、東宮大夫懐平が雑色を道長に返そうとしたが道長が辞退したこと（寛弘八年四月十日条）がある。

【参考文献】上杉和彦「摂関政治期における拘禁処分をめぐって」（『日本中世法体系成立史論』、校倉書房、一九九六年）、前田禎彦「摂関期の闘乱・濫行事件―平安京の秩序構造―」（『日本史研究』四三三、一九九八年）、同「衛門府弓場の歴史的性格―弓場拘禁をめぐって―」（『古代文化』五三―一〇、二〇〇一年）　（黒須友里江）

勘事（こうじ）　本来は罪を勘え刑を決めることを意味したが、摂関期には官人の（とくに職務上の）違失・怠慢に対する処罰の一つを指した。勘当、勘責、恐懼ともいい、天皇からの勘事は勅勘という。勘事に処せられた場合はただちにその場から退出せねばならず、その後は許されるまで謹慎処分となり公務に従事することができなかった（期間は十日間程度が一般的である）。『御堂関白記』には道長が勘事に処した者として、五節舞殿の造作を誤った*行事の式部丞藤原定佐（寛弘三年十一月十四日条）、皇太后宮（藤原彰子）御読経結願における*饗の奉仕に不備があったとして皇太后宮属吉近（長和元年九月二十日条）、暴力事件の犯人への取り調べを十分に行わなかったとして藤原庶政（長和五年三月二十一日条）、賀茂臨時祭に遅刻した藤原資業（同年十二月十四日条）、藤原広業に無礼をはたらいた自身の随身秦為国（寛仁二年二月二十六日条）などがみえる。

【参考文献】告井幸男「家産制的処罰の展開」（『摂関期貴族社会の研究』、塙書房、二〇〇五年）　（黒須友里江）

候宿（こうしゅく）　→宿直（とのい）

定考（こうじょう）　毎年八月十一日、前年八月一日以降一年間の太政官の長上官の勤務成績を上申する儀式。「定考」は逆さに読むのが慣例で、読みに合わせて「考定」とも表記された。定考に先立ち八月一日に少納言・弁・外記・史が考選文案を作成し、十一日は太政官正庁での官政ののち定考が行われる。まず少納言が考に預かる者・預からない者の人数とその内訳を読みあげ、続いて大臣・納言各人の上日（出勤日数）を少納言が、政に従事した数を弁官が読みあげ、上卿*が承認する。その後、朝所*に移動して酒食があり、さらに宴座・穏座*がもうけられる。道長は、自身は出席しないものの注意は払っていたようで、『御堂関白記』には定考の上卿や出席者の記録が散見する。詳細なものとしては寛弘元年（一〇〇四）八月二十一日条があげられるが、太政官庁に参った人と陣座に参った人を分けて記しており（道長自身も陣座にいた）、定考そのものに出席するのは一部の公卿となっていたことがわかる。（黒須友里江）

薨奏（こうそう）　親王および三位以上の人の死去（薨）を太政官から奏上すること。親王についてはすべて、臣下については出家した人をのぞき行われた（ただし、出家していても天皇が服喪する対象である場合は行われた）。薨奏文は、外記が進上したものを上卿*が覧じ、少納言が内侍に付して奏上した。『御堂関白記』に記されているのは具平親王（寛弘六年八月十四日条）・為平親王（同七年十一月十日条）・昭平親王（長和二年七月十七日条）と、いずれも親王の薨奏である。（黒須友里江）

国忌（こき）　代々の天皇・母后の忌日のうち、廃務すべき日。『延喜式』では天智・光仁・桓武・仁明・文徳・光孝天皇と藤原乙牟漏・藤原沢子・藤原胤子の九国忌を規定するが、国忌の対象となる天皇はその後、文徳を廃して醍醐天皇を入れて固定化され、母后三名については道長の時代には藤原穏子・安子と懐子（寛弘八年に藤原超子に代わる）であった。平安前期には国家的斎会が東寺・西寺で行われたが、一方で国忌に入らない天皇のために忌日に御願寺で法華八講が営まれるようになる。長和二年（一〇一三）六月二十二日条には、一条天皇のための円教寺法華八講が行われているが、こうした忌日法会を国忌と記すこともある（長和二年十月二十四日条）。また天皇が父母の忌日に清涼殿で呪願・斎食を行い、御願寺などへ諷誦の使いを遣わす「御前の儀」が行われるようになり、長和四年正月二十八日条には、国忌に入った生母藤原超子のために三条天皇が御前の儀を行わせたことがみえる。→二七八頁「国忌」

【参考文献】古瀬奈津子「「国忌」の行事について」（『日本古代王権と儀式』、吉川弘文館、一九九八年）　（大津透）

曲水宴（ごくすいのえん）　主として三月三日に、庭の曲溝に酒杯を浮かべて行われる詩歌の宴。「きょくすいのえん」とも。三月上巳の日に川辺で邪気を祓う古代中国の上巳祓が遊宴化し日本に伝わったもの。曲水の宴はすでに奈良時代に行われていたことが知られ、『西宮記』にも次第がみえるが、『御堂関白記』寛弘四年（一〇〇七）三月三日条の道長による東三条第での例は、『師通記』寛治五年（一〇九一）三月十六日条・『中右記』同日条の師通による六条第での例と並び、のちの先例とされている。上流から杯を流し、それがみずからの前を過ぎる前に詩歌を詠じるのが本義とされるが、実際には、庭での宴の後、殿舎に上がってから詩を完成させている。

【参考文献】山中裕『平安朝の年中行事』（塙書房、一九七二年）、菅原嘉孝「摂関期における曲水宴について」（『風俗』二九‐三、一九九〇年）　（大隅清陽）

固関（こげん）　天皇や上皇、三后*や大臣らが死去したとき、また譲位などの朝廷の重大事、あるいは反乱等の非常事態にさいし、東国にその影響がおよぶのを防ぐため、近江国の逢坂関、伊勢国の鈴鹿関、美濃国の不破関を閉ざすこと。中央から固関使が派遣され、各関に勅符や木契・太政官符がもたらされた。反対に関の閉鎖を解除することを開関という。この場合も勅符・木契・官符*を携えた開関使が派遣された。開関使は固関使とともに帰京すると参内し、木契・国解・返抄を提出して木契は破却された。なお、摂関期には使を派遣せず、三関所在国の国司に関の開閉を命じる形式が多かった。長和五年（一〇一六）の三条天皇譲位にともなう固関では、右大臣藤原顕光が上卿*をつとめたが、失態が多く道長は怒りをあらわにしている（『小右記』正月二十五・二十七日条）。

【所在】寛弘五年二月十一日条、同八年七月十一日・十月十九日・十一月二十二日条、長和五年正月二十五日・二月八・十九日条、寛仁元年五月十二日・六月五日条

【参考文献】仁藤智子「固関儀の展開と王権」「固関儀の構造と特質」（『平安初期の王権と官僚制』、吉川弘文館、二〇〇〇年）　（磐下徹）

小除目（こじもく）　臨時除目*のこと。小除書とも。春・秋の恒例除目のさいには大間書*が用意され、執筆*大臣以下の公卿が清涼殿東廂に参入し御前において行われるが、小除目の場合には大間書は用意されず、公卿らも清涼殿に参入しない。基本的には上卿*一人が御前に召され、天皇と一対一で任官者を決定する。あるいは受領挙*など、陣座*に詰める公卿に申文*などを下して候補者を審議させることもある。いずれの場合も任官結果にもとづき召名*が作成され、式・兵部省に下された。また小除目は直物*と同時に行われることが多いが（長保元年閏三月四日条・寛弘元年二月二十六日条）、任ずべき闕官が生じた場合などに臨機応変に開催されたようである。寛弘元年（一〇〇五）六月十六日条では、受領の欠員が目立つことから小除目を開催すべきとの一条天皇の提案に道長も同意し、翌日、小除目が実施されている。なお『御堂関白記』では小除目を「召物」と表現する例もみられる（長和五年十一月七日条）。

【所在】寛弘二年六月十九日条、長和元年十月二十八日条　（磐下徹）

腰結（こしゆい）　→着裳（ちゃくも）

御書所試（ごしょどころのし）　御書所の学生（御書所衆）を選任するための試験。弓場殿において、勅題を給わって行われた。『御堂関白記』に記録されている寛弘二年（一〇〇五）七月十日の試では、弓場殿に集合した学生九人に対し宸筆の勅題が下され、近衛次将が試を監督した。このときは、欠員二名であったものの成績優秀のため四人を採用した。

【参考史料】『権記』・『小右記』寛弘二年七月十日条　（黒須友里江）

五節舞（ごせちのまい）　大嘗祭や新嘗祭などにさいして、貴族が献上した舞姫による舞。天武天皇が創始したと伝えられ、奈良時代には正月節会や五月五日、大仏開眼供養などさまざまな場で舞われたが、平安初期以降、大嘗祭と新嘗祭での舞が恒例となった。舞姫の数は新嘗祭の場合は四人、大嘗祭が五人で、その貢進者は九月から十月三日までに行われる五節定で定められる。その内訳は、新嘗は公卿と受領が各二人、大嘗では公卿三人と受領二人であった。本来は貢進者の実子を献ず

るが、十世紀以降、公卿については受領層の女子をさがし充てることが一般化した。舞姫には、童女二人、下仕四人、陪従六人など多くの付き添いがつけられ、それぞれに専用の装束が準備される。

十一月中子日の夜、舞姫は内裏常寧殿にもうけられた五節所に参入し、調習する。続く丑日には、常寧殿の御帳台に出御した天皇による、舞の下見である帳内試、さらに寅日にはより正式な試演である御前試が清涼殿で行われる。また円融朝以降には、新嘗祭についてのみ、卯日に天皇が舞姫付きの童女を見る童女御覧も行われた。本番である辰日の豊明節会*では、天皇の出御、賜宴、吉野国栖奏などののち舞姫が五節舞を群臣に披露した。

舞姫以下付き添いの装束をはじめ、関係者への酒肴の差し入れなど、舞姫を貢進する者の経済的負担は大きかったが、みずからの勢力を誇示するため華美になりがちで、しばしば過差禁制の対象となった。『御堂関白記』には、道長や倫子・彰子・頼通らが、舞姫貢進者に舞姫や童女の装束を贈ったり、家司を通じて弁備させた例が散見するが、寛弘元年（一〇〇四）十一月十五日条ではその仕上がりに不満を述べ、長和二年（一〇一三）十一月十六日条では、頼通と彰子が、教通の貢進する舞姫付きの童女・下仕のために贈った装束を「甚だ見苦しき過差たり」としている。

【所在】寛弘三年十一月十四日条、同六年十一月十四・十六・十七日条、同七年十一月十三・十六日条、長和元年十一月二十〜二十二日条、寛仁元年十一月十九〜二十一日条、同二年十一月十九〜二十一日条

【参考文献】山中裕『平安朝の年中行事』（塙書房、一九七二年）、服藤早苗「五節舞姫の成立と変容」（『歴史学研究』六六七、一九九五年）　（大隅清陽）

御膳（ごぜん）　天皇またはそれに準ずる貴人の食事。蔵人などの臣下や女官などが陪膳する。天皇の御膳には、清涼殿の母屋の昼御座の大床子でとる儀礼化した食事である大床子御膳のほか、西廂の朝餉間で朝夕にとる朝干飯御膳などがある。また節会などの宴会にさいしては、最初に献上するものを晴御膳といい、次に献上するものを脇御膳といった。『御堂関白記』では、土御門第行幸*で道長が天皇や中宮に供した例や、新造内裏への遷幸のさい、昼御座における最初の御膳となる昼の御飯を奉った例、立后*にさいして儀礼的な朝夕御膳を供した例などが散見する。

【所在】寛弘五年十月十六日条、同六年十二月二日条、長和元年四月二十七日条、同二年十月十六日条、寛仁二年四月二十八日・十月十六・二十二日条

【参考文献】佐藤全敏『平安時代の天皇と官僚制』（東京大学出版会、二〇〇八年）（大隅清陽）

御前定（ごぜんさだめ）　→陣定（じんのさだめ）

小朝拝（こちょうばい）　元日に皇太子以下の王卿および六位以上の殿上人が清涼殿東庭に列立し、清涼殿の殿上倚子に着座した天皇に拝舞*をする儀。「こぢょうはい」とも。本来は大極殿での朝賀ののちに内裏で行われる私的な礼で、王者に私礼なしとの理由で延喜五年（九〇五）に一旦停止となったが、同十九年（九一九）に藤原忠平などの奏請により復活した。一条朝の正暦四年（九九三）を最後に朝賀が廃絶してからは、小朝拝のみが行われるようになった。なお朝拝の語は本来は朝賀を指すが、『御堂関白記』をはじめとする古記録や儀式書では小朝拝と同義に用いられることが多い。毎年十二月十三日には、荷前*の使と並んで、翌春の朝拝で次侍従を奉仕する者が定められた。『御堂関白記』では、天皇の物忌（寛弘四年正月一日条）や体調不良（長和五年正月一日条）で停止となった例のほか、里内裏のため内裏での雨儀*を用いることができず行われなかった例（長和四年正月

一日条）などがみえる。また寛弘三年（一〇〇六）正月一日条では、天徳五年（九六一）の例に倣い、内裏焼亡の翌年に行うべきか否かが議論されている。

【所在】寛弘元年正月一日条、同七年正月一日条、長和二年正月一日条、寛仁元年正月一日条、同三年正月一日条

【参考文献】古瀬奈津子『日本古代王権と儀式』（吉川弘文館、一九九八年）　（大隅清陽）

駒牽（こまひき）　毎年八月に甲斐・武蔵・信濃・上野の御牧（みまき）から貢上された馬を、紫宸殿に出御した天皇の御前で牽き廻した後、左右馬寮（めりょう）や諸臣に分給して君臣関係を確認する儀。天皇出御に先立ち、上卿（しょうけい）*が貢馬の毛並みなどを記した御馬解文（げぶみ）*を奏上する。また馬を分給することを分取（わけどり）、引分（ひきわけ）などという。『延喜式』には四か国の牧名と貢馬数が規定され、また式日は八月七日に甲斐真衣野・柏前、十三日に武蔵秩父、十五日（朱雀院国忌（こき）*のためのちに十六日に変更）に信濃諸牧、十七日に甲斐穂坂、二十日に武蔵小野、二十三日に信濃望月、二十五日に武蔵諸牧、二十八日に上野諸牧とされた。ただし天皇出御は一条朝を最後にみられなくなり、以後は建礼門前で行われる大庭儀（おおにわ）が恒例となった。十世紀後半以降には、信濃以外の三か国の遅延や貢馬数不足が常態化して一年以上遅れることもあり、『御堂関白記』にも、道長が違期や懈怠（けたい）を問責している例がみえる。また長和五年（一〇一六）四月二十三日条では、即位*後最初の駒牽を申日にすることの是非を問うている。なお寛仁元年（一〇一七）十二月五日条では、陸奥交易御馬（おうま）の御覧（ごらん）が、駒牽とほぼ同様の次第で行われている。

【所在】長徳元年八月十六日・十二月一日条、寛弘元年正月十一日条、同三年八月十六日条、同六年八月十七日条、長和五年八月十五・二十日条、寛仁元年九月二十六日条

【参考文献】大日方克己『古代国家と年中行事』（吉川弘文館、一九九三年）　（大隅清陽）

再拝（さいはい）　連続して二度拝礼すること。敬意や謝意をあらわすため、儀式のなかでたびたび行われる。日本古来の作法としては「四拝」「拍手」が存在したが、平安初期の唐風化政策により「再拝」「舞踏」に改められた。「両段再拝」の語もよくみられるが、これは二度再拝するもので、神事や山陵への拝礼、宣命（せんみょう）*宣制のさいに行われた（宣命宣制の場合は一段宣制するごとに再拝する）。また任官、叙位*、賜禄への謝意表明のために行う拝舞*（舞踏）は、再拝と袖を振る動作などを組み合わせたものである。

【参考文献】西本昌弘「古礼からみた「内裏儀式」の成立」（『日本古代儀礼成立史の研究』、塙書房、一九九七年）　（黒須友里江）

差文（さしぶみ）　神事・仏事にさいして朝廷から派遣される使者をはじめ、諸行事・諸役に奉仕する人びとを書きあげた文書のこと。神社への奉幣のさいには、侍従や諸大夫の歴名とともに過去の差文が用意され、これを参考に奉幣使を選定し、新たな差文が作成されていた（『北山抄』巻六「奉幣諸社事」）。また長和五年（一〇一六）六月十一日条では、准三宮の待遇を受けた道長のもとに、新たに賜与された左右兵衛随身を列挙した差文がもたらされている。

【所在】長和元年八月三日条　（磐下徹）

定（さだめ）　定は、政（せい）（公卿が報告を受けて決裁する）と並ぶ政務形態で、公卿が集まって議定することである。その中心は陣定（じんのさだめ）*であり、天皇の御前で行う御前定もあった。ただし陣座（じんのざ）で定むとあっても、陣定でない定もある。上卿（しょうけい）*が勅を受けて単独で陣座で定め、参議が定文を書くという二名で行うもので、儀式の使者や法会の参加僧を定める人事の例が多い。御禊前駆定（ごけいさきがけ）・奉幣使定・賑給（しんごう）*使定・荷前使（のさき）*定のほか、仏教法会について季御読経（きのみどきょう）定、仁王会（にんのうえ）定などがあげられる。寛弘七年

（一〇一〇）三月八日条で、道長が左仗座について千部法華経供養の僧名と最勝講の僧名を定めているなど、法会の参加僧を決める僧名定の例は多い。長和二年（一〇一三）八月十日条には伊勢斎宮当子内親王の御禊の前駆（御前）の定文の書式があげられている。

【参考文献】大津透「摂関期の陣定」（『山梨大学教育学部研究報告』四六、一九九六年）

（大津透）

定文（さだめぶみ）　→陣定（じんのさだめ）

産（さん）　出産にかかわるさまざまな儀礼は、平安貴族社会において通過儀礼として成立した。中宮・皇后の場合、懐妊後三、四か月後に内裏から里邸へ退出し、ついで着帯の儀が行われる。退出は出産の穢れを避けるためであった。なお貴族の場合は妊婦の両親の家で出産する。一条天皇中宮彰子は、寛弘五年（一〇〇八）四月十三日条に出産のために一条院から道長の土御門第に退出していて、このとき懐妊五か月であった。敦成の出産は難産であり、『紫式部日記』には加持祈禱の修法や散米の様子など出産の前後が詳しく記されている。出産すると、臍の緒切り、乳付*、御湯殿儀*、鳴弦*、読書*などが行われ、また皇子が誕生すると、天皇から近衛の将を使いとして御剣が下賜された（寛弘五年九月十一日条）。さらに三日の夜からは一日おきに産養*の儀式があった。長和五年（一〇一六）二月二十四日条では、前日に教通の室が女子を産み、絹百匹を贈ったものの、明日の神事に支障が出るとして子細を問わず人を遣わすのもやめていて、出産の穢れを避けていることがわかる。

【参考文献】中村義雄『王朝の風俗と文学』（塙書房、一九六二年）

（大津透）

算賀（さんが）　算は年齢の意味で、長寿を祝賀する儀式。四十歳から十年ごとに祝う。祝儀の品を四十など年数にあわせ、屏風を調進し屏風歌を書いたりした。長保三年（一〇〇一）十月九日に道長主催で、土御門第において姉の東三条院詮子の四十賀を盛大に行っている（『権記』・『栄花物語』「とりべ野」）。『栄花物語』御賀は、治安三年（一〇二三）に催された道長室源倫子六十賀のありさまを詳細に描いている。道長自身については、寛弘二年（一〇〇五）十二月二十日条に法性寺などから「賀巻数」が進上されていて、四十賀にかかわると思われるが、『御堂関白記』をはじめ具体的な記述はない。五十賀については、長和四年（一〇一五）十月二十五日条によれば、彰子が主催して皇太后宮（土御門第西対）で大般若経・寿命経・両界曼荼羅を供養する法会として営まれている。このとき藤原公任と道長が和歌を詠み交わしたことが記録されている。

（大津透）

山陵使（さんりょうし）　即位*や立太子*などの慶事のさい、それを山陵に報告するために派遣される使。告陵使とも。即位時の派遣は淳和天皇が初見で、伊勢神宮への奉幣と対をなしており、桓武朝以後に、両者を中国の宗廟に相当する皇室の祖先祭祀の対象とみなすようになったことを背景とする。当初は祖父母・父などの直系尊属を対象としたが、清和天皇のときから拡大し、十世紀以降には天智・桓武・嵯峨・仁明・光孝・醍醐・村上に近親や外戚を加えるのが通例となった。またその契機も、天皇・皇太子の元服*や立后*などに拡大した。天皇不例、兵乱、外患、天変地異などの凶事のさいに派遣されることもある。『御堂関白記』では、寛弘三年（一〇〇六）十二月十七日条は内裏造営の完了を報告した例で、長和五年（一〇一六）五月十七日条では、後一条天皇の即位にさいして、山階（天智）・嵯峨・深草（仁明）・後田邑（光孝）・後山階（醍醐）・邑上（村上）・円成寺（一条）の八か所に派遣されている。

【所在】長和五年三月二十日・五月五・十七日

条

【参考文献】服藤早苗『家成立史の研究―祖先祭祀・女・子ども―』（校倉書房、一九九一年）

（大隅清陽）

式（しき）　律令の施行細則など、官司の業務や儀式・行事の具体的な手続きを定めた規則のこと。寛仁二年（一〇一八）九月三日条にみえる「式文」は、斎王群行のある年は御燈を献じないとする、延喜斎宮式52勢江州忌条を指している。ただし式は必ずしも延喜式のみを指すわけではない。行幸*や法会・元服*などの行事に先立ち、あらかじめその次第などをまとめたものも式とよばれている。たとえば、寛弘三年（一〇〇六）の一条天皇の土御門第行幸にさいしては、事前に「行幸式」が作成されている（九月三日条）。このように行事にさいして臨時に用意された式の中には先例として重視されるものもあり、『江家次第』巻十九「臨時競馬事」の収録する「土御門殿競馬次第」の記述は、長和三年（一〇一四）の式をもとにし、「延長五式」や「寛和式」も引用されている。

【所在】寛弘三年九月二十二日・十二月二十六日条、同四年十二月二日条、寛仁三年八月二十八日条

（磐下徹）

四所籍（ししょのせき）　春除目*の冒頭に行われる任官のこと。四所とは内豎所・校書殿・大舎人寮・進物所を指す。四所の職員を、それぞれの内部で小グループ＝籍に分け、各籍の一労の者（最も勤務年数の長い者）のなかから諸国の掾・目を任用した。籍（名簿*とも）には本籍（大籍）・別籍（小籍）の区別がある。たとえば内豎所であれば、本籍として頭・執事・奏時・喚などの籍がもうけられ、別籍には前春宮坊籍・（前）中宮籍・陽成院籍などが確認できる。本籍はおおむね四所の役職ごとに組まれ、別籍は、即位*や院宮の崩御にともない、それぞれの家政機関の職員で転任できなかった者を、前春宮坊籍や陽成院籍に編成し、四所に付して前職での労を継続させたものが原型になっていると考えられる。道長は内豎所別当をつとめており、その労帳（内豎籍）に加署していることが確認できる（寛弘二年正月二十五日条など）。

【参考史料】『魚魯愚抄』、長徳二年大間書（『続群書類従』第十輯下）

【参考文献】黒板伸夫「四所籍小考」（『摂関時代史論集』、吉川弘文館、一九八〇年）

（磐下徹）

四方拝（しほうはい）　正月元旦の早朝に、天皇や摂関などの貴顕が、庭中にもうけた座でみずからの属星、天地四方の神々、陵墓などを拝する儀。天皇の儀は清涼殿東庭に、屏風で囲まれた「属星拝」「天地四方拝」「陵拝」の三座をもうけて寅の刻より行われ、まず属星を再拝*し、厄災を除く呪文を唱える。次いで北に向いて天、北西に向いて地を拝し、さらに四方を拝する。最後に山陵を拝するさいには、唐風の再拝ではなく日本風の両段再拝を用いた。摂関や庶人が行う場合は、座を一つにまとめて、天皇より遅れた卯の刻よりはじめ、四方の他に氏神・竈神・先聖・先師・墳墓などを拝する。『御堂関白記』にみえる事例はすべて摂関家の四方拝で、正月一日条の冒頭に「天地四方拝常の如し」と記され、続いて摂関家の拝礼が記されることが多い。寛弘八年（一〇一一）正月一日条では「四方拝及び拝礼常の如し」とまとめて記されており、この両者が、摂関家の年始を飾る行事と認識されていたことがうかがえる。

【所在】寛弘四年正月一日条、同五年正月一日条、同七年正月一日条、長和元年正月一日条、寛仁三年正月一日条

【参考文献】所功『平安朝儀式所成立史の研究』（国書刊行会、一九八五年）

（大隅清陽）

除目（じもく）　京官と外官の大半を任命する政務儀礼。春に行われる国司の任命を中心

とした県召除目と、京官を主とする秋の司召除目の二つが恒例除目とされた。このほか、必要に応じて小除目*（臨時除目）も開催された。

恒例除目は、天皇が清涼殿の昼御座に出御し、関白と執筆*大臣以下の公卿が御前に参入して行われる。執筆以下は事前に宜陽殿の議所や陣座*に着座し、筥文*などの準備を整えて清涼殿に参入する。任官の大まかな流れは、執筆が自薦・他薦の申文*や種々の労帳・勘文*、歴名帳・補任帳などを参照し、対座する天皇の意向を確認しつつ大間書*に任官者を書き込んでいくというものである。顕官挙や受領挙*では、執筆以外の公卿の意見が徴されることもある。任用の基準は労（年功序列）を原則とした。

任官は、四所籍*や年官・顕官挙・受領挙など、任官の方法や官職の種類、任用対象者の属性ごとに進められた。その順番もおおむね決まっており、春除目であればまず四所籍を任じることからはじまる。次に年官申文を外記に下して勘じさせ、その間に労帳をもとに内舎人や文章生を諸国掾に任命する。外記から申文が戻されると、院宮以下の年官が処理された。その後は、諸道挙（明経道など諸道の博士が推挙した学生を諸国掾に任じる）、続いて御厨子所など所々の預、叙爵した近衛将監らを任用国司に任じ、さらに宿官（四位・五位の者を受領の欠員が生じるまで諸国権守や介に任じること）、参議らの兼国、顕官挙をふくめた京官、受領挙と任官は進められた（『北山抄』巻三「除目」）。春除目の場合は三日間行われ、長和二年（一〇一三）正月二十四日条によれば、このときは一七一人が任じられている。すべての任官が終了すると、執筆は大間書を清書上卿*に渡し召名*と下名*を作成させる。これらは式・兵部省に下され、下名儀で使用された。

執筆の役割はきわめて重要で、事前に関係諸司に除目開催とその準備を指示する召仰*を行い、外記に大間書を作らせ、みずからも闕官寄物（官職ごとに闕官を書きあげた文書）などを準備しなければならなかった。さらに除目終了後も直物*の上卿をつとめるなど、執筆の奉仕は少なからぬ負担だった。道長は長く左大臣（一上*）であったため、しばしば執筆をつとめているが辞退することもあった（寛弘二年正月二十二・二十三日、同三年十一月二十七日条）。なお摂政儀の場合は大弁が執筆をつとめる。

寛弘三年（一〇〇六）正月二十八日条には、伊勢守の任官をめぐる一条天皇・道長・藤原顕光やほかの公卿らの態度が具体的に記録されている。当時、伊勢守には藤原為度が在任していたが、彼は辞表を提出し、あわせて後任に平維衡を任用しないよう上申する。しかし後任を決める受領挙にさいし、顕光はみずからの家人であった維衡を推挙した。これに対して一条天皇は、顕光女の元子を女御としており、また維衡が彼女のために堀河院を造営していたため、維衡任用の意向を示す。この提案に対し、道長や他の公卿たちは疑義を呈した。維衡が伊勢国に拠点を持ち、長徳四年（九九八）には平致頼と同国で乱闘を起こしていたことが理由であろう。ところが天皇も譲らず、道長は不本意ながら大間書に伊勢守任官者を書き込むことなく除目を終了せざるを得なかった（結局、直後に維衡は伊勢守に任じられるが三月には解任される）。この事例は、除目における人事権の行使が、必ずしも天皇もしくは執筆の独断によるものでなく、公卿層の合意と理解を必要としていたことをよく示しているだろう。一方、寛仁元年（一〇一七）八月二十日、同二年正月二十七日条では、摂政頼通が除目にさいしてしきりに道長の了解を求めている。これは頼通の未熟さに起因する部分もあろうが、人事に対して他と隔絶した影響力を持つようになった

「大殿」道長の姿を示しているといえよう。

【所在】寛弘元年正月二十日条、同六年九月十三日条、長和元年正月二十五〜二十七日条、同四年十月二十七・二十八日条

【参考史料】『九条家本除目抄』、『魚魯愚抄』、『雲図抄』「正月除目事」、『年中行事絵巻』（田中本別本巻二）「除目御前儀」

【参考文献】玉井力『平安時代の貴族と天皇』（岩波書店、二〇〇〇年）　（磐下徹）

赦（しゃ）　祥瑞の出現や即位などの慶事、天体異変などの災異、天皇の病気や崩御などにさいし、犯罪者の罪を許す措置。恩赦のこと。免物（ゆるしもの）とも称する。赦は「常赦所不免」と規定された罪や八虐など以外を許す常赦と、すべての罪を消滅させる非常赦に大別できる。これらを全国的に実施する場合を大赦、局地的な場合は曲赦といった。寛弘三年（一〇〇七）八月二十六日条では、大星（恒星ではない彗星や新星などのこと。客星）の出現により赦が行われ、服役囚と未決囚が九人ずつ赦免されている。赦の対象となる者を免者というが、その選定は検非違使（けびいし）別当が提出した服役囚・未決囚を書きあげた勘文（かんもん）にもとづいて選定されている。『朝野群載』巻十一「廷尉」には、このときの七月十七日付の検非違使勘文・別当宣が残されている。また、新たに検非違使別当が着任すると、任初の免物が行われるのが恒例で（前掲『朝野群載』別当宣の注記）、長和二年（一〇一三）十二月二十日条では、教通の別当就任にともない、未決囚が放免されている。

【所在】寛弘四年六月十二・十六日条、同八年十月二十五日条、長和四年五月二十三・二十六日条

【参考史料】『殿暦』元永元年閏九月六日条

【参考文献】佐竹昭『古代王権と恩赦』（雄山閣出版、一九九八年）　（磐下徹）

謝座・謝酒（しゃざ・しゃしゅ）　朝廷における節会（せちえ）などの宴会のさい、庭中に参入した群臣が着座に先立って再拝し、賜宴会に対する謝意をあらわすこと。節会の場合は、まず内弁が一揖（いちゆう）して再拝し、さらに一揖するのに続いて群臣が再拝する。謝座に引き続き、庭中において、酒の下賜に対して再拝して謝意をあらわすことを謝酒という。『四節八座抄』によれば、造酒正（ぞうしゅせい）が賜酒の意を示す空盞（こうざん）を持参すると、その場の上首の者が笏（しゃく）を置いて跪（ひざまず）いてから盞を受けて一拝して立ち、群臣も再拝する。その後、上首は再び跪いて盞を造酒正に返し、笏を取って一拝ののち立つというものであった。謝座・謝酒は一連の所作であるため、『御堂関白記』をはじめとする古記録では、「謝座酒」とまとめて記すことも多い。

【所在】長和元年十一月二十三・二十五日条、寛仁二年正月五日条　（大隅清陽）

射礼（じゃらい）　天皇の御前で官人が弓を射る儀礼。大射（たいしゃ）とも。『儀礼』などにみえる古代中国の儀礼に由来し、養老雑令では正月中旬に親王以下の全官人が行うとある。嵯峨朝以降には、正月十七日に豊楽院（ぶらく）で衛府（えふ）官人を中心になされるようになった。九世紀後半の清和朝以降、天皇出御が少なくなるとともに、建礼門前で行うことも多くなるが、『御堂関白記』にみえる二例はともに豊楽院儀である。弓を射る射席と的（まと）は甲乙二組がもうけられ、射手は兵部（ひょうぶ）省官人に姓名を唱えられたのちに射る。的中した者にはその位置と位階に応じ、射分銭や禄が与えられた。式日については、三条朝の長和二年（一〇一三）二月に、正月が生母藤原超子の忌月であるため三月十一日に改訂され、後一条天皇の寛仁元年（一〇一七）に旧に復した。なお当日、不参や日没により射ることができなかった射手が翌十八日に競技することを射遺（いのこし）といい、当日参入の参議一人を派遣して行事させた。

【所在】長和五年三月十一日条、寛仁元年正月十一日条

【参考文献】大日方克己『古代国家と年中行

事』（吉川弘文館、一九九三年）　（大隅清陽）

愁訴（しゅうそ）　いわゆる国司苛政上訴のこと。十世紀後半から十一世紀前半を中心に、国司（受領）の非法・不正を当該国の郡司・百姓らが朝廷に上訴すること。郡司・百姓らは愁文などとよばれる訴状（解文*）を提出した。永延二年（九八八）に尾張守藤原元命を訴えた「尾張国郡司百姓等解文」がよく知られている。この場合の「百姓」は、一般農民というよりも郡司らとともに国衙に結集していた地方行政を担った地方有力者層（＝雑色人）を指す。したがって上訴の原因は、受領と雑色人層との対立、もしくは雑色人層内の争いに求められる。上訴の処理手続きは、①上訴の受理と訴状の奏上、②天皇による原告の帰国や国司下向、陣定*開催などの指示、③太政官（弁官）による関係者の勘問、④陣定、⑤処分の決定となる。受領の解任にいたる場合もある一方で、受領の任国下向により問題が解決した事例も散見する。寛弘五年（一〇〇八）二月二十七日条では、尾張国（守は藤原中清）の郡司・百姓らの上訴を受け、一条天皇が道長に原告の帰国や被告たる中清の下向などを指示し、ともに上訴の処理を検討している。

【所在】長保元年九月二十四日条、長和元年十二月九日条、同五年八月二十五日条

【参考史料】『権記』寛弘四年七月二十三日・十月二十九日・十二月二十五日条、『左経記』万寿三年三月二十九日・四月七・九・二十三日条

【参考文献】福島正樹「中世成立期の国家と民衆を考えるために」（十世紀研究会編『中世成立期の歴史像』、東京堂出版、一九九三年）、寺内浩「国司苛政上訴について」（『受領制の研究』、塙書房、二〇〇四年）、磐下徹「国司苛政上訴寸考」（倉本一宏編『日記・古記録の世界』、思文閣出版、二〇一五年）　（磐下徹）

入眼（じゅげん）　叙位*・除目*の最終過程を指す言葉。叙位においては、執筆*の大臣が叙位者を書き連ねた叙位簿をもとに、内記が位記*へ姓名を書き入れることを指す。執筆がみずから指示する場合（寛弘四年正月二十日条）と、ほかの公卿がつとめる入眼上卿*に叙位簿を渡して行わせる場合（寛弘三年正月五日条）とがある。一方、除目においては、執筆の大臣が大間書*に任官者を一通り書きあげ、天皇に奏上する前に日付を書き込むことを指す。また、これが行われるのは除目の最後であるため、除目の最終日も入眼と称した。

【所在】寛弘七年正月五日条、同五年二月六日条、長和二年正月六・二十四日条　（磐下徹）

入内（じゅだい）　后妃が儀式を整えて内裏に参入すること。天皇の配偶者となる婚姻の儀を意味し、女御やがて中宮に補された。長保元年（九九九）十一月一日条には、十二歳の藤原彰子が一条天皇に入内した記事があり、多くの公卿が集まり饗饌がだされたのち移動に従い、天皇から御書が遣わされ、輦車で宮中に入ることを許す輦車宣旨*がだされた。そして七日に女御宣旨が下った。『栄花物語』「かかやく藤壺」に、このときの詳しい叙述があり、道長の依頼で公任などが詠んだ四尺屛風の屛風歌が作られ、女房四十人・童女六人・下仕六人が厳しく選ばれたことがみえる。寛仁二年（一〇一八）三月七日条には尚侍藤原威子の後一条天皇への入内にさいして、威子の母の源倫子が衾覆の役をつとめたことなどが記され、四月二十八日に女御とする宣旨が下されている。なお寛弘七年（一〇一〇）二月二十日条では尚侍藤原妍子が東宮居貞親王（のちの三条天皇）に参入している。これは東宮参入であって入内とはよばないが、ほぼ同じ儀式が行われ、即位*後の寛弘八年八月二十三日に妍子は藤原娍子とともに女御とされた。　（大津透）

執筆（しゅひつ）　筆を執り文書を書きあげること、またその役目をつとめる人を指す。古

記録では多くの場合、叙位＊・除目＊を統括する筆頭大臣（一上＊）を示す言葉として用いられる。叙位・除目では、御前に着した大臣が天皇の意向を確認しながら、叙位であれば叙位簿に、除目であれば大間書＊に、叙位・任官者をみずから書き込んでいく。これらの文書をもとに、位記＊や召名＊が作成された。また、除目では大間書や成文（任官のかなった申文＊）は執筆の大臣が持ち帰ることになっていた。このように執筆は人事権に直結する行為であり、これをつとめることは公卿にとって大きな名誉であると同時に、失態の許されない難しい職務でもあった。なお、摂政儀では大弁が執筆をつとめる。道長は長く左大臣（一上）でありしばしば執筆をつとめた。

【所在】寛弘四年正月三・六日条、寛仁二年十月二十二日条

【参考史料】『九条家本除目抄』（磐下徹）

旬 旬政、旬儀ともいい、毎月一日・十一日・十六日・二十一日に天皇が紫宸殿に出御して政務をみるとともに群臣に宴を賜う儀式。開催頻度は時期により差があるものの、朱雀朝以降は四月一日と十月一日の二孟旬のみが恒例となっていた。その他、遷宮後の新所旬、天皇即位後の万機旬、朔旦冬至（十一月一日が冬至にあたるとき）の朔旦旬などが臨時に開催された。こういった臨時の旬は、『御堂関白記』には新所旬が三例（長保元年十一月十一日・寛弘六年十一月七日・同七年十一月十七日条）、三条天皇の万機旬（長和元年十一月十日条）、後一条天皇の万機旬とも新所旬とも理解可能な旬（長和五年七月十六日条）、臨時旬（寛弘二年十二月十七日条）が記録されている。

旬のおおよその次第は以下の通りである。天皇出御ののち、御鎰奏（監物が諸司の倉庫の鎰を天皇に請い、受け取る儀式。監物奏とも）、官奏＊が行われる。ここで皇太子・王卿・侍従らが宜陽殿に着し、御膳＊・臣下の膳が提供される。この間、侍従厨家別当が御贄奏上を行う（これは二孟旬のみの儀式）。次いで一献ののち番奏（六衛府がその月の上番の名簿＊を奏上する儀式）、二献ののち庭立奏（少納言が内案を奏上し、内印＊を捺印する儀式）がある。このさい、孟夏旬には扇、孟冬旬には氷魚を王卿に賜る。三献ののち、近衛府による奏楽がある。次いで、上卿＊が見参＊・禄目録を奏上し、見参にもとづいて少納言が王卿の名を呼び、天皇が還御する。なお、十一月一日の旬では御暦奏（陰陽寮が作成した翌年の暦を中務省が奏上する儀式）も行われる。

天皇が出御しない場合には、宜陽殿西廂にもうけられた平座＊に公卿以下が着して宴会をした。この宴会自体も平座とよび、『御堂関白記』にも多くみられる。里内裏の平座の場合は陣座が用いられた。

【所在】寛弘二年十月一日条、同三年十月一日条、同七年七月十七日条

【参考文献】加藤友康「朝儀の構造とその特質―平安期を中心として」（永原慶二編集代表『講座・前近代の天皇第五巻　世界史のなかの天皇』、青木書店、一九九五年）、吉田歓「旬儀の成立と展開」（『日中宮城の比較研究』、吉川弘文館、二〇〇二年）（黒須友里江）

巡 巡爵（→「叙位」参照）を指すこともある。また、近衛府などでの政務分担方法も意味する。ここでは後者を説明する。春日祭や賀茂祭には、近衛府からも祭使が出された。しかし祭使勤仕には、装束の準備や出立儀・還饗の用意など、莫大な費用がかかり、それらは祭使自身や親族が負担することになっていた。そのため負担公平化の目的で、それ以前に祭使をつとめた回数をもとに順番が組まれ、特定の人物に祭使役が偏らないように配慮された。寛弘五年（一〇〇八）二月一～三日条によれば、この年春の春日祭使の巡に当たっていた藤原公信が触穢により

辞退し、代役として藤原道雅と教通の名前があがった。最終的に道雅が祭使に選ばれたものの、彼は難色を示し、直前に代官を申請して勤仕しなかった。教通が候補にあがったさい、昨冬に祭使をつとめたばかりであるにもかかわらず、道長は勅命があれば応じる意向を表明している。この事例は、祭使の負担が大きく近衛官人にとって忌避したいものであったことと同時に、息子に連続して祭使をつとめさせることをも厭わない道長の財力もよく示している。

【所在】寛弘四年十月二十六・二十九日条

【参考文献】佐々木恵介「『小右記』にみる摂関期近衛府の政務運営」(笹山晴生先生還暦記念会編『日本律令制論集』下巻、吉川弘文館、一九九三年)、三橋正「摂関期の春日祭」(『平安時代の信仰と宗教儀礼』、続群書類従完成会、二〇〇〇年)

(磐下徹)

叙位(じょい)　位階を授けること、またその儀式。

平安時代の従五位下以上の叙位は、正月五日に天皇の御前で審議・決定され、七日の白馬節会(あおうまのせちえ)*のときに位記*を交付することになっていた。その他、行幸*や特別な行事(即位*や大嘗祭など)のさいにも臨時の叙位が行われた。従五位下に叙されることを叙爵、従五位上以上に昇階することを加階という。

道長の時代の叙位では年労が重視され、ある官司における勤務年数が長い者から順に叙位された。労は外記(げき)が勘文(かんもん)*にまとめ叙位の場に提出した。このうち十年労帳は、六位の諸司官人のなかで叙爵に値する年労を積んでいる者を書きあげたものである。叙位にいたるまでの年限は官司により異なり、『二中歴』巻七「叙位歴」にその一覧が掲載されている。また六位官人である式部・民部丞などの顕官や蔵人(くろうど)については、在任者のうち最も年労を積んだ者を毎年一人叙爵させる巡爵が行われていた。巡爵による叙爵者は任を去り、次に叙爵の順によって受領(ずりょう)に任じられた(受領巡任)。受領の任を大過なくつとめると、治国の賞として加階されることになっていた。

労による叙位以外には、氏長者(うじのちょうじゃ)が氏人のなかから毎年一人叙爵者を推挙する氏爵がある。氏爵は通常、王氏・源氏・藤原氏・橘氏で行われるが、即位や大嘗祭、朔旦冬至のさいには和気氏(長和元年閏十月十四日条)、百済王氏・伴氏・佐伯氏の氏爵もある。その他、年爵(年給)や臨時の賞による叙位、みずからの叙位の権利を近親者に読み替える「譲」なども行われた。

正月の恒例の叙位は、清涼殿の昼御座(ひのおまし)に出御した天皇の面前で摂関以外の筆頭大臣(一上(いちのかみ)*)が執筆(しゅひつ)*をつとめ、ほかの公卿も列席した。執筆は外記の用意した勘文や、巡爵を申請する請奏、年爵の申文(もうしぶみ)*などを参照し、叙位の結果を続紙に書き込んでいく。この文書を叙位簿あるいは下名(おりな)*とよび、執筆はこれを入眼(じゅげん)*上卿(しょうけい)*に渡し、内記に位記を作成させることになっていた。道長はしばしば執筆をつとめたが、辞退することもあった。寛弘二年(一〇〇五)正月には、執筆を辞退する道長を一条天皇が説得し出仕させている(同年正月四・五日条)。また同四年正月には辞退は認められたものの、道長のもとに叙位希望者が陳情に押し寄せており、その影響力の大きさをうかがえる(同年正月二〜四日条)。

臨時の叙位では、大臣一人が御前に召され、天皇の意を受けて叙位簿を作成することもあった。また、大臣を召さず、蔵人を通し勅命を伝えて叙位簿を作成させる場合もみられる。臨時叙位に関しては、道長邸への行幸にさいして行われた例が散見するが、この場合には道長の子女や家司(けいし)が恩典に与ることが多い。年爵やこのような叙位では、天皇・院や后妃、あるいはその外戚との関係性が重要となり、年労方式とは異なる論理の叙位と位置づけられる。

また叙位をめぐっては、『袋草紙』や『十

訓抄』などに説話化されている、藤原斉信に位階を越された藤原公任が抗議の辞表を提出した事件も『御堂関白記』には記録されている（寛弘元年十二月十五日条・同二年七月二十一日条）。

【所在】寛弘元年正月五・六日条、同三年三月四日条、同五年十月十六日条裏書、同八年八月十一日条、長和二年正月六日条

【参考史料】『雲図抄』正月五日「叙位議事」

【参考文献】佐々木恵介「摂関期における官人昇叙の実態とその論理」（『聖心女子大学論叢』一〇八、二〇〇七年）、玉井力「平安時代における加階と官司の労」（『平安時代の貴族と天皇』、岩波書店、二〇〇〇年）、吉川真司「律令官人制の再編過程」（『律令官僚制の研究』、塙書房、一九九八年）　（磐下徹）

譲位　天皇が東宮に位を譲ること。平安時代には生存中に位を譲る受禅践祚*が多い。譲位儀にさいしてはあらかじめ固関*・警固が実施された。式当日は天皇（先帝）が南殿に出御し、東宮（新帝）以下の前で譲位の宣命*が宣制され、それを受けて新帝の拝舞*があった。その後は新帝のもとへの剣璽渡御*や、先帝に対する上表*（辞譲表）などが行われた。寛弘八年（一〇一一）の一条天皇譲位のときは、死期を悟った天皇が六月二日に東宮居貞親王（三条天皇）に対面して譲位の旨を伝え、十三日に譲位儀があった。ただし一条はすでに重態だったため、南殿への出御などは行われていない。また長和五年（一〇一六）の三条天皇譲位時には、眼病と道長を中心とした公卿層の圧力に屈した天皇が、敦成親王（後一条天皇）への譲位の意向を伝えると、正月十三日に譲位と即位に関する定*が開かれ、二十九日に譲位儀となった。このときには先帝の枇杷殿から新帝のいる土御門第へ剣璽渡御が行われている。なお長元九年（一〇三六）の後一条天皇の譲位は、その準備中に天皇が崩御したが、「如在之儀」により天皇が生存しているというたてまえのもとで「生前」譲位が行われた。

【所在】寛弘八年六月二・八・十三日条、長和五年正月十三・二十九日条

【参考史料】『権記』寛弘八年六月二・七・十三日条、『小右記』長和五年正月十三・二十九日条

【参考文献】堀裕「天皇の死の歴史的位置」（『史林』八一－一、一九九八年）　（磐下徹）

請印　捺印の手続きのこと。養老公式令40天子神璽条では印について、内印*、外印（方二寸半。六位以下の位記、太政官*の文案に捺す）、諸司印（方二寸二分。官に進める公文およびその案、移・牒に捺す）、諸国印（方二寸。京に進める公文および案、調物に捺す）を規定している。その他、僧綱所や主要な寺、伊勢神宮などにも印が置かれていた。とくに重要で史料にも頻出するのが内印（天皇御璽）と外印（太政官印）であるが、摂関期における具体的な両者の使い分けについては『北山抄』七「請内印雑事」「請外印雑事」に詳しい。外印請印は通常外記政*の一環として行われたが、緊急の場合は上卿*が陣座で文書をみた上で参議・少納言・外記が結政所で請印する結政請印もあった。

以上のような機関が用いる印に対し、個人の印も奈良時代から存在したが、貞観十年（八六八）六月二十八日付太政官符で封家調庸雑物の日収への捺印に封家の印を用いるとした（『類聚三代格』十七）ことにより、貴族の私印が公的に認められた。貴族の私印は家政に用いられ、職事三位以上の場合家司、散三位・四位・五位の場合宅司という家政職員の名称に対応して家印あるいは宅印とよばれた（実例は前者がほとんどである）。摂関期には、年始、改元、官位昇進などにさいし私邸において請印儀礼が行われた。これを「家の請印」といい、主人のもと家司が文書（封返抄）に捺印する。『御堂関白記』には二

例（寛弘五年三月十日条、長和二年二月二十六日条）記録されており、どちらも年始の請印とみられる。

家印は、藤原行成が「成」、藤原忠実が「忠」、藤原頼長が「頼」など名の一字を用いた印面から明らかなように個人の印であったが、藤原氏長者は氏印も所有した。道長は長徳元年（九九五）、右大臣に任ぜられるとともに氏長者となり、その就任儀礼の一環として初めて氏印を用いている（六月二十七日条）。

【参考文献】告井幸男「貴族の家請印について」（『摂関期貴族社会の研究』、塙書房、二〇〇五年）、吉川真司「外印請印考」（『律令官僚制の研究』、塙書房、一九九八年）（黒須友里江）

城外 京城外に出ること。下向。五位以上の官人の城外については「重ねて制有り」（『左経記』長元四年三月二十八日条）、六位についても「或いは晨昏の仮を申し、或いは温泉官符を申す」（『小右記』長和五年五月十四日条）とあるなど、官人の理由なき城外は原則として禁じられていた。実際に『御堂関白記』寛弘三年（一〇〇六）の小除目の記事では、源兼業に城外の噂があったためにその申文が選上されなかった（十月二日条）。しかし、下級官人・雑任の場合は当人が城外にあるため他の者を代替とすることは散見し、さらには城外に居住する者もいた。

【参考文献】西山良平「平安京と農村の交流」（『都市平安京』、京都大学学術出版会、二〇〇四年）（黒須友里江）

上卿 公事（官符・官宣旨などの発給もふくむ）の責任者の公卿のこと。省略して「上」ということもある。上卿の定め方は公事によって異なり、公卿分配で定められる場合、適当な時期に摂関や大臣が定める場合、当日参入した公卿の最上位の人（日の上）がつとめる場合があった。なお、上卿としての仕事がはじまった後でも、本人に不都合が生じた場合には改任された。公卿のなかでも一上は節会などのとくに大きな公事の上卿のみをつとめることになっており、分配の対象とはならなかった。一方、参議は国忌・大祓といったごく限られた公事の上卿しかつとめることができず、また官符・官宣旨の上卿となることもできなかった。なお、特定の人を指すのではなく公卿・上達部と同義で用いられる場合もある。道長は、とくに自身が主催した儀式を記録するさいに参会した公卿の名や人数を書き残す傾向があり、そこで「上卿」の語を用いた例も多い。

→四一二頁「上卿」

【参考文献】土田直鎮「上卿について」（『奈良平安時代史研究』、吉川弘文館、一九九二年）、今江廣道「公事の分配について」（『国史学』一二三、一九八四年）（黒須友里江）

成功 内裏・里内裏や御願寺などの国家的造営事業にさいし、私財を提供することで叙位・任官もしくは重・延任されること。建物の造営もしくは造営料の進納により行われた。摂関期の造宮・造寺にさいしては、受領に造営を割り当てる国充が中心で、成功は付属施設（廊・渡殿など）の造営や料物の納入など、補助的な位置づけだったようである。国充の場合は、受領は任国への賦課により費用を捻出できたが、成功はあくまで私物により経費が賄われた。寛弘二年（一〇〇五）に進められた内裏再建では、播磨守藤原陳政が常寧殿と宣耀殿、蔵人屋の造営を請け負うことになったが、前者は「付国」とされるのに対し、後二者は「以私物可造」とされ、国充と成功が明確に区別されている（『小右記』寛弘二年十二月二十一日条）。なお成功と別功は同義とされる（『秋玉秘抄』）。

【所在】寛弘三年二月二十三日・十月二日条、長和元年八月十一日条、寛仁二年八月十四日条

【参考文献】上島享「造営経費の調達」（『日本中世社会の形成と王権』名古屋大学出版会、二

一〇年）　（磐下徹）

昇殿　清涼殿南廂の殿上間に伺候すること。昇殿者は天皇が選んだ公卿および四位・五位侍臣と蔵人からなる。とくに四位・五位侍臣は殿上人とよばれ、蔵人とともに天皇の陪膳や宿直をつとめた。昇殿を許す宣旨は、蔵人所別当が勅命を蔵人頭に伝宣し、頭が作成した（『侍中群要』巻九「昇殿人事」）。昇殿者は日常的に天皇を補佐したが、とくに弁官は殿上弁として天皇と太政官組織との意思疎通に重要な役割を果たした。また殿上受領といって、その財力を宮廷に取り込むことを目的に、受領に昇殿を許す例もみられる。彼らは天皇の御膳の一部を下物として与えられる殿上台盤や、恒例・臨時の宮廷行事にさいして振る舞われる供膳である殿上垸飯などに与ることができた。昇殿の資格は、天皇と各人との個々の関係に拠るものであり、代替わりや官職の異動・位階の昇進のたびに解消された上で再び宣旨が下された。また、暴力沙汰や欠勤を繰り返した者は、殿上間に置かれた出勤簿である殿上簡（日給簡）から名前をのぞかれ昇殿を差し止められた。これを除籍という。除籍の場合もふくめ、改めて昇殿が許されることを還昇といった。そのほか、元服前の貴族の子弟が作法見習いのために昇殿する童殿上もあった。これら昇殿制は、天皇の居所である清涼殿が政務上重視され、天皇と公卿・侍臣を軸とした貴族社会の再編成が進められた九世紀後半に成立・整備されていく。なお、院御所の殿上に昇ることを院昇殿、東宮御所のそれを東宮昇殿という。

【所在】寛弘三年正月十六日条、同四年正月三日・二月九日条、同五年正月二十九日・二月二十七日条、同八年三月二十六日条、長和二年十一月十二日条、同五年三月三日条

【参考史料】『寛平御遺誡』、『朝野群載』巻五「朝儀下」

【参考文献】古瀬奈津子「昇殿制の成立」（『日本古代王権と儀式』、吉川弘文館、一九九八年）、芳之内圭「日中行事「殿上台盤事」について」（『ヒストリア』二四七、二〇一四年）　（磐下徹）

上表　皇太子以下、臣下・庶人が太政官をへずに天皇に文書を奉ること。この文書を表と称す。中務省に提出され、直接天皇のもとにもたらされるのを原則とする。儀礼的な内容が多く、辞表（辞官・致仕を請うもの、辞書・辞状とも）や、祝意を示す賀表、勅命による政策の上奏などがある。『御堂関白記』に多いのは辞官表で、おおむね三度提出され三回目に受理されるのを例とした。長和五年（一〇一六）の道長の摂政などの辞表は、のちに藤原忠実の上表の先例とされている（『中右記』天永三年十一月十八日条）。その他、新帝が先帝に対して譲位を辞退する辞譲表（寛弘八年六月十三日条）、朔旦冬至賀表（長和元年十一月一日）、後一条天皇元服の賀表（寛仁二年正月七日条）、僧侶への諡号贈与に対する賀表（寛弘四年三月十七日条）などが確認できる。

【所在】長徳元年八月十四日条、長和五年七月一日・十月二日・十二月七日条、寛仁元年三月十六日条、同二年二月三・五・九日条

【参考史料】『本朝文粋』巻四「表上」　（磐下徹）

諸国申請雑事　大宰府官人や国司（受領）が中央政府に申請した、地方統治にかかわる諸案件のこと。国司の人事・交替に関するもののほか、不堪佃田の認定や減省の申請、税目の変更、不動倉の開用などといった財政にかかわる事項、賑給や追捕使・押領使の補任申請など民生・治安維持に関する事項など、その内容は多岐にわたる。受領は申請内容を解文にまとめて太政官に提出した。太政官では弁官が国解の内容を審査し、前例や参考資料を貼り継いで（続文）決裁に備えた（結政）。その後、公卿聴政（外記政や陣申文）が行われ、比較的軽微

な案件はその場で上卿*が決裁し、それ以外のものは官奏*などにより天皇に奏上され勅裁が仰がれた。この場合には案件が陣定*に下され、公卿たちの意見が求められることが多い。このように諸国申請雑事を審議する陣定を、諸国条事定（雑事定）とよぶ。寛弘二年（一〇〇五）四月十四日に開催された条事定についてはそのさいの定文（各公卿の発言内容をまとめた議事録）が残されている（『平安遺文』四三九号文書）。本来こうした申請は地方行政上の必要事項を報告・処分するためのものであったが、次第に新任受領が赴任前に行う慣例的なものへと形骸化していった。ただし道長の時代にはまだ実質的な意味をもっており、受領にとっては納入すべき税額や任期終了後の功過定に直結する重要な手続きであった。

【所在】長保元年三月九日・五月五日条、寛弘元年三月七日条、同五年三月二十七日条、同六年九月八日条、同七年閏二月二十日・八月八日条、長和五年五月十六・二十日・十二月二十九日条

【参考史料】『権記』寛弘元年三月七日条、同七年閏二月二十日条、『小右記』長和五年五月十六日条

【参考文献】谷口昭「諸国申請雑事」（日本史研究会史料研究部会編『中世の権力と民衆』、創元社、一九七〇年）、曽我良成「諸国条事定と国解慣行」（『王朝国家政務の研究』、吉川弘文館、二〇一二年）　（磐下徹）

賑給（しんごう）　儒教的徳治主義思想にもとづき、国家が貧窮民に食料を施すこと。奈良時代には飢饉や疫病流行のさいに全国的に行われたが、摂関期には矮小化し、京内のみを対象とする五月の年中行事（京中賑給）となった。条を基準に京内を十のブロックに分け、衛府官人からなる賑給使を派遣して米・塩を支給した。その具体的な手続きは『江家次第』巻七「賑給使事」に詳しい。賑給の財源は天禄元年（九七〇）九月八日の永宣旨*により、美作・讃岐・土佐国が四月中に納入することとされている（『小野宮年中行事』）。

【所在】長和二年五月二十七日条、寛仁元年五月二十五日条

【参考文献】川本龍市「王朝国家期の賑給について」（坂本賞三編『王朝国家国政史の研究』、吉川弘文館、一九八七年）　（磐下徹）

親王宣下（しんのうせんげ）　宣旨*を下して皇子女を親王・内親王とすること。本来は天皇の兄弟姉妹および子女を親王と称したが、淳仁天皇が詔でその兄弟姉妹を親王としたのを嚆矢とし、嵯峨天皇以降は親王宣下がなければ皇子女であっても親王・内親王と称されなかった。宣下は、博士の勘申*にもとづき名が定められ、蔵人頭が大臣に宣旨を下す（口宣の場合もある）という手順をとる。これをうけて一族の公卿・殿上人らが奏賀・拝舞*し、勅により親王家別当が補され、そののち家司・職事が任命される（『江家次第』十七）。敦成（のちの後一条天皇）の親王宣下は一条天皇が上東門第に行幸*して行われ、道長はその様子を詳細に記録している（寛弘五年十月十六日条）。

【所在】寛弘元年五月二日条、同七年正月十六日条、長和二年十月二十二日条、寛仁三年三月四日条　（黒須友里江）

陣定（じんのさだめ）　左近衛の陣にもうけられた陣座における公卿の議定。平安中期には盛んに開催された。会議を主催する上卿*（大臣）が天皇の命を受けて、諸卿に開催を通知し、天皇から議題の文書が下されればあらかじめ先例を調べさせて弁官なら続文*、外記なら勘文*を奉らせる。当日諸卿が陣座に着すと、上卿は議題となる天皇の命を伝え、あるいは蔵人から議題の文書が下されれば上卿はその文書を諸卿に下し、参議大弁がそれを読みあげる。位次の最末の公卿から順に全員が意見を述べ（「定め申す」という）、定め畢ると、

参議大弁がその内容を書き、一条書き終わるごとに読みあげて確認し、その定文を大臣は蔵人に付して奏聞する。定文は、公卿各人の意見を列挙するので、結論の一致を求めない。最終決定は天皇・摂関によるとして意義を否定的に考える説もあるが、その手続きには重みがあり、一致すれば結論は重んじられるし、各公卿の意見が天皇に奏上されることの意味も大きい。

最も重要な政務であり、道長は積極的に一上*左大臣として参加して、みずから公卿の議論を導いた。元号を決める改元定（寛弘元年七月二十日条）、女院の院号を決める院号定などの国家の象徴的議題のほか、流罪以上を決する罪名定（寛弘四年十二月二十五日条、ほかに『本朝世紀』長保元年五月五日条、『小右記』同七月二十二日条）、中国商人の安置の可否を決める宋人定（長和元年九月二十二日条、『小右記』寛弘二年八月二十一日条）、さらに受領からのさまざまな申請を審査する諸国申請雑事定*が行われた。これは受領の財政的な負担や条件を公卿が認めることで重要であった。寛弘元年（一〇〇四）三月七日条では諸卿が陣座に着き、諸国申請条々を定めるとともに、諸寺別当定、受領功過定*も行っている。諸国申請雑事定の実例としては、道長以下十名の公卿が参加した寛弘二年四月十四日の陣定定文（藤原行成筆）が伝わる。また天皇御前での御前定としては内裏を再建する造宮定*があり、造宮行事*を定め、各国に殿舎や門の造営を割り当てるが、後者の国充*は、受領の負担を公卿が決める点で陣定と同じ意味がある（寛弘二年十二月二十一日、長和四年十二月二十七日条）。また寛弘三年七月三日条では、天皇の御前で道長以下の公卿が焼損した神鏡の改鋳の可否を定めているが、とくに天皇の関心が高く御前定になったのだろう。

長和元年（一〇一二）十二月二十五日条には三条天皇即位による改元定が開かれ長和と決定したことが記されるが、『小右記』逸文によると、道長は寛仁がよいと主張したが、博士が候補としてあげなかったため諸卿の反対もあり、長和になったことが知られる。道長の意向は通らず、制度に従ったのである。

【参考文献】大津透「摂関期の陣定」（『山梨大学教育学部研究報告』四六、一九九六年）、大津透『日本の歴史06　道長と宮廷社会』（講談社、二〇〇一年）、曽我良成「諸国条事定と国解慣行」（『王朝国家政務の研究』、吉川弘文館、二〇一二年）

（大津透）

陣申文　諸司諸国の上申した事項を決裁する公卿聴政の一形態。内裏の左近陣座において、大臣が上卿*となって開催された。十世紀に成立した政務と考えられ、大中納言が上卿をつとめる南所申文より上位の手続きとして機能していた。次第は、上卿と大弁が着座*し、史が上卿に文書を差し出して上卿が決裁する、というものであった。道長は、准摂政となるまで陣申文の上卿を多くつとめている。陣申文では、南所申文でさらなる審議が必要とされた案件のほか、『北山抄』七に「一上に申すべき雑事」としてあげられた事案（『西宮記』七・『九条年中行事』にも同様の記載がある）が扱われたと考えられる。なお、長保元年（九九九）閏三月十日条にみえる「陣申文」は、季御読経*の最終日に僧名文・巻数文という行事の報告文にあたるものが陣申文のかたちで上卿に提出されることを指し、拡大的用法である。

【所在】寛弘七年三月九日条

【参考文献】曽我良成「太政官政務の処理手続―庁申文、南所申文、陣申文―」（『王朝国家政務の研究』、吉川弘文館、二〇一二年）、吉川真司「申文刺文考―太政官政務体系の再編成について―」（『律令官僚制の研究』、塙書房、一九九八年）、林（黒須）友里江「弁官局からみた太

政官政務の変質―摂関期を中心に―」(『史学雑誌』一二四―一一、二〇一五年)(黒須友里江)

相撲（すまい） 毎年七月、全国から集められた相撲人が左右に分かれ勝敗を競う相撲を、天皇・王卿らが観覧する行事。相撲節とも。農耕社会で古くからあった年占・予祝行事の力比べである相撲が、諸国から貢進された相撲人の相撲を天皇が覧るという服属儀礼と結びつき、宮中の行事となったものである。律令制の当初においては、養老雑令40諸節日条に規定された七月七日節として行われていたが、平城天皇の国忌*を避けて七月十六日となり、十世紀には大の月には二十八・二十九日、小の月には二十七・二十八日の両日になった。また九世紀までは、中納言・参議以下が左右相撲司に編成された大規模な行事だったが、十世紀以降、左右近衛府が中心となるかたちに簡略化された。

摂関期における次第の概略を示すと、まず二、三月頃に、左右近衛府から諸国に相撲部領使が派遣され、七月までに相撲人をともない帰京する。六月末から七月中旬頃には、陣定*の一環として、当年の相撲の有無を論ずる先例勘申や相撲定が行われ、疫病や旱魃などの支障がある場合には停止が決定された。また、天候不順や火災、貴顕の死去・病気などにより楽のみを止める例も散見し、この儀が、音曲をともなう華やかな娯楽であると同時に、当年の豊作を祈るための年占・予祝としての性格を残していることがうかがえる。

七月になると、天皇の勅を奉じた上卿*が、左右近衛次将と装束司の弁を召して、相撲の開催を正式に命ずる召仰*があり、装束や稽古などの準備に入る。上京した相撲人は左右に分けられ、内取という稽古相撲を取るが、これには近衛府で行う府の内取と、節会の二日前に、仁寿殿または清涼殿の東庭で天皇の御覧に供する御前内取があった。御前内取では左方と右方は対戦せず、同じ方同士で、取手の最高位である最手と、次席である腋などが対戦した。

節会の当日には天皇が紫宸殿に出御し、王卿とともに南庭で行われる相撲を天覧する。これを召合といい、左右の相撲人が対戦した。最初に占手と称する身長四尺以下の小童の相撲が取られ、垂髪・総角という白丁の相撲に続き、四番以下は相撲人の対戦となって、最後に最手の対戦で終了する。近衛の将・佐が出居*と称して勝負を審判し、左右の相撲長・立合・籌刺などがこれを補佐した。引き分けの場合は持という。出居の判定が、天皇の判定である天判により覆されることもあり、とくに左方は帝王方とされたため、天判によって、右勝が持に変更されたり、全体として左方が有利にされた例が散見する。対戦がはじまると、出席者には酒肴が供され、また左方が勝つと「抜頭」、右方のときは「納蘇利」などの楽が奏され、勝方は乱声舞踏した。全体では二十番ないし十七番が取られることを通例とし、左右の勝の総数で勝敗を決した。

召合の翌日には、同じく紫宸殿の南庭で、相撲人のなかからとくに選抜した者を取り組ませる抜出や、白丁・衛府舎人から選抜した者を取り組ませる追相撲があった。次いで左右近衛大将が関係者を饗する還饗が開かれ、全体の儀が終了する。

道長は、競馬*とならび相撲を好んだことが知られ、『御堂関白記』寛弘四年(一〇〇七)八月二十日条には、その年の召合に不参だった道長のために、一条天皇が特別に臨時相撲を催した例がみえる。また寛弘元年七月十二日条では、中宮彰子と家の女方倫子に節料下文*が下され、相撲節のための飲食物や費用を奉仕したことがみえている。

【所在】 寛弘七年七月二十七日条、長和二年七月二十九日・八月一日条、寛仁二年七月二十七日条

【参考文献】 大日方克己『古代国家と年中行事』（吉川弘文館、一九九三年）、新田一郎『相撲の歴史』（山川出版社、一九九三年）

（大隅清陽）

受領功過定（ずりょうこうかさだめ） 平安中後期に、公卿が任期を終えた受領の在任中の成績を審査し、功過を判定する会議。陣座で開かれる公卿合議である陣定*の一類型であるが、除目*や叙位*のさいに、公卿がいる清涼殿で行われることも多かった。受領は任期を終えると加階給官の申文*を出し、主計寮・主税寮・勘解由使は成績を調査した勘文*を提出し、天皇が上卿*に受領の功過を定めるよう命じた。功過定において「過」とするか合格とするかは、陣定としては例外的に全員一致の結論が得られるまで継続審議され、合格すれば治国の加階がされた。功過定の審査項目は、調庸惣返抄・雑米惣返抄・勘済税帳・封租抄・勘解由使大勘文などで、中央への納入物と地方財源の正税運用に問題がないかを確認する。さらに、十世紀後半には新委不動穀・率分・斎院禊祭料などについても審査されるようになった。以上すべてが財政関係の項目であり、公卿が受領を直接統制審査し、税物納入をはじめ財源を確保する重要な場であった。

道長は、陣定でみずから一上*として参加して積極的に政権運営をしたが、『御堂関白記』には受領功過定の記事が多くその重要性がわかる（寛弘元年三月七日、同七年正月二十日、同二年正月五・二十三日条、寛仁元年正月二十四日条など）。寛弘元年（一〇〇四）正月二十一日条では「勘解由使勘文神社・仏寺条」について目録を準備するよう弁官に命じているが、この神社仏寺条は、長保四年（一〇〇二）に受領の任期中に任国内の国分二寺や神社の破損分の十分の二、三の修理を義務づけて功過定で審査することを新たに定めたもので、道長が功過定の審査を通じて受領の統制を行ったことを示している。なお『小右記』寛仁元年（一〇一七）九月一日条には、前信濃守藤原公則の功過定において、問題があったにもかかわらず道長の「近習者」であったために、公卿が遠慮して口を閉ざし合格になったことが記されている。

【参考文献】大津透「受領功過定覚書」（『律令国家支配構造の研究』、岩波書店、一九九三年）

（大津透）

受領挙（ずりょうのきょ） 受領の任用手続きのこと。恒例除目*と臨時除目（小除目*）とでその方法は異なる。恒例除目では、公卿らが各々の意中の人物を書きあげた挙状が奏上され、そのなかから受領が選ばれた。しかし、公卿の意見が反映されなかったり、挙状提出の前に天皇と執筆*の間で任官者が確定するなど、十一世紀には形骸化していた。一方の臨時除目での受領挙は、陣座に受領を希望する申文*が下され、そのなかから公卿らが合議によって複数の候補者を選んで奏上した。この場合は公卿らの意見が尊重されることが多く、十一世紀以降も実質的な意味を持ち続けた。このような摂関期の受領の任用は受領巡任とよばれる方式にもとづくもので、希望者（候補者）は新叙と旧吏の二つに大別された。新叙とは、蔵人・検非違使や式部丞・民部丞・外記・史などをつとめて巡爵によって叙爵した受領未経験者である。彼らを労などを基準に順次受領に任用していくことを新叙巡という。それに対して旧吏は受領経験者で、任期中に公文勘済した「任中」、任終年から二年以内に勘済した「得替合格」などがある。当然「任中」の方が成績優秀とされ、優先的に受領に任用された。このように前任の成績を基準とした任用法を旧吏巡とよぶ。寛弘三年（一〇〇六）十月二日条には、臨時除目における受領挙の様子が詳細に残されている。このときは欠員の生じた備後守が選考されたが、道長を仲介とした天皇と公卿らのやりとりをへて、最終的に旧吏であり数年来公卿らの推挙を受けてきた源政職が任命されている。

【参考文献】玉井力「「受領挙」について」、「受領巡任について」（『平安時代の貴族と天皇』、岩波書店、二〇〇〇年）、佐々木宗雄「十～十一世紀の受領と中央政府」（『日本王朝国家論』、名著出版、一九九四年）　（磐下徹）

釈奠　毎年二月と八月の上丁に、大学寮で孔子およびその弟子を祭る儀。大宝元年（七〇一）が初見で、養老学令3釈奠条にも規定がある。奈良時代に吉備真備が整備し、延喜大学式には『大唐開元礼』に依拠した中国的な次第がみえる。『西宮記』などの摂関期の儀式書によると、当日は大学寮で先聖・先師に幣帛・酒饌を供して祝文を読む祭儀の後、経典の講読・論義、さらに百度座、宴座・穏座*などの宴がある。宴座以降では、文人による賦詩や読詩も行われた。八月上丁の翌日には、内裏紫宸殿に天皇が出御し、博士・得業生・問者生らが論義する内論義もあった。『御堂関白記』では、寛弘六年（一〇〇九）年八月五日条や長和四年（一〇一五）八月十日条、同五年八月六日条などで、親王の薨去や疫病のために作文・詩宴を停止した例がみえるほか、長和二年八月七日・九日条には、規定の年限を過ぎても課試がないことを愁訴*した得業生などが奉仕しなかったため、内論義が行われなかった例もみえる。

【所在】寛仁元年二月八日条

【参考文献】弥永貞三『日本古代の政治と史料』（高科書店、一九八八年）　（大隅清陽）

節下　節旗のもとにおいて儀式をとりしきる節下大臣のこと。節は即位式*や大嘗会御禊などで用いられる節旗のこと。節旗は「おほがしら」と訓じ、竿の上部に黒の牛尾や墨染めの苧などを束ね垂らしたもの。『栄花物語』巻二十三に「大がしらなどいひて、例の恐しげに筋太き紙縒りかけて、さすがにうるはしくて渡る」とみえている（「きるはわびしとなげく女房」）。

【所在】長和元年閏十月二十七日条、同五年十月三日条

【参考文献】加茂正典「「節旗」考」（『日本古代即位儀礼史の研究』、思文閣出版、一九九九年）　（磐下徹）

施米　平安京周辺の山寺で活動する僧侶たちに、米・塩を支給すること。六月の年中行事とされた。京周辺の山を東・西・北に分け、それぞれ十人ずつ使者を派遣し、東は愛宕寺、西は右兵衛馬場、北は右近馬場で食料を支給した。その財源は、天禄元年（九七〇）九月八日の永宣旨*により、尾張・備前・紀伊国が五月十日以前に納入することとされていた（『小野宮年中行事』）。

【所在】寛弘元年六月二十七日条、同二年七月十日条、同七年六月二十日条　（磐下徹）

宣旨　上位の人物の命令（宣）を下位の人物が奉じて文書化したもの。請印*の手続きなく発給できる簡便な文書であるためさまざまな場面で用いられたが、上卿*が外記*または弁官に下す場合が最も多い。外記に下した場合は外記宣旨（下外記宣旨）、弁官に下した場合は弁官宣旨（下弁官宣旨）や官切下文、官宣旨という形態で伝達された。その他、内容によって上卿が直接諸司に下す場合、検非違使が内侍宣や検非違使別当宣を奉ずる場合、官司内で上司の命が下僚に下される場合があった。なお、宣旨を下すことを宣下という。

摂政・関白、蔵人、検非違使などは宣旨によって補されることから宣旨職とよばれるが、この類の宣旨として『御堂関白記』には道長を内覧とする宣旨（長徳元年五月十一日条）、准摂政とする宣旨（長和四年十月二十七日条）がみえる。また、親王（親王宣下*）や女御とする旨も宣旨により下され、後者については『御堂関白記』に彰子（長保元年十一月七日条）、妍子・娍子（寛弘八年八月二十三

日条）、威子（寛仁二年四月二十八日条）の女御宣旨が下ったことが記録されている。女御宣旨が下ると、弁官が官符を作成し、公卿以下が奏慶した。また、僧職にも宣旨で任ぜられるものがあり、『御堂関白記』には、諸寺院の法事・僧尼の度縁などを管掌する最高の僧職である法務を任ずる法務宣旨、阿闍梨を任ずる宣旨（以上、長和二年正月二十六日条）、興福寺の別当を任ずる宣旨（長保二年三月十七日条）がみえる。

　個人に対する特別措置が宣旨で下されることもあった。『御堂関白記』には、道長に輦車で内裏中重まで出入りする特別待遇を認めた宣旨（寛仁二年正月三日条）、封戸を支給する宣旨（長保二年三月十六日条、中宮彰子への支給であるため「御封宣旨」と記される）、公卿のみが着用できる衣服の色・生地の使用を公卿昇進前に許可する禁色宣旨（長和元年十月二十六日条）、本座宣旨（長和元年五月二十二日条に「本座に列すべき宣旨」としてみえる。一般的には納言・参議が辞任したのちに元の官と同じ座に就かせる宣旨であるが、この例は僧侶に対するもので通常の用法と異なる）などがみえる。

　儀式運営に関する命令も経済面をはじめ宣旨で下されることが多い。弁官から諸国に下される宣旨は国宣旨とよばれ、寛弘八年（一〇一一）七月十一日条には国宣旨で固関を三関国に伝達したことがみえるが、これは太政官符を発給できないことの代替措置であった。また長和二年（一〇一三）四月二十四日の賀茂祭では、過差（贅沢）を禁ずる倹約宣旨が出されたにもかかわらず遵守しない人びとがいたことがみえる。

【参考文献】早川庄八『宣旨試論』（岩波書店、一九九〇年）　（黒須友里江）

宣命（せんみょう）　即位・立后・改元・立太子などの国家的大事や節会などの宮中儀礼、奉幣や諸社臨時祭などの神事のさいに、口頭で読み上げることを目的に和文で書かれた詔。自立語・語幹を大字、付属語や活用語尾などを小字の漢字で記した宣命体という特殊な文体を用いる。本文の他に、「辞別けて詔りたまはく」として書き加えられる文章を辞別ないし辞別文といった。また宣命を読むことを宣制といい、その担当者を宣命大夫・宣命使などとよぶ。作成の手順は公式令に定める詔書に準じ、起草には内記が当たり、上卿が草案・清書の二段階で天皇に奏覧して裁可を仰ぐ。清書の料紙には一般に黄麻紙が用いられるが、伊勢神宮への奉幣には縹紙、賀茂神社には紅紙を用いた。『御堂関白記』には所見が多く、草案・清書の奏上に関する記述のほか、寛弘四年（一〇〇七）二月十五日条には道長が作成を命じた例がみえ、長和元年（一〇一二）八月七日条や同五年二月二十五日条には、内覧として草案の書き直しを命じた例がある。

【所在】寛弘四年正月二十日条、長和二年正月十四日条、同四年十月二十六日条　（大隅清陽）

造宮（ぞうぐう）　焼亡などにより内裏・里内裏を再建すること。陣定の一種である造宮定をへて、主要殿舎・門・廊・渡殿などの再建負担者が決められた。また、臨時に上卿・弁・史からなる造宮行事所も設置された。造宮が終了すると、負担者や行事所関係者には造宮賞として叙位・任官が行われ、竣工まで天皇が滞在した邸宅を提供した公卿やその一族・家司らにも恩賞が与えられた。造宮の負担方法は、受領に建物を割りあて、任国からの収益をもとに建造させる国充と、叙位・任官や重任・延任と引き換えに、私物を供出させて建物の建造を請け負わせる成功に大別される。内裏の造営は、紫宸殿は修理職、清涼殿は木工寮、その他の主要殿舎は諸国に国充されるのを原則とし、成功は行事所への経費納入や門・渡殿といった付属施設の造営に限られた。寛弘二年（一〇〇五）十一月十五日に焼亡した内裏の再建にさいしては、藤原陳政の播磨守延任と引き換えに、成功によって主要殿舎である宣耀殿が造営されているが、前後の事例をみても例外的な措置といえる。

【所在】寛弘二年十二月二十一日条、同三年二月十七日・十月四日・十二月二十九日条、同四年正月二十日条、長和五年四月五日条、寛仁元年二月二十一日条

【参考史料】『小右記』寛弘二年十二月二十一日条

【参考文献】上島享「造営経費の調達」（『日本中世社会の形成と王権』、名古屋大学出版会、二〇一〇年）

（磐下徹）

葬送　死者を送る儀礼。死亡が確認されると、死者を沐浴させ、白の単衣を着せて北枕に寝かせる。陰陽師に入棺・葬送の日取りと場所を勘申させる。入棺では故人の用いた調度などを入れることもあり、葬送まで膳を供え、読経がなされた。出棺は夜に行われ、故人や親族の牛車を用い、近親者は葬列に徒歩で従った。鳥辺野・蓮台野・化野が葬地として有名で、火葬所は貴所屋とよばれ、薄檜皮造りで、棺を安置し荼毘に付した。火葬が終わると、明け方骨を拾い集めて壺に収め、墓所へ赴いた。天皇の葬儀については、『西宮記』巻十二「天皇崩事」に詳しい記述があるが、寛弘八年（一〇一一）六月二十二日に譲位後十日で崩じた一条天皇について『御堂関白記』に記載がある。六月二十五日に入棺・山作（葬儀のための造営か）・御法事の事を定め、入棺は当日の子の時で、巳の時に御棺を作りはじめた。七月八日に「巌陰」の地で葬送が行われ、翌日卯の時に荼毘は終わり、遺骨はしばらく円成寺に安置された。なお『権記』に詳細な記述がある。道長自身の葬送は万寿四年（一〇二七）十二月七日から八日にかけて鳥辺野で営まれた（『小右記』・『栄花物語』「つるのはやし」）。また万寿二年八月に出産直後に死去した東宮妃嬉子の葬送と道長の悲歎については『栄花物語』「楚王のゆめ」に詳しい。

【参考文献】河添房江「葬送・服喪」（山中裕・鈴木一雄編『平安時代の儀礼と歳時』、至文堂、一九九一年）、朧谷寿『平安王朝の葬送―死・入棺・埋骨―』（思文閣出版、二〇一六年）

（大津透）

僧名定　→定

即位　天皇があらたにその位に就くこと。皇位継承は践祚・即位の二段階に分かれ、前者は剣璽が新帝に渡される儀式、後者は新帝が高御座に就いて皇位継承を天下に示す儀式であった。『御堂関白記』には三条天皇（寛弘八年十月十六日条）と後一条天皇（長和五年二月七日条）の即位式が記録されている。

即位式に先立って伊勢神宮や山陵へ即位の由の奉告があり、殿上侍従、少納言、宣命使の納言、典儀（儀式をつかさどる役）の少納言、褰帳（高御座の御帳を開閉する役）の内親王、威儀の命婦、御前の命婦といった所役が定められる。当日は、天皇は小安殿から大極殿に出御して高御座に就き、官人は朝庭に列立し天皇に拝礼する。続いて宣命宣制、叙位があり、天皇は小安殿に還御する。

ただし、十世紀以降の様相はやや異なっていた。摂関が高御座近辺に伺候して指揮をとるようになり、道長も後一条天皇の即位式ではこれをしている。また、公卿の一部は朝庭に参入せず大極殿への行幸に供奉して儀式を見物するようになった。三条天皇の即位式では、見物の公卿があまりに多く、儀式の最中に龍尾道付近の欄干が落ち、けが人がでる事態となった（『権記』当日条）。

後一条天皇の即位式にさいして、道長は内蔵寮から天皇の礼服一揃えを持って来させてみずから選び定めており（長和五年正月十三

日条）、積極的な様子がうかがえる。当日、天皇は上東門第から小安殿へ行幸し大極殿に出御したが、道長は上東門第の儀式においては天皇の傍らにいて補佐した。天皇が彰子（幼帝のため付き添った）とともに小安殿へ行幸すると、昭慶門東廊の休幕に公卿たちを招いて食事をふるまい（公卿たちはこの後、大極殿東壇で即位式を見物した）、近習の公卿とともに小安殿において礼服に着替える天皇のそばに伺候した。即位式においては、大極殿上高御座の後方東西に幔がもうけられ、西が彰子、東が道長の座であった（以上、『小右記』当日条）。このように道長は当日のほとんどの時間、天皇のそばに伺候していたのである。

【参考文献】末松剛「即位式における摂関と母后の高御座登壇」（『平安宮廷の儀礼文化』、吉川弘文館、二〇一〇年）、藤森健太郎「十〜十二世紀の「天皇即位儀」」（『古代天皇の即位儀礼』、吉川弘文館、二〇〇〇年）　（黒須友里江）

大饗　「おおあえ」「みあえ」などとも読み、大きな饗宴のことであるが、摂関期には二宮大饗と大臣大饗を指す。

　二宮大饗は、毎年正月二日に、皇后（中宮）と皇太子（東宮）の近臣が、内裏において、それぞれの居所である殿舎の庭中から拝礼し*、その後、玄輝門西廊にもうけられた皇后饗宴に参加し、賜禄の後、同様に、東廊にもうけられた皇太子の饗宴・賜禄の儀を行う。皇后・皇太子のどちらかが内裏に不在の場合は、その大饗は開かれない。九世紀前半に唐礼の影響を受けて整備された皇后・皇太子への拝朝儀が、十世紀に饗宴を中心とするかたちに再編されたものである。

　大臣大饗は、正月または大臣が任官されたとき、その私邸に太政官の官人が招かれて開催される。前者を正月大臣大饗、後者を任大臣大饗という。また、前者は寝殿の母屋で行われたので母屋の大饗、後者は南広廂であったので廂の大饗ともいう。正月大臣大饗では、大臣家から、大臣とともに儀を主催する親王家に使者が派遣され、さらに主賓である尊者の家に請客使が派遣される。尊者は主催者以外の大臣であることが多い。また朝廷からは雅楽が下賜され、蘇甘栗使が牛酪と栗子をもたらす。尊者が到着すると宴がはじまり、六献ないし七献が行われるが、三献で史生や鷹飼・犬飼を召して勧杯し、また雉の羹などを供した。主催者が藤氏長者の場合は朱器台盤を用いる。続いて穏座*、賜禄が行われて儀が終了する。式日は左大臣が四日、右大臣が五日とされたが次第に遅れるようになり、『御堂関白記』では二十五日から二十七日頃に行われている。任大臣大饗は、初めて大臣となった場合と太政大臣に昇任した場合にあり、任摂政もこれに準ずる。正月大饗より朝廷の関与が少ない儀で、大臣家の私的行事としての性格が強い。

【所在】寛弘二年正月二日条、同五年正月二・二十五日条、長和二年正月二日条、寛仁元年正月二十七日・三月四日・十二月四日条

【参考文献】神谷正昌『平安宮廷の儀式と天皇』（同成社、二〇一六年）　（大隅清陽）

怠状　自身の犯した過失について詫びる解状形式の文書。過状とも。『禁秘抄』中巻「召怠状事」には、侍臣以下に懈怠があると天皇に怠状を提出させ、許すさいにはそれを返却するとしている。長和二年（一〇一三）四月の賀茂祭は過差が目立ち（同年四月二十四日条、『小右記』同日条）、内蔵寮使の藤原信経が奉仕しない（『小右記』同年四月二十三日条）など、不手際が多かった。そこで一条天皇は、過差を取り締まるべき検非違使と信経に対し、怠状（過状）の提出を命じ（『小右記』同年五月四・七日条）、五月十三日に両者は提出している（同年五月十三日条）。その後、十六日に検非違使の怠状は返却＝赦免され、信経については七月二十二日

にいたってようやく許された（『小右記』同日条）。このような過失にともなう怠状（過状）の提出と返却は『御堂関白記』に散見する。

【所在】寛弘八年九月十四日条、長和元年閏十月十日・十二月五日条、同二年正月二十三・二十六日条、同五年三月四日・十月十一日条

【参考史料】『朝野群載』巻十一「廷尉」

（磐下徹）

大粮（たいろう）　中央諸官司に所属する下級職員（衛士・仕丁・采女・女丁・厮丁）に支給される食糧。本来その財源は庸であったが、平安時代には年料租舂米が充てられるようになった。また、本来は延喜式にあるように毎月翌月分の大粮を申請・出給する手続きが行われたが、摂関期には、弁・史からなる大粮所が設置され、毎年十月（実際には十一・十二月の例も多い）に翌年の諸司の大粮を諸国の年料租舂米から支出することについて一上*の裁許を仰ぐ大粮申文が陣申文*と同じ要領で行われた。道長が記した「大粮文」「粮文」はこれを指す。大粮申文では、官充文（大粮充文とも、大粮所弁が私家において定めた官司ごとの大粮数・租舂米の国充が記されたとみられる）と主税寮勘文（租穀注文とも）が提出された。『御堂関白記』には道長が一上として上卿*をつとめた大粮申文が四例みえるが、いずれも一言だけの簡単な記述である。

【所在】長和二年十一月十八日条

【参考史料】『小右記』万寿四年十月四日条、『永昌記』保安三年十二月二十七日条

（黒須友里江）

滝口試（たきぐちのし）　滝口を選任するための試験。滝口は天皇の代替わりごとに任用された。試にあたっては、まず院宮・親王・公卿・侍臣が推挙した無官の者や内舎人などの候補者の名簿*が蔵人頭に下される。蔵人頭は勅使として蔵人をともなって射芸の試験を行い、各候補者について推挙者・父祖の名・射芸の成績を記した試文を作成する。滝口が選ばれると、蔵人が勅を奉じて諸陣に伝え、陣官が宣旨*を作成する。試の場は『西宮記』十三には射場殿・中院・便所と記載されているが、『御堂関白記』に記録された長和五年（一〇一六）二月十七日の試は左近衛府で行われた。なお、滝口には先帝から引き継がれる者もおり、彼らは試をへずに任用された。長和五年の場合、任用された滝口二十人のうち三人が先朝三労以上の者であった。

（黒須友里江）

帯刀試（たちはきのし）　春宮坊帯刀を選任するための試験。帯刀の候補者を擬帯刀*というので、擬帯刀試とも称する。立太子の後、試を行う旨を春宮坊が奏上すると参議の勅使が派遣され、右近馬場で騎射（馬上から弓を射る）・歩射（徒歩で弓を射る）の試が行われる。試の後、騎射・歩射それぞれの夾名（これを試文といい、寛仁元年九月九日条には省略したかたちではあるが試文が引用されている）の奏上をへて任用の令旨が下され、兵仗が支給される。そして後日、東宮が帯刀を覧ずる儀がある。擬帯刀は、院・東宮・東宮の母や外祖母・皇女・摂関・大臣・春宮坊の大夫や権大夫らから推挙された（これらを帯刀の給所と称する）。長和五年（一〇一六）の敦明親王立太子にともなう帯刀任用では試を行わずに任用したことが問題となり（二月十九日・三月二日条）、道長は春宮大夫藤原通任を勘事*に処した（『小右記』同年二月二十二日条）。

【所在】寛弘八年八月二十三日・十月七日条

【参考史料】『為房卿記』・『顕隆卿記』康和五年十月二十一日条

【参考文献】笹山晴生「春宮坊帯刀舎人の研究」（『日本古代衛府制度の研究』、東京大学出版会、一九八五年）

（黒須友里江）

乳付 新生児に初めて乳を含ませる儀。新生児の口のなかの血を取り去り、甘草湯や牛黄などの薬類をなめさせたあとに哺乳する。中宮などの出産の場合、天皇または東宮の乳母がつとめた。敦成誕生のときは、「橘の三位」徳子（一条天皇乳母、藤原有国妻）があたり（『紫式部日記』ほか）、長和二年（一〇一三）の禎子内親王のときは、東宮の御乳母、近江内侍（藤原美子か）があたった（『栄花物語』「つぼみ花」）。また乳付の儀、臍の緒を切る儀に中宮妍子の母倫子も奉仕した（長和二年七月六日条）。
（大津透）

着座 公卿が新任・昇進ののち初めて太政官庁・外記庁の新しい倚子に就く儀式。吉日時を選んで行われたが、藤原忠平が延喜八年（九〇八）参議還任のさいの着座を吉例として、とくに二月丙午がよいとされた。道長は、頼通が権中納言となったときの着座にさいし、自身の任中納言時の着座も同じ二月丙午酉時であったことを書き添えている（寛弘七年二月二十六日条）。本来は任官直後に行うべきものであったが、摂関期には儀式化が進み、任官から着座まで期間が空くことが多かった。着座にあたっては、着座の日時・倚子を造る日時・倚子を立てる日時を勘申*させ、所定の日時に倚子製作を命じる。当日はまず太政官庁に赴き、浅履から靴に履き替えて倚子に就く。続いて外記庁に移動し、そこでも倚子に着して退出する。

【所在】長和二年六月二十七日条
【参考史料】『参議要抄』
【参考文献】井上亘「朝礼の研究」（『日本古代朝政の研究』、吉川弘文館、一九九八年）
（黒須友里江）

着陣 新たに参議に任ぜられた者やそれ以上に昇進した者が、初めて左近陣座（参議以上の座がもうけられている）の所定の座に就くこと。吉日を選んで行われ、たとえば長和二年（一〇一三）六月二十七日条には、道長が賀茂光栄を召して、権大納言に昇進した頼通と中納言に昇進した教通の着陣の日を決定したことがみえる。『参議要抄』によれば、新任参議はまず史に宜陽殿（陣座と同様公卿が着する場）の座を敷かせ、他の公卿とともに敷政門・宣仁門をへて宜陽殿の東座（参議の座）に就く。すぐに座を立って陣座に移動し、参議の座に就く。再びすぐに座を立ち、敷政門から退出すると、その日のうちは他所へ赴かない。それ以降の昇進にともなう着陣も吉日時に宜陽殿・陣座に就くというかたちで行われるが、それに加え陣座において陣申文*を開催し、蔵人が宣旨*を下す（いずれも吉書*）。なお、長和二年七月三日条で左衛門督である教通が着陣のあと左衛門陣にも着しているように、所属官司での着座を同日に行うことがあった。

【所在】長徳元年六月二十三日条、寛弘七年十二月十日、長和五年五月十三日条
【参考文献】井上亘「朝礼の研究」（『日本古代朝政の研究』、吉川弘文館、一九九八年）
（黒須友里江）

着鈦政 毎年五月と十二月の吉日に、検非違使が強盗・窃盗・私鋳銭といった徒罪の未決囚を東西市に引き出し、判決を言い渡し着鈦（鉄製の首枷でつなぐ）して獄舎に送り服役させる年中行事。検非違使の警察・司法権を象徴する儀式である。市で行うことから、「市の政」ともいう。これに先立ち対象者の罪状の勘文*（着鈦勘文）が作成される。壬生本『西宮記』第十七軸（内容は『西宮記』ではなく検非違使についての私記）などに残るその実例には、各人の姓名・年齢・本貫・贓物などが記載されている。当日はまず検非違使官人に酒饌があり、看督長が囚人の夾名を進める。次いで佐以下が囚人の過状を回覧し、看督長が着鈦を行う。その後、飯・汁物が用意され、免物、召名があった。本来は月の前半には東市、後半には西市

で行うとされたが、西市の衰退にともない長保年間には東市が主たる儀場となっていた。なお、『年中行事絵巻』には検非違使一行の参着の場面と着鈦施行の場面が描かれている。

【所在】長和五年五月二十七日条

【参考史料】『親信卿記』天延二年五月二十三日条

【参考文献】新井重行「壬生本『西宮記』第十七軸の基礎的考察」(『書陵部紀要』五九、二〇〇八年)、小川清太郎『検非違使の研究 庁例の研究』(名著普及会、一九八八年)

(黒須友里江)

着裳(ちゃくも) 女子が成人の装束の象徴である裳を初めて着ける儀礼、男子の元服*にあたる。「もぎ」ともいう。十二歳から十四歳ごろに行う。女子が成人装束を着け、親族の長老などが裳の大腰の紐を結び、腰結(こしゆい)の役という。また童髪から末(すえ)と額(ひたい)を用い髪を結いあげる理髪の役がある。その後に饗宴となり、禄*が配られた。内親王の場合、『新儀式』巻五に「内親王初笄事」と式文があるが、そこでは髪上げが中心で、のちに裳を着けることが重視されるようになったらしい(『西宮記』巻二十も同様)。一条天皇第一皇女脩子内親王が着裳とともに叙品(三品)されており(寛弘二年三月二十七日条)、治安三年(一〇二三)に行われた三条天皇皇女一品宮禎子内親王の着裳は、『栄花物語』「御裳ぎ」に詳しく記されている。

道長の娘については、長保元年(一〇〇〇)二月九日条に彰子の着裳が記され、これは入内(じゅだい)*を前提にしたもので、二日後に従三位に叙された。長和元年(一〇一二)十月二十日条には尚侍(ないしのかみ)威子の着裳、寛仁元年(一〇一七)四月二十六日条には藤原尊子の着裳、寛仁三年二月二十八日条には尚侍嬉子の着裳が詳しく記され、理髪にはそれぞれ典侍橘三位・典侍藤原高子・典侍藤原美子があたり、いずれも道長が腰結をつとめた。また三后から額や装束などが贈られている。

【所在】寛弘六年三月二十七日条(藤原寛子着裳)

【参考文献】中村義雄『王朝の風俗と文学』(塙書房、一九六二年)、服藤早苗「平安王朝社会の成女式」(『平安王朝の子どもたち』、吉川弘文館、二〇〇四年)

(大津透)

着袴(ちゃっこ) 幼児の成長を祝い、男女の別なく三、四歳から七、八歳で初めて袴を着ける儀式。「はかまぎ」ともいう。親王は三歳の例が多く、寛弘七年(一〇一〇)十月二十二日条には当時三歳の敦成親王の着袴の儀が記され、公卿殿上人(てんじょうびと)が会場となる中宮彰子の御在所に集まり、一条天皇が渡御してみずから腰を結び、その後、装飾を尽くした宴会となった。長和四年(一〇一五)四月七日条には三条天皇の禎子内親王(三歳)の着袴の儀を記し、御帳台の帷(かたびら)や懸鏡などみな小さく作られ、公卿一同が参入して、主上が渡御し、手づから袴の腰紐を結んだ。その後、供御の祝膳が進められ、ついで南廂に座を移して天皇と王卿は饗宴となった。また臣下の例としては寛仁二年(一〇一八)十一月九日条に藤原教通の長女生子と次女真子の着袴が記される。このときは外祖父の藤原公任が参列し、袴の腰を結んだのは道長と摂政頼通であった(『栄花物語』「あさみどり」も参照)。

【所在】寛弘八年十二月二十八日条(敦良親王着袴)

【参考文献】中村義雄『王朝の風俗と文学』(塙書房、一九六二年)、服藤早苗「平安王朝社会の着袴」(『平安王朝の子どもたち』、吉川弘文館、二〇〇四年)

(大津透)

長者宣(ちょうじゃせん) 氏の代表者である氏長者(うじのちょうじゃ)の命令を奉じた宣旨(せんじ)*。とくに著名なのは藤氏長者宣であり、長者宣といえばこれを指すことが多い。藤氏長者宣は、氏寺・氏社・氏人・荘園事務などについての命令を勧学院別当弁が伝宣して発給された。伝達にさいしては、本来は勧学院政所下文が発給されたが、やがて御教書形式の長者宣が発給されるようになった。『御堂関白記』には、頼通が長者宣によって興福寺別当林懐の釐務を停止したことがみえる（寛仁二年四月三日条）。

（黒須友里江）

重陽 毎年九月九日に行われた節会。最大の陽数（奇数）である九が重なることが名称の由来。杯に菊花を浮かべた酒を飲むことから菊花宴ともいう。この日に丘に登り、菊花の酒を飲んで禍を除くという中国古代の年中行事を採り入れたものだが、天武天皇の忌日と重なったことから、養老令の節日には規定されていない。皇統が天智系に移った平安初期以降、節会として整備され、嵯峨朝には神泉苑であったが、淳和朝以降に紫宸殿での儀となった。当日は天皇出御ののち皇太子以下公卿、文人などが着座し、文人による賦詩、賜宴、奏舞、献詩披講、賜禄などが行われる。十世紀後半以降には、天皇が出御しない平座*が宜陽殿で行われる場合が多く、『御堂関白記』の事例も、寛弘四年（一〇〇七）以外はすべて平座である。平座の場合には、作文は清涼殿で行われた。また寛弘七年（一〇一〇）には、長雨のため節会が中止されたが、作文会のみは開かれている。

【所在】寛弘元年九月九日条、同二年九月九日条、長和五年九月九日条、寛仁三年九月九日条

（大隅清陽）

勅授帯剣 武官など本来帯剣を許されている者以外に、飾太刀の佩用を許すこと。摂関期には勅旨を承った上卿*が弾正台と検非違使、また中務・式部・兵部省に宣旨*を下した。主に親王や中納言以上の公卿を対象とする。公卿に対し勅授帯剣の宣旨が下されるのは、武官を兼ねない者が新たに中納言に任じた時、武官を兼ねていた公卿（中納言以上）が、昇任などにより武官を解任された時などである。武官を兼ねる前に帯剣を許されていた者は、武官を離れた後もとくに宣旨は必要ないとされた（『中右記』保安元年十二月三十日条）。なお勅授帯剣は天皇個人との関係にもとづくものであるため、譲位*があると新帝から改めて宣旨を下す必要があった。寛弘二年（一〇〇五）七月二十一日条では、朝廷に復帰のかなった藤原伊周に対し、大納言の上、大臣の下という座次にもとづき勅授帯剣が許されている。

【所在】寛弘八年六月十三日条、長和二年三月二十三日条、同五年正月二十九日条

【参考史料】『蛙抄』「剣」

【参考文献】安田政彦「勅授帯剣について」（亀田隆之先生還暦記念会編『律令制社会の成立と展開』、吉川弘文館、一九八九年）

（磐下徹）

勅計 大雪や火事、雷（雷鳴陣）などにさいし、内裏を守護すべき六衛府官人や帯刀などの出仕者を確認すること。天皇の意を受けた蔵人の命により、侍臣が勅使として左右近衛・左右兵衛・左右衛門と帯刀の陣に派遣された。勅使は出仕者の人数のみを確認して帰参し、その後に各陣が見参*を作成して勅使の署名を取ってから蔵人に提出した。蔵人はすべての見参を取りまとめた上で天皇に奏上し、見参にもとづき出仕者には禄*が支給された。ただし道長の時代には出仕を怠る諸衛官人が多く、釐務の停止（停職）などの懲戒処分が下されている。なお「勅許」と誤記されていることが多い。

【所在】長和五年九月二十八日・十月三・十八日条

【参考史料】『新儀式』巻五「諸陣勅計事」、『侍中群要』巻七「勅計事」

（磐下徹）

追儺 毎年十二月の晦日夜に、内裏において疫癘や悪鬼を追い払うために行う儀。「おにやらい」ともいう。『礼記』『周礼』『呂氏春秋』などの中国古典にみえる大儺が日本に伝わったもの。『内裏式』『儀式』では大儺、『西宮記』以降の儀式書では追儺と記

す。当日は天皇が紫宸殿に出御し、王卿以下に桃弓・葦矢が配布され、陰陽寮が儺祭を行い呪文を読む。また大舎人寮の長大な者が、黄金四目の仮面を着けて方相氏に扮し、左手の楯と右手の戈を打ち合わせて鬼を追う所作をする。群臣もこれに呼応して東西南北に分かれ、疫鬼を駆逐したのち饗*がもうけられ終了する。方相氏の姿が異様なため、十世紀以降、方相氏が追い払われる鬼と同一視される傾向が生じた。また九世紀後半には天皇が出御しないことが多くなり、十一世紀には、内裏儀への公卿の不参加が一般化する一方、里内裏や貴族私邸で行われる事例が増える。『御堂関白記』での記載は、長和元年（一〇一二）十二月二十九日条の「追儺常の如し。子剋許り」といった簡単なものに限られている。

【所在】寛弘元年十二月三十日条、同二年十二月二十九日条、同八年十二月二十九日条

【参考文献】大日方克己『古代国家と年中行事』（吉川弘文館、一九九三年）、三宅和朗『古代国家の神祇と祭祀』（吉川弘文館、一九九五年）　（大隅清陽）

続文（つぎぶみ）　上申された事項を太政官*で審議するさい、過去の官符案や奏報、担当官司による勘文*、前例、傍例といった参考資料を弁官・外記がもとの文書（本解*）に貼り続いだもの。とくに諸国申請雑事についての実例が多いが、『北山抄』七の「一上に申す雑事」「大中納言に申す雑事」では、あげられた事項の多くに続ぐべき文書を注記しており、政務処理の過程で一般的に行われたことが知られる。

【所在】長保二年正月十五日条

【参考文献】谷口昭「続文攷」（『法制史研究』二二、一九七三年）　（黒須友里江）

出居（でい）　節会や旬・御斎会などにさいし、主に儀式の威容を整えるためにもうけられた座、もしくはそこに詰める人を指す。儀式の中心となる本座から離れた廂や砌の下など、庭に面した空間にもうけられる。侍従や近衛中将・少将が詰めることが多く、出居侍従・出居次将などと称される。まれに、ある場所に出てきて控える、という意味で用いられる例もみられる（長和二年三月二十三日条）。

【所在】寛弘六年十月一日条、長和二年正月十四日・八月十九日条　（磐下徹）

手結（てつがい）　射礼*、賭弓*、相撲*などの勝負事を中心とする儀礼に先立ち、競技者を左右に分けて二人ずつ組み合わせること。手番とも書く。組み合わせを記した名簿*や、予行および本番の取り組みそのものを指す場合もある。予行を荒手結、本番を真手結という。正月十七日の射礼の場合は、二日前の十五日に、兵部省で能射の者二十名を選び調習する兵部手結が行われる。六衛府や春宮坊でも同様にされた。正月十八日の賭弓では、九日に左近衛府の荒手結、十一日に左近の真手結と右近の荒手結、十三日に右近の真手結が行われる。五月五・六日の騎射では、三・四日に左右近衛の荒手結、五・六日に真手結があり、節会の廃絶後にも近衛大将主催の府の行事とされた。『御堂関白記』では、三条朝の長和年間に、国母の忌月のため正月の射礼・賭弓が三月に移された例がみえる。また道長の外戚としての立場のゆえか、春宮帯刀の手結の記載が比較的多い。

【所在】寛弘四年五月四日条、長和二年三月九日条、寛仁三年正月十五日条　（大隅清陽）

踏歌節会（とうかのせちえ）　踏歌とは、多数の男女が足で大地を踏みならし、歌い舞う儀礼で、古代中国の踏青に由来する。唐代には正月十五日夜の元宵観燈というかたちで宮中儀礼化しており、日本では、その影響と日本古来の予祝儀礼である歌垣が融合して節会の一つとなった。持統朝より実例があり、養老雑令でも正月十六日が節日として規定されてい

るが、八世紀後半には内教坊が関与する節会として整備される。ただし男女混交することが風紀上しばしば問題とされ、延喜初年より十四日を男踏歌、十六日を女踏歌として別に行われることとなった。男踏歌は円融朝を最後に廃絶し、『御堂関白記』の時代には十六日の女踏歌のみが行われていた。当日は天皇が紫宸殿に出御し、承明門外で国栖が風俗歌を奏し、次いで内教坊別当に率いられた舞妓四十名が踏舞を披露する。その歌詞に「万年あられ」という囃し言葉がふくまれたため、踏歌を「あらればしり」とよぶこともあった。

【所在】寛弘二年正月十六日条、同三年正月十六日条、寛仁二年正月十六日条

【参考文献】荻美津夫『日本古代音楽史論』(吉川弘文館、一九七七年)、中田武司編『踏歌節会　研究と資料』(おうふう、一九九六年)

(大隅清陽)

読書　皇子女誕生ののち御湯殿儀*のとき、鳴弦*とともに明経・紀伝の博士などが一人ずつ交代で前庭で朝と夕に漢籍のめでたい一節を読みあげる儀。敦成の誕生のときは、寛弘五年(一〇〇八)九月十一日条によれば、右少弁藤原広業(紀伝道)が御注孝経を読み、夕べも同じであった。なお『紫式部日記』では、朝は広業が史記、夕は中原致時(明経道)が孝経、大江挙周(紀伝道)が史記を読んだとして異なっているが、この三名がかわるがわる奉仕したらしい。寛弘六年十一月二十五日から十二月二日条には、敦良誕生にあたり、藤原広業・惟宗為忠・菅原宣義が七日間にわたり交替で読んだ漢籍の書名を詳しく記している。

(大津透)

所充　諸官人を本務とは別に諸司・諸寺・所々の別当に任命する政務。十世紀初頭から実施が確認できる。主要なものは公卿や蔵人・近衛府官人・殿上人を別当に補任する殿上所充、史(一部弁官もふくむ)・外記を別当に補任する官所充の二種であるが、その他、院宮や摂関家などでも家政機関の職員を任命する所充が行われた。

殿上所充は、天皇御前で関白が定め一上*が執筆*をつとめる、または摂政直廬で一上が定め大弁が執筆をつとめるかたちで定められた。道長は、内覧であった期間は御前で殿上所充を定めている(長保二年二月二日条・寛弘四年二月九日条・長和元年三月十四日条)。その結果が書かれた定文は奏上をへて弁に、さらに史に下され、諸司・諸寺・所々に官符*、宣旨*、もしくは口頭で伝達された。

一方、村上朝より代始の所充が行われるようになった。これは通常の殿上所充と異なりすべての別当を充て直すものだが、後一条朝を境として通常の殿上所充の頻度が少なくなり、殿上所充は代始の行事として実施されるようになった。後一条天皇の代始所充は、摂政道長のもと右大臣藤原顕光が定め左大弁源道方が執筆をつとめた(長和五年二月二十六日条・『左経記』同日条)。

官所充は「大弁已下相定め、第一の上卿に申し之を補す」(『西宮記』十五)もので、『江家次第』五によれば、毎年二月十一日の列見*ののち二月十三日以降に朝所で所充を定め、続いて陣座において大弁が大臣に所充文(官司・寺・所々ごとに別当の弁・史を書きあげた文書)を申した。『御堂関白記』に最も多くみえる所充は官所充であるが、それらはすべて陣座の手続きを指し、一上であった道長に申した例も多い。外記については、『西宮記』十五に「外記所充は一上に申す。史所充は大弁の宣を以て書き下す」と区別して記載されているように史とは異なる手続きをとったらしいが、詳細は明らかになっていない。ただし、寛弘五年(一〇〇八)三月十日条で大外記滋野善言が道長に申した「所充文」は外記所充の実例の可能性がある。

『御堂関白記』には殿上所充・官所充のほか院宮所充二例(長和四年八月十六日・寛仁

二年三月二十八日条)、家の所充三例(寛弘元年八月五日・長和四年八月二日・寛仁元年九月十四日条)が記されている。

【参考文献】岡野浩二「所充の研究」(渡辺直彦編『古代史論叢』、続群書類従完成会、一九九四年)、古瀬奈津子「「殿上所充」小考—摂関期から院政期へ—」(『日本古代王権と儀式』、吉川弘文館、一九九八年)　(黒須友里江)

宿直(とのい)　夜間に宮中や官司で職務にあたること。本来は「宿」が夜間、「直」が昼間の勤務をいうが、実際の用法では「宿直」で夜間の勤務を指す。『御堂関白記』では「直」も同様の意味に用いている。令には大納言・八省卿をのぞく諸官人の宿直、兵衛・内舎人の宮内警護、大舎人・中宮舎人・東宮舎人の宿直が規定されており、その他、平安時代には近衛府による内裏警備も行われた。『御堂関白記』に記録された宿直はいずれも、諸衛官人が各陣で行うものである。これに関しては懈怠がたびたび問題化しており(寛弘七年六月一日・長和五年十月三日条、『小右記』長和四年八月十三日条)、月に三度以上つとめなかった者については勘事に処す、あるいは怠状を奏上するといった措置がとられている。一方、高官や蔵人・殿上人らも宮中に宿泊することがあり、これを候宿(殿上の間に宿泊する場合は上宿とも)といった。道長の場合は飛香舎(藤壺)にある直廬を用いた。

【所在】寛弘八年四月二十三日条　(黒須友里江)

豊明節会(とよのあかりのせちえ)　新嘗祭の翌日の辰日または大嘗祭の後の午日に行われる節会。「とよのあかり」は大嘗祭の祝詞や中臣神寿詞にみえる慣用句の「豊明に明り坐す」に由来し、酒を飲んで顔の照り赤らむ意とされる。もと豊楽院であったが、のちに紫宸殿で行われるのが例となった。『御堂関白記』にみえる例はすべて新嘗祭翌日のもの。儀式書によると、その次第は、天皇出御、群臣着座の後、宴会がはじまり、一献の後、吉野国栖が歌笛を奏して御贄を献ずる国栖奏があり、二献では御酒勅使が来て、群臣に新嘗祭で献供された白酒・黒酒を賜る。三献ののち大歌所の歌人が五節の歌を歌い、舞姫が参入して五節舞を舞う。続いて雅楽寮の楽人が立楽を奏し、皇太子以下に賜禄があって儀が終了した。

【所在】寛弘元年十一月十八日条、同三年十一月十七日条、同六年十一月十七日条、同七年十一月十七日条　(大隅清陽)

頓給(とんきゅう)　頓給料・頓料とも。延喜斎院式や春宮式に、初めて斎院や東宮に立てられたときに支給される頓料(絹・布・銭・米など)が規定されている。また『朝野群載』巻二十二に収録された頓料解文からは、国司交替のさいに、在国の前司が京の新司のもとに頓料を送っていたことが確認できる。このように頓料とは、身分の変化や新たな地位への就任に先立ち、その準備料として臨時に支給されるものであった。太上天皇についても同様で、長和五年(一〇一六)二月十五日条では、三条天皇の譲位にともない「院御頓給」の前例が調べられている。

【参考史料】『御脱屣記』所引『野府記』(『小右記』)永観二年九月九日条

【参考文献】『皇室制度史料　太上天皇一』(吉川弘文館、一九七八年)　(磐下徹)

内印(ないいん)　「天皇御璽」と記された天皇の印。外印(太政官印)に対して内印とよび、また単に御璽ともいう。養老公式令40天子神璽条によれば、方三寸の大きさで五位以上の位記と諸国に下す公文に捺された(『西宮記』七「内印」、『北山抄』七「請内印雑事」には、内印を捺すべき文書がより具体的にあげられている)。内印を捺すべき、あるいは捺した文書を内文という。『御堂関白記』

には「内文事」「内印事」という記事が混在するが、両者とも内印請印*を指す。内印請印は本来、紫宸殿に出御した天皇に少納言がその旨を請い、勅許を得て少納言の監督のもと主鈴が捺印するという次第で行われた。しかし摂関期には天皇は出御せず、外記庁で上卿*が内文を確認し、陣座に移動して控え（内案）の内覧を行い、それを少納言が内侍に付して奏上、勅許を得て近衛将監・少納言・主鈴が内文に捺印するという方法（庁覧内文）がとられた。また、さらに簡便な方法として、上卿が陣座で内文を確認して内覧・奏上し、返給されたものに捺印させるという方法（陣覧内文）が生じ、のちにはこちらが主流となった。道長は内覧となって以降、上卿ではなく内案・内文を内覧する立場にあり、たとえば長和二年（一〇一三）八月九日条には位禄*官符*の発給に道長が疑義を呈し、上卿が発給を見送ったことがみえる。

【所在】寛弘元年三月七日条、長和五年三月十六日条

【参考文献】田島公「『周易抄』紙背文書と内案」（『日本歴史』六〇八、一九八九年）、土井郁磨「内印の請印について」（皆川完一編『古代中世史料学研究』下、吉川弘文館、一九九八年）

（黒須友里江）

内侍臨檻　内侍が紫宸殿の簀子に出て東檻に臨むこと。人を召すさい、あるいは物品の授受のさいに行われる。前者については、節会において内侍臨檻をうけて内弁*が殿上に参上するというかたちでよくみられ、旬*の官奏*でも内侍臨檻ののち大臣が参上する。東宮元服*や競馬*などの儀式においては、まず近衛次将を召してから対象の人を召す（なお、競馬での内侍臨檻は例外的に紫宸殿以外で行われる）。後者については、紫宸殿の儀式において内侍に付して奏上する、あるいは内侍が伝えて下す（叙位*下名*など）とき、内侍が臨檻する。

（黒須友里江）

内弁　即位*・朝賀・節会など、天皇が紫宸殿（または大極殿）に出御する儀式において、承明門（または会昌門）の内側の儀場で儀式の進行を取りしきる役。王卿の参入の指示や見参*・宣命*を奏上するなど、儀式全体にわたる責任者である。通常は第一の大臣（一上*）、一上に不都合があれば次席の者が、大臣が不参の場合は宣旨*をうけて納言がつとめる。また、儀式の途中で内弁に支障が生じた場合は次席の者に譲ることもあった。道長は一上であった期間に多く内弁をつとめているが、一方で体調不良などを理由に辞退したり、途中で顕光や実資に譲ったりした例も散見する。なお、若くして摂政となった頼通は、内弁をつとめた例が少ない（長和三年正月二日・同四年正月一日条）。

【所在】寛弘四年正月一日条・同八年正月一日条

【参考文献】末松剛「節会における内弁勤仕と御後祗候」（『平安宮廷の儀礼文化』、吉川弘文館、二〇一〇年）

（黒須友里江）

直物　除目*の結果を記した召名*（清書）の記載を訂正する政務。外記が事前に式・兵部省から返上された召名を検察し、その誤りを直物勘文*にまとめ、それをもとに陣座*で直物上卿*の指示のもと、参議が召名を修正した。上卿は直前の除目の執筆*がつとめるのが原則。また、年官申文*（未給や国替・名替）も提出され、年官の追加・変更もあった。直物にあわせて小除目*が開催されることも多い。

年官による任官については、外記は公卿給とよばれる文書（公卿に与えられた年官である「公卿給」ではない）をもとに直物勘文を作成した。公卿給は年官の任官者を書きあげた文書で、大間書*や年官成文から作成された。大間書などは除目終了後に執筆大臣が私邸に持ち帰るため、公卿給は大臣家の家司が作成する。この公卿給は、ほかにやはり年官

にかかわる記録である二合・停任とともに大臣から外記に下された。公卿給の実例が『北山抄』巻三「除目事」（尊経閣文庫所蔵巻子本乙本）に勘物として掲出されている。

既述のように、直物上卿は除目の執筆がつとめるのが通常だが、長和五年（一〇一六）は道長の摂政就任にともない、摂政儀による除目とされたため（執筆は大弁）、執筆ではない大臣が上卿をつとめることになった。しかし大間書と成文は摂政が持ち帰るため、公卿給は道長家で作成されることになる。そこで摂政から公卿給を外記に下すのか、あるいは直物上卿をつとめる大臣を経由して下すのかが議論となった。このときは左大臣を兼ねていることを理由に道長が公卿給を外記に下している（同年四月二・四・十五・二十八日条）。

【所在】長保元年閏三月四日条、同二年三月四日条、寛弘元年二月二十六日条、同四年正月二十四日条、同五年三月十日条、長和元年十月二十八日条、同二年三月十一日条、同五年正月二十日・十二月二十九日条

【参考史料】『除目抄（師弘除目抄）』直物・公卿給事、『江次第鈔』巻四「直物」、『小右記』長和五年四月四日条、万寿元年十二月一日条

【参考文献】尾上陽介「年官制度の本質」（『史観』一四五、二〇〇一年）、磐下徹「年官ノート」（『日本研究』四四、二〇一一年）（磐下徹）

名対面（なだいめん） 内裏に宿直（とのい）*する者を点呼し名乗らせること。名謁（みょうえつ）とも。亥一刻、内豎（ないじゅ）による宿奏（とのいもうし）ののちに行われた（東山御文庫本『日中行事』は亥二刻とする）。まず殿上侍臣が殿上の孫廂に列し、蔵人が「誰（た）そ」と問うと順番に名を名乗る。次に東庭に列した滝口による鳴弦（めいげん）*があり、蔵人（くろうど）が「誰々か侍る」と問うと順番に姓名を名乗る。滝口の名対面については問籍（もんじゃく）ともいう。毎夜行われるもののほか、行幸・東宮の行啓からの還御のさいにもあった。

【参考史料】『侍中群要』四（黒須友里江）

日記（にっき） 一般には日々記された公私の記録のことで、貴族社会の成立とともに、儀式先例を記したものとして重視された。『御堂関白記』のなかでは、先例を調べる対象の「日記」としては、公日記の外記（げき）日記*が多いが、祖父藤原師輔の「九条殿御日記」を参照している例もある（長和五年八月七日条）。一方で「日記」としてしばしばみえるのが事件の調書の類で、事件の発生経緯を記録した事発日記、検非違使などが犯人を糾問した勘問日記などがある。「使官人を賜ひて日記せしむ」（寛弘四年正月八日条）、「使官人を召仰せて日記せしめよ」（長和五年十月十一日条）などとみえる。日記は道長のもとに提出されているが、「勘問日記」を天皇に奏上することもあった（長和元年閏十月十一日条）。

【参考文献】米田雄介「日次記に非ざる「日記」について」（『摂関制の成立と展開』、吉川弘文館、二〇〇六年）（大津透）

女官除目（にょうかんじもく） 後宮十二司（こうきゅうじゅうにし）の職事である尚（カミ）・典（スケ）・掌（ジョウ）を任じる政務。摂関期には内侍司以外の職事はみえなくなり、尚侍（ないしのかみ）・典侍（ないしのすけ）・掌侍（ないしのじょう）の任官が中心となったため内侍除目ともよばれる。その手続きは『北山抄』巻六「女官除目事」では小除目*と同様とする。寛弘元年（一〇〇四）十一月二十七日条では、道長は天皇の召しにより御前に参入して任官者を確定させると、陣座（じんのざ）で参議右大弁の藤原行成に清書を書かせて奏聞し、その後、中務省に下している。男官の除目では式・兵部省に下される清書（召名（めしな）*）は、女官の場合は中務省に下されることになっていた。

【所在】寛弘三年十月九日条、同四年正月二十九日条、寛仁元年二月十七日条

【参考史料】『新儀式』巻五「任女官事」（磐下徹）

任大臣儀（にんだいじんぎ） 大臣を任命する儀式。任大臣節会ともよばれる。大臣に任ぜられる者には兼宣旨*がもたらされ、それをうけて陰陽師が勘申*した日時に行われた。平安時代、大臣の任官は他の官と異なり宣命*（任大臣宣命、実例は六国史に多くみられる）によった。当日は天皇が紫宸殿に出御し、大臣（内弁*）のもと官人が参入して宣命大夫の宣制を聞き、官人が再拝*、任じられる者は拝舞*した。ただし十世紀後半以降、任じられる本人は宣制の場におらず宿所に控え、宣制後に弓場殿に参り奏慶することが慣例となっていた。また十世紀以降、初めて大臣に任ぜられたときと任太政大臣時には、任大臣儀に続き私邸で太政官の官人が出席する饗宴（任大臣大饗*）がもうけられた。これは、正月大臣大饗と比べやや簡略ではあるものの、基本的な構造は共通しており、主人への拝礼*、宴座・穏座*、賜禄からなる。道長は寛仁元年（一〇一七）十二月四日に太政大臣に任ぜられたが、そのさい兼家の任太政大臣時の記録を藤原実資から送ってもらっている（『小右記』十二月一日条）。そして、『御堂関白記』当日条を「此日大饗」ではじめ、任大臣儀・奏慶について簡潔に述べた後、大饗の様子を詳細に記録している。また、頼通の任内大臣時の大饗についても詳しく記録しており、当日道長が和歌を詠じたこともみえる（寛仁元年三月四日条）。

【参考文献】佐々木恵介「任大臣儀について―古代日本における任官儀礼の一考察―」（『聖心女子大学論叢』一〇〇、二〇〇三年）、神谷正昌「任大臣大饗の成立と意義」（『平安宮廷の儀式と天皇』、同成社、二〇一六年）

（黒須友里江）

任符（にんぷ） 新たな任官者を着任先の官司に通達する文書のこと。すべての官職に対して発給するのが原則だったが、実際には武官や地方官（国司・郡司など）に限って出されたようである。国司の任符は、内印*を捺した赴任先の国司に宛てた太政官符*である。任符は除目*の結果を記した召名*などをもとに、弁官の管轄する任符所で作成された。そのさいには解由状*取得の有無が確認されるなど、本来は官人の監察制度と結びついていた。国司官長(守)の任符である受領任符についていえば、新任者が任国に到着すると、前司らによって任符の奉行が行われ（国庁における国司の署名と国印の捺印）、これを基点に交替業務などが開始されることになっていた。また任符の文面には、任国までの路次諸国に供給を命じる文言がふくまれるようになるなど、赴任のさいには不可欠の文書とされた。

【所在】寛弘三年二月二十日条、長和元年九月十五・十六日条

【参考史料】宇多天皇宸筆『周易抄』紙背文書、『類聚符宣抄』巻八「任符事」、『朝野群載』巻二十二

【参考文献】市大樹「国司任符の発給について」（『延喜式研究』一四、一九九八年）、同「国司任符に関する基礎的考察」（『古文書研究』四七、一九九八年）

（磐下徹）

年給（ねんきゅう） 年官と年爵のこと。年官は、天皇・上皇・女院・東宮・親王・三后（皇后・皇太后・太皇太后）・女御・参議以上・内侍などに認められた官職の申任権のこと。対象となる官職はおおむね諸国の掾（三分官）・目（二分官）・史生（一分官）だが、院宮などは介以上や京官の申任もできた。年爵は、上皇・女院・東宮・三后らに与えられた叙爵者の推薦権である（加階申請もある）。天皇の雑用料を得るための年官を内給（寛弘八年六月九日条、『権記』同日条）、院宮の年官・年爵を院宮給や御給、公卿の年官を公卿給とよぶ。また総称的に「人々給」という表現もみられる（長和元年十月二十八日条）。年給は年ごとに付与され、権利を有する者（給主）は任料・叙料とひきかえに希望者を

任官・叙爵させた。九世紀後半に整備・確立された制度である。

年給は除目*・叙位*の場に給主から申文*(名簿*)が提出され(長和五年十一月二十三日条)、外記が申請の妥当性を審査した上で認められた。なお当年分(当年給)を行使しなかった場合は未給として次年度以降に繰り越された。また年官の場合には、任官内容に不満があればそれを停止し(停任)、官職(任国)を変更する国替(長和元年十一月十七日条)や、任官者を変える名替、両方を変える名国替などが認められた。さらに与えられた推薦枠のうち、目(二分官)一人と史生(一分官)一人分を合成し、掾(三分官)を申任する二合が認められることもあった。院宮の場合には、京官二人分もしくは京官一人と掾二人分をもって年爵にあてる合爵も行われた(寛弘元年二月二十三日・三月四日・九月二十五日条)。年官の対象は基本的に任用国司だが、道長は東宮を辞退した敦明親王に対して受領を申任できる受領給を認めている。かつて摂政藤原道隆らが花山院の御給について「受領までこそ得させ給はざらめ」とした(『栄華物語』巻四「みはてぬゆめ」)ことをふまえれば、相当の優遇であったことがわかる(寛仁元年八月六日条)。

年給の目的は、給主への経済的給付(売官・売位)という側面も強いが、院宮や公卿らがみずからに奉仕する人を任叙することで権力関係を構築するといった側面もあり、多面的にとらえる必要がある。また、道長の時代を境にして、とくに年官は極度に形骸化し、架空の人物を申任するなど、除目の儀礼的側面を整えるものへと変化していった。

【所在】寛弘四年正月二十日・十二月二十五日条、同五年正月七日条、寛仁三年正月五日条

【参考文献】時野谷滋『律令俸禄制度史の研究』(吉川弘文館、一九七七年)、尾上陽介「年爵制度の変遷とその本質」(『東京大学史料編纂所研究紀要』四、一九九三年)、同「年官制度の本質」(『史観』一四五、二〇〇一年)、同「内給所について」(『日本古代の法と社会』、吉川弘文館、一九九五年)

(磐下徹)

荷前 「のざき」ともいい、広義には全国から貢納される調庸の初荷を分け置き、神社や山陵への奉幣とすることを指すが、狭義には十二月に陵墓に対し行うものをいう。陵墓への荷前には、諸陵寮が所管し、山陵すべてを対象とする常幣と、平安初期以降に天皇の近親の山陵と外戚の墓を対象とする別貢幣の二種類があった。常幣の幣物は大蔵省が用意し、使の発遣に天皇が臨席しないのに対し、別貢幣は内蔵寮のものを用い、天皇が建礼門前に出御して儀式を行うように、天皇家の私的行事としての性格が強い。別貢幣の対象陵墓は近陵・近墓とよばれ、九世紀には天皇の代替わりごとに改定されていた。清和朝に十陵四墓となって以降、天皇陵は十陵に固定するが、延喜式諸陵寮では十陵八墓となっているように、外戚の墓についてはなお流動的であった。また『儀式』以降の儀式書では、毎年十二月十三日に、翌春の元日朝拝の侍従と合わせて当年の荷前使を定めることになっているが、『御堂関白記』の実例では十三日とは限らず、前後することも多い。使の発遣当日には、大蔵省正倉院の中庭で、参集した陵墓の預人に幣物を班幣する常幣の儀と、建礼門前で、天皇と公卿が荷前使を発遣する別貢幣が並行して行われる。さらに『御堂関白記』では、国家による常幣・別貢幣とは別に、道長による「家荷前」の記事が散見し、これと区別するため常幣・別貢幣を「公家荷前」、両者を合わせて「荷前事公私行之」などと記す例もある。長和元年(一〇一二)十二月十三日条には「奉三所御料」とあり、道長の荷前の対象は三所であることが知られるが、具体的にどこを指すのかは不明。また同条には「女方又同」とあり、道長の妻倫子

も荷前を奉っていることが知られる。

【所在】寛弘元年十二月十七日条、同二年十二月二十三日条、同四年十二月十四日条、同七年十二月二十三日条、長和元年十二月十三日条、同五年十二月二十六日条

【参考文献】服藤早苗『家成立史の研究』（校倉書房、一九九一年）、吉江崇「荷前別貢幣の成立」（『史林』八四-一、二〇〇一年）

（大隅清陽）

賭弓（のりゆみ）　天皇が内裏射場に出御し、近衛や兵衛などの衛府官人が前方・後方の二手に分かれて弓射して的中の多寡を競い、王卿らがそれに賭ける行事。正月十七日の射礼*に続いて十八日にある恒例のものと、臨時のものがある。賭射とも。また『御堂関白記』では「射弓」とも表記する。天皇出御、王卿参入ののち左右近衛大将が射手を天皇に奏上する射手奏があり、近衛が十番、兵衛が七番的中の数を競うが、摂関期には前者が三番、後者が二、三番ほどで終了することが多い。勝方には懸物が与えられ、負方には罰酒が課された。懸物とは別に射分銭などの禄*が与えられることもある。全体の勝敗は番ごとに数えるが、持などが多く勝敗が決しがたいときは、的中の数である小数の多寡で判定した。また三条朝の長和年間には、国母の忌日のため、射礼とともに三月に行われた。

【所在】寛弘元年正月十八日条、同三年正月十八日条、長和二年三月十六日条、寛仁元年正月十八日条、同三年正月十八日条

【参考文献】大日方克己『古代国家と年中行事』（吉川弘文館、一九九三年）

（大隅清陽）

廃朝（はいちょう）　天皇が服喪・病気・天変・火事などの理由で朝廷の政務に就かないこと。諸司の政務は行われる。輟朝ともいい、この間は清涼殿の御簾を垂れ、音楽・警蹕*などは停止された。服喪による廃朝は養老儀制令7太陽虧条に、天皇の二親等以内・外祖父母・右大臣以上もしくは散一位の喪には三日、国忌*・三親等・三位以上の喪には一日と規定されている。先帝崩御による廃朝は、平安時代には五日が定例となっていた。『御堂関白記』には花山院と一条院の崩御による廃朝が記録されている（それぞれ寛弘五年二月十一日条、同八年七月七日条）。

（黒須友里江）

拝舞（はいぶ）　叙位*・任官や禄*の賜与などに対する謝意をあらわす動作。『拾芥抄』中「儀式暦部」の舞踏事によれば、まず再拝*した後に笏を置き、次に立ったまま上体をかがめて袖を垂らして左右左に振り、さらにひざまずいて同様の動作を繰り返し、最後に一揖してから立ちあがり、もう一度再拝する、という動作だったようである。道長は長和五年（一〇一六）正月二十九日の三条天皇譲位*儀の後、新帝後一条に対して任摂政の慶び申しの拝舞を行っている。このときには、摂政は特別な地位であるとの藤原実資の意見をいれ、ほかの公卿とは別に、とくに中門内の庭上で拝舞している。また同年には、道長が提出した上表*（辞表）の勅答使に対し頼宗や頼通が拝舞している。これは宿徳人が所労の場合は子姪が代拝舞するとの故実（『北山抄』巻四「上表事」）にもとづくもので、のちに藤原忠実も先例として踏襲している（『殿暦』天永三年十一月十八日条）。

【所在】長和五年十月二日・十二月七日条

【参考史料】『小右記』長和五年正月二十九日条

（磐下徹）

拝礼（はいらい）　一般には、敬意を表するため相手を拝むことをいうが、『御堂関白記』などの古記録では、正月元日に、内裏、院宮、摂関*・大臣家などにおいて、庭中に列立した侍臣・家司などが主君を拝することを指す場合が多い。『御堂関白記』には、冷泉院や東三条院での院の拝礼もみえるが、ほとんどは道長第での家の拝礼で、家人の拝礼、家司の拝礼、「家の子等の拝」などとも記される。道長第での四方拝*ののち小朝拝*・元日節会*

のために参内するまでの間に行われた。兼家を祖とする九条流一門と道長の子息、家司と家人的官人たちを中心とする上達部・殿上人・家子・家司などが参加し、多い場合は百人以上におよんだ。庭中での行事のため、雨天の場合は停止されるが、道長家の私的行事であるため、天皇諒闇により内裏での小朝拝や元日節会が停止されても行われた。この他、二日の臨時客、大臣大饗、任太政大臣への辞表にさいしても、拝礼のことがみえている。

【所在】長保元年正月一日条、寛弘二年正月一日条、同三年正月一日条、同四年正月一日条、長和五年正月一日条

【参考文献】岡田荘司『平安時代の国家と祭祀』（続群書類従完成会、一九九四年）、服藤早苗『平安王朝社会のジェンダー―家・王権・性愛―』（校倉書房、二〇〇五年）　（大隅清陽）

筥文（はこぶみ）　叙位や除目のさいに、執筆の大臣が使用する筆・硯などの文具とともに筥に納められた申文や叙位・除目関係の文書のこと。恒例の叙位・除目では、執筆以下は御前（清涼殿）に参入する前に陣座や宜陽殿の議所に着すが、そこで外記に命じて筥文の準備を整えさせる。用意ができると納言以下が手に取って清涼殿に参入し、執筆座の周辺に置いた。『江家次第』巻二「叙位」・巻四「除目」によれば、筥文はそれぞれ三筥・五筥用意されるとする。いずれの場合も第一筥には申文・大間書などの文書のほかに筆・硯といった文具が収納された。以下の第二筥・第三筥に何を入れるのかについても細かな故実があったようである。執筆はこれらの文具・文書を使用しながら叙位・任官を進めていった。寛弘四年（一〇〇七）正月二十八条には、道長が除目の筥文を陣座に運ばせたさい、大外記大江時棟の笏が少外記文室清忠に当たって冠が落ち、「衆人開口」とある。この日の出来事は『今昔物語』巻二十八に「安房守文室清忠、落冠被咲語　第廿六」として説話化されている。

【所在】寛弘三年十二月十五日条、同五年正月二十六日条、長和元年正月二十六日条、同二年正月六日条

【参考文献】玉井力「平安時代の除目について」（『平安時代の貴族と天皇』、岩波書店、二〇〇〇年）　（磐下徹）

花宴（はなのえん）　花を賞美し、その心を詩に賦し、管絃の遊びをする宴。花とは多くの場合桜を指し、二月後半から三月初めに行われたが、梅・藤・萩などの例もある。『日本後紀』弘仁三年（八一二）二月辛丑条で、嵯峨天皇が神泉苑で行ったのが初見。当初は宮中の諸殿舎であったが、十世紀後半には清涼殿が一般的となった。当日は天皇・王卿・文人が着座の後、献題・作序・探韻のことがあり、続いて賜宴・献杯・奏楽、文人による献詩・講詩などが行われ、管絃唱歌ののち、賜禄で終わる。『御堂関白記』では、寛弘三年（一〇〇六）三月三・四日条に、一条天皇が東三条殿から一条院に遷幸するに先立って行われたさいの装束と次第が詳細に記されており、この例は『源氏物語』第八帖「花宴」の描写の典拠にもなったとされている。

【所在】寛弘三年三月三・四日条

【参考文献】倉林正次『饗宴の研究　文学編』（桜楓社、一九六九年）　（大隅清陽）

引入（ひきいれ）　→元服

引出物（ひきでもの）　饗宴の主賓や儀式・行事で重要な役目をつとめた者に対し、主人・主催者から贈られる物品のこと。具体的には、大饗の尊者や元服のさいに加冠・理髪の役をつとめた者に贈られる事例があげられる。引出物の語源は、饗宴などの終了時に庭中に牽き出される馬などにあるため、馬を贈るのが本来的なかたちであるが、のちには馬代などの名目でさまざまな物品が用いられた。寛

弘三年（一〇〇六）正月三日の道長家臨時客にさいしては、主賓格の藤原顕光と公季に引出物として馬が贈られている。道長は馬を多く所有したことで知られており、引出物などとしてよく利用している。（磐下徹）

標（ひょう） 朝廷の儀式において、官人の立つ位置を示すために庭上に置かれた白木の板。同様の用途をもつ標識として先行する版位は唐制に由来し、養老儀制令14版位条および同条集解諸説によれば、方七寸・厚五寸でそれぞれの位階が漆字（古くは焼き文字）で記されていた。本来、儀場の標識としては版位のみが存在し、官人が列立する位置や宣命使*などの所役をつとめる官人が立つ位置を示すために用いられたが、平安時代になると、版位に加えて官人の一時的な列立位置などを示す標識として、標も使用されるようになった。これらは、儀式に先立ち中務省・式部省によって設置される。「標」と名のつくもので特殊な例としては大嘗会の辰・巳日節会において悠紀・主基の国司が列立する位置に置かれる標山（標木ともいう）がある。これは、豊楽殿の前庭の東西に山形をつくり、種々の装飾を施したものである。また、より広く目印という意味の「標」としては、競馬*にさいして馬場の末付近に勝負決定の標識として立てられた標の桙などがある。

【参考文献】鈴木琢郎「版位制の展開と標の成立―平安前期の検討から―」（『行政社会論集』一五―三、二〇〇三年）（黒須友里江）

平座（ひらざ） 天皇が紫宸殿に出御しない場合で、二孟旬や、元日・重陽*などの節会に、天皇の命により、公卿たちが宜陽殿西廂にもうけられた平座で開いた宴。平座とは本来、床に敷物や座を敷いた平敷の座のことであるが、天皇出御の場合の紫宸殿では兀子などの高さのある座具を使ったので、それとの対比からこの称が用いられた。とくに二孟旬の場合を旬*の平座といい、太政官・諸司の奏を停め、宴のみが開かれる。終了後、天皇には出席者の見参*が奏されたが、諒闇などのため奏されないこともあった。また里内裏の場合は、宜陽殿に代えて陣座を用いた。なおこれらとは別に、『御堂関白記』寛弘八年（一〇一一）十二月十六日条では、天皇の諒闇のため、公卿らが外記庁で行う外記政*を、倚子や床子ではなく平座に着してすることを平座の政と称している。

【所在】長和元年正月一日条、同二年十月一日条、同五年四月一日・九月九日条（大隅清陽）

不堪佃田（ふかんでんでん） 耕作可能として国家に把握されている田地のうち、天災などによってその年の作付けができなかった土地のこと。十世紀以降に班田収授が行われなくなると、諸国の水田数は定数化され、その十分の一までは例不堪として自動的に租穀の納入が免除されるようになる。しかし不堪佃田がそれを上回る場合には、税免除を受けるため中央政府への報告・認可が必要とされた。本来不堪佃田の審査は、中央からの遣使によって現地でなされていたが、次第に国司の申請のみによって行われるようになり、さらに十世紀後半には不堪佃田を申請する諸国が固定し、制度そのものが形骸化した。

その次第は、まず国司が不堪佃田の状況をまとめた坪付帳を太政官に提出する。すると大弁がそれを筆頭大臣に上申し、大臣はさらに官奏*によって天皇に奏上する（不堪佃田奏）。この国司が進めた坪付帳をそのまま奏上する一度目の官奏を荒奏とよぶ。その後、坪付帳は再び太政官に下され、諸資料をもとにその内容の妥当性を公卿らが審議する。これは陣定*の形式で進められ、不堪佃田定とよばれる。定の結果は再び官奏されるが、これを和奏という。以上によって不堪佃田の認定とそこからの税免除が承認されるが、国司の申請にもとづき、公卿聴政→官奏→陣定を経ていることからもわかるように、諸国申請雑事*の範疇にふくまれる。

不堪佃田の処理は当年中（八〜九月）に行われるべきものであるが、『御堂関白記』によれば、長保元年（九九九）には長徳三年（九九七）の、寛弘元（一〇〇四）・三・七年には「去年」の、長和元年（＝寛弘八年＝一〇一二）には寛弘七年の、長和二年には寛弘八年の不堪佃田奏・定*の記録が確認できる。このように期日通りにはならず、実態とはかけ離れた政務処理となっている一方で、毎年の分を欠かさず処理すべきという意識もうかがえる。さらに、次第に特定の案件にしか用いられなくなる官奏に不堪佃田奏が残されていくことも勘案すれば、国家による田地把握・地方支配を理念的に象徴する儀式と認識されていたようである。

【所在】長保元年十月四日条、寛弘元年五月七日・八月二十三・二十七日・九月十四日・閏九月八日、同二年十二月二十五・二十六日条、同四年十二月二十・二十五日条、同七年四月五日・九月四・十六・十七・二十日条

【参考文献】佐藤宗諄「王朝儀式の成立過程」（『平安前期政治史序説』、東京大学出版会、一九七七年）、佐々木宗雄「十〜十一世紀の位禄制と不堪佃田制」（『日本王朝国家論』、名著出版、一九九四年）

（磐下徹）

封戸（ふこ）　律令制の給与制度で、親王および諸臣の三位以上に品封と位封を、また大臣以下の公卿には職封として、一定数の課戸を賜い、そこから納められる調庸全額と田租の半分（平安時代には全額）を得させる制度。従来は律令制の崩壊とともに摂関期には封戸制は崩壊したと考えられてきたが、一定程度受領から納入されており、この時期、上級貴族の収入として最重要であったと考えられる。長保二年（一〇〇〇）三月一六日条、長和元年（一〇一二）三月二日条には彰子および妍子に中宮御封宣旨*が下されている。おそらくは千五百戸で、令制の中宮湯沐料二千戸から四分の一削減されていると考えられる。また寛仁元年（一〇一七）八月六日・二十五日条では、東宮敦明親王の処遇について、小一条院として封戸（および年官・年爵）を東宮時代のままとすることがみえている。寛弘五年（一〇〇八）正月十六日条では、帥（藤原伊周）に大臣のごとく封数給うべしとの一条天皇の意向を受けて、封戸千戸が支給されている。禄令の規定は左右大臣二千戸であるが、半額の返上が慣例化されて千戸となったと理解できるだろう。長和四年七月二十三日条には加賀守源政職が禎子内親王の封戸物を弁済しないため、妻の掌侍の宅が検封されたことがみえていて、受領の封戸物未納が取り締まられたことがわかる。

【参考文献】山下信一郎「平安時代の給与制と位禄」（『日本古代の国家と給与制』、吉川弘文館、二〇一二年）、大津透「財政の再編と宮廷社会」（『岩波講座日本歴史』五、岩波書店、二〇一五年）

（大津透）

分配（ぶんぱい）　恒例の公事について、その運営担当者を事前に定めること。摂関期には、公卿・弁官・蔵人についてその存在が確認できる。公卿（上達部）分配は、毎年十二月に大臣が翌年の諸公事の上卿*（大・中納言および参議）を定める。『兵範記』嘉応元年（一一六九）八月二十七日条には分配文書が収められており、それによれば分配の対象となる公事は祭祀と国忌*が中心であり、一上*が行うことになっている節会などの公事はふくまれなかった。この制度は寛和二年（九八六）十二月五日の宣旨*（『類聚符宣抄』六）によって開始されたと考えられる。公卿分配の諸公事のうち国忌以外には弁官の分配もあり、中・少弁が充てられた。蔵人の分配は、『侍中群要』十によれば藤原公任が蔵人頭であった時期（永祚元〜正暦三年）にはじまり、毎年正月に行われていたとみられる。『御堂関白記』には道長が公卿分配を定めたことが

散見するが、いずれも十二月ではない。たとえば寛弘元年（一〇〇四）九月二十日条には「上達部分配を改定す」とあり、年の途中での変更があったことがわかる。また寛弘五年二月七日条では祈年穀奉幣使、同八年四月七日条では賀茂斎院御禊前駆とともに公卿分配が定められており、行事直前の調整もふくめ流動的であったようである。

【参考文献】土田直鎮「上卿について」（『奈良平安時代史研究』、吉川弘文館、一九九二年）、今江廣道「公事の分配について」（『国史学』一二三、一九八四年）、古瀬奈津子「行事蔵人について―摂関期を中心に―」（『日本古代王権と儀式』、吉川弘文館、一九九八年）

（黒須友里江）

別当宣（べつとうせん） 一般的には検非違使別当の命令を伝えた宣旨*を指すが、『御堂関白記』においては検非違使別当を補任する宣旨の意味で用いられている。検非違使別当補任の手続きには、上卿*が勅を奉じ①弁官に仰せて府生に下し、左右衛門府官人が奉行する、②検非違使佐に仰す、という二種類があり、いずれか一方の方法がとられた。『朝野群載』十一・廷尉にはそれぞれの宣旨の実例が収められている。道長は寛弘三年（一〇〇六）六月二十九日と長和二年（一〇一三）十二月十九日に上卿として別当宣を下しているが、どちらも①の方法をとっている。

【参考文献】渡辺直彦「検非違使別当について」（『日本古代官位制度の基礎的研究』、吉川弘文館、二〇一二年）

（黒須友里江）

坊官除目（ぼうかんじもく） 春宮坊の職員である春宮大夫以下を任命する臨時除目のこと。

春宮大夫などは恒例の除目*でも任じられるが、立太子*にともない春宮坊職員をまとめて任じる場合をとくに坊官除目とよぶ。寛弘八年（一〇一一）九月十六日条によれば、陣座に着した道長は三条天皇から御前に召され、敦成親王（後一条天皇）の春宮帯刀十八人を選定し、その結果をまとめた清書（召名*）を作成・奏聞すると、その後の処理を藤原公任に委ねて退出している。なお帯刀の選定は、帯刀試*の結果をもとに行われることになっていた。また『江家次第』巻十四「坊官除目」には、摂政儀の詳しい次第が掲載されている。これらによれば坊官除目は、大臣が御前もしくは陣座で任官者を選定し、天皇の裁可が下りるとその結果を清書（召名）にまとめて奏聞の上、式部省に下す、という流れであったと考えられる。

【所在】寛弘八年六月十三日条、長和五年二月三・十九日条、寛仁元年八月九日条

【参考史料】『権記』寛弘八年六月十三日条

（磐下徹）

罷申（まかりもうし） 大宰府官人や受領が任国に下向する前に行う赴任の挨拶。天皇に対するもの以外に、家司や家人として仕える公卿や、任官にさいし便宜をはかってもらった公卿に対して行うものがある。前者については、内裏清涼殿で赴任の旨を奏上すると、天皇は職務励行を指示するとともに任務を全うしたさいの勧賞（加階）を約束し、禄*を与えることになっていた。公卿らに対する罷申においても、赴任者には馬などの餞が贈られている。

【所在】寛弘五年三月九日条、同七年八月十日条、長和五年二月十八日条、寛仁三年二月十八日条

【参考史料】『侍中群要』巻九「帥大弐赴任事」、『新儀式』巻五「諸国受領官奏赴任由事」

【参考文献】有富純也「摂関期の地方支配理念と天皇」（『日本古代国家と支配理念』、東京大学出版会、二〇〇九年）

（磐下徹）

負態（まけわざ） 賭弓*・競馬*・相撲*・蹴鞠などの競技や、歌合・花合・囲碁・双六などの勝負事において、負けた組が罰として、勝った組に、日を改めて物品を贈ったり饗応したりすること。『御堂関白記』にみえる事

例は、すべて東宮や皇太后宮での賭弓に関するもので、奉仕者が誰であったかを記すことが多い。とくに長保元年（九九九）閏三月九日にあった東宮賭弓の翌十日に行われた負態は、道長が奉仕したため具体的な内容が記されており、東宮をはじめその殿上侍臣、女房、帯刀、衛府官人らの酒食を用意し、さらに同時に行われた弓射の懸物として女装束一具、東宮の懸物として御馬一疋を提供したことなどがみえている。→三五三頁「負態」

【所在】長保元年閏三月十日条、寛弘三年三月十一日条、寛弘四年三月十二日条、同二十日条、長和二年三月十六日条

（大隅清陽）

政始（まつりごとはじめ）　毎年正月、その年最初の公卿聴政を行うこと。外記の勘申により吉日（通常は正月後半）が選ばれる。年首のほか、譲位、即位、改元、内裏遷御、内裏焼亡、廃朝、諒闇の後にも行われた。太政官庁（官政始）もしくは外記庁（外記政始）で行われたが、『御堂関白記』のころには官政は特定の儀式にともなって開催される形式的なものとなっており、日常の政務と同様、政始も外記政のかたちをとった（唯一、寛弘三年正月二十二日条に「初官政」とあるが、この日は外記政始が行われたことが『権記』同日条からわかる）。次第は通常の結政・外記政・南所申文と基本的に同様であったが、異例を報告する法申という手続きが行われない、南所での食事に続き杯酒がある、といった点が政始の特徴である。なお、十世紀末までは通常の大中納言に対し政始では大臣が上卿をつとめる場合があったが、『御堂関白記』にもそれはみえず、道長は一上として外記に吉日勘申を命ずるというかたちでのみ政始に関与している（寛弘元年正月十三日条、同四年正月十四・十五日条、同五年正月十四日条、長和四年正月十四日条）。

【参考文献】佐々木恵介「摂関期の政始について」（『日本歴史』六三〇、二〇〇〇年）

（黒須友里江）

真菜始（まなはじめ）　幼児にはじめて魚鳥の肉など動物性食品を与える祝儀。マは美称、ナは魚の意で、魚味始とも書く。生後二十か月が目安とされていた。寛弘七年（一〇一〇）十月十一日条に、「若宮」真菜始の記事があり、道長が御膳や饗を準備し、一条天皇みずからが真菜を食べさせた。この「若宮」について、大日本古記録ほかは前年九月に生まれた敦良親王とするが、当初八月十九日に開催予定されていた（同七月二十一日条）のが延引したことからすると、やや早すぎる。寛弘五年九月に誕生した敦成親王を指すと考えるべきだろう。ちなみに長保元年（九九九）十一月に生まれた敦康親王の真菜始は、同三年八月十一日に行われている（『権記』）。

【参考文献】中村義雄『王朝の風俗と文学』（塙書房、一九六二年）

（大津透）

御酒勅使（みきのちょくし）　元日以下の恒例の節会や、豊明などの臨時の節会において、参会した群臣に、天皇より御酒を賜る旨を伝える官人。『江家次第』などの儀式書によると、一献・二献ののち内弁が席を立ち、天皇に「まちきんたちにみき給はん」との勅許を請い、参議一人を召して勅を仰す。参議は軒廊に下がり、外記の作成した交名を受け取り、殿上に帰ってから南の簀子二間で勅使を召し、御酒を給う旨を命じた。『江次第抄』によると、勅使は侍従から四人を選ぶことになっている。

【所在】長和元年十一月二十三・二十五日条、寛仁元年正月一日条

【参考文献】和田英松『（新訂）建武年中行事註解』（講談社学術文庫、一九八九年）

（大隅清陽）

供御薬（みくすりをくうず）　正月元旦から三日間、内裏の清涼殿で、屠蘇・白散・度嶂散という薬を天皇に供し、一年の無病息災を祈る儀。『四民月令』や『荊楚歳時記』などに

みえる中国の習俗が日本に伝わり儀礼化したもの。九世紀の『内裏式』『儀式』では十二月晦日の儀とされ、十一月下旬から薬を調合し、十二月には典薬寮が五位以上に賜う人給料を準備する。晦日には典薬寮などが参内し、人給白散・臘月御薬・殖薬様を進上するが、屠蘇だけは同日午刻に井戸に漬け、元日寅刻にとりだして酒に入れ温め、まず薬司童女（薬子）になめさせてから天皇に供する。次いで白散・度嶂散を供し、同じことを三日まで行う。元旦の行事としては、四方拝*と小朝拝*の間にあるもので、『御堂関白記』では、元日に「例」ないし「常」の如く行われたとの記載のみがみえている。

【所在】寛弘七年正月一日条、長和二年正月一日条、寛仁三年正月一日条

【参考文献】丸山裕美子『日本古代の医療制度』（名著刊行会、一九九八年）、井上亘『日本古代の天皇と祭儀』（吉川弘文館、一九九八年）

（大隅清陽）

名簿　姓名を記した書きつけ、文書のこと。儀式・行事の参加者や、叙位*や任官の予定者・希望者を列記した文書などを指す。また、昇殿*が許されたさいに天皇に提出するみずからの姓名を記した書きつけや、上級貴族の家人になるさいに差しだす同様の文書も名簿とよばれている。長和元年（一〇一二）二月十四日条では、妍子の立后*にともない、宮司（中宮職官人ら）の任官候補者を列記した名簿を道長が三条天皇に奏上している。また寛弘元年（一〇〇四）七月二十五日条には、道長が童殿上した息子の異葉丸（頼宗）の名簿を奏したことがみえている。

【所在】寛弘元年正月六日条、同八年十月一日条、寛仁元年九月九日条

（磐下徹）

鳴弦　「つるうち」ともいい、皇子女誕生ののち御湯殿儀*のとき、魔除けのために弓の弦を引き放ち、音を立てる。読書博士が鳴弦人を率いて南庭に列立*し、読書人が前に、鳴弦人が後ろに二列に並んだ。敦成の誕生のときは五位十人・六位十人で（寛弘五年九月十一日条、『紫式部日記』）、敦良誕生・禎子誕生のときも同じであった（寛弘六年十一月二十五日条、長和二年七月八日条）。また寛弘四年（一〇〇七）正月六日条には、道長の女子（嬉子）誕生にあたり、沐浴とともに「弦打十人、立庭前」とみえている。

（大津透）

召仰　叙位*、除目*、行幸*、任大臣、相撲*節会といった公事に先立ち、その準備や所役を担当の官人に命ずること。「召仰」の語はとくに上記の公事においてよく用いられるが、公事に先立って担当者を召して指示を与えること自体は一般的にみられる行為であり、それ自体が儀式化している場合もある。『御堂関白記』には主に除目、叙位、行幸、相撲の召仰がみられる。除目召仰は執筆*大臣が外記・弁に、叙位召仰は大臣が外記に命じて関係諸司に準備させるものである。『北山抄』一によれば、外官除目の召仰は前日に行うことになっており、『御堂関白記』でも前日までに行っている例が多い。寛仁三年（一〇一九）正月五日の叙位では大臣が不参であったが、道長は「召仰已に成る。停むるべきに非ず」と述べ大納言に行わせており、召仰により公事が始動するという認識がうかがえる。行幸の召仰では、上卿*が陣座*において六衛府・左右馬寮（宮中行幸の場合は六衛府のみ）の官人を召して職務にあたるよう命ずる。また相撲召仰は相撲召合に先立ち行われ、上卿が左右近衛次将と弁にその遂行を命ずる。

（黒須友里江）

召名　除目*における任官者を勅任・奏任に分け、さらに文官・武官の別に書きあげた文書。清書ともよぶ。本来は除目の執筆*大臣が作成していたが、『御堂関白記』の時代には別に大・中納言が清書上卿*に指名されるのが一般化した。恒例除目の場合は

大間書*をもとに作成されるが、そのさいには清書上卿が大間書を読みあげ、それを参議が書き留めた。なお、大間書を放ち（分割し）複数の参議で召名を作成することもあった（以上『西宮記』巻二「除目」）。この作業の最中に追加の任官者が書き加えられる例も散見する。また、召名とともに、新任者を位階別に書き分けた下名*という文書も作成された。召名はその後、下名儀で使用される。ここでは新たな任官者をはじめ、公卿や外記・弁官、式・兵部省の官人らの前で召名が読みあげられ、任官事実が周知・確定された。本来は天皇出御のもと内裏で行われたが、十世紀半ば以降は太政官庁で天皇の出御も任官者の参列もなくなされるようになった。

【所在】寛弘四年正月二十八日・九月二十八日条、長和元年十月二十八日条、同四年十月二十八日条、同五年二月十六日・十一月二十六日条

【参考文献】早川庄八「八世紀の任官関係文書と任官儀について」（『日本古代官僚制の研究』、岩波書店、一九八六年）、西本昌弘「八・九世紀の内裏任官儀と可任人歴名」（『日本古代儀礼成立史の研究』、塙書房、一九九七年）、佐々木恵介「古代における任官結果の伝達」（笹山晴生編『日本律令制の展開』、吉川弘文館、二〇〇三年）

（磐下徹）

申文（もうしぶみ）　個人による上申文書。南所申文や陣申文*のように諸司諸国からの上申について公卿が決裁する手続きおよびそこで扱われる文書も申文とよばれるが、それらの「申文」は正式には解とその決裁であり、ここで扱う申文とは異なる。公式令には直接の統属関係にある官司間での上申文書の様式として解、個人が諸司に上申する様式として辞が規定されているが、実際には奈良時代より解が個人の上申に用いられていた。それら個人による上申文書は広く解文*、解状、申文、申状とよばれ、内容によって愁文、訴状などとも称したが、次第に「申文」の呼称は官人の任官・叙位*を申請する文書に限定して用いられるようになった。『御堂関白記』にみえる申文も、任官（僧侶もふくむ）や受領の延任を申請するものが多い。この類の文書は款状ともよばれ、書き出し・書き止めともに「某誠惶誠恐謹言」とし、装飾的な文章であるという特徴をもつ。寛弘二年（一〇〇五）八月十三日条には、肥後守を望む申文十枚が殿上から下され、そのなかから公卿が選んだ四枚を奏上し、道長が御前に召され藤原保昌（道長の家司）に決定したことが記されている。

【所在】寛弘元年六月十七日・十月二十七日条、同三年七月十三日・十月二日条、同四年正月二十五日条、同七年三月三十日条、長和二年十二月二十六日条、同五年五月十六日条

【参考史料】『本朝文粋』、『本朝続文粋』、『朝野群載』、『大間成文抄』、『魚魯愚抄』

【参考文献】佐藤進一『古文書学入門』（法政大学出版局、一九九七年）

（黒須友里江）

百日（ももか）　誕生後百日目に、子に餅を含ませて祝う通過行事。道長が外祖父にあたる彰子所生の敦成親王・敦良親王、妍子所生の禎子内親王の百日の儀について詳しい記事がある（寛弘五年十二月二十日、同七年閏二月六日、長和二年十月二十日条）。五十日*の儀とほぼ同じだが、御膳の高坏や籠物などが金銀や沈香などで精緻を尽くしてつくられ、籠物折櫃などは公卿以下に調進させたことを伝える。敦成の百日は、敦成と彰子の御在所である一条院東北対で行われている。

（大津透）

弓（ゆみ）　内裏や貴顕の邸宅で行われる射儀・射弓・賭弓*などの略称で、『御堂関白記』をはじめとする古記録では、「弓の事」「弓の負態*」などのかたちで用いられる。また、内裏や東宮で行われた場合は御を付けて御弓と称する。とくに三条天皇は、東宮時代から射儀を好んだことが知られ、『御堂関白記』で

は、寛弘から長和年間にかけて、「東宮御弓」や内裏での「御弓」「弓の負態」についての記事が散見する。

【所在】寛弘三年二月十四日条、同四年三月十二日条、長和二年三月五・六・十六日条

（大隅清陽）

立后（りつこう）　キサキの中から皇后（中宮）を立てること。摂関期にはおおむね女御が冊立された。その手続きは、まず立后の兼宣旨*が下されると、その女御は内裏から里（本宮）に退出する。このときには輦車宣旨がだされることが多い。その後、立后にともなう雑事を審議する立后定（陣定*）を経て冊立の儀が開催される。ここでは南殿に天皇が出御し、参入した王卿らの前で立后の宣命*が読みあげられる。次いで皇后宮職もしくは中宮職の職員の任命（宮司除目*）や啓陣*がなされ、これに続いて場所を新皇后（中宮）の御在所に移し、本宮の儀となる。本宮の新皇后（中宮）のもとに宮司らが赴き、立后の宣命が披露され、公卿らによる拝礼*や賜宴・賜禄などが行われる。これらの一連の行事が終わると、後日皇后（中宮）は改めて入内*した。なお藤原氏から立后があると、藤原氏学生らによる勧学院歩*や氏寺である興福寺の僧侶らによる慶賀*が行われた。『御堂関白記』には長保二年（一〇〇〇）の彰子、長和元年（一〇一二）の妍子、寛仁二年（一〇一八）の威子のときの記事が残されるが、回を重ねるごとに詳しい記載となり、道長が政務・儀式の記録に熟達していくさまを読みとることができる。

長和元年四月二十七日、三条天皇は先に立后していた妍子に続いて、娍子も皇后に立てた。しかし道長が中宮妍子の入内を同日に行わせたため、多くの公卿が妍子に供奉し、娍子の立后儀はさびしいものとなった。これを意図的な妨害ととらえることもできるが（『小右記』同日条）、道長は時間差での両立が可能だったと考えていたようである。いずれにしても、外戚としての地位の構築に直接かかわる立后は、道長にとって大きな関心事であった。

【所在】長保二年正月二十八日・二月二十五日条、長和元年正月三日・二月十四日・四月二十七日条、寛仁二年十月五・十六日条

【参考文献】山中裕「『御堂関白記』と藤原道長の人間像」（『平安時代の古記録と貴族文化』、思文閣出版、一九八八年）、服部一隆「娍子立后に対する藤原道長の論理」（『日本歴史』六九五、二〇〇六年）

（磐下徹）

立太子（りったいし）　天皇の後継者である皇太子（東宮・儲君）を立てること。立坊ともいう。平安時代には践祚と同時に皇太子が立てられた。『北山抄』巻四「立太子事」によれば、その儀は立后*の儀と同様とする。すなわち、南殿に天皇が出御し（不出御の場合もある）、王卿らが南庭に参入すると、彼らの前で宣命使が立太子の宣命*を読みあげるというものである。立太子が行われると、坊官除目*や啓陣*が実施され、醍醐天皇以来、東宮の護り刀とされた壺切剣も奉られた。

『御堂関白記』には、三条天皇即位にともなう敦成親王（道長孫、後一条天皇）、後一条天皇即位にともなう敦明親王（三条皇子）、敦明親王の東宮辞退にともなう敦良親王（道長孫、後朱雀天皇）の立太子が確認できる。とくに寛仁元年（一〇一七）八月九日の敦成親王のときの記録は、『立坊部類』後朱雀院条はじめ諸書に詳しい（『大日本史料』第二編之十二）。また、敦明親王の立太子のさいには、道長が壺切剣を敦明に渡さなかったことはよく知られている（『小右記』・『左経記』寛仁元年八月二十三日条）。

【所在】寛弘八年六月十三日条、寛仁元年八月九日条

（磐下徹）

理髪 →元服

令旨 皇太子および三后（皇后・皇太后・太皇太后）や、皇族に准じる地位にある者の命令、あるいはそれを下達するための文書。『御堂関白記』では、中宮（寛弘三年九月二十二日条）や東宮（寛弘四年三月十四日条・寛仁元年八月九日条）に加え、上皇の指示を「令旨」と表現している例（長和五年十月二十日条）が確認できる。なお「仰せ」や「御消息」と表記されているが、後一条天皇の元服前には、母后である彰子の令旨により、道長の准三宮（長和五年六月十日条）や太政大臣*任官（寛仁元年十一月二十七日条）、威子の立后*（同二年七月二十八日条）などが決定されており、摂関期における母后の政治的役割の重要性を示している。

【参考史料】『小右記』長和五年六月十日条、『左経記』長和五年六月十日条

【参考文献】古瀬奈津子「摂関政治成立の歴史的意義」（『日本史研究』四六三、二〇〇一年）

（磐下徹）

臨時客 正月年始に、摂政・関白・大臣家などにおいて、親王・公卿以下を迎えて開かれた宴会。摂関期における式日は二日。正月四日ないし五日に大臣家などで行われる正月大饗*の略儀であり、予定しない来客を意味する臨時客の名称もこれによる。そのため、大饗では請客使を派遣して主賓である尊者を迎え、宮中からは蘇甘栗の下賜があるのに対し、臨時客ではそれらを欠き、また大饗では寝殿の母屋に座をもうけ、饗饌に机・台盤（摂関家の場合はとくに朱器台盤）を用いるのに対し、臨時客では廂において折敷・高坏を用いるなどの相違がある。当日は、尊者が到着すると、それ以下の公卿たちも参入し、主客が庭上で拝礼*した後に昇殿・着座し、杯事が数献におよぶ。宴の途中には奏楽・朗詠・催馬楽などの御遊も行われた。宴の終わりに引出物*があり、一同退出する。十世紀の中頃には、貴族邸宅で正月三箇日の年頭拝礼の後に酒宴を開くことが一般化しており、大臣家などで行われていたこれらの拝礼と宴が、のちに臨時客に発展したものと考えられる。とくに寛弘年間以降の道長邸では、元日に家の拝礼を行った後、二日には拝礼―宴―引出物からなる臨時客を催すことが定例化しており、このころより摂関家固有の儀式として整備されたとされる。『御堂関白記』では、寛弘元年以降、道長邸において、二宮大饗のための参内に先立って、上達部の来着、数献の杯事、引出物が行われたとの記載がほぼ毎年みえ、とくに寛弘八年（一〇一一）正月二日条に「臨時客常の如し」とあるように、恒例の行事となっていたことがうかがえる。また長和五年（一〇一六）正月二日条には、皇太后宮や東宮で開かれた臨時客の例がみえる。

【所在】寛弘三年正月二日条、同八年正月二日条、長和五年正月二日条

【参考文献】川本重雄「正月大饗と臨時客」（『日本歴史』四七三、一九八七年）、服藤早苗『平安王朝社会のジェンダー―家・王権・性愛―』（校倉書房、二〇〇五年）

（大隅清陽）

例文 一般に「例文」とは過去の儀式運営に用いられた文書をいい、行事定のさいに定文作成の雛形として参照されたり、疑問が生じた場合の勘申*の材料とされたりした。この用法の例文は『御堂関白記』に一例みえる（長和五年三月八日条）。一方、寛弘四年（一〇〇七）十月八日条で維摩会の行事弁に給わった「例の文書等」は当年の維摩会に使用されるものと考えられ、上記の用法と異なり「毎回給わる文書」の意である。

（黒須友里江）

列見 毎年二月十一日、六位以下の官人で叙位*の対象となる者（成選人）が式部・兵部両省の官人に率いられて太政官に

集まり、上卿（しょうけい）*がこれを引見する儀式。諸司・畿内の長上官の考選文は十月一日、外国の考選文は十一月一日に弁官に提出され、式部・兵部両省に送られる。中務（女官を担当）・式部（文官を担当）・兵部（武官を担当）三省は考選目録（考課の対象となる官人の目録）や成選短冊（成選人の情報を記したもの）などの文書を作成する。考選目録は二月十日に太政官に提出され、翌日列見が行われる。当日は太政官正庁で官政が行われたのち、式部省と成選人が参入し、式部録が成選人の名を読みあげる（ここで変更があった場合は成選短冊に記入される）。続いて兵部省についても同様に行われた。その後、太政官官人が朝所（あいたんどころ）に移動して酒食があり、続いて宴座（えんのざ）・穏座（おんのざ）*がもうけられた。『御堂関白記』における列見はいずれも簡略な記述で道長は出席していないとみられるが、『小右記』長和二年（一〇一三）二月十五日条によれば、年来公事を奉行しているという理由で見参（げざん）*には入れられていた。『西宮記』『江家次第』には公卿が参内（さんだい）していれば列見の見参に入れる慣行がみえ、公卿全員が出席する性質の行事ではなくなっていたことがわかる。

【所在】寛弘五年二月二十三日条

【参考文献】神谷正昌「平安初期の成選擬階儀」（『平安宮廷の儀式と天皇』、同成社、二〇一六年）

（黒須友里江）

列立（れつりつ）

並び立つこと。儀式のなかのさまざまな場面で行われ、『御堂関白記』にも多くみえるが、例として元日節会（がんじつのせちえ）*と正月大臣大饗（たいきょう）*における列立をあげておく。元日節会では、紫宸殿の南庭の馳道（しどう）より東側に親王、大臣、中納言、三位参議、散三位、王四位参議、臣四位参議、王四位五位、臣四位、五位の標（ひょう）*が（王四位五位、臣四位、五位の標は西側にも）設置され、官人はそれに従って列立する。このように位階や官職ごとに列をなして並ぶことを異位重行（いいじゅうぎょう）という。正月大臣大饗では、尊者到着のさいに公卿が一列、弁・少納言が一列、外記（げき）・史が一列となって中門外に並ぶ。このときの並び方について『江家次第』二などは「南面東上」と述べるが、これは各人が南に向き東が上位の者となるように並ぶことを意味し、列立や座の配置の説明によく用いられる表現である。続いて、尊者が門を入ると三列は庭中に並び直すが、そのとき弁・少納言の列は先頭の者が公卿の三人目の後ろにあたるように立つという。このように斜めにずれて並ぶこともよくみられる作法である。

（黒須友里江）

禄（ろく）

禄とは本来、天皇への仕奉に対する給付（給与）であり、君臣関係を前提とした官人制の根幹を支えるものである。禄令に規定された季禄や位禄などは、全官人を対象としていたが、九世紀以降、徐々に機能不全におちいる。かわって節会（せちえ）への参加資格を有する親王や次侍従以上の諸臣らに支給される節禄が、恒常的な給付として大きな意味をもつようになる。十世紀以降は、財源不足により節禄の支給も滞るようになるが、摂関期においても一定の役割をはたしていた。長和元年（一〇一二）十一月二十三日条には、三条天皇の大嘗祭にともなう辰日節会（たつのひのせちえ）で節禄が支給されたことがみえている。このほか『御堂関白記』には、天皇からの賜与物に限らない禄も散見する。長保元年（九九九）二月二十九日条では、道長は自身の春日詣終了後、帰京途中の宇治で随従した舞人・陪従・上官らに禄を与えている。このように役目を終えて解散する前に、奉仕した者たちに与える禄を還り禄（かえりろく）という。また、寛弘四年（一〇〇七）十一月四日条では、息子の教通が春日祭使に選ばれると、ともに奈良へ下向する近衛府官人らに饗禄として酒食をふるまい、禄も与えている。寛仁二年（一〇一八）十月十六日条には、立后（りっこう）*した威子の本宮の儀に参加した公卿らへの賜禄がみえ、このとき道長は「祖の子の禄を得るハ有や」と述べたと伝えられている（『小右記』同日条）。

【所在】寛弘四年四月十八日条、同五年二月三日条、長和二年三月二十三日条、同五年三月十五日条、寛仁二年三月二十五日・十月二十日条

【参考文献】梅村喬「饗宴と禄」（『歴史評論』四二九、一九八六年）、大津透「節禄の成立」（『古代の天皇制』、岩波書店、一九九九年）、山下信一郎『日本古代の国家と給与制』（吉川弘文館、二〇一二年）

（磐下徹）

童相撲（わらわずまい）　内裏・院・東宮・私邸などにおいて行われた童子による相撲*。『新儀式』四には宮中での儀がみえ、勅により殿上公卿を左右に分けてそれぞれ頭を決めて準備にあたらせ、相撲の童は左右各二十人で、その身長は仰せにより定めるとある。『扶桑略記』にみえる延長六年（九二八）の東宮相撲の例では四尺五寸であったことが知られる。貞観三年（八六一）六月二十八・二十九日の両日に紫宸殿で行われたのが初見であるが、その後は一般の相撲と同様に、七月または八月の実施が多い。前三日に内取を行い、前一日には占手が御前に召される他、当日の次第は相撲にほぼ準ずる。『御堂関白記』では、寛弘三年（一〇〇六）八月十七日条に一宮敦康親王が内裏中宮御所で覧じた例、同二十三日条に道長邸で十五番が召された例がみえる。

【所在】寛弘三年八月十七・二十三日条

（大隅清陽）

◆官司・官職

摂関期の官職構造

　道長の時代の官司・官職がどのようなものだったか、全体を見通すのはかなり難しい。個々の官職については、和田英松『官職要解』に叙述があり、中世にさかのぼって『官職秘抄』『職原抄』が参考になるが、それらの官職が実際にどのような役割を果たしたのか、貴族社会全体のなかでの官僚の動きを見極めるには困難がある。それは、二官八省という律令制の官制が、廃止や変更をへても基本的にほとんど名称は生きていて、さらに蔵人・検非違使など令外官の諸職が置かれたのだが、官職のなかで業務多忙な者と、名ばかりで実務のない者に分かれているからである。また形骸化しているが官職自体に一定の意味がある場合もある。道長の日記にみえる官司・官職をとりあげていくことは、道長にとって意味のある、摂関期に生きていた官僚制の実像に迫ることができると思う。逆に、ここでとりあげない日記に出てこない官職は、形骸化していると考えられるが、それは辞書的説明からはわからないものである。

　土田直鎮氏は、当時の役人は、おおまかに諸司・諸国の長官・次官に上がれる「上」と、判官以下史生あたりまでで年労を重ねても判官どまりの「中」、さらにその下の舎人・使部など雑役の卑職である「下」の三階級に分けることができるとする。律令では官といえるのは四等官（職事官）であるため、ここでは「上」と「中」の関係を中心に考えたい。これは位階でいえば、おおむね五位以上と六位以下に対応し、前者は、律令で五位以上を通貴、三位以上を貴とするので上中級貴族といえる。後者については、六位以下は形骸化し、五位に昇進する前提としての六位以外の位階はほぼ存在しなくなったが、六位以下の下級官人としておく。

　上級貴族とは、太政官を構成する参議（四位）以上の公卿である。道長は一時期摂政となったものの、太政官筆頭の左大臣（一上）と内覧を権力基盤としており、彼ら公卿を統括して政治を運営した。大臣から大中納言、参議にいたる公卿はそれぞれの官職に応じて権限が定まっている。参議以上は陣定に参加して意見を述べたほか、叙位・除目には清涼殿東廂に参列した。また中納言以上は政において、上卿として外記政・南所申文・陣申文などで中文の決裁を行い、儀式なども行事上卿として分担して執行したのである。

　それを支えたのが弁官局で、太政官全体の判官にあたり、五位以上の中級貴族である（大弁は多く参議を兼ねた）、左右中弁・少弁が諸司・諸国統制の行政の中枢として繁忙を極め、行事弁として儀式も執行したが、一方で蔵人頭を兼ねる頭弁などは公卿への昇進コースでもある。実際に事務を支えたのがその下に置かれた史であり、六位の下級官人で構成された。また太政官には公卿の下に少納言と外記が置かれるが、外記局は太政官の書記局として重要性を増し、同じく下級官人で構成される。ただし大夫史（官務）・大夫外記（局務）といって各一名は五位の位階を持つ慣例となった。こうして政治の中枢である太政官は運営されるのである（道長を中心とする太政官政務のあり方は本書冒頭の総論も参照）。

これ以外の八省・諸司などは、それぞれ仕事の繁多な官と閑職とに分かれてくるが、全体を見通すには、実際の人事の昇進コースに注目するのがよい。六位以下で劇務の特定の官司をつとめあげると、毎年一人ずつ五位に任ぜられ（巡爵）、受領に任命される巡任という有機的システムができる。

受領とは、国司の長官である守（親王任国や公卿などの兼国の関係で次官の介の場合もある）が任国統治・税物納入の責任者となったもので、目代や郎等などを京からつれて下向し、在庁官人とともに任国支配にあたった。任期を終えると受領功過定で貢納の責任を果たしたかが審査された。一方で介以下の任用国司は、国内統治に関与しなくなり、介・掾・目・史生は公解稲の配分を預かる一種の得分となり、掾を三分、目を二分、史生を一分とよび、兼官や年給制度の対象となった。

毎年の恒例除目で、新たに受領に任じられる「新叙」は、蔵人・式部丞・民部丞・検非違使・外記・史である（他に院からの推薦枠、かつては大蔵丞・織部正もあった）。たとえば外記であれば、五位の大夫外記を除いて、それ以外の大少外記四名から毎年筆頭の大外記が叙爵され、順に繰り上がるので、四年間外記をつとめると自動的に五位になり受領となる仕組みである。ここから外記・史のほか、人事を統括する式部省と財政や地方行政にあたる民部省の丞（三等官）、および蔵人と検非違使が最も顕要な六位の官職だったことがわかる。

さらにこれらの官に誰をつけるかは、除目において公卿が候補者を推薦する顕官挙により決められた。ただし誰を推薦してもよいのではなく、式部丞には兵部丞の一臈、民部丞には八省丞・諸司助、史には式部民部の録・勘解由主典などのように一定の慣例があり（『江家次第』）、働いた下級官人が順に顕官に、さらに受領に取り立てられていく仕組みだった。なお受領の臨時欠員を補充する臨時除目の場合は、受領挙という公卿による候補者の推薦をへて決められた。

一方で五位以上の官職については、参議・大弁・大蔵卿・少納言・近衛次将・装束司弁・三宮亮に諸国の権守を、大内記・五位の外記と史・諸司長官・馬頭・諸道五位博士・医道・陰陽道に諸国の介を兼任させて優遇する慣例がある。また四位・五位の官人に位禄を得させる位禄定では、殿上人の分のほか、女御・更衣・外衛（兵衛・衛門）の督佐・諸道博士・主計・主税の頭助・外記・史など二十数人が選ばれることになっており、これらが重要性の高い官職であると考えることができるだろう。

　武官については、六衛府のなかでは内裏守衛にあたる近衛府の地位が高まる。本来の天皇側近の軍事力としての意味は薄れ、儀式の運営や儀仗、祭使での活躍が中心となり、蔵人頭を兼ねる頭中将は公卿候補であるように、近衛次将は貴族社会の花形となる。兵衛府・衛門府の佐も御禊前駆をはじめ儀式での奉仕がみえる。京中の追捕・警察や裁判にあたったのは令外官の検非違使になるが、それは左右衛門府の権佐以下が兼任した。武士があてられたことも多い左右馬寮とあわせて、軍事警察力として機能し、六衛府官人は一体となって警護にあたることも多い。

　身分としては位階のほかに、昇殿の制により、天皇に近侍する殿上人の地位が大きな意味をもった。彼らを指揮して天皇の日常生活に奉仕するのが蔵人所であるが、蔵人頭や五位蔵人は、天皇と太政官のパイプ役として絶えず道長のもとを訪れている。蔵人所は天皇の家政機関の中枢として多くの下級職員を擁するほか、作物所・進物所・内豎所など多くの所々を率いた。こうした所々には別当がおかれて統括し、殿上所充により公卿以下蔵人などが割りあてられた。より上級の別当には、道長が長く任じられた蔵人所別当、警察・裁判を統括する検非違使別当（衛門督または兵衛督が兼ねる）もある。除目の第一日冒頭には、四所籍といって内豎所・進物所・校書殿および大舎人寮を巡に三分・二分に任ずる制度がある。天皇近くに仕える所々などの下級職員に公廨が与えられた。

　また天皇に仕える後宮は、本来後宮十二司がおかれ女官が奉仕したが、蔵人との職務分担が進んで後宮組織が再編され、内侍・内侍所が中心となる。多くの天皇付きの女房（上の女房）と后妃付きの女房で構成され、内侍の官名をもつほか、上臈・中臈・下臈に分かれた。道長の娘についた女房は、主家である道長や妻倫子との関係が深い人が多いと考えられる。女房は天皇や中宮に近侍したので、官人から取り次ぎや口添えを頼まれる存在であり、道長は彼女たちと親密な関係を築いていたことが『紫式部日記』などの文学作品からうかがえる。

　皇后には中宮職（皇后宮職）、東宮には春宮坊が置かれたほか、院・女院には院司、大臣以下公卿、親王の家にも家政機関が置かれ、そこには多くの宮司・院司・家司が仕えた。内裏を模して院や東宮には昇殿制がしかれ、また中宮や大臣家などでも従者が伺候する場として侍所（蔵人所）などが整備された。このうち院と三宮には年爵として毎年五位一人と京官允、諸国掾・目各一人ほかの推薦権があるほか、大臣以下参議以上の公卿・親王・内侍には年給として任用国司を推薦する権利があった。こうした年給制度は、売官として一般の任官希望者をつのって任料をもらう場合もあるが、みずからに奉仕している家司や親族などを推薦して、その奉仕に報いるのが本来だったらしい。つまり、六位以下の下級官人は、諸司に勤務することで出世していく一方で、院宮・諸家にも奉仕しているのであり、その奉仕によっても年給制度で公解を得て、時には叙爵されることも可能になる構造であった。

大臣以下参議以上の公卿とそれを支えた弁官局・外記局の太政官機構が政治の中枢であるが、一方で最も重要な官職は、地方行政の責任を負った受領であった。受領が中央政府に貢納物を納入することによって貴族社会は維持されたのである。したがって受領からの申請は諸国申請雑事定、任期を終えた受領の監査は受領功過定として、公卿による定によって審査されたのである。受領以外の任用国司は、年給制度などで下級官人に配分されるが、それも受領が貢納することが前提の制度であった。劇務の顕官をつとめると叙爵されて受領に任じられ、無事任期をつとめあげて功過定をパスすれば従五位上になる構造である。

その後も受領を歴任して参議まで昇進した者もいるが、それはきわめて例外的であり、多くの場合受領は一生に一度の官職だった。受領をつとめた後、彼らはどうしたのだろう。道長家に奉仕している家司層といわれる人々の多くはそれであり、また受領が私的に任じて任国統治にあたる目代などにも、かつて受領をつとめ文書行政に熟知した人々が登用されたようである。

（大津　透）

【参考文献】

和田英松『新訂 官職要解』、講談社学術文庫、一九八三年
土田直鎮「官職制度の概観」（『岩波古語辞典』、岩波書店、一九七四年、のちに『平安京への道しるべ』、吉川弘文館、一九九四年）
吉川真司『律令官僚制の研究』、塙書房、一九九八年
玉井力『平安時代の貴族と天皇』、岩波書店、二〇〇〇年
大津透『日本の歴史06　道長と宮廷社会』、講談社、二〇〇一年
大津透「財政の再編と宮廷社会」（『岩波講座日本歴史　古代5』、岩波書店、二〇一五年）

預　平安時代、一部の官司や所、荘園・寺社などにおかれ、別当*のもとで事務的な諸事にあたった。預がみられるのは、太政官文殿*・太政官厨家のほか、後院庁（長和五年七月十日条）・院庁・侍従所・御書所*・一本御書所*・作物所*（長和五年六月二十九日条）・画所・供御所・贄所・御厨子所*・酒殿・氷室・穀倉院（長和二年三月三十日条）などの所々、さらに内竪所*（寛弘二年正月二十五日条）・大歌所*・校書殿・進物所*・御匣殿*でも十世紀後半から十二世紀前半までに追置された。また、国司の下にも預職がみられ、寛弘六年（一〇〇九）七月四日には、国夫預が興福寺の濫行に巻き込まれて死亡する事件が起きている。このほか、特定の事業担当者としておかれる場合もあり、大嘗祭の所々預（長和五年五月十一日条）、土御門第造作預（寛仁二年七月十一日条）の例が確認できる。さらに、池辺園預（寛弘三年六月十四日条）や高家庄預（長和五年三月四日条）など、在地荘官にも預（預所）が置かれたほか、神社の社務管掌者や寺院の諸寺務を扱う職掌も預とよばれた。『御堂関白記』では、平野社行幸（寛弘元年十月二十一日条）や中宮の大原野行啓（同二年三月八日条）などで預が賞与にあずかっている。

【所在】長和二年八月二十一日条、寛仁二年三月二十四日条

【参考文献】佐藤全敏「宮中の「所」と所々別当制」（『平安時代の天皇と官僚制』、東京大学出版会、二〇〇八年）　（武井紀子）

院司　太上天皇や女院の家政機関の職員。嵯峨上皇のときにはじまり、十世紀の円融上皇のころまでにその機構が整えられた。院の庶務を統括する別当*、別当の下で事務処理を行う判官代、文書記録などにあたる主典代などの職員があり、公卿*や殿上人*などから十〜二十名程度が補任された。さらに、院に近侍する院蔵人のほか、院中の各職掌を分担する所や、守護警備にあたる随身*などが配された。『西宮記』や『拾芥抄』によれば、院別当は公卿や前蔵人頭から、院判官代や院蔵人には在位中の六位蔵人が充てられた。これらの院司は、天皇の私的財産を管理するためにおかれた後院の職員であった後院司が、譲位後にそのまま院司となることが多かった（寛弘二年二月十七日条、同七年四月五日条）。『御堂関白記』では花山院・冷泉院・一条院・三条院の院司のほか、東三条院院司（長保元年三月十六・十七日条）、小一条院院司（寛仁元年八月二十五日条）がみえる。院司は譲位の日に宣旨をもって補任されたが、一条天皇譲位のときには、天皇本人の病気などで補任の宣旨がその日に出なかった（寛弘八年六月十三日条）。また、院の崩御後には、院司が仏事供養を行っていることがみえる（寛弘八年十月二十八日・十一月七・二十九日条、寛仁元年六月十三日条）。

【所在】長和元年二月五日条、同五年七月十日・十一月二十八日条、寛仁元年正月二十九日条

【参考史料】『権記』寛弘八年六月十三日条、『小右記』寛弘八年十二月七日条、長和五年正月二十八・二十九日条

【参考文献】橋本義彦「後院について」（『平安貴族社会の研究』、吉川弘文館、一九七六年）、春名宏昭「「院」について」（『日本歴史』五三八、一九九三年）　（武井紀子）

氏長者　令制の氏宗（氏上）の系譜をひいたもので、王氏・藤原・源・橘・伴・高階・中臣・忌部・卜部・越智・菅原・和気など、各氏族中の官位第一の者が任じられた。氏神の祭祀や氏社・氏寺の管理、大学別曹の管理運営や氏爵の推挙などを行った。道長は、長徳元年（九九五）六月に右大臣に任じられ、氏長者となった（六月二十七日条）。本来、藤氏長者は、鹿島・香取社への奉告および春日社・大原野社への遺使

のあとに氏印を用いるのを通例としていたが、このとき道長は軽服であったため、奉告をしない由の解除を鴨川で行っている（七月十四日条）。このほか道長は、氏長者として勧学院*の運営や、春日祭・大原野祭などへの神馬奉献をしている。また、長和五年（一〇一六）七月に土御門第が焼亡したさいには、氏長者に代々継承され、大饗で用いた朱器台盤が真っ先に救出されている（七月二十一日条）。寛仁元年（一〇一七）三月に頼通が摂政となると、その地位は頼通に継がれた。『御堂関白記』には、長者宣によって、頼通の春日社参詣の折の乱闘騒ぎを起こした興福寺別当の釐務が停止されたことがみえる（寛仁二年四月三日条）。

【所在】寛弘三年七月十五日条、長和元年閏十月十四日条

【参考文献】竹内理三「氏長者」（『竹内理三著作集・第五巻　貴族政治の展開』、角川書店、一九九九年）

（武井紀子）

内舎人

中務省*に属し、宿衛・雑使・行幸の警備にあたる。定員九〇名。五位以上の子孫の性識聡敏、儀容整った者をえらぶとされ、九世紀までは内舎人で出身して公卿*になった例もあるが、やがてそうした例はみえなくなる。節会では大臣*の宣をうけて内舎人が外弁の群臣を召し入れる役をつとめていた。摂関に与えられる随身*は左右近衛各四人、内舎人二人の一〇名であり、道長は長和五年（一〇一六）正月三十日に勅書で賜り、寛仁二年（一〇一八）二月九日に太政大臣の辞表を奉り、あわせて随身内舎人も止められた。

（大津透）

采女

後宮の下級女官。地方豪族が朝廷へ服属するのに子女を人質として貢進したことに端を発し、令制では各郡から容姿端麗な郡司の子女を貢進させ、宮中に奉仕させる制度となった。采女は、主に後宮の水司や膳司の下について陪膳*の下役をつとめたり、縫司や縫殿寮*などに配属された。なかには掌膳・掌侍などに昇任し、出身国の国造を兼任したり、五位以上に叙せられる者も出た。しかし、大同二年（八〇七）に貢進が一時停止されて以降、弘仁四年（八一三）に復活したものの、貢進単位は郡から国へと変わり、定員も四十七人と減少した。さらに平安時代中期には、采女を出す地方豪族の家が固定化するなど形骸化し、宮廷での地位も低くなり、女官や召使と同列に扱われるようになった。一方で、采女のなかから選ばれ奉仕する諸役であった陪膳采女や御厨子所*の得選、髪上の采女は、節会や神事のなかでその名が残った。

『御堂関白記』には、敦良親王の産養や百日儀（寛弘六年十二月二日条、同七年二月二十六日条・閏二月六日条）、後一条天皇の元服儀の饗宴（寛仁二年正月三・五日条）に采女の奉仕がみえる。また、内膳司*の東、後宮殿舎の西側に采女町とよばれる一角があり、長和二年（一〇一三）に火災が発生したことが知られるが、この時代、ここには采女は一人もいなかったらしい（十一月二十九日条）。

【所在】寛仁二年三月二十五日・十月十六・二十六日条

【参考文献】須田春子『平安時代後宮及び女司の研究』（千代田書房、一九八二年）

（武井紀子）

衛門府

宮城の守護にあたる令制五衛府の一つだが、平安時代初期に左右衛門府となる。令制では督・佐・大少尉各二・大少志各二の四等官からなり、宮城内の宮門・宮城門の守衛、出入の礼儀を職掌とし、宮城門の内側すなわち大内裏を守った。令外官の検非違使*が衛門府から選任されるため格が高く、長官は中納言*・参議*が兼任し、検非違使別当を兼帯するものも多い。佐は斎宮御禊前駆*や相撲召合などでの奉仕がみえるが、公卿*への昇進ルートでもあった。一方権官の権佐は、ほとんどが検非違使を兼官して重要

な任務にあたり、推問使などとして地方に派遣された例も多い（寛弘元年四月二十八日・八月二十二日条）。大少尉と大少志の人数は平安時代を通じて増加し、平安中期にはそれぞれ左右あわせて十名をこえ、彼らの大半は検非違使をかね、犯人の追捕や要人の供奉、さまざまな使にあたった。四等官の下には近*衛府と同じく府生・番長・案主がおかれ、『延喜式』では門部六十六人、衛士六百人を規定し（左右なので倍になる）、左右衛士府を吸収したこともあり官人数は多かった。

【参考文献】朧谷寿「十世紀における左右衛門府官人の研究」（『平安博物館研究紀要』四・五、一九七一・七四年、平安博物館編『日本古代学論集』、古代学協会、一九七九年）　（大津透）

大歌所　催馬楽や神楽歌など、日本古来の大歌をつかさどる所。『万葉集』巻六にみえる歌儛所が前身と考えられ、大歌の教習や曲調の作成などにあたった。弘仁七年（八一六）に大歌所別当として興世書主がみえることから、平安時代の初めには設置されていたと考えられる（『*日本文徳天皇実録』嘉祥三年十一月己卯条）。別当の下に十生・案主・琴師・和琴師・笛師・歌師などの職員がおかれた。別当には親王・*大納言・非参議・六位が充てられたが、十世紀以後は、納言以上が補せられるようになった。図書寮の東側、上西門の内に位置し、寛弘二年（一〇〇五）に焼亡したが（二月八日条）、まもなく再建されたらしい。大歌所別当は、新嘗祭後の豊明節会に奉仕したが、十世紀後半には別当不参の場合が多かったらしく、寛弘元年のときには、大歌所別当藤原斉信が物忌のため不参となり（十一月十八日条）、代わりに中宮*権大夫源俊賢が代官に充てられたことがみえる（『権記』同日条）。なお、斉信は長和元年（一〇一二）の豊明節会にも別当として奉仕しているが（十一月二十五日条）、寛仁三年の新嘗祭では再び不参であった（『小右記』十一月十六日条）。

【参考文献】荻美津夫『日本古代音楽史論』（吉川弘文館、一九七七年）、永田和也「大歌所について」（『國學院雑誌』九一―二、一九九〇年）　（武井紀子）

小忌　大嘗会や新嘗祭などの神事に従事する上卿や公卿*、諸司諸役のうち、とくに厳しく斎戒し、その神事を専行して奉仕する者のこと。小忌は三日間の厳重な致斎を行い、青摺の小忌衣を着用して奉仕した。これに対し、小忌以外で神事に従事する官人は大忌とよばれ、散斎して神事にあたった。大嘗会後の豊明節会では、神祇小忌侍従などによる倭舞が披露された。長和元年（一〇一二）の大嘗会では、小忌の上卿が故障を申し、その代官として左衛門督であった頼通が卜定された（十一月二十二日条）。長和五年の大嘗会に先立つ八省院行幸では、御在所が遠いため陽明門から歩行することとなり、小忌だけでは人数が少ないため、大忌上卿も輿より出るべきである旨、道長が指示を出した（十一月一日条）。

【参考史料】延喜践祚大嘗祭式、「長和度大嘗会記」（大日本古記録『小右記』十一所収、小右記逸文）　（武井紀子）

雅楽寮　治部省被管の寮。内外諸楽舞の演奏と教習を管掌する。頭以下四等官のほか、歌師・舞師・笛師・唐楽師などがいる。平安中期には国風の歌舞は*大歌所に移り、また後宮には*内教坊ができる。節会や御斎会などさまざまな宮廷儀礼で雅楽寮が歌舞を奏した。長和二年（一〇一三）の三条天皇賀茂社行幸でも、東遊・神楽とあわせて、雅楽寮各三曲とみえている（十二月十五日条）。　（大津透）

勘解由使　官人の交替を監査する令外官。平安初期の創設後、一旦停止されたが、天長元年（八二四）に復置された。この時期に国司交替をめぐるトラブルがふえ、正常な交替が行われず解由は発給されなくなる。交替時に発見された租税未納や官舎などの破損を列挙して新旧国司の主張を記した不与解由状が作成され、それを前司が持ち帰り、勘解由使が勘判を行って、官物の補塡や池溝・官舎の修理をさせ、後司に解由状を得させた。復置時の官制は、長官一、次官二、判官三、主典三の四等官のほか、史生と書生をおき、不与解由状で上申された争いを処理し、三代の「交替式」を作成した。長官は参議*、次官は弁官*の兼任が多い。『政事要略』に引かれる「勘解由使勘判抄」は、十世紀前半を中心とする勘解由使の具体的活動を示すが、十世紀後半には不与解由状の審査は形骸化する。天慶八年に勘解由使勘文（実質的に不与解由状と同じ）を受領功過定での審査対象とし、以後勘解由使勘文に新たな審査対象の項目を載せることにより、公卿*が受領功過定で受領*を統制した。寛弘元年（一〇〇四）正月二十一日条で「勘解由使勘文の神社・仏寺条」の目録を準備するように道長が弁官に命じているが、これはその二年前に受領に任期中に国内の仏寺・神社の破損分を一定額修理するように命じたもので、それを勘解由使勘文に載せて功過定で審査することを確認しているのである。

【参考文献】増渕徹「「勘解由使勘判抄」の基礎的考察」（『史学雑誌』九五-四、一九八六年）、大津透「受領功過定覚書」（『律令国家支配構造の研究』、岩波書店、一九九三年）　（大津透）

官掌（かじょう）　太政官*の弁官局内の下級官人。令制の定員は左右各二人で、延喜式でも同数である。大臣が宣した下弁官宣旨により補任された。『御堂関白記』では、長和二年（一〇一三）十一月十九日に道長随身*の伴友成が右官掌に任じられたことがみえる。官掌は、朝廷の儀式に太政官の下級役人として従事したほか、道長の賀茂社参詣などにも付き従った（寛弘六年十二月十六日条）。また、各官司での新任官への過度な焼尾荒鎮（祝宴・饗応）が問題となり、その処罰について天皇が道長に諮ったさい、道長は、もし弁官局でそのようなことがあれば大夫史以下を呼びつけて叱責すべきであると返答している（寛弘元年二月二十二日条）。

【参考史料】『類聚符宣抄』巻第七「補官掌事」　（武井紀子）

火長（かちょう）　検非違使*の下級職員。元来は軍団の兵士十人の長の意で、左右衛門府での衛士を統率する職であったが、衛門府*を中心に検非違使が成立したことから、その職員となった。延喜式によれば、左右衛門府の火長のうち二名は検非違使別当*の随身*となり、左右各九名が左右検非違使に配属されて、看督長*二・案主一・官人従者六にあてられた。別当に随身していた火長は長和二年（一〇一三）正月二十六日条などにみえる。　（大津透）

看督長（かどのおさ）　検非違使*の下級職員。身分は衛門府*火長。延喜式制では左右各二名であるが、増員されて摂関期には三十名ほどになった。獄直や獄所*の管理が本来の職務であるが、犯人の糺弾・追捕にあたり、さらに尉以上の官人の指示のもと実際に勘問や決笞・決杖にあたった。

【参考文献】前田禎彦「看督長小考」（『国史学』一九一、二〇〇七年）　（大津透）

勧学院（かんがくいん）　藤原冬嗣が藤原氏出身の大学寮学生の寄宿舎として弘仁十二年（八二一）に創設した氏院で、貞観十三年（八七一）ごろに大学別曹となった。平安京左京の三条北・壬生西にあり、大学の南に位置したため南曹ともいい、藤氏学生別曹ともよばれた。藤原氏の氏長者*が管掌し、別当も藤原氏出身者がつとめた。大納言*が任命された公卿*別当、弁官*のうち上席にある者が兼帯した弁別当、六位別当が二人の計四人の別当がおり、六位別当は、諸司丞との兼任である有官別当と、蔭位・蔭孫・学生などの無官別当

(後別当)からなった。その下に知院事四人・案主四人・鎰取・雑色*二十名・厨女・仕丁*などの職員が置かれた。道長は氏長者として、勧学院別当と学生の名簿への決済を行っている(長徳元年六月二十七日条)。また、学生の代表格である学頭と、学生のなかから蔵人に補任される者は、文章博士によって選ばれた(寛弘元年十一月二十九日条)。勧学院の学生たちは、氏長者家での慶事には拝礼参賀することを恒例とし、これを勧学院歩といった。『御堂関白記』には、道長右大臣就任(長徳元年六月二十日条)・彰子立后(長保二年二月二十七日条)・禎子内親王誕生(長和二年十一月二十三日条)・道長摂政就任(同五年十二月二十一日条)・敦良親王立太弟(寛仁元年八月二十一日条)・道長太政大臣就任(同年十二月二十一日条)・威子立后(同二年十月二十日条)などの記事がある。また、道長の四十算賀の巻数を内裏の道長のもとへ届けに来たこともみえる(寛弘二年十二月二十一日)。勧学院別当は、興福寺や春日社などの氏寺・氏社関係の事務もつとめた。六位の有官別当が南都へ使いに出されていたり(長和五年正月十九日条)、興福寺僧をもって法会を営むための手配を行ったりしている(寛弘三年七月十四日条、長和元年七月五日条、同五年十月十七日条)。

【参考文献】桃裕行『修訂版　上代学制の研究』(思文閣出版、一九九四年)、久木幸男「別曹をめぐる二、三の問題」(『大谷学報』四六-三、一九六六年)、海野よし美・大津透「勧学院小考」(『山梨大学教育学部研究報告』四二、一九九二年)

(武井紀子)

上達部　→公卿

吉上　→近衛府

公卿　大臣*・摂政*・関白以下、大納言*・中納言*・参議*の官、位階でいえば三位以上の上級官人の総称。四位の参議も公卿の列に入る。『礼記』王制にみえる中国古代の三公九卿の制に模して、大臣・摂政・関白を公、大中納言・参議および三位以上を卿といい、これらを一括して公卿といった。位階のみあって職のない散位は非参議とよばれ公卿には入れず、現に大臣・納言・参議などの職にある者を現任公卿といった。『師記』承暦四年(一〇八〇)八月十四日条では、現任公卿の定員は二十四名とある。政務の重要事項を審議する会議である陣定の構成員で、各所の別当*を分掌してつとめるなど、国政の中枢を担う重要な存在であった。内裏内の宜陽殿西廂北部に儀式などのさいに着座する公卿座が設けられていたほか、公卿給として年官が賜られており、『御堂関白記』でも、除目のときに公卿給による申文が道長に下されていることがみえる(寛弘元年二月二十六日条など)。公卿は、唐名で棘路・卿相・月卿、和語では上達部と称し、上卿ともいった(寛弘元年二月九日条、同七年閏二月六日条)。上達部も公卿と同様に用いられるが、『源氏物語』など平安時代の女流仮名文学のなかでよく使われ、大臣をふくまず納言以下のみを指す場合もあった。道長は、儀式や政務、饗宴に参加した人びとの名前や人数を記録しており、公卿・上達部双方の語句を同等に用いているが、おおよその傾向として、政務の場では公卿と記していることが多いように見受けられる。一方、饗宴の場などで殿上人*と並べて用いる場合は上達部と書くことが多い。

(武井紀子)

宮内省　八省の一つ。諸国貢納の調雑物・舂米、官田の管理など、天皇皇族の衣食住のほとんどをつかさどる。卿一・大輔一・少輔一・大丞一・少丞二・大録一・少録三(平安時代に増員)が四等官であるが、さまざまな内廷の雑事を行う官司を管隷下におき、令制では大膳職のほか寮四・司一三、統廃合を経た平安中期でも職一・寮五・司五を管する。実際には太政官*や蔵人所*が直接被管諸司を指揮することが多く、四等官の実務は少なくなった。道長の時代には弁官*のち参議*大弁となる源道方が宮内卿をかねている。長和元年（一〇一二）十一月二十三日条に、大嘗祭において宮内省が神前の供え物を進めていることがみえるが、他にも神社祭祀などでは宮内省が大膳職を率いて参加者に食事を賜ることが行われる。宮内省は、太政官の東、大炊寮の西、方四〇丈の地を占め、寛弘元年（一〇〇四）九月二十六日条には、松尾・平野・北野社行幸行事所が宮内省におかれ、長和五年九月十一日条には斎宮初斎宮として用いられている。（大津透）

内蔵寮 中務省*被管の寮。天皇の宝物や日常使用の物品の調達、保管、供進をつかさどる。諸国・諸司から納入される内廷の財源を出納*するが、諸社・諸陵への内蔵寮からの奉幣などの支出は天皇からの支出という意味をもった。詮子のための法華八講や浄妙寺供養などの法会で、内蔵寮の諷誦がみえるのは、天皇の命での供養をあらわす（寛弘元年五月二十二日、同二年十月十九日条）。内蔵寮には天皇の宝物が保管されるが、即位式に用いる天皇礼服があり、後一条天皇即位式に先立って、道長は内蔵寮に候してそれを点検する礼服御覧を行った（寛弘八年九月六日条）。内蔵頭としては藤原公信・藤原定頼など蔵人頭で次将や弁官*をかねる有能な官人が多くみられるが、源頼光（長和四年）のように受領*の経済力を利用する例もある。また次官の内蔵助は本来六位の官だが、摂関期には五位が任じられた。

【参考文献】森田悌「平安中期の内蔵寮」（『平安時代政治史研究』、吉川弘文館、一九七八年）（大津透）

車副 貴族の牛車の轅や轂の左右に付き従った従者。通行の先払いをしながら路地を警衛し、威儀を整える役割を担った。付き従う人数や装束などは、行列の目的によって異なった。車や馬を用意した有力貴族の雑人のなかから充てられた。道長は、寛仁元年（一〇一七）の賀茂祭に供奉する典侍に手振*と車副を送っている（四月十七日条）。『御堂関白記』では、同じく車に付き従う手振と車副とは区別している。長和元年（一〇一二）の大嘗会御禊行幸における女御代の車や、寛仁元年の石清水参詣における倫子の車には、それぞれ車の装束の様子に加え、車副の人数が書き留められている。

【所在】長和元年閏十月二十七日条、寛仁元年九月二十二日条（武井紀子）

蔵人所 平安時代初期に嵯峨天皇によって設置された令外官。当初は機密保持のために側近に勅旨の伝宣や訴訟を処理させることを目的にしたが、寛平・延喜のころより、「所々」と称される多数の内廷的機関を率いる天皇家政機関の中核となった。蔵人所の職員は頭二人・五位蔵人二人・六位蔵人五～六人（五位とあわせて定員八名）のほか、非蔵人*・雑色*・所衆*・出納*・小舎人*・滝口*・鷹飼がおかれた。

全体を統括する別当*一名は、藤原時平にはじまり一上が任命されることが多かった。道長は長徳元年（九九五）七月に蔵人所別当に任じられて以来、摂政*となったのちの長和五年（一〇一六）二月に右大臣顕光が任じられるまで、ずっとその地位にあった。頭・蔵人の補任にあたっては天皇の仰せによって別当が定文を書くので、蔵人の補任や昇殿の許可の記事が多く（寛弘二年正月十日・六月十九日条など）、蔵人所月奏への署名もみえる（寛弘六年七月七日条）。

長官にあたる蔵人頭は、蔵人や殿上人*を指揮して天皇に常侍し、近衛中将や大弁・中弁をかねることが多く、頭中将・頭弁と称され、参議*の候補者であるが、家柄だけでなく能力も必須であった。五位蔵人は蔵人頭を補佐して殿上の諸事に奉仕し、近衛少将・衛門佐・左右少弁が多く任じられた。ともに天皇と太政官*のパイプ役で、絶えず天皇と道長の間を往復している。六位蔵人は、六位ながら昇殿が許され、五位とともに禁色も許されるので、六位のなかでは人気が高く、「六位の蔵人こそなほめでたけれ」と称される（『枕草子』能因本九十二段）。これら蔵人所官人は、天皇の宣旨により補され、代替わりにあたっては一旦辞職して改補されることになっていた。なお平安中期以降、東宮や院にも蔵人所がおかれ、敦成親王にもおかれた（寛弘五年十一月十日条）。摂関家道長の家政機関にもおかれたらしい（寛仁元年十二月二十八日条）。

【参考文献】渡辺直彦「蔵人所別当について」（『日本古代官位制度の基礎的研究』、吉川弘文館、一九七二年）、玉井力「道長時代の蔵人に関する覚書」（『平安時代の貴族と天皇』、岩波書店、二〇〇〇年）

（大津透）

家司

親王・内親王家および摂関・大臣家*などの家政機関の職員。令制では、三位以上の家におくことが許され、位階により定員に差がもうけられていた。平安時代には、家政機関の分化が進み、令制に定める家令・家扶・家従・書吏などの職員以外にもさまざまな役職がもうけられるようになり、政務全体をつかさどる政所長官の別当*をはじめ令、知家事・案主、さらに蔵人所*や随身所*などの所々がおかれた。『御堂関白記』によれば、道長家には随身所や地子所があった（長和元年二月五日条）。このうち、別当や令は上家司と称し五位以上の者が補任され、知家事や案主などには六位や七位の者が任じられ下家司とよばれた。家司は本来官吏であるが、次第に主家との私的な従属関係が強くなった。有力な家司は要国の受領*に任じられ、その経済力で主家を支えるなど、家司は主家にとって重要な役割を担った。道長家の有力な家司であった藤原惟憲や源高雅も、近江守などの受領を歴任した。また、彼らは道長妻の倫子の乳母子*で、一条天皇の乳母をつとめた藤原美子・藤原基子をそれぞれ妻としており、道長家と密接な関係を築いていた。道長は源高雅が出家したときには、「歎き思ふこと少なからず」と日記に書き記している。家司は、毎年正月一日に主家に新年の拝礼を行うなど、主家の諸行事に従事した。たとえば、道長邸に天皇が行幸したさいや（寛弘五年十月十六日条、長和二年九月十六日条）、里第から内裏に遷御した折には、家の子と並んで家司らにも賜禄された（寛弘三年三月四日条、同八年八月十一日条、長和五年六月二日条）。道長と家司たち家政機関との結びつきも『御堂関白記』のなかには垣間見られ、道長が病気を患ったときは法華八講を修している（長和四年六月一日条）。また、寛仁二年（一〇一八）に道長が太政大臣を辞任する上表を奏したさいには、家司らが中務省*に奏を持参したことがみえる（二月三日条）。

【所在】長保二年正月一日条、長和四年正月一日・七月十五日条、同五年正月一日条

【参考文献】大饗亮「平安後期律令官制における主従的構成―家司制度を中心として―」（『封建的主従制成立史研究』、風間書房、一九六七年）、渡辺直彦「藤原実資家「家司」の研究」（『日本古代官位制度の基礎的研究』、吉川弘文館、一九七二年）、元木泰雄「摂関家政所に関する一考察」（岸俊男教授退官記念会編『日本政治社会史研究』中、塙書房、一九八四年）

（武井紀子）

外記

太政官*の少納言*のもとに大少外記各二名、さらに権官がおかれ、太政官の四等官主典にあたる書記局である。詔書を考勘し、奏聞を勘造するのをはじめ、上卿の指揮のもとで公事を奉行し、その記録をとり、下問に応じて先例を調査するなど、きわめて重要な職務で、外記局ともいった。相

当位は六位・七位だが、平安中期以降五位となる大外記（大夫外記という）もあらわれ、その上首を局務と称した。それ以外の六位の大外記は毎年巡任で叙爵され、受領*に任じられる仕組みだった。平安中期以降は明経道を学ぶ中原・清原両氏の独占・世襲するところとなるが、道長の時代の五位の大外記としては、滋野善言・菅野敦頼・小野文義などがみえる。『御堂関白記』には、外記に日時を勘申させ、あるいは先例を調べさせたり、除目叙位で宮文など必要書類を準備させたり、陣定の開催を公卿*に告げさせるなど、さまざまな場面で外記が登場する。（大津透）

検非違使　京の警察と下級官人以下の裁判を担当した令外官。略して使ともいう。弘仁年間（八一〇～二三）に設置され、左右衛門府*官人の兼任を原則とする。延喜式は左右それぞれ佐一・尉一・志一・府生一・火長*九を規定するが、全体を統括する別当*がおかれ、中納言*・参議*で左右衛門督や兵衛督を帯びる者が任じられ、また佐各一名は家柄・人物を選ぶとされた。尉が使庁の実務にあたる職員で、六位蔵人や紀伝道出身のほか、法律に詳しい明法道出身者が任用された。また追捕尉といい、十世紀後半ころから武力に秀でた清和源氏などの武士が任じられ、少尉を原則とした。なお尉で五位を帯する者を大夫尉ないし大夫判官といい、長和元年（一〇一二）四月十五日条では、豊原為時の加階申文について、大夫判官は三、四年で官を給うのが先例だと述べている。また志には、明法道出身者があてられることが多く、これを道志といい、のちに中原・坂上両氏があてられた。府生は諸司の史生にあたり、尉以下府生以上を官人というが、摂関期には増員され、十五名前後が定員となった。火長は、看督長*・案主・官人従者からなり、看督長は獄舎の番や追捕にあたり、案主は書類をつかさどり、官人従者は検非違使官人の出動に従った。さらに下部として放免*がおかれた。

検非違使は天皇の直接の命令により行動する官司で、その別当宣は天皇の勅宣に準ずるとされ、絶大な権威が認められた。ただし長和二年（一〇一三）十二月に左衛門督藤原教通が十八歳で使別当となっているが、年齢が若すぎて才智もないと実資が非難している（『小右記』長和三年四月二十一日条）。元来は平安京内の強窃二盗・殺害・闘乱・博戯・強姦の事件を担当する警察官司だったが、京近郊も管轄し、それ以外の事件にも関与するようになった。また宣旨をうけて遠方の地まで追捕などにむかい、国郡による租税収納を支援する出動も行った。また裁判では、五位以上の官人や大寺社がかかわる犯罪の裁判は太政官*が律令制を継承して担当したが、それ以外の六位以下庶民にいたる犯罪行為は検非違使が担当し、明法道出身者を擁し独自に裁判を行い、決罰も行った。『御堂関白記』には、使官人に容疑者の尋問や拘束を命じた記事が多くみえ、長和五年（一〇一六）五月二十七日条では着鈦政終了後に検非違使たちを自宅に呼び、加害者などの追捕を直接命じている。

【参考文献】森田悌「摂関期における検非違使」（『平安時代政治史研究』、吉川弘文館、一九七八年）、前田禎彦「古代の裁判と秩序」（『岩波講座日本歴史　古代5』、岩波書店、二〇一五年）（大津透）

後宮十二司　天皇や后宮に近侍し、身の回りの世話などの生活を支えた後宮の宮人職事。令制では、中務省*被管に対応するかたちで、天皇に近侍し奏請・宣伝の供奉などをつかさどる内侍司*をはじめ蔵司・書司・薬司・兵司・闈司・殿司・掃司・水司・膳司・酒司・縫司の、いわゆる後宮十二司が置かれていた。このうち蔵司が最も位階が高かったが、九世紀初頭から、内侍の地位が上昇した。また、蔵人所*が清涼殿での供奉にあずかるようになると、男房*と職務分担するようなかたちで、十世紀以降、女房による天皇の日常生活への奉仕体制として再編されていった。これにより、後宮十二司の職事体制による後宮制度は解体し、儀式などにおける職務上の名称として残るにとどまった。このうち内侍を除くと、『御堂関白記』で最も多く登場するのが闈司である。闈司は宮閤の管鎰（鍵の管理）をつかさどり、奏上などのために官人が入閤するときには、大舎人を介して闈司に伝奏し勅許を得る、闈司奏が行われた（長和二年四月一日条、同五年七月十六日条）。また、神鏡に常侍していた「近衛の女官」は、兵司か闈司の宮人と考えられる（寛弘二年十二月九日条）。このほか『御堂関白記』には、主殿（殿司／寛弘元年十二月二十七日条）や掌縫（長和元年十二月十六日条）がみえる。

【参考文献】角田文衞『日本の後宮』（學燈社、一九七三年）、須田春子『平安時代後宮及び女司の研究』（千代田書房、一九八二年）、吉川真司「律令国家の女官」（『律令官僚制の研究』、塙書房、一九九八年）

（武井紀子）

皇后　天皇の嫡妻。律令では内親王に限られているが、奈良時代の光明子以後、臣下の女子の立后が一般化し、藤原氏出身者が多数を占めた。平安中期以降は、まず女御として入内ののちに、宣命による冊立の儀が行われ、ついで本宮で拝礼、賜宴がなされ、立后された。令制では皇后*・皇太后*・太皇太后ともに付属官司として中宮職があてられると定めるが、平安中期までは皇太夫人に中宮職、皇后に皇后宮職を付属させた。一条天皇のときに藤原定子、彰子をともに皇后にたてて並立すると、定子に皇后宮職、彰子に中宮職を付属させ、のちに新立の皇后を中宮と称して中宮職を、先立の皇后を皇后宮（略して皇后）と称して皇后宮職を付すのが例となった。ただし長和元年（一〇一二）四月に三条天皇の女御藤原娍子の立后にあたっては、先立の藤原妍子の中宮職を変えることなく、皇后宮職を付している。なお中宮とされても、地位は皇后である。皇后宮職は、令外官で、中務省*に属し、皇后の命令伝達や家政の実務にあたり、立后にあたって設置され、中宮職に準じた。

【参考文献】橋本義彦「中宮の意義と沿革」（『平安貴族社会の研究』、吉川弘文館、一九七六年）

（大津透）

皇太后　天皇の母で后位に昇った者の称。令制では天皇の母に限るが、嵯峨天皇皇后橘嘉智子が皇太弟淳和天皇即位の後に皇太后と称されたのをはじまりとし、天皇譲位や新后の冊立のたびに、皇后*から皇太后に、あるいは皇太后から太皇太后に昇る例がふえた。また天皇の夫人が所生の天皇即位後、規定通りに皇太夫人になり、さらに皇太后に昇る例もある。また円融天皇の女御藤原詮子が所生の一条天皇即位の後に皇太后に冊立され、女御より皇太后になる例も生まれた。立后は宣下により、待遇は皇后と同じである。令制では中宮職が付されるはずだが、平安中期以降は皇太后宮職がおかれるのが例となった。皇太后宮職は、令外官で中務省*に属し、皇太后の立后にあたって設置され、職制は中宮職に準じた。

【参考文献】橋本義彦「中宮の意義と沿革」（『平安貴族社会の研究』、吉川弘文館、一九七六年）

（大津透）

勾当　役所の特定事務を専当する職掌の者で、平安時代以降、さまざまな分野で置かれた。調庸交易雑物年料勾当が早い例としてみられ（『類聚符宣抄』巻七）、大膳職率分勾当や大蔵省長殿勾当、内蔵寮*御服蔵勾当、廩院の長殿勾当などがおかれた。このほか、東大寺や天台・真言両宗の諸寺にも置かれ、別当*のもとで寺内の庶務雑事を担った。『御堂関白記』にみえる事例は、いずれもこの僧職の修理勾当であり、舎利会や御読経に供奉している。

【所在】寛弘六年五月十七日条、長和元年五月二十三日条

（武井紀子）

獄所　被告人および徒役の囚徒を禁ずる場所。「ひとや」とも。律令制では囚獄司が管轄したが、平安時代に検非違使*が司法の権限を拡大するにつれ、左右検非違使庁に左獄・右獄が設けられ、囚人を収容した。看督長*と人守（放免か*）が獄舎の管理にあたった（長和四年四月三日条）。検非違使官人が強窃盗や私鋳銭の未決囚を市に引き出し、罪状を勘申し着鈦して、獄所に送る儀式を着鈦政という。「下手人を獄所に賜ふ」「獄所に候ぜしむ」などと、拘束を命ずることが多くみえ（寛弘元年二月二十六日条、同四年正月九日条など）、「獄政所」に拘禁することもある（寛弘六年七月六日条）。寛弘二年（一〇〇五）三月二十六日条では道長が使官人に付して左右獄囚に食事を賜っていて、左右合わせて六十九人であった。寛仁二年（一〇一八）六月四日条では左右獄の「暫犯者」未決囚二十一名を旱害のために赦免している。

（大津透）

御書所　宮中で書籍を取り扱った所。式乾門東腋に位置し、別当*・預*・覆勘・開闔・衆・寄人・候人・書手が置かれ、別当により上日月奏が進められた。宮中書籍の保管や書写、蔵人の召仰により仁王会呪願文の清書を行ったほか、時簡も御書所の能書の預に書かせた。寛弘二年（一〇〇五）には弓場殿において御書所衆を望む学生試が行われ、九名の志願者のうち四名が及第している（七月十日条）。長和五年（一〇一六）四月にも学生試があり、七日に御書所始、作文が行われた。このほか、書籍を扱う所には、内御書所や一本御書所があった。内御書所は承香殿の東片廂に位置し、天皇の閲覧用の書籍を蔵した。延喜の初めに勅により設けられたといい、『日本紀略』延喜五年（九〇五）四月十五日条に、御書所預（内御書所）の紀貫之が『古今集』一部二十巻を撰進したことがみえる。秘書閣・芸閣とも称され、別当二人・覆勘・開闔・衆などの職員が置かれた。内裏の作文会では所属の文章生に対しても題が出され、漢詩の提出が求められた。寛弘元年の重陽の作文では、内御書所文章生の作文提出が遅く、道長は「遅く作り文を献らず。甚だ奇むべし」と記している（九月十日条）。また、寛弘二年の御書所衆試に落第した巨勢文任は、文才を買われて、特別に内御書所書手に取り立てられている（寛弘三年二月十七日条）。一方、一本御書所は天下の孤本を一本書写して保管した所で、建春門外、南所の南に位置した。藤原実資はこの別当を兼ねており、『小右記』には一本御書所の月奏についての記事がみえる。

【所在】寛弘元年十一月二十七日条

【参考史料】『小右記』寛弘八年七月十三日条、『左経記』長和五年四月五日条

【参考文献】太田晶二郎「一本御書所異解」（『太田晶二郎著作集』三、吉川弘文館、一九九二年）、所京子「「所」の成立と展開」（『平安朝「所・後院・俗別当」の研究』、勉誠出版、二〇〇四年）、永田和也「御書所と内御書所」（『國學院大學大学院紀要　文学研究科篇』二十、一九八九年）

（武井紀子）

小舎人　蔵人所*に属して殿上の公用に従事した者。納殿の御物を出納する役のために御蔵小舎人という。定員は六名で、先朝の小舎人と東宮時代の坊の小舎人から三名ずつを補すのが定めだったが、平安末期には十二名となった。寛弘六年（一〇〇九）十一月二十五日条で、敦良の誕生にあたり内裏から勅使蔵人頭が遣わされ、小舎人が御剣を持っており、また頼通・教通の昇殿の勅許を伝えたのが小舎人であったなど（寛弘元年正月九日、同五年正月八日条）、内裏や蔵人所

からの使となってくることも多い。（大津透）

近衛府（このえふ） 天皇身辺の警護にあたる古代令外官。奈良時代後期に授刀衛を改変して創設され、大同二年（八〇七）に近衛府を左近衛府、中衛府を右近衛府と改めて成立した。大将一・中将一・少将二・将監四・将曹四の四等官をおくが、次官は中将と少将であり、これを近衛次将という。宮城内の閤門の開閉とその内側の警備、内裏の宿衛、行幸時の警固などを職掌とした。九世紀までは政治的事件の鎮圧など天皇側近の軍事力として活躍したが、十世紀以降は上級官人の地位は貴族の名誉職や公卿*への昇進ルートとなり、朝廷での射礼や相撲などの儀礼の運営や儀仗、祭祀での祭使などの奉仕が近衛府の活動の中心となった。

左大将には、道長が長徳元年（九九五）に任じられたが、翌年辞して藤原公季が任じられた。その後、長和四年（一〇一五）に藤原頼通が、寛仁元年（一〇一七）に頼通が摂政となったあとには弟教通がつき、摂関家嫡流が占めた。右大将は藤原実資が長保三年（一〇〇一）から四十年以上にわたりつとめていて、『小右記』には近衛府の実際の運営が詳しく記されている。中将は、平安中期には左右各三人（権官含む）にふえ、蔵人頭を兼任する頭中将、参議をかねる宰相中将の例も多く、少将も増員され左右四名で、ともに一～二名は権官であった。侍従→兵衛（衛門）佐→近衛少将→近衛中将→参議という昇進コースに組み込まれた公卿候補生でもあり、近衛府の中心的存在で朝廷での花形だった。頼通が十三歳右少将で春日祭使となり枇杷殿で出立儀が行われ、教通も十二歳右少将で春日祭使として土御門殿から出立するなど（寛弘元年二月五日、同四年十一月八日条）、春日・賀茂祭の祭使には次将があてられ、大原野・大神祭の祭使には近衛将監があてられる例であった。将監・将曹も各府十名をこえるほどになったと考えられる。

四等官の下には、府生（諸司の史生にあたる）・番長などがあり、近衛舎人*（延喜式では左右各三百人）がいた。将監以下府生までを官人とよび、番長・案主・府掌は物節と一括された（長和二年七月二十二日条）。また吉上とは、番長・近衛舎人より選んで内裏・宮門の守衛にあたる役で、「北陣の吉上」などとみえる（長和五年三月二十日条）。将監以下近衛舎人までは随身*として院・摂関以下の公卿・中少将に一定数が派遣されて奉仕した。そこには楽人・舞人など舞楽の家の出身者が含まれており、さらに馬芸・射芸・相撲にすぐれた者もいて、下毛野・尾張・播磨・秦・多・狛などの特定の氏が近衛官人を世襲することが多くなった。

【参考文献】笹山晴生「平安前期の左右近衛府に関する考察」「毛野氏と衛府」（『日本古代衛府制度の研究』、東京大学出版会、一九八五年）、佐々木恵介「『小右記』にみる摂関期近衛府の政務運営」（笹山晴生先生還暦記念会編『日本律令制論集』下、吉川弘文館、一九九三年）

（大津透）

前駆（さきがけ） 御禊や行幸、斎王群行や摂関家の寺社参詣などの行列において、騎馬にて先導をつとめること、またはその役割を担った人物を指す。『御堂関白記』では、賀茂斎院御禊の前駆についての記事が最も多く、ほかに大嘗会御禊前駆や伊勢斎王群行の前駆について、また道長個人の外出時に随身*した前駆についての記事がみられる。前駆の人数は行列によって異なり、長和元年（一〇一二）の大嘗会御禊行列の前駆は三十人であった（閏十月二十七日条）。賀茂斎院御禊前駆は、左右衛門府*と左右兵衛府*の佐・尉から各一名ずつ計八名がつとめることになっていた。この人選は陣座で決定され、寛弘八年（一〇一一）の御禊前駆定では道長が上卿をつとめ、藤原行成の求めに応じて子息の実経を前駆に充てている（四月七・十五日条）。しかし、賀茂祭御禊前駆も代官となることが多かった（長和五年四月十五・十七・二十日条）。また、他の官司の使に急な代官が出た場合には、前駆供奉の人びとのなかから差し充てられることもあった（寛弘五年四月十九日条）。前駆は「前駈」「御前」とも書かれるが、道長は、賀茂斎院の場合は「前駆（駈）」、伊勢斎王の場合は「御前」と区別するものだと認識していたようである（長和二年八月十日条）。

【所在】寛弘二年九月四日条、同四年四月十七日・十二月十日条、長和元年九月十七日条

【参考史料】『権記』寛弘八年四月十五日条、『中右記』天仁元年七月三日条　（武井紀子）

侍所 → 宮侍

参議　太政官*の議政に参与する、大臣*・納言につぐ令外官。弘仁元年（八一〇）に、地方行政監督のためにおいた監察使を廃して参議が復活してから定員は八名で、八座ともいう。四位の官人であっても、公卿*として陣定に出席して発言したが、原則として儀式や官符・官宣旨作成の上卿にはなれなかった。『江家次第』巻四、『参議要抄』では、参議になるには、蔵人頭・大弁・近衛中将の年﨟者、式部大輔で侍読のもの、五か国の受領*を歴任したものをあげ、実務に堪能なことが必要だったことがわかる。長和元年（一〇一二）十二月十六日条では、公卿の数が二十名を過ぎて宜しからずとしながら、左大弁源道方を、大弁の労（三年）と蔵人頭の労五年により参議に任じている。大弁は参議をかねることが多く、参議大弁はさまざまな政務で活躍した。　（大津透）

三宮 → 准三宮

史　神祇官および太政官*の四等官。太政官では弁官*の下に左右大少の史各二名、計八名がおかれた。事をうけて記録し、文書の勘造・署名や、公文を読み申すことを職掌とする。相当位階は六位・七位であるが、寛弘年間には左大史一人は五位である慣例ができており（『小右記』寛弘八年二月四日条）、これを大夫史という。それ以外の六位の史は左大史まで昇り詰めると毎年叙爵されて、受領*に任じられた。のちに大夫史は官務として小槻氏が世襲し、官文殿の管理を行い、先例勘申などを担当するようになるが、道長の時代にはまだ小槻氏による独占はなされておらず、道長の時代の大夫史としては、多米国平（永延二年〜長保元年）、小槻奉親（長徳二年〜寛弘八年）、丹波奉親（寛弘八年〜寛仁三年）があげられる。寛弘八年（一〇一一）十二月十八日の除目で、道長が出家した小槻奉親の後任の大夫史に、公卿たちの反対を押し切り丹波奉親を任じたことが『権記』から知られる。

【参考文献】橋本義彦「官務家小槻氏の成立とその性格」（『平安貴族社会の研究』、吉川弘文館、一九七六年）、曽我良成「官務家成立の歴史的背景」（『王朝国家政務の研究』、吉川弘文館、二〇一二年）　（大津透）

式部省　令制八省の一つ。内外文官の名帳・考課・選叙・礼儀・版位・位記などをつかさどり、人事および礼儀関係を主に扱った。卿一・大輔一・少輔一・大丞二・少丞二・大録一・少録三が四等官であるが、平安時代には式部卿は親王任官の名誉職となり、次官の大輔が実質的長官であり、大輔・少輔には学者出身者が任じられ、菅原輔正のように大輔で参議*の例もあった。実務は三等官の丞が担い、民部丞とともに毎年一名が叙爵されて受領*となる巡爵のポストで、定員四名なので四年つとめると受領に任じられた。除目では、任官結果を示す下名を下されたり、叙位では正月白馬節会で叙人を率いてくるなど、式部丞を中心に兵部省とともに奉

仕している。また人事の結果は式部省に伝達され、寛仁元年（一〇一七）八月九日の敦良親王立太子では、摂政宿所で行った坊官除目は清書されて式部省に下されている。一方で礼儀をつかさどる職掌としては、寛弘二年（一〇〇五）十月十九日の浄妙寺供養では御斎会に準ずるとされたため、式部省と弾正台*は南大門内の幄に着座し、違礼を糺している。

（大津透）

侍従　中務省*に属すが、四等官に入らない品官である。常侍・規諫・拾遺・補闕を職掌とし、天皇のそばに侍して世話にあたる。官位相当は従五位下、定員八名、そのうち三名は少納言*の兼任だった。蔵人所*の設置により、実質的意味を失い、平安中期以降は、有力貴族子弟の叙爵後の初任官となり、道長も永観元年（九八三）に十八歳で侍従に任じられている。また公卿*の名誉職的な兼官もふえ、藤原行成を拾遺中納言というのは、侍従の唐名「拾遺」による。儀式や節会で天皇に供奉するには八名では少なく、侍従を補うために次侍従が任じられた。奈良時代の宝亀年間にはじまり、四位・五位のなかから選んで御前の雑事をつとめさせ、定員は百名（正侍従八名を含む）で、毎年十二月に欠員を補った。実際にはこれは元日節会・踏歌節会・重陽節と二孟旬に参加でき禄を賜る一種の地位であった。また旬などで出居の座につく出居侍従はこのなかから選ばれた。次侍従とともに旬のときに定めることもあった（寛弘六年十月一日条）。

　また擬侍従といって儀式のときに臨時に侍従を定めることがあり、朝拝侍従は、元日侍従ともいい、元日朝賀のために前年十二月に三位・四位各二名（ほかに少納言・奏賀・奏瑞など）を定めることがみえる（寛弘二年十二月二十一日、同七年十二月十七日条）。すでに元日朝賀は行われなくなっているが、元日侍従は定めたらしい。また即位の擬侍従もあり、寛弘八年（一〇一一）九月十日に左右各二名、三位一名・親王一名・四位二名を定めており、即位式では大極殿前の南庭に分立した（十月十六日条）。酒番侍従は献杯侍従ともいい、旬などで公卿などに酒を勧める役である。後一条天皇即位後初めての万機旬で献杯侍従がみえている（長和五年七月十六日条）。

（大津透）

【参考文献】古瀬奈津子「昇殿制の成立」（『日本古代王権と儀式』、吉川弘文館、一九九八年）

仕丁　諸司や王臣家、寺社などで雑役に従事した者。令制では、実役に従事する立丁と、立丁のために炊事をする廝丁からなり、五十戸に二人の割合で徴発された。仕丁は、各封戸主のもとで力役に従事したが、平安時代には次第に形骸化していった。『御堂関白記』では、寛弘二年（一〇〇五）十二月二十八日条に、仕丁が興福寺から内裏の道長のもとへ算賀の経を献上する使をつとめており、道長から信濃布二段の禄を給わっている。また長和五年（一〇一六）には、内膳司*の節会用御器が盗まれ、内膳司仕丁の姉が容疑者として捕えられた（十月十六日条）。

（武井紀子）

下仕　後宮の雑事に駆使された下級の女性職員。中宮*や尚侍の移徙や大嘗会御禊の女御代の車に付き従ったほか、豊明節会に先だって行われた童女*御覧に供奉した。また、五節舞姫の座に立てる几帳を持つ役割として、童女・陪従とともに奉仕した。道長は童女・下仕の装束の華美を問題にしている様子がうかがえる（寛弘七年十一月十六日条、長和二年十一月十五日条）。

（武井紀子）

【所在】寛弘七年二月二十日条、長和元年閏十月二十七日条

主計寮　民部省被管の寮。調庸などの計納、庸米*の収納・分配など中央財政を管轄し、主税寮とならび、最も繁忙な官であ

る。受領功過定で主計寮大勘文は重要資料として審議されたはずだが、『小右記』にくらべて『御堂関白記』ではほとんど問題になっていない。主計寮官人は計数に精通していることが求められ、多く算道出身者が任用された。長官の頭には、大外記などが任じられたが、道長の時代には寛弘八年以降天文道の安倍吉平が主計頭（それ以前は助）であり、もっぱら陰陽家として道長に奉仕しているのがみえる。（大津透）

准三宮（じゅさんぐう）　准宮ともいう。太皇太后・皇太后*・皇后*の三宮（三后）に準じて皇族や公卿*に年官・年爵・封戸などを賜る優遇措置、およびその待遇を受けたものを指す。摂政関白*に年官・封戸・随身兵仗*を三宮に準じて賜ることは、貞観十三年（八七一）の清和天皇の外祖父藤原良房にはじまる。道長は後一条天皇即位後、長和五年（一〇一六）六月十日条で皇太后彰子の仰せにより、三宮に准ぜられ、年爵と年官（内外三分、諸司允・諸国掾各一人を申任する権利）、封戸三千戸、近衛随身を賜り、『小右記』には「忠仁公例」とあって、良房の例によったことがわかる。さらに同日に道長室源倫子も准三宮として年官年爵のほか封戸三百戸が加えられた。これは天皇の外祖父・外祖母であるためで、このように縁戚関係による例が多い。なお道長は寛仁三年（一〇一九）三月に出家するが、五月八日に、旧のごとく三宮に准じて年官・年爵を賜い、合わせて封戸二千戸を支給している（『小右記』ほか）。

また内親王・女王に与える例も多く、寛弘四年（一〇〇七）正月二十日条・三月十七日条には、脩子内親王に対して、父親の一条天皇から一品と封戸一千戸を賜いたいが、年官年爵をどうしようかと諮問があり、先例により三宮に准ずることになり、勅書が作られたことがみえる。また寛弘八年六月二日条には、一条天皇譲位にのぞみ、第一親王敦康の処遇を定めていて、「別封幷びに年官爵を給ふ」との天皇の意向があり、『権記』には封戸一千戸を賜い、年官年爵は三宮に准じたことが記されている。これは出家しない親王を准三宮とした唯一の例である。

【参考文献】樫山和民「准三宮について」（『書陵部紀要』三六、一九八五年）　（大津透）

主税寮（しゅぜいりょう）　民部省被管の寮。地方の正税など財政収支を監査した。もっぱら調庸を扱い会計監査する主計寮*とならび、最も繁忙な官である。頭・助・大允少允・大属少属の四等官のほか、算師・史生・使部が所属した。寛弘六年（一〇〇九）十二月二十三日条には、駿河国司の減省中文に付された主税寮勘文に一条天皇が不審を示し、主税寮が返答している例がある。受領功過定などで主税寮大勘文は必ず審議されたはずだが、『小右記』にくらべて『御堂関白記』では右の例を除けばほとんど具体的に問題になっていないのが特色である。（大津透）

出納（しゅつのう）　蔵人所*に属する下級官人。「すいとう」とも。文書・書籍をはじめ、蔵人所の財物の出納、宣旨の取り次ぎなど庶務をつかさどる。定員は三名で、学生・明法生・諸国目・内官の録などから補せられた。のちには蔵人方のこと一切をつかさどるようになる。長和五年（一〇一六）十月十六日条では、内膳司*から盗まれた節会御器が発見されたときに、出納を派遣して本物か確認させている。東宮や公卿*の家政機関にも出納がおかれたことが知られる。（大津透）

主殿寮（しゅでんりょう）　「とのもりょう」とも。宮内省*被管の寮。天皇用の輿輦・蓋笠・帷帳などの管理、宮中の清掃・灯燭・松柴などをつかさどる。頭以下の四等官のほか、殿部・使部・駆使丁などがいる。長和二年（一〇一三）三月二十九日条には、石清水臨時祭にさいして雨や雹が降り、主殿寮の人に掃除させている。また儀式が夜に入ると、主殿が立ち明かす（松明を持って明かりとする）ことが多くみえ、同年九月十六日条には、三条天皇の土御門第行幸で、「雲収まり天晴る、月色清澄たり」なので主殿寮を退く、すなわち庭火を退去させている。

（大津透）

修理職 令外官。京内および宮内の施設を修理する。弘仁九年（八一八）に設置され、いったん廃止されたが、寛平二年（八九〇）に修理左右坊城司が廃止され再置された修理職に併合され、以後常置された。大夫以下の四等官のほか、長上工・将領・工部・飛騨匠・仕丁など大人数の現業部門を擁する。天徳四年（九六〇）の内裏再建以来、修理職が内裏正殿である紫宸殿を造営することが慣例化している。長官の役割は重要であり、長和四年（一〇一五）の新造内裏の造宮の賞では、紫宸殿の造営が期日に終わらず、修理大夫藤原通任は「しれもの」だとして、賞からはずされている（六月十四日・十月二十一日条）。さらに翌年二月二十六日条で、再び内裏造営となったさいには、違例のことだが、左大弁源道方を修理職別当として「司内の雑務・造宮のことを行うべき宣旨」を下している。修理職に諸国から納められる調庸雑物については、受領功過定に勘文を出させて審査したが、長和二年十一月十日条では修理職納物勘文が道長のもとに進められている。

【参考文献】松原弘宣「修理職についての一研究」（『ヒストリア』七八、一九七八年）、上島享「大規模造営の時代」（『日本中世社会の形成と王権』、名古屋大学出版会、二〇一〇年）

（大津透）

准摂政 関白または内覧の臣が、摂政の儀に准じて宮中雑事・叙位・除目を行うべき宣旨を下されたもの。一つは摂政が、天皇の成長により関白を命じられたとき、准摂政の宣旨をこうむり引き続いて政務を行わせるもので、寛仁三年（一〇一九）十二月にこの年関白となった藤原頼通に准摂政の宣旨が下された例などがある。もう一つは摂政の前歴がないもので、康保四年（九六七）に冷泉天皇が病気のために関白藤原実頼を准摂政を命じたのを先例とする。長和四年（一〇一五）十月二十一日条には、三条天皇が眼病のため、「京官除目、悩み御す間、宿所に於いて奉仕すべし」との仰せが道長にあり、ずっと辞退していたが人びとの要望もあり受諾したと記し、十月二十七日条で正式に三条天皇が「左大臣を以て摂政に准じて、除目・官奏の事等を行はしめよ」として、宣旨を下した。それによって同日に直廬飛香舎で京官除目を行い、十一月二十八日条で宿所で摂政の儀のごとく官奏をみている。

【参考文献】米田雄介「准摂政について」（『摂関制の成立と展開』、吉川弘文館、二〇〇六年）

（大津透）

政官 →太政官

装束司 行幸や儀式・節会などのさいに、装飾や設営の準備に従事した役職。行幸や大嘗会御禊行幸、斎王の伊勢大神宮参向、親王および大臣の薨去のさいに補任され、舗設や装束のことをつかさどった。延喜太政官式には、十日以上の行幸のこととして、長官には三位一人、次官に五位二人、判官・主典は六位以下各三人と定められている。『御堂関白記』では装束使と書くこともある。寛弘八年（一〇一一）の三条天皇の大嘗会御禊は、冷泉上皇の崩御により一旦中断されているが、九月十五日に御禊定と装束司定、十月一日に御禊供奉の人びとの名簿が装束司に下されたことがみえる。このときには、翌長和元年（一〇一二）閏十月二十二日に装束司長官が御禊点定地へ向かっており、舗設の準備にあたったものとみられる。後一条天皇の大嘗会御禊でも、供奉する女官や所々后宮の名簿が装束司に下されている（長和五年十月十三日条）。また、儀式の舗設などについて疑義がある場合には、装束司へ問い合わせられたらしく、一条院内裏宜陽殿に設けられた議所の公卿座*について公卿間で争論となったときの事例がみえ、装束司では「装束記」を参照して回答している（寛弘八年正月五日条）。

【参考史料】『権記』寛弘八年九月十五日条　（武井紀子）

少納言　太政官*直属の事務官、太政官の三等官判官にあたる。そのもとに主典にあたる大・少外記、雑任の史生が所属し、少納言局をなす。小事を奏宣し、駅鈴・伝符・官印などを管理し、天皇に近侍して必ず侍従をかねる規定だった。しかし蔵人所*の成立にともない、奏宣などの実質は蔵人にうつり、実権は減少した。ただし外記政などでの太政官印の請印では不可欠の官であり、不参によって外記政を中止したことがある（長和四年九月二十七日条）。長和二年（一〇一三）十一月十六日条では節会で王卿を閤門内に召喚する役としてみえるなど、儀式の中では活躍している。なお道長は寛和二年（九八六）八月十五日に二一歳で、正五位上右兵衛権佐でさらに少納言に任じられた。（大津透）

諸陣　→六衛府

神祇官　律令官制における二官の一つ。天神地祇の祭祀や諸国の官社、祝部の名帳と神戸の戸籍などをつかさどった官庁。伯・大副・少副・大祐・少祐・大史・少史各一人、さらに神部三十人、卜部二十人、雑役に従事する使部三十人、直丁二人、のちに史生・官掌*が置かれた。長官である伯は、花山天皇の皇子清仁親王の子である延信王の子孫が世襲し、次官の大副は大中臣氏が世襲して伊勢大神宮の祭主を兼ねた。神部は神事の実務に従事し、中臣・忌部・猿女・鏡作・玉作・盾作・神服・倭文・麻績などの氏から任じられたらしいが、のちには中臣・忌部両氏からの補任が多くなった。卜部は伊豆・壱岐・対馬の三か国から「卜術優長者」を取り、そのなかから天皇や皇后・東宮などに候する宮主が補任され、御体御卜などの宮中神事に奉仕した。このほか、中臣氏から選ばれた神前に奉仕する女性である巫（御巫）や、七歳以上の童男から卜定された戸座・御火炬などがいた。官庁は、大内裏内郁芳門の南西に所在し、敷地内には東院と西院があった。長和五年（一〇一六）四月には、初斎宮行事所が神祇官東院で行われている（四月七日条）。九世紀以降、国家的な神祇祭祀は、神祇官が主導する全国的な班幣祭祀から奉幣祭祀へと変化していったが、大嘗会御禊や卯日神事などへの奉仕、伊勢をはじめとする諸社への奉幣などの場面で、神祇官人の活躍がみられる。

【所在】長和元年閏十月二十七日・十一月二十二日・十二月四日条、同四年九月十四日条、同五年二月一日・三月八日・五月二十九日・六月八日・九月十一日条

【参考文献】藤森馨『平安時代の宮廷祭祀と神祇官人』（原書房、二〇〇八年）　（武井紀子）

親王家家司　親王家の家政機関の職員*。勅*により任命される公卿別当、宣旨により任命され家政をつかさどる別当があり、その下に御監・蔵人所*別当・蔵人・侍者などが置かれた。寛弘五年（一〇〇八）十月十七日条の敦成親王家家司定が詳しく、前日の親王宣下を受けて、公卿別当に右衛門督藤原斉信が任じられたほか、十一名の別当がみえる。職事は家司*と分けて任命され、御監以下の人事には、右衛門督・中宮権大夫・東宮権大夫からの申し送りによる推挙があったことが知られる。家司定ののち、十一月十日に政所と蔵人所の政務始が行われた。翌年に誕生した敦良親王についても、寛弘七年正月十六日条に親王宣下ののち同日に公卿別当が任命されている。敦成と敦良は百日儀の

前に親王宣下と家司の別当補任が行われたのに対し、長和二年（一〇一三）七月六日に誕生した禎子内親王は、百日儀ののち親王宣下（十月二十二日条）、そののち十一月二十二日に家司定がなされた。また、敦成の職事は蔵人所とよんでいたものを、禎子内親王職事では侍所としており、皇位を継承する皇子と扱いが異なっていたことがうかがえる。

【参考史料】『紫式部日記』、『栄花物語』巻八「はつはな」　（武井紀子）

進物所　安福殿の西、月華門外に位置した、天皇の食事に携わる宮中の所のひとつ。弘仁年間（八一〇〜八二四）には成立していたと考えられるが、史料上の初見は、貞観十八年（八七六）二月七日付進物所膳部多治忠岑の「進物所給仮申文」（『朝野群載』巻第十一）である。職員には別当・頭・膳部がおり、ほかに預・執事などがみえ、別当には公卿・近衛中少将が、預には内膳司の奉膳が補任された。具体的な機構や職掌は『西宮記』所引の「進物所例」からうかがえるが、内膳司を補佐する出先機関のような役割を担い、内膳司から料物を受け取り、天皇の朝夕御膳や儀式における御膳の調備にあたった。進物所御膳には、大床子と御大盤、銀器・銀箸・銀匙が用いられた。長和五年（一〇一六）十月十日夜には、内膳司の節会用御器の盗難騒ぎが起こり、内膳司奉膳とともに進物所の膳部も召し問われ、容疑者として投獄、のちに釈放されている（十月十一・十二・十六・十七日条）。天徳四年（九六〇）内裏火災後の造営では、進物所は近江国杣が充てられているが（『歴代宸記』村上天皇御記・同年九月二十八日条）、寛仁元年（一〇一七）の造営では担当が決定されておらず（十月九日条）、道長が材木を提供して修理職が造作にあたった（『小右記』十月十四日条）。進物所は院宮や摂関家にも置かれ、『栄花物語』には、病床の皇太后妍子のために枇杷殿進物所の藤原兼安が湯をわかしたことがみえる（巻二十九「たまのかざり」）。

【所在】長和元年十一月二十五日条

【参考文献】所京子「「所」の成立と展開」（『平安朝「所・後院・俗別当」の研究』、勉誠出版、二〇〇四年）、佐藤全敏「古代天皇の食事と贄」（『平安時代の天皇と官僚制』、東京大学出版会、二〇〇八年）　（武井紀子）

随身　太上天皇や摂関、大臣や左右近衛府の大・中・少将などの身辺警固にあたる武官で、左右近衛府の将曹・府生・番長などの下級官人や舎人のなかから充てられた。上皇や摂関の随身は、別勅もしくは官宣によって賜られた。また、大宰府や陸奥国官人を兼帯する場合に、近衛を随身として賜る例もあった。道長には左右近衛府生各一人と近衛四人の計十人が充てられ、長和五年（一〇一六）には内舎人二人が加えられ（正月三十日条）、同年六月十日条で左右近衛・兵衛各六人と内舎人二人の計二十六人の随身を賜っている。この人数は藤原良房の例にならったもので、基経・道長・頼通と継承された。頼忠のときには内舎人随身を辞す例が踏襲されたが、道長は内舎人も賜っている。随身は主人に従って内裏での儀式や行幸などに供奉し、疋絹などを賜った。随身は、本主警固という職務上、本主との主従的関係が強くなる傾向にあった。摂関期には、随身を出す家柄として下毛野・秦など数氏が固定され、随身が世襲されていく事例もみられた。『御堂関白記』では、外出時の供奉や邸宅の警固だけではなく、事件や火事の様子見に遣わされたり（寛弘元年十月八日条、同二年二月十六日条など）、他所へ人的応援として派遣されている（長和元年四月二十七日条など）。また、忠勤によって道長の覚えが良かった、実資随身の下毛野公頼などがいる一方（寛弘元年二月五日条、同六年十二月四日条）、しばしば事件を起こした道長随身の下毛野公忠のような人物もいた（寛仁二年二月二十六日条）。道長は、太政大臣辞任により随身・内舎人を辞したが（寛仁二年二月九日条）、実際には寛仁三年（一〇一九）三月の出家まで引き続き賜っていたとみられる（『公卿補任』寛仁三年条）。

【所在】長和二年七月二十二日条、寛仁元年三月二十二日・八月二十五日条

【参考文献】笹山晴生「毛野氏と衛府―平安時代左右近衛府下級官人・舎人に関する一考察―」（『日本古代衛府制度の研究』、東京大学出版会、一九八五年）

（武井紀子）

随身所（ずいじんどころ）　院や摂関家に置かれた警固のための随身の詰所。天皇や院、摂関、大臣などは、その身分に応じて左右近衛府官人や舎人から随身が賜られた。それらを統括したのが随身所である。院や摂関家の家司の一人が別当となって管理した。道長にも随身が賜られており、『御堂関白記』で「随身所」と出てくるのは、道長家随身所を指す。寛弘元年（一〇〇四）三月二十二日条では、藤原輔公が随身所別当に補任されている。随身所は、嬉子の着衣始に上達部・殿上人・諸大夫と並んで産婦前物の饗膳を供進したり（寛弘四年正月十一日条）、彰子の皇子出産の祈願成就の報賽として東遊を諸社に奉納したりするなど（寛弘六年九月二日条）、家政機関として道長家と強い関係をもっていたことがうかがえる。また道長は、乱闘騒ぎの当事者を一時的に召し籠めておく施設として、自家の随身所を用いている事例がみられる（寛弘三年六月十六日条、寛仁元年十一月三日条）。

【所在】寛弘六年九月二十七日条

（武井紀子）

受領（ずりょう）　国司のうち、一国の官物に対する管理責任と現地支配の権限を担った最高責任者。受領とは、本来は官人の交替業務にさいして後任者が前任者から業務を引き継ぐことを指す用語だが、九世紀以降に国司の交替業務が煩雑化するなかで、その責任および現地支配の権限が上席国司に集中し、その一切を負う国司その人を指して受領とよぶようになった。十世紀以降、受領の徴税請負化が進み、国務遂行のために多数の郎従を率いて下向し、現地の在庁官人を組織化するなど、任国に対する支配が強められた。受領は一定額の租税を朝廷などに対して請け負い、率分や永宣旨料物・行事所召物などの臨時賦課や内裏造営の国充を負担したほか（寛弘二年十二月二十一日条）、封戸や荘園からの十全な収入を公卿や寺社へもたらすなど、地方と朝廷をつなぐ重要な存在であった。そのため、受領の人事を決める除目や、受領から任命後に提出される諸国申請雑事、任終年の成績判定である受領功過定は、公卿たちの大きな関心事であり、『御堂関白記』でも熱心に議論される様子がうかがえる（寛弘五年三月二十七日条など）。受領の人事は、新叙の場合は蔵人などの要職をつとめた巡爵により順番に任じられ、必ずしも道長ら有力な公卿の恣意のみで決まるものではなかったが、臨時除目における受領挙など、公卿たちの推挙権は大きな意味をもった（寛弘三年十月二日条）。摂関家や公卿たちは、有力な受領を家司に組織して、相互の結びつきをより強めていった。とくに近江国は、平惟仲が永延二年（九八八）から正暦三年（九九二）に権介として受領をつとめて以降、藤原知章・源高雅・藤原惟憲ら、道長家の家司が受領を歴任した。このうち、国の者たちからの善状により再任された知章や（寛弘六年九月十四日条）、惟憲の任官には道長の意向がはたらいたものとみられる（長和二年十二月二十六日条）。また、受領の側も、円滑な任国支配と任期終了後の勧賞に預かり再び受領に任じられるために、公卿らにさまざまな奉仕をした。道長は、土御門第の造営や調度を受領たちに割り当てて奉仕させている。また、受領から道長

や藤原実資への貢馬記事が頻繁にみられたり、逆に、道長が受領の罷申に対して馬を餞別に贈っているのは、受領と公卿らの関係を端的に示しているといえる。なお、『御堂関白記』で道長への貢馬を行っている国に上野国がある。上野国は親王任国で介が受領となったが、道長は守と表記している（寛弘元年九月二十七日条、長和元年閏十月十七日条、寛仁元年十月二十一日条）。

【所在】寛弘六年八月二十七日条

【参考史料】『小右記』寛弘二年四月十四日条、寛仁二年六月二十日条

【参考文献】泉谷康夫「摂関家家司受領の一考察」（『日本中世社会成立史の研究』、高科書店、一九九二年）、佐々木恵介『受領と地方社会』（山川出版社、二〇〇四年）、寺内浩『受領制の研究』（塙書房、二〇〇四年）　（武井紀子）

摂政（せっしょう）　勅命をうけて天皇に代わって国政を執り行う者。藤原良房にはじまる人臣摂政は、幼少の天皇の外戚として国制を代行したもので、藤原忠平のころに天皇が幼少の間は摂政が、成人すると関白がおかれるのが通例となる。摂政は、詔書・勅書の御画を代筆し、みずからの直廬で除目・叙位を行い、官奏を覧じた。太政大臣または首席大臣の権限が基礎にあり、兼任するのが本来だったが、藤原兼家のときに大臣から独立した摂政という地位ができた。ただし道長は、左大臣のままで、ほとんど摂政・関白にはならなかった。長和五年（一〇一六）、三条天皇が譲位して九歳の後一条天皇が即位すると、道長は摂政左大臣になったが（長和五年正月二十九日条）、一年あまりたった寛仁元年（一〇一七）三月に摂政を辞し、長男の内大臣頼通に譲っている（寛仁元年三月十六日条）。

【参考文献】橋本義彦「貴族政権の政治構造」（『平安貴族』、平凡社、一九八六年）　（大津透）

雑色（ぞうしき）　諸司の下級役人の総称。多くは蔵人所*の下級官職のことを指し、所雑色などとよばれた。蔵人所雑色は六位蔵人に任ぜられる資格があり、公卿*の子孫などが多く補せられた。また、摂関家などの家政機関内で雑役に従事した人びとも雑色とよばれた。寛弘四年（一〇〇八）、右大臣顕光家の雑色人と出納*が藤原能通宅で乱闘騒ぎを起こしたが（正月九日条）、ここでは雑色長がみえ、各家の家政機関では無位の雑色人の責任者がいたことが知られる。寛弘八年には、道長家の雑色男が東宮主馬舎人と闘乱騒ぎを起こしており、道長はその処理にあたっている（四月十日条）。また、寛仁元年（一〇一七）には、藤原教通の雑色が摂津国に下向して濫行したことについて、摂津守の源長経が道長に訴え出ている（九月十四日条）。

【所在】長和元年四月二十七日条、同二年正月十五日条、同四年正月十二日条、同五年四月二十日条　（武井紀子）

雑任（ぞうにん）　律令制下における官司の下級役人の総称。史生や舎人*、伴部や使部、兵衛などがこれにあたった。式部省の判補により採用され、分番勤務、課役を免除された。また、国司や郡司のもとで現地採用されて雑役に従事した人びとも雑任と称された。道長も、官庁や諸機関の下級役人を広く雑任と称していたようで、寛弘六年（一〇〇九）九月十二日条で藤原知章の国司再任を申請した近江国雑任は、国の下級職員である書生や造年料器仗長、散事や郡司らのことを指すと考えられる。また、寛仁元年（一〇一七）八月十五日条では、東宮敦良親王の春宮坊の下級役人である出納*・史生・蔵人を指して雑任と記している。　（武井紀子）

太政官（だいじょうかん）　律令制の最高官司で、八省百官を統括する。大臣・大中納言*・参議*からなる議政官（公卿*）、および少納言*・大少外記・史生からなる少納言局、大中少弁・大少史・史生からなる左右弁官局*から構成される。弁官局には庶務係である官掌*各二名が

おかれ、その下に左右の使部（各八〇人）がおかれ公事に駆使された。さらに雑用にあたる召使が弁官局・外記局におかれた。このうち議政官をのぞく太政官官人（弁官局と少納言局）を上官（政官とも）という。寛弘六年（一〇〇九）十二月十六日条では、道長の賀茂社参詣に公卿をはじめ太政官官人が扈従し、「上官・召使・官掌等に物を被く」とみえ、このちもいわゆる摂関賀茂詣のときの社頭において同様の賜禄記事が多い。寛弘元年二月二十二日条では、新任官人着任時の饗宴が目に余るとして、大弁官（弁官局）も対象になり、大夫の史・官掌・庁頭・史生・文殿の使部が勘責の対象となっている。寛仁元年（一〇一七）三月四日条では頼通の任内大臣の儀において太政官下級官人の史生や使部を召して禄を賜い、上官よりはじめて被物があった。（大津透）

大臣 律令四等官制での太政官*の長官にあたる。律令制では太政大臣・左右大臣からなるが、令外官として内大臣が平安中期以降ほぼ常置された。太政大臣は、唐の三師三公を模した、天皇の道徳の師、四海の民の模範となるとの抽象的規定で、ふさわしい人物がいなければおかなくてよい則闕の官とされたが、藤原良房以降は摂政*・関白と一体のものと認識されていた。正暦二年（九九一）に右大臣藤原為光が太政大臣に任じられるにおよび太政大臣と摂関の分離は進み、摂関をつとめた者や、摂関家クラスの宿老の大臣を遇する名誉職となった。したがって左大臣が実質上は太政官の最高位であり、「衆務を統理し、綱目を挙げ持り、庶事を惣判する」などの職掌で、一上と称し、太政官内の一切の責任者として任務は重大であった。右大臣も職掌は同じで、左大臣が摂関の場合には、次位の右大臣が一上をつとめた。一方で内大臣は、天禄三年（九七二）に七〇年以上の空白をへて権中納言藤原兼通が任じられたように、若年の公卿*を執政させるためのポストとして機能し、その後も、藤原道隆・藤原道兼・藤原伊周が任じられている。しかし伊周が配流されたのち、長徳三年（九九七）には藤原公季が内大臣となり、常設の第三の大臣職としても機能した。

道長は、長徳元年に伊周をおさえて右大臣となり、翌長徳二年には左大臣となり、以後寛仁元年（一〇一七）に摂政左大臣を辞するまで二〇年以上左大臣であり続けた。この間、右大臣は藤原顕光、内大臣藤原公季という大臣の体制が続いた。なお道長辞職をうけて、寛仁元年三月四日に藤原頼通が内大臣に任じられ、同月十六日に摂政に補されている。その年十二月四日に道長は太政大臣となったが、これは翌寛仁二年正月三日に後一条天皇の元服儀があり、その加冠役は中国の太師にあたる太政大臣がつとめるとされたためのもので、この太政大臣には政治的な意味はなく、二月九日にはこれを辞している。

【参考文献】橋本義彦「太政大臣沿革考」（『平安貴族』、平凡社、一九八六年）、倉本一宏「内大臣沿革考」（『摂関政治と王朝貴族』、吉川弘文館、二〇〇〇年）（大津透）

大納言 太政官*の次官にあたり、大臣*につぐ官。職員令によれば職掌は「庶事に参議し、敷奏、宣旨、侍従、献替」で、大臣とともに政務を参議し、大事を奏上、宣下し、天皇の近くにあって是非を献言する。大臣がなければ大納言が専行することができるとされ、重要な儀式を行った。定員は四名だが、奈良時代の慶雲二年（七〇五）に中納言*設置とともに二名とされた。村上天皇のころから二名の定員をみたすようになり、平安初期におかれた権大納言も天徳四年（九六〇）から常態化し、寛弘六年（一〇〇九）以降には二名以上おかれるようになった。寛仁元年（一〇一七）三月四日条には、源俊賢を権大納言に任じたが、大納言五名になることを

「便無し」と記している。道長は、正暦二年（九九一）九月に正三位で権大納言に任じられ、長徳元年五月に内覧*宣旨を受け、翌月に右大臣に進んでいる。

【参考文献】倉本一宏「平安時代の太政官制」（山中裕・鈴木一雄編『平安貴族の環境』、至文堂、一九九一年）　（大津透）

大夫（たいふ）　一般には五位以上の官の称。大化年間（六四五～六五〇）前後、天皇の御前に侍して議政に参与した「まへつきみ」にこの字を充てたものといわれる。養老*公式令では、*太政官の三位以上、弁官以下寮以上の四位、司および中国以下の国司の五位をそれぞれ大夫と称するとあり、総じて五位以上の官の称となった。平安時代に入り、三位以上に対する*公卿の称が定着してくると、大夫は四位・五位を広く指す語となり、とくに五位の通称として広く用いられた。また平安時代中期以降には、六位相当の官人が五位になった場合、現官のまま五位に昇ったときには大夫史（寛弘元年二月二十二日条）・大夫判官（長和元年四月十五日条）などとよばれ、それぞれの官のなかでの上首として重んぜられた。また、五位に昇ってその官を去った者は、式部大夫・民部大夫など、同様に官名＋大夫のかたちをもって称された。このほか『御堂関白記』では、上達部・*殿上人と並び称されることが多く、四位・五位の地下人を指して「諸大夫」として用いられている（寛弘六年五月十七日条、同七年正月七日条）。　（武井紀子）

滝口（たきぐち）　清涼殿東庭の北方、承香殿の西にあった御溝水の落ち口付近の陣に詰め、禁中の警備にあたった武官。また、その陣（滝口陣・滝口所・滝口北廊）のこと。滝口は、寛平年間（八八九～八九八）に創設され、定員十人、のちに二十人となり、白河天皇のときには三十人になった。*蔵人所に属し、宿直勤番のさいには姓名を名乗り、蔵人がそれを取り次いで奏聞する宿直申・問籍・名対面が行われた。*公卿や侍臣からの推挙を受けた無官の者や*内舎人などのなかから、とくに射芸に優れた人物が蔵人の試をへて選ばれ、宮中警護や天皇乗船時の警護、賀茂斎院や伊勢斎宮の警護にあたったほか、蔵人の使となることもあった。『御堂関白記』には、長和五年（一〇一六）二月に、蔵人頭藤原資平が勅使として試を実施し、射芸の成績により十七名が選任されたことがみえる（十七日条）。滝口の陣は一条院内裏にも置かれ（寛弘四年四月二十五日条、同六年八月十七日条）、雑仕女などがいた（寛仁二年五月十二日条）。また、宮中や斎院の盗難騒ぎでは、滝口が犯人の捕縛や警備にあたった（寛仁元年正月二十二・二十四日条、七月二日条）。

【所在】寛弘元年正月十四日・十月二十二日条、同三年十月十一日条、同六年十一月八日条、長和元年十二月十六日条

【参考史料】『小右記』長和五年二月九・十七・十八日条

【参考文献】笹山晴生『日本古代衛府制度の研究』（東京大学出版会、一九八五年）、野口実「摂関時代の滝口」（福田豊彦編『中世の社会と武力』、吉川弘文館、一九九四年）　（武井紀子）

工（たくみ）　大工やその道に長けた職人のこと。『御堂関白記』には、内裏や邸宅の造営にかかわる木工への賜禄記事が多くみえるが、木幡寺の鐘の鋳造（寛弘二年九月二十八日条）、*中宮彰子の御産準備（寛弘六年九月二十日条）、二条第造作（長和五年三月十七日条）などのさいにも、大工や職人に禄を賜ったことがみえる。　（武井紀子）

大宰府（だざいふ）　西海道諸国を総管するとともに、対外的な軍事外交機能を担った官庁。養老職員令では、主神のほか帥、大・少弐、大・少監、大・少典の四等官が配され、その下に大少判事・大少令史・大少工・博士・陰陽師・医師・算師、さらに防人正・主

船・主厨など官衙内の諸機能を分掌する部署があった。九世紀初めには、帥は親王が任ぜられる遥任官となることが一般的であった。また、権帥は失脚した大臣が左遷されることも多く、摂関期では内大臣藤原伊周（長徳二〜三年）が相当する。大宰府は、中国王朝との貿易窓口としても重要な官庁であったため、道長の時代、藤原有国（大弐）・平惟仲（帥）・藤原高遠（大弐）など、道長家とかかわりの深い人物が官長に任ぜられた。一方で、西海道支配の要職でもあったため、その支配をめぐって管内諸国の受領や寺社と対立することも頻発し、これらの歴代官長は苛政上訴によって解任や釐務停止に追い込まれている。また、府典代長峰忠義（寛弘元年十二月十八日、同二年十一月十五日条）、秦定重（『日本紀略』寛弘六年八月十四日条）など、監・典以下の実務を担った府官たちの名がみえる。平惟仲は貫首秦定重の屋敷で亡くなっており（『小右記』寛弘二年四月七日条）、彼らが官長と密接に結びつきながら活躍していた様子がうかがえる。→二一九頁「大宰府」

【所在】寛弘元年二月九日条、同二年四月二十日条、同六年九月一・八・十九日条、長和二年十一月十八日条

【参考史料】『権記』長保二年七月十三日条、同三年二月十九日条、『朝野群載』巻二十・大宰府「申下遣渡上道吏令交替政」、『小右記』寛弘二年四月十四日条など

【参考文献】黒板伸夫「大宰帥小考—平惟仲の補任をめぐって—」（『摂関時代史論集』、吉川弘文館、一九八〇年）、佐々木恵介「大宰府の管内支配変質に関する試論—主に財政的側面から—」（土田直鎮先生還暦記念会編『奈良平安時代史論集』下、吉川弘文館、一九八四年）

（武井紀子）

帯刀（たちはき）　武器を帯して東宮の警衛にあたる舎人。正式には帯刀舎人。元来、春宮坊所管の舎人監に舎人六百名が規定されていたが、東宮の警備にあたる舎人として宝亀年間に帯刀舎人十名がおかれ、以後増えて三十名となった。帯刀試といって、院宮や高官、春宮坊の官人から推薦された候補者の射芸を試みて、帯刀を採用し、任用の令旨と武具が下された。なかに帯刀長二名（のち一名）がおかれた。長和五年（一〇一六）二月十九日条には、東宮敦明親王の帯刀について帯刀試を行わずに兵仗を賜うことがあり、春宮大夫藤原通任以下の宮司の「不覚」が責められ、三月二十三日条で、参議藤原公信を勅使として遣わし、帯刀試を改めて行っている。翌寛仁元年（一〇一七）九月九日条には、前月の敦明親王の辞退をうけて東宮になった敦良親王の帯刀試が右近馬場で行われ、騎射八名・歩射七名の試が行われ、夾名の書式もあがっている。『小右記』によればこのときは帯刀を望む者が多かった。『栄花物語』「ゆふしで」には、道長が新東宮敦良の坊官の補任を行い、宮司・帯刀を大殿（道長）みずから選び、帯刀には「いとものきよき人の子ども」を任じたと記し、武力としてよりも、家格を重んずるようになっている。

【参考文献】笹山晴生「春宮坊帯刀舎人の研究」（『日本古代衛府制度の研究』、東京大学出版会、一九八五年）

（大津透）

橘氏是定（たちばなしぜじょう）　橘氏に代わり、同氏の氏爵を推挙する権利を託された者のこと。橘氏は、同氏の正六位の者から毎年一人ずつ従五位下に叙する権利をもっていた。しかし、同氏の勢力が衰退し、参議にすすみ公卿会議に列する者が出なくなってからは、外戚にあたる藤原氏や源氏が代わってその任にあたった。是定は、官宣旨をもって任命された。『御堂関白記』には、寛弘六年（一〇〇九）十二月十四日条に、藤原頼通が橘氏是定の官宣旨を受けたことがみえ、同二十九日条では、頼通が是定のことについて土御門第で議している。なお、道隆や道長らの母であ

る時姫の祖父は橘澄清で、道長の子息たちも橘氏の血をひいていることになる。こののち、寛仁元年（一〇一七）には、頼通の弟の教通が是定となっている。

（武井紀子）

【参考史料】『玉葉』安元三年六月五日条

【参考文献】大島幸雄「橘氏是定小考」（『史聚』一六・一七、一九八一・八三年）

弾正台（だんじょうだい）　検察にかかわる令制官司。風俗を粛正し内外の非違を弾奏する。尹一・弼一・大忠一・少忠二・大疏一・少疏一および巡察弾正一〇がおかれた。儀式の場での容儀・衣服、獄中の非違など、宮城内外における官司・官人の非違糾弾にあたった。平安時代に入り、検非違使*が糾弾の権限を強めると、弾正台は次第に形骸化していった。摂関期にも弾正台官人の京中巡検は行われていたようだが、実力は小さかった。寛弘二年（一〇〇五）十月十九日条では浄妙寺供養が准御斎会として行われたため、式部・弾正が南大門内の東西幄座についており、儀式の場での違礼を監視したことがみえ、そのほか譲位や立太子の儀など大儀式では式部と弾正が参列することが多い（『小右記』寛仁元年八月九日条）。長官の尹には親王が任じられることが多かった。

（大津透）

中宮（ちゅうぐう）　皇后*の別称。令制では皇后・皇太后*・太皇太后の宮の称であり、ともに付属官司として中宮職があてられると定め、転じて皇后ないし三后の称とされた。平安中期までは皇太夫人に中宮職、皇后に皇后宮職を付属させたが、醍醐天皇以降は皇后に中宮職がおかれるようになった。一条天皇のとき藤原定子を立后するにあたり、円融皇后の藤原遵子の中宮職を皇后宮職に改め、定子に中宮職を設置した。長保二年（一〇〇〇）二月に藤原彰子が皇后に立つにおよび、皇后藤原定子の中宮職を改めて皇后宮職とし、新后彰子に中宮職を付属させ、のちに新立の皇后を中宮と称して中宮職を、先立の皇后を皇后宮（略して皇后）と称して皇后宮職を付すのが例となった。ただし中宮と称される場合も、立后の宣命には例外なく皇后と明記され、身位の正式の称は皇后であった。中宮職は、中務省*に属し、皇后の命令伝達や家政の実務を担当し、立后にあたって設置された。長官の大夫以下、亮一・大進一・少進二・大属一・少属二の四等官がおかれるが、平安中期以降権官も多くおかれ、大夫・権大夫には三位以上の公卿*を、亮には四位の殿上人*を任ずる例となり、皇后の親族が多く任命された。道長は、正暦元年（九九〇）定子立后とともに中宮大夫に任ぜられ、長徳元年（九九五）までその任にあった。

【参考文献】橋本義彦「中宮の意義と沿革」（『平安貴族社会の研究』、吉川弘文館、一九七六年）

（大津透）

中納言（ちゅうなごん）　大納言*につぎ、大納言とともに太政官*の次官にあたる官。大宝職員令には規定がなかったが、慶雲二年（七〇五）の格により大納言の定員を削り、中納言三名をおいた。職掌は大納言に準じる。三名の定員が常時満たされるようになったのは、天慶五年（九四二）ころからで、中納言の権官も、天禄元年（九七〇）ころから常時二名ずつおかれるようになり、花山天皇のころより権中納言が三名以上おかれるようなった。寛仁元年（一〇一七）三月四日条に、源俊賢を権大納言に任じたので中納言七名となったが「数多きによりて任ぜず」と記している。上卿として儀式・政務を執行することができ、位階は三位以上であった。道長は永延二年（九八八）正月に、従三位左少将から左京大夫をへて、二十三歳で参議*を飛び越して権中納言に任じられた。これは隆家・頼通・教通など摂関家嫡流の昇進コースであった。

【参考文献】倉本一宏「平安時代の太政官制」（山中裕・鈴木一雄編『平安貴族の環境』、至文

堂、一九九一年）　（大津透）

作物所（つくもどころ）　天皇や中宮*・東宮・親王・内親王・斎宮などが、日常的に使う調度や、儀式や節会で用いる調度を製作した機関。承和七年（八四〇）以前に設置されたとみられ、内裏の西南隅、安福殿や進物所*の西に所在した。別当*・預*の下に、木道工・木工・鍛冶・冶師・彫物工・漆道工・漆工・螺鈿道工などの雑工、および案主がいた。別当は殿上の所充で補任され、蔵人頭を兼ねることが多く、預も蔵人方宣旨により任命された。藤原実資や藤原行成も、蔵人頭のときに別当を兼任している（それぞれ永観二年・長徳元年）。調度の製作も蔵人所*からの指示を受けて行われており、蔵人所との関係が深かったことが知られる。作物所が製作する調度は、作り物などの装飾性の高いものであり、御帳・台盤・銀器・銀小筥・衣筥などのほか、仏舎利を収める銀壺や、それを収める木製の多宝塔、正月の儀式用の卯杖、神社の神宝、銭范や灌仏会に用いられる山形、斎王の櫛や節会の挿頭花など多岐にわたった。また、作物所は器物の修理も行い、長和五年（一〇一六）に盗難に遭った節会用御器が戻ってきたとき、作物所で汚れを落とし修理してから内膳司*に戻したことがみえる（十月十六日条）。

【所在】長和五年六月二十九日条

【参考文献】所京子「「所」の成立と展開」（『平安朝「所・後院・俗別当」の研究』、勉誠出版、二〇〇四年）、佐藤全敏「宮中の「所」と所々別当制」（『平安時代の天皇と官僚制』、東京大学出版会、二〇〇八年）、芳之内圭「平安時代の作物所の機構」「平安時代の作物所の職掌」（『日本古代の内裏運営機構』、塙書房、二〇一三年）　（武井紀子）

手長（てなが）　饗宴のさいに、膳の取次をする役のこと。『江家次第』*によれば、主人と尊者の陪膳*・役送と大納言*の陪膳には殿上五位を充て、大・中納言*以下の役送・手長には地下の五位を充てた。寛弘四年（一〇〇七）十一月の春日祭使出立のさいの穏座では、当時正三位春宮権大夫であった頼通がつとめた（八日条）。また、長和二年（一〇一三）十二月の賀茂社行幸では、供奉した殿上人が手長となって饗が進められた（十五日条）。

【参考史料】『台記別記』仁平元年十一月十一日条　（武井紀子）

手振（てぶり）　大嘗会御禊や春日祭・賀茂祭などで、諸官・女御代・斎王*・女房らの飾車や飾馬に付き従った従者。車副*と同じく、車や馬を用意した有力貴族の雑人のなかから充てられ、およそ十〜十二人が奉仕した。道長は、寛弘元年（一〇〇四）の春日祭で頼通が祭使をつとめたさいに飾馬を出し、賀茂祭にならい童と手振を付けたことがみえる（二月五日条）。同様に、寛仁元年（一〇一七）の賀茂祭では、供奉する典侍のもとに車副と手振を送っている（四月十七日条）。また、長和元年（一〇一二）閏十月二十七日条では、大嘗会御禊において内大臣藤原公季の準備した二の車の手振・下仕*の到着が遅れたことがみえる。このときは道長女の威子が女御代をつとめており、一の車に付けられた手振が三十六人であったこともあわせて書き留められている。　（武井紀子）

殿上人（てんじょうびと）　四位・五位のうち、内裏清涼殿の殿上間に昇ることを許された者のこと。「うへひと」「うへのをのこ」、雲上人・雲客とも称された。昇殿を許されない者は地下と称され、殿上人と区別された。員数は、『禁秘抄』に引く『寛平遺誡』に「凡そ員数廿五人、六位を具し卅人」とあり、『西宮記』にも三十人とある。天皇の代替わりごとに蔵人所*別当*によって天皇の御前で定められ、その定文は蔵人頭もしくは蔵人に下された。殿上人は、殿上間の日給簡に名前が記され、上日・上夜は蔵人所から上奏された。彼らは殿上の間に詰めて天皇の身辺の雑事や宿直、陪膳*に奉仕した。そのため、殿上人は名誉な身分とされ、公卿*の予備的な役割も果たした。昇殿制が成立した弘仁年間（八一〇〜八二四）以降、天皇に伺候する者として、公的・政治的に重要な存在になっていったと考えられる。『御堂関白記』では、道長が蔵人所別当として殿上定文を処理しているほか（寛弘四年二月九日条）、公卿（上達部）と並んで、諸儀式や饗宴の場に参列している様子が記されている。

【所在】寛弘八年六月十三日条

【参考文献】橋本義彦「昇殿と殿上人」（『歴史と地理』二四八、一九七六年）、古瀬奈津子「昇殿制の成立」（『日本古代王権と儀式』、吉川弘文館、一九九八年）　（武井紀子）

東宮傅　令制の官名。道徳をもって東宮を輔導するを職掌とし、天皇に対する太政大臣の任に准ずる。多くは大臣*、納言の源氏・藤原氏の長老や有識者が兼任する。寛弘年間の皇太弟居貞の傅は大納言*藤原道綱、長和年間の皇太子敦成の傅は右大臣藤原顕光であった。顕光の失態は多いが、長和二年（一〇一三）正月十日の東宮朝覲行啓において、東宮の車の前を騎馬して従うべきところ、馬副が揃っておらず、馬に乗れなかったことが記されている。また東宮の侍講にあたる東宮学士二名がおかれ、文章生出身官人の出世コースになった。大江挙周・藤原広業・菅原宣義などがみえる。　（大津透）

春宮坊　皇太子（弟）に付される家政機関としての令制官司。東宮職員令では大夫*一・亮一・大進一・少進二・大属一・少属二がおかれる。大夫は主に大納言*、ときに中納言*の兼任である。長和二年（一〇一二）正月十日の東宮朝覲行啓において、御前には傅のほか大夫（藤原斉信）・権大夫（藤原教通）・亮二名（藤原道雅と藤原知章）が候したとあり、権大夫の任命も多く、亮の定員もふえている。令制では、三監・六署を管したが、のちには主膳監・主殿署・主馬署以外は有名無実化した。左右馬寮*の馬を主馬署に賜うことがみえる（寛仁元年八月二十三日条）。平安中期以降、蔵人・非蔵人*・雑色*・出納*・女蔵人*・宣旨などがおかれ、東宮にも殿上の制が敷かれた。寛弘七年（一〇一〇）十二月二日条の一条院東院への東宮遷御の記事に「庁官・所衆・帯刀・女官」、同八年八月二十三日条に「庁・別納所等初む」とあり、庁官＝官人がつとめる東宮庁とはべつに別納所に所衆*がおり、警備にあたる帯刀*、また女官*がいたと考えられる。　（大津透）

所衆　蔵人所*の下級官人。定員は二十名。六位の侍のなかから補せられた。月末の皇居のすす払い、殿中の装束など雑役にあたる。彼らは蔵人には昇進しないが、所雑色*に補された例がある（長和五年十一月二十五日条）。寛弘八年（一〇一一）六月十三日条で三条天皇践祚にあたり蔵人を補任したが、所雑色と所衆は前代と同じであったことが見える。　（大津透）

所雑色　蔵人所*に属して殿上の公用に従事した者。雑色*とも。位袍を着ることのできない無位の者の称。定員は八名。六位の蔵人に欠員が生ずると非蔵人*または所雑色から補されるのが例であった（寛弘四年正月十三日条ほか）。賀茂臨時祭試楽では雑色が琴持の陪従の役につくことがみえ（長和五年十二月十四日条）、「雑色の蔵人になりたる。去年霜月の臨時の祭に、御琴持たりし人とも見えず」（『枕草子』能因本二四二段）と、所雑色が蔵人になると急に立派にみえると称されている。　（大津透）

刀禰　律令制下、百官主典以上を称して刀禰といった。とくに、内裏での諸儀式で、召し入れられる主典以上の官人を刀禰と称した。平安時代になると、京職や検非違使*庁のもとで家地売買の保証・在家や人夫役支配・非違の検察などの任にあたった保刀禰のほか、郷刀禰・村刀禰・里刀禰・伊勢神宮の宮刀禰など、さまざまな刀禰があった。このほかの在地における刀禰も、田畠売券などの保証人として広くみられるようになるなど、その役割は多様化していった。『御堂関白記』に出てくる刀禰の事例は二つある。一つは三条天皇大嘗祭の辰日節会の記事で（長和元年十一月二十三日条）、道長は内弁として奉仕し、少納言を通じて刀禰を謝座の場へ召し入れている。もう一つは、長和五年（一〇一六）五月二十六日条にみえる保刀禰である。ここでは、大学助大江至孝が故右京亮政行の妾家に濫行した事件に対し、検非違使が事件の日記を作成して申上したのち、刀禰に命じてその家を守護させている。

【参考文献】北村優季「京中支配の諸相―十、十一世紀の平安京―」（『平安京―その歴史と構造―』、吉川弘文館、一九九五年）、虎尾達哉「刀祢源流考」（『律令官人社会の研究』、塙書房、二〇〇六年）　（武井紀子）

舎人　天皇や皇族などに近侍し、護衛や雑使などをつとめた下級官人。五位以上の人の子孫で性識聡敏、儀容端正な者を選んで内舎人に任じ、それ以外を大舎人・東宮舎人・中宮舎人に採用した。また、左右近衛府に所属する近衛舎人がおり、式部・兵部両省の位子や留省・勲位で弓馬に優れた者、蔭子孫・外考・白丁などのなかから府の試をへて補任された。『御堂関白記』では、これらの舎人を書き分けている場合もあるが、節会などの儀式で群臣を召し入れる場合や、立后や行幸の諸衛警護に対する賜禄記事では、単に舎人と書かれる。また、寛弘八年（一〇一一）四月十日条では、東宮主馬署に配属された東宮舎人を「主馬舎人」としている。　（武井紀子）

内記　中務省に属す、四等官に入らない品官である。詔勅の作成、御所の記録をつかさどる。大内記・中内記・少内記各二名が定員だったが、平安初期に中内記を廃し、内記史生四名をおき、また大内記も一名に減員した。詔勅作成や位記作成などの仕事から儒家より任用された。詔書の清書（寛弘元年七月二十日条）、宣命の起草（長和元年四月二十三日条）、位記の作成（寛仁元年四月二十六日条）などに活躍している。大内記としては、菅原宣義（寛弘元～五年）、大江為清（長和元～二年）、藤原義忠（長和四年～寛仁元年）がみえており、いずれも文人や学者として知られる。またその詰所は、宣陽門南の陣にあり、内記所・内記局というが、正月除目の最終日に内記所において執筆大臣が酒肴を賜うのを例とし、寛弘三年（一〇〇六）などしばしば道長が酒肴をもうけているのがみえる。　（大津透）

内教坊　女楽や踏歌を伝習した朝廷の所。茶園の南、左近衛府の北に位置した。唐玄宗の開元二年（七一四）に蓬莱宮の側に設置されたのを模して、元正天皇のころ（七一五～七二三）創設したとされる。『続日本紀』天平宝字三年（七五九）正月乙酉条に「内教坊踏歌を庭に奏す」とあるのを史料上の初見とする。内教坊では、妓女・倡女、舞童や音声人が女楽や踏歌を教習し、踏歌節会や白馬節会・内宴・菊花宴などに奉仕した。八世紀前半、妓女の多くは渡来系氏族によって占められていたが、八世紀後半には渡来系以外の氏族が次第に多くなっていったと考えられる。摂関期には、大納言・中納言のなかで音楽、とくに女楽に通じた者を別当に補任することを例とした。別当は、節会における女楽の演奏に先立って、楽曲目録を天皇に奏上する役を担った。別当が不参の場合は、内弁が代わりにこれを行うこととなっており、寛弘二年（一〇〇五）の踏歌節会（正月十六日条）・同三年の白馬節会（正月七日条）では内教坊別当が不参であったため、内弁の道長が代わりにこれをつとめた。なお、寛弘二年の内教坊別当は藤原公任である。

【参考文献】荻美津夫『日本古代音楽史論』（吉川弘文館、一九七七年）　（武井紀子）

内侍（ないし）

後宮十二司のうち、最も規模の大きい女司であった内侍司の宮人。令制では、尚侍二・典侍四・掌侍四の計十名の職事に加え、女孺百名が配されていた。九世紀前半に設置された蔵人所に対応するように、内侍所とよばれるようになった。また、内侍は神鏡を安置した内裏温明殿に奉仕していたことから、ここを指して内侍所あるいは賢所とよんだ。内侍は、神鏡守護に加えて、天皇に近侍して奏請や伝宣、御前への取次を行うことを重要な職務としていたほか、天皇の出御・行幸のときには剣璽侍候をつとめた。さらに、諸社祭礼の使や大嘗会御禊の供奉、諸宴の給禄や陪膳、理髪など、宮中のさまざまな礼式や神斎・仏会に奉仕した。平安時代に入ると、年中行事の定着や宮廷儀礼の整備によって、内侍は繁多な職掌となるが、蔵人の設置以降、天皇の日常生活にかかわることを中心に男房との職務分担が進み、十世紀に後宮組織が再編されていくなかで、女司の中心的役職として位置づけられていった。長官の尚侍は、円融朝（九六九～九八四）のころから次第に天皇の侍妾へと転化していき、藤原摂関家の子女が補任された。道長の時代には、妍子（寛弘元年十一月二十七日条）、威子（長和元年八月二十一日条）、嬉子（寛仁二年十一月十五日条）の三人の娘が尚侍となり東宮の後宮へ入った。このうち妍子は三条天皇、威子は後一条天皇の中宮となった。一方で、尚侍の侍妾化にともない、実質的な内侍の職務は次官の典侍がつかさどるようになり、掌侍・命婦以下の女房、女蔵人・女孺らを率いて事にあたった。内侍と通称されたのは典侍と掌侍で、女官除目（掌侍除目とも／寛弘三年十月九日条、同四年正月二十九日条、寛仁元年二月十七日条）などで任命され、とくに典侍は天皇の乳母が兼ねることが通例となり、三位以上に昇る者も出た。また、掌侍は諸司奏や宣旨の取り次ぎ、剣璽の供奉などの諸務にあたり、四名のうち第一臈の者は勾当内侍とよばれた。清少納言は、『枕草子』のなかで「女は内侍のすけ、内侍」と記している。命婦は内侍と女蔵人との中間の中臈女房に位置づけられ、内侍の職務をたすけ、掌侍とともに神鏡供奉に奉仕するなどした（寛弘二年十二月九日条、長和五年二月二十五日条）。『御堂関白記』でのおおよその傾向として、道長は、諸儀式や政務のなかで諸司奏および宣旨の取り次ぎや（寛弘元年正月七日条、長和元年十一月十日条、同二年正月一日条、同四月一日条など）、剣璽の供奉などにあたる場合は内侍とし（寛弘八年十一月十六・二十九日条、長和五年正月二十九日条、寛仁二年十月二十二日条など）、天皇や中宮の移徙に供奉したときや、皇子女の元服や着裳の理髪をつとめたさいには、典侍・掌侍・命婦のように個々の職名で記している。

【所在】寛弘元年十二月二十七日条、長和元年閏十月二十七日条、同二年三月二十三日条、同五年六月十日・七月十八日条

【参考文献】角田文衞『日本の後宮』（學燈社、一九七三年）、須田春子『平安時代後宮及び女司の研究』（千代田書房、一九八二年）、所京子「平安時代の内侍所」（『平安朝「所・後院・俗別当」の研究』、勉誠出版、二〇〇四年）、武内美佳「摂関期の女官と天皇」（大津透編『摂関期の国家と社会』、山川出版社、二〇一六年）　（武井紀子）

内豎所（ないじゅどころ）

宮中の諸雑用に召し使われた内豎を統括した所。内豎は「ちいさわらわ」ともよみ、天平年間ごろに置かれ豎子と称していたが、天平宝字七年（七六三）に内豎と改め、所属機関の名称も、豎子所から内豎所、さらに内豎省（神護景雲元年）と改

称した。その後、廃置が繰り返されたが、弘仁二年（八一一）以降は長く存続したようである。一本御書所の東に位置し、大舎人寮の南に厨が、春興殿の東に内候所があった。別当には公卿別当と六位別当とがあり、所充にて任命された。その下に頭・官人代（承平六年に執事と改称）があり、のちに事務処理のために預が置かれた。内豎の員数は時期によって増減があるが、延喜式に二百人、『和名類聚抄』には三百人とある。また、『西宮記』に「内豎所式」逸文がみえる。内豎は、内裏での儀式における調度の運搬や、儀場への官人の召喚、節会・饗宴での食物の役送、内裏外への使者など、宮中のさまざまな雑事に奉仕した。また、時奏も重要な役目で、天皇譲位のときには、鈴印鑰を持った大舎人・闈司、漏刻を持った陰陽寮官人に続き、時簡や机などを持った内豎が新天皇の居所に移動し、時刻を奏上した（長和五年正月二十九日条）。また、内豎所は四所籍の一つで、春除目の最初に労帳に基づいて職員が諸国の掾・目に任命されることになっていた。道長は内豎所別当を兼任しており、寛弘二年（一〇〇五）には、内豎所の労帳作成が遅れ署名ができなかったこと（正月二十五日条）、翌三年にも労帳の提出が遅れ、翌日に署名したとある（正月二十六・二十七日条）。

【所在】長和元年十一月十・二十五日条、同五年七月十六日条、寛仁二年八月九日条

【参考文献】山本信吉「内豎省の研究」（『摂関政治史論考』、吉川弘文館、二〇〇三年）、黒板伸夫「四所籍小考―律令官制形骸化の一側面―」（『摂関時代史論集』、吉川弘文館、一九八〇年）、佐藤全敏「宮中の「所」と所々別当制」（『平安時代の天皇と官僚制』、東京大学出版会、二〇〇八年）、芳之内圭「平安時代の内豎所の職掌」（『日本古代の内裏運営機構』、塙書房、二〇一三年）。

（武井紀子）

内膳司（ないぜんし） 宮内省被管の寮。天皇の食膳の調進をつかさどる。奉膳二名を長官とし、高橋・安曇氏を任ずるのを例としたが、他氏を任ずる場合は正と称した。長和五年（一〇一六）十月十一日に、内膳司に納める節会の御器が盗まれる事件が発生し、内膳奉膳高橋信通に過状を提出させている。また内膳司には、忌火・庭火・平野の竈神が祀られており、天皇が内裏と里邸とのあいだを遷御するたびに「内膳御神」を移しているのがみられる（寛弘二年十一月二十七日、同六年十月十九日、長和五年六月十日条）。

（大津透）

内覧（ないらん） 太政官から天皇への奏上・宣下にさきだって文書を内見する職掌で、関白に準ずる職掌。宇多天皇譲位にあたり、大納言藤原時平・菅原道真に新帝を補佐し、奏下一切を行わせたのを起源とし、摂政関白が不在のときに大臣・大納言などに奏下一切の文書の内覧を命ずる例が多い。長徳元年（九九五）に関白道隆の病気の間だけ内大臣伊周が内覧となったが、道隆の死後関白となった道兼がほどなく死去すると、権大納言道長に内覧が命ぜられた。「官中の雑事、堀川大臣の例に准じて行ふべし」（『小右記』長徳元年五月十一日条、『朝野群載』巻七に官方の内覧宣旨がある）と、藤原兼通が大納言・内大臣として内覧をつとめた例にならったことがわかるが、このとき道長への内覧宣旨発給を推したのは、一条天皇の母、東三条院詮子であった。道長は六月に右大臣に進み、伊周をこえて筆頭大臣となるが、その後、左大臣になってからも、関白にならず内覧であり続けた。内覧として太政官を統括することが道長の権力の源泉であった。

道長は、三条天皇即位後にも内覧宣旨をうけた。寛弘八年（一〇一一）八月二十三日条によれば、天皇は関白に任じたいといってきたが、天皇からはそれまでもたびたび仰せが

あったが今年は重く慎むべきだと述べて辞退していたとあり、結局「上下文書を触れ示して後、奏聞すべきの宣旨」すなわち内覧の宣旨が下された。道長が関白にならず内覧の地位に固執したのは、関白となれば一上を次位の大臣に譲り、自ら直接太政官を把握できなくなるのを嫌ったものと考えられる。

【参考文献】山本信吉「平安中期の内覧について」(『摂関政治史論考』、吉川弘文館、二〇〇三年)

(大津透)

中務省(なかつかさしょう)　令制八省の一つ。天皇の側近にあって輔導し、詔勅の審査・覆奏、上表の受納、国史の監修、女官などの名帳・考叙、戸籍などの管理を職掌とし、天皇の秘書局というべき重要な省だったが、のちに実務は少なくなった。卿一・大輔一・少輔一・大丞一・少丞二・大録一・少録三が四等官であるが、長官の卿には親王が任じられるのが例となり、中書王とよばれた。『御堂関白記』には、職員令の職掌通り、改元詔書に御画日を加えたものを中務少輔に覆奏のため賜っており(長和元年十二月二十五日条)、平安時代の独自な書式である勅書についても中務省が覆奏した(寛弘四年正月二十日条・三月十七日条、長和五年六月十三日条)。また大臣などを辞する上表は中務に付され(寛仁元年十二月二十七日、同二年二月三日条)、妍子を尚侍としたときの女官除目は清書して奏上したものを中務丞に賜っている(寛弘元年十一月二十七日条)。

(大津透)

男方(なんぼう)　女房(女方*)に対し、天皇に近侍した蔵人や殿上人*のことを指して用いられた。男房とも書かれるが、『御堂関白記』では「男方」とすることが多い。天皇の衣食住全般にわたる私的な生活に奉仕する女房とは異なり、清涼殿に昼夜伺候して、政務や儀式およびそれに付随する奏宣や格子の上下など、公的な生活を支えることを職務とした。また、朝餉御膳や天皇の洗面など女房が奉仕する場面でも、不在の場合には男房が代行した。『御堂関白記』では、寛弘八年(一〇一一)十一月に清涼殿が火災に遭ったさい、宮主が焼けた女房と男房の素服を鴨川にて祓い破却したことがみえる(十一月二十九日条)。

【参考史料】『侍中群要』第四

【参考文献】吉川真司「平安時代における女房の存在形態」(『律令官僚制の研究』、塙書房、一九九八年)

(武井紀子)

女官(にょうかん)　宮中の雑役に従事した下級女官の総称。殿司・水司・掃部などにおいて女蔵人*のもとで殿上の雑役に従事したり、女孺・采女*や神祇官*・御匣殿*・糸所などに出仕し、宮廷行事や節会の下役に就いた。得選や刀自は、御膳宿や御厨子*所などの台所に奉仕し、御膳の下役をつとめた。このうち得選は、天皇行幸のときに調度を入れた大袋を持って内侍*と同車し、行幸のときに女房の前駆*の車に同乗することもあった。さらに、この下に、雑使に駆使される下仕*や童女*、女官のなかでも身分の低い長女、厠の清掃にあたった御厠人などがいた。これらの女官は、『紫式部日記』『枕草子』や『宇津保物語』などにしばしば登場する。『御堂関白記』では後宮の女性官人全体を指して用いる例もあるが、多くは行幸や節会の賜禄記事で、典侍や掌侍・内侍・女蔵人と区別して、それ以下を指す総称として用いられている(寛弘三年九月二十二日条など)。敦良親王の百日儀には、得選と番の采女、長女と御刀自に賜禄されており(寛弘七年閏二月六日条)、娍子立后のときには長女や御厠人まで贈り物が賜られている(長和元年四月二十七日条)。

【所在】長保二年二月二十七日条、寛弘七年二月二十六日条、寛仁元年十二月二十七日条、同二年三月二十五日など

(武井紀子)

女方(にょうぼう)　天皇や院、諸宮、貴族の家に仕えた女性たち。入浴・整髪・着衣・陪膳*

などの日常生活全般に奉仕する女性を指す言葉として、十世紀半ばごろから広く用いられるようになった。女房とも。『御堂関白記』では「女方」と表記することが多く、さらにその大半は妻の倫子を指す。女房には、身分や出身によって上臈・中臈・下臈の別があり、後宮での役職名や父兄や夫の官名、国名などでよばれた。宮中には、天皇付きの内裏女房（上の女房、内の女房）と、中宮や女御など后宮付きの女房がいた。内裏女房には、三位・典侍・御匣殿（上臈）―掌侍・命婦（中臈）―女蔵人（下臈）の序列があり、清涼殿西廂の台盤所に詰め、天皇の身の回りの世話に奉仕した。天皇や院の陪膳に仕えたのは、禁色を許された典侍・御匣殿などの上臈女房であり、三条上皇の陪膳役をめぐっては、道長が院に意見したことがみえる（長和五年七月十八日条）。一方、后宮に仕える宮の女房は、清少納言や紫式部のように主の話し相手や養育も担い、主の入内とともに宮仕えした。主の立后後には宣旨・御匣殿別当・内侍の三役が選出され、中宮の生活を支えた。これらの女房は、新たに選出された者もあったが、母子関係を軸に継承された者も多くいた。たとえば、源倫子の乳母子であった藤原美子・基子が彰子の女房となり、ついで後一条天皇の乳母となったように、女房は主家との緊密な関係をもっていたことが知られる。また、『御堂関白記』には、立后後に中宮が内裏女房に贈り物をする慣例や（長保二年四月八日条、長和元年二月十四日・四月二十七日条）、中宮の懐妊・出産にともなう内裏退下などに、内裏女房が里第まで付き添い、道長から禄を給わっていることがみえる（寛弘五年四月十三日条、長和二年正月十一日条）。女房は天皇や后宮に近侍したため、官人からの取り次ぎや口添えの役割も担う存在であり、道長は後宮の女房たちと良好な関係を築いていたことがうかがえる。→四一三頁「女方」

【参考史料】『栄花物語』巻六「かかやく藤壺」、『紫式部日記』、『権記』長保元年七月二十一日条、『台記別記』久安六年正月十九日条

【参考文献】角田文衞『日本の後宮』（學燈社、一九七三年）、吉川真司「平安時代における女房の存在形態」（『律令官僚制の研究』、塙書房、一九九八年）、丸山裕美子『清少納言と紫式部―和漢混淆の時代の宮の女房―』（山川出版社、二〇一五年）

（武井紀子）

女蔵人（にょくろうど）

内侍や命婦の下位に位置し、宮中の装束や裁縫のことなどに従事した下臈女房。御匣殿などに配された。御膳の供奉や殿上の御燈撤却の検校、御手水の供奉のほか、即位や元服儀へ奉仕したり、賀茂祭などの神事における女使や大嘗会御禊への供奉、踏歌節会における舞妓もつとめ、その職掌は多岐にわたった。また、天皇の紫宸殿渡御のさいには剣璽を持った内侍に付き従った。内侍に率いられて雑役にあたる場合が多く、あるいはその代わりをつとめることもあった。内裏殿上に伺候して、天皇の雑事や使、殿上雑物の検護も担い、男性の蔵人に劣らない役割を果たしていた。『御堂関白記』では、寛弘七年（一〇一〇）の敦康親王元服や（七月十七日条）、長和二年（一〇一三）の敦儀・敦平親王元服（三月二十三日条）で、女蔵人が禄物の取り次ぎに従事している。また、一条院行幸（長和五年六月二日条）や、一条院から新造内裏への還御（寛仁二年四月二十八日条）のさいに、乳母が陪膳した五菓を天皇に供する役に奉仕したこともみえる。

【所在】寛弘二年十一月十五日条

【参考文献】須田春子『平安時代後宮及び女司の研究』（千代田書房、一九八二年）

（武井紀子）

任用国司（にんようこくし）

受領以外の国司のこと。平安時代、国務と官物に対する管理責任と権限が受領に集中した。その結果、それ以外の国司は国務から次第に排除され、官長

の属吏として駆使される存在、または、国司としての俸禄を受け取るのみの職となり遥任が一般化した。一方、現地で国内の事情に通じ事務能力に長けた人物が在庁官人として採用され、受領のもとで実務を担うようになった。受領も任国へ下向しなくなると、受領によって派遣された目代が、留守所で政務を取り仕切るようになった。『御堂関白記』寛仁元年（一〇一七）九月十四日条にみえる摂津国目代および留守所は、その早い事例である。

【所在】長和元年十二月九日条

【参考文献】泉谷康夫「任用国司について」「受領国司と任用国司」（『日本中世社会成立史の研究』、高科書店、一九九二年）、佐々木恵介『受領と地方社会』（山川出版社、二〇〇四年）

（武井紀子）

縫殿寮 中務省*被管の寮。女王および内外命婦の名帳や考課、天皇の御服および賞賜用衣服の裁縫をつかさどる。後宮十二司*の女官の勤務評定を行いそれを中務省に申告することが重要な任務で、平安初期には大寮に昇格したが、やがて考課には関与しなくなり、裁縫に重点がうつった。『御堂関白記』には、内侍*を縫殿寮に候させて大嘗会のための御服を作らせたことがみえる（長和元年閏十月二日条）。縫殿寮の一部局である糸所は、預が女官*を率いて天皇の冠につける緒や調度品につける糸・緒などを供進したもので、端午節に薬玉を作り献上している（寛弘二年五月五日条）。猿女は、縫殿寮に出仕し、鎮魂祭や大嘗祭などに奉仕したもので、三条天皇の大嘗祭にみえている（長和元年十一月二十二日条）。縫殿寮の官衙は、内裏の北に接し朔平門を出たところにあり、長和四年（一〇一五）十一月の内裏火災では東宮敦成親王が縫殿寮に避難している。（大津透）

陪膳 天皇や公卿*などに食膳を供すること、またはその役目を担った人のこと。天皇の日常の食事である清涼殿母屋での朝夕の御膳には、四位や蔵人が陪膳として近侍し、蔵人がつとめる役供によって内裏内の配膳所である御膳宿から食事が運ばれると、これを取り次いで天皇に供した。これに対し、清涼殿西廂の朝餉間で取られる朝餉御膳は、上臈の女房が陪膳をつとめ、女房が不在の場合、蔵人頭や殿上人*が代行した。寛弘五年（一〇〇八）の敦成親王誕生後、一条天皇は土御門第に行幸し親王と対面したが、このときは土御門第で朝餉が取られたようで、一条天皇乳母の従三位典侍橘徳子が陪膳をつとめた（十月十六日条）。徳子は、御百日の若宮御膳の陪膳もつとめている（同年十二月二十日条）。ちなみに、藤原行成はこのとき、御簾の外側まで御膳を運ぶ役割をつとめたと考えられ、『権記』同日条には「余、若宮陪膳を為す」と書かれている。

【参考史料】東山御文庫本「日中行事」、『侍中群要』巻三、前田家巻子本『西宮記』臨時乙「陪膳事」

【参考文献】佐藤全敏「古代天皇の食事と贄」（『平安時代の天皇と官僚制』、東京大学出版会、二〇〇八年）

（武井紀子）

非蔵人 蔵人にあらずして、昇殿を許され、殿上での雑務に従事する見習い蔵人をいう。良家の子息で六位の者から四人ないし五人を選んで補された。六位の蔵人に欠員が生ずると非蔵人または所雑色*から補されるのが例であった（寛弘四年正月十三日、長和二年正月十五日、同五年十一月二十五日条）。

（大津透）

兵衛府 宮城の守護にあたる令制五衛府。令制では左右に分かれ督一・佐一・大少尉各一・大少志各一の四等官がおかれ、兵衛を統率して宮城内の閤門の守衛、天皇の護衛にあたる。兵衛は、地方の郡司の子弟と中央下級官人の位子の中等の者からとられ、令制五衛府のなかではもっとも天皇に近い区域の警護にあたったが、伝統的な地方豪族の衰頽と天皇により近侍する近衛府*が生まれたことにより、警衛担当区域も宣陽・陰明門の外、建春・宜秋門の内の狭い部分となり、独自の存在意義をうすめた。長官は中納言*・参議*が兼帯し、平安時代には佐には権官がおかれ、大少尉の人数もふえた。毎年の賭弓の儀では、近衛府と兵衛府の舎人が左右に分かれてそれぞれ十番・七番の勝負を行い、兵衛の勝負にかかわる記述がみえている（長和二年三月十四日、四年三月十二日条）。また当代第一の舞人である多吉茂が右兵衛尉であったように、楽人も多く任じられていた（寛弘五年正月二日条）。なお道長は永観二年（九八四）に十九歳で右兵衛権佐に任じられ、斎宮御禊前駆*をつとめているように、公卿*への昇進ルートでもあった。

【参考文献】笹山晴生「平安前期の左右近衛府に関する考察」（『日本古代衛府制度の研究』、東京大学出版会、一九八五年）　（大津透）

兵部省　八省の一つ。内外武官の名帳・考課・選叙・位記や兵士名帳や兵器など、武官人事と軍政事項をつかさどる。大同三年（八〇八）に兵馬司が廃止され、牧や駅伝関係の事務も継承した。卿一・大輔一・少輔一・大丞一・少丞二・大録一・少録三が四等官で、平安時代には親王が兵部卿になることが多いが、寛弘五年（一〇〇八）から長和二年（一〇一三）にかけては権中納言藤原忠輔が卿をかねている。人事関係では除目・叙位で兵部丞を中心に式部とともに活躍するほか、武官が関係する年中行事、正月の射礼や五月の騎射などでは兵部省がかかわり、正月十五日には射礼に先立って射者を選定し練習させる兵部手番が行われている。また正月七日白馬節会では、兵部輔が御弓奏を行うことになっており、寛仁元年（一〇一七）にはその不参が問題になっている。　（大津透）

別当　平安時代、諸司や宮中の所々、上皇や摂関・大臣*家の家政機関などに置かれた職。本官を別に持つ者が機関の長の職に割り当てられてその任に就くことから別当とよばれ、広く長官の称として用いられた。諸司や所々別当は、殿上の所充で大臣以下公卿*・殿上人*らに割り当てられた（寛弘四年二月九日条、長和五年二月二十六日条）。道長自身は、内豎所*別当をつとめていたほか（寛弘二年正月二十五日条）、長徳元年（九九五）に右大臣・氏長者*になってから摂政*に就任するまでの間、一上の大臣が補任される職であった蔵人所*別当をつとめていたことが知られる（『御堂御記抄』長徳元年七月二十八日条）。このほか、『御堂関白記』では単に「別当」とのみ書かれる場合が多く、敦成親王・敦良親王・禎子内親王の家司*別当定（寛弘五年十月十七日条、同七年正月十六日条、長和五年七月十日条）などがみえるほか、諸寺別当や検非違使*別当が頻出する。検非違使別当には衛門督または兵衛督が補任されたが、平安宮の内外で事件が発生すると必ず関与しており、劇職であるため嫌厭されたらしく、藤原斉信や藤原実成など歴代の別当も再三辞表を提出している（寛弘二年十月四日条、長和四年六月二十五日条など）。また、諸寺別当は東大寺や興福寺をはじめとする寺院に置かれたもので、寺院を代表として三綱などの実務機関を指揮下に置いて寺務をつかさどった。公卿の陣定*によって「能治者」が定められ（長和元年九月二十二日条など）、寛弘二年（一〇〇五）七月十七日条では、大安寺別当の替を補任するよう天皇からの仰せがあり、公卿たちが議論している様子がうかがえる。また、公卿の家政機関におかれた所々でも長官として別当が補任され、道長家でも随身所*別当や厩別当が置かれていたことがみえる（寛弘元年三月二十二日条）。

【参考文献】所京子「「所」の成立と展開」（『平安朝「所・後院・俗別当」の研究』、勉誠出版、

二〇〇四年）、佐藤全敏『平安時代の天皇と官僚制』（東京大学出版会、二〇〇八年）　（武井紀子）

弁官　太政官の議政官を支える事務部局で、少納言と並び太政官の三等官判官にあたり、その下に史がおかれる。職員令での職掌は「庶事を受け付けること」「諸国の朝集を知ること」などと規定され、八省など中央諸司と諸国から太政官へ上申される政務を受理して処分を行う、太政官の全国統治の重要機関である。令制では左右に分かれるが実際には区別はなく、左右の大中少弁のほかに、中少弁に権官一名がおかれ、計七名で七弁という。摂関期には文書行政の要めとなり、諸司諸国から申請された文書を、結政において弁官内で整理した上で、外記政や南所申文・陣中文で弁官から公卿に決裁を求め、政務を処理した。儀式にあたっては上卿のもと行事弁として運営にあたり、上卿の指揮のもとで弁官と史の署名によって官宣旨を発給することができた。左右大弁は多くの場合参議をかねていて、参議大弁として公卿の会議などを事務的に支えた。また蔵人頭で中弁や大弁をかねる頭弁が活躍しており、『御堂関白記』では、一条朝の藤原行成・源道方、三条朝の藤原朝経、後一条朝の藤原経通・藤原定頼の活躍が知られる。平安中期以降、弁官は公卿へ昇進していく上級貴族が多く、繁忙な官を兼帯するものも多いので、弁官局の実務はしだいに史の手による部分が大きくなった。

【参考文献】大隅清陽「弁官の変質と律令太政官制」（『律令官制と礼秩序の研究』、吉川弘文館、二〇一一年）　（大津透）

放免　検非違使庁の最下級の者。庁の下部ともいう。罪人で釈放された前科者から選ばれ、犯人の捜索・追捕・囚禁などに従ったが、その狼藉が問題になったことも多い。看督長とともに行動することが多く（寛仁元年七月十三日条）、看督長のもとで犯人に直接触れる役割を担った。また検非違使官人の衛門志に従っていることもある（長和四年四月三日条）。　（大津透）

御匣殿　天皇の御服裁縫や御装束の供奉、入浴・洗髪など、身の回りの世話にあたった宮中の所。平安宮では貞観殿内にあり、上臈の女房から長官である別当が補任された。この別当を指して御匣殿・御匣とよぶこともあった。別当の下に預が置かれ（『権記』長徳四年十月十日条）、さらに女蔵人が配され、諸役に従事した。史料上の初見は承平元年（九三一）の藤原貴子（忠平女）であるが、藤原兼家の娘超子が御匣殿別当から冷泉天皇の女御となったのを初例として、御匣殿別当は天皇の侍妾となっていった。道長の娘である後一条天皇の尚侍威子は、寛仁元年（一〇一七）十二月に御匣殿別当（二十七日条）、翌二年三月に入内し、四月に女御、さらに十月に中宮となった。また、同年十一月には、着袴を済ませたばかりの教通娘の生子が五歳で御匣殿別当に任じられており（十五日条）、嬉子が尚侍となったこととあわせて、藤原実資は「尚侍・御匣殿未だ着裳せずは、極めて奇事なり、近代の事又云ふべからず」と記している（『小右記』同日条）。御匣殿は東宮や中宮にも置かれ、東宮御匣殿として藤原寛子（長和二年六月二十九日条・九月十六日条、同四年十月二十五日条／道長女、母は源明子）、中宮御匣殿として藤原光子（長和四年四月七日条／藤原正光女、寛仁二年では「土御門前御匣殿」とも）がみえる。光子は禎子内親王の百日儀の陪膳もつとめている（長和二年十月二十日条）。

【所在】寛弘七年正月十一日条、長和四年八月二日条、寛仁二年十月二十一日条

【参考史料】『吏部王記』承平元年四月二十六日条

【参考文献】所京子「御匣殿の別当」（『平安朝

「所・後院・俗別当」の研究』、勉誠出版、二〇〇四年）　（武井紀子）

御厨子所　天皇の朝夕の御膳や節会など儀式における酒肴を準備した機関。後涼殿西廂に位置した。進物所*とともに、蔵人所*の管轄下に置かれた。成立は九世紀末ごろであり、寛平元年（八八九）正月、内宴で「御厨子所御膳」が供されたことがみえ、『西宮記』に細則である「御厨子所例」逸文がみえる。職員には別当の下に預*・衆*、さらに膳部や女孺が配されていた。また、女孺らを取り仕切る「御厨子所刀自」がいたことが知られる（『左経記』寛仁元年十月二十八日条）。御厨子所の成立以後、朝夕御膳の主要な副食として御厨子所御膳が添えられるようになり、節会の酒肴の準備にも、内膳司*・進物所とともに当たるようになった。十世紀に入ると、天皇が清涼殿裏西廂の朝餉間で食する朝餉御膳が日常化するが、ここでの食事は御厨子所で調備されたものが供された。また、山城・河内・和泉・摂津の江・網曳が御厨となり、御厨子所独自の食材収取ルートができあがっていったことが指摘されている。御厨子所御膳には土器が主に用いられ、宮中での食膳以外にも、大嘗会御禊や行幸に付き従って御膳を調供することもあった。『御堂関白記』では、三条天皇が土御門第へ行幸したさいに、道長による供膳ののち、御厨子所が調備した内裏からの御膳が供されている（長和二年九月十六日条）。このほか、御燈奉否の卜占は、御厨子所で宮主が行うことになっていた（寛仁元年二月三十日・三月二日条）。

【参考文献】所京子「「所」の成立と展開」（『平安朝「所・後院・俗別当」の研究』、勉誠出版、二〇〇四年）、佐藤全敏「古代天皇の食事と贄」（『平安時代の天皇と官僚制』、東京大学出版会、二〇〇八年）　（武井紀子）

宮司　中宮職*および太皇太后宮職・皇太后*宮職・皇后宮職*の官人を指す。立后にさいして臨時に任ずるのを宮司除目といい、長和元年（一〇一二）二月十四日条では、藤原妍子の中宮宣命の儀のあと、道長が「宮司の名簿」を書いて奏聞し、大臣*を召して陣の座で清書させ、再び奏聞ののち、式部省*に下している。長和五年六月二日の後一条天皇の土御門第から一条院への遷幸にさいして皇太后宮（彰子）職の宮司が叙位にあずかるなど、天皇の里内裏への遷御にあたり、家主として勧賞にあずかることも多かった。また坊官除目についても宮司除目とよぶこともある。なお長和二年十一月二十八日の石清水社行幸で宮司の勧賞がみえるが、これは石清水八幡宮の神官である宮司を指している。（大津透）

宮侍　侍とは貴人に従う従者のことで、平安時代に家政機関の整備が進み、蔵人所*がおかれなかった中宮*や諸家で従者が伺候する機関として侍所*が拡充された。皇后宮・中宮には侍が仕え、侍長もおかれ、これを宮侍という。寛弘五年（一〇〇八）三月三日条には「中宮侍長」平明範が解却されたことがみえ、『栄花物語』「ひかげのかづら」では藤原妍子立后のときに侍長が任命されたことを記す。寛弘六年十一月二十五・二十九日条では彰子の敦良出産において「宮の侍」「侍長」が奉仕したことがみえ、『紫式部日記』でも敦成の御湯殿儀での「宮の侍の長仲信」の奉仕が記される。長和五年（一〇一六）三月七日条には、皇太后宮の侍と検非違使*との間で事件がおきたことを記す。

また親王・摂関などの諸家にも侍所がおかれ、伺候者を管理した。長和二年十一月二十二日条では三条天皇皇女禎子内親王の「家司・侍所職事」（政所と侍所の別当）を定め、十二月十七日条には「政所・侍所」の雑事始を行っているが、敦成親王の場合は侍所ではなく蔵人所と呼ばれた（寛弘五年十一月十日条）。長和四年八月二日条では、道長が家の所宛を、政所が便なしとして侍所で定めている。道長家にも政所と侍所がおかれていることがわかるが、このころから摂関家では侍所から蔵人所を分離独立させたとされている。

【参考文献】中原俊章「「侍」考」（『ヒストリア』八三、一九七九年）、元木泰雄「平安後期の侍所について」（『史林』六四―六、一九八一年）

（大津透）

召次（めしつぎ）　院や東宮・中宮*、内侍所*、摂関家などに置かれた下級役人。狭義には上皇や女院（にょいん）の下級院司*（いんし）のことで、院の行幸に供奉（ぐぶ）したり院使をつとめたりした。『御堂関白記』では「召継」とも書かれ、長和二年（一〇一三）東宮の枇杷殿（びわどの）行啓への供奉や（正月十日条）、寛仁元年（一〇一七）十一月二十四日条の小一条院と道長女寛子との婚儀に「召次長」らが奉仕したことがみえる。

（武井紀子）

乳母（めのと）　生母の代わりに自分の乳を飲ませ幼児を育てる役目を担った女性。令制では、皇親には親王に三人、二世王に二人を給う規定であった。平安前期には下級貴族出身者が任じられる例が多かったが、平安中期になると、円融天皇乳母の良岑美子が典侍（ないしのすけ）・従三位となったのをはじめ、天皇乳母の政治的地位が上昇し、上級貴族の娘や妻が任じられるようになった。また人員も、親王や内親王には正乳母三人、副乳母一人となり、親王（東宮）が即位して天皇になると、従三位、典侍となり後宮（こうきゅう）の官女を兼ねる慣例となった。乳母は養君に最も近い存在として成長を見守り、皇子女誕生後の天皇行幸に対応したり（寛弘元年正月二十七日条、同三年四月二十三日条、長和二年九月十六日条など）、養君の行啓や移徙（いし）に付き従ったほか、婚儀や立（りっ）后（こう）の場面にも奉仕した。また、三条天皇乳母の兵部（ひょうぶ）乳母は、妍子立后のさいに理髪役をつとめ（長和元年二月十四・十六日条）、威子立后時にも後一条天皇乳母の藤原豊子や藤原基子が理髪や陪膳*をつとめるなど（寛仁二年十月十六日条）、皇子女の通過儀礼において重要な役を担った。

　また、乳母の人選には外戚の意向が大きく働いていたとみられる。後一条天皇の乳母には、藤原豊子（大江清通妻）・藤原基子（源隆雅妻）のほか、藤原美子（藤原惟憲妻）・菅原芳子（藤原頼任妻）・少輔乳母（橘為義妻）・大左衛門のおもと（藤原広業妻）が知られるが、道長の家司*（けいし）の妻や源倫子（道長妻）の乳母子、中宮彰子の女房*など、いずれも道長家と関係の深い人物が任じられている。藤原美子は禎子内親王の乳母ともなり、後一条天皇即位後の八十嶋（やそしま）祭使（『左経記』寛仁元年十二月十二日条）、嬉子の裳着（もぎ）もつとめている（寛仁三年二月二十八日条）。その夫や子供は、乳夫・乳母子として主家と強固な信頼関係で結ばれ、要職に就いた。道長家と外戚関係にない三条天皇の五位蔵人（くろうど）として源保任が任じられたさい、道長が「然（しか）りと雖（いえど）も乳母子の徳か」と揶揄しているのは、当時の貴族社会における乳母の重要性を示しているといえよう（長和二年正月十五日条）。

　親王家や貴族の家でも子女は乳母により養育されており、頼通の乳母（寛弘元年六月十八日条）や、顕信の乳母（長和元年正月十六日）がみえる。また、道長娘の妍子（三条天皇中宮）の乳母であった中務典侍は藤原惟風の妻であり、寛仁元年（一〇一七）に尾張（おわり）国に下向するに際して、道長から馬を給わっている（十二月八日条）。

【所在】寛弘七年閏二月六日条、同八年十月十六日条、長和四年四月四日条、同五年六月二日条、寛仁元年四月十日条

【参考史料】『権記』寛弘五年九月十一日条、『左経記』長元九年五月十七日条

【参考文献】角田文衞「後一条天皇の乳母たち」（『王朝の明暗』、東京堂出版、一九七七年）、吉海直人『平安朝の乳母達―『源氏物語』への階

梯―』（世界思想社、一九九五年）、吉川真司「平安時代における女房の存在形態」（『律令官僚制の研究』、塙書房、一九九八年）

（武井紀子）

童女（めのわらわ）　後宮で后宮に仕え、女房のもとで雑務に従事していた女児。女童とも。中宮や尚侍の使などをつとめた（寛弘八年四月八日条）。また、下仕とともに五節舞姫の介添えとして仕え、卯日には天皇が清涼殿にて御覧する童女御覧が行われた。舞姫の装束と同様、童女らの装束は貴族たちによって手配されたが、それが特殊だったり過差だったりして、道長が憤慨した様子が『御堂関白記』には記されている（寛弘元年十一月十五日条、長和二年十一月十五日条）。また、天皇や上皇の移徙の儀式で、水取り・火取りの二人の童女は、旧居の水と火をもって行列の先頭に立ち、反閇を行う陰陽師、土公・土気を厭ずる黄牛とともに、重要な役割を果たした。長和五年（一〇一六）には、後一条天皇の一条院への移徙と三条上皇の三条院への移徙の二度の記事があるが、一条院移徙のときは後一条天皇の乳母たちが献じた（六月二日条）。

【所在】寛弘六年十一月十六日条、同七年二月二十日条、長和元年十一月二十二日条、寛仁元年十一月十九日条

【参考史料】『二中歴』第八、『小右記』長和五年六月二日条

（武井紀子）

馬寮（めりょう）　馬匹の調習・飼育などをつかさどる令制官司で左右に分かれる。奈良時代後半一時廃止されたが平安時代初期に主馬寮と内厩寮を再編して復活し、兵部省兵馬寮を併合した。令制では頭・助・大允・少允・大属・少属各一の四等官を規定し、馬医・馬部・飼丁が所属する。信濃・甲斐・武蔵・上野の諸国牧も管理し、馬の貢進をうけて畿内の牧や馬部・飼丁が飼養し、馬を儀式に供し、衛府などに供給した。馬寮官人は衛府に準ずる治安警察官司として治安維持にも活躍し、重視された。頭以下権官もおかれ、頭は四位が任ぜられることが多く、助も五位の官となり、判官である大允・少允は衛府と同様に人数が増加した。平安中期以降は武士が就くこともあり、道長の家司で武勇にすぐれた藤原保昌が左馬権頭に任じられ（長和二年四月十五日条）、大和源氏と号した源頼親も右馬頭であったなど（寛仁元年三月十五日条）、清和源氏で馬寮の頭・助に就いた例は多い。なお平安時代には馬寮御監がみえ、駒牽や競馬などで馬頭が進める御馬名奏を奏上しており、左右近衛大将があたった。

【参考文献】森田悌「平安前期の左右馬寮について」（『日本歴史』二七一、一九七〇年）

（大津透）

木工寮（もくりょう）　宮内省所管の寮。建造物の造営と材木調達を職掌とし、頭以下の四等官のほか、工部・使などが所属した。九世紀に入り、造宮職・鍛冶司・修理職を併合し（修理職は寛平二年に旧に復す）、延喜式の時服規定では、大工・少工・長上工・将領など現業部門が拡大している。天徳四年（九六〇）の内裏再建以来、木工寮は天皇の居所である清涼殿を造営することが慣例化している。長官の役割は重要であり、長和四年（一〇一五）の新造内裏の造宮の賞では、紫宸殿と清涼殿の造営が期日に終わらず、修理大夫藤原通任と木工頭藤原周頼は「しれもの」だとして、賞からはずされた（六月十四日・十月二十一日条）。さらに翌年二月二十六日条で、再び内裏造営となったさいには、違例のことだが、左中弁藤原経通を木工寮別当として「司内の雑務・造宮のことを行ふべき宣旨」を下している。寛仁元年（一〇一七）三月八日石清水社行幸にさいして、木工寮に御在所の舎の檜皮を葺かせていることもみえる。

【参考文献】上島享「大規模造営の時代」（『日本中世社会の形成と王権』、名古屋大学出版会、

二〇一〇年）　（大津透）

物節（もののふし）　→近衛府

六衛府（ろくえふ）　宮城・内裏の守衛にあたった軍隊。令制では衛門府・左右衛士府・左右兵衛府*の五衛府ができたが、奈良時代にその上に近・中・外の三衛がおかれ、平安時代初期に再編されて、左右近衛・左右衛門・左右兵衛府からなる六衛府制が成立した。そのうち内裏守衛の任務を担う近衛府*の地位が高まり、上級貴族が占めて勅使などで活躍した。兵衛府の担当範囲は外に移り衛門府とともに外衛と称され、衛門府の官人は京中の追捕や警察にあたる検非違使*の主体となった。長和元年（一〇一二）二月二十一日・四月二十七日条では妍子立后や参内に警護にあたった「啓陣の諸衛」「諸陣」に禄が与えられていて、立后・行啓などのときに、六衛府官人が警衛の陣をしいた。長和四年七月五日条では、左近将監の訴えのために六衛府官人が八省院に集まって抗議していて、衛府官人としてのまとまりがあったことがわかる。

【参考文献】関口力「古記録にあらわれた下級官人の実態」（『摂関時代文化史研究』、思文閣出版、二〇〇七年）　（大津透）

録事（ろくじ）　饗宴の場で、弁、少納言*、外記*、史*、史生らに酒を勧める役割のこと。公卿*には主人が直接、それ以外の出席者には録事が主人の代行として酒を勧めた。『江家次第』巻二によれば、録事は殿上四位・五位各一人、地下五位二人、政官をへた五位二人がつとめ（『西宮記』では四位一人、五位一人、弁座五位二人、史座大史二人とする）、それぞれ弁少納言、外記史、史生に酒を勧めた。『御堂関白記』では、寛弘五年（一〇〇八）の土御門第での道長の大臣大饗*（正月二十五日条）、寛仁元年（一〇一七）の頼通第（高倉第か）での大臣大饗（正月二十七日条）、同年十二月の二条第での道長の任太政大臣大饗（十二月四日条）に録事がみえる。道長は「録使」と表記することもあり、その役をつとめた人物の名前も日記に書きとめている。

【参考史料】『権記』寛弘五年正月二十五日条　（武井紀子）

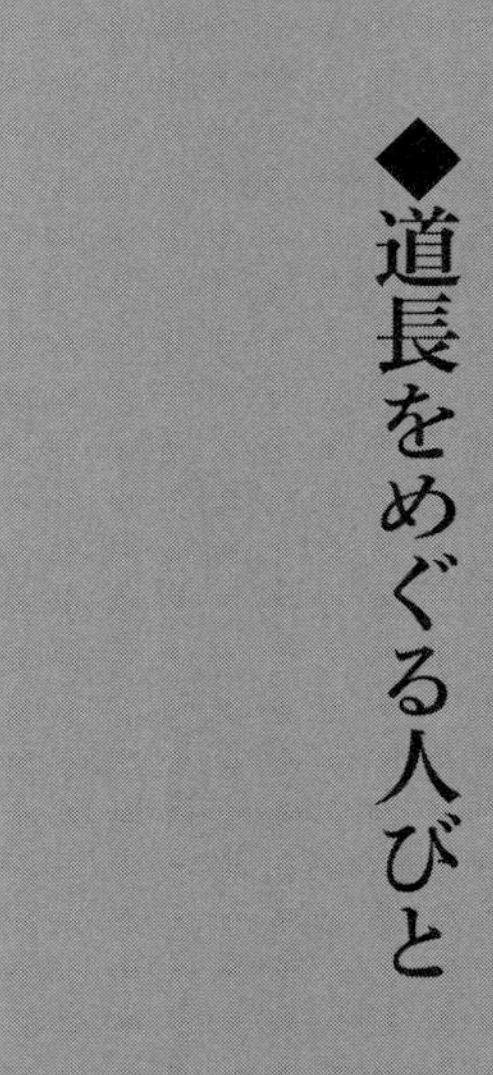
◆道長をめぐる人びと

藤原道長の人間関係

　現在残る道長の日記で最も古いものは『御堂御記抄』長徳元年（九九五）五月十一日の「宣旨」という記事である。この日、道長は内覧宣旨を下されたが、この年は道長の周辺に大きな変化のあった年であった。四月十日に関白道隆が薨じ、次いで関白となった道兼も五月八日に薨じ、道長の同母兄がいなくなった。これ以前、道隆の子伊周は、道隆が病いの間内覧の職能を与えられていたが、道隆・道兼の死を受けて五月十一日に内覧宣下を受けたのは内大臣伊周ではなく権大納言道長であった。

　道長はその後、六月十九日に右大臣に任ぜられて太政官の筆頭になるとともに藤氏長者となったが、中関白家との抗争は続いていた。七月二十四日に道長と伊周は陣座で激しく口論し、八月二日には道長の随身が伊周の弟隆家の従者に殺害されるという事件が起きた（『小右記』）。また、道隆の舅・伊周の祖父である高階成忠が道長を呪詛させる事件も起きた（『百練抄』）。その後、長徳二年に隆家の従者が花山法皇に矢を射かけたことなどにより伊周は大宰権帥、隆家は出雲権守に左遷され、中関白家は衰退する。

　一方で七月に道長は左大臣に昇任し、以後長和四年（一〇一五）に准摂政になるまで二十年にわたり内覧左大臣という地位にあり続けた。中関白家と抗争していた時期の道長自身の記録としては長徳元年の『御堂御記抄』が残るのみで、道長が自身の繁栄のはじまりとなった一連の出来事をどのようにとらえていたのか知ることはできない。

　ただし、出世の面では中関白家との争いに勝利したものの、後宮対策の面では道長の基盤はいまだ築かれておらず、中関白家に対する感情は単純なものではなかったと考えられる。長保元年（九九九）十一月七日、十二歳の彰子に女御宣旨が下ったのと同日に中宮定子が敦康親王を出産した。このことに関して『御堂関白記』は簡潔な記事のみだが、道長が大いに喜んだという『栄花物語』の記述は、定子の死後彰子に敦康親王を後見させたことを踏まえればうなずけるものである。

　また、左遷の翌年大赦により召還され、その後政界復帰した伊周・隆家と道長との交流が『御堂関白記』にしばしばみられ、伊周の子道雅が中宮彰子の御給により叙爵されたことがみえる（寛弘元年正月六日条）ほか、道隆の孫忠経は道長の庇護下にあったらしい。しかし寛弘五年（一〇〇八）の敦成親王（のちの後一条天皇）、翌年の敦良親王（のちの後朱雀天皇）誕生によって道長の敦康親王や中関白家に対する関心は薄れたようである。

道長は兄やその子と権力を争ったが、そのなかで大きな役割を果たしたのが姉の東三条院詮子である。詮子が我が子一条天皇に道長への内覧宣下を迫ったという『大鏡』の一節は有名である。この話が事実かどうかは他に史料がないため未詳とせざるを得ないが、詮子が政治的な影響力を有し、それが道長政権を支えたことは確かである。子である天皇を後見すると同時に詮子自身が一つの権威であり、人事をはじめとしたさまざまな政治的事項に対して発言権を持つ存在であった。すでに一条天皇の中宮として定子がいるにもかかわらず彰子の立后が実現した背景に一条天皇と詮子の間の交渉があったことは、その顕著な例である。詮子の死後、道長は毎年彼女の忌日に慈徳寺に詣で斎食を行っている。

道長の家族に目を転じよう。道長には源倫子（源雅信の女）と源明子（源高明の女）という二人の妻がいた。前者が正妻、後者が妾妻であり、土御門第（もとは雅信の邸宅）で同居している倫子の方が『御堂関白記』に登場する回数も圧倒的に多い。倫子との間には彰子・頼通・妍子・教通・威子・嬉子、明子との間には頼宗・顕信・能信・寛子・長家・尊子がいた。道長が男女の子供に多く恵まれたことは、権力基盤を築く上で重要なことであった。道長は男子を急速に出世させ、道長が摂政を頼通に譲ったときに頼通は二十六歳で内大臣、教通は二十二歳、能信は二十三歳でともに中納言で、公卿のなかで格段に若かった。女子は「一家三后」といわれる前代未聞の状態となり、道長に天皇の外祖父、頼通に外叔の立場をもたらした。『御堂関白記』には『小右記』など同時代の他の日記と異なり妻・女子（とくに倫子・彰子・妍子）が非常に高い頻度で登場する。このことは、彼女たちが政治的にとくに重要な人物であったことを示している。

なお、倫子所生の子と明子所生の子では、男子に関しては昇進、女子に関しては嫁ぎ先に明らかな差が存在した。男子に関して、公卿の一員になった年齢をあげると頼通十五歳、教通十五歳、頼宗十九歳、能信二十歳、長家（倫子の養子となった）十八歳という具合で（顕信は公卿に列する前に出家）、摂関となったのは頼通・教通のみであった。女子の嫁ぎ先に関しては、彰子が一条天皇、妍子が居貞親王（三条天皇）、威子が後一条天皇、嬉子が敦良親王（後朱雀天皇、嬉子は即位前に没）、寛子が小一条院敦明親王、尊子が源師房であった。

ただし、生母の違いによる子の待遇の差は当時の慣習からして当然のことであり、石清水臨時祭のさいに教通・頼宗・顕信・能信を指して「子四人舞人たり。近代見ざる所なり」と喜んでいる様子であること（寛弘四年三月九日）

や頼通・教通・頼宗を指して「余の子等」(長和二年三月二十三日)と一括して表現していること、顕信が出家したさいに明子とともに心神不覚に陥り(長和元年正月十六日)しばらく体調不良になったことなどには、父親としての道長の顔をみることができる。

『御堂関白記』によく登場する人物には、貴族の日記の性格からして当然ながら、当時の公卿や弁官、蔵人(くろうど)が多い。とくに回数が多いのが、頼通・教通のほか道長と同時期に大臣であった藤原顕光・藤原公季、大納言であった藤原道綱・藤原実資や「寛弘の四納言」とよばれた源俊賢・藤原公任・藤原斉信・藤原行成である。顕光のように無能と評される者も含まれるが、彼らは道長執政期を支えた中心人物であった。また、道長にとって顕光は叔父、道綱は異母兄、俊賢は妻明子の異母兄、斉信は従弟と、血縁的に近い者も多かった。なお、敦成親王・敦良親王の坊司、彰子・妍子・威子の宮司にも道長の血縁者や親しい人物、家司が目立つ。

道長が他人に対する心理的な距離の近さをみずから書き記すことは少ないが、道長が周囲に無関心だったわけでは決してない。『御堂関白記』には道長自身が主催する行事・催しの参加者が列挙された記事が多く、道長が周囲に注意を払っていたことがうかがえる。藤原実資は道長の個人的性格の強い行事・催しに参加した人びとを「近習」と(批判的なニュアンスで)『小右記』にたびたび記しているが、道長にもそのような意識があったことは想像に難くない。『小右記』長和元年六月二十九日条には道長と親しい人の家々に虹が立ったという記事があり、実資とその子資平が認識していた道長に近い人びとを知ることができる。なお、先立つ二十日には道綱・実資・隆家・藤原懐平・藤原通任が道長の病いを喜んでいるという噂が流れており(『小右記』)、これは四月二十七日の娍子(源済時の女)立后と妍子入内(じゅだい)が重なり参列者が分かれた問題と関連するとみられ、道長に娍子立后を妨害する意図があったかどうかはさておき、この時期に道長周辺の人間関係に動揺があったことがうかがえる。

また、『小右記』には道長に批判的な記事が多くみられることがよく知られており、実資は道長の過差(かさ)(贅沢)や人びとが道長に追従することへの批判を多く書き留めている。しかし、実資とて道長と対立していたわけではなく、むしろほとんどの人びとにとって道長に近づくことはみずからに利することであった。それはとくに人事に関して顕著で、道長が出家してもなお任官を望む人びとが訪れるので、道長が腹を立て無量寿院の門前に「召し無き人参るべからず」という札を立てたほどである(『小右記』寛仁四年十一月十三日条)。

以上のほかに道長周辺の人物のなかで注目すべきなのが、家司受領である。家司とは家政機関の職員であるが、摂関家の家司には受領をかねる者が多かった。本来「受領は一生一度の官栄なり」といわれるほど競争率の高いポストであったが、道長の家司のなかには複数の国の受領をつとめた者が多くみられる。それはすなわち、道長が受領の人事に強い影響力を持ち、家司が道長への奉仕によってその恩恵を受けたためである。

道長が受領人事へ関与した具体的な事例としてはたとえば、尾張守藤原理兼の申し出を受けて道長が奏上し摂津守藤原知光との間で任国の交換がなされたこと(『小右記』長徳三年七月九日条)、但馬・備中の人事について道長から三条天皇へ強い希望が伝えられ(『小右記』長和三年十二月二十日条)、実際に道長の家司が任ぜられたことなどがあげられる。とくに後者について実資は「要国皆人々の御得分か」と批判しており、実際に道長の家司受領の任国は実入りの良い国であることが多かった。また、受領功過定において道長との関係が有利に働くこともあった。一方で受領側の奉仕としては、道長の法華三十講における非時(僧侶の食事)調進や献馬といった経済的なもの、使や陪従といった人格的なものがあった。

さらに、家司以外の受領でも「大殿無双の者」とよばれた高階業遠、土御門殿新造のさいに調度一切を献上した源頼光など道長に奉仕を行った者は多く、制度的な主従関係のみにおさまらない広い人脈が存在した。

[追記] 四三二頁の藤原道長略系図も参照

【参考文献】

泉谷康夫「摂関家家司受領の一考察」(『日本中世社会成立史の研究』、高科書店、一九九二年)
岡野範子「家司受領について―藤原道長の家司を中心に―」(『橘史学』一六、二〇〇一年)
朧谷寿『藤原道長―男は妻がらなり―』、ミネルヴァ書房、二〇〇七年
佐々木恵介「小右記―藤原道長に対する評価・所感の調査―」(山中裕編『歴史物語講座・七　時代と文化』、風間書房、一九九九年)
寺内浩「受領功課制度の変容」(『受領制の研究』、塙書房、二〇〇四年)
伴瀬明美「東三条院―「母后専朝事」―」(元木泰雄編『古代の人物・六　王朝の変容と武者』、清文堂出版、二〇〇五年)
福井俊彦「道長政権と坊官・宮司―その基礎的考察―」(森克己博士古稀記念会編『史学論集　対外関係と政治文化・第二　政治文化古代・中世編』、吉川弘文館、一九七四年)
古瀬奈津子「摂関政治成立の歴史的意義―摂関政治と母后―」(『日本史研究』四六三、二〇〇一年)
山中裕『藤原道長』、吉川弘文館、二〇〇八年

(黒須(林)友里江)

安倍吉平（あべのきつへい）　九五四〜一〇三六　安倍晴明*男。陰陽師として有名な晴明の子で、自身も当代を代表する陰陽師である。陰陽博士・穀倉院別当・主計頭（『権記』寛弘八年五月九日条が初見）などに任ぜられている。官職としては没するまで主計頭であった。長和五年（一〇一六）正月八日に従四位下に叙された記事には「陰陽家、此肩無き者となすか」とあり、さらに治安元年（一〇二一）十一月四日には従四位上にいたった（以上『小右記』）。『御堂関白記』には、晴明の没後、後を継ぐように登場する（寛弘四年一月二十一日条が初出）。以後、賀茂光栄*と相並んで、活動は広範囲におよび、光栄が没してからはますます道長からの依頼が多くなっている。しかし、時には道長から勘当を受けることもあった（『小右記』長和五年三月二十二日条）。また、兄弟で天文博士であった安倍吉昌が寛仁三年（一〇一九）四月二十八日に卒してからは「天文奏之宣旨」も下されていて、天文にも通じていたようである（『小右記』寛仁三年六月四日・十日条）。万寿三年十二月十八日に卒去（『小右記目録』）。七十三歳であった（『尊卑分脈』）。

【参考文献】武井麻子「安倍吉平—平安朝官史としての生涯—」（『東洋文化』八九、無窮会、二〇〇二年）

（植村眞知子）

安倍晴明（あべのせいめい）　九二一〜一〇〇五　大膳大夫安倍益材男。当代を代表する陰陽師である。『尊卑分脈』によれば、天文得業生から天文博士・左京大夫・穀倉院別当などを歴任し、従四位にいたった。一条天皇*の御悩の折、晴明が御禊を奉仕したところたちまち験があって加階され（『小右記』正暦四年二月三日条）、また寛弘元年（一〇〇四）には、晴明の行った雨乞いの祭に効験を示して被物を賜っている（七月十四日条）。『御堂関白記』には、彰子*立后、法興院行幸、彰子の大原野社行啓、作仏などの日時勘申、木幡浄妙寺三昧堂の立地場所選定など、主として道長の身近な事柄に関しての勘申依頼が多くみられる。寛弘二年九月二十六日卒（『土御門家記録』）、八十五歳であった（『尊卑分脈』）。

【所在】長保二年正月二十八日・二月十六日条、寛弘元年二月十九日・六月二十日・八月二十二日条

【参考史料】『大鏡』第一、『今昔物語』二十四-十六、『宇治拾遺物語』巻二・巻十四、『古事談』巻六、『続古事談』第五

【参考文献】村山修一『日本陰陽道史総説』（塙書房、一九八一年）、『大日本史料』二ノ五

（植村眞知子）

一条天皇（いちじょうてんのう）　九八〇〜一〇一一　諱は懐仁（やすひと。「かねひと」とも）親王。在位九八六〜一〇一一年。円融天皇*第一皇子。母は藤原兼家*女の詮子*。

永観二年（九八四）、東宮となり、二年後の寛和二年（九八六）の花山天皇*出家の後、七歳で即位した。摂政兼家の死後、道隆が摂政、道兼が関白、長徳元年、道長が内覧宣旨を受けた。寛弘八年（一〇一一）、病いにより居貞親王に譲位（三条天皇）、一条院において出家後、三十二歳で崩御。

中宮定子*（道隆女）は脩子内親王*・敦康親王*・媄子内親王*を産むが、寛弘五年、中宮彰子*（道長女）から敦成親王（のちの後一条天皇）、翌六年に敦良親王*（のちの後朱雀天皇）が生まれた。皇后となった定子の出家後、後宮には藤原義子（公季女）・元子*（顕光女）・尊子（道兼女）らが入内したが、いずれも皇子の誕生はなかった。一条天皇自身は敦康親王の立太子を望んでいた可能性が高いが、道長の意を承けた行成*の説得もあり、譲位にさいして次期東宮に選ばれたのは、彰子所生の敦成親王であった。

一条天皇は温厚な性格で学才もあり、笛に練達した。貴族層、とくに道長との調和に努

め、摂関政治の全盛期と、王朝文化の最盛期を現出させた。大江匡房によって十二世紀初頭に著わされた『続本朝往生伝』の冒頭には、一条天皇が叡哲欽明にして万事に長れ、とくに文章・音曲に絶れているという人物評価と、各方面に「天下の一物」と称すべき人材に恵まれていたという時代の評価が語られている。さらに、同時代人の大江匡衡*に「長保・寛弘の政、延喜・天暦に擬す」と賞され（『江吏部集』）、藤原行成からも「寛仁の君にして、天暦以後、好文の賢皇なり」という評価を得ている（『権記』）。『一条天皇御記』があったことが知られるが、その内容は寛弘年間の記述が、わずかに『北山抄』『柱史抄』に逸文として存し、『建武年中行事』『体源鈔』に趣意文として存するのみである。また、『春記』には『一条院御次第』なるものが引かれている。これを朝儀を書いた儀式書とみるならば（和田英松『皇室御撰之研究』）、一条天皇は儀式書も残していたことになる。

さらに私家集として『一条院御集』が存したが、現存しない。これが和歌集であったのか漢詩集であったのかは不明である。詩は『本朝麗藻』に六作、『類聚句題抄』に十五作、『新撰朗詠集』に三作（うち二作は『類聚句題抄』と『本朝麗藻』から採られたもの）、『和漢兼作集』に三作（うち一作は『類聚句題抄』にもみえる）。和歌は『後拾遺和歌集』に二首、『詞花和歌集』に一首、『新古今和歌集』に一首（辞世歌）、『続古今和歌集』に三首、『新千載和歌集』に一首、計八首が採られている。

『左経記』や『春記』など一世代後の古記録にも、「一条院の御時……」とか、「寛弘の例に依り、永く恒例と為す」などといった文言が数多くみられる。この時代、すでに一条天皇の時代が儀式や政務運営の範（「寛弘の佳例」）とされており、中世の古記録にまでうけつがれる。また、古代末から中世にかけて成立した説話集に、一条天皇を聖帝・名君として描いた説話が、多く載せられている。ただし、『古事談』において一条天皇を摂関家に圧倒された王として描かれ、崩御後に道長を非難したとも解することのできる反古紙が発見されたという説話がみられるのは、その心情の一端を後世の人が忖度したものであろうか。

【参考文献】和田英松『皇室御撰之研究』（明治書院、一九三三年）

（倉本一宏）

院源（いんげん）　九五四～一〇二八　天台宗延暦寺僧。大僧都覚慶*に師事、比叡山横川の良源を師とする。法性寺座主・権少僧都・権大僧都を経て、寛仁四年（一〇二〇）七月十七日に第二十六代天台座主となる。三条天皇*出家の折の戒師もつとめた。道長とは近しい関係で、『御堂関白記』には、道長第の法華三十講をはじめとした道長家の仏事によく登場し、のちに道長が出家するさいには戒師となるなど、信頼が厚かったことがうかがえる。木幡浄妙寺三昧堂供養では散花をつとめ、法性寺五大堂造仏には中心となって活躍した。「能説の師」に数えられるほどの説法の名手であり（『続本朝往生伝』）、寛弘八年（一〇一一）三月二十七日、土御門第での経供養では、院源が願文を講じたさい、道長が「感歎に堪へず、落涙抑へ難」い様子であったという（『権記』同日条）。また長和四年（一〇一五）閏六月二十二日にも、道長自身「其の才人に勝れ聞く者涙を流す」とも書き記している。なお、生年と父については異説が多く、父に関しては、陸奥守平元平男、または平元名男・平文明男。周防守平善理男とする説もある。また、生年に関しては、本項は『小右記』万寿二年十月三日条に七十二歳とあるに拠った。

【所在】寛弘元年正月二十一日条、同二年十月十九日条、同三年五月二十五日・八月七日条、寛仁元年四月二十八日条

【参考史料】『小右記』寛仁三年三月二十一日・

万寿二年十月三日条、『小記目録』長元元年五月二十四日条、『天台座主記』、『元亨釈書』巻四、『今昔物語』巻十九　（植村眞知子）

永昭　九八九～一〇三〇　「永照」とも。父は藤原元成（基業とも）。法相宗興福寺。権大僧都。『御堂関白記』には、道長の月例経供養に招請された記事がある。その巧みな説経に道長は感嘆、落涙し、兼家*の剣を与えたこともあった（『小右記』寛仁二年十二月十九日条・治安三年六月十日条）。公私の仏事で講師をつとめ、その死を世人は歎いた（『左経記』長元三年三月二十二日条）。

【所在】長和二年四月二十九日条、寛仁二年正月三十日・三月三十日条　（木村由美子）

円融天皇　九五九～九九一　第六十四代天皇。在位は安和二年～永観二年（九六九～九八四）。村上天皇の第五皇子で、母は中宮藤原安子。諱は守平。康保四年（九六七）立太子、安和二年即位した。子は藤原詮子*所生の懐仁親王（一条天皇*）のみである。永観二年に師貞親王（花山天皇*）に譲位し、寛和元年（九八五）に出家した。金剛法を号す。正暦二年（九九一）に崩御。和歌に優れており、勅撰集にも二十四首入集している。私歌集に『円融院御集』がある。御陵は後村上陵。道長が『御堂関白記』を記したころにはすでに崩御しており、円融天皇に関する記事では、追善供養に関する記事が半数を占める（寛弘元年二月五日条など）。このほか、後一条天皇*元服にさいしての宴事と朝拝について、円融・一条天皇の例に拠るべきとして議場にあがった記事も載る（寛仁元年十二月十三日条）。

【所在】寛弘四年二月九日条、同五年二月十二日条、寛仁二年七月十七日条　（吉田小百合）

大江匡衡　九五二～一〇一二　生年は九五三年とも。父は大江重光。赤染衛門の夫。挙周、江侍従の父。弾正少弼時代の追捕中に左手指を切り落とされた（『日本紀略』寛和元年四月五日条）。文章博士・式部大輔。尾張守・丹波守。正四位下。その死を藤原実資*は「当時ノ名儒人ノ比肩スルモノ無シ、文道滅亡ス」（『小右記』長和元年七月十七日条）と悼んだ。『本朝文粋』『朝野群載』『本朝麗藻』ほかに作品が載り、詩集『江吏部集』と家集『匡衡集』がある。『御堂関白記』には詩会の題者、詩序の作成、浄妙寺供養ほかの願文作成、敦成・敦良両親王*の諱字の勘申、道長の阿弥陀仏開眼・阿弥陀経供養の願文書き直し、一条天皇*の病状易占などが記される。最後は丹波国の料米に関する記事。勘申した年号には、長保・寛弘のほかに道長の好んだ寛仁もある（『元秘別録』所収『小右記』長和元年十二月二十五日条）。勧学会草創期の結衆の一人。学問の家大江家を継承する意識が強く、『江談抄』などに逸話がある。

【所在】長保元年五月七日条、寛弘二年十月十九日条、同五年十月四日条、同六年十二月十四日条、同八年三月二十七日・五月二十五日条、長和二年七月二日条　（木村由美子）

大江景理　九六三～一〇二八　父は大江通理。東宮（居貞親王）権大進、蔵人、河内・備前守、内蔵権頭、右中弁などを歴任する。妻は彰子*女房（もと倫子女房*）、大輔命婦。寛弘四年（一〇〇七）十二月二日、浄妙寺多宝塔供養のさい、東宮の御諷誦使となり、同五年九月十一日、敦成親王誕生の折、鳴弦の役をつとめた（『御産部類記』）。同八年二月十六日、三条天皇*の践祚にともない五位蔵人に補された。蔵人在任中（～長和三年正月六日）は、内裏の使として、しばしば道長のもとを訪れている（長和元年十月二十日条・同二年三月三十日条等）。三条天皇*の譲位にさいして、敦明親王の東宮亮に擬されるも、隠棲をも辞さない覚悟で固辞したという（『小右記』同五年正月二十六日）。寛仁元年（一〇一七）五月二十五日、道長第法華三十講にて布施として絹百疋を献じている。

（福長進）

大江清通（おおえのせいつう）　生没年未詳　父は大江澄明。中宮（定子）亮、中宮（彰子）大進（のち皇太后宮亮、太皇太后宮亮）、備前・讃岐守、木工頭などを歴任する。妻は、藤原道綱女で、彰子女房・敦成親王乳母となる藤原豊子（宰相の君）。長和二年（一〇一三）二月十八日、法興院堂垣壇を築くため、夫二五〇人を動員した。同年六月二十八日から七月二日にかけて行われた法興院御八講の行事をつとめることになっていたが、病のため出仕しなかった。同五年七月十日、譲位にともない三条天皇から後一条天皇に譲られることになった後院の管理に携わる後院司となる。同年十二月から翌寛仁元年（一〇一七）正月にかけて、道長が清通邸を訪れたことが『御堂関白記』に散見される（長和五年十二月二十日・寛仁元年正月二十日・二十七日条）。寛仁二年五月、道長第法華三十講にて非時に奉仕した（五月二十二日条裏書）。

（福長進）

大中臣輔親（おおなかとみのほしん）　九五四～一〇三八　平安時代の公卿。勅撰歌人。中古三十六歌仙の一人。父は梨壺の五人と称された大中臣能宣、母は越後守清兼女。室に藤原教通の乳母の蔵命婦が確認でき、男に輔隆、女に高階成順と結婚し藤原彰子の女房となった伊勢大輔らがいるが、いずれも生母未詳。家集に『輔親卿集』がある。文章生の出身で、勘解由判官、皇太后宮権大進（少進か）、美作守、伊勢神宮祭主・神祇権大副などを歴任した。正三位。『御堂関白記』においては、中和院での祈雨奉仕（寛弘元年八月五日条）、神祇官として斎宮卜定を行ったことなど（長和元年十二月四日条）、祭祀に奉仕したことが多くみえる。またこの一方で、大嘗会のさいに悠紀方の屏風歌に奉仕するという、優れた歌人として名高い輔親らしい記事も確認できる（長和五年十一月十二日条）。このほか、関連記事として蔵命婦が道長家の雑人らを引きつれ輔親の後妻を襲撃したいわゆる「うはなり打」の記事もみえる（長和元年二月二十五日条）。

【所在】長保元年九月七日条、長和元年十一月二十三日条、同五年二月二十五日・六月二日・十月二十九日条、寛仁元年二月四日・九月十一日条

【参考史料】『権記』寛弘七年二月十八日条、『小記目録』長保三年二月二十八日条

【参考文献】保坂都『大中臣家の歌人群』（武蔵野書院、一九七二年）

（吉田小百合）

小野文義（おののぶんぎ）　生没年未詳　父は小野伝説。大外記、明法博士、美作介、土佐守などを歴任する。藤原頼通の強い後押しで天台座主となった明尊の甥にあたる。寛弘七年（一〇一〇）三月三十日、除目に奉仕した。長和五年（一〇一六）三月二十八日、擬階奏に関して先例を勘申した。外記として先例勘申にあずかったことは、『小右記』にも散見する（長和五年二月二十六日条・寛仁元年八月二日条・同二年十一月二十二日条等）。寛仁元年（一〇一七）十二月三日、賀茂行幸行事賞として、正五位下に叙された。このとき、叙爵にあずからなかった左大史丹波奉親は、「文義ハ数十年ノ下臈タルニ、今ハ上臈タリ」と愁訴して、正五位下に叙されている。

（福長進）

尾張兼時（おわりのけんじ）　生没年未詳　尾張安居男。近衛舎人として、競馬や舞の名手であり御神楽の人長としての才にも秀でていた（『江談抄』第三）。『御堂関白記』には、道長の子の教通・能信の舞の師とみえ（寛弘四年二月八日条）、同年（一〇〇七）二月二十九日の道長の春日詣の折に御神楽に奉仕し、行成はその様子を「人長兼時の舞ひ、甚だ神妙」（『権記』同日条）と記している。しかし、寛弘六年十一月二十二日条や同七年四月二十

四日条に「年老いて、気色本の如くにあらず」とある。道長とは密な関係がうかがえる。

【参考史料】『紫式部日記』寛弘五年十一月賀茂臨時祭還立の神楽の記事

【参考文献】中本真人「尾張兼時考―内侍所御神楽成立の前後を中心に―」（『国語国文』八〇―五、二〇一一年）

（植村眞知子）

懐寿（かいじゅ）　九六九〜一〇二六　天台宗延暦寺檀那院の僧。覚運*僧都入室の弟子。寛弘八年（一〇一一）六月十二日任権律師、寛仁元年（一〇一七）十二月二十五日律師、治安元年（一〇二一）権少僧都、同三年少僧都。万寿三年四月二十八日、五十七歳で入滅（以上『僧歴総覧』笠間書院、一九七六年）。『御堂関白記』では、道長が故東三条院のために修した法華八講に聴衆の一人として参列したのを初見とし（寛弘元年五月十九日）、寛弘四年に道長が往復十三日をかけて詣でた金峰山（きんぷせん）に同行して唄師（ばいし）をつとめたこと、一条天皇出家のさいにも唄師をつとめ、納骨にも奉仕した記事、そのほか三条上皇*御出家のさいにも唄師をつとめ、また寛仁二年東宮敦良親王御悩の折の加持をつとめた記事などもみえる。長和年間以降、道長第の例講の講師として奉仕していることが『御堂関白記』『小右記』に散見する。

【所在】寛弘四年八月十一日条、同八年六月十九日・七月二十日条、寛仁元年四月二十九日条、同三年八月二十九日条

（植村眞知子）

覚運（かくうん）　九五三〜一〇〇七　平安中期の天台宗延暦寺の僧。藤原貞雅男。檀那贈僧正を号す。延暦寺座主（ざす）良源に入室。興良・静真らの弟子となり真言密教を学ぶ。寛弘二年（一〇〇五）に一条天皇*に『法華経疏』を伝授した功により権大僧都に任ぜられた。日記によれば、寛弘元年の故東三条院のための法華八講で、初めて道長家の法会に参加した僧のうちの一人に数えられるが、それ以前からも道長と交流はあり、長保六年（一〇〇四）以前から『法華文句』を道長に指導していたらしい（長保六年七月八日条）。このほか、内裏や道長第における法会に多く招聘されており、道長からの信任を受けていた（寛弘二年五月二十四日条など）。また、寛弘二年に最勝会講師をつとめたさいには、その説法の素晴らしさに道長が強く感銘を受けたことが記されている（八月十五日条）。寛弘四年十一月一日入滅（十二月一日とも）。死後、朝命により僧正を追贈された。存命中、弟子の尋円の人事について申請をしていたとの記述が、日記での最後の記事となる（寛弘七年八月二十一日条）。

【所在】寛弘元年五月十九日・八月二日・九月八・十・十九日条、同二年五月二十四日・八月十五日条、同四年三月十七日・閏五月十七日・十月一日条

【参考史料】『権記』寛弘二年八月二十八日条

（吉田小百合）

覚慶（かくけい）　九二八〜一〇一四　平安中期の天台宗延暦寺僧。東陽和尚を号す。従四位下大和守平善理男。慈恵大師良源に師事し出家した。永延元年（九八七）権律師、永祚元年（九八九）権少僧都、正暦四年（九九三）十月に法性寺座主（ざす）に任ぜられ、翌年十一月に権大僧都となる。長徳二年（九九六）六月に大僧都、同四年十月に天台座主、長保二年（一〇〇〇）に権僧正、同年僧正、翌年大僧正となるが、同四年の七月に辞職した。『御堂関白記』においては、長保二年三月十二日条の補任記事が初見となる。この後、寛弘元年五月の東三条院の法華三十講に証義（しょうぎ）者（しゃ）として招聘されたことや、天皇の命により覚慶がしばしば御修法（みしほ）に奉仕したことが記される（寛弘七年二月二十九日条など）。道長との関係は良好であり、道長が延暦寺を訪れたさい、覚慶が大いに喜んだことが日記に記されている（寛弘元年八月十七日条）。長和三年十二月二十二日入滅（十一月二十一日と

も)。八十八歳。
【所在】寛弘二年八月一日・十月十四・十九日条、同六年五月十七日条、長和元年五月二十三日条

(吉田小百合)

雅慶（がけい）　九二六頃〜一〇一二　平安中期の真言宗の僧。法務大僧正。宇多天皇皇子敦実親王男として生まれ、のちに兄の覚信の養子となったとされるが定かではない。その説に従えば、道長正室の倫子*は姪にあたることになる。謹厳実直の人として知られ、道長家の人びとから信任を受け重用されていたことが日記からもうかがえる。『御堂関白記』では寛弘元年(一〇〇四)、倫子の大般若経供養に呪願師（じゅがんし）として奉仕した記事が初見となり、以降、内裏や土御門第（つちみかどてい）での法会や、寛弘四年の浄妙寺多宝堂供養(十二月二日条)、藤原彰子*の御修善に奉仕したことが記される(寛弘二年八月七日条、同五年八月二日条など)。また、寛弘五年彰子の御産のための五壇法を修めた五僧のうちの一人として数えられる。寛弘六年以降病いを得ていたようで、日記にも関連の記事がみえる。長和元年十月二十六日に死去。八十八歳。
【所在】寛弘元年三月二十五日条、同二年三月二十五日・八月七日条、同四年十月九日・十二月二日条、同五年八月二日条、同六年九月五・十一日・十月十三日条、同七年三月二十五日条、長和元年五月七日・十月二十六日条

(吉田小百合)

花山天皇（かざんてんのう）　九六八〜一〇〇八　諱（いみな）は師貞(もろさだ)親王。在位九八四〜八六年。冷泉天皇*の第一皇子。母は藤原伊尹女の懐子。二歳で立太子、十七歳で即位したが、すでに伊尹やその男の義孝・挙賢は死去しているなど、有力な後見はなく、伊尹五男の義懐が存生しているにすぎなかった。即位後は外戚の義懐や側近(花山の乳母子)の藤原惟成主導の、格後の荘園の停止や、破銭を嫌うことを停止するなどの新制を積極的に推進したが、当然ながら公卿層の反発を招いた。とくに東宮懐仁親王の外祖父である藤原兼家*は、その即位を望み、兼家一門の策動によって、寛和二年(九八六)、花山天皇は内裏を抜け出し、花山寺に入って出家、退位した。念願の外孫懐仁親王を即位させた(一条天皇)兼家は、外祖父摂政の地位を手に入れた。なお、この出家と女御忯子の薨去との関連は、歴史物語の上でのことにすぎない。

花山天皇は退位後、書写山（しょしゃざん）に参詣し、また比叡山で受戒するなど、修行と和歌の道を歩んだ。なお、熊野の那智山に長期間滞在して修行したというのは、確証がない。正暦三年(九九二)ごろからは東院に住んだ。東宮時代からしばしばその邸に近臣と歌合や歌会を催し、『拾遺和歌集』や『後十五番歌合』の撰者にも擬せられている。『花山院御集』もあったが、散逸した。現存する御製は一一八首。『大鏡』によれば、絵画にも巧みであったとされ、工芸・造園・建築の意匠や設計にも優れていたという「風流者」ぶりを描いている。寛弘五年、四十一歳で崩御した。

(倉本一宏)

賀茂光栄（かものこうえい）　九三九〜一〇一五　賀茂保憲男。安倍晴明*と並び称される陰陽（おんよう）家で、暦道でも活躍した。権暦博士・播磨権介・大炊頭・右京権大夫を歴任した。『尊卑分脈』には従四位上とある。道長からも信任を受け、『御堂関白記』にもしばしば登場する。寛弘四年(一〇〇七)十二月二十二日条に、前日起こった地震について二人の天文博士に奏文を提出させたが、内容に齟齬があったため、道長が光栄を召して判断を求めたことが記されている。また、寛弘七年八月二十四・二十六日条には、多武峰の怪について光栄と安倍吉平*に吉凶を問うたところ二人の勘申（かんじん）が一致せず、各々に説明を求めたさい、道長は「光栄の申す所理有り。吉平頗る不当」との判定を下している。安倍晴明在世中は晴

明と、晴明亡き後は晴明の子安倍吉平*とともに道長から依頼を受けることが多かった。子に暦博士の賀茂守道がいる。長和四年六月七日、七十七歳で卒去（『小右記』）。

【参考史料】『権記』寛弘八年五月九日条、『続本朝往生伝』、『続古事談』第五

【参考文献】山下克明「頒暦制度の崩壊と暦家賀茂氏」（『日本歴史』四五二、一九八六年）

（植村眞知子）

観修（かんしゅう）　九四五～一〇〇八　平安中期の天台宗延暦寺僧。勧修とも。左京人で俗姓は紀氏。勢佑律師に入室したのち、園城寺の余慶僧正の弟子となり伝法灌頂を授けられた。長保二年（一〇〇〇）に道長病悩の平癒祈願をし僧正に、同年四月五日から法務を兼任し、八月には大僧正となったが翌年これを辞した。『元亨釈書』に道長の栄達は観修の注力によるものとする逸話が載る。『御堂関白記』では、初期から寛弘五年に入滅するまで、道長家とのかかわりを多く見出せる。道長第における法会、倫子*の清水寺御修善、藤原彰子*の御修善などに奉仕したほか、寛弘二年の浄妙寺供養では導師を、また、東三条院の法華八講でも講師をつとめたことが記され、道長家とのかかわりおよび信任の篤さが示される。寛弘五年に観修が病いを得たさい、道長は自身も病いに苦しんでいたにもかかわらず見舞っており、両者の関係の親しさと、心の近さがうかがえる。同年七月八日入滅。謚は智静（智仁とも）。

【所在】長保元年四月二十九日・九月三十日条、寛弘元年三月二十五日・九月二十八日・十二月十三日条、同二年十月十九日条、同四年十二月二日条

（吉田小百合）

紀宣明（きのせんめい）　?～一〇三二　左馬允紀宣時男。紀維明の猶子となる（『尊卑分脈』）。信明とも書かれる。長和元年（一〇一二）十二月十六日、右衛門志として検非違使の宣旨を蒙った。その後、検非違使として犯人追捕などに活躍した様子は『御堂関白記』にしばしばみえる。寛仁三年（一〇一九）正月二十三日右衛門尉に転任し（『小右記』）、同二月四日再び検非違使に新補され、道長にその慶び申しを行っている。万寿元年（一〇二四）十二月二十八日従五位上に補され、同四年安芸守に任じ、二月二十日に藤原実資*の許に罷り申しにきて大褂を賜っている（『小右記』）。万寿四年、道長の病いの悪化を見舞うためにたびたび上京し、同年十月十九日の妍子*の五七日の経営にも馳せ参じている。万寿四年十二月四日に道長が薨じたさいには葬送に参列し、木幡までつき随い（『小右記』同年十二月八日条）、道長との近しい関係がうかがえる。長元五年六月二日に強盗数十人に自宅を襲われ殺害された（『左経記』六月三日条）。

（植村眞知子）

慶円（きょうえん）　九四四～一〇一九　藤原連実男（一説に藤原尹文男・藤原道明男）。天台宗延暦寺僧。天台座主喜慶権少僧都入室の弟子。円賀大僧都に従い受法灌頂を受ける。寛弘八年（一〇一一）に権僧正となり、一条天皇の出家の折の戒師をつとめた。法力を高く評価され、内裏御修善、中宮御修善、道長第での修善などに頻出する。寛弘六年五月十七日の道長による比叡山舎利会にも参会している。しかし、長和元年（一〇一二）ごろから道長との仲が悪化したようで、同三年、道長は慶円の天台座主補任阻止につとめている。その折道長が「大僧正慶円、吾が為に大いに不遜と為す者なり。讐敵のごとし」といったと『小右記』に記されている（十一月六日条）。同年十二月の座主補任は非常に難航した（『小右記』十二月二十一・二十六・二十八日条）。『御堂関白記』は長和三年の記事を欠いているので詳細は不明だが、二人の間には、長和元年に道長が叡山に登った折、山王社前を騎馬で通過したことに端を発し、その他「文殊楼・普賢院・祇園等事」につい

て確執があったようである。慶円と親しい間柄であった藤原実資*が慶円を評して「大僧正慶円、堪能の人なり。道理を論ずるに傍に人無きのみ」というその性格も関係しているかもしれない。結局十二月二十六日、第二十四代天台座主に補任された。その後、長和四年十二月二十七日、道長の五十賀算法会に参加し、このころから和解した様子がみえる(『小右記』同年正月十四日条)。寛仁三年九月三日痢病により入滅。七十六歳であった。

【所在】寛弘八年六月十九日条

【参考史料】『小右記』長和元年五月二十四日条・同三年十月五日条・同四年八月二十四日条、『古事談』第三、『続本朝往生伝』

【参考文献】『大日本史料』二ノ八

(植村眞知子)

経救(きょうきゅう) 九七八〜一〇四四 「経久」とも。九八一年生年説もある。大和国人。当麻氏。元天台僧。法相宗興福寺。権大僧都。『御堂関白記』初出は寛弘元年(一〇〇四)三月二十九日の季御読経内論義。「経久、観印尤モ美ナリ」と道長の評価は良い。以後、最勝講の聴衆や道長の仏事に招請される僧として名が載る。維摩会講師の座をめぐり「度々便無キ詞ヲ放」ったために講師辞退者の替りに選ばれず、翌年任じられたことも記されている。

【所在】寛弘二年五月二十四日条、寛仁二年十月八日条、同三年三月十六日条

(木村由美子)

慶命(きょうめい) 九六五〜一〇三八 天台宗の僧。父は藤原孝友。長保五年(一〇〇三)十二月二十九日、権律師に任じられ、大僧正にいたる。法性寺座主、天台座主を歴任した。倫子*(道長室)主催の大般若経供養(寛弘元年三月二十五日条)、道長が東三条院詮子*のために修した法華八講(同年三月二十五日条)、浄妙寺三昧堂供養(同二年十月十九日条)、同多宝塔供養(同四年十二月二日条)などに奉仕する。藤原顕信*(道長男)が出家したことを道長に伝え(長和元年正月十六日条)、後日、道長が比叡山に登ったさいには食物をもうけている(同年四月五日条)。道長五十賀の法会(同四年十月二十五日条)や、道長第の法華三十講(『左経記』同五年五月一日条等)などに奉仕する。倫子(『小右記』治安元年二月二十九日条)・彰子*(『左経記』万寿三年正月十九日条)の出家や、法成寺西北院供養(『小右記』治安元年十二月二・三日条)・同東北院供養(『同』長元三年八月二十一日条)にも奉仕する。

(福長進)

具平親王(ぐへいしんのう) 九六四〜一〇〇九 村上天皇第七皇子。母は荘子女王。子に、師房・頼成・隆姫女王*(頼通室)・敦康親王室*・嫥子女王*(教通*室)がある。二品中務卿。後中書王・千種殿と号す。『御堂関白記』には、道長が具平親王に経の外題の揮毫を乞う(寛弘元年五月十八日・同二年十月十八日条)、具平親王が道長の詩に和す(同元年閏九月二十五日条)などの交流が記される。頼通・隆姫の結婚(『栄花物語』巻八に詳しい)以降、道長家と具平親王家は密接な関係を築いていく。

(福長進)

小一条院(こいちじょういん) 九九四〜一〇五一 諱は敦明(あつあきら)。三条天皇*第一皇子。母は藤原娍子*。寛弘八年(一〇一一)十月五日、親王となり、同年十二月十八日、式部卿に任じられる。長和五年(一〇一六)正月二十九日、立太子。寛仁元年(一〇一七)八月九日、東宮を辞し、同二十五日、小一条院と号す。同年十一月二十二日、寛子*(道長女)と結婚した。長徳二年(九九六)十二月十四日、院の着袴の儀にさいして道長が腰結をつとめた(『小右記』同日条)。読書始(『権記』長保二年十二月二日条)・元服(『同』寛弘三年十一月五日条)は、それぞれ道長の東三条第・枇杷第で行われた。長和四年十二月、眼病の悪化にともない、道長の協力を得て御世の安寧を図るためにさまざまな策を弄した

けれど、万策尽き、三条天皇は、譲位と引き替えに敦明親王の立太子の意向を道長に伝えたが、道長は敦明親王をはじめ三条天皇の皇子たちの帝王としての資質に懐疑的であった(『小右記』長和四年十二月二十四日条)。また、最終的には敦明親王の立太子を認めたものの、道長は、東宮傅・東宮大夫には顕光*(親王妃、延子の父)・通任*(娍子の弟)がそれぞれなるべきであるとし(同長和五年正月十九日条)、子息の任用を拒み(同二十六日条)、東宮敦明親王の孤立化を図った。父院の崩御後、東宮御所は、道長の意向を察して人びとの往来は以前にもましてまばらで、閑散としていた。かかる状況下、傅顕光と大夫通任の不仲、自身の気の弱さといった諸要因が重なって、敦明親王は、自発的に東宮退位を選び、能信*(道長男)を介して道長の来訪を求め、道長に退位の意向を伝えた。敦明親王は、退位後の処遇として上皇待遇を求め、道長はこれを認めた。諡号は、小一条院である。院の別当に明子腹の道長男、頼宗*・能信が任じられた。小一条院東宮退位を契機に能信との関係が深まった。東宮は新たに、彰子*所生の一条天皇*第三皇子、敦良親王*が立った。その後、明子腹の道長女、寛子が院に女御として参入した。道長の婿となった小一条院は、以前とは打って変わって好待遇を受けた。

(福長進)

後一条天皇(ごいちじょうてんのう) 一〇〇八~三六 諱は敦成(あつひら)親王。在位一〇一六~三六年。一条天皇*第二皇子。母は道長女の彰子*。寛弘五年に誕生、同八年に皇太子に立ち、長和五年に践祚した。

寛仁二年(一〇一八)に十一歳で元服、道長三女で二十歳の威子*を妃とした。威子は女御、次いで中宮となり、道長家の「一家三后」を現出させた。威子は長らく皇子女に恵まれなかったが、のちに章子内親王と馨子内親王を産んだ。なお、威子は自分以外の后妃を後宮に入れさせなかったといわれ、これが後一条天皇の系統が皇統を嗣げず、弟の後朱雀天皇の系統が皇統を嗣いでいく要因となった。

後一条天皇の即位時に道長が摂政となったが、これは清和朝の藤原良房、一条朝の藤原兼家*に次ぐ、外祖父摂政の誕生となった。しかも、摂政と天皇との連携にあたる天皇生母(国母)の彰子が存生しており、国政に介入する可能性のある天皇父院(一条天皇)が崩御しているという、考え得る最強のミウチ的結合体となった。この時期に道長の権力がピークを迎えたとされるのも、こういう歴史条件に基づくものである。道長は翌寛仁元年に摂政の地位を頼通*に譲り、頼通は同三年以後は関白となり、以後、後一条朝の末年まで続いた。

寛弘五年(一〇〇八)九月十一日の誕生時の様子は、『御堂関白記』『小右記』『権記』などの現存古記録をはじめ、のちに『御産部類記』としてまとめられる書に引かれた各種古記録によって詳細に記録されている。また、紫式部によって記録された『紫式部日記』も、本来はこの時の御産の様子を女性の視点と文章によって記録するという性格の作品であったと推定されている。このように、敦成親王の誕生は、道長家、ひいては摂関家にとって最も重要な出来事であったのであり、誕生と産養、一条天皇土御門第行幸が、後世、「寛弘の佳例」として讃美されることになる。藤原伊周*辺による呪詛が、敦成親王百日の儀のころから計画され、その理由は、「中宮(彰子)、若宮(敦成)および左大臣(道長)がおられると、帥殿(伊周)は無徳でいらっしゃる。世の中にこの三人がおられないよう、厭魅し奉ったのです」というものであったというのも(『政事要略』)、その裏返しであろう。

また、一条天皇は譲位にさいして、第一皇

子である敦康親王*（定子*所生）の立太子を望んだが、道長の意を承けた藤原行成*の説得によってこれを断念し、敦成親王の立太子が実現した。さらには、敦明親王*（藤原娍子*所生）が東宮の地位を降りたさいにも、新東宮は後一条天皇同母弟の敦良親王（のちの後朱雀天皇）が選ばれ、ここに道長家の栄華が確定した。道長が常に敦成親王を扶持し、賀茂祭などにさいしては同行して見物したり、敦成親王（や即位後の後一条天皇）の病悩にさいしてはみずから加持祈禱を行ったりして、その成長に尽力したりしているのも、敦成親王の存在が自己とその家の権力確立と維持に不可欠な存在であったためであろう。後一条天皇の後宮に威子*を入れ、立后させた時点で、「この世をば……」を詠んだというのも、謂われのないことではないのである。

その一方で、寛仁四年に後一条天皇が重く病んださいには、敦康親王の霊が、後一条天皇の前に出現した。「また種々の物気（物怪）が顕露した」とあるが（『小右記』十月二日条）、後一条にはいったい誰の霊が襲いかかったのであろうか。在位二十一年ののち、長元九年に崩じた。年二十九歳。（倉本一宏）

済信

九五四～一〇三〇　平安中期の真言宗仁和寺僧。父は左大臣源雅信*。母は右大弁源公忠女。道長正室の倫子*は異母妹にあたる。雅慶に入室し、寛朝から伝法灌頂を伝授され正嫡となった。道長とのかかわりは寛弘二年（一〇〇五）の木幡来訪の記事を初見として、これ以降、寛弘二年の浄妙寺供養、同六年の藤原彰子*懐妊による御修善に奉仕したこと、同八年に道長の金峰山詣の代理として立てられたことなどが記される。寛弘七年に大僧都となったが、体調の不良により一時退いていた。しかし長和二年（一〇一三）正月七日からはじまった真言院の御修善に奉仕するにあたり、無官の僧では障りがあるということで、特別の勅許があり急遽東寺長者および法務に復任した（長和二年正月七日条など）。寛仁三年（一〇一九）に大僧正になり翌年、牛車宣旨を受ける。これは僧侶として初めてのことであった。万寿四年（一〇二七）の道長葬送のさいには導師をつとめ、その賞として封戸七十五戸を賜った。

【所在】寛弘二年十月十四・十九日条、同三年十二月二十九日条、同四年四月四日条、同六年四月二十六日・十二月十四日条、同八年三月九日条、長和二年正月七・十四日・同五年二月二十七日条

【参考史料】『小右記』寛弘八年三月十二日条、長和二年正月七・十四日条　（吉田小百合）

三条天皇

九七六～一〇一七　諱は居貞（おきさだ。「いやさだ」とも）親王。在位一〇一一～一六年。冷泉天皇*第二皇子。母は藤原兼家女の超子*。

寛和二年（九八六）に四歳年少の一条天皇*の東宮として立太子、四半世紀におよぶ東宮生活ののち、三十六歳で即位した。藤原妍子*（道長女）を中宮に、次いで藤原娍子*（済時女）を皇后とした。娍子からは即位以前に敦明親王*・敦儀親王*・敦平親王*・師明親王・当子内親王*・禔子内親王*が生まれていた。妍子の方は禎子内親王*を産んだ。他に后妃として、綏子（兼家女）と原子（道隆女）が入侍したが、いずれも皇子女を残すことなく早世した。

三条天皇は、本来ならば皇統を嗣ぐべき冷泉系天皇家嫡流に生まれた。兼家は居貞親王とその同母弟である為尊親王*・敦道親王*を東三条第で養育するなど、反りの合わない円融天皇*とその皇子の懐仁親王（一条天皇）よりも、この系統に強いミウチ意識を懐いていた。ところが、居貞親王生母の藤原超子は、居貞親王の幼少時に死去してしまい、居貞親王と摂関をつなぐ紐帯は途切れてしまった。また、居貞親王に兼家が入れた綏子、道隆が入れた原子、道長が入れた妍子が、いずれも皇子を産むことがなかったことから、この系統が皇

統を嗣ぐことなく、円融―一条皇統が新たに嫡流の座を占めることとなった。

三条天皇は長い東宮生活における一条天皇と兼家・道隆・道長との関係を注視していたようで、政務や儀式の遂行に対して、並々ならぬ意欲と主体性を発揮しようとした。一条天皇の時代の先例に対する対抗心を持っていたと思われる。しかし、執拗なまでに政事に意欲をみせ、人事に情実を介入させるという三条天皇の態度は、道長のみならず、公卿層との意識の乖離を招いた。三条天皇は藤原実*資を頼りとしたが、実資にしても、養子の資*平の任官をめぐって道長と友好的な関係を維持する必要があり、三条天皇からの密々の信任は、かえってありがた迷惑であったようである。とくに、はるか以前に死去した大納言の女にすぎない娍子を、公卿社会の常識を無視して皇后に立てたことで、三条天皇と道長および公卿層との反目は表面化した。幾度となく内裏が焼亡し、そのつど、三条天皇は内裏造営に強い意欲を示したが、道長の意向もあり、なかなか進捗しなかった。また、一条天皇の時代に盛んであった文芸と音楽はきわめて停滞し、寺社行幸はごくわずかしか行わなかった。

長和三年（一〇一四）の内裏焼亡からは目と耳が不自由となり、官奏など政務の執行に支障を来たした。さまざまな服薬や加持祈禱などの治療法を試みたが、大した効果もなく、道長の退位要求を受けることとなった。三条天皇は、伊勢勅使の発遣、新造内裏への還御、娍子所生の敦明親王の立太子を条件として、退位した。退位後は、延暦寺や広隆寺に参籠するなど、眼病治療の法会を熱心に行ったが、流行病によって崩御した。その後、敦明親王は皇太子の地位を退き、結局はその皇統を伝えることはできなかった。

（倉本一宏）

滋野善言（しげののぜんげん）　九四七～一〇一〇　「善時」とも。もと小槻氏。正暦三年（九九二）滋野に改姓。文章生（もんじょうしょう）から主殿権少允、少外記などを経て、正暦四年正月に大外記、同年十一月に従五位下。長徳四年（九九八）に散位から大外記に復した（『外記補任』）。長保五年（一〇〇三）から主税頭を兼任。『御堂関白記』初出は、長保元年三月九日、行幸の日程を道長が善言に伝えたもの。その後、寛弘七年（一〇一〇）正月六日まで、内裏密宴に文人として名を連ねるほかは、もっぱら大外記としてのはたらきが記されている。最後は寛弘七年三月三十日の除目（じもく）記事。善言の死去にともなう後任人事が載る。

【所在】長保二年正月七日条、寛弘二年正月二十五日条、同四年正月十四日・四月二十六日条、同五年四月二十一日条

（木村由美子）

禔子内親王（しないしんのう）　一〇〇三～一〇四八　三条天*皇の第二皇女。母は藤原娍子*。『御堂関白記』には、着袴（ちゃっこ）（寛弘四年十二月二十六日条）および着裳（ちゃくも）（寛仁三年二月二十九日条）に関する記事がある。着裳については三条天皇と道長との間に思惑のずれがあり、長和四年（一〇一五）以降たびたび延引された。その経緯については『小右記』に詳しい（十一月六日条など）。父の三条天皇は、宮と道長嫡男の頼*通の婚姻を望んだがかなわず、万寿三年（一〇二六）に道長男の教*通の後室となった。

【所在】長和四年十一月八日条

【参考史料】『小右記』長和四年十月十五日・十一月八日・十二月十六日条

（吉田小百合）

実誓（じっせい）　九七二～一〇二七　平安中期の天台宗延暦寺の僧。寛和二年（九八六）に延暦寺座主（ざす）覚*慶のもとで得度（とくど）受戒し、院源*に師事した。律師・権少僧都を経て治安三年（一〇二三）に少僧都となり、万寿四年に死去した。寛弘元年（一〇〇四）五月に、故東三条院のための法華三十講に初めて道長家の法会に参加した僧の内の一人として記されたのを端緒に、日記には寛弘三年に法性寺の五

大尊像供養の五僧の一人に定められたことや、同八年の一条院出家のさいには唄師をつとめたことが記される。長和元年（一〇一二）には慈徳寺の別当に補されており（九月二十二日条）、当寺での故東三条院周忌供養に奉仕したことも記される（同四年十二月二十二日条）。また同日条には、寺の修治を評価され、道長が馬一疋を志したことが記され、実務に優れた人物との一面も垣間見える。このほか、道長第での例講に招聘されたことも二度記される（同二年七月十八日条など）。

【所在】寛弘元年五月十九日条、同三年十月二十五日条、同八年六月十九日条、長和元年十月十六日条、同五年二月二十七日条、寛仁元年二月十八日条　（吉田小百合）

脩子内親王　九九六～一〇四九　父は一条天皇。母は皇后藤原定子。敦康親王と媄子内親王は同母弟妹。外祖父道隆はすでになく、おじの伊周と隆家は配流中の長徳二年十二月十六日誕生。『御堂関白記』初出は長保元年（九九九）三月二十六日条。ここから着袴儀は前年に行われていたことがわかる。その後は、父帝との対面、着裳、一品准三宮に叙された経緯、服喪や火事のために内裏を退出するときは敦康親王と行動をともにしたことなどが、時に微妙な筆致で記されている。内親王が三条宮に遷ってからは『小右記』長和二年正月二十八日条）、道長の訪問、火事見舞いなどの記事になる。母を五歳、妹を十三歳、伯父伊周を十五歳、父を十六歳、弟を二十三歳で亡くし、自身も病いのために出家したが（『小右記』万寿元年三月四日条）、頼宗女の延子を養女にして（『栄花物語』巻二十一・三十一・三十四）、五十四歳まで生きた。

【所在】寛弘元年正月二十七日条、同二年三月二十七日条、同四年正月二十・二十六日条、同七年十一月十日条、長和二年正月二十七日・二月二日条、同五年八月二十八日条　（木村由美子）

定基　九七五頃～一〇三三　平安中期の天台宗園城寺の僧。散位源助成（助茂か）男。智弁僧正・観修らに師事した。『御堂関白記』では、寛弘元年（一〇〇四）の故東三条院法華八講を初見に（五月十九日条）、道長の金峰山詣に同道（同四年八月十一日条）、浄妙寺多宝塔供養など（同年十二月二日条）、道長にかかわる重要な仏事に奉仕した僧の一人としてその名を見出せる。また、長和二年（一〇一三）三月からはじまった土御門第の定例供養には、同年八月三十日条以降、たびたび招請された。同四年の道長の五十賀においては堂達をつとめており（十月二十五日条）、道長の信任を得ていたことが日記からうかがえる。長元三年（一〇三〇）東北院供養の賞により法成寺権別当を最円より譲られ、翌年には大僧都に任ぜられた。同六年四月十一日死去。

【所在】寛弘五年六月十五日条、長和二年九月二十九日条、同四年十月二十五日条、同五年正月二十三日・二月二十七日条、寛仁元年二月二十七日・九月三十日条、同二年五月三十日・八月二十九日条、同三年正月三十日条

【参考史料】『権記』寛弘八年九月十九日条

（吉田小百合）

勝算　九四〇～一〇一一　左京の人。滋野氏。天台宗延暦寺。僧正。修学院僧正、観音院僧正とも。天元四年（九八一）比叡山を下山、修学院を本住とし（『元亨釈書』）、正暦二年（九九一）園城寺長吏となり（『園城寺長吏次第』）、同四年二月十八日には余慶忌日の仏事を観音院で修し（『小右記』）、同年八月八日慈覚門（山門派）との争いで僧房を壊された（『小右記目録』）。有験の僧として知られ、昌子内親王の修法と葬送、藤原実資の修善などに奉仕している（『小右記』天元五年三月二十五日条・長保元年九月二十三日条・十二月五日・二十五日条）。『御堂関白記』初出は、道長と花山院が僧坊を訪ねた

記事。以後、道長、彰子*、敦康親王*、頼通*の修法・修善に奉仕し、智証門（寺門派）の権僧正として余慶の謚号や解脱寺と修学院に阿闍梨を置く件にかかわったことなどが載る。敦成親王誕生時には、五壇法のうち不動尊を担当した。『紫式部日記』にも記されている。

【所在】寛弘元年三月二十八日条、同二年正月四日・三月十七日条、同四年三月十九日条、同五年六月十六日条・七月二十日条　（木村由美子）

定澄（じょうちょう）　九三五〜一〇一五　法相宗興福寺僧。長徳元年（九九五）権律師、長保二年（一〇〇〇）三月十七日任興福寺別当、同五年十月十六日権大僧都、寛弘八年（一〇一一）四月二十七日大僧都に転じた（『僧歴補任』）。道長の信任は厚く、道長家の法華八講、大般若経供養などの講師、および木幡浄妙寺三昧堂・多宝塔供養、道長の金峰山詣には同道して経供養、阿弥陀経供養などの呪願をつとめた。その他、『御堂関白記』には寛弘三年六月十四日に端を発した興福寺と大和国司との相論の興福寺側の責任者として道長と対面し、折衝。四か条からなる申文を提出したが結局、道長の回答を受けいれた（同年七月十二〜十五日条）。また、寛弘六年七月四日に大和国司の春日社神拝にさいし、興福寺寺人が乱行におよんだことがあった。翌日、興福寺の別当として乱行事件の下手人を伴って道長のもとに出頭した。その折、道長は「寺より度々此のごとき事出来するは、是れ只上人制止せざるに依りて濫行出る事なり」と定澄に苦言を呈したことを書き記している。長和四年（一〇一五）十月十五日道長の五十賀法会の導師をつとめるはずであったが「俄に煩ふ所ありて辞退」（十月二十五日条）し、同年十一月一日、八十一歳で遷化した（『小右記』）。『枕草子』によれば、背の高い人物であったらしい。

【所在】寛弘元年五月十九日・十二月三日条、同二年十月十九日条、同四年八月十一日・十二月二日条、同八年三月二十七日条

【参考文献】桃裕行『上代学制の研究　修訂版』（思文閣出版、一九九四年）　（植村眞知子）

昭登親王（しょうとうしんのう）　九九八〜一〇三五　花山院*の第二皇子。四品中務卿。若狭守平祐忠女の平子所生。花山院出家後に誕生したことに加え、母親の身分の低いことを受け親王宣下にさいしては道長も批判的姿勢を日記に記した。しかし冷泉院*の皇子とすることで問題は一応の決着をみせ、長保六年（一〇〇四）に親王宣下を受けた。このような問題はあったが、道長なりに親王に配慮していたようで、御悩の折には親王を見舞う姿を日記中に見出せる。寛弘八年（一〇一一）元服。翌九月に四品を授けられ、同時に威儀侍従役となったが翌月に故障を申し出、道長男の教通*が代役に立てられたとある。

【所在】寛弘元年四月二十五日・五月三日・九月三日条、同八年八月二十三日・九月十・十七日・十月十八日条

【参考史料】『本朝皇胤紹運録』、『権記』寛弘八年九月十日条、『拾遺和歌集』巻十七

【参考文献】今井源衛『花山院の生涯』（桜楓社、一九六八年）　（吉田小百合）

尋円（じんえん）　九七七〜一〇三一　藤原義懐（飯室入道）男。天台宗延暦寺僧。天台座主尋禅（謚 慈忍）、大僧正明豪、座主慶円*らに師事。寛弘七年（一〇一〇）八月二十一日、覚運*僧都（寛弘四年十一月一日入滅）存生時の推挽により権律師に任ぜられた。寛弘八年六月十九日一条天皇*出家のさいの剃髪を奉仕し、同月二十二日の崩御後は葬送・納骨・七七日法事にも奉仕（『権記』）。長和元年（一〇一二）九月二十二日、延暦寺恵心院別当に補された。『御堂関白記』ではこの他に、道長第での仏三体供養の三礼として（長和二年十二月十六日条）、同四年十月二十五日の道長五十賀の法会には引頭として参列、また後一条天皇*即位のさいに慶賀に訪れ、さらに東

宮敦良親王*の御悩のさいの加持も行っている記事がみえる。一条・後一条天皇の護持僧をつとめた。飯室権僧正と号し、長元四年十一月二十七日入滅（『小記目録』）、五十五歳であった（『護持僧次第』）。（植村眞知子）

尋光（じんこう）　九七一〜一〇三八　天台宗の僧。父は藤原為光。長保四年（一〇〇二）七月二十六日、権律師に任じられ、僧正にいたる。浄妙寺三昧堂供養（寛弘二年十月十九日条）、同多宝塔供養（同四年十二月二日）、法成寺金堂供養（治安二年七月十四日『諸寺供養類記』*）などに奉仕する。また、一条天皇*の出家（寛弘八年六月十九日条）、入棺（同二十五日条）、納骨（同七月二十日条）に携わった。（福長進）

心誉（しんよ）　九七一〜一〇二九　尋誉とも書かれる。藤原顕忠孫、重輔男。天台宗延暦寺実相房の僧。藤原時平の曾孫にあたり、時平の子孫は長命を保たないと伝えられる中、心誉と兄弟の興福寺扶公*が長命を保ったといわれる（『大鏡』時平伝）。法成寺・三井寺の別当。権僧正にいたる。有験の僧として知られ、『御堂関白記』には、彰子*が歯痛に悩んだ折、心誉の加持の結果「忽に以て平復す。験得極まり無し。未だ此の如き事を見ず」とその効験ぶりに驚いたことを記している（長和元年四月二十八日条）。また三条天皇*が御眼疾で悩んでいた折、その物の怪が賀静・元方の霊であると祈り露わしたのは心誉であった。道長自身が病いに伏せった折には、親近して加持を行った（『小右記』長和元年六月三・十七日、寛仁二年閏四月二十日、治安三年六月十三・十四日各条）。道長の信任を得、道長第の修善に奉仕する様子は『御堂関白記』に散見され、また、道長の金峰山参詣にも同行し、講師をつとめた（『小右記』治安三年十一月十日条）。長元二年八月十二日五十九歳で入滅した（『小右記』同日条）。

【参考史料】『小右記』長和四年五月七日条　（植村眞知子）

菅野敦頼（すがののとんらい）　生没年未詳　系譜未詳。内膳典膳・外記・筑後守・大外記・肥後守・大膳大夫・淡路守などを歴任した。正暦四年（九九三）権少外記、同五年少外記、長徳元年（九九五）従五位下大外記となった。同二年に阿波権介に転じたが（『外記補任』）、寛弘七年（一〇一〇）三月三十日、大外記滋野善言*死去により大外記に復任した（『御堂関白記』同日条）。以後、大外記としての仕事ぶりは『御堂関白記』に散見される。しかし、彼は藤原実資*の家人として実資の信任が厚く、大外記の職を通して実資に情報を提供したりするなど『小右記』に頻出する。実資の任右大臣大饗の雑事定（『小右記』治安元年十一月二十七日条）や、実資小女千古の着裳の諸事定・行事役（『小右記』万寿元年十月十四日・十二月十三日条）など、実資の子息とともに親しく奉仕した。実資から「親昵人」とよばれ、敦頼が淡路守となって赴任するさい、道長から拝領した馬を彼に与えたりしている（『小右記』万寿二年二月十六日条）。

【参考文献】渡辺直彦「藤原実資家「家司」の研究」（『日本古代官位制度の基礎的研究』新装版、吉川弘文館、二〇一二年）　（植村眞知子）

菅原為職（すがわらのいしょく）　生没年未詳　平安中期の官人。道長家司。父は菅原理詮（理詮男の菅原親職とも）。右近将監、三河・摂津・河内守などを歴任したいわゆる家司受領。従四位上。家司として道長に仕え尽力していたようで、寛弘元年（一〇〇四）に盗人を捕縛した記事を端緒に、日記中長きにわたりその名が散見される。寛弘七年の任三河国守の記事では道長により「成功第一」（三月三十日条）と書かれるほどであった。ただし、そのように評価された経緯については詳らかでない。

【所在】寛弘元年正月十六日条、長和四年四月十一日・十一月十七日条、同五年七月三日条、寛

仁二年二月三日条、同三年正月十五日条

（吉田小百合）

菅原為理 ?～一〇一〇? 菅原輔正*男。『尊卑分脈』には「左権少尉、縫殿助、三河守、正五位下」とある。『御堂関白記』には、道長に牛を献じたり（寛弘元年正月二十六日・同六年十一月八日条）、三河守赴任のさいには道長から馬を賜ったり（寛弘五年三月九日条）、また、寛弘五年（一〇〇八）二月四日条では、道長の私的な春日社奉幣の使をつとめた記事がみえ、道長の家司的存在であったことがうかがえる。同七年三月三十日条の除目で為理死去による三河守の任官が行われているので、この時以前に没したことがわかる。

（植村眞知子）

菅原宣義 ?～一〇一七 父は菅原惟熙。菅原文時の孫。『長徳二年大間書』に式部少丞とある。居貞親王の東宮学士・文章博士、正四位下。『御堂関白記』には初出の寛弘元年（一〇〇四）九月二十五日条から主に大内記として位記、宣命などを作成した記事が載る。脩子内親王*を一品に叙す勅書はその一つ。三条天皇の一代一度仁王会の呪願文は「極メテ殊ナル様ナリ」と道長に評された。また内裏密宴に文人として名を連ね、敦良親王*の御湯殿始儀の読書に奉仕し、道長の土御門第仏像と経供養の願文を作成している。最後の記事は、大風で顚倒した自宅の下敷きになったが無事だったというもの。大江通直とともに長和の年号勘申にあたった（『元秘別録』所収『小右記』長和元年十二月二十五日条）。氏長者。『三略』に加点。『本朝麗藻』に二首入集。

【所在】寛弘四年正月二十日条、同四年四月二十六日条、同六年十一月二十六日条、長和元年三月十五日・十二月二十五日条、同二年七月一日条、同四年五月二十二日条

（木村由美子）

菅原輔正 九二五～一〇〇九 父は菅原在躬。菅原道真の曾孫。大学頭・師貞親王の東宮学士・文章博士、大宰大弐・式部大輔などを経て参議、正三位。『本朝文粋』『政事要略』『粟田左府尚歯会詩』『本朝麗藻』ほかに願文・詔・詩などが収められている。藤原道兼の「粟田山荘障子詩」の撰者（『江談抄』五・二十八）。省試の詩判をめぐり大江匡衡*と争ったこともある（『小右記』長徳二年九月四日条）。『御堂関白記』初出は寛弘元年（一〇〇四）三月十三日の法興院万灯会で、この時八十歳。道長の行事・詩会・仏事に出席していたが、浄妙寺供養の呪願文作成後は詩会に限っての出席となる。最後の記事は寛弘四年十二月二日の浄妙寺多宝塔供養。この日も欠席者として名があがっている。「北野宰相」という呼称は記されていない。大宰大弐在任中に安楽寺の伽藍を整え、死後は京都北野天満宮の末社に列せられた（『古今著聞集』巻一）。

【所在】寛弘二年十月十八日条、同四年三月三日・四月二十五日条

（木村由美子）

媞子女王 一〇〇五～一〇八一 具平親王*の第三王女。一品資子内親王の養女。藤原教通*の後室。長和五年（一〇一六）後一条天皇*の即位にともない斎宮宣旨を受けた（二月十三日条）。この斎宮卜定は後一条天皇即位の流れの一つとして道長の関心事であったらしく、続く同年九月の初斎院入り以降、寛仁二年（一〇一八）九月の伊勢下向にいたるまでの経緯や、群行当日の様子が『御堂関白記』において細かに記されている。長元九年（一〇三六）四月、後一条天皇崩御にともない退下した。

【所在】長和五年八月二十六日・九月十一日条、寛仁元年九月二十一日条、同二年九月八・九・十八日条

【参考史料】『小右記』長元四年七月三日条、『水左記』承暦四年十一月二十八日条、『帥記』永保元年六月十六日条、『後拾遺和歌集』巻二十雑六

【参考文献】杉崎重遠「媞子女王―栄花物語人物

考―」（早稲田大学『国文学研究』十八、一九五八年）、所京子『斎王和歌文学の史的研究』（国書刊行会、一九八九年）
（吉田小百合）

選子内親王 九六四～一〇三五 村上天皇第十皇女、母は藤原安子。天延三年（九七五）、十二歳の時に斎院に卜定されて以来、円融天皇から後一条天皇までの五代五十七年間その任にあり、大斎院と称された。『御堂関白記』には、中宮彰子から斎院に扇や薬玉を奉ったり（寛弘元年四月二十日、同二年五月五日条）、斎院から扇を入れた琵琶・琴などが彰子に贈られたり（寛弘六年七月七日）といった二人の親しい交流がうかがえる。『栄花物語』巻十に描かれる三条天皇即位のさいの大嘗会の御禊に道長三女威子が女御代となり、その行列の素晴らしさが描かれているが、その折の糸毛車二両は斎院から借りたものであったことも記録されている。また、『西宮記』巻三に、賀茂祭の御禊の日に斎王の車を牽く牛は大臣家から貸し出すとあるように、道長から牛（時には車も）を斎院に奉っている記事も散見され、斎院との日常的交流がうかがえる。

【所在】長和元年閏十月二十九日条、同二年四月二十一日条、同四年四月二十一日条、同五年四月二十一日条
（植村眞知子）

平惟仲 九四四～一〇〇五 父は平珍材。母は備中国青河郡司女（讃岐国人とも）。一条天皇乳母藤原繁子の夫。生昌の兄。大和宣旨の父。康保元年（九六四）文章生。蔵人・右衛門少尉・肥後守・右大弁・蔵人頭などを経て参議、左大弁・勘解由長官を兼任し中納言にいたる。従二位。藤原兼家に仕えて藤原有国と一対で「左右の御まなこ」といわれた（『栄花物語』巻三）。兼家の死後、道隆に親仕。道隆の死後は、長保元年（九九九）正月に任ぜられた定子の中宮大夫を同年七月に辞すこともあったが、定子崩御時には、雑事の責任者としてこれを執り行っている（『権記』長保二年十二月二十一日条）。『御堂関白記』には、長保元年二月二十七日条から道長の行事や仏事の出席者として名が載り、大宰権帥として下向し、宇佐神宮に訴えられて解任され、大宰府で客死したことまでが記されている。『江談抄』に逸話がある。

【所在】寛弘元年三月二十四日・四月二十八日・十二月二十八日条、同二年四月二十日条
（木村由美子）

平重義 生没年未詳 平親信男。道長の家司である。『小右記』長和三年（一〇一四）正月二十九日条に「重義は、左府の侍所の職事」とあり、また『御堂関白記』にも、「従四位下 平重義〈家司〉」とある（長和四年九月二十日条）。兄理義も道長の家司的存在であった（長和二年十一月二十日条）。『御堂関白記』にはほかに、上野介であった重義が任国より上洛し、道長に馬三疋、頼通に馬一疋を献じ（寛弘元年九月二十七日条）、さらに同年（一〇〇四）十月二十一日にも道長への献馬の記事を載せている。

【参考文献】佐藤堅一「封建的主従制の源流に関する一試論―摂関家家司について―」（安田元久編『初期封建制の研究』、吉川弘文館、一九六四年）、岡野範子「家司受領について―藤原道長の家司を中心に―」（『橘史学』一六、二〇〇一年）
（植村眞知子）

平親信 九四六～一〇一七 平真材男。母は越後守藤原定高（あるいは定尚）女。文章生・蔵人・検非違使・右衛門権佐などを経る一方、受領として筑後・阿波・近江・越前・山城・備中の権守または守を歴任。その蓄財の結果、造宮賞により着実に官位を進めた。『御堂関白記』には、寛弘元年（一〇〇四）、彼の六十歳の時が初見であり（二月五日条）、従三位非参議であった。寛弘七年二月十六日に大宰大弐に任ぜられる（『公卿補任』）までは修理大夫の官名で登場

する。摂関に接近して奉仕を怠らず、子の重義*は道長家司であり、同じく理義も道長の家司的存在であった。六十六歳で大弐として大宰府に赴任してから、現地で舶来の品々を入手し、都へ送って摂関周辺の人びとを楽しませた。しかし、長和二年（一〇一三）豊後守孝理が、大弐親信の苛責が堪え難いとして道長に訴え出たことがあった。親信の苛斂誅求ぶりを彷彿とさせる。大弐辞任後、長和四年十月二十八日、七十一歳で参議となり、最終官位は従二位参議である。寛仁元年六月十三日、七十二歳で薨じた（『紀略』）。時疫のためという（『小右記』同年七月六日条）。日記『親信卿記』を残している。

【所在】長和二年十一月十八日・二十日条

【参考史料】『栄花物語』巻五「浦々の別れ」

【参考文献】朧谷寿「十世紀に於ける左右衛門府官人の研究—佐・権佐—」（『平安博物館研究紀要』四、一九七一年）、山本信吉「『親信卿記』の研究」（『摂関政治史論考』、吉川弘文館、二〇〇三年）、柴田博子「『親信卿記』と平親信」（『『親信卿記』の研究』、思文閣出版、二〇〇五年）

（植村眞知子）

平生昌（たいらのせいしょう）　生没年未詳　父は平珍材。惟仲*の弟。但馬守・備中守・播磨守。定子*立后時から中宮大進。生昌の家で敦康親王*と媄子内親王*が誕生し、定子が亡くなった（『日本紀略』長保元年八月九日条・同二年十二月十五日条、『枕草子』「大進生昌が家に」）。『御堂関白記』には「昌生」の表記も交えて唐物使、惟仲にかかわる記事、道長法華三十講の非時奉仕などに名が載る。『日本紀略』長和五年（一〇一六）十二月十日条から、これより前に死去したことがわかる。

【所在】寛弘元年正月十五日・二十七日条、同二年四月二十日条、同八年五月八日条

（木村由美子）

平範国（たいらのはんこく）　生没年未詳　父は平行義。母は源致明女。文章生をへて、蔵人、東宮大進、伊予守、右衛門権佐を歴任する（『尊卑分脈』）。『御堂関白記』には、もっぱら内裏の使として道長のもとを訪れたことが記される。なお、『栄花物語』巻第三十一には、上東門院彰子*の住吉・石清水詣（長元四年九月二十五日）に扈従した「院の人々（院司）」の一人として、その名がみえる。

（福長進）

平理義（たいらのりぎ）　生没年未詳　父は平親信*。兄弟に重義*がいる。式部丞・蔵人・三河守。『御堂関白記』には「便無キ者ナリ」と評される行為や、父と道長との連絡役をつとめる記事などが載る。治安三年（一〇二三）大宰少弐兼筑前守となるが、権帥源経房*没後の非法行為が道長の怒りを買い勘当された（『小右記』同年十一月七日・十日条）。『小右記』長元五年（一〇三二）十一月二十九日条まで名がみられる。

【所在】寛弘元年八月十四日・九月二十五日条、同六年十一月十四日条、長和二年十一月二十日条

（木村由美子）

高階業遠（たかしなのぎょうえん）　九六五～一〇一〇　父は高階敏忠。丹波守、東宮（居貞親王）権亮などを歴任する。『小右記』寛仁二年（一〇一八）十二月七日条には、「業遠者大殿（道長）、双ビナキ者ナリ」とみえる。妻は妍子*の乳母（典侍）であり、その娘（宮の内侍）も妍子に仕える（『栄花物語』巻第十六）。『大鏡』兼通伝には、「業遠の主のまだ六位にて、初めて参れる夜」とあり、藤原兼通の家司であったことが知られる。道長第法華三十講にて酒肴・非時をもうけている（寛弘元年七月十五日条・同二年五月十五日条）。寛弘元年閏九月五日、羅城門造作の功により、丹波守を重任し、同二年九月十日には、豊楽院造作の宣旨を蒙った。同六年十一月二十七日、敦良親王*の産養（三夜）に奉仕した。業遠の死後、彼の邸宅は道長の手に渡り（『左経記』長和五年三月二十三日条）、

藤原頼通*の邸宅（高倉第）となっている（『栄花物語』巻第十二）。（福長進）

高階明順（たかしなのめいじゅん）　?〜一〇〇九　高階成忠男。藤原定子*の母高階貴子の兄弟。正暦元年（九九〇）十月五日定子が中宮となった折に中宮大進に任ぜられる。長徳二年（九九六）五月二日には、伊周*の花山天皇*不敬事件により明順らも召候せられることがあった（以上『小右記』）。『御堂関白記』には、その八年後の寛弘元年（一〇〇四）二月五日、頼通が春日祭使に出立するさい、諸大夫の饗を奉仕する記事を初見とする。伊予守としてみえ、道長の家司（けいし）的存在として、道長第三十講結願（けちがん）に饗や非時を奉仕（寛弘八年七月三十日・同五年五月十五日条）したり、同八年十月二十五日には道長に馬二疋を献じてもいる。卒年は『栄花物語』巻八の記事による。

【参考史料】『小右記』長徳五月二日・四日条、『栄花物語』巻五・巻八、『枕草子』

【参考文献】『大日本史料』二ノ六

（植村眞知子）

橘為義（たちばなのいぎ）　?〜一〇一七　平安中期の官人。勅撰歌人。父は橘道文。一条天皇乳母*（めのと）の橘徳子*は叔母にあたる。敦康親王*家家司（けいし）として知られるが、本来は道長家司であったらしく、日記中にもしばしば道長のために奉仕したことがみえる。和歌に秀でた人物として知られるほか、能書家でもあったらしく、才能豊かな人物であった。丹波・丹波国などの国守を歴任していた為義は、道長第での法会でたびたび非時を奉仕したことがみえ、道長を経済的に支えていたことが推測される。日記には道長家家司として実直な態度で道長に近侍する姿がみえる。道長の金（きん）峰山（ぶせん）詣のさいには、潔斎のためともに精進所にこもっている。また皇太后宮大進としてもよく働いており、関連記事が日記中に四度確認される。彰子*の信任をも得たためか、彰子の口添えにより長和四年（一〇一五）従四位下に叙された。一方で、国守としての働きに問題を抱えたこともあり、道長がそれを非難、一時昇殿を停止されたこともみえる。

【所在】長保元年八月二十二日条、寛弘元年三月九日条、同四年閏五月十七日条、同八年二月十日・六月二十五日・十月二十日条、長和二年七月十四日条、同四年九月二十日条、同五年四月二十二日・十一月十二日条

【参考史料】『小右記』長和四年九月二十二日条

（吉田小百合）

橘道貞（たちばなのどうてい）　?〜一〇一六　父は橘仲遠（仲任とも）。和泉式部*の元夫。小式部内侍の父。藤原資業*の岳父。和泉守在任中の長保元年（九九九）に自邸で昌子内親王が薨去したため、臨時給を賜る（『権記』同年十二月五日条）。『御堂関白記』*には道長への自宅提供、藤原実資*への使、陸奥守赴任関連記事と資業による死去報告などが載る。道長に「相親」しむ人で、禎子内親王*五十日には折櫃物を調じた（『小右記』長和元年六月二十九日条・同二年八月二十七日条）。

【所在】長保元年七月十八日条、寛弘元年三月十八日・閏九月十六日条、同五年三月二十七日条、長和五年四月十六日条

（木村由美子）

橘徳子（たちばなのとくし）　生没年未詳　平安中期の女官。一条天皇乳母*（めのと）。典侍。従三位（従二位とも記されるが、これは誤りであろう）。藤原仲遠女。藤原有国*室となり、日野家の祖である資業*をもうけた。日記では寛弘五年（一〇〇八）敦成親王の誕生のさいの乳付役を、また親王の五十日（いか）儀で陪膳をつとめるなど、おもには敦成親王にかかわる記事にその名がみえる。また、寛弘八年の三条天皇*即位にさいしては褰帳役にその名があがるが、『権記』によると当日は別人がつとめた。

【所在】寛弘元年十一月十五日条、同五年十二月二十日条、同七年正月十五・十六日・閏二月六日条、同八年八月二十三日条

【参考史料】『御産部類記』、『権記』寛弘八年十月十六日条

【参考文献】角田文衞『日本の後宮』（学燈社、一九七三年）、新田孝子『栄花物語の女房の系譜』（風間書房、二〇〇三年）　（吉田小百合）

多米国平　生没年未詳　平安中期の官人。道長家司。世系は詳らかでない。左右大史・左京亮・和泉守・阿波守・備中守などを歴任したいわゆる家司受領の一人で、家政運営を支え、また経済的にも摂関家に寄与するという重要な役割をになった。受領を歴任し経済状況は良かったようで、『御堂関白記』においては道長法華三十講などで非時奉仕したことがみえ、家司としての働きを確認できる。また、長らく道長に仕えた功が認められてか、長和四年（一〇一五）正四位下に叙されたことも記されている。

【所在】寛弘二年五月十七日条、同五年五月四日条、同七年五月十八日条、長和四年九月二十日条

【参考史料】『小右記』永祚元年九月十六日条、『江談抄』第一　（吉田小百合）

丹波奉親　生没年未詳　父は丹波行衡。豊後守、左大史などを歴任する。寛弘七年（一〇一〇）十一月二十八日、従五位上に叙される。同八年二月四日、出家した小槻奉親の後任として、道長は丹波奉親を左大史に任じる意向をもった（『小右記』）。長和二年（一〇一三）四月九日、太政官の文書を丹波奉親に管理させる宣旨が下された。同年十二月十九日、行衡は息奉親の譲によって加階された。寛仁元年（一〇一七）正月九日、賀茂行幸の行事（史）に定められた。同年十二月三日、石清水行幸（三月八日）の行事となるも、障りを申して奉仕しなかったため、加階されなかったことに対して愁訴した結果、八省院・豊楽院の造営の功により加階された。　（福長進）

澄心　九三九〜一〇一四　三論宗東大寺東南院の僧。伊賀国人。観理大僧都入室の弟子。長保五年（一〇〇三）十二月已講労により律師に任ぜられた（『東大寺別当次第』）。『御堂関白記』では道長の故東三条院のための法華八講に講師として、また木幡浄妙寺多宝塔供養納衆の一人として奉仕した記事がみえる（寛弘元年五月十九日、同四年十二月二日条）。その他、寛弘三年（一〇〇六）十二月二十九日、権大僧都済信*の東大寺別当辞退を受けて次期第五十七代東大寺別当を定めるにあたり、候補者として澄心と清寿とのいずれを補すべきか陣定で意見が分かれた。各人の本寺管掌の様子により勘案すべきことになり、その結果、翌年三月二十八日第五十七代東大寺別当に澄心が補されている。同九年九月二十二日「学衆奏」により重任された。長和三年二月二十五日入滅。七十六歳であった（『東大寺別当次第』）。　（植村眞知子）

禎子内親王　一〇一三〜一〇九四　父は三条天皇*。母は中宮藤原妍子*。後朱雀天皇皇后。後三条天皇、良子内親王、娟子内親王の母。院号は陽明門院。『御堂関白記』初出は誕生記事。皇子ではなかったために道長は「悦バザル気色甚ダ露ハ」と『小右記』長和二年七月七日条は伝える。以後、沐浴儀、産養、着袴、家司・侍所職事定、三条院の相続などが記される。最後の記事は寛仁二年（一〇一八）十月二十二日の三后対面。その後、万寿四年（一〇二七）三月に敦良*東宮妃となる。同年九月に妍子、同年十二月に道長が亡くなり強力な後見を失うが、後宮入りした頼通*と教通*の養女や娘たちは皇子に恵まれず、治暦四年（一〇六八）所生の後三条天皇が即位した。嬉子*の早世により道長の後宮対策に取りこまれた内親王は、藤原氏を外戚にもたない天皇を出現させたが、道長、倫子*、彰子*の血を途切れることなく皇統に伝える任は果たしたといえようか。

【所在】長和二年七月六・七日・八月二十七日・

九月十六日・十月二十・十一月二十二日条、同四年四月七日条、寛仁元年正月七日・二十五日条　（木村由美子）

当子内親王（とうしないしんのう）　一〇〇〇～一〇二二　三条天皇第一皇女。母は藤原娍子。長和元年（一〇一二）十二月四日、斎宮に卜定され、同三年九月二十日、群行。同五年正月二十九日、三条天皇の譲位にともない退下。寛弘元年（一〇〇四）八月二十三日、当子内親王の着袴の儀が行われ、道長が腰結の役をつとめている。当子内親王が斎宮に卜定されて以降、『御堂関白記』には、御禊前駆定（長和二年八月十日条）、野宮入り（同年九月二十七日条）、上洛の日の勘申（同五年六月二十三日条）、入京（同年九月五日条）などについて記されている。また、寛仁元年（一〇一七）四月十日、藤原道雅（伊周男）が当子内親王と密通したため、敦儀親王（三条天皇第二皇子、当子の同母兄）が当子を迎え取り、娍子のもとに身を寄せることとなった。当子内親王と道雅の関係は、『栄花物語』巻十二や『大鏡』師尹伝にも記されている。　（福長進）

豊原為時（とよはらのいじ）　生没年不詳　父は豊原兼時。長保元年（九九九）兵部少録。左衛門志・右衛門尉・武蔵守・因幡守。防鴨河判官に二度任じられている（『本朝世紀』長保五年六月十三日条、『西宮記』寛弘四年五月十八日条）。『御堂関白記』初出は寛弘元年（一〇〇四）正月十五日、道長邸に前年入った盗賊を捕えた記事。最後は寛仁二年（一〇一八）三月二十四日、藤原頼通の春日詣に随従して興福寺側と乱闘になった記事。その間に「為時宿祢」という表記を交えて、検非違使として活躍し、松尾・平野・北野などの行幸で行事所の官人をつとめ、枇杷殿内裏に対屋を造り、豊楽院造作により加階されるなど道長に親仕するさまが記されている。その後も、法成寺金堂供養の日に「作造行事」で従四位下に叙されており（『左経記』治安二年七月十四日条）、道長に奉仕していたことがわかる。

【所在】寛弘元年九月二十六日条、同二年二月十六日条、同六年十二月二十三日条、長和元年四月十五日条　（木村由美子）

敦儀親王（とんぎしんのう）　九九七～一〇五四　三条天皇第二皇子。母は皇后藤原娍子。『御堂関白記』には元服の儀が延期になった事情や、長和二年（一〇一三）三月二十三日に弟三宮敦平親王とともに行われた元服の儀が詳しく記されている。道長が敦儀親王の加冠役となった。この時十七歳で、三品にも叙されている。同年六月二十三日中務卿に任じ（『小右記』）、寛仁四年（一〇二〇）式部卿に遷った（『皇年代記』）。治安元年（一〇二一）二月一日隆家女と結婚したが（『小右記』）、長元三年（一〇三〇）九月二十三日出家し（『日本紀略』）、岩蔵式部卿宮と号した。天喜二年七月十一日五十八歳で薨じた（『本朝皇胤紹運録』）。

【参考史料】『古事談』巻一　（植村眞知子）

敦康親王（とんこうしんのう）　九九九～一〇一八　父は一条天皇。母は皇后藤原定子。脩子内親王と媄子内親王は同母姉妹。長保元年十一月七日、彰子女御宣旨の日に誕生。二歳で定子に死別し、彰子の後見を受けた。『御堂関白記』初出の寛弘元年（一〇〇四）正月十七日条から同五年の賀茂祭見物前後まで、道長との緊密な関係を示す記事が続く。敦成・敦良両親王の誕生後も、敦康親王主催の一条院追善供養に出席し、賀茂祭見物の桟敷に親王を招待するといった類の記事はある。親王は一品准三宮に叙され、帥宮・式部卿となり、頼通室の妹（具平親王女）と結婚し、頼通の高倉第の地内に住み、嫄子女王をもうけ、才智に恵まれながら（『小右記』長和二年九月二十四日条）、立坊することなく二十歳で亡くなった。そのような親王の一生を四十九日法事まで道長は日記に収めている。ただし誕生当日と薨去当日の記述はない。

【所在】寛弘八年六月二日条、長和二年十二月十日条、同四年六月二十四日条・十二月十二日条、同五年四月二十四日・七月十九日条、寛仁二年十二月二十五日条、同三年正月二十四日条

（木村由美子）

敦道親王（とんどうしんのう）　九八一～一〇〇七　冷泉天皇の第四皇子。母は藤原兼家女の超子。三条天皇は同母兄。はじめ藤原道隆三女と結婚したが、その結婚は不本意なものであったようで、幼い妻に対する関心は薄く（『栄花』四）、道隆没後に離婚した。のち藤原済時女と結婚したが、和泉式部と恋愛関係にあったことが原因となり、済時女とも離婚している。和泉式部との恋愛については『和泉式部日記』に詳しい。正暦四年（九九三）に東三条南院において元服し、翌日四品に叙され、同年三月十日大宰帥（だざいのそち）に任ぜられた。寛弘四年（一〇〇七）に一条天皇の命により一品を加えられ、三品に叙されている。道長とは交流が少なからずあり、道長第の仏事に親王が出席し、同様に道長が親王第での仏事に参列したことが日記に記される（寛弘元年五月二十一日条）。また、道長が親王の求めにより牛を献上したこともあった（寛弘元年十月二十二日条）。短命であり、寛弘四年に病いのため逝去（十月二日条）。同年十月七日条にはその葬送、翌月二十日条には道長が七七の雑事を行ったことが日記に残る。

【所在】寛弘元年十月二十二日条、同二年九月二十六日条、同四年四月二十六日条

【参考史料】『紀略』正暦四年二月二十四日条、『小右記』正暦四年二月二十四日・三月十日条

（吉田小百合）

敦平親王（とんへいしんのう）　九九九～一〇四九　三条天皇第三皇子。母は藤原娍子（せいし）。兵部卿、中務卿、式部卿などを歴任する。長和四年（一〇一五）十一月十三日、枇杷第（びわてい）に赴き、異母妹、禎子内親王のもとを訪れている。『栄花物語』巻十九には、禎子内親王の裳着（もぎ）（治安三年四月一日）にさいして、同母兄、敦儀親王とともに扇を贈ったことが記される。また、巻二十七には、故三条院追善のために妍子（けんし）が催した枇杷殿法華八講（万寿三年五月十九日）に、敦平親王（「中務宮」）が参加したとあるが、『左経記』（五月二十一日条）によれば、参加したのは兵部卿昭登親王（花山院皇子、三条院の甥）であった。万寿二年（一〇二五）二月、道兼に婿取られたことが、『栄花物語』巻第二十四・『大鏡』道兼伝に記されている。

（福長進）

敦良親王（とんりょうしんのう）　一〇〇九～一〇四五　第六十九代天皇。後朱雀天皇。在位長元九年～寛徳二年。一条天皇第三皇子。母は藤原彰子。道長は祖父。御記に『後朱雀天皇宸記』。寛弘六年（一〇〇九）十一月二十五日、道長の土御門第（つちみかどてい）で誕生した。同七年に親王宣下（せんげ）。『御堂関白記』にはその誕生以来、親王にかかわる儀式やその経緯、また祖父母を慕ういとけない敦良親王の姿が克明に記される。寛仁元年（一〇一七）に立太子（八月九日条）。同二年八月十三日から下旬にかけ瘧病（おこり）いに罹ったことが記される。翌三年二月から元服の準備がはじめられ、三月二日に準備金の清算を経たのち、日華門転倒などにより延引されたが八月二十八日元服した。加冠は右大臣公季、理髪役は中納言経房がつとめた。またこの時、乳母（めのと）・宣旨（せんじ）らに加階があった。このほか、内裏や道長第での法会に参列したことが日記にみえる。道長の死後、長元九年（一〇三六）後一条天皇崩御により即位。寛徳二年正月十六日に出家、同日崩御した。三十七歳。

（吉田小百合）

媄子内親王（びしないしんのう）　一〇〇〇～一〇〇八　一条天皇の第二皇女。母は関白藤原道隆女の定子。同母兄姉に脩子内親王と敦康親王がいる。長保二年十二月十五日誕生

（『紀略』）。その誕生の翌日、母の定子が崩御し、祖母の藤原詮子*に引き取られ養育された。寛弘三年（一〇〇六）一条天皇と対面を果たす（四月二十三日条）。以降、日記には幼い宮が童相撲を観覧したことや（寛弘三年八月十七日条）、清水寺を参詣した記事などがみられる（同五年正月十六日）。同年から病いがちとなり、一時平癒したが（四月二十四日条）、翌月再び悪化した（五月二十二日条）。道長も幼い宮を気遣いたびたび見舞ったことが確認できる（四月二十五日条など）。同年五月二十五日にわずか九歳で夭折した。このことは『御堂関白記』にみえず、『権記』（同日条）などの他書に見出せる。姉の脩子内親王をはじめ周囲の嘆きは深く、その様子は『栄花物語』に詳しい。

【所在】寛弘元年九月二十六日条、同五年二月一日・二月六・十四日・五月八日条、寛仁元年五月十七日条

【参考史料】『権記』長保四年十二月二十七日条・寛弘五年五月二十五日条、『小右記』寛弘五年五月二十五日条、『栄花物語』巻八

（吉田小百合）

扶公（ふこう）　九六六〜一〇三五　法相宗の僧。父は藤原重輔。長保五年（一〇〇三）十二月二十九日、法橋に叙され、寛弘八年（一〇一一）四月二十七日、興福寺権別当に任じられる。長和三年（一〇一四）十月二十三日、権少僧都に任じられ、大僧都にいたる。道長が金峰山（きんぶせん）詣の途次、大安寺に宿したさいに諸事をもうけ（寛弘四年八月三日条）、仏事にも奉仕する（同十一日条）。浄妙寺多宝塔供養（同年十二月二日条）、道長五十賀の法会（長和四年十月二十五日条）などにも奉仕した。

（福長進）

藤原惟規（ふじわらのいき）　生没年未詳　父は藤原為時。紫式部は同母姉妹。『御堂関白記』には「宣規」の表記も交えて寛弘元年（一〇〇四）から同五年まで少内記・蔵人（くろうど）・兵部丞として名が載る。蔵人に抜擢したのは年齢構成上、年長者が望ましいためと道長は記す。『今昔物語集』巻三十一には父の越中守為善を追って下向し客死したとあり、この父を越後守為時と解するなら、寛弘八年没となる（『蔵人補任』）。『後拾遺和歌集』に三首入集。家集『藤原惟規集』がある。

【所在】寛弘元年正月十一日条、同四年正月十三日条、同五年七月十七日条

（木村由美子）

藤原惟憲（ふじわらのいけん）　九六三〜一〇三三　父は藤原惟孝。後一条天皇乳母（めのと）*藤原美子の夫。寛和元年（九八五）従五位下。因幡守・甲斐守・近江守・播磨守を歴任し大宰大弐、非参議正三位。道長の家司（けいし）。『御堂関白記』初出は寛弘二年（一〇〇五）十二月二十九日、因幡守の解由（げゆ）状発給をめぐる記事。以後、寛仁三年（一〇一九）正月二十一日条まで、右馬頭・敦良親王*の春宮亮としてのはたらきや近江守任命のいきさつ、道長に奉仕するさまなどが記されている。道長の死後も、大宰大弐時代には強欲ぶりを非難され、王氏爵の不正にかかわるなど（『小右記』長元二年七月十一日条、同四年正月六日条）、貪欲に生きた。人の恨みを買うこともあったか（『左経記』治安元年六月三日条、『小右記』長和三年四月二十七日条、治安三年十二月二十七日条）。自宅の出火が原因で土御門第（つちみかどてい）が焼亡すると、これを再建する担当者となり、同時進行で自宅も完成させたことは有名。

【所在】寛弘三年正月六日条、長和二年九月十六日・十二月二十六日条、同五年七月二十一日・八月七日条、寛仁元年三月十九日・九月九日条

（木村由美子）

藤原威子（ふじわらのいし）　九九九〜一〇三六　道長の嫡妻腹の三女、母は源雅信女*、倫子*。同腹の男兄弟に頼通*、教通*、女兄弟に彰子*、妍子（けんし）*、嬉子*がいる。後一条天皇*の後宮（きゅう）に入り、中宮となった。章子内親王・馨子（こう）内親王の生母である。長徳元年（九九九）十

二月に誕生した。翌二年二月四日、五十日祝が行われた（『権記』長徳二年二月四日）。寛弘七年（一〇一〇）十一月二十八日に正四位下に叙された（『御堂関白記』）。長和元年（一〇一二）八月二十一日、尚侍に任じられた。九月九日、大嘗会の女御代となった。十月二十日に威子の*着裳が行われ、道長が腰結の役をつとめた（『御堂関白記』）。長和二年九月十六日に*三条天皇が、生まれて間もない皇女、禎子内親王と対面するために、土御門第行幸が行われた。行幸の賞にあずかり、威子は従二位に叙された（『小右記』『御堂関白記』）。寛仁元年十二月二十七日、御匣殿別当に補せられた（『御堂関白記』）。寛仁二年（一〇一八）三月七日、輦車の宣旨を蒙り、内大臣藤原頼通の養女として後一条天皇の掖庭に入った（『小右記』『御堂関白記』『左経記』）。威子と天皇は叔母・甥の関係で、時に天皇十一歳、威子二十歳であった。頼通の養女として入内したのは、立后を見据えてのことであった。道長は前年の三月に摂政を頼通に譲り、威子の入内直前の二月に太政大臣も辞しており、このとき執政の地位にあったのは頼通であった。一方、兼通女、媓子の立后以来、執政の娘の立后が定着していた。入内後、速やかに威子を立后させるために、頼通の養女とした。四月二十八日、女御の宣旨を蒙り、藤壺に入った。十月十六日に立后の宣命を蒙り、中宮となった（『小右記』『御堂関白記』『左経記』）。道長は、このとき、本家の儀にて、一家から同時期に三人の后（太皇太后彰子・皇太后妍子・中宮威子）が立ち、比類のない栄華を達成した高揚感を歌に託して、「この世をば……」の和歌を詠んだ（『小右記』）。十月二十二日、後一条天皇の土御門第行幸が行われ、天皇と三后の対面があった（『小右記』『御堂関白記』『左経記』）。万寿二年（一〇二五）八月、威子は、赤斑瘡を病んだ（『小右記』八月三日、『左経記』八月二日）。万寿三年十二月九日、第一皇女章子内親王を生んだ（『左経記』）、長元二年（一〇二九）二月二日、第二皇女馨子内親王を生んだ（『小右記』）。長元九年（一〇三六）四月十七日、後一条天皇が崩御された。九月四日、威子が、後一条天皇の後世を弔うために出家した（『大鏡』道長）。九月六日、威子は、疱瘡を患い崩御した（『扶桑略記』）。

道長は、後宮の独占を図り、後一条天皇に威子、東宮*敦良親王には嬉子を入れ、甥と叔母の結婚を繰り返した。これまでの叔母・甥の関係から、入内によって夫婦の関係に変わることに対する戸惑いは隠せず、とくに年長の威子・嬉子の気まずさは想像に難くなかろう。適齢期の娘を擁する貴顕は、道長の権勢に憚って、娘の入内を断念したため、後一条天皇に入ったのは威子のみとなり、一夫一婦の臣下のようだと『栄花物語』は評している。一人の女性の産む能力にも限界があり、後継の皇子が生まれない確率が高まる。事実、威子は二人の皇女をもうけるが、皇子は生まなかった。その結果、後一条天皇は、一代限りの帝となった。皇位は後朱雀天皇の子孫が継いでゆくこととなる。

（福長進）

藤原伊周

九七四～一〇一〇　平安中期の公卿。勅撰歌人。父は中関白藤原道隆。母は高階貴子。同母兄弟に*隆家・*定子らがいる。室に源重光女・和泉守源致明女らがおり、子に荒三位と称された藤原*道雅など。漢詩の才能は比類なく、日記にもその才の片鱗がうかがえる。

道隆没後は長徳の変を経て出京を命ぜられたが、長徳三年（九九七）に勅赦があり帰京した。寛弘二年（一〇〇五）三月に昇殿を、七月には勅授帯剣を許されている。しかし車副の人数は道長の指示により減じられている。公的には道長主導により政界復帰にともなう関連記事が、また、私的にも道長第での法会に出席したことや、道長第に来訪したことなど、両者のかかわりが記されており、帰京後の関係は悪いものではなかった。これは、敦康親王の後継問題が大きくかかわっていたためと考えられる。ただし、彰子懐妊と敦成親王の誕生を受け、両者の関係は硬化していったようで、それを示すかのように寛弘四年以降、伊周の記事は減少する。寛弘五年に伊周の封戸について一条天皇の意向が伝えられたさい、道長は不満を記している。伊周もまた、後継問題と中関白家の凋落や自身の境遇につき不満を抑えられなかったのか、同年の敦成親王の百日祝いで奇抜な振る舞いをしたこともみえ、両者は対立を深めていった。翌年に入り、道長呪詛事件により伊周も朝参を停止、この後に政界に復帰したが、病いを得て翌七年に薨去した。

【所在】寛弘元年六月九日・九月二十六日条、同二年三月二十六・二十九日・七月二十一日条、同三年七月三日条、同四年九月九日条、同五年正月十六日・十二月二十日条

【参考史料】『小右記』寛弘二年三月二十六日条・同五年十二月二十日条、『権記』寛弘五年正月十六日条、『日本紀略』寛弘五年正月十六日条

（吉田小百合）

藤原惟任（ふじわらのいにん）　生没年未詳　藤原寧親男。母は安芸守貞忠女（『尊卑分脈』）。『御堂関白記』には、寛弘五年（一〇〇八）三月二十七日に六位の蔵人に補せられた記事が初見である。以後、一条天皇時代の蔵人をつとめたが、寛弘八年、一条天皇の譲位とともに辞し、長和元年（一〇一二）以後は丹後守としてみえる。長和四年五月二十五日、道長第の三十講結願の日には僧料として牛二十頭を献じ、道長の家司的役割も果たしている。また、寛仁元年（一〇一七）に敦良親王が立太子したのちは東宮大進をつとめ（『小右記』寛仁元年十一月七日条）、寛仁二年に威子が立后してのちの十一月二十六日、中宮奉幣使として大原野神社に参っている。万寿四年（一〇二七）に道長が薨じてのちは頼通に親しく仕えていたようで、長元二年（一〇二九）、頼通が病悩のさいには側でその様子を見守っていることが『小右記』（長元二年九月十二日条）にみえる。道長家の側近である。長元四年三月二十八日には上東門院御給により従五位下に叙された（『小右記』）。

（植村眞知子）

藤原惟風（ふじわらのいふう）　生没年未詳　父は藤原文信。惟貞は兄弟。妍子乳母の中務典侍藤原灑子との間に惟経がいる。道長に親仕。文章生から右衛門尉となり円融院の紫野子日御遊や藤原兼家の春日詣に従い、検非違使として追捕や闘乱鎮圧などにあたり（『小右記』寛和元年二月十三日条、永延元年三月二十六日条、永祚元年正月十五日条、同年十一月二十四日条）、長保五年（一〇〇三）四月二十三日には押領使として平維良を追捕した（『権記』）。また武蔵守となり『御堂関白記』初出の寛弘元年（一〇〇四）三月二十八日には馬を内裏に進上している。その後、奉幣使、内裏密宴の伶人、敦成親王家別当、備前守赴任の罷申、妍子の中宮亮としてのはたらきなどが記される。最後の記事は長和二年（一〇一三）九月十六日の土御門第行幸。この時、従四位上に叙された。『小右記』長和四年四月五日条の中務典侍に「故惟風妻」という傍注があるので、この間に死去したと考えられる。

【所在】寛弘三年八月十五日条、同四年四月二十六日条、同五年十月十七日条、同七年三月十三日条、長和元年二月十四日・四月十・十一・二十四日条

（木村由美子）

藤原懐忠（ふじわらのかいちゅう）　九三五〜一〇二〇　藤原元方男。母は藤原道明女。天暦四年（九五〇）に叙爵されてのち、侍従・左衛門佐・左中将・備中守などを経て天元五年（九八二）に四位左中弁として昇殿を許された。永延二年（九八八）一条天皇の蔵人頭に

補される。永延三年参議に任ぜられ、同年十月五日には一条天皇の春日行幸行事の賞として従三位に叙せられ、翌年勘解由長官をかねた。また、弁官として天延二年（九七四）以後長く任にあり、正暦四年（九九三）大弁の労を賞されて正三位に叙された。同五年（九九四）権中納言、翌六年転正して、左衛門督を兼ねる。寛弘六年（一〇〇九）、従二位大納言民部卿の地位にあったが、男重伊の右中弁任官を申し出て大納言を辞した。しかし、それ以後も民部卿の地位にとどまった（『小右記』長徳三年四月五日条に民部卿としてみえて以来、亡くなるまで民部卿であった）。寛仁四年十一月一日、八十六歳で薨去（『小右記』同年十一月三日条）。『御堂関白記』には、長保元年以後寛弘五年（九九九～一〇〇八）まで、民部卿としての姿がしばしばみえる。

（植村眞知子）

【参考史料】『小右記』正暦四年十一月十二日条

藤原懐平（ふじわらのかいへい）　九五三～一〇一七　初名は懐遠。父は藤原斉敏。高遠と実資は同母兄弟。子の資平と資頼は実資の養子。ほかに経通らがいる。康保四年（九六七）右衛門少尉。右中弁・修理大夫などを経て参議、左兵衛督・検非違使別当・東宮大夫・右衛門督などを兼任。権中納言、正二位。三条院別当を兼任。『御堂関白記』初出は長保元年（九九九）二月二十七日の道長春日詣。以後、道長の仏事や行事に出席し、東宮の舎人と道長の雑色の諍いを解決するなど道長との良好な関係が記される。しかし、藤原娍子立后儀に出席し、三条天皇の意向で権中納言となり、娍子の皇后宮大夫や伊勢使をつとめるなど道長にとって快くない立場に立った（『小右記』長和元年六月二十日条）。「年来相親人」と思ったこともあった懐平の死を、「前皇后宮大夫」という呼称を用いて道長は書きとめている。

【所在】寛弘八年四月十日条、長和元年四月二十七日条、同二年三月十六日・六月二十三日条、同四年七月二十八日条、同五年四月二十六日条、寛仁元年四月十八日条

（木村由美子）

藤原寛子（ふじわらのかんし）　九九九～一〇二五　道長の妾妻腹の長女、母は源高明女、明子である。小一条院女御となり、敦元親王・儇子内親王をもうけた。同腹の男兄弟に頼宗、顕信、能信、長家、同じく女兄弟に尊子がいる。

寛弘六年（一〇〇九）三月二十七日、寛子の着裳が行われた（『御堂関白記』『権記』）。同七年十一月二十八日、一条天皇の枇杷第から新造一条院への遷幸による行幸賞によって従四位上に叙された（『御堂関白記』）。長和二年（一〇一三）九月十六日、生まれたばかりの禎子内親王に対面するために、三条天皇は土御門第行幸を行った。その折、寛子は行幸の賞にあずかり、従三位に叙された（『御堂関白記』）。長和五年十月二十三日、大嘗会御禊の女御代をつとめた（『御堂関白記』『栄花物語』巻十二）。寛仁元年（一〇一七）十一月二十二日、小一条院と結婚した（『小右記』『御堂関白記』『左経記』）。十一月二十四日、露顕の儀が行われた（『御堂関白記』）。寛仁二年十二月九日、儇子内親王を生んだ（『小右記』『御堂関白記』）。寛仁三年三月五日、小一条院の御子たちが親王宣下にあずかった（『小右記』）。万寿二年（一〇二五）七月八日、落髪出家した（『左経記』）。戒師は、顕信であった（『栄花物語』巻二十五）。七月九日、入滅した（『小右記』『左経記』）。七月十一日、寛子の葬送が行われた（『小右記』『左経記』）。

小一条院が親王であったとき藤原顕光女、延子と結婚していたが、寛子が小一条院と結婚したため、院と延子との関係が疎遠になり、顕光父子はうらみを抱いたまま亡くなった。死後、悪霊となって、寛子や妍子など、道長の子女に祟った。寛子の病いの日々は、顕光

父子の霊との戦いであった。寛子は臨終を迎えんとする病いの床で、小一条院との結婚が、みずからに病をもたらすほどに不条理なことであったと道長に訴えかけて息を引き取った（『栄花物語』巻二十五）。道長の女子は、彰子を除いて、道長の権力基盤を固めるべく採られた後宮政策の犠牲者であった。

（福長進）

藤原嬉子　一〇〇七～一〇二五　道長の嫡妻腹の四女、母は源雅信女、倫子である。東宮敦良親王妃となり、親仁親王を生んだ。同腹の男兄弟に頼通、教通、同じく女兄弟に彰子、妍子、威子がいる。

寛弘四年（一〇〇七）正月五日、卯時に生まれ、巳時に臍の緒を切った。その後、七日に三夜の産養、九日に五夜の産養、十一日に七夜の産養が催され、七夜には初衣を着した。当夜、中宮彰子より衣筥二合・綾襁褓など贈物が届けられた（『御堂関白記』）。長和二年（一〇一三）九月十六日、誕生した禎子内親王との対面を目的として三条天皇の土御門第行幸が行われた。その折、行幸の賞にあずかり、従四位下に叙された。長和四年九月二十日、三条天皇の新造内裏還幸にさいして、従三位に叙された（『小右記』）。寛仁二年（一〇一八）十月二十二日、後一条天皇の土御門第行幸が行われ、三后および嬉子との対面があった（『小右記』『御堂関白記』）。十一月十五日、尚侍に任じられた。寛仁三年二月二十八日、嬉子の着裳が行われた（『小右記』『御堂関白記』）。治安元年（一〇二一）二月一日、関白頼通の養女となり、東宮敦良親王の掖庭に入った。二月七日、東宮、初めて尚侍の直廬に渡御された（『小右記』）。治安二年七月十四日、法成寺の金堂落慶供養に、三后とともに嬉子も参じた（『小右記』『左経記』）。治安三年正月二日、従二位に叙せられた。万寿二年（一〇二五）三月十一日、前月に懐妊の発覚した嬉子が、一条院別納に渡御された。七月二十五日、東宮より、出産のための調度類、帳・屏風・几帳などが遣わされた。七月二十九日、赤裳瘡を患い瘡ができた（『小右記』）。八月三日、東宮敦良親王の第一皇子を生んだ直後の五日、薨じた（『小右記』）。八月七日、道長は魂呼びをし、嬉子の蘇生を試みたが、叶わなかった。八月十五日、船岡にて、嬉子の葬送が行われた（『左経記』）。

嬉子の生んだ親仁親王がのちの後冷泉天皇である。母のない親仁親王を引き取り、愛育したのが女院彰子であった。嬉子に代わって東宮敦良親王に入ったのが、妍子所生の三条天皇皇女、禎子内親王である。道長にとっては孫にあたる。禎子内親王の東宮への入侍の前後、禎子内親王の母后、妍子は、病床にあって病苦と闘っていた。取り憑いた物の怪をかり移してみても病状は改善しなかったが、驚くべきは、妍子に取り憑いた物の怪のなかに、道長に憾みを抱く藤原顕光の霊と思しきもののほかに嬉子の霊が混じっていたという（『栄花物語』巻二十九）。後宮を身内で固めることを目標とする道長の後宮政策の問題点を浮かび上がらせてもいる。

（福長進）

藤原季随　生没年未詳　父は藤原安親。道長母、時姫の兄弟。道長の家司。冷泉院判官代、土佐守、安芸守を歴任する（『尊卑分脈』）。寛弘元年（一〇〇四）正月五日、兄陳政の譲りを受けて加階。同五年九月十一日、敦成親王誕生にさいして、鳴弦の役をつとめた（『御産部類記』）。同年十月十六日、一条天皇の土御門第行幸の賞（家司）として、従四位下に叙される。同六年八月二十三日、東宮殿上を聴された。

（福長進）

藤原義忠　?～一〇四一　義忠の読みは「のりただ」（『袋草紙』）。父は藤原為文。大和宣旨の夫。敦良親王の東宮学士。阿波守・大和守。参議従三位を追贈された。『御堂関白記』初出は寛弘四年（一〇〇七）四月二十六日の内裏密宴。以後、大内記・式部少輔としてのはたらきと、大嘗会主基方御屏風や頼通摂政大饗屏風に詩歌を詠進した記事などが載る。その後も、親仁・尊仁両親王の御湯殿始儀の読書奉仕、長暦の年号勘申（『日本紀略』万寿二年八月三日条。『左経記』長元七年七月十八日条。『行親記』長暦元年四月二十一日条）、「東宮学士阿波守義忠歌合」作成、「弘徽殿女御歌合」の判者をつとめるなどした。『後拾遺和歌集』に一首入集。長久二年（一〇四一）十月一日、吉野川で水死（『百練抄』。ただし死亡月日には諸説あり）。『弁官補任』に文章博士、『尊卑分脈』に享年三十八とあるが疑問。長和二年（一〇一三）正月二十四日に検非違使宣旨が下された左衛門尉藤義忠は別人か。

【所在】長和四年九月十三日条、同五年十一月十日条、寛仁元年四月二十六日条、同二年正月二十一日条

（木村由美子）

藤原教通 九九六～一〇七五 道長の五男。母は源倫子。同母兄弟に頼通・彰子・妍子・威子・嬉子がいる。室には信長・信家・静覚・歓子（後冷泉天皇皇后）をもうけた藤原公任女、小式部内侍（橘道貞女、母は和泉式部）、禔子内親王（三条天皇皇女）がいた。また女には、ほかに生子（後朱雀天皇女御）や尚侍真子がいた。公任が婿の教通のために著わした儀式書が、『北山抄』とみられる。

寛弘三年（一〇〇六）元服と同時に叙爵、侍従、右兵衛佐、左中将などを歴任し、同七年従三位に叙せられ、十五歳で公卿の仲間入りを果たした。長和二年（一〇一三）に参議を経ずに権中納言に任じられる。康平三年（一〇六〇）に左大臣となるが、この間、左衛門督・検非違使別当・皇太后宮（彰子）権大夫・左大将・春宮（敦良親王、のちの後朱雀天皇）大夫・東宮（親仁親王、のちの後冷泉天皇）傅などを兼帯した。

道長の薨去後、兄頼通との間に政権をめぐる確執を生じた。頼通が五十一年間も摂関の座に居座り続け、その間、頼通は教通の昇進を抑えつけた。教通は内大臣に二十六年間もとどめられ、ようやく五十二歳で右大臣、六十五歳で左大臣に上った。頼通が七十七歳となった治暦四年（一〇六八）に、おそらくは彰子の裁定によって七十三歳の教通に関白の座を譲ったさいにも、将来に自分の男である師実に譲ることを条件としたのである。

とくに長暦三年（一〇三九）に生子を後朱雀天皇に、永承二年（一〇四七）に歓子を後冷泉天皇に入れたことにより、確執は決定的なものとなった。当時、頼通は両天皇のもとに嫄子（養女）と寛子を入れていた。ただし、これらの子女はいずれも天皇の皇子をもうけることはなく、兄弟ともに外戚の地位を得ることができず、摂関の勢力は急速に衰え、院政への道を開くことになった。

教通は延久二年（一〇七〇）に太政大臣となったが翌年、辞退した。二条大路南、東洞院大路東に二条第を構えたことから、大二条殿、大二条関白と称された。承保二年九月に八十歳で薨去。正一位が追贈された。また、日記『二東記』（『大二条関白教通公記』『改元定部類』とも）を記したことが知られる。

教通については、寛弘七年に乳母である蔵命婦と与同して随身を遣わし、「うわなり打」を行ったり（『権記』二月十八日条）、七夕の二星会合をみたと道長にいってきたり（『御堂関白記』長和四年七月八日条）、寛仁元年（一〇一七）に紀伊国の粉河寺からの帰途、和泉国の饗応が気に入らないとして、饗饌を馬で蹴散らせるなどの濫行を演じたり（『小右記』十月二十三日条）、治安元年（一〇二一）の不堪佃田申文の儀で、藤原実資の作法を見たかどうかを道長に問われ、見ていないと答えると、道長に「私の子孫は上臈の作法を見ることを善しとする。何の障りが有っ

て参らなかったのか」といって怒られたり（『小右記』十一月十六日条）と、温厚な頼通とは随分と異なる所行を残している。

なお、倫子は長徳三年（九九七）十月十六日にも男子を出産している。二十二日には七夜の産養も行っているが（『小右記』）、その後は史料にみえないことから、早世したのであろう。この教通の弟が成長していたら摂関家はどうなっていたかと思うと、興味は尽きない。

（倉本一宏）

藤原経通（ふじわらのけいつう）　九八二～一〇五一　父は藤原懐平。母は源保光女。侍従、中宮（彰子）権亮（のち太皇太后宮権大夫）、左中弁、東宮（敦成親王）亮、蔵人頭、左京大夫、治部卿、検非違使別当、左兵衛督、左衛門督、大宰権帥などを歴任する。極官は権中納言。土御門師と号す。長和元年（一〇一二）五月十二日、皇太后彰子が故一条院のために行った法華八講に奉仕した。同四年十月二十五日、道長五十賀の法会にて、東宮使をつとめた。蔵人頭在任中（長和五年二月八日～寛仁三年二月二十一日）は、頻繁に道長のもとを訪れ、諸事を伝えている。寛仁二年（一〇一八）九月十六日、小一条院の嵯峨野・大堰河遊覧の折、道長の「桂家」で催された歌会の講師をつとめた。『栄花物語』には、土御門第にて彰子が催した歌会（治安三年八月／巻十九）や、高陽院行幸の後宴（万寿元年九月二十日／巻二十三）にて和歌を詠んだことが記されている。

（福長進）

藤原兼家（ふじわらのけんか）　九二九～九〇　右大臣師輔の三男。母は武蔵守藤原経邦女の盛子。同母兄に伊尹・兼通、妹に安子（村上天皇中宮）がいる。室藤原中正女時姫との間に道隆・道兼・詮子（円融天皇女御、東三条院）・道長・超子（冷泉天皇女御）を、藤原倫寧女との間に道綱を、藤原国章女との間に綏子（三条天皇尚侍）などをもうける。

天暦二年（九四八）、叙爵。康保四年（九六七）、兼通に代わり蔵人頭に補される。安和二年（九六九）には参議を経ずに兄兼通を越えて従三位中納言、さらに天禄三年（九七二）大納言に昇進し、この間、右近衛大将・按察使等を兼帯した。同年十月、摂政太政大臣伊尹が病気のため上表し、十一月に薨じると、兄兼通が権中納言から内覧、次いで内大臣・関白となり、政務の実権を掌握した。貞元元年（九七六）に冷泉天皇の女御として入内した超子に居貞親王（のちの三条天皇）が生まれ、兼家が外戚としての地歩を固めつつあるのを恐れた兼通は、同二年、小野宮家の藤原頼忠を左大臣とし、十月には関白を譲った。兼家は右大将から治部卿に左遷されたが、翌月の兼通の死を契機として、翌天元元年（九七八）六月には再び参内し、十月には右大臣となった。

永観二年（九八四）に師貞親王が即位すると（花山天皇）、兼家は詮子の生んだ懐仁親王を皇太子とし、さらにその即位を実現させるために、寛和二年（九八六）六月には男の道兼たちに命じて花山天皇を譲位、出家させた。懐仁親王を一条天皇として即位させると、兼家はみずから摂政となり、政権を握った。その後、兼家は本官である右大臣を辞し、摂政を独立の職として太政大臣頼忠の上席に坐した。永祚元年（九八九）に摂政太政大臣となり、正暦元年（九九〇）に一条天皇の加冠の役をつとめたが、この年の五月、摂政太政大臣を辞し、さらに関白をも道隆に譲って出家（法名は如実）、七月二日、六十二歳で薨去した。

第宅は東三条第と二条京極第で、後者は兼家出家後の正暦元年五月、仏寺として法興院となった。東三条殿・法興院摂政・大入道殿などと称される。

（倉本一宏）

藤原兼経（ふじわらのけんけい）　一〇〇〇～一〇四三　平安中期の官人。父は大納言藤原道綱。母は左大臣源雅信女であり、道長室の倫子*は兼経の伯母。生母が没したのち、道長に引き取られた。祖母の藤原穆子*らに養育され、その邸宅も譲与された。妻に藤原隆家*女・弁乳母（藤原明子）など。『御堂関白記』においては、道兼男の兼綱と混同して表記されることがある。侍従・右兵衛佐・左権少将などを歴任、その間、播磨介なども兼任した。寛仁元年（一〇一七）十月二十二日、土御門第行幸により従三位にいたり、治安三年（一〇二三）に参議となる。寛弘八年（一〇一一）元服、同日従五位上に叙せられる。これは道長の明子腹の子と同等の扱いであった。同年十月には正五位下に叙され、長和元年（一〇一二）藤原能信*とともに禁色宣旨を受けた（十月二十五日条）。日記では叙位や政務に参加した記事のほか、祭祀での働きに関する記事がめだつ（長和二年四月二十三日条など）。このほか、一条邸の相続に関する記事も数度みられる（長和五年十二月六日条など）。

【所在】寛弘元年二月七日条、同八年八月二十三日条、長和五年三月二日・十二月六・十二日条、寛仁元年十一月二十七日・七月二十五日・十月二十二日条

【参考史料】『権記』寛弘八年八月二十三日条、『小右記』寛弘八年八月二十三日条・寛仁元年十一月二十七・二十八日条

【参考文献】黒板伸夫「藤原道長の一条第」（『摂関時代史論集』吉川弘文館、一九八〇年）

（吉田小百合）

藤原顕光（ふじわらのけんこう）　九四四〜一〇二一　平安中期の公卿。父は関白太政大臣藤原兼通。母は式部卿元平親王女。円融天皇*皇后媓子は同母妹か。村上天皇皇女盛子内親王を室とし、女に元子（一条天皇女御*）、延子（小一条院*女御）がいる。

天徳五年（九六一）に従五位下。天禄元年（九七〇）に右兵衛権佐。従五位上、左兵衛佐、蔵人と進み、天延二年（九七四）に蔵人頭、正五位下。翌年に従四位下、右中将、参議。時に父兼通は関白太政大臣であったが、七歳年下の弟朝光は権中納言であり、異母弟に先を越されていた。貞元二年（九七七）に権中納言に進み、従三位からさらに正三位にあがったが、この年、父兼通は薨去。寛和二年（九八六）に中納言、従二位。正暦二年（九九一）左衛門督、検非違使別当を兼ねる。正暦六年には権大納言からさらに大納言にあがり、右大将を兼ねている。この年、弟の朝光が大納言で薨去。長徳二年（九九六）には按察使を兼ね、さらに右大臣に昇進。この年は伊周*が配流され、道長が左大臣として公卿の頂上に立った年にあたる。その後、顕光は右大将を辞し、長保二年（一〇〇〇）に正二位。寛弘八年（一〇一一）に東宮傅を兼ね、寛仁元年（一〇一七）に左大臣に任ぜられる。この年、東宮傅の兼務は皇太子の辞退により止められている。

特徴的なことは、弟との逆転した関係もあるが、顕光自身の経歴に限ってみても、相当に実務もあり責任も重い兼務がほとんどないことに注目される。不等な地位に甘んじたというのではないが、よく知られているように、人物としては『小右記』には酷評されており、『御堂関白記』にも「件の人本より白物」（長和五年正月三十日条）と書かれている。この前日、三条天皇*の譲位があり、後一条天皇*が新帝として受禅している。この時、同時に敦明親王（のちの小一条院*）が皇太子となったが、顕光が引き続き自分が東宮傅になるものと思って、除目も行われていないのに挨拶に行ったことが評されたのである。この敦明親王のことにからんで、怨霊となり、道長一族に祟ったとされる話も、欠かせない事柄である。

（中村康夫）

藤原兼綱（ふじわらのけんこう）　九八八〜一〇五八　父は藤原道兼。母は藤原遠量女*（藤原国光女とも）。道兼薨去の後、道綱*の養子となる。蔵人頭、皇太后宮（彰子*）亮、左中

将、紀伊守などを歴任する。姉妹が威子*（道長女）のもとに出仕したことが、『栄花物語』巻第十四にみえる。寛弘元年（一〇〇四）十二月二十六日、頼宗*・顕信*の元服に奉仕した。同五年十月十七日、敦成親王家の蔵人所別当に補された。長和四年（一〇一五）四月二十四日、賀茂祭にて皇太后宮（彰子）の使をつとめた。同五年正月二十九日、三条天皇*の譲位にともない、院別当となる（『小右記』同日条）。寛仁元年（一〇一七）八月十日、東宮（敦良親王）昇殿を聴される（『左経記』同日条）。同三年二月二十八日、嬉子*の裳着の折太皇太后宮（彰子）の使をつとめた。

（福長進）

藤原妍子（ふじわらのけんし）　九九四～一〇二七　道長の二女、母は源倫子*。同腹の男兄弟に頼通*、教通*、同じく女兄弟に彰子*、威子*、嬉子*がいる。三条天皇*の后（中宮）。

長保五年（一〇〇三）、裳着にさいして、正四位下に叙された。寛弘元年（一〇〇四）尚侍となった。寛弘二年、従三位に、同七年正月、従二位に叙せられ、同二月、東宮居貞親王の後宮に入り、同十二月に正二位に叙された。寛弘八年八月、居貞親王の登極にともない、女御宣旨を蒙り、同十月、参内にさいして、輦車宣旨を賜った。

長和元年（一〇一二）、立后して中宮となった。長和二年七月七日、土御門第にて禎子内親王*を出産した。藤原実資*は、その日記『小右記』同日条に、源俊賢*のもとに事実確認のために派遣した甥の資平の言葉として、皇女の出産であったために、道長は「悦バサル気色」を露骨にあらわした旨を記しとどめている。『同』九日条にも「左相国猶ホ悦バサル気色有リ」とみえる。また、『同』同日条によれば、妍子のもとに御剣の勅使が派遣された。これが皇女誕生にさいして帝より御剣が贈られる先例となった。

六十三代冷泉天皇*以降、数代にわたって冷泉系と円融系の帝が交互に立つ両統迭立的状況を呈し、道長も円融系の六十六代一条天皇*に彰子を入れ、次の冷泉系の三条天皇には妍子を入れ、両統との外戚関係を維持して、帝の交替によって権力基盤が揺らぐことを回避する策を採ったが、妍子に皇子が恵まれなかったために、円融系の皇統との濃密な外戚関係を築くことに方向転換して、両統迭立的状況の解消を図るとともに、道長の後見を得て御代の安寧を目論む三条天皇の意向を無視して、非協力的態度をあらわにすることとなった。道長は、眼病を患い、決裁のできない三条天皇に退位を迫り、東宮候補と目される藤原娍子*所生の三条天皇の皇子たちの帝の器ではないことを喧伝し、三条天皇が自身の譲位と引き替えに立太子させた敦明親王に陰に陽に圧力をかけて、自発的退位へ追い込んだ。かかる道長の三条天皇の治世に対する非協力的対応は、おのずと帝と妍子の夫婦関係にも影を落とし、妍子は里がちであった。

敦明親王に代わって一条天皇の第三皇子敦良親王*が立太子し、その登極にともなって、東宮女御であった禎子内親王が立后した。内親王の立后は、冷泉天皇の后となった六十一代朱雀天皇の皇女、昌子内親王以来のことであり、途絶える皇統を本流に回収する皇統譜の論理の具現であった。

妍子後宮の風儀は、総じて華美を好み、女房は身分的制約を超えて華やかさを競い合う傾向があった。万寿二年（一〇二五）正月二十三日に行われた妍子主催の大饗では、女房は袿を二十枚も着重ねて、唐衣が綻びたり、衣服の重みに耐えかねて身動きもとれなくなったりした。参加した公卿からも行き過ぎた華美に対する批判の声が寄せられ、後日、このことを伝え聞いた道長から執政頼通は監督不行届を譴責された。

病いを得た妍子は、娘禎子内親王の東宮敦良親王への入侍を見届けて、万寿三年九月十四日に崩御した。道長は、頻繁に枇杷第に赴き、みずから護持僧となって護身法を行い、妍子の病気平癒願ったが、叶わなかった。嬉子・寛子につづき妍子に先立たれ、心の痛手を負った道長は、翌年の十二月四日に薨じた。

（福長進）

藤原顕信（ふじわらのけんしん）　九九四〜一〇二七　平安中期の貴族。法師。父は道長。母は源高明女の明子。幼名は苔。同母の兄弟姉妹には頼宗、能信、長家、寛子（小一条院妃）、尊子（源師房室）らがおり、異母の兄弟姉妹には頼通、教通、彰子（一条天皇后）、妍子（三条天皇后）、威子（後一条天皇后）、嬉子（東宮敦良親王妃）がいる。

寛弘元年（一〇〇四）に十一歳で兄の頼宗と同時に元服。同二年に昇殿。同三年に東宮昇殿をゆるされている。この年、左兵衛佐。寛弘七年には従四位下に叙せられており、長和元年（一〇一二）には馬頭と記されている。

『御堂関白記』には石清水臨時祭、賀茂斎院御禊、賀茂臨時祭の舞人に関連した記事が多いが、顕信については寛弘元年から記述がはじまり、初めは頼宗と二人で一緒に記され、同四年からは能信、教通とともに、子供四人として記される。この四人は一歳違いで並んでおり、道長としては将来の展望に充実したものがあったと思われる。

道長はその充足した思いとはうらはらに、自分の子供たちが舞人として人前に出ることを遠慮気味に考えているような記事も『御堂関白記』にはあり（寛弘三年三月十三日条）、必ずしも勢力を笠に着ない時期があったように思われる。寛弘四年の賀茂臨時祭の時には、道長は子供たちを年齢順に扱っていたのに対し、天皇の命によって教通に一の舞が求められて、彰子がその場にいたからだろうかと推測したりしている（寛弘四年十一月二十二日条）。

このように、道長としては顕信を相応に大切にしていたが、長和元年（一〇一二）一月十六日早朝、顕信は意を決して比叡山に登り、皮聖行円のもとで出家した。道長は本意あってのことと理解したが、しばらく心身不覚に陥った。

（中村康夫）

藤原兼房（ふじわらのけんぼう）　一〇〇一〜一〇六九　藤原兼隆男。母は源扶義女。祖父は粟田関白道兼。『御堂関白記』には、長和元年（一〇一二）十二月二十五日、十二歳で元服した記事が初見である。寛仁二年（一〇一八）十月十六日、藤原威子の立后にさいし中宮権亮となり、長元二年（一〇二九）二月二十三日に正四位下に叙せられ（以上『小右記』）、これが極位となった。一方、中宮権亮の役については威子崩御後も、永承年間（一〇四六〜五二）までは「中宮亮兼房」（『平安朝歌合大成』）とみえ、おそらく威子所生の後冷泉天皇の中宮章子内親王の宮司であり続けたのであろう。その間、右馬頭や丹後守・備中守・播磨守を歴任した。官位が不遇であったのも、その性格の粗暴さによるものと考えられる。寛仁二年四月二日、道長は詳細を記していないが、『小右記』同日条によれば、威子の直廬で、兼房が定頼に暴行をはたらき、道長の勘当を受け参内を停止されたという。その後も素行はおさまらず、たびたび騒動を起こしている（『小右記』）。一方、和歌などの芸術的才能には恵まれていたようで、内裏歌合など、歌合にたびたび出詠し、後年にはみずから歌合を主催している。

【参考史料】『小右記』治安元年十二月二十五日条・同三年十二月二十五日条、『土右記』延久元年六月四日条

【参考文献】萩谷朴『平安朝歌合大成』三・四（同朋舎、一九七九年）、川村晃生「中宮亮兼房をめぐって」（『芸文研究』三二、一九七三年）、吉原栄徳「兼房の歌活動と人麻呂影について」（『園田学園女子大学論文集』一三、一九七八年）

（植村眞知子）

藤原兼隆（ふじわらのけんりゅう）　九八五～一〇五三　父は藤原道兼。母は藤原遠量女。祖父兼家の子となる。兵部大輔、右近衛権中将、左衛門督などを歴任する。極官は中納言。粟田左衛門督と号す。道長の甥にあたる。長徳元年（九九五）二月十七日、兼隆の元服にさいして道長が加冠をつとめた（『小右記』同日条）。『御堂関白記』には、兼隆が道長主催の法会に参加したこと（寛弘元年四月二十九日条、同年十二月三日条等）や、道長の賀茂詣（同二年九月二十二日条等）・春日詣（同四年二月二十八日条）・宇治遊覧（長和二年十月六日条）などに同道したことがみえる。中宮威子（道長女）の、万寿三年（一〇二六）十二月九日に章子内親王を出産した折の産屋が、兼隆の大炊御門第（おおいのみかどてい）であった。父道兼存生中、后がねとして愛育された、兼隆の同腹の妹は、威子の女房として出仕して、「二条の御方」と称され、出仕の経緯が『栄花物語』巻第十四に記されている。（福長進）

藤原高遠（ふじわらのこうえん）　九四九～一〇一三　父は藤原斉敏。母は藤原尹文女。実資・懐平は同腹の兄弟。兵部卿・左兵衛督・大宰大弐等を歴任する。一条天皇の笛の師であり（『枕草子』）、管絃に長じた人物として知られる。長保元年（九九九）十月二十七日、彰子の入内（じゅだい）にさいして、屏風歌を詠んだ。『小右記』長和三年（一〇一四）十二月二十二日条には、高遠が薨去した後、道長が高遠の遺物である「大瑠璃壺」を召し取ったことに対する実資の批判がみえる。（福長進）

藤原公季（ふじわらのこうき）　九五七～一〇二九　平安中期の公卿。諡は仁義公という。父は右大臣藤原師輔。母は醍醐天皇皇女一品康子内親王。兵部卿有明親王女を室とし、男に実成、如源、女に義子（一条天皇女御（にょうご））がいる。実成は正二位中納言まで昇任したが、長暦二年（一〇三八）除名されて大宰権帥（だざいごんのそち）となり、同四年に本位に復している。公季は道長の叔父にあたる。公季流は白河天皇の母茂子につながるなど歴史の主流にかかわってくる。

公季は生まれてすぐに母を亡くし、四歳で父を失ったが、姉の安子に育てられた。しかし、その姉も八歳の時に没した。そういう幼少を過ごしながらも、康保四年（九六七）に冷泉天皇即位の日に正五位下。天禄元年（九七〇）に侍従。貞元元年（九七六）に左中将。翌年備前守。天元四年（九八一）に従三位、非参議、播磨権守。永観元年（九八三）に参議。同二年に侍従。寛和元年（九八五）に近江守、正三位。同二年に春宮権大夫、権中納言。永延三年（九八九）に春宮大夫。正暦二年（九九一）中納言。長徳元年（九九五）に大納言。同二年に按察使（あぜち）、左大将。翌三年内大臣。春宮大夫には道綱がなる。同五年従二位。長保三年（一〇〇一）正二位。長和六年（一〇一七）右大臣、皇太弟傅（ふ）。寛仁五年（一〇二一）従一位、太政大臣。長元二年（一〇二九）正一位。

長徳三年に四十一歳で内大臣に昇任してから七十三歳で薨ずるまで、ずっと大臣という高位にあり、しかも長寿なので、『御堂関白記』には書かれる頻度も高い。寛仁元年に小一条院が東宮位から降り、敦良親王が代わりに東宮位について皇太弟となるや、公季は皇太弟傅となって道長を助けた。この年、道長は摂政の座を頼通に譲り、みずからは太政大臣となって、新しい時代を意識したものと思われる。そのような道長からみた公季の姿に通ずるものとして、寛弘四年（一〇〇七）十二月十日条に「一家長也」とあるのが注意される。（中村康夫）

藤原広業（ふじわらのこうぎょう）　九七七～一〇二八　藤原有国男。母は藤原義友女（『公卿補任』）、または越前守藤原斯成女とも（『尊卑分脈』）。文章生（もんじょうしょう）・秀才を経て、寛弘四年（一〇〇七）に東宮学士、翌年文章博士となる。一条天皇*の蔵人・式部少丞・勘解由次官・右少弁・式部大輔などを歴任する。文章家としては敦成親王や敦良親王*の誕生のさいに読書人をつとめたり、入宋僧に託する返牒の作成や、道長の左大臣・准三宮・摂政を辞する三度の上表文、太政大臣を辞するさいの上表文などの作成も行った。一方、受領としては、筑後権守・備後権介・伊予介・播磨守を歴任した。寛弘七年、伊予介として任国に下るさいに道長から馬一疋を贈られている（閏二月四日条）。道長の家司に任ぜられた記録はないが、道長家の行事などに食事やその他雑用を奉仕する例は『御堂関白記』に散見する。また、寛仁元年（一〇一七）九月二十二日、道長の石清水参詣の折、山崎の渡しにまるで家のように広大な船をもうけて奉仕している。

【所在】寛弘五年九月十一日条、同六年十二月二日条、長和四年六月二日条、同五年三月二十六日・七月一日条、寛仁元年五月五日条、同二年二月五日・四月十八日・五月二十二日条

【参考史料】『小右記』寛仁元年九月二十四日条

（植村眞知子）

藤原公信（ふじわらのこうしん）

九七七～一〇二六　一条太政大臣藤原為光男。母は一条摂政藤原伊尹女。父為光は公信の叙爵（長徳二年）以前に薨じたため、異母兄斉信*の養子になったという説もある（『栄花物語』巻二十七）。叙爵後は、侍従・右兵衛佐・右少将・右中将・内蔵守などを歴任して順調に官位を進め、長和二年（一〇一三）参議となり、従二位権中納言にいたる。一条*・三条*両天皇の蔵人頭をつとめ、検非違使別当にも任ぜられている。ただ、「四納言」の一人とも称された兄斉信ほどの賢才はなく、朝議において満座の嘲笑を受けることやその行動を「奇」とされることもしばしばあった（『小右記』）。『御堂関白記』には寛弘元年（一〇〇四）二月五日を初見とし、右近中将・左兵衛佐・頭中将・参議・東宮（敦良）権大夫などの官人として頻出し、その役割を難なくつとめている。妻は、道長女妍子*の女房の光子、また同母の姉妹も妍子の女房となるなど、道長との関係は近く、道長家の行事にはほぼ毎回参入している。

【参考史料】『小右記』長和五年五月十六日条・寛仁元年九月二・六日条・治安元年七月十九・二十五日条、『枕草子』九十五段、『栄花物語』巻二十七「ころものたま」

【参考文献】東望歩「藤原公信考」（『古代中世文学論考』二五、新典社、二〇一一年）

（植村眞知子）

藤原公成（ふじわらのこうせい）

九九九～一〇四三　父は藤原実成*。母は藤原陳政女。祖父公季*の養子となる。『大鏡』公季伝には、公成を溺愛する公季の様子が描かれる。東宮（敦良親王*）権亮、蔵人頭、左近衛中将、左兵衛督、検非違使別当、中宮（嫄子女王）権大夫などを歴任する。極官は権中納言。滋野井別当と号す。姉妹が藤原能信*（道長男）の妻となり、娘茂子が能信の養女となる。長和四年（一〇一五）六月二十五日には実成の使、同年十月二十八日には公季の使として、道長のもとを訪れている。寛仁元年（一〇一七）八月二十三日、東宮敦良親王に壺切御剣を賜う勅使をつとめた。同三年三月二日、道長より敦良親王の元服の料を拝領した。万寿二年（一〇二五）八月三日、敦良親王第一皇子親仁の誕生にさいして、御剣使をつとめた（『小右記』・『左経記』同日条）。

（福長進）

藤原行成（ふじわらのこうぜい）

九七二～一〇二七　摂政太政大臣伊尹の孫、義孝の男。母は醍醐源氏・中納言保光女。祖父は行成誕生の年、父は三歳の時に死去し、行成は外祖父の源保光に養育された。

長徳元年（九九五）に源俊賢の推挙で蔵人頭に抜擢され、長保三年（一〇〇一）に参議に上った。弁官を歴任し、左中弁から右大

弁・左大弁を兼任した。寛弘六年（一〇〇九）に権中納言、寛仁四年（一〇二〇）に権大納言に昇任した。蔵人頭時代の精励を極めた勤務ぶりは、自身の記した『権記』からうかがえる。一条天皇の信任も篤く、また道長や東三条院詮子や彰子、また敦康親王にも重んじられ、宮廷の深奥の秘事にもかかわった。

源俊賢・藤原公任・藤原斉信とともに、後世、「寛弘の四納言」と称された。彰子立后や、敦成親王立太子を一条天皇に進言するなど、道長の権力確立に尽力し、道長の側近的立場にあった。藤原実資からは、「恪勤の上達部」と揶揄されている。また、和様の最高の能書として尊重され、経や願文の書写、殿舎・宮門の造宮のさいの書額をはじめ、公私の依頼を多く受けた。後世、三蹟の一人に数えられ、世尊寺流を伝えている。日記『権記』を残した他、儀式書として『新撰年中行事』を撰している。和歌は不得手とされるが、詩文には秀で、『本朝文粋』その他に作を遺している。

また仏教信仰に篤く、保光から伝領した桃園第を世尊寺とした。その信仰は不動明王を奉じる密教的なものから浄土信仰へと向かっており、正室（源泰清女）や母・保光の遺骨も、火葬した後、鴨川に散骨している。

厠に行く途中で顚倒し、一言も発せずにそのまま患いついて飲食も受けず、奇しくも万寿四年十二月四日、道長と同日に没した。

（倉本一宏）

藤原公則（ふじわらのこうそく）

生没年未詳　藤原伊傳男。出雲守藤原章経の養子となる（『尊卑分脈』）。道長の家司。中務丞・民部丞から信濃・肥後・尾張・河内などの国守を歴任した。『御堂関白記』では、信濃守として道長に馬を献じた記事がみえる（長和二年四月十九日・同四年十月二日条）。また、一条天皇が枇杷第から新造一条院に遷幸になったさいの叙位で、丹波奉親とともに従五位上に叙されたが、この叙位について道長は「件の人々は、下臈と雖も、相従ひて年久し。仍りて殊に申す所なり」（寛弘七年十一月二十八日条）と記している。道長が太政大臣を辞すための一度目の上表を行ったさい、道長の家司として中務省に伴ってもいる（寛仁二年二月三日条）。『小右記』（寛仁元年九月一日条）には、前信濃守として公則の功過定が行われた時、提出された勘解由勘文には諸卿が驚くほどの不備があったようだが、「公則朝臣は前摂政の近習者なり。仍りて諸卿眼を合はせ云ふ所無し、と云々」とあり、道長の「近習者」ゆえに、諸卿みな目を見合わせるだけで異論を唱えなかったという。

【参考文献】岡野範子「家司受領について—藤原道長の家司を中心に—」（『橘史学』一六、二〇〇一年）

（植村眞知子）

藤原公任（ふじわらのこうにん）

九六六〜一〇四一　関白太政大臣頼忠の一男。母は中務卿代明親王三女の厳子女王。同腹姉の遵子（四条宮）は円融天皇皇后、同腹妹の諟子は花山天皇女御となった。天元三年（九八〇）に元服し、長保元年（九九九）に従三位に叙され、公卿となる。同三年に権中納言・左衛門督、同四年に中納言、寛弘六年（一〇〇九）に権大納言に任じられた。万寿三年（一〇二六）、解脱寺で出家し、北山の長谷に隠棲した。長久二年正月一日に七十六歳で薨去した。公任自身は官位の不遇に不満を抱いてはいたが、多才で有能な政務家で、藤原斉信・同行成・源俊賢とともに「寛弘の四納言」と称された。通称は四条大納言。

また、『大鏡』の語るところによれば、藤原道長の大井河逍遥の折、作文・管絃・和歌の舟を仕立て、公任は和歌の舟で「小倉山あらしの風の寒ければ紅葉の錦きぬ人ぞなき」を詠んで絶賛されるが、作文の舟でこれほどの詩を作れば名声を得ただろうと口惜しがったという（三舟の才）。

このように、公任は和歌をはじめ漢詩や音

楽にも長じていた。藤原実方・清少納言・和泉式部・紫式部たちとの関係は諸書にみえる。『紫式部日記』に、寛弘五年（一〇〇八）の敦成親王五十日の宴の折、紫式部に「あなかしこ、このわたりに、若紫やさぶらふ」と呼びかけたりもしている。なお、この部分が『源氏物語』の存在が確定できる最も古い年紀とされる。

『拾遺抄』『金玉集』『如意宝集』などの私撰集の他、秀歌撰の『三十六人撰』、歌学書の『新撰髄脳』『和歌九品』、歌謡の『和漢朗詠集』、有職故実書の『北山抄』、家集の『公任集』などの著作がある。（倉本一宏）

藤原済家 生没年未詳 父は藤原清通。蔵人、伊賀・備中・駿河・陸奥守などを歴任する。道長の家司。長保元年（九九九）九月五日、道長に馬二疋を奉った。済家が道長に馬を献上したことは、『御堂関白記』に散見される（寛弘七年十一月二十八日・長和元年八月八日・同二年十二月二十八日条等）。寛弘五年（一〇〇八）十月十七日、敦成親王家別当に補された。同六年、任国（陸奥国）への赴任にさいして道長のもとに罷申に赴き、女装束などを賜った。寛仁二年（一〇一八）十月二十二日、後一条天皇の土御門第行幸の賞（家司）として、従四位上に叙され、万寿元年（一〇二四）九月十九日、高陽院行幸の賞として、正四位下に叙された（『小右記』）。（福長進）

藤原佐光 生没年未詳 父は藤原尹甫。東三条院（詮子）判官代、信濃守、摂津守、中宮（彰子）大進、皇后宮亮を歴任する（『尊卑分脈』）。寛弘元年（一〇〇四）十一月七日、辞退した源済政に代わり信濃守となり、翌年正月九日、赴任にさいして道長のもとを訪れ、直衣・指貫・馬一疋を賜る。長和二年（一〇一三）九月十六日、三条天皇の土御門第行幸の賞（中宮大進）として、従四位下に叙された。（福長進）

藤原時姫 ?〜九八〇 父は藤原中正。藤原兼家の嫡妻。道長の母。ほかに道隆、道兼、超子、詮子を生む。道長が毎年正月二十一日に経供養や斎食を行っていることから、天元三年の同日に死去したと考えられる（『小右記目録』は正月十五日「依母氏薨、女御退出事」）。その十四日前（正月七日）に、十五歳の道長が従五位下に叙されている。時姫は末子の元服を見届けることができたか。『御堂関白記』には忌日記事のほかに、「先考・先妣」「父母」の追善、「先公・先妣」の墓参、「故殿大北方」の墓所を記した記事などがある。『蜻蛉日記』には道綱母とのやりとりが、『大鏡』には町辻の夕占の逸話が載る。

【所在】寛弘二年十月十九日条、同五年正月二十八日条、同七年正月二十一日条、同八年正月二十一日・六月二十八日条、寛仁元年二月二十七日条

（木村由美子）

藤原資業 九八八〜一〇七〇 藤原有国男。母は橘仲遠女、一条天皇乳母の橘徳子。文章得業生から式部少丞・大丞と進み、寛弘五年（一〇〇八）正月十一日に蔵人に任ぜられ、同八年右少弁・東宮学士となる。寛仁元年（一〇一七）正五位下で文章博士。その後、左少弁・式部大輔・丹波守・伊予守などを歴任し、寛徳二年（一〇四五）従三位に叙された。長和五年（一〇一六）五月十一日に左衛門権佐（『小右記』）とみえて以来、五位蔵人・衛門佐・弁官をかね、三事兼帯となった（『権記補遺』寛仁元年正月七日条）。『御堂関白記』には、弁官・蔵人として三条天皇や後一条天皇と道長との間の連絡役をつとめる姿がしばしばみえる。また、道長の五十賀の折の諷誦文や道長第の月例供養の呪願文作成にも携わった。寛仁二年以降に道長が太政大臣を退いてからは、頼通の使いとして道長の許を訪れている。父有国、兄広業とともに天皇家や摂関家への親近が強く

みられる。永承六年（一〇五一）に出家。法名素舜。日野に隠棲し法界寺を建立、延久二年に八十三歳で薨じた（『公卿補任』）。

【参考文献】朧谷寿「十世紀に於ける左右衛門府官人の研究―佐・権佐―」（『平安博物館研究紀要』四、一九七一年）、川村晃生「日野三位資業―その伝と文学活動について―」（『国語と国文学』昭和五十六年二月号）　（植村眞知子）

藤原時光　九四八～一〇一五　父は藤原兼通。母は大江皎子（維時女）。少納言、東宮（師貞親王）亮、右近衛権中将、蔵人頭、左兵衛督、大蔵卿、弾正尹などを歴任する。極官は中納言。道長の従兄弟にあたる。倫子*（道長室）主催の大般若経供養（寛弘元年三月二十五日条）、道長第の法華三十講（同年七月三十日条・同二年五月二十四日条）、中宮彰子*の御読経（同二年十月八日条）などに参加している。また、道長の春日詣（同四年二月二十八日条）・賀茂詣（同年四月二十八日・同八年四月十七日条）に同道している。一方で、嬉子*（道長女／同四年正月十一日条）・敦良親王*（同六年十二月四日条）の産養や、道長第で行われる恒例の法華三十講（同五年五月五日条）には、「来タラザル人」の一人であったことが『御堂関白記』に記されている。なお、中宮妍子*の内裏参入（長和元年四月二十七日条）のさいには、「指サレザル二候フ人々」の一人として供奉している。同四年十月三日、道長より重病のため修善を行う時光のもとに「少米」が送られた。　（福長進）

藤原実経　九九八～一〇四五　平安中期の官人。右兵衛佐・民部権大輔・侍従・但馬守・近江守などを歴任。従四位下。父は藤原行成*。母は源泰清女。室の大江清通女との間に師仲をもうけた。道長は実経に目をかけていたようで、寛弘六年（一〇〇九）の元服のさいには馬を、また同八年に斎院御禊の前駆をつとめたさいに装束を贈るなどしたことが記されている。長和元年（一〇一二）の昇進記事では、その任官理由を「当時の上卿の子に（依り）之を賜ふ」と記しており、一連の実経にかかわる記事を通して、道長と行成・実経親子との良好な関係性を垣間見ることができる。

【所在】寛弘六年十二月十四日条、同八年四月十五日条、長和元年正月二十七日・四月二十四日条、同二年同八月十九日条、同五年三月二日条

【参考資料】『権記』寛弘三年三月十六日条、『小右記』万寿元年十二月七日条・同二年十一月五日条、『春記』長暦三年閏十二月十日条、『左経記』長元九年六月二十二日条

【参考文献】黒板伸夫『藤原行成』（吉川弘文館、一九九四年）、『歌合大成』三（同朋舎出版、一九九六年）　（吉田小百合）

藤原実資　九五七～一〇四六　藤原斉敏男、母は藤原尹文女。同腹の兄弟に高遠*、懐平*がいる。小野宮流の祖で、実資の祖父にあたる実頼の養子となり、小野宮流を継いだ。円融*・花山*・一条天皇*の三代にわたり蔵人頭をつとめた。永祚元年（九八九）に参議、長徳元年（九九五）に権中納言、同二年に中納言、長保三年（一〇〇一）に権大納言・右大将、寛弘六年（一〇〇九）に大納言、治安元年（一〇二一）に右大臣となった。小野宮流からは関白太政大臣となった頼忠以来の任大臣であった。極位極官は、従一位右大臣である。後小野宮・賢人右府と号した。九十歳の長寿を保ち、右大将を四十年、右大臣を二十年もの長きにわたりつとめることとなった。しかし、八十歳を超えてもなお朝議に出仕して老耄をさらけることが批判や嘲弄の対象となった（『春記』長久元年正月六日・二十一日）。

　一門の子弟の出身を有利にするために、兄高遠の男、資高、同じく兄懐平の男、資平*・資頼、孫の資房・経季を養子としたこと、六十年にもわたって詳細な日記を書き続け、

『小野宮年中行事』の完成に心血を注ぎ、実頼の日記を秘匿して他見を許さなかったことは、いずれも一門を盛り立てていこうとする実資の気概をあらわしている。小野宮流は、忠平流の嫡流であるにもかかわらず、天皇との外戚関係を築くことができず、政治的には師輔を祖とする九条流の後塵を拝していた。小野宮流の矜持と九条流への対抗心ゆえに道理に反する九条流の専横を強烈に批判することにもなった。しかし、実資の批判は九条流にのみ向けられたのではなかった。経験と朝議に関する豊富な知見に裏打ちされた是々非々の判断を示したところに、実資の能吏としての公正さがうかがえる。三条天皇*や後朱雀天皇の信任も厚く、重要な政治的判断につき諮問にあずかることもあった。

とくに三条天皇の御代は天皇と執政道長との間に不協和音が生じ、たとえば、長和元年（一〇一二）四月二十七日に、娍子*（藤原済時女）の立后の儀がとり行われることを承知のうえで、道長は、道長の反対を押し切ってまで娍子の立后にこだわり、主体性を確保せんとする三条天皇を牽制すべく、妍子*の参内をその日にぶつけた。道長に追従する多くの貴族たちが妍子の参内に供奉する一方、内裏における立后の儀は右大臣・内大臣の不参のなか、実資が勅命を受けて出仕し、上卿をつとめ、矢継ぎ早に適格な指示を与え、つつがなく終えた。三条天皇の信頼にこたえ、面目を保った。しかし、それがまた、あらぬ事態を招くことになる。立后の儀に参じた公卿は、実資以外に実資の実兄である懐平*、中関白家の藤原隆家*、小一条流の藤原通任*であった。この四人に、道長の異母兄で、倫子*の妹と結婚していた藤原道綱*を加えた五人に、道長の病悩に喜悦する公卿というレッテルが張られ、それが噂となって、二、三人の貴族から道長の耳に入ったと、公卿らを前にして道長みずから語ったというのである。蔵人頭、資平（実資の甥で養子）からの情報であった。出どころは曖昧なまま、悪意と誤謬の入り混じった噂を道長自身、政治的に利用せんとする意図もうかがわれ、能吏を悩ます結果となった。実資としてはいかんともしがたく、天運に任せるほかないと、みずから申し開きする心づもりはないようである（『小右記』長和元年六月二十日）。道長との距離の取り方の難しさを実感したことであろう。実のところ、実資は道長批判一辺倒ではなく、基本的には是々非々であった。

同様に、三条天皇に対しても批判的なまなざしが向けられている。たとえば、譲位を迫る道長の政治的協力を取りつけるために、三条天皇が頼通*に禔子内親王*を降嫁させる内意を伝えたところ、道長は乗り気であったけれど、当の本人は気が進まなく、結局沙汰やみに終わってしまった婚姻話である。実資は、天皇の御代の延命策、あるいは譲位を見据えて新東宮に敦明親王を立てるための駆け引きかと推測し、強い調子で批判している。

道長が自身の薨後のことを考え始めたと思しい万寿二年（一〇二五）ごろから同四年にかけて、藤原斉信*女に先立たれた子息、長家と実資の愛娘、千古との結婚話が、折々『小右記』に記されている。道長は、おそらく自身の後継である頼通の執政者としての資質に一抹の不安を覚えたのであろう、実資の協力を仰ぐべくこの婚姻話を進めたようである。増基律師を介して申し入れられたとき、実資は半信半疑であったが、ことの成り行きを見守ることとした。しかし、長家は、はじめ藤原行成*女と結婚し、その後、行成女に先立たれて、藤原斉信女と再婚するも、これまた先立たれて幾ばくもへずして、この婚姻話が持ちあがったがために猶予期間を求めた。長家の意向を受け入れて、進展がみられぬうちに沙汰やみとなった。疎遠になった道長との関係を回復する糸口として、行成も長家を再度婿どりたい意向を道長に伝えたけれど、道長は千古との結婚を選んだところに、この結婚話のもつ政治的意味が明確になろう。

（福長進）

藤原実成（ふじわらのじっせい）　九七五～一〇四四　父は太政大臣藤原公季*。母は兵部卿有明親王女。男の公成*は権中納言にいたり、女は能信*（道長男）の室となった。道長の従弟にあたる。

永延二年（九八八）従五位下に叙され、侍従、右兵衛佐、少納言、兵部大輔をへて長徳四年（九九八）右中将に任ぜられ、寛弘元年（一〇〇四）蔵人頭（くろうどのとう）に補され、同四年中宮権亮を兼ねた。同五年参議となり、長和四年（一〇一五）権中納言、治安三年（一〇二三）中納言となり、万寿元年（一〇二四）正二位に叙された。この間、左兵衛督・美作守・検非違使（けびいし）別当・右衛門督を歴任した。大宰権帥（だざいごんのそち）であった長暦元年（一〇三七）、安楽寺僧との闘乱により訴えられ翌年除名されたが、長久元年（一〇四〇）本位に復した。

『御堂関白記』の初期にみえるのは右中将や蔵人頭として政務に参加したり伝達役を担ったりという姿だが、寛弘四年に中宮権亮となったのち、道長の賀茂詣（寛弘八年四月十七日条・長和二年四月二十三日条）や直廬（じきろ）での作文（さくもん）（長和五年三月二十六日条）、彰子*の和歌会（寛弘八年正月三日）、御読経（みどきょう）（長和元年九月二十日条）、奉幣（ほうべい）（寛仁二年十一月二十六日条）など、道長や彰子にかかわる儀式に多くみられるようになる。多くは儀式への参加が記されるのみだが、中宮権亮であった寛弘五年に行われた叙位で右大臣藤原顕光*が実成を書き落としたさいには、道長が実成に位階を給うよう奏し指摘した（十月十六日条）。また、彰子所生の敦良*が親王宣下（せんげ）を受けた日に、親王家別当に任ぜられている（寛弘七年正月十六日条）。『御堂関白記』全体を通じて頻繁にあらわれる人物であり、それ以降の時期にも『小右記』に記録されている道長の法華三十講には毎回みえるなど、道長やその近親者にかかわる儀式に頻繁に参加している。

（黒須友里江）

藤原資平（ふじわらのしへい）　九八六～一〇六七　父は藤原懐平*。母は源保光女。叔父実資*の養子となる。侍従、蔵人頭（くろうどのとう）、左中将、修理大夫、皇太后宮（妍子（けんし）*）権大夫、右衛門督、皇后宮（禎子内親王*）権大夫（のち皇太后宮大夫）、按察使（あぜち）などを歴任する。極官は大納言。寛弘五年（一〇〇八）四月十八日、道長の賀茂詣にて舞人をつとめた。長和元年（一〇一二）皇太后彰子*が一条院*のために行った法華八講にて堂童子をつとめた。同三年、蔵人頭を望むものの、道長の推す藤原兼綱*が蔵人頭に補された（『小右記』同年三月七日・三月二十二日・五月十六日条参照）。同四年二月十八日、蔵人頭に任じられ、在任中（～寛仁元年三月四日）は頻繁に道長のもとを訪れている。ただし、蔵人頭就任後も、道長は資平の登用に難色を示している（『小右記』長和四年十二月二十五日条、同五年五月二十四・二十五日条）。寛仁二年十一月十九日、五節舞姫を献じ、皇太后妍子から舞姫装束を賜った。

（福長進）

藤原重尹（ふじわらのじゅういん）　九八四～一〇五一　父は藤原懐忠*。母は藤原尹忠女。左近衛権少将、皇太后宮（妍子（けんし）*）権亮、播磨権守、蔵人頭（くろうどのとう）、備後権守、左大弁、勘解由（かげゆ）長官、修理大夫、周防権守、兵部卿、大宰権帥（だざいごんのそち）などを歴任する。極官は権中納言。花山院*の道長第御幸（寛弘元年五月二十七日条）や、中宮彰子*の大原野行啓の試楽（『小右記』同二年二月六日条）にて舞人をつとめた。長和五年（一〇一六）八月十日、斎宮（さいくう）（当子内親王*）の御迎として伊勢に下向したさい、道長から馬を賜る。寛仁元年（一〇一七）八月三日、中宮妍子の源政済邸行啓の賞により、右中弁藤原定頼*（政済の婿）が、権左中弁重尹（従四位上）を越えて正四位下に叙されたことに対して、『小右記』の記主、藤原実資は、「計ルニ違濫ノ愁有ルカ、善政ト謂フベカラズ、但シ一家ノ事ハ異ナリ」と記している。なお、翌年七月十一日に、賀茂行幸行事追賞として、重尹は正四位下に叙されている。（福長進）

藤原遵子（ふじわらのじゅんし）　九五七～一〇一七　円融天皇中宮。父は藤原頼忠。母は厳子女王。天元元年（九七八）四月十日、入内。同年五月二十二日、女御。同五年三月十一日、中宮。正暦元年（九九〇）十月五日、皇后。長徳三年（九九七）三月二十日、出家。長保二年（一〇〇〇）二月二十五日、皇太后。長和元年（一〇一二）二月十四日、太皇太后。四条宮と号す。道長が東三条院詮子のために修した法華八講（寛弘元年五月二十二日条）や浄妙寺三昧堂供養（同二年十月十九日条）、法性寺五大堂供養（同三年十二月二十六日条）などに諷誦を奉っている。『栄花物語』巻二・『大鏡』頼忠伝には、円融天皇の第一皇子、懐仁親王を生んだ詮子をさしおいて、御子をもたない遵子が立后したため、世人（『大鏡』では「進内侍」）が遵子を「素腹の后」と呼んだことが記されている。（福長進）

藤原彰子（ふじわらのしょうし）　九八八～一〇七四　道長の長女、母は源倫子。同腹の男兄弟に頼通、教通、同じく女兄弟に妍子、威子、嬉子がいる。一条天皇の后、後一条天皇・後朱雀天皇の母后である。女院となり、上東門院と称された。法成寺内に彰子の発願により建立された三昧堂に因んで、東北院ともよばれた。

正暦元年（九九〇）に着袴を行った。長保元年（九九九）二月に裳着にさいして、従三位に叙せられた。入内の準備として調度類の作製もはじまり、十月には貴顕に屏風歌の詠進を依頼した。そのなかには花山院の御製もあった。十一月一日、一条天皇に入内した。そのとき、一条院が内裏として使われ、本内裏の藤壺に相当する東北対に入り、直盧とした。長保二年（一〇〇〇）二月に立后宣旨を蒙り、中宮と称した。すでに后の地位にあった藤原道隆女、定子は、中宮から転上して皇后となった。これにより、中宮は、皇后の別称から二后のうちのいずれかの呼称に変わった。

后がすでにいるにもかかわらず、別に后を立てるための説得的な倫理を必要とした。その論理を発案したのが、時の蔵人頭、藤原行成であった。定子の男兄弟、伊周・隆家が花山院に矢を射かけた罪状等により左遷される混乱の最中、定子がみずから髪を切ったことを出家とみなし、本来、藤原氏の祖先神をまつるべき責務を負っている藤氏出身の后（遵子・詮子・定子）がいずれも出家しており、その担い手たり得ないことは「神国」としては異例な事態であるという理屈によって、一帝二后の先例を切り開くこととなった（『権記』長保二年正月二十八日）。

かつて、定子の立后により、先帝円融天皇の中宮と当代一条天皇の中宮が並び立つ二后並立はあったが、一帝二后並立は、后は天皇の正妻で一人と規定する後宮職員令に反していた。神国思想を振りかざし、律令の規定に反してまで彰子の立后を推し進める背景には、后所生の皇子の即位という伝統が根強く息づいていたことが考えられる。のみならず中宮定子が、彰子の入内直後の十一月七日に生んだ第一皇子、敦康親王を差し置いて、誕生が期待される彰子所生皇子を立太子させるのは容易ではなく、条件的に敦康親王に対して見劣りがしないようにほぼ揃えることによって、彰子所生皇子の立太子の可能性を担保するためであった。しかし、年若い彰子は懐妊の徴候すらなく、寛弘五年（一〇〇八）に敦成親王が誕生するまでの間、道長は、敦康親王の立太子の選択肢も棄てきれず、彰子を敦康親王の代母とするなど後見として支える一方、つのる焦燥感に促されて、寛弘四年八月に金峰山に詣で、皇子誕生を祈請した。

そのご利益か、彰子は寛弘五年九月十一日に敦成親王を、翌年の十一月二十五日に敦良親王*を生んだ。

後一条・後朱雀天皇の御代は、彰子の后位は転上してゆくものの、一貫して母后の立場で摂関とともに天皇の後見をする、天皇・摂関・母后の関係性の強化が図られた。それは、後一条天皇の即位式における彰子の高御座登壇や、後一条天皇の御代がわりの新制として行われた春日行幸のさいの天皇と彰子の同輿など、儀式空間において母后の存在感が高まってゆく現象に立ちあらわれている。

後冷泉朝も、前代・前々代に引き続き、外戚関係に変化はなく安定した政治環境のなかで、頼通時代のもっとも華やかな文化が花開いた。彰子はその文化興隆の担い手のひとりであった。彰子は後冷泉天皇の外祖母、中宮章子内親王の伯母にあたるが、いずれも生母がなくなった後、彰子に引き取られ、その膝下で愛育されたため、御堂流の家族関係がいっそう濃く反映された天皇との身内関係のなかで、彰子の政治的立場も格上げされて位置づけられた。それは、たとえば、治暦三年（一〇六七）に高陽院で行われた最勝御八講における、彰子が後冷泉天皇と中宮章子内親王を左右に従え、一段高い御座に着御する敷設にあらわれている（『栄花物語』巻三十七）。

（福長進）

藤原章信（ふじわらのしょうしん）　生没年未詳　父は藤原知章。藤原惟憲*の婿。道長に親仕。『御堂関白記』初出は寛弘四年（一〇〇七）四月二十六日の内裏密宴。その後は文章生、敦成親王家蔵人・六位蔵人・検非違使右衛門権佐としてのはたらきや省試の監督をつとめたこと、敦良親王*の東宮権大進を兼任して宇佐使を免ぜられたことも載る。最後の記事は寛仁二年（一〇一八）二月十四日条。その後、右中弁・権左中弁・和泉守・伊予守・但馬守・丹波守を歴任。『宇治関白高野山御参詣記』永承三年（一〇四八）十月二十日条に「丹波守章信朝臣」と名がみえる。右中弁時代には道長の意向で松尾・平野行幸の行事弁をつとめ、道長の葬送では遺骨を首に懸けた（『小右記』万寿元年十月十日・十二月二十六日条、同四年十二月八日条）。『尊卑文脈』に宮内卿とある。

【所在】長和二年正月十八日条、同五年三月二十一日・四月二十四日条、寛仁元年九月十四日条

（木村由美子）

藤原庶政（ふじわらのしょせい）　生没年未詳　父は藤原典雅。道長と彰子*に親仕。『御堂関白記』寛弘四年（一〇〇七）正月十三日条の「兵部丞広政」が庶政の初出か。一条朝は蔵人、三条朝では少納言・皇太后宮大進としてのはたらきが載る。故賀静に対する贈僧正の宣命使を道長の指示通りにつとめた。内裏方と彰子方との乱闘事件では、召問を満足に果たしていないという理由で道長に勘当されている。最後の記事は寛仁二年（一〇一八）十月二十二日の土御門第行幸。還啓の折に眠ってしまった東宮敦良親王*を抱いて歩いた。その後、因幡守になるが、法成寺の塔を造営するために美濃守に転じた（『小右記』万寿四年十一月二十六日条）。長元五年（一〇三二）八月二十六日に出家（『小右記目録』）。

【所在】寛弘六年七月二十五日条、長和四年六月十九日・七月十七日・十一月十五日条、同五年三月二十・二十一日条

（木村由美子）

藤原信経（ふじわらのしんけい）　九六九～？　平安中期の官人。紫式部の従兄弟。左兵衛少尉・蔵人・兵部丞などを歴任した。従五位下。日記では春日祭の神馬使をつとめた記事が初見となり（寛弘四年二月四日条）、以降、越後守在任中道長に馬を献上（同六年十月十五日条）、また道長の法華三十講で非時奉仕をしていること（同八年五月十七日条）などから、道長に接近しようとしていたと思われる。このほか、長和二年（一〇一三）賀茂祭の内

蔵寮使を懈怠し、怠状を提出するにいたったことが日記にみえる。

【所在】長和元年九月九日条、同二年四月十五日・五月十三・十六日条

【参考史料】『権記』寛弘八年六月二十五日条、『小右記』長和二年四月二十九日・五月七日・七月二十二日条、『枕草子』九十九段

（吉田小百合）

藤原正光 九五七～一〇一四　父は藤原兼通。顕光・時光・朝光・媓子は異母兄弟。天延三年（九七五）従五位上。左中将・蔵人頭・大蔵卿などを経て参議、従三位。『御堂関白記』初出は長保元年（九九九）十一月二日、彰子*入内時の後朝使。以後、陣定、朝廷と道長家の行事・仏事などに出席者として名が載る。一条天皇*葬送時には参議の身で遺骨を首に懸ける一方、娍子*立后時には、喚使を石で打つ人でもあった（『小右記』長和元年四月二十七日条）。娘の光子は妍子*の女房御匣殿。現任の参議では初めて、嫡妻腹の娘を女房として出仕させた（『小右記』長和二年七月十二日条）。『栄花物語』巻十一によると、光子の母は源高明女の中の君。『枕草子』「大蔵卿ばかり耳とき人はなし」の「大蔵卿」は正光のこと。

【所在】寛弘元年二月二十六・二十八日・三月二十五日条、同八年七月九日条、長和二年十月二十日条、同四年四月七日条

（木村由美子）

藤原娍子 九七二～一〇二五　三条天皇*皇后。父は正二位藤原済時、母は大納言延光女。敦明親王をはじめとして四男二女と、多く子を生している。日記では、寛弘八年（一〇一一）に三条天皇の即位にともない女御宣下を受けた記事が初見となる（八月二十三日条）。以降、立后記事や、所生の皇子らの儀式やその準備で娍子方に道長が参入したとする記事が確認できるが、内容については具体性に乏しい場合が多く、娍子個人に対する道長の冷やかな態度が感じられる。とくに皇后冊立前後では、三条天皇に対する不満ともとれる一文が記され、また娍子の参内を妨害したと思われる行動を取ったことが記されている。ただし、明確な対立関係にあったり没交流であったりしたわけではなく、両者は必要に応じてかかわりを持っており、娍子腹の皇子らの儀式準備のために、道長が娍子のもとに参入することもあった。三条天皇と道長の対立、後宮の問題、敦明親王の東宮退位や当子内親王*の密通事件に遭うなど、苦難の多い人であったが、矜持を保ち三条天皇を支え続けた。

【所在】長和元年三月七・二十七日・閏十月九日・十二月十八日条、同二年二月四日・三月二十・二十三日・八月二日条、同四年閏六月二十六日条、寛仁元年八月六日条、同三年二月二十九日条

【参考史料】『小右記』寛弘八年八月八日・九月九日条、長和元年四月二十七日条

（吉田小百合）

藤原斉信 九六七～一〇三五　平安中期の公卿。父は太政大臣藤原為光。母は左少将藤原敦敏女。男の経任は大納言にいたり、女の一人は長家室になった。同母兄弟に、参議誠信、花山天皇女御忯子*がいた。異母弟の歌人道信は二十歳過ぎに亡くなったが、公信は権中納言にいたる。斉信は道長とは従兄弟にあたる。

天元四年（九八一）に従五位下。永観二年（九八四）に侍従。以下、右兵衛佐、左少将、左京大夫、右中将、左中将と進み、正暦五年（九九四）に蔵人頭。地方官としては播磨介、美作守、備中権守、播磨権守を歴任。長徳二年（九九六）に伊周*が大宰権帥に配流された時に参議に任ぜられた。長保元年（九九九）に勘解由長官を兼ね、翌年には中宮権大夫を兼ねて、従三位。時の中宮は彰子*。兄誠信が薨じた同三年に権中納言に昇任し、右衛門督、検非違使別当を兼ねる。正三位。同四

年に源時中の病死により中宮大夫。官位は寛弘元年（一〇〇四）に中納言公任を越えて従二位。同五年に大納言懐忠も越えて正二位。同六年に権大納言。同八年、三条天皇即位のときに春宮大夫となる。時の春宮は敦成親王。長和五年（一〇一六）に敦成親王が後一条天皇となって春宮大夫を去り、按察使を兼ねた。寛仁元年（一〇一七）の小一条院の春宮時代に春宮大夫を兼ねたと思われるが、それは一時で、後一条天皇後宮に威子が入り、中宮となると、同二年からは中宮大夫を兼ねた。同四年に大納言。万寿五年（一〇二八）に民部卿を兼ねた。斉信は才学に優れ、『類聚句題抄』に八首、『本朝麗藻』に六首など採用されている。また『後拾遺』以下の勅撰集にも四首入集している。

『御堂関白記』においては、厚い信頼を得た堅実な姿が記述されるが、寛弘六年に敦良親王誕生の三夜に祝賀の歌を公卿たちが詠み、道長がそれを斉信に筆録させたり、寛仁元年十月二十五日に宇治に出かけたときに斉信と同舟したり、作文したりしていて、道長の評価の高さが記述から感じられる。（中村康夫）

藤原説孝（ふじわらのせつこう）　九四七～？　藤原為輔男、母は藤原守義女。紫式部の夫宣孝の兄にあたる。弁・蔵人・摂津守・播磨守などを歴任し正四位下にいたる。なかでも弁としては、長徳二年（九九六）、『小右記』に左少弁としてみえて以来、長和元年（一〇一二）八月十一日に大弁の労八年により播磨守に任ぜられるまで、長くその任にあった。その間、説孝の方が弁官としては上臈であるのに、下臈である源道方の位階が上であることにより、両人の不仲が話題であった様子が『御堂関白記』『小右記』『続古事談』にみえる。受領としては、寛弘元年（一〇〇四）摂津守であった折に住吉神人から訴えられ、陽明門に集まった神人に殴打されることがあった（二月二十六日条）。また、道長第の経供養などに僧の非時を奉仕しており（寛弘元年七月二十三日・長和二年十二月四日条）、家司的役割をもって道長に奉仕した一人である。妻は源典侍（寛弘元年十一月十五日条）。

【所在】寛弘六年三月十四日条

【参考史料】『小右記』長保元年七月二十八日条・寛弘五年七月二十八日条、『続古事談』第二（臣節）、『朝野群載』巻七　（植村眞知子）

藤原詮子（ふじわらのせんし）　九六二～一〇〇一　藤原兼家女、母は摂津守藤原中正女、時姫である。円融天皇の女御となり、一条天皇を生んだ。一条天皇の即位にともない、皇太后となった。出家にともなって上皇に準ずる処遇を受けた。女院の初例である。東三条院は女院号である。同腹の男兄弟に、道隆、道兼、道長、同じく女兄弟に超子がいる。

天元元年（九七八）八月十七日、円融天皇の掖庭に入った。直廬は梅壺である。十一月八日に女御となった。天元三年六月一日、第一皇子懐仁親王を生んだ（『日本紀略』）。天元五年三月十一日に関白太政大臣藤原頼忠女、遵子が立后した。皇子を擁していない遵子の立后を揶揄して、世間では「素腹の后」とよんだ（『栄花物語』巻二）。立后の条件として、皇子を生んでいる点がなお重視されていることがうかがえる。しかし、媓子（藤原兼通女）の立后にならって、執政の娘であることをもって、円融天皇は遵子の立后を強行した。兼家は、これを不満として詮子を里第に退出させ（『大鏡裏書』）、自身のみならず子息の道隆・道兼、道長も出仕を怠り、外出も控えた（『栄花物語』巻二）。一条天皇の即位により皇太后の宣下を蒙った（『日本紀略』）。七月七日、「皇太后詮子瞿麦合」を催した。永延元年（九八七）十一月七日、石清水行幸に同輿して同道した。十二月十五日、賀茂社行幸にも同輿して同道した（『日本紀略』『小右記』）。永延二年三月二十四日、父兼家の六十賀を行い、六十か寺で諷誦を修した。永祚元年（九八九）六月二十四日、詮子の御悩により、非常赦が行われた（『小右記』）。正暦二年（九九一）九月一日、病悩により内裏を退出した。九月十六日、落飾して女院待遇を受けた（『日本紀略』）。これが女院の初例である。

長徳三年（九九七）六月四日、詮子の御悩危急の知らせに、道長は物忌を破ってまで詮子のもとに参じた（『権記』）。六月二十二日には一条天皇の東三条院行幸が行われた（『小右記』）。長保元年（九九九）二月九日、彰子の着裳にあたって、装束二具を贈った。長保二年三月二十日、石清水・住吉参詣に出立した。三月二十五日、両社より還啓した（『御堂関白記』）。五月十八日、病悩消除を念じて、一条天皇が度者千人を奉った（『権記』）。長保三年十月九日、一条天皇・中宮彰子の行幸啓を仰いで、詮子の四十算賀が行われた（『日本紀略』）。同年閏十二月十六日、御悩により、御髪を剃り僧となった。法橋覚運が戒師をつとめた。その月の二十二日酉剋、崩御した（『権記』）。閏十二月二十四日、鳥辺野にて葬送が行われた（『日本紀略』）。

詮子は、同腹の兄弟たちのなかで末弟、道長をかわいがった。明子との結婚も詮子の計らいがあった（『栄花物語』巻三）。道兼の薨後、次の執政を道長と伊周のいずれに担わせるかという局面でも、道理のまま、兄弟順に道長を推す詮子と、寵妃中宮定子の兄にあたる伊周を措いて他にないと考える一条天皇が対立していた折、詮子は天皇の寝所、夜御殿に参り、直談判におよび、天皇を翻意させた（『大鏡』道長）。詮子は、道長の栄華の道程で重要な役割を果たした女性のひとりであった。（福長進）

藤原相尹（ふじわらのそういん）　?〜一〇一三?　父は藤原遠量。母は藤原有相女。道長の従兄弟にあたる。左近衛少将、左馬頭などを歴任する。娘は中宮彰子女房、馬の中将。永延二年（九八八）三月二十一日、藤原兼家六十賀の引出物を奉仕した人びとの一人であった。正暦四年（九九三）正月二十三日、摂政道隆の大饗のさい、内大臣道兼の請客使をつとめた。長徳二年（九九六）四月二十四日、藤原伊周・隆家の配流に連座して殿上簡を削られた（以上、『小右記』）。寛弘四年（一〇〇七）十二月二日、道長の浄妙寺多宝塔供養のさい、冷泉院の使をつとめた。同七年四月二十四日、中宮彰子から袴を賜った。長和二年（一〇一三）六月五日、相尹の卒去にあたって、道長は喪服を着した。（福長進）

藤原宗相（ふじわらのそうそう）　生没年未詳　藤原貞村(材)男。『尊卑分脈』には駿河守従五位下とみえる。左衛門尉で、長和三年（一〇一四）正月二十七日検非違使に任ぜられた（『小右記』）。『御堂関白記』では、検非違使として再三、犯人追捕に活躍している。なかでも寛仁元年（一〇一七）道長の金（二千両）が盗まれることがあり、七月十日になって犯人が追捕されたが、この追捕に一役買っている。有能ではあったが強引な面も目につき、この件では安倍守親と争論になったり（七月十三日条）、また、これより前の長和五年（一〇一六）三月七日には、犯人追捕を理由に狼藉をはたらいて道長から非難を受けたりしている。宗相には少将命婦という妻がいたことが知られる（『小右記』長和五年三月二十一日条）。

【参考文献】朧谷寿「十世紀に於ける左右衛門府官人の研究―尉を中心として―」（『平安博物館研究紀要』五、一九七四年）　（植村眞知子）

藤原尊子（ふじわらのそんし）　生没年未詳　『御堂関白記』では「隆子」と記される。藤原道長の六女。母は源明子。同母兄姉に頼宗・能信・長家・寛子がいる。源師房の室。従三位。誕生が遅かったこともあってか、『御堂関白記』に尊子の記事は少なく、寛弘四年（一〇〇七）同母兄の長家とともに一条第で袴着が（四月二十七日条）、寛仁元年

（一〇一七）長家の元服と同時に行われた裳着などの記事にその名がみえるにとどまる（四月二十六日条など）。万寿元年（一〇二四）源師房と結婚。異母兄の頼通の養子となり堀河左大臣とよばれた俊房、六条右大臣顕房、関白藤原師実室となった麗子を生んだ。彰子をのぞき、ほかの姉妹に比べ長命であったことに加え、子も栄えたため、『栄花物語』の作者によりその人生は「いとめでたし」と評された（同巻三十九）。

【所在】寛仁元年四月五日条

【参考史料】『小右記』治安三年十二月二十八日条、『水左記』永保元年十二月十一日条

（吉田小百合）

藤原泰通（ふじわらのたいつう）　生没年未詳　父は藤原惟孝。母は紀文実女。蔵人、民部権少輔、東宮（敦良親王）亮、美作・播磨守などを歴任する。道長の家司。妻は道長家女房で嬉子の乳母となる小式部の乳母。長保元年（九九九）十一月一日、彰子の入内にさいして、輦車宣旨を伝える勅使をつとめた。寛弘四年（一〇〇七）正月十一日、嬉子の産養（七夜）に、中宮彰子の使をつとめた。同五年三月九日、任国（美作国）への赴任に先立ち道長のもとに罷申に赴き、馬一疋を賜った。同年十月十七日、敦成親王家別当となった。長和五年（一〇一六）七月十日、後院司（→「大江清通」参照）に補された。寛仁二年（一〇一八）五月、道長第法華三十講において非時をもうけた（五月二十二日条裏書）。同年十月二十二日、後一条天皇の土御門第行幸の賞（家司）として、従四位上に叙された。治安元年（一〇二一）八月二十九日、東宮亮に補された（『小右記』）。

（福長進）

藤原知光（ふじわらのちこう）　生没年未詳　平安中期の官人。敦成親王家別当。父は従四位下美作守為昭で、のちに民部卿藤原文範の養子となった（『尊卑分脈』）。室は未詳だが、知光は一女をもうけ、藤原能信の養女となり後三条院に入内した茂子（白河天皇生母）を生んだ。右衛門佐・東宮大進・摂津守・駿河守・備中守などを歴任した。寛弘五年（一〇〇八）、敦成親王家別当に任ぜられた（十月十七日条）。寛弘七年の尾張守に任じられたさいには、以前より尾張守在任に難治の地として知られる当国を能治した功績により京官となり、それを経て再び尾張守に任じたとあり、この記事に従えば知光は能吏であったようである（三月三十日条）。このほか、日記には親王家別当としての働きや、臨時祭で歌人として奉仕したこと、また、道長の法華三十講では非時奉仕をしたとして、数次にわたりその名がみえる。長きにわたり道長らのために働き、そして才能豊かな人として評価を得ていたことが日記からも確認できる。

【所在】寛弘七年二月二十日条、長和五年三月二日条、寛仁二年三月十三日・五月十六・二十二日条

【参考史料】『権記』長徳三年七月九日条、『小右記』同日条、『紫式部日記』

（吉田小百合）

藤原知章（ふじわらのちしょう）　?〜一〇一三　平安中期の官人。道長家家司。父は藤原元名。母は左中将源英明女。相模介源季女との間に章輔・宮内卿章信をもうけたほか、大納言資平室となった女子（生母不詳）らがいる。近江・加賀・筑前・伊予などの国守および東宮亮を歴任、位階は正四位下にいたる。日記では、道長第での法会で非時奉仕をしたことや（寛弘二年五月十三日条など）、道長の使いとして働いていたことが記される場合が多い（寛弘元年五月十八日条）。また、金峰山詣のために道長とともに精進所に籠った一人に数えられ（寛弘四年閏五月十七日条）、その関係は近しいものを推測されると同時に、道長の信任を得ていたことがうかがえる。しかし一方で、家司として出過ぎた振る舞いをしたとあり、非難が記されることもあった（寛弘元年九月七日条）。能吏であったのか、

国守をつとめた近江国では、任期終了後に当国の雑任らが知章の再任を要望し、道長がこの陳情を認可したことも記されている（寛弘六年九月十四日条）。

【所在】寛弘元年五月十八日・九月七日・閏九月十四・二十日条、同二年五月十三日条、同六年九月十二日条　（吉田小百合）

藤原忠経（ふじわらのちゅうけい）　?～一〇一四　平安中期の貴族。父は関白藤原道隆男の道頼。母は藤原永頼女。幼名薬勢丸。長徳元年（九九五）に道頼が逝去したのち、道長の庇護下にあったようで、日記中にも道長からの気遣いが見受けられる。日記では、長保元年（九九九）に道長が殿上に参供したことが初見となる。その後、寛弘元年（一〇〇四）に道長男の頼宗*らの元服で着替えを手伝わせた一人として忠経の名がみえるほか、同二年、左近衛少将に任じられたさいには、道長男の頼宗とあわせて道長が新任饗を営んだことが記され、道長や一家とのかかわりがうかがえる。道長の養子になっていたとも推測されるが、定かではない。ただし、道長の金峰山（きんぶせん）詣の前に、精進所に籠もった一人にも数えられ、道長との関係は相当に近しいものであった。このほか、日記には賀茂祭使に任命されたことや、賀茂詣のさいに舞人をつとめたことなど、祭祀に関連した記事が少なからずある。寛弘六年に蔵人（くろうど）に任ぜられ、翌年還昇、同八年までに従四位下にいたるが、長和三年に逝去した。

【所在】長保元年八月二日条、寛弘元年十二月二十六日条、同二年六月十九日・六月二十九日条、同三年正月十八日・四月十一日条、同四年閏五月十七日条、同七年正月九日条

【参考史料】『権記』長保二年十二月十三日条、寛弘七年正月九日条　（吉田小百合）

藤原忠輔（ふじわらのちゅうほ）　九四四～一〇一三　平安中期に活躍したいわゆる儒者公卿。長命で村上朝から三条朝に仕えた。治部卿国光男。母は右馬頭助藤原有孝女。男に相任（是輔女所生）らのほか、馨子内親王の乳母（めのと）となった女子がいる。懐仁親王および居貞親王の東宮学士をつとめた。正三位にいたる。長和二年六月五日薨去。『御堂関白記』では、長保年間および寛弘年間の前半では、道長第での宴事や仏事（長保二年正月一日条など）、中宮彰子*の仏事（寛弘二年十月八日条）、そして文章生（もんじょうしょう）出身の忠輔らしく作文会（さくもんえ）に出席したこと（寛弘元年九月九日条など）が記されており、道長とのかかわりは多くみられる。しかし寛弘七年（一〇一〇）ごろから忠輔の記述が徐々に減少していることから、両者はこのころから距離を置くようになったとみられる。また、長和二年（一〇一三）に三条天皇*皇后の藤原娍子（せいし）*の参内に供奉（ぐぶ）した四人のうちの一人に忠輔がいることは注意したい。同年六月に薨去したことが日記に残るが、道長により哀悼の意は記されなかった。

【所在】寛弘元年七月二十日条、長和二年三月二十日条

【参考史料】『小右記』長和二年三月二十日条　（吉田小百合）

藤原長家（ふじわらのちょうか）　一〇〇五～一〇六四　平安中期の公卿。勅撰集歌人。歌道の御子左家（みこひだりけ）の祖。大宮・三条を号す。藤原道長の六男。母は左大臣源高明女の明子*。生母存命中に道長の正室倫子*の養子となった。室に藤原行成*女、藤原斉信*女、源高雅女の懿子らがおり、懿子との間に忠家、佑家、藤原信長室となった女（『栄花物語』の藤民部卿女か）らをもうけた。侍従・右近衛少将・近江介などを歴任。極官は権大納言。正二位。和歌に秀で、歌合にも多数出詠しており、当時の歌壇の中心的人物として活躍した。勅撰集入集数は四十四にのぼる。日記において長家に関する記事は、その誕生・袴着・元服や、摂関家の子弟として必要な教育を施したことなど、成長と養育にかかわる記事が多くを占

める。寛仁二年（一〇一八）に賀茂祭の祭使をつとめたさいには、生母の明子もこれを見物したことが記されている。これらの記事を通して、道長らがいかに長家を注視していたのかということ、そして親としての温かなまなざしを読み取ることができる。

【所在】寛弘二年八月二十日条、同四年四月二十七日条、寛仁元年四月五・二十六日・九月六日条、同二年二月二・十六日・四月二十二日・十月二十二日条

【参考史料】『公卿補任』治安二年条、『小右記』寛仁二年十月二十七日条・治安元年十月二十四・二十八日条、『左経記』寛仁二年三月十三日条、『栄花物語』巻十六

【参考文献】『歌合大成』三・四（同朋舎出版、一九九六年）、井上宗雄『平安後期歌人伝の研究（増補版）』（笠間書院、一九八七年）

（吉田小百合）

藤原朝経（ふじわらのちょうけい）　九七三〜一〇二九　父は藤原朝光。母は重明親王女。誠任、基房の父。寛和二年（九八六）従五位下。蔵人・右少弁・左少弁などを経て『御堂関白記』初出時は右中弁。石清水臨時祭のために帯などを道長から借りている。以後、左中弁・右大弁・蔵人頭として、*三条天皇と道長の中使を果たし、*禎子内親王誕生時は御剣使をつとめた。また道長家の行事などに出席する参議として寛仁三年（一〇一九）二月十九日条まで名が載る。大蔵卿や勘解由長官を兼任したが、道長はもっぱら「右大弁」と記している。寛仁二年に従三位、同四年に左大弁となるが、この年は源経通に、治安二年（一〇二二）には資平に位を越された。これを不憫に思った*後一条天皇のはからいで、翌年正月、正三位に叙された（『小右記』治安三年正月五日条）。同年十二月には権中納言に任じられている。

【所在】寛弘元年三月二十一日条、長和二年六月二十三日・七月八日条、同四年十二月十一日条、同五年四月十七日条、寛仁元年十一月一日条

（木村由美子）

藤原通任（ふじわらのつうにん）　九七四〜一〇三九　父は藤原済時。一条天皇*女御*藤原尊子の夫。*三条天皇皇后*娍子の弟。寛和二年（九八六）従五位下。左兵衛佐・春宮亮・右馬頭などを経て、三条朝では蔵人頭・修理大夫・参議に任じられた。後一条朝では東宮権大夫・大蔵卿・皇太后宮大夫として娍子と所生の皇子皇女を後見した。『御堂関白記』にはこうしたはたらきのほかに、遅参、触穢、内裏造営、春宮帯刀の任命、料物と頓給物の受け取り方、*当子内親王に関する報告など、道長に「懈怠、白物」「不覚者」といわれる出来事も載る。寛仁二年（一〇一八）九月十六日、*小一条院の嵯峨野大堰川遊覧随行が最後の記事。その後、正三位、権中納言にいたる。邸宅は娍子所領の小一条家地内にあったか（『日本紀略』長和五年十二月十日条）。

【所在】長保元年閏三月二十九日条、同二年正月七日条、長和元年四月二十四・二十七日条、同四年閏六月二十六・二十七日・十月二十一日条、同五年三月二・三日・六月十日・十二月十日条、寛仁元年四月十一日条

（木村由美子）

藤原定子（ふじわらのていし）　九七七〜一〇〇〇　藤原道隆の長女。母は高階成忠女、貴子である。同腹の男兄弟に*伊周、*隆家、隆円、同じく女兄弟に東宮居貞親王女御原子、*敦道親王室、一条天皇*御匣殿がいる。一条天皇の中宮（皇后）となり、*脩子内親王・*敦康親王・*媄子内親王を生んだ。

永祚元年（九八九）十月二十六日、南院の寝殿にて着裳を行った（『小右記』）。正暦元年（九九〇）正月二十六日、一条天皇の掖庭に入り、二月十一日、女御となった（『紀略』）。ときに天皇は十一歳、定子は十四歳であった。十月五日、中宮に冊立された（『小右記』『日本紀略』）。正暦五年二月二十日、積善寺供養が行われた。女院*詮子、中宮定子

が臨席する、中関白家の盛儀であった（『日本紀略』）。長徳二年（九九六）四月二十四日、伊周・隆家が花山院に矢を射かけた罪などにより左遷された（『小右記』『日本紀略』）。五月一日、二条第を検非違使が捜索する最中、落飾した（『小右記』五月二日）。同年十二月十六日、第一皇女、脩子内親王を出産した（『日本紀略』）。長徳三年六月二十二日、職の曹司に還御された（『小右記』）。長保元年（九九九）八月九日、職の曹司より前但馬守平生昌三条宅へ退出した。十一月七日、第一皇子敦康親王を出産した（『小右記』『権記』）。長保二年二月十一日、参内し、二月十八日敦康親王の百日の儀が行われた（『権記』）。二月二十五日、彰子が立后し、中宮となるのにともない、皇后に転上した（『権記』）。一帝二后並列の初例である。十二月十五日、第二皇女媄子内親王を生んだ（『日本紀略』）。十二月十六日に崩御。享年二十四歳、女の厄年であった（『権記』）。十二月二十三日、六波羅蜜寺にて葬送が行われた（『権記』）。

中関白家は道隆の薨去を境にして急速に衰えた。中関白家の栄華と没落そのままに人生の上昇と下降を体験したのが定子であった。道隆が病いを得て腐心したことは、関白の地位を子息の伊周に譲ることであった。結果は、移譲は認められず、道隆の病いの間という条件のついた内覧であった。一年も満たないものの、内大臣の経験があるので、兼通の先例に照らし合わせてみれば、関白もありえたけれど、関白ではなくて内覧に押しとどめられた。そこにぎりぎりの攻防があったことが推測される。それほど摂関の地位継承は兄弟順という原理原則が固くまもられていたのである。しかし、道隆が亡くなるまでのわずかな間でも内覧を経験することは、道長と摂関の地位を争うときに有利に働くはずである。にもかかわらず、花山院に矢を射かける不敬事件を引き起こし、自滅への道をたどるのであった。兼家、道長、頼通時代は、摂関の継承の原理が、兄弟継承から嫡子継承への過渡期であった。

定子後宮の文化は独特で漢才を特徴とする。中関白家の外戚、高階成忠が高名な学者であり、道隆の妻である貴子は円融天皇の御代に掌侍をつとめており、道隆の子女は男も女も漢才の面で秀でていた。摂関の外戚の文化や風儀が後宮の文化を規定している。

（福長進）

藤原定輔（ふじわらのていほ）　?～一〇三七　藤原説孝男。母は藤原元尹女。文章生・蔵人・主殿助・弾正少弼・上野介・左衛門権佐・播磨守などを歴任し、従四位下にいたる。大日本古記録本『御堂関白記』の索引では、同時期に蔵人・式部丞を経た藤原定佐（兼清男）との混乱がみられるが、『御堂関白記全註釈』では分明にされている。『御堂関白記』には寛弘三年（一〇〇六）までは六位蔵人としてみえ、同五年十月十七日には敦成親王家侍者に補された。長和四年（一〇一五）に上野介（親王任国ゆえ、実質の守）に補されたが、これは、二度の成功と、三条天皇のために、三条院を買得して後院として献上した功績によるものであった（『小右記』同年八月二十七日条）。寛仁元年（一〇一七）十月二十一日には、馬を道長に十疋、頼通に五疋献上している記事がみえる。その後、頼通が摂政・関白となってからは頼通に親近し、父説孝と同じく摂関家に近侍した典型的受領としての姿が『小右記』にみえる。

【参考史料】『小右記』治安元年十二月二十四日条・同三年九月五日条・万寿二年九月一・七・十三日条、『行親記』長暦元年八月十日条

（植村眞知子）

藤原定頼（ふじわらのていらい）　九九五～一〇四五　父は藤原公任。母は昭平親王女。右少将、中宮（妍子）権亮、勘解由長官、蔵人頭、内蔵頭、左大弁、兵部卿などを歴任する。

極官は権中納言。同母姉妹が教通*（道長男）室となる。寛弘七年（一〇一〇）十一月五日、源済政*女と結婚し、倫子*（道長室）から蘇芳枕・薫香を贈られた（済政は倫子の甥にあたる）。長和四年（一〇一五）十月二十五日、道長五十賀の法会にて中宮妍子の使をつとめる。同五年十月二日、道長の上表を書き、「其ノ書キ様甚ダ以テ美ナリ」と賞された。藤原長家*（道長男／寛仁元年四月二十六日条）・後一条天皇*（同二年正月三日条）の元服にさいして理髪をつとめた。生子・真子（教通女／同二年十一月九日条）の着袴や、嬉子*（道長女／同三年二月二十八日条）の裳着のさい、皇太后宮妍子の使をつとめた。

（福長進）

藤原道雅　九九二〜一〇五四　平安中期の官人。勅撰歌人。父は藤原伊周*、母は源重光*女。室に平惟仲*女の大和宣旨がいる。性格に問題をかかえた人物であり、その自分本位で身勝手な有り様は『御堂関白記』にも記される。若年期から道長・彰子*親子から目をかけられており、その元服や叙位の記事などから彼らの道雅に対する気遣いを見出せる（寛弘元年正月六日条など）。このほか、日記中では道雅の奇行や（寛弘四年四月十七日条など）、職務の懈怠（寛弘五年二月三日条など）、そして当子内親王*との密通事件など、素行不良の記事がめだつ。ただし、道長は密通事件に疑義を呈しており（寛仁元年四月十一日条）、以降も道雅との親交は途絶えることがなかった。一連の道雅の奇行の原因については、中関白家の凋落と道長に対する反発などが指摘されるが、諸書にみえる彼の素行の悪さや、日記にみえる道長との関係性を考慮すると、道長の庇護を少なからず受けているという驕りや慢心も大きな要因であったといえよう。

【所在】寛弘三年二月八日・七月三十日条、同四年正月十三日条、同五年二月一・二日条、長和四年二十四日条、同五年三月十二日条、寛仁元年四月十・十一日条、同三年二月二十八日条

【参考史料】『小右記』長和四年二月六日条・万寿四年七月十九日条、『権記』寛弘三年七月三十日条

（吉田小百合）

藤原道綱　九五五〜一〇二〇　平安中期の公卿。父は摂政藤原兼家*。母は伊勢守正四位下藤原倫寧の女であり、『蜻蛉日記』の作者。男の兼経は道長の養子となっており、参議にいたる。兼経の弟の兼綱*については、『尊卑分脈』では道兼男にも兼綱がおり、道兼養子説もある。道命阿闍梨は中古三十六歌仙の一人。女の豊子は宰相乳母として敦成親王・敦良親王*の誕生にさいし、御湯を供している。道綱は道長の異母兄にあたる。

天禄元年（九七〇）冷泉院*御給により従五位下となる。右馬助、左衛門佐、左少将を経て、寛和二年（九八六）に蔵人、右中将。地方官としては、土佐権守、備前介を歴任。道長と同じ永延元年（九八七）に従三位に叙され、非参議。正暦元年（九九〇）正三位となり、定子*が中宮に冊立された日に中宮権大夫を兼ねる。同二年に参議。長徳二年（九九六）に中納言で右大将を兼ねる。同三年に大納言で春宮大夫を兼ねる。長保二年（一〇〇〇）従二位。同三年に正二位となり、これが最終の官位となる。長保四年に按察使を兼ねる。寛弘四年（一〇〇七）には東宮傅となり、同九年には中宮大夫となる。寛仁二年（一〇一八）には皇太后宮大夫に遷った。地方官としては、尾張権守、備前権守を兼ねた年もある。このように、一条朝にあって、長く東宮大夫、東宮傅を勤め、東宮が帝位につくと、道長女妍子*について中宮大夫となり、妍子が皇太后宮に転じた日からは皇太后宮大夫に遷じた。特筆すべきは妍子が立后する日（長和元年二月十四日）に道綱が中宮大夫となり、就任早々の道綱と道長が最初に盃をあげた記

事であり、道長四十七歳の頃の充実した日々が感じられる。道綱は時に五十八歳。長保四年以後の経歴も低落や停滞の感じはなく、ほぼ順調に高位に君臨しているといえるが、上昇する勢いとしては、長徳二年の任中納言、兼右大将、同三年の任大納言、兼春宮大夫、長保二年の従二位、同三年の正二位と、この六年間がもっとも注目される。ただし、この六年間については、『御堂関白記』の記事は少ない。

長保三年に源時中が大納言を辞してより以降は、公卿最上位者左大臣藤原道長と大納言道綱自身との間には右大臣顕光*と内大臣公季を置くのみという時代も長くあり、その間、陣定に出席することはもちろん、季御読経、法華八講、法華三十講、仁王会等の諸行事にかかわって参列したり、雑事を定めたりしている。また、道長に同行して比叡山に登り、解脱寺の不断念仏にも同行し、浄妙寺三昧堂の供養にも参列したりして、道長に近いところで、道長を支える大きな存在であったことが、『御堂関白記』の記録からうかがい知ることができる。東宮大夫、東宮傅として長く三条天皇*の周辺に仕え、三条天皇が帝位についてからは中宮大夫として妍子にも仕えて、時代の中枢部分にかかわって活躍している。敦成親王（のちの後一条天皇*）、敦良親王（のちの後朱雀天皇）の生誕の時期にも大きく関わり、後一条天皇の大嘗会御禊にさいしては後一条天皇の装束を奉仕した。また、眼病をわずらう三条天皇と道長との間にあって連絡、調整役を務めるなど、道長時代を考えるときになくてはならない存在であったといえる。

道長は、道綱に対して、病いの時に見舞うなど、一定の敬意を示しているときもある。しかし、同じ年に非参議となって以来、道長との差は開いてそのまま固定し、長年にわたって常に一定の差が確保されていたという事実も、『御堂関白記』を読むさいには重要かと思われる。

住居は大炊御門にあり、道長が方忌の関係で宿泊している（長和五年七月十日条）。

（中村康夫）

藤原敦親　生没年未詳　平安中期の官人。正五位下播磨守信理男。右兵衛佐・駿河守・蔵人・皇后宮大進を歴任。また、皇后宮大進であった時には右兵衛佐を兼任していた。寛弘八年（一〇一一）の大雨のさいに道長に馬を請うた記事が初見であり、以降、石清水臨時祭の祭使をつとめたことや、賀茂詣のさいに舞人をつとめるなど、おもに祭祀に関連した記事にその名がみえる（寛弘八年三月二十八日・八月五日条など）。このほか、教通女の生子と真子の袴着にさいしては、藤原彰子*の使いとしての働きが記されている（寛仁二年十一月九日条）。

【所在】長和二年三月二十八日条、寛仁二年四月二十三日条

（吉田小百合）

藤原能信　九九五～一〇六五　平安中期から後期の公卿。父は道長。母は左大臣源高明女明子*。同母の兄弟に頼宗*、顕信*、長家*、寛子*（小一条院妃）、尊子（源師房室）がおり、異母の兄弟に頼通*、教通*、彰子（一条天皇后*）、妍子*（三条天皇后）、威子（後一条天皇后*）、嬉子（東宮敦良親王妃）がいる。子息はいずれも養子ながら、能長は内大臣にいたり、茂子は後三条天皇女御となって白河天皇を出生し、国母となっている。

寛弘三年（一〇〇六）に従五位上で侍従。以下、右兵衛佐、蔵人、少納言、中宮権亮、左近衛権中将、蔵人頭を経て、長和三年（一〇一四）に左京大夫。中宮権亮を兼任したのは寛弘九年で、時の中宮は妍子。長和三年には非参議で公卿として名を列している。地方官としては近江権守になっている。同五年に左中将。その後、参議を経ず、寛仁元年（一〇一七）に権中納言。翌二年に中宮権大

夫。同四年に左兵衛督。同五年に権大納言。長元六年（一〇三三）に按察使を兼ねる。同八年に中宮大夫、中宮は威子。同十年に皇后宮大夫。皇后宮は後三条天皇母*禎子内親王。寛徳二年（一〇四五）に春宮大夫。春宮はのちの後三条天皇。官位としては正二位まで。のち白河天皇が即位した翌年、延久五年（一〇七三）に太政大臣正一位を追贈されている。

『御堂関白記』には、元服以後、年齢の近い兄弟と一緒によく書かれている。能信に関する記述の中でとくに注目されるのは、能信自身、あるいは能信の従者の失態にかかわる記述であろう。長和二年九月二十八日条には、天皇が舞を見たいと能信に言っておられたのに、能信は道長に伝えなかった。そのために中止となった。また、長和五年五月二十六日には従者がかかわった事件があった。こういう記述からは道長の能信に対する特殊な視線が感じられる。重要な役回りの記述もあり、期待も高かったか。　（中村康夫）

藤原能通　生没年未詳　藤原永頼男、母は木工頭藤原宣雅女。淡路・甲斐・備後・但馬などの国守を歴任した受領官人である。『御堂関白記』には、道長第法華三十講の非時調進（寛弘元年七月七日条）や、道長の金峰山詣のための長斎に道長とともに籠もり精進している（同四年閏五月十七日条）記事がみえる。寛弘五年（一〇〇八）十月十七日、*彰子所生の敦成親王家司の別当に任ぜられている。『小右記』万寿二年（一〇二五）二月二十一日条に「能通は内府の家司たり」とあって、*教通の家司であったことは明らかであるが、それ以前は、道長家（摂関家）の家司的存在として奉仕している様子がうかがえる。『小右記』には道長の使いとして藤原*実資の許を訪れているのが散見されるし、*頼通の要望に応じて所領を献じたり（長和三年十二月六・八日条）、道長の法成寺薬師堂の丈六仏の事を執行したりもしている（『小右記』治安三年十二月二十一～二十三日条）。これらの莫大な費用は当然受領としての収入によるものと考えられ、能通宅（山井第の西、押小路南・富小路西）が三度の放火に見舞われているのも「愁ひを抱く者の所為」であったらしい（『小右記』万寿二年二月二十一日条）。歌人として、『後拾遺和歌集』に二首入集している。　（植村眞知子）

藤原繁子　生没年未詳　平安中期の女官。藤三位、藤典侍とも。従三位。*一条天皇乳母。父は右大臣藤原*師輔。道長の叔母。甥の藤原*道兼との間に、*尊子（一条天皇*女御）をもうける。平惟仲と再婚し、長保三年（一〇〇一）大宰帥となった夫と筑紫に下向。しかし寛弘元年（一〇〇四）惟仲を亡くし、帰京。都へ戻ったのちは出家して好明寺（高明寺）を建立、終生そこに住した。日記には繁子の出家後、道長が好明寺を訪ねたことが記され、二人の間に折々の交流があったこと、そしてその良好な関係性が長く保たれたことがうかがえる。

【所在】寛弘二年十月二十二日条、同七年九月二十四日条、寛仁元年十月四日条、同三年正月二十九日条

【参考史料】『権記』長保二年八月二十日条、『栄花物語』巻四

【参考文献】角田文衞「藤三位繁子」（『王朝の映像—平安時代史研究—』、東京堂、一九七〇年）

（吉田小百合）

藤原輔尹　生没年未詳　父は藤原興方。藤原*懐忠の子になる（藤原正家の養子とも）。蔵人式部丞・伊賀守などを経て『御堂関白記』には右少弁・左少弁・大和守・文人歌人としてのはたらきが載る。その後、木工頭（『小右記』寛仁四年八月十八日条）。『本朝麗藻』に二首、『後拾遺和歌集』に一首入集。家集『輔尹集』がある。『拾遺和歌集』二四八の作者藤原佐忠は別人。『枕草子』「一条の院をば」に登場する「すけた

だ」との関係は未詳。

【所在】寛弘元年九月九日条、同四年四月二十六日条、同六年七月四日条、寛仁二年正月二十一日条　（木村由美子）

藤原穆子（ふじわらのぼくし）　九三一～一〇一六　父は藤原朝忠。源雅信室。道長の岳母。倫子、時通らの母。雅信の死後、出家して一条第に住み一条尼とよばれた。従四位下。『御堂関白記』には道長・倫子一家との良好な関係をあらわす出来事や、病悩から葬送にいたるまでの経緯が記されており、道長は穆子の享年に「卯年」と書きそえて死別の悲しみを綴っている。一方、生前に自分の墓所を準備し、豊後守藤原孝理の不首尾を案じ、一条第の相続人を指定するなど家刀自（いえとじ）としての言動も載る。道長は、穆子・倫子の擁する女房の人脈を用いて天皇家と強固な関係を築いた。道長に多くのものをもたらしてくれた岳母だった。『栄花物語』巻三・巻十二などに逸話が、『御堂関白集』に歌がある。

【所在】寛弘三年十月十一日条、同七年八月七日条、長和二年十一月十八・二十日条、同五年正月十九日・七月二十六日・八月一日・十二月三・十二日条　（木村由美子）

藤原輔公（ふじわらのほこう）　生没年未詳　藤原清通（道長の従兄弟）男。寛弘元年（一〇〇四）に三河守輔公が赴任を告げてきたさい、道長から馬を贈られ、さらに道長の随身（ずいじん）所別当に補されている（三月二十二日条）。寛弘七年には散位から右衛門督に補された（三月三十日条）。長和元年（一〇一二）四月二十八日教通と公任女との結婚の後朝使をつとめ（『小右記』）、翌二年正月十六日東三条第が焼亡したさいには、中宮妍子（けんし）が東三条第のすぐ南に位置していた輔公家（高松殿）に一時的に渡御したこともあった。

【参考文献】柴田房子「道長をめぐる家司」（『古代文化』二一―八、一九六九年）　（植村眞知子）

藤原保昌（ふじわらのほしょう）　九五八～一〇三六　平安中期の官人。道長家司（けいし）。父は藤原致忠。母は源元明女。妻は歌人として名高い和泉式部のほか、男の快範らを生んだ室がいたようであるが、詳らかでない。武勇に優れ、後世には大江山の酒呑童子討伐などで勇名を馳せた。左馬頭、肥前・大和・丹後・山城・摂津などの国守を歴任し、家司受領（ずりょう）として比較的裕福な暮らしを送る。正四位下。日記では、家司として道長の使いをつとめたことや（寛弘元年九月十九日条など）、任官および叙位（寛弘二年八月十三日条など）、土御門（つちみかど）第の仏事でその名がみえる（長和元年八月二十五日条）。寛弘七年（一〇一〇）の叙位の記事では、藤原彰子の口添えにより加階されている（十一月二十日条）。積極的な姿勢で道長を支え、奉仕した記事を見出せる一方で、自身の下人が闘乱したことなど（寛仁元年三月十一日条）、保昌の周囲ではしばしば諍い（いさかい）が起こっていたらしく、類似の記事が日記後半に散見される。

【所在】寛弘七年十月二十日条、同八年八月十一日・十月十一日条、長和元年閏十月二十七日条、同二年四月十五日条、同四年七月二日条、寛仁元年三月十一日・十二月五日条、同二年閏四月十日条

【参考史料】『小右記』長和二年七月十六日条、『紀略』長元元年十月十三日条　（吉田小百合）

藤原有国（ふじわらのゆうこく）　九四三～一〇一一　初名在国。父は藤原輔道。一条天皇乳母橘徳子の夫。子に広業・資業らがいる。康保四年（九六七）東宮雑色（ぞうしき）、貞元二年（九七七）従五位下、石見守・越後守・蔵人（くろうど）・右大弁・勘解由（かげゆ）長官などをへて蔵人頭（くろうどのとう）。平惟仲とともに兼家に重用された（『栄花物語』巻三）。正暦二年（九九一）秦有時殺害に関与して除名され、翌年復位。長徳元年（九九五）大宰大弐。翌年、伊周が大宰権帥（だざいごんのそち）となり左遷されてきた。長保三年（一〇〇一）参議（『小

右記』は長保元年八月二十五日条に「参議有国」）、勘解由長官・修理大夫を兼任、従二位。『御堂関白記』には陣定や朝廷と道長の行事・詩会・仏事に出席する上達部として名が載る。寛弘八年（一〇一一）七月十七日の有国薨奏が最後の記事。菅原文時の門下生で、勧学会草創期の結衆の一人。『本朝麗藻』『本朝文粋』などに詩、序が載る。詩集『勘解由相公集』二巻は散逸。『江談抄』『古事談』に逸話がある。

（木村由美子）

【所在】長保元年七月三十日条、寛弘三年二月二十日・十月二日・十二月二十九日条

藤原頼親（ふじわらのらいしん）　九七二～一〇一〇　藤原道隆男。伊周・隆家・定子の兄弟。母は未詳だが、おそらくは異腹（『栄花物語』巻十二に「頼親の内蔵頭などは、みな腹々の君達ぞかし」とある）であろう。長徳二年（九九六）四月二十四日、伊周の事に坐して殿上の簡を削られた（『小右記』）が間もなく復帰し、寛弘二年（一〇〇五）六月十九日には左近衛中将で内蔵頭を兼任した。寛弘年間には道長法華三十講の非時を奉仕したり、道長に箏を献上したり（寛弘二年五月十八日・同五年五月一日・同七年一月十一日各条）、道長の家司的な役割を果たしている。その他、寛弘三年十二月二十六日の道長による法性寺五大堂供養の折には中宮（彰子）の使いをつとめ、同四年六月二十五日には中宮（彰子）御所に饌をもうけたり（『権記』）、翌五年十月十六日には敦成親王家司に任ぜられたり（『御産部類記』）もした。寛弘七年十一月九日に卒去、時に三十九歳であった（『権記』）。道長には甥にあたるため、翌日着服している（十一月十日条）。

（植村眞知子）

【参考文献】『枕草子』「淑景舎、東宮に」の段、『大鏡』道隆伝、『栄花物語』巻八・巻十二

藤原頼宗（ふじわらのらいそう）　九九三～一〇六五　平安中期の公卿。父は道長。母は左大臣源高明女明子。同母の弟妹に顕信、能信、長家、寛子（小一条院妃）、尊子（源師房室）がおり、異母の兄弟に頼通、教通、彰子（一条天皇后）、妍子（三条天皇后）、威子（後一条天皇后）、嬉子（東宮敦良親王妃）がいる。幼名は巌君。男は兼頼（権中納言まで）、俊家（右大臣まで）、能長（内大臣まで）、能季（権中納言まで）らがおり、女に延子（後朱雀天皇女御）、女子（小一条院女御）、昭子（後三条天皇女御）、師房室らがいる。

寛弘元年（一〇〇四）に従五位上。翌年に侍従。以下、右兵衛権佐、右少将、左少将、右中将を経る。寛弘八年に従三位で非参議に列し、長和三年（一〇一四）に権中納言に任じた。同五年に右衛門督、検非違使別当。寛仁元年（一〇一七）に左衛門督、皇大后宮（彰子）権大夫。翌年に大皇大后宮（彰子）権大夫。治安元年（一〇二一）に権大納言で、教通の後を承けて春宮大夫を兼ねる。春宮は敦良親王。万寿五年（一〇二八）に按察使。長元九年（一〇三六）には春宮が即位して後朱雀天皇となったのにともない、春宮大夫は停止となったが、翌年には次の春宮親仁親王（のちの後冷泉天皇）が立ち、春宮大夫となる。寛徳二年（一〇四五）に右大将。永承二年（一〇四七）に内大臣。康平三年（一〇六〇）に右大臣。

『御堂関白記』においては、頼宗は嫡流ではないながらも、年齢の近い兄弟が書き留められる中でほぼ対等に扱われており、道長にとって大事な存在であったことがうかがわれる。教通が頼宗より上位に立ち、年齢からして逆転するのは、当時の考え方からしてやむを得ないことであり、頼宗に特別な思いを抱かせたとは考えにくい。ただ、特別な記事ともみえてくるのは寛仁元年三月十一日条の殺人事件の処理や同二年五月二十三日条の下手人の処理についての記事で検非違使別当とし

て頼宗が書かれていることであり、都の治安にかかわるところで道長は実行力のある頼宗を高く評価しているように思われる。

（中村康夫）

藤原頼通（ふじわらのらいつう）　九九二～一〇七四　道長の一男。母は左大臣源雅信*女の倫子*。宇治殿と称される。幼名は田鶴。頼通を称した元服の翌年、十三歳で右少将の寛弘元年（一〇〇四）、春日祭使をつとめた。雪の中で大役を果たす子息を道長が思いやった和歌「若菜つむ春日の原に雪降れば心づかひを今日さへぞやる」が、『御堂関白記』二月六日条に載せられている。その二年後に従三位に叙されて公卿に列し、参議を経ずに権中納言を経て、二十二歳で権大納言に進んだ。姉の彰子*所生の後一条天皇*の在位二年目である寛仁元年（一〇一七）内大臣に上り、道長からの譲りで摂政となった。時に二十六歳と、史上最年少であった。

これ以後、後一条・後朱雀・後冷泉天皇の三代にわたり、五十一年間も摂関の座にあった。しかし、後朱雀・後冷泉天皇に入れていた女の嫄子と寛子には、ついに皇子の誕生をみなかったことにより、摂関の権力そのものに重大な変質をもたらすことになった。

頼通の結婚については、もともと隆姫女王という妻がいたのであるが、なかなか子女には恵まれなかった。そこを見越して、長和四年（一〇一五）十月、三条天皇*はいまだ十三歳にすぎない女二宮（禔子（しし）内親王*）を頼通に降嫁させることを提案した（『小右記』）。『栄花物語』では、隆姫のことを思って目に涙を浮かべた頼通に対し、道長が、「男子は妻一人だけを守らねばならぬことはあるまい、愚かしいぞ。今まで子にも恵まれぬようだから、とにかくただ子をつくることを第一に考えるがよい。この皇女は子を産んでくださるだろう」と一喝したことになっているが、実際にも、「頼通には妻があるが如何であろうか」という三条天皇の懸念に対し、道長は降嫁に積極的であった（『小右記』長和四年十一月十五日条）。なお、この降嫁は、頼通の病悩によって沙汰止みとなっている。男子に恵まれない頼通は、寛仁四年に村上天皇皇子具平親王*二男の源師房を養子として元服させ、後継者として権中納言・権大納言・内大臣・右大臣にまで進ませたが、長久三年（一〇四二）に師実が生まれると、そちらを後継者とした。

治暦三年（一〇六七）に准三后となり、翌四年に関白職を、嫡子の師実に将来譲渡するという約束させたうえで弟の教通*に譲り、宇治に隠退した。すでに藤原氏と姻戚関係のない後三条天皇が即位しており、摂関家の栄華にはかげりがみえていた。延久四年（一〇七二）正月に出家して蓮花覚と称し、のちに寂覚と改めた。二年後の承保元年二月二日に八十三歳で薨去した。

宇治の平等院は、父から伝領した宇治別業を、頼通が末法入りの永承七年（一〇五二）に仏寺に改めたもので、「極楽いぶかしくば宇治の御寺をうやまへ」という童謡が示すように、この世に出現した地上の極楽浄土であった。

頼通は「恵和之心」の持ち主であり（『春記』）、多くの意見を聞きながら政治を行ったが、道長の在世中はもっぱらその指示を仰ぎ、時として譴責されることもあった。頼通も徐々に権勢志向となったが、藤原実資*も頼通には親切に儀式を教授した。

頼通の政策としては、長久・寛徳・天喜と相次いで出した荘園整理令があるが、結果として権門擁護策に終わった。頼通は平安京大内裏の至近に四町からなる広大な高陽院（かやのいん）を営み、万寿元年（一〇二四）九月十九日に後一条天皇・上東門院彰子・東宮敦良親王*を招いて競馬（くらべうま）を催した。その様子は『駒競行幸絵巻』（和泉市久保物記念美術館蔵）に描かれ

ている。（倉本一宏）

藤原頼任 ?～一〇三〇　藤原時明男。母は藤原忠君女。文章生・六位蔵人・内記・右衛門権佐・検非違使・丹波守・美濃守などを歴任し、従四位上右中弁にいたる。道長の周辺で活躍し、家司的役割を果たした。長和五年（一〇一六）二月十八日、頼任が丹波守として赴任するさい、道長から馬一疋を贈られ、寛仁元年（一〇一七）・二年の道長第三十講（五月二十五日・五月二十二日条）にさいして非時を奉仕した。その他、道長の使いとしての役割を果たしている様子は『御堂関白記』および『小右記』に頻出する。道長女妍子の宮司としても奉仕し、万寿四年（一〇二七）九月十四日に妍子が崩じたさいには遺骨を持って木幡に向かった。また、道長薨後は関白頼通の使いとして奉仕する様子が『小右記』にみえる（たとえば長元元年八月一・四日条、同二年四月六日条等）。寛仁三年六月、丹波国百姓らが上洛して陽明門に立って訴えを行ったさい、頼任が騎馬兵をもって百姓らを追捕したことにより、道長・頼通から勘当を受け、実資にとりなしを請うて許されるということもあった（以上『小右記』）。長元三年七月に卒去。伊勢大神宮の神罰であったといわれる（『弁官補任』）。

【参考史料】『小右記』長和二年九月十六日・同三年六月十八日・同五年十一月二日・治安二年十月十九日条、『栄花物語』巻二十九「たまのかざり」（植村眞知子）

藤原隆家 九七九～一〇四四　平安時代中期の公卿。父は中関白藤原道隆。母は高階貴子。藤原伊周、一条天皇中宮の藤原定子は同母兄姉。豪胆な性格であり、武勇に優れ、能射の人であった。

日記中の隆家の記事は土御門第での作文会や、道長第および彰子主催の法会に参列したことがその多くを占める。とくに寛弘元年（一〇〇四）・二年は記事が多く、道長のみならず、彰子との交流も日記中に散見される。寛弘三年以降、隆家の記事は減少する。以降に道長との私的な交流が途絶えたわけではないが、その記事の内容は政務に参加したことや、藤原彰子の参内や退出に供奉したことなどがめだち、道長との関係はやや距離を感じさせる。これは、敦康親王の立太子問題や、親交の深い藤原実資および三条天皇との道長体制に対する反発のためであろう。長和元年（一〇一二）に皇太后宮大進に任じられ、藤原娍子の参内に供奉したさい、隆家に対し道長が不満ともとれる記述を残している。しかし翌日には道長女の中宮妍子方にも参内し、その後も彼女に供奉した記事がみられる。このように、道長家とは完全に対立的構図にあったわけではなかったようで、眼病治療などを目的に筑紫下向したさいには、彰子らから餞別を下賜されたことが、また、任期中に隆家男の元服が道長第にて行われたことが記される。道長体制に対抗はしても、道長自身や一家の人びととは心情的対立を深めていたわけではなかったことが推測される。

【所在】寛弘元年三月十三日・四月二十九日・十一月二十三日条、同二年同十月十九日条、同三年十月十六日条、同五年四月十三日条、同八年四月五日条、長和元年四月二十七・二十八日条、同二年正月十日・三月十六日条、同四年四月二十一日条

【参考史料】『大鏡』道隆伝、『紫式部日記』寛弘五年九月十一日条、『小右記』長和元年四月二十七日・同二年正月十二日条（吉田小百合）

藤原隆佐 九八五～一〇七四　父は藤原宣孝。母は藤原朝成女。文章生をへて、大内記、蔵人、式部大丞、三条院判官代、伯耆守、越後守、東宮（敦良親王）大進、左衛門権佐、東宮（親仁親王）亮、近江守、播磨守、皇后宮（藤原寛子）亮、讃岐守、伊予守、大蔵卿などを歴任する。康平

二年（一〇五九）正月七日、従三位に叙される（非参議）。敦成親王家侍者となり（寛弘五年十月十七日条）、「院（三条院）時人也」と評される（長和五年三月三日条）。

（福長進）

文慶（ぶんけい）　九六六～一〇四六　平安中期の天台宗延暦寺僧。父は右兵衛佐佐理。余慶・観修らに師事した。日記では、娍子内親王御悩平癒の加持修法の賞により、権律師に補された記事が初見となる。これは一条天皇の意向によるものだが、このとき道長は難色を示している（寛弘五年四月二十四日条）。ただし、この件をのぞけば道長一家との関係性は良好であったらしく、藤原彰子主催の道長五十賀の法会に奉仕し（長和四年十月二十五日条）、また道長の受戒にも随行している。道長のみならず藤原実資らとも交流があったらしく、天皇や貴族からも信任を得ていた。

【所在】寛弘五年四月二十四日条、同六年五月十七日条、長和二年正月十四日・八月十四日条、同四年五月一日条、同五年二月二十七日条、寛仁元年十月二十九日条

（吉田小百合）

源　雅信（みなもとのがしん）　九二〇～九九三　宇多源氏。父は敦実親王。母は藤原時平女。道長室、倫子の父。蔵人頭、治部卿、左衛門督、按察使、東宮（師貞親王・懐仁親王・居貞親王）傅などを歴任する。極官は左大臣。一条左大臣と号す。鷹司左大臣、土御門左大臣とも。雅信の薨去について記した『権記』正暦四年（九九三）七月二十九日条には、「身仕数代、位至一品、三朝為補佐之臣、朝家所重也」とある。『御堂関白記』には、雅信の忌日（七月二十九日）に、法要のために倫子が仁和寺に赴いたこと（長保元年・長和四年）や捧物を送ったこと（寛弘三年）が記される。『栄花物語』巻第三には、雅信が道長と倫子の結婚に反対したものの、雅信室（倫子母）、藤原穆子の後押しもあり、結婚が成就したことが記されている。また、『大鏡』「昔物語」には、雅信の謹厳な性格や、信仰心の深さ、音楽の資質をあらわす逸話が見える。『郢曲相承次第』に、「音楽堪能、一代之名匠也、〈見大鏡、〉」とある。

（福長進）

源　雅通（みなもとのがつう）　?～一〇一七　父は源時通。母は源堯時女。祖父雅信の養子となる。蔵人、木工頭、中宮（妍子）亮、丹波守、右近衛中将などを歴任する。倫子（道長室）の甥にあたる。娘に、馨子内親王の乳母（『栄花物語』巻三十一）、後冷泉天皇の乳母（同巻三十六）がある。また、同巻第三十八には、道長が雅通室を後一条天皇の乳母として召そうとしたことが記される。寛弘元年（一〇〇四）三月十九・二十一日、道長から帯・平緒などを賜る。同二年正月十七日にも、下重・上袴を賜る。同五年十月十七日、敦成親王家別当に補される。長和元年（一〇一二）九月十七日、任国（丹波国）への赴任にさいして道長に罷申し、馬を賜る。同二年二月十一日および四月二日、道長、雅通邸に宿す。同年七月二日、法興院法華八講の料米を奉らなかったことについて、道長から問い合わせを受ける。同五年十二月三日、雅信の一条第などの券契を道長のもとに持参する。

（福長進）

源　経親（みなもとのけいしん）　生没年未詳　宇多源氏。父は源道方。左近衛少将、蔵人、左京大夫、備前守などを歴任。『御堂関白記』には、祭とのかかわりがしばしば記され、春日祭使となるものの代官を申請したこと（寛弘八年二月十四日条、長和二年二月九日条）や、石清水臨時祭の舞人となったこと（長和五年三月二日条）がみえる。また、道長五十賀の法会が営まれたさい、三条天皇の諷誦使をつとめたこと（長和四年十月二十五日条）や、道長の任太政大臣の大饗において、録事をつとめたこと（寛仁元年十二月四日条）、中宮威子の諸社奉幣のさい、石清水への奉幣使となったこと（同二年十一月二十六日）な

どが記されている。

（福長進）

源経房（みなもとのけいぼう）　九六九～一〇二三　平安中期の公卿。父は左大臣源高明。母は右大臣藤原師輔女。道長の従兄弟にあたる。道長室の高明女明子とは同母か。

永観二年（九八四）従五位下に叙され、侍従、兵衛佐、左少将、右中将、左中将を経て、長保三年（一〇〇一）に蔵人頭に補された。地方官としては、伊予権介、備中守、美作守、播磨守を兼ねている。寛弘二年（一〇〇五）に参議となり、長和四年（一〇一五）権中納言に昇任する。左中将を兼ね、寛弘九年に中宮権大夫を兼ねて、寛仁二年（一〇一八）に皇大后宮権大夫に転じた。寛仁四年には大宰権帥を兼ね、治安三年（一〇二三）に大宰府で薨じている。地方官としては、公卿昇任後さらに、近江権守、備前守、丹波権守を兼ねている。最終の官位の正二位に昇ったのは寛仁二年である。

『御堂関白記』長和二年九月十六日条には、土御門第に三条天皇の行幸があり、その日に叙位があって、従二位を左衛門督藤原教通、左宰相中将源経房、右三位中将藤原頼宗の三人が賜ったことを記しているが、三人を掲げた後に「是家子」と書いている。寛仁二年十月二十二日条には、土御門第に後一条天皇の行幸があり、その日に叙位があって、正二位を頼宗・能信・経房の三人が賜っているが、頼宗・能信の二人を記した後に「家子」と記し、経房を書き分けている。道長が厳密な書き方をしていないだけとも考えられそうであるが、『栄花物語』巻十六には、大宰府に赴任する経房のことを書いて「年頃、大とのの御子のやうに思ひきこえ給へりければ」とあるので、道長としては我が子のように考えていたと思われる。

『御堂関白記』にあらわれる経房は、馬の扱いに慣れており、音楽に優れ、除目の清書を担当するなど書にも秀でていて、教養人としての風格に優れていたと認められる。

（中村康夫）

源経頼（みなもとのけいらい）　九八五～一〇三九　曾祖父は宇多天皇皇子の敦実親王、祖父は左大臣源雅信、父は参議左大弁源扶義。母は源是輔女。扶義は倫子の兄で、経頼は道長の甥にあたる。長徳四年（九九八）従五位下に叙され、玄蕃頭・少納言・和泉守となり、左少弁に任ぜられたのち弁官を歴任、近江守・内蔵頭・中宮亮・丹波守をへて、長元二年（一〇二九）蔵人頭に補され翌年参議となった。その後、中宮権大夫・兵部卿をへて、正三位左大弁勘解由長官にいたった。『御堂関白記』や経頼自身の日記『左経記』からは、道長家に頻繁に出入りしてさまざまな取り次ぎにあたっていることがわかり、中宮亮・権大夫に任ぜられたことは道長・頼通の経頼への信頼の篤さを示す。弁官として長く精勤し実務に明るく、さらに故実学への関心が高く、道長や頼通、実資、公任、行成らから作法を学び、『西宮記』勘物（青縹書）を作成したほか、『類聚符宣抄』を編纂した。

【参考文献】清水潔『類聚符宣抄の研究』（国書刊行会、一九八二年）

（黒須友里江）

源憲定（みなもとのけんてい）　?～一〇一七　父は為平親王。母は源高明女。婉子・恭子は同母姉妹、頼定は同母弟。『御堂関白記』には右兵衛督としてのはたらきと、道長の行事や仏事などに出席する上達部として名が載る。寛弘四年（一〇〇七）正月二十日には源俊賢の譲をうけて三位に叙された（『公卿補任』では長徳二年から非参議の従三位）。長和二年（一〇一三）七月十二日、彰子に娘の出仕を要請され、俊賢にこれを承諾するよう促されると、藤原実資を訪ねて意見を求めた。これに対して実資は、「一家事」は俊賢の「指帰」にあると答えている（『小右記』同日条）。憲定の死後、藤原有国女腹の娘二人が隆姫に仕え、妹の方が通房を産んだと『栄花物語』

巻二十四は伝える（『左経記』万寿二年正月十一日条）。

【所在】寛弘元年十月十三日条、寛仁元年六月二日条　（木村由美子）

源　高雅（みなもとのこうが）　生没年未詳　父は源守清。母は藤原清正女。彰子乳母*の藤原親明女との間に行任、後一条天皇乳母藤原基子*との間に章任がいる。甲斐守・讃岐守・近江守などを歴任。道長の家司で彰子の中宮亮・敦成親王家別当もつとめた。『御堂関白記』初出は寛弘元年（一〇〇四）二月二十七日条。以後、米千二百石の運搬、讃岐守の成功延任、堀河辺の家宅を進上、金峰山詣の潔斎所に自宅を提供、道長法華三十講の非時など、道長に奉仕する記事が載る。寛弘六年八月二十七日、病いのために官を辞し、翌日出家した。長年随従してきた高雅を失うことに道長はとまどいと嘆きの言葉をのこしている。『小右記』長和元年（一〇一二）六月二十九日条に「故高雅」とあることから、この間に死去したことがわかる。

【所在】寛弘元年二月四・十五日条、同二年十二月二十五日条、同四年閏五月十七日条　（木村由美子）

源　済政（みなもとのさいせい）　九七五～一〇四一　平安中期の官人。本名頼時（『尊卑分脈』）。父は大納言時中、母は藤原安親女。男に源頼光女所生の資通のほか、女子が三人確認でき（生母不詳）、それぞれ内大臣能長・大納言信家・中納言定頼*の室となっている。源倫子*の甥。信濃・讃岐・近江・播磨、丹波守を歴任した。道長の家司をつとめ、その後、敦成親王家別当・太皇太后宮亮にも任ぜられるなど、長らく道長一家からの信任を受けよく働いた。国守を歴任し裕福であったらしく、楽器を献上したほか、道長第の法会で非時を奉仕したとする経済的奉仕の記事が日記中でめだつ。また、祭使に任じられた記事も数度みえる。道長が金峰山詣のために精進所に籠もった折には、済政も追従したことが記される。婿の定頼を大事にしていたようで、道長女の妍子*に自邸を中宮御所として提供したことによる褒章を譲ったことがみえる（寛仁元年八月二日条）。中関白家とも親しく、隆家*男の元服にさいしては理髪役をつとめた。長久二年死去。翌三年、従三位を追贈された（『尊卑分脈』）。

【所在】寛弘元年二月五・七日・七月十八日条、同四年五月十七日条、長和二年三月二十六日条、寛仁二年十二月六日条　（吉田小百合）

源　重信（みなもとのじゅうしん）　九二二～九九五　宇多源氏。父は敦実親王。母は藤原時平女。源雅信*の同母弟で、道長室、源倫子*の叔父にあたる。修理大夫、大蔵卿、太皇太后宮（昌子内親王）大夫、按察使、東宮（居貞親王）傅などを歴任した。極位極官は正二位・左大臣。六条左大臣と号した。長徳元年（九九五）は公卿の三分の一が罹患して亡くなった大疫癘の年で、重信もそのなかの一人であった。五月八日、薨去、同十六日、葬送、同二十五日、贈正一位・薨奏。薨奏が葬送以後となったために、宮中警固のことは行われなかった（『尊卑分脈』）。源氏は一般に政治に疎いといわれるなか、雅信・重信兄弟は、公事に熱心であったことが『大鏡』「昔物語」にみえる。道長が雅信の婿となったことを契機に、雅信の子孫はもとより、重信の子孫も道長の栄華のなかに取り込まれていった。のちに藤原頼通*が仏寺とした宇治殿は、もとは源重信の所有であった。道長が重信の未亡人より購入し、頼通に伝領された。　（福長進）

源　俊賢（みなもとのしゅんけん）　九五九～一〇二七　平安中期の公卿。父は左大臣源高明。母は右大臣藤原師輔女。道長の従兄弟にあたる。道長室源明子*は妹であり、弟に経房*がいる。ただし、明子、経房は異母の弟妹になると思われる。男の顕基は後一条天皇崩御にともない中納言で出家。隆国は権大納言まで昇任している。

　天延三年（九七五）に従五位下。貞元二年（九七七）に侍従。以下、左兵衛権介、左少将、右少弁、蔵人、右中弁、大皇大后宮（詮子*）権亮、蔵人頭を経て、正暦五年（九九四）に権左中弁、右兵衛督へと進んだ。その間、地方官としては備後介、讃岐権介に任じている。長徳元年（九九五）に参議に任じたが、この長徳元年は道隆が薨去し、一時、伊周*が政務を与ったが、のち道兼が関白に任じて薨去、権大納言道長が右大臣に昇任して内覧の宣旨を受けたという年にあたる。以後、長徳二年に勘解由長官。同四年に修理大夫。長保三年（一〇〇一）に右中将、治部卿。翌四年に左中将、中宮（彰子*）権大夫。同六年に権中納言。寛弘八年（一〇一一）に中宮大夫。翌九年に皇大后宮大夫。寛仁元年（一〇一七）に権大納言。翌二年に大皇大后宮大夫。同年に権大納言を辞退して前権大納言。道長もこの年辞退して前太政大臣となり、翌年に出家。俊賢は寛仁四年に民部卿。万寿三年（一〇二六）に彰子出家により大皇大后宮大夫を停止された。翌年にみずからも出家して薨去。官位としては寛弘七年（一〇一〇）に一条院造営の賞により正二位まで昇り、このとき公任*・隆家*・行成*を越えている。地方官としては、伊予権守、播磨権守、播磨守などを経ている。

　俊賢が中宮権大夫に任じられたのは斉信*が中宮権大夫から中宮大夫にあがったときであり、俊賢は斉信より年長であったが、斉信とともに道長からは高い評価を受け、『御堂関白記』（寛仁元年三月四日条）において勤公が人に優れていると高く評価している。

（中村康夫）

源政職（みなもとのせいしょく）　①九五九〜一〇二七　父は源清敏。伯耆守・備後守・大和守・木工頭。『御堂関白記』には道長法華三十講の非時奉仕、内給、資子内親王の葬儀などに名が載る。備後守任命と功過定には道長の意向が反映されている（『小右記』長和三年十月十五日条）。道長家と藤原実資*との連絡役を果たした（『小右記』長和四年四月五日条、寛仁元年十月二十九日条、同三年十月十五日条）。万寿四年（一〇二七）七月三日死去（『小右記』同日条）。②?〜一〇二〇　父は源国盛。加賀守在任中に百姓と互いに訴えあい無罪になったが、敦明親王方から暴行を受け、加賀国の禊祭料未進（『小右記』長和三年六月十六日条、同四年四月二十一日条）、禎子*内親王家の封物未弁済などの問題が噴出した。自邸で群盗に刺殺されている（『小右記』寛仁四年閏十二月二十六日条）。道長は①②ともに名を「正職」と書くことがあった。

【所在】①寛弘三年十月二日条、同八年六月九日条、長和四年四月二十八日条　②長和元年九月二十二日条、同四年七月二十三日条

（木村由美子）

源則忠（みなもとのそくちゅう）　九四九〜?　醍醐天皇皇子盛明親王男。母は菅原在躬女。長保二年（一〇〇〇）二月二十五日に彰子*が立后して以降は、中宮権亮・皇后亮をつとめた。道長にも近しく、寛弘四年（一〇〇七）、道長の春日詣に従い（二月二十八日条）、また道長の土御門第の曲水宴に召され（三月三日条）、賀茂詣の折にも同道した（四月十八日条）。近江介・但馬守などを歴任し、従三位左京権大夫となって、寛弘五年四月二十一日、六十歳で出家した（『権記』）。没年は不明である。

【参考文献】『大日本史料』二ノ六

（植村眞知子）

源朝任（みなもとのちょうにん）　九八九〜一〇三四　父は源時中*。母は藤原安親女。倫子の甥。長保五年（一〇〇三）従五位下。『御堂関白記』初出は寛弘元年（一〇〇四）二月二十六日の左兵衛佐で昇殿を許された記事。その後、少納言・蔵人・左少将・左中将となり

三条朝では勅使や道長への中使をつとめた。寛仁二年（一〇一八）十月二十二日の土御門第行幸まで、そのはたらきが載る。十七歳の踏歌の日に暴行事件にかかわり勘事に処せられたこともあったが、寛仁三年には蔵人頭に任じられた（『小右記』寛弘二年正月二十四日条・寛仁三年十二月二十二日条）。その後、参議、従三位。右兵衛督・検非違使別当を兼任した。『後拾遺和歌集』に一首入集。先に亡くなった娘と同日に葬送が行われた（『左経記』長元七年九月二十一日条）。

【所在】長和元年二月十五・七月八日条、同五年十二月七日条　（木村由美子）

源　道成（みなもとのどうせい）　?～一〇三六?　醍醐源氏。父は源則忠。母は仲忠女。蔵人、右馬権頭、右衛門佐、東宮（居貞親王）少進、備後・因幡守などを歴任する。寛弘六年（一〇〇九）十二月二十一日、東宮の使として道長のもとを訪れる。同七年三月八日、任国（若狭国）に下向の由を道長に申し、馬一疋を賜る。寛仁元年（一〇一七）十月七日、同二年四月十五日には、道長に馬を献じている。同年九月十四日、五節舞姫を献上することが定まり、十一月十九日、道長から舞姫装束を賜る。同三年正月九日、道長が道成家に方違えする。　（福長進）

源　道方（みなもとのどうほう）　九六九～一〇四四　宇多源氏。六条左大臣重信の五男。母については、『公卿補任』は源高明女とし、『尊卑分脈』は藤原師輔女（『系図纂要』では師輔女雪子）としている。寛和二年（九八六）七月に従五位下に叙され、以後、永延元年（九八七）に侍従、同二年に右兵衛権佐、正暦元年（九九〇）に少納言に任じられ、長徳元年（九九五）に五位蔵人に補された。同年に左少弁に任じられてからは弁官を歴任し、長保元年（九九九）に右中弁、同三年に権左中弁、寛弘二年（一〇〇五）に左中弁、同六年に右大弁、長和元年（一〇一二）に左大弁へと進んだ。その間、宮内卿・勘解由長官などを兼任し、寛弘四年に蔵人頭に補され、道長と一条天皇との連携にあたった。

寛弘八年に三条天皇が践祚すると、十二月に参議に任じられた。その間の経緯は、『御堂関白記』十二月十六日条によると、三条天皇が外戚である通任を参議に昇進させたことに対し、道方が、「下臈の者（通任）を、不覚（愚か）にも私より前に参議に任じられた」という理由で参議への昇任を申請し、道長がこれを道理があるものと理解し、「参議には、読み書きのできない者も多くいた。議定を行っているさいに見苦しいものである。差し障りのあることが多くあった」ということで、道方を参議に補することとしたというものである。寛仁四年（一〇二〇）に権中納言となり、皇太后宮権大夫を兼ねて「宮の大夫」（『栄花物語』）とよばれた。長元二年（一〇二九）には大宰権帥を兼ね、同八年に民部卿に遷任された。寛徳元年九月二十五日に出家、同日、七十六歳で薨去した。道長の五十算賀には諷誦文を奉る文才を持ち（『日本紀略』）、また若いころから「道方の少納言、琵琶いとめでたし」（『枕草子』）とみえるほど、管絃の才にも長じていた。　（倉本一宏）

源　明子（みなもとのめいし）　九六五～一〇四九　源高明の女。母は藤原師輔女であるが、三女か五女かは決めがたい。同腹・異腹を区別せず掲出すれば、男兄弟に忠賢・惟賢・俊賢・経房、女兄弟に為平親王室・源重明室、藤原正光室などがいた。道長と結婚し、男子は頼宗・顕信・能信・長家、女子は寛子・尊子の四男二女を生んだ。

安和二年（九六九）、父高明が大宰府に左遷されたために、叔父の盛明親王の養女となった（『栄花物語』巻三）。永観二年（九八四）十月十日、花山天皇の即位式に右褰帳をつとめた（『天祚礼祀職掌録』『小右記』）。寛和二年（九八六）、盛明親王が薨去した後、道長の姉、詮子に引き取られ、「宮の御方」とよばれた（『栄花物語』巻三）。養女として迎えられたか、女房として仕えたかは不明である。道長の兄、道隆・道兼も明子に心を寄せたが、詮子の計らいにより道長と結婚することとなった（『大鏡』道長）。

道長は、倫子腹の子女と明子腹の子女との間に歴然とした処遇上の差別をつけた。男子は倫子腹の頼通・教通は執政（関白太政大臣）となったのに対して、明子腹は頼宗を除き、権大納言どまりであったし、女子も倫子腹のは、嬉子が東宮敦良親王の御子を生んでそのまま薨じたけれど、生きていれば后となることは間違いなく、いずれも天皇の後宮に入り、立后することが目標とされていたのに対して、明子腹の寛子は、東宮をみずから退き、上皇待遇を受けた敦明親王の女御となり、尊子にいたっては賜姓源氏ではあるけれど、臣下との結婚であり、同腹の男兄弟、頼宗・能信たちはこの結婚には納得がゆかなかった（『栄花物語』巻二十一）のも、無理からぬことであったろう。しかし『栄花物語』巻三十九は、倫子腹の女子は入内して、嬉子を除いて后となったが、彰子の他は四十歳に満たないうち亡くなったのに対して、尊子は、七十余歳の長寿を保ち、子息の俊房が左大臣、顕房が右大臣、孫の師通が内大臣となったことを、みずからが太政大臣、子息の実頼が左大臣、同じく師輔が右大臣となった忠平の先例を引き、尊子の「御幸ひ」を寿いでいる。（福長進）

源頼光（みなもとのらいこう）　九五四〜一〇二一　生年は九四八年とも。父は源満仲。頼親と頼信は異母弟。東宮権大進・東宮大進・東宮権亮・三条院別当として三条天皇に仕え、備前守・美濃守（二度）・但馬守・伊予守・摂津守を歴任。正四位下。兼家と道長に親仕。道綱は女婿。『御堂関白記』初出は寛弘元年（一〇〇四）四月二十日、賀茂祭供奉の馬を道長に借りた記事。以後、金峰山詣の出迎え、法華三十講の非時、道長の修善に自宅を提供するなど道長への奉仕と、法華八講主催、内蔵頭として諸具修理、後一条朝の殿上人、三条上皇葬送の奏上、後一条天皇元服儀で手巾を奉るなど道長のはからいを思わせる記事が載る。伊予下向の罷申が最後の記事。頼光が新造土御門第のために調度類一切を献上した記述はない（『小右記』寛仁二年六月二十・二十八日条）。『拾遺和歌集』『後拾遺和歌集』に各一首入集。のちに摂津多田源氏の祖といわれ、武者としての説話や伝説がうまれた。

【所在】寛弘四年八月十二日条、同七年十一月二日条、長和五年正月十七日条、寛仁元年五月十二日条、同二年正月三日条、同三年二月十八日条　（木村由美子）

源頼国（みなもとのらいこく）　?〜一〇五八　九七四年生まれとも。父は源頼光。道長と彰子に親仕。『御堂関白記』には文章生・雑色から六位蔵人・敦成親王家蔵人・検非違使・左衛門尉などを経て、寛仁二年（一〇一八）十月二十二日の後一条天皇の土御門第行幸にさいして太皇太后宮大進として従四位下に叙されるまでのことが記されている。その後、讃岐守・美濃守。宮中侵入者を追捕して加階されたこともある（『小右記』寛仁三年八月十三日条）。六条斎院宣旨・藤原家忠母・藤原顕隆母の父。

【所在】寛弘二年正月十日条、同四年四月二十六日条、同五年十月十七日条、長和二年正月二十七日・九月二十九日条　（木村由美子）

源頼親（みなもとのらいしん）　生没年未詳　清和源氏。父は源満仲。母は藤原致忠女。検非違使、左兵衛尉、宮内丞、左衛門尉、大和・周防・淡路・伊勢・信濃守などを歴任する。大和源氏の祖。道長の金峰山詣の帰途、泉河の岸に仮屋をもうけて道長を迎え（寛弘四年八月十三日条）、敦成親王・禎子内親王の五十日の祝に折櫃物を奉仕する（『小右記』

寛弘五年十一月一日・長和二年八月二十七日条）など、道長とは近しい関係にあった。大和守在任中は興福寺との折り合いが悪かったらしく、興福寺の僧徒が頼親の停任を申請するも、道長が頼親を無罪と裁定したこと（寛弘三年七月二十五日条）や、頼親が春日に詣でたさい、興福寺の垣の辺りにて石で打たれるという事件が起きたこと（寛弘四年二月十一日条）が『御堂関白記』にみえる。（福長進）

源頼定　九七七～一〇二〇　平安中期の公卿。一品式部卿為平親王次男。母は源高明女。室に橘輔政女、一条天皇*女御であった藤原元子がいる。子に定季、藤原綏子との間に生まれた一男（頼賢か）がいる。永祚二年（九九〇）従四位下に叙され、正暦三年（九九二）弾正大弼に任ぜられた。翌年昇殿を聴される。長徳の変のさい、*伊周らと連座され処分を受けたが間もなく許されている。以降、右近衛中将・備前守・蔵人頭などを歴任し、寛弘六年（一〇〇九）に参議となる。私生活は好色で女性関係に問題のある人物であったが、公人としては堅実に職務を全うしており、その姿勢は日記にも見出せる。寛弘二年に蔵人に任じられて以降、天皇の側近として近侍したことや、使いとして働いた記事が少なからず見受けられる（寛弘二年六月十九日条など）。また、祭使に任命されたことも数次みえる（寛弘元年四月二十日条）。道長との私的なかかわりもみえ、賀茂参詣や比叡山での舎利会供養などに同道したことも記される。

【所在】寛弘三年三月四日条　（吉田小百合）

源倫子　九六四～一〇五三　*源雅信女、母は藤原朝忠女*穆子である。藤原道長の嫡妻となり、*頼通・*教通、*彰子・*妍子・*威子・*嬉子の二男四女をもうけた。極位は従一位。

永延元年（九八七）十二月二十六日、道長と結婚した（『台記別記』）。雅信は、后がねとして大切に育てた娘に、摂政の嫡妻腹の男子とはいえ三男坊の青二才を婿取ることを反対したが、母穆子のとりなしもあって、不承々々ながら、結婚を認めた（『栄花物語』巻三）。雅信の邸宅、土御門第にて同居を始めた。いわゆる妻方同居の事例である。それにともない、雅信夫妻は一条第に移った。永延二年に彰子を、正暦三年（九九二）に頼通を、同五年に妍子を、長徳三年（九九七）に教通を出産した。

長徳四年十月二十九日、*一条天皇の母后、女院*詮子の奏請により従三位に叙せられた（『権記』）。長保元年（九九九）威子を生んだ。同年十一月三日、彰子の入内に付き添って参内し、輦車の宣旨を蒙った（『御堂関白記』『権記』）。長保二年四月七日、彰子が立后後初めて参内するさい、従二位に叙せられた（『権記』）。寛弘四年（一〇〇七）に嬉子を生んだ（『御堂関白記』）。寛弘五年九月十一日に、彰子が待望の一条天皇の男皇子（敦成親王）を生んだ。倫子は出産に立ち会い、皇子の臍の緒を切った（『栄花物語』巻八）。一条天皇と誕生してまもない敦成親王との異例に早い対面をかなえるべく、同年十月十六日に土御門行幸が行われ、后の母として従一位に叙せられた（『御堂関白記』）。

長和元年（一〇一二）五月二十七日、故一条天皇の周忌法事に*諷誦を修した。長和二年七月六日、妍子が三条天皇皇女、*禎子内親王を出産したが、そのさいも臍の緒を切る儀式に奉仕した。臍の緒を切るのは一般的に新生児の母方の祖母の役割であった。同年九月十六日、生まれて間もない禎子内親王との対面を目的として土御門行幸が行われ、倫子は行幸の賞にあずかるも、甥の*源済政に譲り、済政は正四位下に叙された（『小右記』）。長和五年六月十日、倫子は三宮に准じて、年官年爵および別給三百戸を賜わった（『御堂関白記』『小右記』『左経記』）。

治安元年（一〇二一）二月二十八日、出家した。戒師は院源*であった（『小右記』二十九日）。十二月二日、法成寺内の西北に位置する、倫子の三昧堂、西北院の落慶供養が行われた（『小右記』）。治安三年十月十三日、土御門第にて倫子六十賀が、娘の三人の后の行啓を仰ぎ、東宮敦良親王*妃、さらには妍子所生の三条天皇皇女、禎子内親王の光来を得て、行われた。しかし、万寿二年（一〇二五）八月には嬉子、同四年九月に妍子、十二月に夫道長に先立たれ、悲泣のなかで晩年を過ごした。それでも九十歳の長寿を保ち、長元六年（一〇三三）十一月二十八日には、存生する子供たち、彰子・頼通・威子が臨御して七十賀が高陽院で執り行われた。

道長と喜怒哀楽をともにし、道長の人生史と最も深くかかわった倫子は、一家三后という道長の達成した稀有な栄華を后の母として支えた。道長の栄華の内実を裏面から照らしだすよすがになる。たとえば、彰子に仕えた女房のなかから倫子ゆかりの人物を、『紫式部日記』に限ってかぞえあげれば、大納言の君をはじめ八名にもおよぶ。敦成親王の家司についても、源高雅*はじめ七名をかぞえる。倫子の姻族が、道長の栄華を支える人材供給源となっていた。

『栄花物語』にみえる「男は妻がらなり。いとやむごとなきあたりに参りぬべきなめり」「男は妻を一人のみやは持たる」は、頼通の結婚話にかかわって頼通に対する説諭の言葉として定着しているが、そこには、はしなくも道長自身が実践した結婚観があらわれている。『大鏡』は倫子と源明子*をともに「北の方」とよんでいるけれど、それぞれの所生子の処遇の違いや明子が「高松上」ともっぱら邸宅名を冠して呼称されること、何よりも『小右記』に明子は「妾」と記されていることは重く、倫子は嫡妻、明子は妾妻であった。雅信は、結婚には反対したものの、一家の命運をかけて、道長を婿に迎えたふしがある。藤原兼家*が恐縮するほどの雅信が、鄭重に道長を婿扱いするのも、倫子の同腹の男兄弟は、本来ならば倫子の支えにならなければならないところ、打ち続いて出家する現実を雅信が慨嘆するのも（『栄花物語』巻三）、一家の命運を道長に託したがためであったろう。平安時代の貴族たちは、藤原北家主流を除き、いずれも没落の危機に瀕しており、没落を食い止め再浮上をいかに図るか、避けて通れない大きな課題であった。摂関の外戚として没落を食い止めた事例は、兼家の外戚、山蔭流や道隆の外戚、高階一族をあげることができるが、雅信のように賜姓源氏で左大臣にまで昇った貴顕が摂関の外戚となり、その繁栄を維持せんとする稀有な試みが、高貴な女性との結婚を推奨する道長の独特な結婚観と合致したことになろう。ことほど左様に、道長時代は上層貴族の没落が顕著になってくる過渡期に位置づけられる。やがて、本来ならば天皇の後宮に入るべき名家の女性が、后となった道長の女子の女房として出仕したり、道長の男子と結婚したりすることとなる。（福長進）

明救（めいきゅう）　九四六～一〇二〇　天台宗の僧。父は有明親王（醍醐天皇皇子）。長保二年（一〇〇〇）八月二十九日、権律師に任じられ、僧正にいたる。寛仁三年（一〇一九）十月二十日、天台座主に補される。倫子*（道長室）主催の大般若経供養（寛弘元年三月二十五日条）や、浄妙寺多宝塔供養（同四年十二月二日条）などに奉仕し、彰子*（同五年五月二十三日条）・妍子（長和二年二月二十二日条）・道長（同年三月三日条）の修善を行っている。『紫式部日記』には、敦成親王の御湯殿の儀に奉仕したことが記されている（「浄土寺の僧都」）。三条天皇*（長和元年七月十六日条）・後一条天皇*（同五年九月十四日）の御悩のさいにも修善に奉仕する一方で、長和四年（一〇一五）六月十四日には、道長に対する憚りから、三条天皇の眼病平癒のための御修法に奉仕することを拒否している。

（福長進）

明肇（めいちょう）　九四六〜一〇一四　天台宗の僧。父は藤原文範。長保四年（一〇〇二）七月二十六日、権律師に、寛弘三年（一〇〇六）十二月十六日、権少僧都に任じられ、同八年、園城寺長吏に補された。中宮彰子*の御修善（寛弘二年三月二十五日条）、浄妙寺供養（同年十月十九日条）、道長第での仏経供養（同四年十月一日条）、浄妙寺多宝塔供養（同年十二月二日条）、敦成親王の御修善（同六年九月二十二日条）などに奉仕した。

（福長進）

林懐（りんかい）　九五一〜一〇二五　法相宗の僧。父は大中臣興身。法華寺別当、興福寺別当を歴任する。寛弘三年（一〇〇六）十二月十六日、権律師に任じられ、大僧都にいたる。寛弘二年十月十九日、浄妙寺三昧堂供養に、同四年十二月二日、同多宝塔に奉仕する。長和五年（一〇一六）五月十六日、興福寺別当となり、同年十二月二十五日、道長の任摂政を慶賀した。寛仁二年（一〇一八）四月三日、頼通*の春日詣のさい、興福寺衆徒が濫行におよんだため、釐務を停める宣旨が下る。のち復任（『小右記』同年六月二十五日条）。同三年九月二十九日、道長の受戒の教授となる（『左経記』同日条）。同四年三月二十二日、無量寿院供養（『左経記』同日条）に、治安二年（一〇二二）七月十四日、法成寺金堂供養（『諸寺供養類記』）に奉仕する。同年九月十五日、道長が母時姫のために修した法華八講にて証誠をつとめる。

（福長進）

冷泉天皇（れいぜいてんのう）　九五〇〜一〇一一　諱は憲平（のりひら）親王。在位九六七〜六九年。村上天皇第二皇子。母は藤原師輔女の安子。同母弟妹に円融天皇*、為平親王、承子・輔子・資子・選子内親王*がいた。後宮には昌子内親王（朱雀天皇女）、藤原懐子（摂政伊尹女。花山天皇*、宗子・尊子内親王*母）、藤原超子（関白兼家*女。三条天皇*、為尊・敦道親王、光子内親王母）、藤原怤子（右大臣師輔女）がいた。

生後二か月で第一皇子である広平親王（母は中納言藤原元方女の更衣祐姫）を退けて皇太子となった。これにより元方は天皇の外戚となる望みを失って憤死し、後世、元方の怨霊が世に喧伝されることになる。冷泉天皇のさまざまな所行も、元方の怨霊と合わせて語られる傾向がある。応和三年（九六三）に元服し、康保四年（九六七）に践祚。藤原実頼が関白に補された。皇太弟には兄の為平親王（左大臣源高明の婿）を差しおいて同母弟の守平親王（のちの円融天皇）が立ったが、これが安和の変の引き金となった。変の五か月後の安和二年（九六九）、円融天皇に譲位。冷泉院を後院とした。のち、朱雀院・鴨院を御所とした。長徳元年（九九五）の焼亡により、東三条第南院を御所としたが、これも寛弘三年（一〇〇六）に焼亡。同五年に新造の東三条第南院に遷御した。同八年十月、当院において崩御した。時に六十二歳。歌人としては『詞花集』以下の勅撰集に四首入集し、家集『冷泉院御集』があった。

諸説話にはさまざまな冷泉天皇の「狂気」が語られるが、多分にもともとは傍流であった円融皇統の正統性を強調するための政治的作為の可能性が高い。

（倉本一宏）

◆邸宅・地名

平安京と邸宅

平安京は現在の京都市街のうち、南北に約五・二キロメートル（一条大路から九条大路まで）、東西に約四・五キロメートル（東京極大路から西京極大路まで）の地域を指す。都の東側には鴨川、西側には桂川（大井川）が流れ、水が豊富であったが、一方で洪水に見舞われることもあり、『御堂関白記』によると、道長も鴨川で行われていた治水工事を巡察に訪れている（寛弘元年三月十二日条）。

宮城は大内裏とよばれ、平安京の北端中央にあった。大内裏の正門は南側中央の朱雀門で、朱雀門から九条の羅城門まで朱雀大路とよばれるメインストリートが続いていた。この朱雀大路をはさんで東側が左京、西側が右京だが、右京は道長の生きていた頃はまだ湿地帯で、人が住むのには不適切であったため、貴族の邸宅は左京に集中し、とくに上流貴族は大内裏に近い一条から三条に邸宅をかまえ、高級住宅街を形成していた。

『御堂関白記』には、平安京内のさまざまな建物・邸宅、周辺地域の地名・建物が記されている。以下、(1)大内裏の建物、(2)道長所有の邸宅、(3)その他の貴族の邸宅、(4)平安京の周辺地域の地名・建物の順に解説する。

(1)大内裏の建物

大内裏は、東西に約一・二キロメートル（東大宮大路から西大宮大路まで）、南北に約一・四キロメートル（一条大路から二条大路まで）を占める地域で、天皇や后妃の居住する内裏と、多数の庁舎、大蔵とよばれる倉庫群、茶園などがあった。正門は前述した朱雀門で、通用門として東側に上東門、西側に上西門が用意されていたが、貴族たちの住居が東側の地域に集中しているため、東側の待賢門や陽明門も通用門としてしばしば使われた。

内裏は大内裏の中央よりも東寄りに位置し、内外二重の郭（外壁）で囲まれていた。大きな門は北から時計回りに、外郭に四門（朔平門、建春門、建礼門、宜秋門）、内郭に四門（玄輝門、宣陽門、承明門、陰明門）あった。天皇は清涼殿に居住し、后妃や女官が住む建物は五舎七殿とよばれ、天皇の居所に近い飛香舎（藤壺）、弘徽殿、凝華舎（梅壺）などには、後見勢力の強い后妃が住み、道長の娘の彰子や妍子も飛香舎を曹司としていた。そのため、通常、直廬（政務を執るために摂政・関白などに与えられた個室）は宜陽殿東廂にもうけられるものだが、道長の直廬は飛香舎のなかにあった。なお、内裏はしばしば火災で焼失したため、再建されるまでの間は貴族が私邸を提供した。これを里内裏とよび、天皇・后妃たちが仮の住居とした。

内裏以外の部分で『御堂関白記』に登場する主要な建物としては、まず、内裏の西側に中和院（新嘗祭、神今食などの神事で使用）がある。中和院は寛弘二年（一〇〇五）十一月十五日に起きた内裏火災のさいに彰子が避難した場所である。その西に真言院（密教の修法道場）があり、真言院の南には豊楽院（大嘗祭、節会などを開催する場）、豊楽院の東に朝堂院（八省院とも）がある。朝堂院は宮城の正庁というべき部分で、朱雀門の正面に位置し、朝堂院内にある大極殿では天皇の即位式が行われた。続いて、朝堂院の東側に太政官庁がある。

朝所は太政官庁内の北東の角に位置し、『枕草子』「故殿の御服のころ」で中宮定子や清少納言が仮住まいをした時に、北隣の陰陽寮で時を知らせるために打つ鼓の音が良く聞こえたと記されている場所である。江戸期の『大内裏図考証』では朝所の内部は二つに分かれ、北側は「弁官曹司及厨屋等」とあり、この場所は天皇も内裏火災のさいにしばしば避難した松本曹司のことであると推定されている。

(2) 道長所有の邸宅

道長が所有していた邸宅のうち、『御堂関白記』に登場するのは、土御門第、小南第、二条第、枇杷殿、東三条第（南院）などである。そのうち、道長自身が主に居住していたのは土御門第で、一条天皇中宮の彰子が敦成・敦良親王を出産した時のことは『紫式部日記』に詳しく記されている。寛仁二年（一〇一八）に三女の威子が後一条天皇の中宮となった時には、この邸宅で祝宴が行われた。威子の立后により、四后のうち三后を道長の娘が占めることになり、道長は我が身の栄華を誇って、「この世をば我が世とぞ思ふ望月の欠けたることも無しと思へば」（『小右記』寛仁二年十月十六日条）という和歌を祝宴の場で詠んだとされる。

なお、土御門第が里内裏として使用された期間、道長は土御門第の敷地内にあった小南第で起居していた。道長が小南第の庭で孔雀を飼育していたのはこの時のことである。他に主要な邸宅として二条第がある。道長は寛仁元年十月から翌年の六月まで二条第に居住し、その間に自身の太政大臣就任の大饗を行い、威子をこの邸宅から入内させた。

一方、道長が地券を所有していたものの、居住してはいなかった邸宅に枇杷殿や東三条第などがある。枇杷殿は三条天皇と縁が深く、東宮御所・里内裏として使用し、譲位後も中宮妍子と一緒に居住した。東三条第は、摂関家嫡流が伝領した邸宅で、一条天皇・三条天皇の里内裏として使用され、寛弘九年二月十四日に妍子の立后の儀がこの邸宅で行われた。この時のことは『御堂関白記』『栄花物語』などに詳しく記され、中宮妍子が髪上げをして白装束を着用し、大床子に着座している様子が記されている。なお、この東三条第の敷地の南の部分は独立した建物で、冷泉院御所として使用され、南院とよばれた。

(3)その他の貴族の邸宅

前述したように、左京の一条から三条にかけては高級住宅街が広がり、道長が所有していた邸宅はもちろん、多くの貴族たちの邸宅がこの地域にあった。『御堂関白記』には、道長の長子の頼通邸(高陽院、高倉第)、妻の明子邸(近衛御門邸、高松殿ともよばれた。後述する輔公邸とは別)、異母兄の道綱邸(大炊御門家)など親族の家や、藤原斉信邸、藤原顕光邸(堀河院)、家司の藤原輔公邸(高松殿)について記載があるが、これらの邸宅もこの地域のなかに位置していた。

(4)平安京の周辺地域の地名・建物

平安京は、東に鴨川、西に桂川が流れており、貴族たちは禊・祓をするためにこれらの河原に出かけていた。とくに桂川に道長は桂山荘とよばれる別邸を所有していた。貴族たちは信仰厚く、都の東方にある比叡山にしばしば法会のために出向き、道長も出かけたことが『御堂関白記』に記されている(寛弘元年八月十七日・同六年五月十七日条)。道長はまた、三男の顕信が比叡山で出家した時に、比叡山に駆けつけている(長和元年一月十六日条)。平安時代の貴族は寺社参詣を好んだが、人気のあった参詣地に大和国の金峰山があった。金峰山は修験道の聖地で、参詣するさいは長期の潔斎(御嶽精進)をする必要がある。寛弘四年には、道長も潔斎をして参詣し、彰子の懐妊祈願を行っている。道長は他に大和国の春日社(現:春日大社)などにも参詣しており、金峰山や春日社に出かける途中の宇治にも山荘を所有していた。この山荘はのちに頼通に伝領され、平等院となる。なお、宇治の木幡には藤原氏の菩提寺があり、道長も両親や姉の墓参りに訪れている(寛仁元年二月二十七日条)。

以上、平安京および、周辺の地名・建物について、『御堂関白記』に記されている主なものを概観してきたが、道長はこの他にも京内や周辺地域に赴いており、詳しくは『御堂関白記』を実際に読解して確認し、道長の足跡を辿っていただきたい。

(松野　彩)

〔付記〕内裏・清涼殿・東三条第・土御門第については巻末の付図も参照

一条院（いちじょういん）　一条大路南・大宮大路東にあった邸宅。大宮院・一条大宮院ともよばれることもある。靫負（ゆげい）小路をはさんだ東側には別納（べちのう）*を持つ。藤原伊尹から藤原為光を経て為光女へと伝領されてきたが、長徳四年（九九八）に佐伯公行から一条天皇の母である東三条院詮子に献上され、以来詮子の居所となっていた。

詮子は天皇の譲位後の住まいにしようと考えていたようだが、長保元年（九九九）六月十四日に内裏*が焼亡したことにより、①同年六月十六日から長保二年十月十一日まで里内裏として使用されることになった。その後も、②長保三年十一月二十二日～同五年十月八日、③寛弘三年（一〇〇六）三月四日～同六年十月五日、④寛弘七年十一月二十八日～同八年六月十三日、⑤長和五年（一〇一六）六月二日～寛仁二年（一〇一八）四月二十八日などに里内裏として使用されている。このうち、①～③は内裏焼亡が原因であったが、③の期間中の寛弘三年には内裏が再建されたものの一条天皇は内裏に戻ることなくここにとどまり続けた。ところが、寛弘六年十月五日はその一条院が火災の被害に遭い、天皇は枇杷殿（びわどの）*に移ることになる。しかし、焼亡した一条院が翌年に再建されると、一条天皇は内裏にではなく再び一条院に戻ってくることになった。これが④である。その後も天皇は内裏に戻ることなく一条院にとどまり続け、翌寛弘八年六月十三日に譲位し、六月二十二日にここで没した。その後、三条天皇の時代には一条院が里内裏として使われることはなかったが、後一条天皇が長和五年二月七日に即位すると、前年十一月十七日に焼亡していた内裏に代わって、六月二日から新造内裏に移る寛仁二年四月二十八日までの期間、一条院を里内裏として使用することになった。これが⑤である。

当初は里内裏として使用することを想定した建物ではなかったため、里内裏として一条院を使用するにさいしては、寝殿を紫宸殿*に、北の対（たい）を清涼殿*に見立てるなどして使用したほか、北二対を定子の御座所に、東北の対を彰子の御在所に充てたりした。また、東北の対は、道長の直廬（じきろ）*としても使われていた。ところが、寛弘七年の再建は一条天皇の居所として使用することを目的に、内裏に準じるかたちで造営がなされたようであり、宜陽殿（ぎようでん）*が準備されたのもこの時である（寛弘七年十一月二十八日・同五年二月八日条）。また、寛仁二年二月二日条にはこれまでみられなかった「西北対」とよばれる建物が登場しているが、これは後一条天皇に入内（じゅだい）する威子のために新たに造営されたものだと考えられる。なお、後一条天皇が里内裏として使用するようになると、道長の直廬は別納に移され、息子の頼通もここを直廬として使用した（長和五年七月五日条など）。

なお、大宮大路をはさんで大内裏と接しているため、通常の内裏とは反対に西側が重視され、左右が逆転するのも一条院の特徴である（『権記』長保五年正月十四日条・『小右記』寛仁元年十一月十九日条）。陣座（じんのざ）*も寝殿と西の対の間の渡殿（わたどの）に置かれたので、通常の内裏の場合とは異なり「右仗」とよばれた。『御堂関白記』では「左仗」と記されることもあるが、「右仗」と記されるのはそのためである。

【参考文献】　詫間直樹「里内裏一条院の沿革と構成」（『書陵部紀要』六二、二〇一一年）

（吉田幹生）

一条院別納（いちじょういんべちのう）　靫負（ゆげい）小路をはさんで一条院*の東側にあった一条院付属の邸宅。別納とは院の供御（くご）のことを取り扱う場所の意。『御堂関白記』では、寛弘八年（一〇一一）九月十日に妍子が方違え（かたたがえ）のために別納に移ったとみえるのが初出。その後、十月五日に飛香舎（ひぎょうしゃ）*に移るまで妍子がここに居住した。また、長和五年（一〇一六）二月七日に後一条天皇が即位し、六月二日に一条院に移ってくると、道長は別納を直盧*として使用するようになり、七月五日以降しばしばここを訪れるようになる。そして、この点は子の頼通にも受け継がれ、翌寛仁元年（一〇一七）に新摂政になった頼通も別納を直盧として使用することになった（四月三日条など）。なお、同年正月二日には一条院別納で臨時客を行ったり、二月二日には春日祭奉幣使をここから発遣したりするなど、公的な場所ではあるが道長はここを私的に使用することが許されていたようである。　（吉田幹生）

一条第（いちじょうてい）　一条大路南・高倉小路東にあった藤原道長邸宅の一つ。もとは源雅信の邸宅だったが、雅信の死後は妻の藤原穆子が伝領して住んでいた。長和五年（一〇一六）七月二十六日にその穆子が亡くなると、十二月三日に雅信孫で養子となっていた源雅通は一条第の券文を道長のもとに持参し、六日に道長から雅信女を母とする藤原兼経（父は道長の異母兄にあたる道綱）に渡された。ところが、十二日には兼経が道長を訪れ、一条第は道長が伝領すべきとしてその券文を渡そうとしたが、しかし道長は兼経が伝領するのが穆子の意にそうことであるとしてこれを拒んでいる。とはいえ、『御堂関白記』や『権記』寛弘八年（一〇一一）八月二十三日条によると、兼経は早くから道長の養子になっていた人物であり、また妻の倫子が穆子女だったこともあって、伝領関係にはないが、早くから道長が実質的な一条第の管理者であったと考えられている。

その道長にとって、一条第は本宅というよりも、方違え（かたたがえ）などのさいに使用する臨時の居所であった。『御堂関白記』でも、寛弘元年八月二十六日・同二年七月三十日などでは方違えのために一条第に移ったことが記されている。また、寛弘四年十月二日や十一月十七日には、建物造営のために土を掘り返すことで神の怒りに触れるのを避けるために一条第に渡っている。

このような一条第であったが、寛弘六年十月五日の火災で当時里内裏であった一条院*から一条天皇が枇杷殿*に移ってくると、枇杷殿を御所としていた東宮居貞親王（のちの三条天皇）は頼通邸を経て同月二十二日にこの一条第に移ってくることになった。そして、翌年二月二十日には、妍子がこの邸にいる居貞に入宮して西渡殿を居所としている。なお、居貞親王は寛弘七年十二月二日に一条院東院に移るまでここにとどまった。長和年間には、長和二年八月十九日に旅から帰ることを忌むために、同年十月十一日などには方違えのために一条第が利用されている。そして、長和四年十一月七日や同五年四月一日・六月二十八日などには倫子が一条第を訪れたことが記されているが、これは前述したように同年七月二十六日に亡くなる母穆子の見舞いのためである。その後、倫子は七月二日頃から四十九日の法事を行った九月五日を経て九月十四日頃まで一条第にとどまり、以後もしばしば一条第を訪れている。道長自身も七月四日や八日などに一条第を訪れていることが『御堂関白記』に記されている。その後、寛仁元年（一〇一七）七月には穆子の法事を執り行うとともに、修築修繕を進め、八月二日には、同年五月九日に亡くなった三条天皇の中宮であった妍子が、源済政宅から一条第に移り居所として使用するようになった。また、この頃には道長もしばらくは一条第を主な居所としていたようである。なお、この一条第には賀茂祭の行列見物のために桟敷*が設けられていた。　（吉田幹生）

射場殿（いばどの）　→弓場殿（ゆばどの）

上御局（うえのみつぼね）　天皇が后妃を召すために清涼殿*に設けられた曹司（ぞうし）。東に弘徽殿（こきでん）

の上御局、西に藤壺の上御局がある。『御堂関白記』には、長和元年（一〇一二）八月七日条や寛仁二年（一〇一八）十一月十六日条に、それぞれ中宮妍子と中宮威子が初めて上御局に上ったことが書かれている。（吉田幹生）

右近馬場（うこんのばば）

一条大宮にあった右近衛府の馬場。ここでは五月四日および六日に右近衛府の舎人が騎馬騎射する引折の儀が行われてにぎわった。『御堂関白記』ではこのほかに、立太子した敦成親王や敦良親王の帯刀の試験が行われたことが記されている（寛弘八年十月七日・寛仁元年九月九日条）。（吉田幹生）

宇治（うじ）

平安京南の地名。とくに奈良街道と宇治川とが交差する一帯は古くからの交通の要所であり、七世紀には日本最古といわれる宇治橋が架けられた。平安時代になってからも都と大和国とを結ぶ中間地点としてその重要性は失われず、道長も春日詣のさいにしばしば宇治に立ち寄ったり（長保元年二月二十七日・寛弘四年二月二十八日条）、結局中止になったものの、長和四年（一〇一五）三月二十七日に計画されていた三条天皇の春日行幸にさいしては、その頓宮として宇治の別荘が使われることを想定して諸事をとり決めたりしている（同年二月二十七日条）。

また、宇治川左岸、巨椋池周辺は貴族の別荘が多く集まる別荘地帯であった。先に言及した道長の別荘も、もとは九世紀に源融が建てたもので、宇多天皇からその孫にあたる源重信を経て、彼の死後にその妻から道長が長徳四年（九九八）頃に買いとったものである。ちなみに、この別荘はやがて子の頼通へと伝領されて寺院となり、平等院として今日に伝わっている。

道長はしばしばこの地を訪れて詩会を催しており、寛弘元年（一〇〇四）閏九月二十一日には朝早くから藤原斉信・藤原行成らと一緒に船で訪れ、船中では数人で共同して一編の詩を作る連句を楽しみ、宇治に着いてからは詩題を定めた本格的な作文を行っている。なお、この時に詠まれた詩のいくつかは『本朝麗藻』下に収められている。また、長和二年十月六日に宇治を訪れたさいには、船中で連句のほかに管絃や和歌も催し、「江山属一家」の題で作詩も行っている。寛仁二年（一〇一八）九月二十六日の時も、船中で「傍水多紅葉」の題で作詩を行っており、宇治行きには船中でのこういった船遊びも大きな目的の一つとしてあった。（吉田幹生）

温明殿（うんめいでん）

内裏*内の殿舎の一つで綾綺殿の東にある。南北九間で中央を通る馬道によって南北に分かれ、北半分には内侍の候所があり、南半分には神鏡が安置されている。そのため、内侍所・賢所ともよばれた。寛弘二年（一〇〇五）十一月十五日には、温明殿と綾綺殿の間が火元らしい火災が起こり、道長は神鏡を守るように命令を下したものの、翌日には破損した神鏡が発見されるという事件が起きた。同年十一月十七日および翌寛弘三年七月三日に、この神鏡を改鋳すべきかどうかが議論され、道長は当初は改鋳に賛成だったようだが（『小右記』寛弘二年十一月十七日条）、最終的には、改鋳すると元の神鏡に別の物を混ぜるということになるし、新たに作るとなると二つの神鏡が存在することになるとして、元の神鏡に祈りを捧げて安置するのがよいと考えたようである。なお、土御門第*では文殿が内侍所とみなされた。（吉田幹生）

大炊御門家（おおいみかどのいえ）

道長の異母兄である藤原道綱の家。正確な所在地は不明だが、土御門第*から南西の方角にあったことがうかがえる（寛弘四年三月二十四日条）。道長は、法興院の堂を建立するさいに方忌を避けるため（長和五年七月十日条など）石清水八幡宮に参詣するために（寛仁元年九月二十一日条）ここを利用している。（吉田幹生）

廻立殿 卯の日の大嘗祭の神事のために*朝堂院内に仮設される建物。東西五間で、東二間が浴所、西三間が御在所であった。天皇はここで沐浴し、祭服に着替えた。『御堂関白記』長和元年（一〇一二）十一月二十二日条にはそのさいの様子が詳しく書かれている。（吉田幹生）

花山院 近衛大路南・東洞院大路東にあった花山法皇の御所。道長は寛弘元年（一〇〇四）十二月三十日や同二年九月四日などしばしばここを訪れている。同五年二月八日に花山院が亡くなった後は、三条天皇皇后娍子の所有となったようだが、長和三年（一〇一四）十二月十七日に東の対を残して焼亡した。（吉田幹生）

桂川 平安京の西を南北に流れる川。「大井川」とも、また東の*鴨川に対して「西河」ともいう。野宮での潔斎生活を終えた斎宮がこの川で禊を行うなど（寛仁二年九月八日条）、禊の場所としてしばしば登場する。また、遊覧の地としても知られている。（吉田幹生）

桂山荘 道長の別荘。現在の京都市西京区、*桂川西岸の桂離宮の辺りにあったとされる。長和二年（一〇一三）十月に造営開始、翌年五月には竣工。『御堂関白記』には「桂」「桂家」と表記され、道長が公卿を連れて雪見に出かけたことや（長和五年十二月八日条）、小一条院を迎えて大規模な遊宴を催したことが記されている（寛仁二年九月十六日条）。（松野彩）

鴨川 平安京の東を南北に流れる川。『御堂関白記』では「東河」と記されることが多い。天下三不如意の一つとして知られるように、鴨川はしばしば氾濫した。そのため、寛弘元年（一〇〇四）には流路を東に移す大規模な変更工事が施された。道長も報告を受けたり、現地視察に赴いたりしていたが（二月二十九日・三月十二日条など）、この時新たに作った堤防も五月末から降り続く雨によって決壊した（六月二日条）。

また、鴨川は禊の地としても知られており、即位した天皇や伊勢に下向が決まった斎宮などが御禊をする場所でもあった。『御堂関白記』でも、禊にかかわる用例が大半を占めている。多いのが由の祓を鴨川で行ったというもので、毎年三月三日と九月三日には北辰（北極星）に燈火を奉る行事（御燈）が行われることになっていたが、平安中期には燈火を奉らず由の祓をすることが恒例化しており、道長も毎年三月一日と九月一日に鴨川に出て由の祓をするのを原則としていた。御燈以外では、大原野祭（寛弘元年二月一日・長和元年二月五日条など）、梅宮祭（寛弘元年四月八日条・長和五年四月十二日条など）、石清水放生会（寛弘三年八月十五日・長和四年八月十五日条など）、吉田祭（長和元年四月二十七日・五年四月十五日条など）などに不参加の場合に道長は由の祓を行っている。一方で、祭に参加する場合は、鴨川に出て神馬や奉幣使を発遣させた。春日祭（長保元年二月十一日・寛弘六年十一月八日条など）や吉田祭（寛弘七年十一月二十一日・寛仁二年四月十三日条など）の例が『御堂関白記』には記されている。その他、服喪期間を終えたさい（寛弘七年十一月十三日・長和二年七月五日・寛仁元年六月二十九日条など）や、犬の出産による穢れをのぞくための祓（寛弘八年三月二日条）、あるいは、寛仁二年（一〇一八）十一月六日から十二日の七日間は、眼病治療のために陰陽師の安倍吉平に祓をさせたことが記されている。（吉田幹生）

鴨川尻 *鴨川下流にあったことは確かだが、正確な場所は未詳。ここには船着き場があったようで、寛弘四年（一〇〇七）八月二日条や長和二年（一〇一三）十月六日条などには、鴨川尻から船に乗って*石清水八幡宮や宇治に向かったことが記されている。

高陽院 中御門大路南・堀河小路東にあった藤原頼通の邸宅。もと桓武天皇皇子賀陽親王の邸宅であったが、そこを入手した頼通は寛仁三年（一〇一九）二月二日から造作を開始して、四町を占める大邸宅を築いた。これには当時批判もあったが（『小右記』二月八日条）、完成後は競馬や歌合などが開催された。（吉田幹生）

議所 →宜陽殿

北野 平安京北部の地名。菅原道真を祀る北野神社が有名だが、その創建以前から、このあたりには大嘗会が行われるたびごとに、悠紀国・主基国が神への供え物を用意するための斎場が建てられていた。
【所在】長和元年十一月十六日条、同五年八月二十九日・十月二十九日条 （吉田幹生）

凝華舎 後宮殿舎の一つで飛香舎*の北にある。南庭の西に白梅、東に紅梅が植えられ、東庭にも梅の木があったことから梅壺ともよばれた。東宮となった敦成親王はここを御在所にしている（寛弘八年十月十日・十六日条）。また、敦良親王の東宮御所も凝華舎であった（寛仁三年三月十四日条）。（吉田幹生）

宜陽殿 内裏*内の殿舎の一つ。紫宸殿*の東にあり、紫宸殿とは軒廊などで繋がっていた。母屋は南北九間・東西二間で、歴代の御物が収められている。西廂の北二間には公卿座があり、節会などが行われた。また、南廂の東二間には議所があり、叙位や除目のさいには公卿たちがまずここに集まった。『御堂関白記』でも、おおむね宴会か叙位除目にかかわって登場しており、寛弘元年（一〇〇四）・同二年・長和元年（一〇一二）の九月九日条では、重陽宴にさいして天皇の出御がない平座なので宜陽殿に宴座が設けられている。また、寛弘二年正月六日条や長和二年正月六日条では叙位にかかわって、寛弘元年八月二十八日条や同二年正月二十五日条などでは除目にかかわって議所のことが記されている。ただし、道長が除目に関して記すのは、前掲例や長和元年正月二十六日・同二年正月二十二日条など議所に赴かなかった場合が大半である。（吉田幹生）

金峰山 大和国にある大峰山脈の北方、吉野山から山上ケ岳までの連峰の総称。役行者がこの山に籠っていたさいに権現がその姿をあらわしたという伝説があり、古くから修験道が行われていたが、平安時代に入り聖宝が金峯山寺への参詣道を整備するなどして再興した結果、皇族や貴族も頻繁に参詣するようになり、御嶽詣がさかんになった。宇多法皇が昌泰三年（九〇〇）に詣でているほか、平安中期の例としては、のちに紫式部の夫となる藤原宣孝が正暦元年（九九〇）に御嶽詣を行った時の様子が『枕草子』などによって知られている。『栄花物語』によると、道長も四十一歳の厄年にあたる寛弘三年（一〇〇六）に御嶽詣を考えていたようだが、実際は翌四年閏五月十七日から源高雅宅で潔斎を開始し（御嶽精進）、同年八月二日の出発となった。この御嶽詣には、長保元年（九九九）に入内した彰子の懐妊を祈願するという目的もあったと考えられている。八月二日に出発した道長一行は、九日には金峰山に登り、十一日に蔵王権現に幣等を献上するとともに法華経の供養などを行った。また、道長はみずから書写した法華経等を経筒に収めて埋納している。なお、この時の経筒は江戸時代に発見され、現在は国宝に指定さ

金銅藤原道長経筒
（金峯神社蔵）

れている（金峯神社蔵）。道長は、寛弘八年にも御嶽詣を計画し、正月八日から枇杷殿*で御嶽精進を開始したが、この時は穢れが重なり三月にはみずからの参詣を断念している。

【所在】寛弘八年正月二十日　（吉田幹生）

外記庁　内裏*外郭の建春門の東にあった庁舎。平安時代に入ると、朝堂院*ではなくここで公卿聴政（外記政）が行われるようになった。外記政は平安中期には廃れていたが、長和二年（一〇一三）十二月二十日条では藤原行成と源道方が外記政に参加したことが記されている。　（吉田幹生）

月華門　→日華門・月華門

外弁　本来は、儀式や節会のさいに朝堂院*の会昌門や内裏*の承明門の内側で諸事進行をつとめる内弁に対する語。寛弘五年（一〇〇八）正月二日条の中宮大饗や長和元年（一〇一二）年十一月二十二日条の大嘗会の記事のように、場所を指すこともあり、『御堂関白記』ではこちらの用法の方が多い。　（吉田幹生）

建礼門　内裏*外郭の南門の一つで、内裏内郭の南側中央にある承明門と相対している。門前では伊勢神宮奉幣や大祓などが行われた。『御堂関白記』でも、寛弘八年（一〇一一）八月二十七日条には、同年十月十六日に予定されている三条天皇の即位を報告する伊勢奉幣が、また長徳四年（九九八）七月五日条には疫癘を除くための、長和五年（一〇一六）三月七日条では後一条天皇の即位を諸社に告げる奉幣使発遣のための大祓が、ここで行われている。また、天皇が行幸するさいは前駆に使用する鈴が下賜されたが、還御のさいにそれを返上する儀（鈴奏）も建礼門で行われた（長和元年閏十月二十七日・二年十一月二十九日・寛仁二年四月二十八日条など）。　（吉田幹生）

後涼殿　内裏*にある殿舎の一つ。清涼殿*の西側にある付随的建物で、清涼殿とは渡殿で結ばれていた。中央に馬道が通り、その南北には納殿があった。長和二年（一〇一三）十月十二日条には、この馬道で夜に女が髪を切られるという事件のあったことが記されている。　（吉田幹生）

近衛御門邸　道長室であった源明子の家。明子は他史料では「高松殿」とよばれており、父高明の邸宅である高松殿*が近衛御門邸とも考えられるが、高松殿は姉小路北・西洞院大路東にあり、近衛御門という称にはそぐわない。それゆえ、正確な所在地は不明だが、近衛御門大路付近にあった別の邸宅と考えるべきであろう。『御堂関白記』には寛弘六年（一〇〇九）七月十九日条以降、道長が訪れたことを示す記事が十数例みられるが、よく知られているのは、明子腹の顕信が突然出家したことに驚いて駆けつけた長和元年（一〇一二）正月十六日の記事であろう。また、寛仁元年（一〇一八）十一月二十二日には、小一条院と明子腹寛子の婚儀がここでとり行われている。このほか、長和二年正月二十六日には、藤原懐平の随身たちが、近衛御門邸の垣根の板を取ろうとしたために家の者に捕えられ暴行されるという事件が起こっている。このことが懐平から道長にすぐに報告されたのは、近衛御門邸が実質上は道長のものだったからだと考えられる。　（吉田幹生）

木幡　宇治*にある地名。藤原基経以降、この地には藤原氏の墓所が営まれていた。しかし、十世紀後半には荒れて寂しい場所になっていたらしく、若い頃に父兼家とともにこの地を訪れた道長はその荒廃ぶりをみて堂の建立を決心し、寛弘元年（一〇〇四）に三昧堂の造営に着手した（二月十九日条）。これがのちの浄妙寺であり、その後も道長はしばしば木幡の地を訪れて造営の進行状況などを視察し、また、翌二年六月二十一日には三昧堂供養のための写経も開始した。この堂は同年十月に完成し、そのさいには御斎会に准じた法会が催された（十月十九日条）。寺額は藤原行成が、願文は大江匡衡が書いている。なお、塔の完成はこれより遅れ、二年後の寛弘四年十二月二日に法会が行われた。寛仁元年（一〇一七）二月二十七日には、上達部十人ほどを伴って、道長は父母（兼家・時姫）および姉詮子の墓参りに訪れている。

【参考史料】『本朝文粋』巻十三「為左大臣供養浄妙寺願文」「供養同寺塔願文」　（吉田幹生）

小南第（こみなみてい）　道長が所有する邸宅の一つ。土御門第*の敷地内、寝殿の南に広がる池の南方にあった。寛弘三年（一〇〇六）八月頃に建てられ、長和五年七月の火災で延焼しているが、道長の死後の長元年間までは存在していた（『左経記』長元元年七月十九日条）。寝殿・客亭・東廊などの建物や、庭、南面西門などがあり、道長が孔雀を飼っていたのはこの屋敷の庭である。道長は土御門第を本拠地としていることが多いが、後一条天皇が東宮時代と即位後の数か月を土御門第で過ごした期間――長和三年（一〇一四）七月から同五年六月――は小南第に居住し、摂政としての直廬*も小南第に置かれていた。

『御堂関白記』では「小南」と表記され、道長が方違えに使用したこと（寛弘五年二月二十四日条）、冷泉院が方違えに訪れたことが記されている（寛弘三年十月二十日条）。また、道長は重い物忌のさいに、小南第に籠居している例がみられる（長和二年十一月十日条）。小南第の特徴は、神事にかかわるさいに使用されている場合が多いことである。道長は賀茂社への参詣（寛弘五年四月十八日条、長和二年四月二十三日条）、祇園臨時祭への出立（長和二年六月十五日条）など神社に参詣する時や、神事についての指図をするさいに（長和二年十一月六日・九日条）、小南第にわざわざ移っている。その理由について、道長は、土御門第では仏事を行うことが多いため、大嘗会など神事にかかわる必要がある時には（土御門第を避けて）小南第を使用すると記している（長和元年十一月一日条）。なお例外として、小南第で仏事が行われた例として、秋季御読経の懺法供養がある（長和四年十二月二十五日条）。

【所在】長和四年四月十日条、同五年正月二日・五月二十五日条　（松野彩）

嵯峨（さが）　平安京西の地名。平安時代にはしばしば貴族の行楽地となった。道長も、長保元年（九九九）九月十二日に公卿を引き連れて嵯峨を訪れている。藤原公任の代表作「滝の音は絶えて久しくなりぬれど名こそ流れてなほ聞こえけれ」の和歌が詠まれたのもこの時であった。　（吉田幹生）

朔平門（さくへいもん）　内裏*外郭の北門の一つで、内裏内郭の北側中央にある玄輝門と相対している。ここに衛門府の詰所（陣）があったので、北の陣ともいう。女御など女性が内裏を出入りするさいに用いられることが多かった。寛弘元年（一〇〇四）十二月二十七日条では、従三位に叙せられた慶申のために内裏を訪れた妍子が、ここで牛車を降りて天皇および中宮に慶賀の由を奏上させたり、寛仁二年（一〇一八）十月二十六日条では、同月十六日に土御門邸で立后の宣旨を受けた威子がその後初めて参内するさいにこの門を利用したりしている。また、寛弘八年十一月十六日条では、十月二十四日に亡くなった冷泉院の喪に服すために子の三条天皇が倚廬に籠ったさいに、天皇に供奉する道長をはじめとする公卿や女房たちがここで素服を着したことが記されている。『権記』十七日条によると、道長は相応の理由があったためここで素服を着したようだが、実資は軽率なことであったと非難している（『小右記』十一月十九日条）。　（吉田幹生）

桟敷（さじき）　仮設の建物。『御堂関白記』には、類例も含めて二十例ほどみられるが、二条大路の例である長和元年（一〇一二）閏十月二十六日条をのぞくと、他は寛弘二年（一〇〇五）四月二十日条や長和元年四月二十四日条・同四年四月二十一日条など、道長が斎院御禊や賀茂祭行列を桟敷で見物する例であることから、一条大路に面して建てられたものと考えられる。問題はその所在地で、寛弘八年四月十八日条の「一条家桟敷室」は一条第*に設けられたものと考えられるが、長和二年十二月二十六日条には枇杷殿*での御仏名の後、敦康親王が「一条桟敷家」に移ったと記されており、道長は開始早々に一条第に渡ったとあることからすれば、この「一条桟敷家」と一条第は別のものと考えるべきであろう。長和五年八月八日条からは正親町小路と烏丸小路の交差点付近に桟敷があったことがうかがえるが、これが「一条桟敷家」だとすると、少なくとも道長は二か所の桟敷を所有していたことになる。なお、長和二年十二月十五日条や寛仁元年（一〇一七）十一月二十五日条には倫子が桟敷で賀茂行幸を見物したことが記されている。（吉田幹生）

佐保 大和国の地名。佐保川の中流域、若草山の西部。この地には佐保殿とよばれる邸宅があり、藤原氏の氏長者が春日詣などで南都を訪れるさいの宿舎として用いられた。『今昔物語集』巻二十二第二によると、もとは興福寺の西にあった藤原房前の邸宅で、房前の子孫（藤原北家）に伝えられたものという。それゆえ、氏長者は佐保殿に着くと、まず庭に設けられた座で拝礼をしてから室内に入った（『殿暦』康保二年十一月二十七日条）。道長も長保元年（九九九）二月二十七日および寛弘四年（一〇〇七）二月二十八日の春日詣のさいに、また寛仁元年（一〇一七）に新たに氏長者となった頼通も寛仁二年三月二十二日の春日詣の折に佐保殿を利用している。（吉田幹生）

三条院 押小路南・東洞院大路西にあった三条天皇の後院。村上天皇皇子の資子内親王の邸宅を藤原定輔が買得し、三条天皇に献上したもの（『小右記』長和四年八月二十七日条）。道長は同年十一月九日に源俊賢と検分に赴き、西北の対と西廊を新築し現存の建物も修理することを決めた。三条天皇は翌長和五年（一〇一六）正月二十九日に枇杷殿*で譲位するが、それを待たずに造作は開始されたようである。譲位後の三条上皇はそのまま枇杷殿にとどまっていたが、九月二十四日に枇杷殿が焼亡すると頼通の高倉第*に移り、十月二十日になって新造の三条院に移ってきた。十二月二十日には中宮妍子も三条院に移ってきたが、三条上皇は翌寛仁元年（一〇一七）五月九日にここで亡くなった。生前三条上皇は妍子腹皇女の禎子内親王に伝領するように言い置いていたが（寛仁元年正月二十五日条）、その遺志に従い三条院は禎子内親王に伝領された。（吉田幹生）

直廬 皇親や摂政・関白などが宮廷内に与えられた個室。『御堂関白記』では「宿所」と表記されることが多い。『拾芥抄』によると、宜陽殿*東廂が一大臣の宿所とされているが、道長の直廬は飛香舎*に設けられていた。なお、里内裏の一条院*では東北の対（のちに別納*）に、枇杷殿*では東の対にあった。道長が直廬で夜を明かしたというような私的な使用例も多いが、内裏新造に関する成功の申請に対して源俊賢と相談して決定を下したり（寛弘三年二月二十三日条）、御読経につとめるべき僧を決める（長和四年十月十四日条など）というような政務を直廬で行ってもいる。また、長和二年（一〇一三）正月二十四日条では、除目の最終日にあたって、慰労のためもあってか人びとに食事をふるまっている。このように、道長が直廬で食事を用意する例も『御堂関白記』には散見される（寛弘元年八月二十八日・同四年三月九日条など）。

【所在】長和四年十一月二十八日条

（吉田幹生）

紫宸殿（ししんでん）　内裏*の正殿で内裏のほぼ中央に位置する。古記録類では「南殿」と記されることが多く、『御堂関白記』には「紫宸殿」と書いた箇所はない。東西九間・南北三間の母屋の中央に御帳台（高御座）が置かれ、北廂との間には古代中国の賢者三十二人を描いた賢聖障子が立てられている。正面中央には幅三間分の十八級の階段があり、その先に広大な南庭が広がっている。廂の四隅にも東西方向に階段が設けられており、南廂東側の階段先から宜陽殿*に繋がる廊下は軒廊とよばれた。また、里内裏においては、寝殿が紫宸殿に充てられた。天皇の日常政務の場であったが、平安中期以降は節会などの儀式も行われるようになった。

『御堂関白記』では場所を明記しない場合もあるが、「南殿」とされる例を拾うと、旬政に関する記事が最も多く（長保元年十一月十三日・寛弘元年十月一日・同二年十二月十七日条など）、仁王会（長保元年三月二十日・寛弘元年三月十六日・十二月十五日条など）や相撲節会（寛弘元年七月二十九日・同二年七月二十九日・寛仁二年七月二十八日条など）、陸奥交易御馬御覧（長保元年五月九日・寛弘元年十二月十六日・長和元年十一月十七日条など）、元日節会（寛弘三年正月一日・同七年正月一日条など）がこれに続く。このほか、一回的な行事としては、長保二年（一〇〇〇）二月二十五日条および寛仁二年（一〇一八）十月十六日条には、それぞれ遵子を皇太后、彰子を皇后に、妍子を皇太后、威子を皇后にする宣制儀が、また寛仁二年正月三日条および同三年八月二十八日条には、それぞれ後一条天皇・敦良親王（この時東宮で、のちの後朱雀天皇）の元服が行われたことが記されている。また、季御読経や前述した仁王会は紫宸殿で行われるのが通例だが、寛弘七年（一〇一〇）三月十八日や同八年五月二十一日には一条天皇の発願で法華経や一切経の供養法会も行われている。（吉田幹生）

下侍（しもさぶらい）　清涼殿*殿上間*の南、小庭を隔てた校書殿の北廂にあった侍臣の詰め所。『御堂関白記』では着替えの場所として使われる例が多く、敦康親王および敦儀・敦平両親王の元服のさいには、加冠等のあとここで赤色の闕腋袍から黄色の縫腋袍に衣服を改めている（寛弘七年七月十七日条および長和二年三月二十三日条）。また、父冷泉院の喪に服すさいの三条天皇が衣服を改めたのもここであった（寛弘八年十一月十六日条）。

（吉田幹生）

常寧殿（じょうねいでん）　内裏*にある殿舎の一つ。後宮の中心的役割を果たした殿舎で、平安中期には儀式のさいにしばしば使用された。たとえば、天皇は毎年十一月の中の丑の日にここで五節の舞姫を天覧することになっており（帳台試）、『御堂関白記』でも、長和元年（一〇一二）十一月二十日条や同二年十一月十三日条などに記事がある。（吉田幹生）

真言院（しんごんいん）　大内裏内の一院。中和院*の西に位置する。承和元年（八三四）十二月に空海の奏上により設けられた密教の修法道場。毎年正月八日から十四日まで後七日御修法が行われた。寛弘二年（一〇〇五）三月二十五日には、一条天皇のための修善が行われている。

（吉田幹生）

陣座（じんのざ）　左右近衛陣における公卿の座のことで、仗座ともいう。本来は近衛府の武官の詰め所であったが、平安時代には節会や神事などの行事がここで行われるようになり、とくに平安中期以降は陣定が左近衛陣で多く行われた。左近衛陣はもともと日華門*の北、宜陽殿*の西廂にあったが、のちに紫宸殿*東北廊の南面に移された。右近衛陣は月華門の北、校書殿の東廂にあった。里内裏の場合は、それぞれの邸宅に応じて場所が定められ、一条院*では寝殿と西の対の間の渡殿に、東三条第*では寝殿西北の渡殿に、土御門第*では東の対の南廂に陣座が設けられた。枇杷殿*での位置は不明である。なお寛仁元年（一〇一七）十二月二十七日には、翌二年正月三日に控えた後一条天皇の元服のために、左右逆転していた一条院の陣座が右近衛陣から左近衛陣に移されている。

『御堂関白記』では、長保元年（九九九）九月十四日条の季御読経の雑事定や同二年四月一日条の賀茂祭御禊前駆定などのように政務に関する使用が用例の大半を占めるが、寛弘元年（一〇〇四）九月九日条では、重陽宴に先立ち公卿がここに集まり宜陽殿に向かったり、理由は不明ながら寛弘七年十二月十八日条では尚侍妍子が一条院別納*から一条院の陣座に赴いて着服したりした記事が載っている。そのほか、寛弘三年正月二十六日や十二月十五日の除目儀や、寛弘七年七月十七日の敦康親王元服のさいの饗宴が、里内裏ゆえに（それぞれ一条院・枇杷殿が内裏であった）本来行われるはずの宜陽殿ではなく陣座で行われたりもしている。また、公卿が新任・昇任ないし昇叙されると吉日を選んで宜陽殿の公卿座とこの陣座に着くことになっていたが、『御堂関白記』には従三位に叙された教通や権大納言に昇任した頼通のことが、それぞれ寛弘七年十二月十日・長和二年（一〇一三）七月三日条に記されている。

→口絵5参照

（吉田幹生）

主基殿 →悠紀殿・主基殿

朱雀院 三条大路南・朱雀大路西に東西二町・南北四町の計八町を占めた累代の後院。宇多天皇の時代に再整備され、宇多・醍醐・朱雀と伝承されてきたが、天暦四年（九五〇）に罹災したこともあり、十世紀後半になると恒常的な使用はなくなった。

『御堂関白記』では、寛弘七年（一〇一〇）三月十六日条や長和五年（一〇一六）三月十五日条に、石清水臨時祭にさいして祭使帰京時の装束所として朱雀院の柏梁殿が使用されそこで還饗が行われたり、寛弘七年六月三日条に道長が避暑のために朱雀院を訪れたりしたことが記されている。また、寛弘八年の三条天皇即位にさいしては、方忌を避けるために一条院*から直接内裏*に入るのではなく、東三条第*・朱雀院を経由することが陰陽師から勘申されたり（同年六月八日条）、長和五年の譲位にさいしては、朱雀院が次の後一条天皇に譲渡されたりしている（同年四月七日条）。

（吉田幹生）

清暑堂 →豊楽院

清涼殿 内裏*にある殿舎の一つで、天皇の日常の居所。南北九間・東西二間の母屋の南五間と東廂（→口絵4参照）が昼御座*であり、母屋部分には御帳台が置かれ、東廂の南二間は石灰壇で毎朝天皇が伊勢神宮を拝する場所であった。また、南廂には公卿たちが伺候する殿上間*が設けられており、東廂のさらに東にある孫廂およびその先にある東庭も含めて、南半分は小朝拝や叙位・除目などが行われる儀式空間であった。東庭を使う場合は、東向きに天皇の座が設けられ、東面を正面とした。このような公的性格を持つ南半分に対して、昼御座の北二間は夜御殿とよばれる天皇の寝所、さらにその北側には后妃を召すための弘徽殿の上御局*や藤壺の上御局があり、天皇の私的性格の強い空間となっていた（弘徽殿の上御局と藤壺の上御局の間にある「萩戸」については、これを部屋でなかったとする説もある）。なお、里内裏においては、対屋を充てるのが通例であり、一条院*および枇杷殿*では北の対、東三条第*では東の対、土御門第*では西の対が清涼殿として使用されている。

『御堂関白記』にも官奏や四方拝など清涼

殿で行われたさまざまな儀式が記録されているが、これらが清涼殿で行われることは自明であり、道長がその場所をわざわざ特記する必要はなかった。反対に清涼殿で行ったことが書かれている行事としては、寛弘二年（一〇〇五）十月二十二日条の大般若経供養、同六年五月二十三日から二十八日および同七年十二月二十七日から三十日の大般若経御読経、また寛弘七年七月十七日条の敦康親王および長和二年（一〇一三）三月二十三日条の敦儀親王・敦平両親王の元服などがある。なお、後者の例からもわかるように、親王は清涼殿で元服を行うのが通例であった。また、平安時代には内裏がしばしば焼亡したが、寛弘八年十一月二十九日条には、故冷泉院の法事が終わって午後八時半ごろに三条天皇が清涼殿に向かったところ、昼御座*で火事があったことが記されている。 （吉田幹生）

勢多 近江国の地名。琵琶湖の南方、勢多川東岸のあたりを指した。交通の要所で、伊勢に下向する斎宮一行は、平安京を出発するとまずこの地に頓宮を造営して一泊した。下向にさいして天皇が挿した櫛（「別れの櫛」）もこの地で箱に収められることになっていた。また、道長は勢多の田上に別邸を有しており、寛弘二年（一〇〇五）十一月二日には道長が、長和元年（一〇一二）十月二十六日には子の頼通がこの地を訪れている。

【所在】寛仁二年九月八日条 （吉田幹生）

待賢門 大内裏東面の北から三つ目の門。中御門ともいう。大内裏に入るさいはこの門で牛車から降りるのが通例だが、寛弘八年（一〇一一）八月二十三日、道長は待賢門および上東門で牛車を降りることなく出入りできる宣旨を得ている。

【所在】長和二年八月二十九日条、寛仁二年九月八日条 （吉田幹生）

太政官庁 朝堂院*の東側にある太政官の官衙。正庁や東西庁などからなり、朝所・文殿なども置かれていた。寛弘二年（一〇〇五）十一月十五日など内裏*が焼亡すると、天皇は朝所や松本曹司*にまず避難することが多かった。 （吉田幹生）

対代 対屋の簡略化されたもの。『御堂関白記』では、宴座に使用されたり（寛弘元年二月七日の枇杷殿*や寛仁二年三月一日の二条第*）、三条天皇が枇杷殿北の対から寝殿への転居にさいして方違のために使用されたりしている（長和五年三月二十一日）。 （吉田幹生）

内裏 天皇の私的な居所。大内裏の中に位置し、東西七十丈（約二一二メートル）・南北百丈（約三〇三メートル）の大きさで、内外二重の郭で囲まれており、外郭には朔平門*や建礼門*が、内郭には承明門や玄輝門があった。内郭内部は北の玄輝門と南の承明門を結ぶ線を中心にほぼ東西対称に十七殿五舎が配置され、それぞれが廊で結ばれる構造になっており、北側が後宮に、南側が天皇の御殿に充てられていた。前者は五舎七殿とよばれる、飛香舎*・凝華舎*・襲芳舎・昭陽舎・淑景舎・承香殿・常寧殿*・貞観殿・麗景殿・宣耀殿・弘徽殿・登華殿からなり、后妃や女官などが住んでいた。彰子や妍子も飛香舎を曹司として使用していた。また、道長の直廬*も飛香舎に置かれていた。後者の中心は紫宸殿*であり、後方に仁寿殿、その東に温明殿・綾綺殿、西に清涼殿*・後涼殿*があり、また南庭と称される紫宸殿前の広場をとり囲むように、東には宜陽殿*・春興殿が、西には校書殿・安福殿が建っていた。また、南庭の東には桜（当初は梅）、西には橘が植えられていた。ただし、内裏は天徳四年（九六〇）以来しばしば火災に見舞われており、つねに天皇が内裏で生活していたわけではない。内裏が罹災するなどして使用できない場合は、後院や摂関邸などが一時的に内裏として使用された。これを里内裏という。

『御堂関白記』の記述期間に限定して内裏の変遷を整理すると、①大内裏：永観二年（九八四）八月二十七日〜長保元年（九九九）六月十四日、②一条院*：長保元年六月十六日〜同二年十月十一日、③大内裏：長保二年十月十一日〜同三年十一月十八日、④一条院：長保三年十一月二十二日〜同五年十月八日、⑤大内裏：長保五年十月八日〜寛弘二年（一〇〇五）十一月十五日、⑥東三条第*：寛弘二年十一月二十七日〜同三年三月四日、⑦一条院：寛弘三年三月四日〜同六年十月五日、⑧枇杷殿*：寛弘六年十月十九日〜同七年十一月二十八日、⑨一条院：寛弘七年十一月二十八日〜同八年六月十三日、⑩東三条第：寛弘八年六月十三日〜同年八月十一日、⑪大内裏：寛弘八年八月十一日〜長和三年（一〇一四）二月九日、⑫枇杷殿：長和三年四月九日〜同四年九月二十日、⑬大内裏：長和四年九月二十日〜同年十一月十七日、⑭枇杷殿：長和四年十一月十九日〜同五年正月二十九日、⑮土御門第*：長和五年正月二十九日〜同年六月二日、⑯一条院：長和五年六月二日〜寛仁二年（一〇一八）四月二十八日⑰大内裏：寛仁二年四月二十八日〜長暦三年（一〇三九）六月二十七日、となる。里内裏決定に関する記事は、簡単だが寛弘二年十一月十七日条（⑥の東三条第遷幸）や長和四年十一月十七日条（⑭の枇杷殿遷幸）に記されている。

（吉田幹生）

高倉第（たかくらてい）　藤原頼通の邸宅。土御門大路南・東洞院大路東。もともと道長に親近した高階業遠の住まいであった。『御堂関白記』でも寛弘五年（一〇〇八）二月三十日から翌三月四日まで道長が業遠邸に滞在していたことなどが記されている。そして、業遠が寛弘七年四月十日に亡くなった後も（『権記』同日条）、長和四年（一〇一五）閏六月二十六日条では皇后娍子の申し出を聞き、御読経の場所を花山院*から業遠宅に移すなど、道長の自由に使える場所であったようである。その後、亡くなった業遠の妻から長和五年に邸宅を買得すると、道長は吉日を選んで同年三月二十三日にここを訪れ初めて自邸として宿泊している（『左経記』同日条）。その後、六月一日には、翌二日に控えた後一条天皇の土御門第*から新造一条院*への遷幸にさいして貢進する馬を事前に確認するために高倉第に渡ったり、九月二十四日には、枇杷殿*が焼亡したために三条上皇と中宮妍子が一時的にこの高倉第に避難してきたりしている。

寛仁元年（一〇一七）二月二十四日条には「高倉大将家」とみえるので、その頃までには頼通に伝領されていたと考えられる。ただし、長和三年三月九日の内裏焼亡のさい、三条天皇が枇杷殿に移ることにともなって枇杷殿にいた皇太后彰子は頼通家に移ることになったが、『小右記』長和三年三月二十二日条によると、その頼通家は枇杷殿（鷹司小路南・東洞院大路西）の東北にあったとされており、道長による買得以前からここを頼通邸とする認識が存在していたという問題が生じることになる。これは、業遠が道長に近侍していたことを踏まえると、業遠所有の邸宅に一時期、頼通が居住していたためか。頼通に伝領したのちも、道長は方忌のさいにここを訪れるなどしていたが（寛仁元年六月六日条）、道長没後は頼通の使用頻度が高くなり、長暦元年（一〇三七）十一月十三日には頼通養女で後朱雀天皇の中宮であった嫄子がここで祐子内親王を出産している。

【所在】長和五年九月二十四日条　（吉田幹生）

高松殿（たかまつどの）　道長家司の藤原輔公の家。姉小路北・西洞院大路東。もと源高明邸だが、のちに輔公が所有するようになった。長和二年（一〇一三）正月十六日に東三条第*で火事があったさい、輔公宅に中宮妍子が一時避難している。同四年六月七日未明（あ

邸宅・地名

るいは六日深夜）焼亡。　（吉田幹生）

大宰府（だざいふ）　九州筑前国に置かれた西海道全体を総括する行政機関。中国や朝鮮半島との交易にかかわることも多く、大宰府にもたらされた品物のうち朝廷に必要な物品は優先的に買いあげられた。寛弘元年（一〇〇四）正月二十七日条には大宰権帥であった平惟仲の弟の生昌に蔵人所から唐物購入のための金三百両が与えられたり、長和二年（一〇一三）二月四日条には三条天皇の唐物御覧に道長も同席し、皇太后宮彰子や中宮妍子らとともに錦や綾などを拝領したりしている。また、唐物以外にも、長保元年（九九九）三月七日条には雨米や湧出油が献上された記事が、寛弘元年閏九月二日条には銀産出に関する報告書が提出された記事が載る。一方、大宰府からは調庸綿が貢進されることになっていたが、平安時代にはしだいに有名無実化しており、長和五年十月五日条には、綿の代わりに絹九百疋が献上されたことが記されている。　（吉田幹生）

中和院（ちゅうかいん）　大内裏内の一院。内裏*の西、朝堂院*の北に位置し、縦横ともに四十丈（約百二十一メートル）の方形をなす。新嘗祭や神今食などの天皇親祭が行われる場所であるが、『御堂関白記』では、寛弘元年（一〇〇四）六月十一日の神今食に天皇の出御がありそれに道長が供奉した記事をのぞくと、恒例行事ゆえとくに記載されることはなかった。長和元年（一〇一二）十二月十一日および同二年十二月十一日の神今食や月次祭では中和院の破損や雨天のために、また寛弘元年十一月十七日の新嘗祭でも雨天のために、中和院に天皇の出御がなかったことが記されている。その他、寛弘元年八月五日条には中和院で祈雨をさせた記事が載り、寛弘二年十一月十五日条では宮中の火災のさい、飛香舎*にいた天皇が中宮彰子とともにまず中和院に避難したことが記されている。なお、古記録類では「中院」と表記されることが多く、『御堂関白記』でも先に言及した六回の用例すべてが「中院」と書かれている。　（吉田幹生）

朝堂院（ちょうどういん）　大内裏の正庁。平安初頭から八省院とも称されるようになり、『御堂関白記』をはじめとする古記録類では「八省院」と記されることが一般的である。朱雀門の正面、内裏*の南西に位置しており、内部は北域（大極殿）・中域（朝堂院）・南域（朝集院）に三分されている。本来は官人が集まり政務を行う場であり、天皇もここで官人たちの拝礼を受けていたが、しだいに天皇の日常政務の場が大極殿から内裏に移るようになると、八省院への天皇の出御の機会は減り、即位式や朝賀などの儀礼を行う場所へと変化していった。

『御堂関白記』でも、毎年正月八日から十四日まで行われる御斎会にはじまって、さまざまな儀式の行われる場として登場するが、とくに多いのが仁王会と奉幣使の発遣である。仁王会は、寛弘元年（一〇〇四）十二月十五日、同二年二月二十五日、同三年五月二日・八月十三日、同七年閏二月二十三日、長和四年（一〇一五）六月二十三日、寛仁二年（一〇一八）六月三～八日などに催されており、一方の奉幣使は、例年九月十一日に発遣される伊勢例幣使のほか、寛弘四年二月十七日・長和二年八月二十九日・寛仁元年二月十四日などには祈年穀奉幣使が、また寛弘七年十月十日には止雨祈願のための諸社奉幣使が発遣されたりしている。

そのほか、長和五年二月一日には後一条天皇の即位を告げるための伊勢奉幣使が発遣され、二月七日には後一条天皇の即位式がここで行われている。このような八省院であったが、破損も激しく、寛弘三年二月十二日条からは八省院修造のための行事所が置かれていたことがわかり、寛弘八年八月十五日条では翌年に控えた大嘗会のための雑事定の一環として、豊楽院*とともにその修理が諸国に割り当てられている。

（吉田幹生）

土御門第　道長が所有する邸宅の一つ。平安京一条四坊十五・十六町にあった。上東門第、京極殿とも呼ばれた。『小右記』寛仁二年十月十六日条によると、道長が我が世の栄華をうたった「この世をば我が世とぞ思ふ望月の欠けたることも無しと思へば」という和歌を詠んだのはこの土御門第である。もとは左大臣源雅信が所有していた屋敷で、娘の倫子を経て夫の道長が伝領した。伝領した当初は十六町のみであったが、長徳二年（九九六）以降に大江匡衡から南の一町を買いとって、馬場と馬場殿を新設した（長保元年二月二十日条）。長和五年（一〇一六）一月二十九日に三条天皇が譲位した時には、後一条天皇は土御門第で即位し、六月二日に一条院*に遷御するまでの間、里内裏として使用している。土御門第は道長が居住している時は「家」と表記されることもあるが、里内裏としている時は「御所」という表記もみられ、西対を清涼殿*、寝殿の南側を紫宸殿*、文殿を内侍所として使用していた。

なお、平安時代の京都は火災に見舞われることが多く、土御門第の西対に道長の姉の詮子が滞在していた時に、西対の北廊が放火される事件が起きている（長保二年正月九日条）。さらに寝殿などが焼失した長和五年の火事では、摂関家の証として道長が伝領していた朱器台盤も焼失している（長和五年七月二十一日条）。道長は焼失の五日後に、再建にあたっての造作始・立柱上棟の日を陰陽師に勘申させて、約二年をかけて新土御門第を建築し、寛仁二年（一〇一八）六月二十七日に新宅移徙の儀を行って転居している。

『御堂関白記』によると、寝殿は彰子の立后のさいに本宮の儀の場として使われ（長保二年二月二十五日条）、彰子が敦成親王（後一条天皇）・敦良親王（後朱雀天皇）を、妍子が禎子内親王（後朱雀天皇中宮）を出産するさいの産室となっている（寛弘五年九月十一日条、同六年十一月二十五日条、長和二年七月六日条）。また、一条天皇が寛弘三年（一〇〇六）と五年に、三条天皇が長和二年に行幸したさいに、天皇の御座所として使われている。とくに寛弘五年の行幸は『紫式部日記』に描かれていることでも有名である（寛弘五年十月十六日条）。なお、土御門第で重要な行事が行われる時には、寝殿はもちろんのこと、敷地内の西側に位置する建物を使用することが多く、寛弘三年の行幸のさいには寝殿に倚子を置いて天皇を、西対に東宮を迎えている（寛弘三年九月二十一日・二十二日条）。一方、東対は南面が唐廂（唐破風造りの屋根がついた廂）になっている建物で、曲水の宴（寛弘四年三月三日条）や敦良親王の読書始に使用された例がある（長和四年十二月四日条）。また、土御門第の特徴として邸内に仏堂を設けていることがあげられる。この仏堂は西中門の南、舞台（池の中島にかけて建てられたもの）の北に位置し、寛弘四年（一〇〇七）十月一日条に「堂北屋」、寛仁二年八月二十九日条に「堂南屋」という表現がみられることから、南北二つの建物が連結されたかたちになっていたと推定され、詮子のための法華八講（寛弘元年五月十九日条）や懺法供養（同四年二月十五日条）、諸道論義（同年五月三十日条）など、さまざまな法会が行われている。なお、同邸宅には僧房もあった。道長は僧坊で牛が死んだために土御門第が触穢になったという報告を受け、宮中から土御門第に帰るのをやめている（長和元年二月二十三日条）。

土御門第の最も南に位置する馬場に言及すると、前述したように長徳二年以降に買いとった敷地で、馬場に馬を引き入れる時には、最初は近衛大路に面した南門（「南大門」とも表記）を使っていたが（長保元年五月八日条）、馬場殿の西に末門を建ててからは、末門を使用している（長保二年正月十九日条）。なお、馬場殿は競馬をみるための建物で、一条天皇・三条天皇が行幸した時にも訪れて競馬を観覧している（寛弘三年九月二十二日・長和二年九月十六日条）。（松野彩）

殿上間　清涼殿*の南廂にあった公卿や殿上人が伺候する場所。『御堂関白記』でも、長保二年（一〇〇〇）正月二十八日条や寛弘元年（一〇〇四）十一月二十三日条のように天皇との連絡に使われている例が多いが、寛弘二年十月十一日条には藤原実成主催の私的な宴会がここで催されたことが記されている。（吉田幹生）

内侍所　→温明殿

鳴瀧　平安京西北の地名。禊が行われた地であり、『御堂関白記』には寛弘八年（一〇一一）二月十九日条および同年九月五日条にその名がみえ、二月は金峰山詣*の祓のために道長が、九月は理由不明ながら妻の倫子が祓のために訪れている。（吉田幹生）

二条第　道長が所有する邸宅の一つ。二条北・東洞院西の一町を占め、正殿は母屋が二間で四面廂付きであったと推定される。『御堂関白記』では「二条」と表記されるが、『小右記』寛仁元年（一〇一七）十二月四日条には「二条第」、『左経記』同日条には「小二条殿」と記されている。この邸宅をもともと所有していたのは源相方で、源奉職の手を経て道長の所有となった。一度は小一条院に譲渡されるが（『小右記』『権記』寛弘八年八月十一日条）、再び道長の管理するものとなり、のちには威子（道長の三女、母は源倫子、後一条天皇中宮）→章子内親王（威子の娘）→大江匡房へと伝領された。

『御堂関白記』での初出は長保二年（一〇〇〇）三月で、作文や仏事を行うために使用されている（同二日・五日条）。小一条院から再び道長の所有となったのち、桂山荘*と同じ日に造営を開始している（長和二年十月十三日条）。二条第を訪れて工事の進捗状況を確認している記述は『御堂関白記』に二十五回みられ、障子を立てる位置まで細かく指示している（長和五年三月二日条）。そもそも道長がこの屋敷を造営した目的は、のちに後一条天皇の中宮となる威子の入内後の里邸とするためであったが、長和四年（一〇一五）秋に道長が頻繁に二条第を訪れているのは、翌五年二月に後一条天皇（八歳）が即位するにあたって、自身の任摂政大饗を行う計画であったからである（同年二月二十七日・三月二十一日条）。しかし、大饗は日取りが悪く停止された。その後、寛仁元年十月二十九日に読経、十一月十日に新宅移徙の儀を行って転居し、十二月四日に道長が太政大臣に就任したさいに大饗を催している。翌年、威子の入内はこの屋敷で行われ（寛仁二年三月七日条）、六月に新土御門第*が完成したのを機に、道長は新土御門第に転居した（寛仁二年七月二日条）。なお、寛仁三年正月三十日条の時点では長子の頼通が居住していることが確かめられる。（松野彩）

日華門・月華門　紫宸殿*の南東、宜陽殿*と春興殿との間にあるのが日華門。紫宸殿の南西、校書殿と安福殿との間にあるのが月華門。儀式や節会の通用門として利用された。『御堂関白記』長和元年（一〇一二）十一月十七日条では、陸奥国から貢進された馬を天皇が紫宸殿でみるさいに、月華門および日華門から馬を南庭に出入りさせたことが記されている。そのさい、南庭で数回引き回したりしたのちに、南庭を東向きに走らせるのだが、『江家次第』によると、馬は一度日華門から出て再び月華門から入りそのまま南庭を馳せて日華門から退出することになっているところを、この日は、左馬寮の馬は日華門から右馬寮の馬は月華門から出て月華門で合流しており、『江家次第』とは詳細が異なっている。また、寛仁三年（一〇一九）二月二十三日条には、風で日華門が倒れたと記されている。（吉田幹生）

八省院 →朝堂院

比叡山 平安京の北東、山城国と近江国にまたがる山。延暦寺があることで有名。『御堂関白記』では「比叡山」の名が出てくることはなく、単に「山」と記されることが多い。道長はしばしば延暦寺を訪ねており、寛弘元年（一〇〇四）八月十七日には不断の念仏会に参加するために、また同六年五月十七日には仏舎利を供養する舎利会に参加するために赴いている。あるいは、法会出席以外の目的では、長和元年（一〇一二）正月十六日に出家した息子顕信のために、同年四月五日や五月二十三日に比叡山を訪れている。また、長和五年五月一日には三条院が眼病の治癒祈願のために訪れている。道長も当日、三条院に同行する予定であったが、この時は体調がすぐれず鴨川河原*まで同行しただけで一行を見送り引き返している。（吉田幹生）

東三条第 二条大路南・町尻小路西にあった邸宅。南北二町を占め、その南部分には南院*とよばれる独立した建物もあった。藤原良房・基経・忠平・兼家らによって伝領されてきており、道長以降も、頼通や師実など摂関家嫡流に伝えられていくことになる。なお、兼家女で一条天皇の生母でもある藤原詮子は当邸にちなんで、永延元年（九八七）に「東三条院」の院号を得ている。当邸を伝領した道長はまず大規模な建て替えを行ったようで、寛弘元年（一〇〇四）正月十七日以降、四月四日条や十二月五日条など『御堂関白記』にはしばしば造作検分の記事がみられるようになり、翌寛弘二年二月十日に新宅作法を行い、新造の東三条第に移っている。そして、同年十一月十五日に内裏*が焼亡すると、十七日には陰陽師の進言により吉方にあった東三条第に移ることが決定され、二十七日に一条天皇や居貞親王が遷御してくることになった。ただし、これはあくまで一時的な措置であり、寛弘三年三月四日には再び一条天皇は一条院*に、居貞親王は枇杷殿*に移っていくことになるが、それに先立ちここで盛大な花宴*が催された。この時の庭園の見事さは、大江匡衡の作った詩序に描き出されている（『本朝文粋』巻十）。その後も、寛弘八年六月十三日に一条天皇の譲位にともない三条天皇が践祚すると、東三条第は同年八月十一日まで里内裏として使われることになった。そして、翌長和元年（一〇一二）二月十四日にはここで三条天皇女御の妍子の立后儀が行われた。その後、長和二年正月十六日には火災の被害にあったものの、同年十月九日条によると修理もほどなく開始されたようである。

そのほか、『御堂関白記』では神楽の記事も目立つ。寛弘六年十二月七日・長和元年十二月二十六日・同二年十一月二十五日・寛仁二年（一〇一八）十一月二十九日条などに記事がみられ、この頃は十一月末から十二月初旬あたりに東三条第で神楽をみることが年中行事化していたようである。（吉田幹生）

東三条第南院 東三条第*内の南にあった建物。長徳元年（九九五）正月九日に鴨院が焼亡したため、冷泉上皇は南院に移ることになり（『小右記』同日条）、以降、冷泉上皇の御在所として使用されることになった。寛弘二年（一〇〇五）十一月二十七日には、東三条第が里内裏になったことにともない、冷泉皇子の居貞親王も東の対に移ってくることになり、翌年三月四日に親王が枇杷殿*に移るまで父子で南院に住むことになった。同年十月五日には焼亡するものの、すぐに再建され、十二月五日には再び冷泉上皇が移ってきた（『権記』当日条）。そして、寛弘八年十月二十四日にここで亡くなるまで、再び冷泉上皇の御在所として使われた。道長は正月三日に冷泉上皇に年始詣をすることを恒例としており、それを含めて『御堂関白記』で「参冷泉院」などと書いてあるのは、実際にはこの南院を訪れたという意味である。また、長和二年（一〇一三）正月十六日に東三条第が火事になったさいには、南院にいた妍子は高松殿*に避難している。（吉田幹生）

飛香舎（ひぎょうしゃ）　内裏*にある殿舎の一つ。清涼殿*の北にあり、南面の中庭に藤の木が植えられていたことから、藤壺ともよばれた。東西五間。長保元年（九九九）一条天皇のもとに入内した彰子は、長保二年十月十一日に新造内裏に遷御するとここを曹司とした（『権記』長保二年十月十一日条など）。定子所生の敦康親王も定子没後は彰子にかわいがられていたため、飛香舎東面を御在所とした（寛弘元年正月十七日条）。そして、三条天皇が即位すると、今度は妍子がここを使用することになった（寛弘八年十月五日条）。長和二年（一〇一三）正月十日条には、妊娠のために妍子が飛香舎から東三条第に里下がりするさいのことが記されている。また、道長はここを直廬*としていたため、長和四年十月二十七日には南廂で除目も行われている。さらに、後一条天皇が即位すると、威子がここを御在所とした（寛仁二年四月二十八日条）。（吉田幹生）

昼御座（ひのおまし）　言葉の意味としては「貴人が昼間いるところ」ということであり、『御堂関白記』でも東宮や中宮に対して使われたりしているが（長和四年十二月二十四日・寛仁二年十月十六日条など）、一般的には清涼殿*の南半分にある天皇の昼間の居所を指す語。母屋の南五間および東廂の平敷の座を指して使われる例が多い。北は妻戸で夜御殿に、西は障子で台盤所・鬼間に、南は壁で殿上間*に接している。通常は北第二間に御帳台を置いて天皇の座とした。『御堂関白記』では、寛弘八年（一〇一一）六月二日に先月末より重態となった一条天皇が一条院内裏*の昼御座に出御して東宮に直接譲位の意向を告げたり、長和元年（一〇一二）二月十四日の妍子立后のさいに三条天皇が昼御座に出御して宮司除目を行うように右大臣顕光に命じたりした記事が記されている。（吉田幹生）

枇杷殿（びわどの）　鷹司小路南・東洞院大路西にあった邸宅。所在地については、近衛大路南・室町小路東とする説もある。枇杷が多く植えられていたことに由来する呼称で、早く九世紀から史料にみられる。藤原長良・基経・仲平らによって伝領され、長保四年（一〇〇二）以降は道長の邸宅となった。『権記』長保四年十月三日条や『御堂関白記』寛弘元年（一〇〇四）四月四日条・十二月二十日条など、この頃には造作記事が多くみられることからすると、枇杷殿を入手した道長は、まず殿舎の新築ないし増改築を行ったようである。造作記事は寛弘二年正月二十日条を最後にみられなくなるので、この頃には一応の完成をみたものと考えられる。

また、それと並行して、長保五年二月二十日には頼通がここで元服し（『日本紀略』同日条）、翌寛弘元年二月五日には春日祭使として寝殿から出立している。そして、寛弘二年十一月十五日に内裏*が焼亡すると、同月二十七日にいったん東三条第*に移っていた居貞親王が寛弘三年三月四日に移ってくることになり、以降、枇杷殿は東宮御所として使用されることになった。居貞親王の第一皇子敦明親王も、同年十一月五日に枇杷殿で元服している（『日本紀略』同日条）。東宮御所としての使用期間は、寛弘六年十月五日に当時里内裏として使用されていた一条院*が焼亡し、一条天皇が枇杷殿に移ることになったために、同月十四日に居貞親王が頼通邸に移るまでの約三年半の間続いた。十月五日に里内裏として使用が決まると、枇杷殿にはさっそく修理が施され（十月七日・十四日条）、同月十九日から寛弘七年十一月二十八日までは一条天皇の里内裏として使用されることになった。その後、一条天皇が中宮彰子とともに一条院に戻ると、今度は十二月二十二日に道長が枇杷殿に移り、翌寛弘八年正月八日からは二度目の金峰山詣*のために精進潔斎をここで開始している。しかし、この時の金峰山詣は実現せず、道長は五月一日に土御門第*に戻ったようである。そして、同年十月十六日に三条天皇が即位すると、中宮彰子は里内裏であった一条院から枇杷殿に移り、ここを居所とすることになった。

しかし、長和三年（一〇一四）二月九日に内裏が焼亡し、枇杷殿が再び里内裏として使用されることになると、四月九日に三条天皇が中宮妍子とともに移ることに決定したのにともない、彰子（当時は皇太后）は頼通の高倉第*へと移ることになった（『小右記』長和三年三月二十二日条・『日本紀略』長和三年三月二十日条）。

この後、長和四年九月二十日に三条天皇は新造内裏に戻るが、同年十一月十七日にその内裏が焼亡すると、三たび枇杷殿が里内裏として使用されることに決まり、十九日に三条天皇が移ってきた（妍子はすぐに内裏には戻らずにいたが、その間に内裏焼亡が起こったため、結局、枇杷殿にとどまり続ける結果となった）。この時の里内裏は、翌長和五年正月二十九日に三条天皇が譲位するまで続いたが、譲位後も三条上皇は妍子とともに枇杷殿を居所とした。しかし、その枇杷殿も九月二十四日に焼亡、同年七月二十一日の土御門第に続いて、道長は枇杷殿も火災で失う結果となった。枇杷殿は同年十一月二日に造作が開始されたが、翌寛仁元年（一〇一七）の三条上皇崩御により中断されたためか、『御堂関白記』寛仁三年二月二日条や十日条にも造作開始の記事が載る。その後も作業は進まず、再建がなったのは約六年後の治安二年（一〇二二）になってからであり、ようやく四月二十八日に妍子が娘の禎子内親王と移ることになった（『小右記』同日条）。

（吉田幹生）

藤原斉信邸（ふじわらのせいしんてい）　藤原斉信の邸宅。正確な所在地は不明だが、『栄花物語』（つぼみ花）などから推すと大炊御門大路に面していたと思われる。長和二年（一〇一三）正月十六日に東三条第*が火災にあったさいには、中宮妍子がここに避難している。

（吉田幹生）

豊楽院（ぶらくいん）　大内裏内の一院。朝堂院*の西に位置する、東西五十六丈（約一六〇七メートル）・南北百三十四丈（約四〇〇メートル）という大きなものであった。大嘗会や射礼などの行事が行われていたが、十世紀中頃からは荒廃が進み、『御堂関白記』でも長保二年（一〇〇〇）四月七日に院内の招俊堂に落雷があったことが記されている。それゆえ、寛弘元年（一〇〇四）八月六日条や翌二年九月十日条などには修理に関する記事も認められ、寛弘八年八月十五日の大嘗会の雑事定では、八省院および豊楽院の修理が諸国に割り当てられている。その結果、翌長和元年（一〇一二）十一月の三条天皇の大嘗会はここで行われるにいたった。また、長和五年三月十一日条や寛仁元年（一〇一七）正月十七日条には、平安中期には建礼門*前で行われることもあった射礼がここで執行されたことが記されている。しかし、康平六年（一〇六三）に焼亡すると、その後は再建されることはなかった。

（吉田幹生）

別納（べちのう）　→一条院別納（いちじょういんべちのう）

堀河院（ほりかわいん）　藤原顕光の家。二条大路南・堀河小路東。もと藤原基経の邸宅だが、兼通を経て顕光に伝領されていた。女婿の敦明親王も住まわせており、長和四年（一〇一五）四月三日条には、獄に繋がれていた盗人がこの邸に入ったことが記されている。（吉田幹生）

松前（まつがさき）　平安京北部の地名。禊が行われた地であり、『御堂関白記』には寛弘四年（一〇〇七）七月一日条および同八年二月二十三日条にその名がみえる。いずれの場合も、道長は金峰山詣*の祓を行うために訪れたものと考えられる。（吉田幹生）

松本曹司（まつもとのぞうし）　大内裏内の一施設。松下曹司とも。内裏*焼亡時の天皇の避難先としてしばしば古記録にみえる。寛弘二年（一〇〇五）十一月十五日の内裏焼亡のさいには、焼けて破損した神鏡をここに安置した。

【所在】長和元年閏十月九日条、同四年十一月十七日条　（吉田幹生）

山崎（やまざき）　平安京南部の地名。山城国と摂津国の国境に位置し、平安京から西国へ向かう場合には、しばしばこの地で見送りや出迎えが行われた。長和五年（一〇一六）八月二十五日条では、禊のために難波に向かう前斎宮と使者は山崎で別れている。

【所在】長和二年十一月二十九日条、寛仁元年九月二十二日条　（吉田幹生）

悠紀殿・主基殿（ゆきでん・すきでん）　大嘗祭にさいし朝堂院*内に仮設される建物。大嘗宮の東半分が悠紀院、西半分が主基院とされ、それぞれの正殿が悠紀殿・主基殿となる。南北五間。長和元年（一〇一二）十一月二十二日条に天皇出御の様子が書かれている。（吉田幹生）

弓場殿（ゆばどの）　内裏*内の校書殿の東廂の北端に張り出した方一間の建物。天皇が出御して射を観覧する儀が行われる。射場殿とも称されるが、『御堂関白記』では「弓場殿」と書かれている。『御堂関白記』でも、賭弓（寛弘三年正月十八日・同八年正月二十一日条など）や射場始（寛弘元年十月十日・同二年十月五日条など）の記事が多くみられるが、東宮時代から弓を好んでいた三条天皇は（寛弘三年二月十四日条など）、即位すると弓場殿に出御してしばしば自ら弓を射ることもあった（長和二年二月七日条など）。また、ここは清涼殿*の南に位置するため、叙位や任官にさいしての慶申も行われた。長保元年（九九九）二月十一日条の彰子が従三位に叙されたことに対する慶申をはじめとして、妍子従三位（寛弘元年十二月七日条）・妍子立后（長和元年正月三日条）・威子任尚侍（同年八月二十一日・九月一日条）など十例近い用例が確認される。（吉田幹生）

陽明門（ようめいもん）　大内裏東面の北から二つ目の門。近衛御門ともいう。内裏*に最も近いため、官人たちの通常の出入りによく使われた。そのため、愁訴などもここで行われることが多く、寛弘元年（一〇〇四）二月二十六日条や三月二十四日条には住吉や宇佐の神人の愁訴の記事が載る。（吉田幹生）

冷泉院（れいぜいいん）　→東三条第南院

◆神事・神社

平安時代の神祇祭祀

藤原道長の時代は、平安時代以降に徐々に変化・拡大していった新たな国家的神事が定着し、制度として整えられた時期であった。

古代国家がつくりだした律令神祇祭祀は、皇御孫命である天皇が主宰する祭祀であり、祈年祭・鎮花祭・神衣祭・三枝祭・大忌祭・風神祭・月次祭・鎮火祭・道饗祭・神嘗祭・相嘗祭・鎮魂祭・大嘗祭（新嘗祭）の十三の祭祀が神祇令に規定されていた。このうち、天皇みずからが行う祭祀は大嘗祭・新嘗祭や、月次祭と一体となって営まれた神今食に限られ、このほかは神祇官を通じて、対象となる神社の祝を参集させて幣帛を分配することで、各地域の神まつりに天皇権威を浸透させていく仕組みになっていた。

平安時代に入ると、これらの祭祀に加え、九世紀末までに賀茂祭・園韓神祭・松尾祭・平野祭・春日祭・大原野祭が公的な祭祀となり、さらに平岡祭が春日祭に准じるとされた（延喜四時祭式）。また、率川・鹿島・香取・大神・山科・当麻・杜本・当宗社も、朝廷からの奉幣を受ける対象とされたことが知られる（延喜内蔵寮式）。これらは、平安京の鎮護を担う賀茂・松尾社、遷都以前から同地に祀られていた園韓神社、大和国の伝統的神社である大神社を除くと、いずれも天皇の外戚父母氏族の氏神社であり、天皇のミウチ的性格の強い神社であると指摘されており、朝廷からの奉幣を受けることで公的祭祀の列に加わったのである。

霊験のある特定の神社に奉幣して加護を祈願する名神奉幣は奈良時代から行われていたが、神祇官への祝の参集が思わしくなくなったこともあり、平安時代になると、班幣形式の神事に代わって奉幣形式の神事が国家的神事の主体となっていった。奉幣の事由も、国家的危急に対する祈願や祈雨に加え、祈年穀の臨時奉幣が恒例化していった。また、奉幣の対象となる神社も次第に固定化され、九世紀後半には、伊勢・石清水・賀茂（上・下）・松尾・平野・稲荷・春日・大原野・大神・石上・大和・広瀬・龍田・丹生・貴布禰の十六社、道長の時代にはこれに吉田・北野・広田・梅宮・祇園を加えた二十一社、そののちに日吉社が加えられて二十二社となり、これが国家にとって重要な神社として位置づけられた。その一方で、諸国の神社は、受領国司による地方支配が進展するなかで、国司神拝などの国内神祇政策のなかに取り込まれていったのである。

こうした特定社への奉幣による国家的神事のあり方は、全土の神社を対象とした班幣祭祀に比べると、きわめて限定的であった。なおかつ、王権を構成する天皇や貴族の氏神、皇城鎮護の神と伝統的な神社で王権全体を支えるという、明確な意図が読みとれる構造へと再編成されたといえる。

そして、天皇もまた、戦乱平定などの国家的祈願や個人的な御願が行われたことに象徴的なように、神祇官を通じて全国の神祇祭祀を総覧する存在から、みずから神に加護を求める存在へと変化していった。それを最も端的にあらわすのが、十世紀以降の臨時祭や神社行幸などである。これらの神事は、天慶年間（九三八～九四七）の平将門・藤原純友追討の報賽や天皇の個別的な御願を契機として始められ、それが定例化したもので、試楽御覧や天皇の潔斎、清涼殿での拝礼、祭使発遣儀への出御など、通常の祭祀に比べて天皇の関与が大きい。神社行幸も天皇みずから社頭の御在所まで赴く点で、より天皇個人の御願が強くあらわれた神事であるといえる。このほか、一条朝には公卿勅使の制が始まり、公卿勅使派遣のさいには天皇みずからが宣命を書く宸筆宣命が用いられるなど、後世に定着する諸神事が整えられていったのである。

このように、一条朝から後一条朝にかけての王権は、神事と密接に結びつきながら存在していた。そして、貴族たちもまた、各々の氏神祭祀に奉仕しつつ、王権を構成する一員としてこれらの神事に携わったのである。以下、『御堂関白記』にみえる道長の神事へのかかわり方を中心に、当時の貴族社会における神事の特徴についてみてみたい。

摂関期において、神事の運営は、通常の政務と同様に公卿が分担して上卿をつとめた。とくに御禊行幸や神社行幸の行事所別当は、財源の確保から祭使の差配、料物の配分など膨大な業務をこなす必要があり、その実務処理のあり方は摂関期の政務・財政構造の縮図そのものであった。

さらに、物忌や触穢により上卿や祭使の交替がしばしば起こり、上卿はそのような事態に速やかに対処することも求められた。長保五年（一〇〇三）から治安元年（一〇二一）までの約二十年間、右大将であった藤原実資が賀茂祭の斎王御禊および祭日の上卿をつとめた事例は、やや例外的であるものの、重要な神事の上卿には政務に精通した公卿があたったことを示しているといえよう。

『御堂関白記』には、道長自身が上卿として神事をとり仕切った事例のほか、藤原公任や実資など上卿をつとめた貴族から相談を受けている様子がみえる。この時代にさまざまな神事が整えられ恒例化したのは、彼を中心とする安定した貴族政治が展開されたことを背景に、神事の滞りない運営が目指されたことが要因としてあげられるだろう。

また、これらの神事は、各官司の使や御禊前駆などをつとめる下級官人たちにとっても重要な意義をもっていた。

祭使をつとめることは、経済的負担が非常に大きかったので、近衛府などでは負担均等化のために巡による祭使決定方式がとられていた。しかし、実際には、触穢などさまざまな理由で代官が立てられることが多く、『御堂関白記』にも、経済的事情などもあってか、急な代官がなかなか決まらなかった事例がみえる。その一方で、祭使や御禊前駆として神事に供奉すること、またそれらの代官をつとめることは、下級官人たちにとっては功を積み叙爵される機会でもあった。その点で、摂関期の神事は、運営を管掌する貴族層だけではなく、下級官人たちもふくめた国制全体のなかで執り行われる一大行事として整えられていったといえるのである。

　さらに、これらの神事は、当時の貴族社会において、政治的な意味合いの強い場でもあった。たとえば、賀茂祭や春日祭の近衛府使は、摂関の子弟が中少将のときにつとめることが多く、彼らを貴族社会に披露する晴れの場となった。寛弘元年（一〇〇四）に頼通が右近衛少将として春日祭使を、同七年には教通が賀茂祭の近衛府使をつとめており、道長は子息たちのために装束や供奉する人びとの差配、還饗の支度などを十分に行い、その成長を日記に書き留めている。同様に、『御堂関白記』には、三条天皇と後一条天皇の二度の大嘗会およびそれに関連する神事がみえる。道長は、三条天皇のときには左大臣・内覧、後一条天皇のときには摂政と、ともに太政官首班として伊勢奉幣や大神宝使発遣などにあたっている。とくに、両度の大嘗会御禊では、道長の娘である威子・寛子がそれぞれの女御代をつとめており、道長は、装束や付き従う女房、車や前駆の差配を行い、その様子を細かく日記に残している（長和元年閏十月二十七日条など）。

　天皇や摂関以下の貴族たちが行列をなす様子は、王権の内部秩序を視覚的に具現化するものであり、貴族たちはこれらの行列に加わることで、天皇との結びつきや貴族社会のなかでの立ち位置を再認識することになった。摂関家による賀茂詣や春日詣も道長の時代に定着していくが、これらの行列にも同様の意義があったと考えられる。道長が贅を尽くして威儀を整えたのは、神事にかかわる行列が、貴族社会のなかで単なる神事以上の役割を果たしていたからに違いない。またこれらの行列は、厳粛な秘事であった神事それ自体と異なり、華やかなパフォーマンスとしての一面をもっていた。二度の御禊行列のきらびやかな様子は『栄花物語』にも詳しく描写されており、貴族たちだけではなく、付き従う女房たちにとっても大きな関心事だったことがうかがえる。行列の通る路次には桟敷や席が並べられ、多くの見物人で賑わったのであり、市井の民をも巻き込んだ文化的行事としての役割も担っていたのである。

以上のように、道長の神事に対するかかわり方は、平安貴族社会の構造をそのまま反映するものであったといえる。これらの記事の多くが、神事の具体的な運営や行列次第の様子などで占められるのは、当時の貴族たちの神事に対する関心の在処をうかがう上で興味深いものであろう。

しかし当然ながら、その根底には、貴族たち自身の神事・神社に対する信仰心があった。『御堂関白記』によれば、道長は、朝廷による奉幣とは別に、諸社に対して奉幣や神馬奉献を行っている。これらのなかには、氏長者として春日祭や大原野・梅宮・吉田祭などへ奉幣した場合もあるが、道長個人の信仰心にもとづいて行われたものもある。ほかの貴族たちも、諸社に私的な奉幣を行っているし、後一条天皇即位後の春日社行幸や賀茂社行幸のさいに中宮彰子が神郡をそれぞれに対して寄進しているのも、各人の信仰にもとづく行為であったと考えられる。

藤原行成が彰子立后のさいに、「我朝は神国なり、神事を以て先と為すべし」と、一帝二后の事由を一条天皇に説明したことは有名な話であるが、道長の時代、神事は王権ないし天皇と結びつきながら再編されていく。そうした動きのなかで、寛弘二年の神鏡焼損の事件は、『御堂関白記』をはじめとする貴族の日記に、神意への驚きとともに書き留められた。このことからもうかがえるように、神事・神社が、みずからや一族を守り王権全体をも加護するものとして、平安貴族社会のなかで共通した認識となっていたことは注意されるべきであろう。

【参考文献】

二十二社研究会編『平安時代の神社と祭祀』（国書刊行会、一九八六年）
岡田荘司『平安時代の国家と祭祀』（続群書類従完成会、一九九四年）
三橋正『平安時代の信仰と宗教儀礼』（続群書類従完成会、二〇〇〇年）
大津透『日本の歴史06　道長と宮廷社会』（講談社、二〇〇一年）
丸山裕美子「天皇祭祀の変容」（大津透ほか『日本の歴史08　古代天皇制を考える』講談社、二〇〇一年）
佐々木恵介『天皇の歴史03　天皇と摂政・関白』（講談社、二〇一一年）
小倉慈司・山口輝臣『天皇の歴史09　天皇と宗教』（講談社、二〇一一年）
斎木涼子「摂関・院政期の宗教儀礼と天皇」（『岩波講座　日本歴史　第五巻　古代五』、岩波書店、二〇一五年）
小倉慈司「摂関期における貴族の神事観」（大津透編『摂関期の国家と社会』、山川出版社、二〇一六年）

（武井紀子）

伊勢神宮　伊勢国度会郡宇治郷の五十鈴川ほとりに鎮座する皇大神宮（内宮）と、沼木郷山田原に鎮座する度会宮（外宮）、およびこれらの別宮・摂社・周辺域の神社からなる神社群の総称。大神宮では天照大御神と相殿神二座、度会宮では豊受大御神と相殿神三座を祭神とする。皇祖神と位置づけられた天照大神を主祭神とすることから、八世紀以来最も重んじられた神社であり、祈年祭・月次祭・神嘗祭の四度の祭礼、および国家の大事には勅使が遣わされた。このうち神嘗祭の奉幣使には五位の王のなかから卜定をもって充てられたほか、天皇の特別な御願がある場合には公卿が勅使に立てられた。また、二十年に一度遷宮が行われ、『御堂関白記』には寛仁三年（一〇一九）に内宮遷宮の記事がある。神職組織としては、大神宮は地方豪族の荒木田神主氏を、度会宮は度会神主氏を禰宜とし、その下に大内人・小内人・物忌・物忌父が置かれ、これらを大神宮司の宮司が統率した。また、九世紀初頭以降、神祇官の五位以上の中臣氏が祭主として神宮政務を執り行うようになり、神官六位以下の叙任権を有し、神祇官から神官への官符に必ず署名をするなど神宮行政に関与するようになった。道長のころに祭主をつとめていた大中臣輔親は、大嘗会や斎院関係などの神事について道長から指示をうけて奉仕していることが『御堂関白記』にみられる。また、輔親は勘解由判官のころに道長所望の郭公の和歌を即詠したことで知られ（『今昔物語集』巻二十四第五十三）、後一条天皇大嘗会悠紀方御屏風歌を詠進するなど、歌人としても道長・頼通と関係が深かったことが知られる。

【所在】長和元年二月二十五日・閏十月二十七日・十二月四日条、同五年二月二十五日条、寛仁三年九月五日条

【参考文献】岡田精司「律令制祭祀における伊勢神宮」（『古代祭祀の史的研究』、塙書房、一九九二年）

（武井紀子）

伊勢奉幣使　奉幣のために朝廷から伊勢神宮へ発遣された使のことで、①三節祭（九月の神嘗祭と六月・十二月の月次祭）と祈年祭における奉幣、②天皇の御願や国家の大事にさいしての臨時奉幣、③天皇即位や斎王発遣・帰京のさいに、皇祖神への奉告として発遣された由奉幣、④祈年穀奉幣などの諸社奉幣のときに発遣された。とくに①神嘗祭への奉幣（例幣）は重視され、使には五位の王を充て、これに中臣・忌部が加わり、天皇臨御のもとで幣帛・宣命が使に授けられた。また、全国諸社が神祇官にて幣物の班賜をうける二月の祈年祭も、伊勢は別格とされ、使者が立てられて奉幣の形式がとられた。『御堂関白記』には、①④の事例のほか、③三条・後一条天皇即位のときの由奉幣（長和元年・五年）、斎王当子内親王帰京の奉告（長和五年八月八日条）がみられる。また④の場合として、内裏焼亡によって神鏡が焼損したときに伊勢への奉幣使発遣が行われた（寛弘二年十二月十日条）。このときは、通例の奉幣使に加え、参議藤原行成（源経房の替）が使とされ、一条天皇の宸筆宣命をもって差遣された。宸筆宣命はこれを初例とし、伊勢神宮へ直接行幸できない天皇の代わりとして公卿を派遣する公卿勅使の制が整えられたのも、この一条朝のころと考えられる。そのほか、長和四年（一〇一五）には三条天皇の眼病平癒のために奉幣使が立てられている。このときの奉幣使は、四月に三条天皇が藤原実資に眼病平癒祈願の使を立てたい意向を示して以降、内裏や使の触穢で七度も延引し、九月十四日にようやく発遣の儀が行われたものであった。

【所在】長和四年七月二十八日・九月五日条

【参考史料】『小右記』長和四年四月二十二日条

【参考文献】藤森馨「神宮奉幣使考」、同「平安時代中期における神宮奉幣使の展開」（『平安時

代の宮廷祭祀と神祇官人』、原書房、二〇〇八年）　（武井紀子）

伊勢例幣　伊勢神宮*の神嘗祭（九月十六日に豊受宮で、同十七日に皇大神宮でそれぞれ行われる）に、朝廷が使者を発遣して幣帛を奉る恒例行事。伊勢神宮の神嘗祭は神祇令では中祀とされた。使者は例幣使とも称され、四日前に神祇官の卜定により五位以上の王四人のなかから一人が選び充てられた。また、これに神祇官人の中臣・忌部・卜部が付き従ったため、四姓幣使ともよばれた。発遣の儀は毎年九月十一日に八省院で行われ、大極殿後殿（小安殿）に天皇が出御して内宮・外宮それぞれの幣物を御覧したのち、大極殿に出御し、中臣・使王らを召して幣物と宣命を賜わり、これを発遣した。加えて、神官への位記や神郡寄進はこの使への宣命に付すことになっていた。『御堂関白記』には、計七回の伊勢例幣についての記述がある（ただし、寛弘八年は物忌のため道長は八省院での発遣の儀に参加していない）。このうち寛弘元年（一〇〇四）・同二年と長和二年（一〇一三）の三回は道長が上卿をつとめたと考えられ、前日に外記が持参した使王卜串（使を卜占した結果）を受け取っている。とくに、長和二年の例幣では、三条天皇が事前に八省院行幸の意向を示していたが、雨のためとりやめとなり、道長が天皇を説得している。また、長和五年の例幣では、道長は後一条天皇の摂政として八省院に赴いたのち、小安殿に入って幣物御覧を行っている。

【所在】寛弘元年九月十一日条、同二年九月十一日条、同八年九月十一日条、長和二年九月十一日条、同四年九月十一日条、同五年九月十一日条、寛仁元年九月十・十一日条　（武井紀子）

石清水八幡宮　山城国綴喜郡の男山山麓に鎮座し、誉田別尊、息長帯比売命、比咩大神を祭神とする神社。貞観元年（八五九）の大和国大安寺の法師行教の奏請により、翌年豊前国宇佐八幡宮*から八幡神を勧請した。同十一年に新羅寇賊平定のために捧げられた告文では八幡神を「皇大神」と称しており、鎮護国家・皇位継承の守護神として位置づけられ、伊勢につぐ皇室の祖神とされた。とくに円融天皇は篤く同社を信仰し、宇佐八幡宮にならって八月十五日の放生会を節会に準ずる扱いとし、天禄二年（九七一）からは隔年で行われていた三月中午日の臨時祭をほぼ恒例の年中行事とした。さらに、天元二年（九七九）に同社に初めて行幸し、これを嚆矢として、一条天皇以降は天皇即位にさいして必ず奉幣することとされ、さらに即位後には行幸が行われるようになった。また、異変の起きたときは勅使が発遣され、天皇も清涼殿で拝した。道長は、八月十五日の石清水放生会には神馬を奉献している（寛弘元年・同三年〈由祓*〉・長和二年・寛仁元年）。『御堂関白記』には、長保二年（一〇〇〇）に詮子に同道して同社に参詣したのをはじめ、長和二年（一〇一三）と寛仁元年（一〇一七）に道長の参詣関係の記事がみえる。長和二年の参詣は、石清水八幡別当尋慶の死穢により延引、さらに播磨守藤原説孝邸の穢れが道長邸にもおよんだため停止となった（二月二十三・二十四日条）。一方で、寛仁元年九月二十二〜二十四日の参詣は、倫子・尚侍威子・嬉子をはじめ公卿十二名をともなった大々的なもので、多くの見物人がでたほか、社頭で歌舞音曲や競馬が行われるなど、道長の栄華を反映するものであった。

【所在】長和二年二月一日条、寛仁元年九月二十〜二十四日条

【参考史料】『百練抄』長保二年三月二十日条、『小右記』長和二年二月六日・二十四日条　（武井紀子）

石清水八幡宮行幸　十世紀後半、天皇の御願祈念もしくは報賽のために行われた石清水八幡宮*への行幸。

臨時祭よりも丁重なかたちであり、天皇の神社への信仰の篤さがあらわれているとされる。天元二年（九七九）に、円融天皇が御願により行幸したのをはじめとし、一条天皇以降は、即位後大嘗会*の翌年に賀茂社*とともに行幸することを例とした（『日本紀略』永延元＝九八七年十一月八日条）。このほか、一条天皇は長徳元年（九九五／『権記』十月十二日条に七社奉幣*）、長保五年（一〇〇三／『権記』三月四日条）にも行幸している。行幸の日時は陰陽寮で勘申され、行事上卿を中心に宣命の準備などが進められ、行幸の前には試楽が行われた。当日、天皇は社頭へは赴かず、男山山麓の宿院に着御し、宣命奏上、御幣神宝御覧ののち、そこから神社を御拝した。社頭へは勅使が遣わされ、奉幣と神宝献納をすませて宿院に戻り、御願平安の由を天皇に奏上した。そののち使や舞人らへの賜禄と饗宴が行われ、還御となった。また、社頭へ赴く勅使に仰せて石清水宮司らへの勧賞も行われた。『御堂関白記』では、長和二年（一〇一三）の三条天皇と、寛仁元年（一〇一七）の後一条天皇の二回の代始めの石清水行幸の記事がみえる。寛仁元年の行幸では、行幸の無事を祈念して七社奉幣が行われ（同年二月二十三日条）、藤原実資が行事上卿として準備段階から道長とともに諸事をとり仕切った。このときの行幸では、石清水八幡宮に封戸が寄進された（三月八日条）。

【所在】長和二年十一月二十八・二十九日条

【参考史料】『中右記』嘉保二年三月二十九日条

【参考文献】岡田荘司「神社行幸の成立」（『平安時代の国家と祭祀』、続群書類従完成会、一九九四年）

（武井紀子）

石清水臨時祭　三月中午日に石清水八幡宮*（山城国綴喜郡）で行われた祭祀。八月十五日の石清水放生会に対していう。「臨時祭」とは、恒例の祭祀に対する臨時の祭祀として始まったが、その意味は「天皇の御願による祭祀」であり、天皇のみが奉幣した。摂関期には他に賀茂臨時祭*、平野臨時祭が成立したが、賀茂臨時祭についで公祭となった。賀茂臨時祭を北祭といい、石清水臨時祭を南祭ともいう。天慶五年（九四二）四月に、天慶の乱（平将門の乱・藤原純友の乱）平定の報賽のため、朱雀天皇が賀茂臨時祭にならって始めたものである。その後中断された時期もあり、円融天皇の天禄二年（九七一）以降、恒例の公祭となって整備された。次第は『江家次第』に詳しい。ほぼ賀茂臨時祭と同様で、三十日前に祭使や舞人・陪従を定め、ついで調楽が始まり、祭日の二日前には試楽が行われた。祭日は天皇の御禊*があり、清涼殿東庭で祭使出立の儀が行われ、社頭での奉幣と走馬・東遊の奉納があり、祭使帰参の後には還立の儀が行われた。寛弘四年（一〇〇七）の石清水臨時祭においては、道長の息子四人（教通・頼宗・顕信・能信か）が舞人をつとめており、道長は「近代見ざる所」と記している（同年三月九日条）。

【所在】寛弘四年三月九日条、長和五年三月十二日条（試楽）・同月十四日条（祭日）

【参考史料】『吏部王記』逸文（『西宮記』裏書などが引用）天慶五年四月二十七日条・同六年十一月二十九日条、『本朝世記』天慶五年四月二十七日条、『朝野群載』一二、『石清水八幡宮臨時祭部類記』

【参考文献】三橋正「天皇の神祇信仰と「臨時祭」―賀茂・石清水・平野臨時祭の成立―」「臨時祭」の特徴と意味」（ともに『平安時代の信仰と宗教儀礼』、続群書類従完成会、二〇〇〇年）

（丸山裕美子）

石清水臨時祭使　石清水臨時祭*の祭使。賀茂臨時祭*と同じく、祭日の三十日前に、天皇の御前で祭使と舞人・陪従が定められた。恒例となった初回の天禄二年（九七一）の祭使は右近衛中将源忠清で、賀茂臨時祭と同じく、四位の近衛次将（中将・少将）が選ばれることが多かった。祭使は当日早朝、天皇から御衣を賜り、清涼殿東庭での出立の儀が行われる。社頭に参向し、宣命を読んで幣帛を奉り、その後、内裏に帰って還立の儀が行われ、禄が下賜された。『御堂関白記』寛弘七年（一〇一〇）三月十五日条には、道長が宿所に食物をもうけ、「是頼宗（右権中将）使に奉仕す、能信（右兵衛佐）舞人也、仍て儲る所也」とある。

天皇即位後初めての石清水臨時祭はとくに重視されていたらしく、『江家次第』には、「代初めは参議を以て使と為す」とある。長和五年（一〇一六）に道長の孫である後一条天皇が即位したさいには、一旦決定していた祭使を、源済政（正四位下讃岐守）から道長の息子能信に変更している（長和五年三月二日条）。能信は参議ではなかったが、すでに従三位だった。『小右記』三月二日条によると、この変更は、後一条天皇の東宮時代の「心願」によるもので、即位の始めには「異例の使」を奉ろうと願っていたのだという。このときは舞人も四位四人、五位四人、六位二人であり、通常は五位四人、六位六人であるのと大きく異なる。『御堂関白記』の記述も詳細で、道長がこの後一条天皇代始めの石清水臨時祭にかけた意気込みがうかがえる。

【所在】寛弘四年三月九日条、同七年三月十五日条、長和五年三月二日条・同月十二日条（試楽）・同月十四日条（祭日）・同月十五日条（還立）

【参考史料】『日本紀略』天禄二年三月八日条、『石清水八幡宮臨時祭部類記』

【参考文献】三橋正「天皇の神祇信仰と「臨時祭」―賀茂・石清水・平野臨時祭の成立―」「「臨時祭」の特徴と意味」（ともに『平安時代の信仰と宗教儀礼』、続群書類従完成会、二〇〇〇年）

（丸山裕美子）

宇佐使（うさづかい）

奉幣のために宇佐八幡宮*に発遣される勅使の総称。天平九年（七三七）の新羅無礼の奉告を初見とする。元来は臨時の使者であり、それがのちに恒例化していったと考えられる。宇佐への奉幣使発遣は、①天皇即位の奉告使、②宇佐神宝使、③三年に一度の恒例使、④国家危急などのさいの臨時使に分けられる。①天皇即位の奉告使はとくに宇佐和気使とよばれ、和気氏の五位が奉仕することとなっていた。これは、当時従五位下であった和気清麻呂が宇佐八幡神の神託に関して功績があったことに由来するとされ、天長十年（八三三）仁明天皇即位にさいして、清麻呂の子である和気真綱が派遣されたのを初例とする。また②宇佐神宝使は、一代一度の大神宝使*にあわせて発遣される使者であり、道長は大神宝使と宇佐神宝使を別個にとらえていたようである（長和元年十二月十五日条）。卜占により使者が決定すると、ついで日時が勘申された。発遣の日時が定まると、行事の蔵人を中心に、宇佐神宝行事所において神宝および幣物・装束などが調えられ、天皇の神宝御覧をへて使者発遣の儀が行われた。使者は、宇佐まで山陽道を通って向かい、逓送のための路糧は沿道の国郡が負担した。『御堂関白記』には、三条天皇・後一条天皇即位時の、二度の宇佐和気使および宇佐神宝使がみえる。三条天皇即位時には、和気氏の五位の使をめぐって不手際があり（長和元年閏十月条）、つづく宇佐神宝使も、道長の指示の不備や使の軽服による交代で発遣が遅れ、長和二年（一〇一三）九月二十九日に発遣された。後一条天皇即位のさいには、藤原実資が行事をつとめ（触穢により源俊賢に代わる）、使は三条天皇時に失態のあった和気正重がつとめている（『小右記』長和五年二月二十四日・四月九日条）。また、このときは発遣当日に不手際が多く、道長が立腹したことがみえる（『小右記』同年四月二十七日条）。

【所在】長和元年閏十月十四日・十二月十五日条、同五年四月十一日条

【参考文献】恵良宏「宇佐使についての一考察」（『史淵』九八、一九六八年）　（武井紀子）

宇佐八幡宮　式内社。豊前国一宮。誉田別尊・比売大神・息長帯比売命の三柱を祀る。元来は、この地の豪族宇佐公の氏族神である比咩神、豊前地方に広く分布していた渡来系秦氏一族の辛島勝氏の信奉した渡来神と、八幡神とが合体して成立発展したものであろうと考えられている。奈良時代以降、東大寺の大仏鋳造にさいして神助を与えるなど、朝廷との結びつきが強まり、伊勢神宮*につぐ宗廟として崇敬を集めた。天皇一代に一度奉幣使が遣わされ、天皇即位奉告や国家危急時にも勅使による奉幣をうけた。また、昌泰元年（八九八）からは三年に一度の恒例使が発遣された。『御堂関白記』の時代には、長保五年（一〇〇三）に宇佐宮神人らが分裂し、宇佐宮宝殿に封を加えた大宰帥平惟仲の苛政と非礼を訴える事件が起き（『百練抄』同年十一月二十七日条）、これに関して惟仲が道長と消息のやりとりをしたことがみえる（『御堂関白記』寛弘元年二月九日条）。両者は陽明門にて直訴におよび（『権記』同年三月二十四日条）、陣定にて推問使発遣が決定され、そのさいに道長は一条天皇の諮問に答えている。その後、この事件は封を加えた責任者である大宰典代長岑忠義が捕らえられることで決着をみた。『御堂関白記』寛弘二年（一〇〇五）十一月十五日条には忠義の罪名定が行われたことがみえる。

【所在】寛弘元年三月二十四日・四月六・九・十日条、同二年十一月十五日条　（武井紀子）

梅宮祭　梅宮神社（山城国葛野郡）の祭祀。梅宮神社は、橘氏の氏神社で、仁明天皇の母が橘嘉智子（橘清友女、嵯峨天皇皇后）であることから、仁明即位後の承和年間に公祭となった。しかし、元慶三年（八七九）には天皇との血縁が遠くなったために廃され、同八年に橘嘉智子を祖母とする光孝天皇の即位によって再び公祭となるも、宇多天皇の寛平年間に再度廃され、一条天皇の寛和二年（九八六）に三たび公祭として復活した（『本朝月令』）。一条天皇の外祖母藤原時姫（藤原兼家妻、円融天皇女御藤原詮子母、道長母）の母が橘氏（橘澄清女）であったことによるらしい。祭日は夏四月上酉日、冬十一月上酉日であった。寛和二年に公祭に復して以後は、橘氏の公卿が途絶えていたため、藤原氏長者が橘氏是定として奉幣などを行った。道長は藤原氏長者であったので、『御堂関白記』には寛弘元年（一〇〇四）以降寛仁元年（一〇一七）まで、ほぼ毎年梅宮祭に関する記録がみえ、奉幣使・神馬使*を立てている。もっとも、橘氏是定は寛弘六年以降、頼通に譲られている。

【所在】寛弘元年十一月十一日条、長和元年十一月四日条、寛仁元年十一月三日条

【参考史料】『日本三代実録』元慶三年十一月六日条・同八年四月七日条、『本朝月令』四月末尾所引寛和二年十一月二十一日宣旨、『新撰年中行事』

【参考文献】義江明子「橘氏の成立と氏神の形成」（『日本古代の氏の構造』、吉川弘文館、一九八六年）、岡田荘司「平安前期　神社祭祀の公祭化・下—九世紀後半の公祭について—」（『平安時代の国家と祭祀』、続群書類従完成会、一九九四年）　（丸山裕美子）

大祓　毎年六月と十二月の晦日に、宮廷において百官以下天下万民が犯した罪穢れを祓う儀礼。天皇の長久を祈る御贖と、朱雀門前に百官男女を集めて罪穢れを祓う二つの儀式からなる。『年中行事秘抄』によれば、天武天皇二年（六七三）六月晦日に行われたのをはじめとする。長和四年（一〇一五）六月には閏月があり、晦日の大祓のことが二十七日になっても未だに決まっていない

という外記からの問い合わせに対して、道長は閏月がある場合には閏月の晦日をもって執り行うと回答している。

【所在】長和四年六月二十七日条

【参考文献】山中裕『平安時代の年中行事』（塙書房、一九七二年）　（武井紀子）

大原野祭　大原野神社*（山城国乙訓郡）の祭祀。大原野神社は長岡京遷都のさいに、大和国の春日神社*を勧請して創祀されたとされる藤原北家の氏神社である。文徳天皇の母藤原順子（藤原冬嗣女、仁明天皇女御）の氏神社として、仁寿元年（八五一）二月に春日祭の祭式により、梅宮祭*・平野祭に准じて行われることが制された（『日本文徳天皇実録』『新撰年中行事』など）。祭日は春二月上卯日・冬十一月中子日で、春日祭*に准じて執行された。儀式次第は『儀式』に詳しい。祭使は春日祭より一ランク下で、近衛府使は近衛将監がつとめ、内蔵寮使・馬寮使の他、中宮使・東宮使があり、藤原氏の氏人らも参詣した。他の公祭と異なる特徴として、饗禄を藤原氏出身の后宮（氏后）が用意することになっていた。長保二年（一〇〇〇）の彰子立后の理由として、当時の氏后はみな出家していて、氏祭祀、とくに大原野祭をつとめていないことがあげられている（『権記』）。なお氏后が不在のときは、氏長者が饗をもうけることになっていた。長和元年（一〇一二）二月の大原野祭は、中宮彰子が一条天皇の服喪中であったため、道長が代わりに奉仕している。道長は氏長者として奉幣使・神馬使*を立てており、穢れなどの理由で奉幣できない場合には、その「由の祓」を行っている。

【所在】長和元年二月五日条、同二年十一月二十四日条

【参考史料】『大鏡』五裏書、『日本文徳天皇実録』仁寿元年二月乙卯条、『儀式』一、『権記』長保二年正月二十五日条

【参考文献】岡田荘司「平安前期　神社祭祀の公祭化・下—九世紀後半の公祭について—」（『平安時代の国家と祭祀』、続群書類従完成会、一九九四年）　（丸山裕美子）

大原野神社　山城国乙訓郡内、小塩山の東麓に鎮座する神社。武甕槌命・伊波比主命・天児屋根命・比売神の四座を祭神とする。創祀は、『伊呂波字類抄』『大鏡裏書』などでは延暦三年（七八四）長岡京遷都のときに春日社*から勧請したものとするが、『神祇正宗』では、嘉祥三年（八五〇）藤原冬嗣が王城守護のために勧請したとしている。貞観年間には春日社と兼ねて斎女が置かれた時期もあった。皇太后宮藤原順子の行啓（貞観三＝八六一年）、円融天皇の行幸（永観元＝九八三年）を初例とし、一条天皇以降即位後の行幸が常となった。また、皇太后宮藤原順子によりはじめられた大原野祭*は、饗禄を中宮職が準備し、不在の場合は藤氏長者が準備することとなっていた。長保二年（一〇〇〇）に彰子の中宮立后のときには、藤原行成が「大原野祭はその濫觴を尋ぬるに、后宮の祈る所にあり」（『権記』正月二十八日条）と述べ、寛弘二年（一〇〇五）には中宮彰子の大原野社行啓が行われるなど、とくに藤氏中宮とのかかわりの深い神社として位置づけられた。この彰子の行啓は、事前に試楽や道中の無事を祈る諸社奉幣*が行われるなど、天皇行幸と同様に実施され、後世佳例とされた。藤氏長者は、氏の政始のときには鹿島*・香取社*への奉告と春日社への遣使とともに大原野社へも使を発遣することを例としたが、道長が氏長者となったときには軽服であったため、鴨川にて使を遣わさない由祓*を行っている（長徳元年七月十四日条）。また、大原野祭には氏長者として神馬奉献を例としていたことが『御堂関白記』からうかがえる。

【所在】寛弘二年二月二十七日・三月八日条

【参考史料】『小右記』寛弘二年三月八日条、『中右記』大治四年正月二十三日条、『玉葉』建久五年三月十六日条

【参考文献】岡田荘司「平安前期 神社祭祀の公祭化・下―九世紀後半の公祭について―」（『平安時代の国家と祭祀』、続群書類従完成会、一九九四年）

（武井紀子）

御体御卜（おおみまのみうら） 毎年六月と十二月の二度、*月次祭に先立って天皇の心身の状況を卜占し、凶災を未然に防ぎ安穏を祈願する神事。*卜庭神事、卜御体、奏御卜の三つの神事からなった。一日から神祇官中臣が卜部を率い斎籠して卜庭神を祀り、九日までに天皇御体や神祟・土公祟などの有無を占い、十日に神祇官から天皇に卜兆が奏上された。『御堂関白記』では、道長は触穢のときには御卜は行わないとしている（長和四年二月二十九日条）。また、寛仁元年（一〇一七）六月二十八日条には、三条上皇崩御により延引していた御卜奏上がこの日に行われたことがみえる。

【参考文献】安江和宣「御体御卜に関する一考察」（『皇學館大学紀要』第十四輯、一九七六年）、西本昌弘「八世紀の神今食と御体御卜」（『日本古代の王宮と儀礼』、塙書房、二〇〇八年）

（武井紀子）

大神神社（おおみわじんじゃ） 大和国城上郡に鎮座する神社で、大和国一宮。大物主命（大己貴神）を祭神とし、三輪山を御神体としている。延喜式では名神大社とされる。『古事記』によれば、崇神朝に疫病が流行し、天皇が大物主神の託宣にしたがい大田田根子命を神主として祀らせたところ疫病が止んだといい、以来王権とのかかわりが深い神社として位置づけられた。平安時代には、嘉祥三年（八五〇）正三位、仁寿二年（八五二）従二位、天安三年（八五九）従一位ついで正一位となり、大和の伝統的神社として十六社に加列された。例祭である大神祭は、一時中絶していたものを宇多天皇の寛平年間（八八九〜八九八）に再興したと伝えられ、毎年四月と十二月の上卯日を祭日とし、勅使や諸司使のほか、中宮や東宮からも使者が発遣された。使の発遣は丑日（寅日の場合もみえる）に行われ、『御堂関白記』長和五年（一〇一六）十二月七日条では、母穆子の服喪中であった倫子が*神事を避けて一条院別納から一条第に移ったことがみえる。このほか寛弘七年（一〇一〇）九月十五日条では、前日の御卜の結果、南西の方角で大神の祟りがあったことが報告され右衛門府生が実検に遣わされている。

【参考文献】岡田荘司「平安前期 神社祭祀の公祭化・下―九世紀後半の公祭について―」（『平安時代の国家と祭祀』、続群書類従完成会、一九九四年）

（武井紀子）

還饗（かえりあるじ） 「帰饗」とも記し、「還立」「還立饗」ともいう。正月の賭弓や七月の相撲節の行事の後で、勝った方の近衛大将が自邸で近衛や相撲人を饗応することをいい、また*賀茂祭・*春日祭や*賀茂臨時祭・*石清水臨時祭において祭使の還立の儀の後にもうけられた饗宴をいう。右近衛大将をながくつとめた藤原実資の『小右記』においては、相撲の還饗の記事が多くみられるが、近衛大将を長徳元年（九九五）四月から同二年八月までしかつとめたことがない道長の『御堂関白記』には、賭弓や相撲の還饗の記事はまったくみられない。また賀茂臨時祭や石清水臨時祭の場合は、祭使は内裏に帰参し、天皇の御前で神楽が奏され、祭使や舞人らに饗宴と禄を賜る還立の儀が行われたが、道長はこれを「還立」と記し、「還饗」とは記さない。道長が「還饗」と記すのは、春日祭・賀茂祭の場合のみである。春日祭や賀茂祭の近衛府使を公卿の子弟らがつとめたさいには、その自邸で盛大な出立の儀と還立の儀が行われ、縁故者を中心に公卿や殿上人が参集して饗宴がもうけられた。還饗には祭使と舞人・陪

従の慰労の意味があったが、摂関期の事例をみると、おおむね出立の儀の饗宴の方が、還饗よりも多くの参加者があったようである。寛仁元年（一〇一七）十一月の春日祭の還饗のさい、藤原資平が束帯ではなく出席していることからも、出立の儀よりも還饗の方が少しくだけたものであったらしい（『小右記』同月四日条）。

寛弘元年（一〇〇四）二月に頼通が春日祭使をつとめたさいには枇杷第で還饗が行われ、その様子は『御堂関白記』に詳細に記されている。それによると、大和国からの祭使が帰ってくる以前にすでに公卿らは参集し、酒宴が始まっており、殿上人らが管絃の遊びを行っていた。祭使が到着すると、祭使への禄の下賜があり（還禄）、陪従らにも禄が支給されている。寛弘四年四月に頼宗が賀茂祭使をつとめたさいには、土御門第で還饗が行われ公卿十二人が出席している（出立のときは十五人）。このときは還立の行列を、道長は藤原公季や藤原道綱とともに見物し、公卿十余人も同行していた。

【所在】寛弘元年二月七日条、同四年四月二十日条

【参考史料】『小右記』長保元年十一月六日条、同三年十一月四日条

【参考文献】三橋正「摂関期の春日祭―特に祭使の出立儀・還饗について―」（『平安時代の信仰と宗教儀礼』、続群書類従完成会、二〇〇〇年）

（丸山裕美子）

鹿島神宮　常陸国鹿島郡に所在する神社。祭神は武甕槌命で、神職には鹿島連氏が代々就いた。香取神宮*とともに藤原氏の氏神とされ、藤氏長者の政始には香取社とともに奉告をうけた。長徳元年（九九五）に道長が氏長者になったときには、軽服のために奉告をしないまま氏印を用いたことがみえる。また、二月の春日祭*のときには、奉幣使がたてられた。使は内蔵寮の史生のほかに、藤原氏長者が勧学院学生から選定し、内印官符によって任命することになっていた。寛弘四年（一〇〇七）の春日祭では、鹿島使官符への請印・発遣が遅れており、道長が催促している。また、寛仁元年（一〇一七）には大神宝使*が発遣されている。

【所在】長徳元年七月十四日条（『御堂御記抄』）、寛弘四年二月九日条、寛仁元年十月一日条

【参考史料】『朝野群載』巻七（鹿島奉幣使発遣仰書、鹿島使発遣官符）、『類聚符宣抄』巻一（天暦五年正月二十二日太政官符）

【参考文献】黒須利夫「『延喜式』における鹿島・香取祭」（井上辰雄編『古代東国と常陸国風土記』、雄山閣、一九九九年）

（武井紀子）

春日行幸　天皇即位後に行われた春日社*への行幸で、一条天皇の永祚元年（九八九）に初めて行われた。この行幸は御物忌と重なるといった理由により一度停止となるも、母后詮子に北野天神の託宣が下ったことによって実現された（『小右記』永祚元年三月十九日条）。このときは詮子とともに摂政兼家が賀茂詣に准じて同道しており、藤原氏氏神への行幸を実現させようとする兼家・詮子の意向が強くはたらいていたものとみられる。一条天皇以降、春日社への行幸は、即位後数年をへて実施されるようになり、三条天皇の行幸は長和三年（一〇一四）に計画され、同年二月一日に行幸行事定、翌四日に行幸日時勘申により同月二十二日とされ、同八日に行事所始が行われた。しかし、内裏焼亡や行事弁が交替するなどの出来事により、翌長和四年三月二十七日に延期された。この間、道長は行幸頓宮となる可能性を考えて宇治別業で諸事の準備をしていたことが『御堂関白記』にみえる。しかし、天皇の眼病の容態が芳しくなく、さらに秋に延期されることとなったものの、結局三条天皇の行幸は実現しなかった。つづく後一条天皇の行幸

は、治安元年（一〇二一）十月に実施された。『御堂関白記』には行幸そのものについての記事はないが、寛仁元年（一〇一七）十二月二日条に賀茂行幸の行事替をつとめる弁・史に近く行われる春日行幸の賞を賜う、との記事がみえる。なお、この後一条天皇の春日行幸のときは、彰子の意向で大和国添上（そうのかみ）郡が同社に寄進されている。

【所在】長和四年二月二十三・二十七日・三月二十七日条

【参考史料】『小右記』長和三年二月二・四・八日・十二月三・五日条、『日本紀略』治安元年十月十四日条

【参考文献】岡田荘司「神社行幸の成立」（『平安時代の国家と祭祀』続群書類従完成会、一九九四年）

（武井紀子）

春日祭（かすがさい）　春日神社*（大和国添上（そうのかみ）郡）の祭祀。春日神社は藤原氏の氏神社であり、他の平安前期に公祭化した祭祀に先駆けて、平安初期から公祭にあずかっていたと考えられる。延喜式では「小祀」に位置づけられていた。祭日は春二月と冬十一月の上申日であるが、大和国まで参向するので、祭使は前日の未日に出立し、祭の翌日の酉日に還ってきた。大和へ向かう途中もふくめて、儀式次第については『江家次第』に詳しい。近衛府（このえふ）使・内蔵（くら）寮使・馬寮（め）使のほか、中宮使・東宮使、女使（内侍）も立てられた。藤原氏にとっては最も重要な祭祀であったから、氏人（うじびと）らも参加し、藤原氏の公卿らの奉幣（ほうべい）もあった（『小右記』『権記』など）。近衛府使は近衛次将（中将・少将）がつとめるが、公卿の子息がつとめたさいには、その邸第で出立の儀が催され、氏の殿上人（てんじょうびと）や公卿が集まって、饗宴が催された。道長の息子である頼通・教通が祭使をつとめたときの出立の儀はとくに盛大なもので、『御堂関白記』に詳細な記述がある。また道長は氏長者（うじのちょうじゃ）として毎回奉幣使・神馬使（じんめのつかい）*を立てており、他家の祭使に舞人下重（したがさね）や疋絹などを贈っている。

【所在】寛弘元年二月五～七日条、同四年十一月八日条、寛仁元年十一月一日条

【参考史料】『儀式』一、延喜式（四時祭式・上）

【参考文献】義江明子「春日祭祝詞と藤原氏」（『日本古代氏の構造』、吉川弘文館、一九八六年）、岡田荘司「平安前期　神社祭祀の公祭化・下―九世紀後半の公祭について―」（『平安時代の国家と祭祀』、続群書類従完成会、一九九四年）、三橋正「摂関期の春日祭―特に祭使の出立儀・還饗について―」（『平安時代の信仰と宗教儀礼』、続群書類従完成会、二〇〇〇年）

（丸山裕美子）

春日祭使（かすがさいし）　春日祭*の祭使。とくに近衛府（このえふ）使をいう。近衛次将（中将・少将）が「巡（じゅん）」により選ばれるが、通常は藤原氏がつとめた。祭使は出立前に参内（さんだい）して御衣などを賜り、その後、出立所（多くは自邸）に戻って、出立の儀が行われた。摂関家の子息がつとめるさいには、とくに盛大な出立の儀や還饗（かえりあるじ）*が催され、舞人や陪従（べいじゅう）を従えて大和国に向かう祭使の行列は華やかで、多くの見物人を集めた。一方、祭使は舞人・陪従の装束も準備せねばならず、注目を集める分、負担も大きかった。道長だけでなく、藤原実資・藤原行成など公卿らが、祭使のもとに舞人・陪従（べいじゅう）らの装束など（摺袴（すりばかま）・下重（したがさね）、疋絹）を贈る慣習があったことが知られる（『権記』長保二年二月十一日条、『小右記』寛仁二年十一月一日条、同三年二月六日条など）。藤原氏全体で祭祀の経営に関与していたともいえ、装束などの贈答によって公卿相互の信頼関係を深める機会ともなっていたことがうかがえる。

道長の長男である頼通は、長保五年（一〇〇三）に十二歳で元服し、右近衛少将に任じられると、翌寛弘元年（一〇〇四）二月の春日祭使となった。『栄花物語』には、道長が

「はじめたる初事」として心を尽くして準備したさまが描かれている。実際、このときの『御堂関白記』の記述はきわめて詳細である。枇杷殿での出立の儀は、右大将藤原実資をはじめ出席した公卿は十三人、殿上人は一人をのぞく全員が出席し、通常の引馬だけでなく飾馬も披露された。祭日は朝から雪で、京にいた道長は雪の春日を想いつつ、藤原公任や花山法皇と和歌の贈答を行っている。この頼通の例が摂関家の中少将が春日祭をつとめる佳例とされた（『江家次第』）。また寛弘四年十一月の春日祭使は、祭使をつとめるものがいないということで、急遽十二歳の教通を「権少将」に任じ（同年十月二十八・二十九日条）、祭使としている。このときも道長は随行する近衛府官人らに饗禄を振る舞うなどの気遣いをしている（十一月一日条）。土御門第での出立の儀には、内大臣左大将藤原公季もやってきて、道長は「希有の事」と記している。

【所在】寛弘元年二月五〜七日条　同四年十月二十九日・十一月四・五・八・十日条、長和二年十一月七・九日条

【参考史料】延喜式（四時祭式・上、内蔵寮式）、『栄花物語』八

【参考文献】三橋正「摂関期の春日祭—特に祭使の出立儀・還饗について—」（『平安時代の信仰と宗教儀礼』、続群書類従完成会、二〇〇〇年）

（丸山裕美子）

春日神社　大和国添上郡に鎮座する神社。武甕槌命・経津主命・天児屋根命・比売神の四神を祭神として祀る。神護景雲二年（七六八）に御蓋山のふもとに創祀され、称徳天皇の意をうけた藤原永手によって藤原氏の氏神と合祀され、公祭の対象となったとされる。社家は中臣氏が代々つとめ、春日祭*のときには神主として神祇官から大中臣氏が派遣され、正暦年間（九九〇〜九九五）頃には大中臣氏が神主として定住した。『東大寺山界四至図』にはこの地が「神地」とされており、創祀以前から藤原氏の祭祀とかかわりの深い地であったらしい。藤原氏の権勢が高まるにつれて神社の地位も上昇し、摂関家から藤原氏の荘園や興福寺領の所職、年貢公事の一部が社務運営に充てられた。同社への藤氏長者の参詣は、藤原基経が天皇の病いにより奉幣したことを例外とすれば、延喜十八年（九一八）の藤原忠平による参詣を初例とする。永祚元年（九八九）の一条天皇の春日行幸*のさいには、藤原兼家が賀茂詣にならって春日詣を実施しており、以降摂関による氏神詣が恒例となった。道長は、長徳二年（九九六）十一月、長保元年（九九九）二月と寛弘四年（一〇〇七）の三回、春日社に詣でている。このうち長保元年と寛弘四年のときの記載が『御堂関白記』にあり、前者は彰子の入内立后祈願、後者は皇子誕生を祈願してのものであったと考えられる。土御門第から佐保殿に入り、翌日に社頭に詣でて幣帛・神宝・神馬（あるいは競馬）を奉献し、神楽、神主への加階ののち、佐保・宇治を通り帰京している。これらの参詣には上達部らも同道しており、帰京後に道長から引出物を給わっている。

【所在】長保元年二月二十七〜二十九日条、寛弘四年二月四・二十八〜三十日条

【参考史料】『三代実録』元慶八年八月二十六日条、『貞信公記』延喜十八年十一月二日条、『日本紀略』長徳二年十一月一日条、『春日詣部類記』

【参考文献】岡田荘司「平安前期 神社祭祀の公祭化・上—平安初期の公祭について—」（『平安時代の国家と祭祀』、続群書類従完成会、一九九四年）

（武井紀子）

片岡神　片山御子神社。片岡御子神社とも称された。山城国愛宕郡の賀茂別雷神社*境内に所在する式内社で、祭神は大己貴命・事代主命・玉依比売命など

神事・神社

諸説ある。『御堂関白記』寛仁元年（一〇一七）十二月一日条では、前月二十五日の後一条天皇の賀茂社行幸の賞により、川合*・貴布禰神とともに正二位に加階された。

【参考史料】『小右記』寛仁元年十二月一〜三日条

（武井紀子）

香取神宮　下総国香取郡内に鎮座する下総国一宮。祭神は経津主命。武神であり、航海の神として信仰された。藤原氏の氏神としても重視され、藤氏長者が私封を寄進していた。道長は長徳元年（九九五）右大臣・氏長者となったが、政始において軽服のため氏長者としての奉告を同社をはじめとする諸社にできないまま、氏長者印を使用した。そのため、由祓*を行っている。このほか『御堂関白記』には、後一条天皇即位奉幣のさいに、香嶋(鹿島)*・平岡社とともに大神宝使*が発遣されたことがみえる。

【所在】長徳元年七月十四日条（『御堂御記抄』）、寛仁元年十月一日条

（武井紀子）

賀茂祭　四月中酉日に行われた賀茂神社*（賀茂御祖神社・賀茂別雷神社）の祭祀。『本朝月令』所引「秦氏本系帳」によれば、六世紀の欽明朝に五穀豊穣を祈って創始された。奈良時代にも近隣諸国から人が集まる祭祀であったが、平安遷都ののち、王城鎮護の神社として奉幣されるようになり、弘仁十年（八一九）三月甲午勅で、国家の「中祀」に位置づけられた。延喜式でも「中祀」。摂関期において「まつり」といえば賀茂祭を指すほど盛大な祭祀であった。勅使が派遣されるのは、中酉日であるが、その前日中申日には山城国司が検察する「国祭」が行われていた。摂関賀茂詣が行われるのはこの国祭の日である。また祭の二日前の四月中未日に斎王*（賀茂斎院）による御禊*が行われる。御禊は、斎王が賀茂川で禊を行う儀礼で、賀茂祭と一体のものとして「禊祭」と称され、その財源として「斎院禊祭料」がもうけられた。斎院禊祭料は応和三年（九六三）以降受領功過の対象となっている。道長の時代には、祭に先立つ四月上旬に御禊前駆定が行われ、中午日に斎院御禊、中未日は国祭、この日から警固、摂関賀茂詣もあり、中酉日が祭日、翌日還立（還さ）、還饗*、解陣と行事がつづいた。祭使は、勅使として内蔵寮使・近衛府使・馬寮使があり、近衛府使は舞人・陪従を率い、そのほか中宮使・東宮使、女使（内侍）もあった。斎王の行列もあり、山城国司も渡るなど、供奉の諸司が多数におよぶため、四月の祭以前に欠員補充の臨時除目が行われ、これを「祭除目」と称した。中納言以上の公卿が禊祭上卿をつとめ、行事参議もおかれた。藤原実資は長く斎院勅別当であったため、『小右記』には禊祭に関する記事が多くみえる。

『御堂関白記』にも記述は多く、道長は斎王や女使のもとに牛車用の牛や車を送り（寛弘元年四月二十日条、長和四年四月二十一日条など）、祭使のもとには馬や舞人・童らの装束を贈っている（寛弘元年四月二十日条、長和四年四月二十四日条など）。道長の息子たちは、頼宗・教通・能信・長家が祭使をつとめ、そのさいには道長の邸第で出立の儀や還饗が盛大に催された。道長は御禊・祭日・還立の儀などを、一条大路に桟敷をもうけて見物するのが常であった（寛弘二年四月十七・二十・二十一日条、同八年四月十八日条、長和五年四月十九日条など）。

【所在】寛弘四年四月十七・十九・二十日条、長和五年四月二十一・二十四日条

【参考史料】『本朝月令』四月賀茂祭、『類聚国史』五、延喜式（斎院司式）、「延喜儀式」（「鴨脚秀文文書」所引）、『賀茂祭絵詞』、『年中行事絵巻』賀茂祭

【参考文献】所功『平安朝儀式書成立史の研究』（国書刊行会、一九八五年）、朧谷寿「賀茂

神事・神社

祭管見」（『賀茂文化研究』四、一九九五年）、丸山裕美子「平安時代の国家と賀茂祭—斎院禊祭料と祭除目—」（『日本史研究』三三九、一九九〇年）、

（丸山裕美子）

賀茂祭使

賀茂祭*の祭使。とくに近衛府使をいう。近衛次将（中将・少将）が「巡」によりつとめた。摂関家の子息がつとめるさいには、とくに盛大な出立の儀や還饗*が催され、舞人や陪従を従えて賀茂上下社*に向かう祭使の行列は多くの見物人を集めた。祭使が渡る一条大路には、桟敷がもうけられ、物見の牛車が立ち並んだ。賀茂祭の行列の過差についてはたびたび問題になっており、天元五年（九八二）三月二十五日宣旨、永延二年（九八八）四月十四日太政官符、正暦元年（九九〇）四月一日官宣旨（以上『政事要略』七十）、長和二年（一〇一三）四月十九日勅（『小右記』同日条）とくりかえし陪従や童の数を制限し、衣装の華美を禁じているが、一向に改善されなかった。賀茂祭の祭使の行列や桟敷の様子などは『年中行事絵巻』に詳しく描かれている。

寛弘四年（一〇〇七）の祭使は道長の息子の頼宗（右少将、十五歳）であったが、そのさまは「善を尽くし美を尽くすこと未だ此の如き年あらず」とこれまでにないほど華美であった（同年四月十九日条）。行列を見物するための道長の桟敷には、九歳の敦康親王が招かれ、公卿十五人が同行している。寛弘七年に同じく道長の息子教通（左権中将、十五歳）が祭使をつとめたさいには、内裏での引馬・餝馬御覧の他に童御覧もあり、道長は「希有の事」と記している。「頗る宜しく調へ、古物無し」と馬副・童の装束にいたるまで華美に誂え、雑色六十人をつけ、道長自身が「頗る過差」と記すほどであった。祭使教通が「頗る人々に勝る」と称されたことも誇らしげに記している。翌寛弘八年は能信が、寛仁二年（一〇一八）には長家がそれぞれ祭使をつとめた。長家が祭使をつとめたさいには、母の明子がその姿をみるために桟敷を作っており（四月二十二日条）、また新婚の妻の母（行成室）が長家の祭使奉仕を喜んだことが『栄花物語』に描かれている。『源氏物語』葵で描かれるように、賀茂祭使をつとめることは身内にとってこの上なく誇らしいことであったのである。

【所在】寛弘四年四月十九日条、同七年四月二十四・二十五日条

【参考史料】『政事要略』七十、『小右記』長和二年四月二十四日条、『年中行事絵巻』賀茂祭

【参考文献】朧谷寿「賀茂祭の桟敷」（『平安貴族と邸第』、吉川弘文館、二〇〇〇年）、同「賀茂祭にみる「過差」について」（『角田文衞博士古稀記念 古代学叢論』、八木書店、一九八三年）、佐多芳彦「平安・鎌倉時代の賀茂祭使—餝車と過差—」（『服制と儀式の有職故実』、吉川弘文館、二〇〇八年）

（丸山裕美子）

賀茂神社

山城国賀茂川左岸に鎮座する、賀茂別雷神社（上賀茂神社）と賀茂御祖神社（下鴨神社）の総称。式内社。賀茂別雷神社は賀茂別雷命を、賀茂御祖神社は賀茂建角身命と玉依姫命を祭神としている。賀茂地方の豪族である賀茂県主*が、賀茂川水源の貴布禰神社の井の神を産土神として祀ったのが上社の、奈良時代の中ごろに分社が独立して取り立てられたのが下社の起源とされる。延暦十二年（七九三）二月に桓武天皇が平安京への遷都を奉告するために遣使し、翌年に従一位勲一等が授けられ、行幸が行われた。以降、王城鎮護の神として朝廷から崇敬を集め、大同二年（八〇七）に正一位、弘仁元年（八一〇）には伊勢斎宮*にならって賀茂斎院*がもうけられ、有智子内親王がこれに任ぜられた。例祭である賀茂祭*は四月中酉日を祭日とし、弘仁十年には中祀となり盛大な祭りとなった。平安中期には十六社に列せられ、祈年穀奉幣*をはじめとする諸奉幣にあ

ずかった。寛平元年（八八九）には、宇多天皇が即位前にうけた賀茂明神の託宣にしたがって幣帛・走馬・舞人などを献じ、つづく醍醐天皇の昌泰二年（八九九）に十一月下酉日を恒例として賀茂臨時祭*がはじめられた。また、朱雀天皇の天慶五年（九四二）には、平将門・藤原純友追討の報賽として賀茂社行幸が行われ、そののち円融天皇以降、即位後天皇の行幸にあずかった。『御堂関白記』には、長和二年（一〇一三）三条天皇と寛仁元年（一〇一七）後一条天皇の二回の行幸記事がみられる。後一条天皇行幸のときには母后彰子が同道し、彰子の意向により山城国愛宕郡が神郡として同社に寄進された。このときの行幸は、上卿をつとめた藤原実資の『小右記』に詳しい。また、藤原実頼のころから毎年四月中申日には摂関による賀茂詣が定着するようになり、道長は寛弘元年（一〇〇四）に軽服のため参詣しないとする由祓*を行っている。それ以外にも道長は賀茂社に数度参詣しており、寛弘四年の金峰山参詣前の長斎のさいにも同社に参詣している（六月二十二日条）。

【所在】寛弘元年四月十九日・六月十八日条、同二年九月二十二日条、同六年十二月十六日条

【参考史料】『小右記』寛仁元年十一月二十五日条、『類聚符宣抄』巻一（寛仁二年十一月二十五日太政官符）

【参考文献】土田直鎮「上卿について」（『奈良平安時代史研究』吉川弘文館、一九九二年）

（武井紀子）

賀茂臨時祭　十一月下酉日に賀茂神社*（賀茂御祖神社・賀茂別雷神社）で行われた祭祀。四月中酉日の賀茂祭*に対していう。「臨時祭」とは、恒例の祭祀に対する臨時の祭祀として始まったが、その意味は「天皇の御願による祭祀」であり、天皇のみが奉幣した。摂関期には他に石清水臨時祭*・平野臨時祭*が成立したが、最初に公祭となったのが賀茂臨時祭である。『宇多天皇御記』によると、宇多天皇が即位前に賀茂大神の神託をうけ、他の諸社の祭祀と同様に、年二回（賀茂祭と賀茂臨時祭）執行することにしたものである。宇多即位ののち寛平元年（八八九）十一月に左中将藤原時平を祭使とし、宣命・幣帛を捧げ、走馬・東遊を奉った。醍醐天皇もこの祭祀を「相伝」し（『日本紀略』昌泰二年十一月十九日条）、以後、恒例の公祭となった。『政事要略』所引の「蔵人式」によると、祭の三十日前に祭使や舞人・陪従を定め、ついで調楽が始まり、祭日の四日前には走馬十列の御馬御覧、二日前または三日前に試楽が行われた。祭日は早朝に天皇の御禊*があり、清涼殿東庭で祭使出立の儀が行われ、社頭での奉幣と走馬・東遊の奉納があり、祭使帰参の後には還立御神楽が奏上された。寛弘四年（一〇〇七）十一月の賀茂臨時祭においては、その年三月の石清水臨時祭と同じく、道長の息子四人（教通・頼宗・顕信・能信か）が舞人をつとめている。

【所在】寛弘四年十一月二十二日条、同七年十一月二十二日条

【参考史料】『宇多天皇御記』逸文（『鴨脚秀文文書』『大鏡』裏書など引用）寛平元年十月二十四日・十一月十一・二十一日条、『政事要略』二八「賀茂臨時祭」

【参考文献】三橋正「天皇の神祇信仰と「臨時祭」—賀茂・石清水・平野臨時祭の成立—」「「臨時祭」の特徴と意味」（ともに『平安時代の信仰と宗教儀礼』、続群書類従完成会、二〇〇〇年）

（丸山裕美子）

賀茂臨時祭使　賀茂臨時祭*の祭使。『政事要略』所引の「蔵人式」によると、祭日の三十日前に、天皇の御前で祭使と舞人・陪従が定められた。四月の賀茂祭*の祭使は近衛府使・内蔵寮使・馬寮使の他、中宮使・東宮使なども派遣されたが、賀茂臨時祭においては四位の祭使一人だけが遣わさ

れた。初回である寛平元年（八八九）の祭使が従四位下右近衛権中将藤原時平（時に蔵人頭）であったように、近衛次将（中将・少将）が選ばれることが多いが、それ以外の殿上人から選ばれることもあった。祭使は当日早朝、天皇から御衣を賜り、清涼殿東庭での出立の儀が行われる。祭使には藤花の挿頭花を賜うが、藤原実方が祭使をつとめたときから清涼殿の呉竹を使うようになったという（『古事談』）。社頭に参向し、宣命を読んで幣帛を奉り、その後、内裏に帰って還立御神楽が行われ、禄が下賜される。寛弘五年（一〇〇八）は道長の息子教通が祭使をつとめたが、『御堂関白記』には記事がない。このときのことは『紫式部日記』や『栄花物語』に詳しい。長和二年（一〇一三）の祭使は道長の妻倫子の甥にあたる源雅通であったため、道長は請われて馬・鞍・帯などを送っている。

【所在】寛弘七年十一月二十二日条、長和二年十一月二十一日条、同四年十一月二十七日条

【参考史料】『宇多天皇御記』逸文（『鴨脚秀文文書』『大鏡』裏書などが引用）寛平元年十一月二十一日条、『政事要略』二八「賀茂臨時祭」、『古事談』一

【参考文献】三橋正「天皇の神祇信仰と「臨時祭」―賀茂・石清水・平野臨時祭の成立―」「「臨時祭」の特徴と意味」（ともに『平安時代の信仰と宗教儀礼』、続群書類従完成会、二〇〇〇年）

（丸山裕美子）

川合神　山城国賀茂川左岸糺森内に鎮座する神社で、賀茂御祖神社の摂社*。只洲社ともいい、多々須玉依姫命を祭神としている。延喜式には「鴨川合坐小社宅神社〈名神大、月次・相嘗・新嘗〉」とある。賀茂御祖神社に奉幣するときには、まず当社に奉幣するのを例としていた。『御堂関白記』寛仁元年（一〇一七）十二月一日条では、前月二十五日に行われた後一条天皇の賀茂社行幸によって、賀茂社禰宜の申請をうけて、片岡・貴布禰*社とともに一階が叙され正二位とされた。

【参考史料】『小右記』寛仁元年十二月一〜三日条

（武井紀子）

感神院　山城国愛宕郡八坂郷に鎮座する素戔嗚尊を祭神とする神社。祇園社、祇園感神院とも称された。感神院の名は、貞観十八年（八七六）常住寺の僧円如が託宣により観慶寺（祇園寺）を建立し、元慶年間（八七七〜八八五）に藤原基経が精舎を建立して観慶寺感神院と号したことに由来する。本来は八坂郷周辺の鎮守であったものが、御霊信仰の広がりとともに人びとの信仰を集め、毎年六月十四日に祇園御霊会が行われるようになった。また天延三年（九七五）に円融天皇が疱瘡平癒の御祈の奉幣を行ったことを契機に、翌日十五日に祇園臨時祭が執り行われるようになった。承平五年（九三五）六月に観慶寺は定額寺に列せられ（『二十二社註式』）、式内社ではないが長徳二年（九九六）に臨時奉幣社*に昇格、二十一社に列せられた。摂関の臨時祭への参向は、天延三年に関白藤原兼通の例がみられ（『日本紀略』六月十五日条）、道長も臨時祭に参向し神馬を奉献するのを例とし、不参の場合には鴨川で由祓*を行った。寛弘二年（一〇〇五）には道長が病いにより臨時祭に参向できなかったため、道長に侍う人びとが百講を行っている（六月十八日条）。また、寛弘四年に道長は金峰山詣の長斎の一環として感神院に参詣しており（六月十七日条）、長和四年（一〇一五）十二月には頼通の病気平癒のために馬五疋を奉献したことがみえる。

【所在】寛弘元年六月十五日条、長和二年六月十五日条、同四年十二月十二日条

（武井紀子）

北野神社　山城国葛野郡内に鎮座する菅原道真を祭神とする神社。天慶五年（九四二）と天暦元年（九四七）の託宣に

より北野の地に社殿を建立したのが創建とされる。以降、天徳四年（九六〇）までに五回の大規模な改造が加えられており、天徳三年二月二十五日には右大臣藤原師輔によって社殿が増築された。以降、怨霊を鎮め慰めるための神社として重視され、一条朝の永延元年（九八七）には北野祭が創始、ついで正暦二年（九九一）に官幣にあずかり十九社の列に加えられ、同四年には祭神菅原道真に太政大臣が追贈された。北野社行幸も一条天皇のときに初めて行われ（寛弘元年十月二十一日条）、以降、後朱雀・後冷泉・後三条・白河・堀河・鳥羽・崇徳・近衛・二条・高倉天皇の行幸があった。摂関家との関係では、東三条院詮子に仕える藤内侍への天神の神託などを背景に、永延元年に摂政藤原兼家が参詣しており、また永祚元年（九八九）に一条天皇の春日行幸が中止されそうになったときに、詮子に北野天神の託宣が下って実現させたことが特筆される。こうしたことから、勅祭としての北野祭創始には、兼家や詮子の北野社への信仰が影響していると考えられる。寛弘元年（一〇〇四）に詮子が参詣したさいには道長も同道して奉幣しており（八月五日条）、これ以降、道長は北野祭に神馬を奉献することを常とした。また、長和四年（一〇一五）には頼通の病気平癒のために、石清水八幡宮・賀茂社・祇園社（感神院）とともに諷誦を修したことがみえる。

【所在】長和二年八月五日条、同四年十二月十二日条

【参考史料】『百錬抄』永延元年条、『小記目録』永延元年七月一日条、『小右記』永祚元年三月十九日条

【参考文献】岡田荘司「二十二社の成立と公祭制」（『平安時代の国家と祭祀』、続群書類従完成会、一九九四年）　（武井紀子）

祈年穀奉幣　一年の豊穣を祈って天皇が諸社に幣帛を奉った神事。主に二月・七月（五月や閏六月・八月の例もある）に伊勢神宮以下、京・畿内の二十一社（のちには日吉神社を加えて二十二社となる）に奉幣使が派遣された。十世紀初、醍醐天皇の延喜年間（九〇一～九二二）に十六社奉幣の制度が確立し、十一世紀には二十一社、ついで二十二社へと拡大した。祈年祭が神祇官で行われる班幣祭祀であるのに対し、祈年穀奉幣は天皇みずからが祭場である八省院（朝堂院）に行幸し、京・畿内の有力社に奉幣するもので、祈年祭が形骸化したのち、祈年穀の重要な神事として機能した。奉幣使は、伊勢はト定により定め、石清水は源氏四位、賀茂・松尾・平野は三位あるいは参議、稲荷は四位、丹生・貴布禰は神祇官人、以外は五位で、春日・吉田は藤原氏、梅宮は橘氏から選ばれた。儀式次第は『江家次第』に詳しいが、前日、摂関は宣命草を内覧し、当日は八省院において天皇出御のもと、奉幣使を発遣する儀式が行われた。伊勢使があることから、前後の日は散斎する。道長は一上として、宣命草の内覧や、当日の上卿などをつとめている。

【所在】寛弘四年二月九日条、長和二年五月二日条

【参考史料】『日本紀略』延喜二年四月十三日条、『新儀式』四臨時上

【参考文献】岡田荘司「祈年穀奉幣の淵源」（『平安時代の国家と祭祀』、続群書類従完成会、一九九四年）、藤森馨「平安時代中期における神社信仰—祈年穀奉幣の成立を中心に—」「祈年穀奉幣について」（ともに『平安時代の宮廷祭祀と神祇官人』、原書房、二〇〇八年）　（丸山裕美子）

祈年祭　「としごいのまつり」ともいう。神祇令に定められた祭祀で、一年の豊穣を祈るため、官社とされた諸国神社の祝部を神祇官に集め、大臣以下諸司の官人が参集するなか、幣帛を班つ祭儀（班幣）を中

心とする。八世紀後半には祝部の不参が顕著になり、やがて畿外の諸社のほとんどは国司が班幣するようになった。祭日は九世紀には二月四日に固定した。中祀に位置づけられ（延喜式）、月次祭*・新嘗祭と合わせて「四箇祭」（『類聚三代格』寛平五年三月二日付太政官符）と称された。班幣の対象は、延喜式段階では三一三二座で、うち神祇官で祭る神（官幣社）が七三七座、国司が祭る神（国幣社）が二三九五座であった。伊勢神宮*にはとくに祭主大中臣氏が奉幣使として派遣された。祈年穀奉幣*が定例化すると、祈年祭に大臣クラスが参加することはなくなった。そのため道長がかかわることはほとんどなかったが、『御堂関白記』寛仁元年二月四日条では、伊勢に参向する祭主大中臣輔親を召して、とくによく祈るよう命じている。後一条天皇即位後、最初の祈年祭であるからであろう。同時に「代始の賞」（『皇太神宮禰宜補任次第』）として加階すべき伊勢神宮禰宜らの名簿を提出するように伝えている。

【所在】寛仁元年二月四日条

【参考史料】『儀式』一、延喜式（四時祭式・上、祝詞式）

【参考文献】早川庄八「律令制と天皇」（『日本古代官僚制の研究』、岩波書店、一九八六年）、岡田莊司「十世紀における神社行政—祈年祭から祈年穀奉幣へ—」（『國學院雑誌』七四-九、一九七三年）

（丸山裕美子）

貴布禰神社　山城国愛宕郡に鎮座する神社。高靇神・磐長姫命・闇靇神・玉依姫を祭神として祀る。古くから水神として祀られていたと考えられ、平安遷都後に、大和丹生川上社*とならび、祈雨の霊験ある神社として重視されるようになった。承和十年（八四三）に正五位下となって以降、従四位下（貞観元＝八五九年）、従四位上（同十五年）、長保五年（一〇〇三）には正三位、寛仁元年（一〇一七）に正二位、保延六年（一一四〇）に正一位まで神階が進んだ。延喜式では名神大社とされ、祈雨にかかわる神社として二十二社に列せられた。平安末期には、賀茂別雷神社*内に祀られていた貴布禰新宮と混同され、やがて賀茂社の摂社となり、賀茂県主一族から禰宜・祝が勅宣によって補任されるようになった。『御堂関白記』でも、祈雨・止雨*のさいにはまず丹生社と並んで貴布禰社への奉幣が行われており、使には神祇官人あるいは蔵人が差し充てられた。

【参考史料】『小右記』寛仁二年六月十四日条

【参考文献】並木和子「平安時代の祈雨奉幣」（二十二社研究会編『平安時代の神社と祭祀』、国書刊行会、一九八六年）、三宅和朗「日本古代の「名山大川」祭祀」（『古代国家の神祇と祭祀』、吉川弘文館、一九九五年）

（武井紀子）

御禊　天皇や斎院*などが、神事*を執り行うにさいして、鴨川などに出て水で身を清めること。『御堂関白記』で「御禊」として史料中に出てくるのは、賀茂斎院御禊およびその前駆定（長保二年四月一日条、寛弘二年四月十七日条、同三年四月二・十一日条、同四年四月十七日条、同六年四月二十一日条、同七年四月五日・十一月二十二日条、同八年四月七・十五日条、長和元年十二月二十一日条、同二年十二月十五日条、同四年十一月二十七日条、同五年四月十五～十七日・十二月十四日条、寛仁元年四月七日条）、三条天皇と後一条天皇の大嘗祭御禊（寛弘八年八月二十三日・九月十・十五日・十月一・十一日条、長和元年四月七日・閏十月二・二十七日条、長和五年八月十七日・十月三・十一・十三・二十三日条）、神社行幸にさいしての御禊（寛弘元年十月十四日条）、七瀬祓（寛仁元年二月十九・二十日条）、御燈を奉らないときの由祓*（長和四年二月二十九日条、同五年三月三日条）などがあげられる。

（武井紀子）

御燈御卜（ごとうのみうら）　御燈は、天皇が三月三日と九月三日に北辰（北極星）に燈火を奉り、国土安穏や天変地異の回避を祈る儀式。三月一日から三日にかけて潔斎が行われ、一日に神祇官の宮主*が穢れの有無を卜定し御燈を奉るかどうかを占う。宮主は御厨子所で御卜を行うことになっていたが、寛仁元年（一〇一七）三月の御燈御卜では、一日が子日にあたるため、前日の二月三十日に宮主を呼び出したところ、伊勢にいて不在であり他の神祇官人を召して卜定させている。このときは、三月一日に御燈を奉らない由祓*を鴨川で行っている。

【所在】寛仁元年二月三十日条　（武井紀子）

子守明神（こもりみょうじん）　大和国吉野郡の式内社である吉野水分神社。『山上山下并小篠寺絵図』にみえる山上の子守明神のこと。『金峰山草創記』には、「子守三所権現〈僧体阿弥陀・女体地蔵・俗体十一面〉或云、胎蔵・大日云々」とある。道長は、寛弘四年（一〇〇七）八月の金峰山参詣の道中で、子守明神に参詣し、金銀・五色の絹幣、紙御幣等、紙、米などを献じている（『御堂関白記』八月十一日条）。このときの道長の行動は子孫にも模倣され、藤原師通も金峰山参詣の途中で子守明神に金銀幣を奉っている。

【参考史料】『後二条師通記』寛治四年八月十日条　（武井紀子）

斎院（さいいん）　賀茂神社*（賀茂御祖神社・賀茂別雷神社）に奉仕する斎王*（未婚の内親王または女王）。伊勢斎王を「斎宮*」、賀茂斎王を「斎院」と称した。卜定されると、宮城内の初斎院で約二年間潔斎し、三年目の四月上旬に賀茂川で御禊*（初斎院御禊）を行ったのち、紫野の本院（紫野院）に入った。毎年四月の賀茂祭において、斎王は祭日に先立つ午日または未日に賀茂川で禊をし（御禊）、祭日（中酉日）にはまず賀茂御祖神社（下社）、ついで賀茂別雷神社（上社）に参向して、奉幣した。御禊と祭日の斎王の行列は華麗で多くの見物人を集めた。御禊の行列における斎王の前駆や出車を定める御禊前駆定は、四月上旬に行われた。斎院は伊勢斎宮と異なり、天皇の代替わりごとに交代せず、道長の時代には、円融天皇から後一条天皇まで五代五十七年にわたって斎王をつとめた「大斎院」選子内親王が存在する。大斎院の選子内親王の宮が文学サロンを形成していたことは、『紫式部日記』などに詳しい。『御堂関白記』においては、天皇が代替わりしても「斎院を改めない」旨を賀茂神社に奉告する記事、賀茂祭の斎院御禊前駆定、御禊の見物についての記事が中心で、道長自身と斎院との交流はほとんどみられない。なお『左経記』によると、長元四年（一〇三一）、大斎院選子内親王が退下した後、五十七年ぶりの初斎院について、式文解釈をめぐる議論があった。源経頼は、選子内親王や藤原実資・藤原斉信らに問い合わせたが解釈は割れ、実資は選子内親王卜定当時のことは見た人がいないのでわからないと答えている。斎院在任があまりにも長期にわたったことの弊害といえるであろう。

【所在】寛弘五年四月九・十六日条、長和元年四月二十三日条

【参考史料】延喜式（斎院司式）、『左経記』長元四年十二月五日条

【参考文献】三宅和朗「賀茂斎院の再検討」（佐伯有清先生古稀記念会編『日本古代の祭祀と仏教』、吉川弘文館、一九九五年）、後藤祥子編『王朝文学と斎宮・斎院』（竹林舎、二〇〇九年）　（丸山裕美子）

斎王（さいおう）　「いつきのみこ」ともいう。伊勢神宮*または賀茂神社*に奉仕した未婚の内親王または女王。伊勢斎王を斎宮*、賀茂斎王を斎院*とよんで区別したが、『御堂関白記』において「斎王」は伊勢・賀茂どちらにも用いられている。→斎院・斎宮

（丸山裕美子）

斎宮 伊勢神宮*に奉仕する斎王（未婚の内親王または女王）。賀茂斎王を「斎院*」、伊勢斎王を「斎宮」と称した。天皇の代替わりごとに卜定され、宮城内の初斎院で約一年間潔斎し、ついで宮城外の野宮で約一年潔斎して、卜定後三年目の九月上旬の吉日を選んで伊勢に下向（群行）した。伊勢国多気郡にある斎宮寮の内院にもうけられた居館で、厳重な斎戒生活を送り、伊勢神宮の三節祭である六月・十二月の月次祭*と九月の神嘗祭のときのみ、神宮（豊受宮と皇大神宮）に参入して、太玉串を捧げた。天皇の代替わりの他、父母の死や本人の病気や過失によって退下した。道長の時代の斎宮は、一条朝は為平親王女の恭子女王、三条朝は三条天皇女の当子内親王、後一条朝は具平親王女の嫥子女王であった。『御堂関白記』には、当子内親王について、長和元年（一〇一二）の卜定、翌年三月の初斎院、同年九月の野宮、同五年の帰京に関する記事がみえ、また長和五年の嫥子女王の卜定、初斎院についての記事が載る。両斎王卜定の記事は比較的詳しく、道長の関心の高さがうかがえる。なお嫥子女王は長元四年（一〇三一）にいわゆる斎王託宣事件を起こしており、この時期の伊勢斎宮の衰微を示すものとして夙に知られる。

【所在】長和元年十二月四日条、同二年八月二十五日条、同五年二月十九日条

【参考史料】延喜式（斎宮式）、『小右記』長元四年八月四日条など、『太神宮諸雑事記』

【参考文献】榎村寛之『伊勢斎宮の歴史と文化』（塙書房、二〇〇九年）、早川庄八「長元四年の斎王託宣事件をめぐって」（『日本古代官僚制の研究』、岩波書店、一九八六年）、岡田荘司「平安中期の天皇と神宮―長元四年伊勢斎宮神託事件を中心に―」（『平安時代の国家と祭祀』、続群書類従完成会、一九九四年）（丸山裕美子）

止雨 霖雨のさいに、奉幣などによって晴天を祈ること。『北山抄』巻第六によれば、神祇官と陰陽寮によって祟りを卜占し、不浄の疑いがある場合には検非違使に実検させてそれを取り除く、丹生社*・貴布禰社*に赤馬を奉納する、賑給を行うなどの対応方法があげられており、このほかに十五大寺での大般若経の転読、諸社奉幣*なども行われた。このうち、まず行われたのが丹生・貴布禰二社への奉幣であった。止雨・祈雨のための二社への神馬奉献は、祈雨の場合は黒馬、止雨の場合は当初白馬であったようだが（『日本紀略』弘仁十年六月九日条）、『西宮記』などの儀式書では赤馬とある。『御堂関白記』でも長和二年（一〇一三）の止雨使が二社へ遣わされたときには、赤馬の奉献が行われたことが記されている（八月五日条）。このほか、寛弘五年（一〇〇八）八月の霖雨では、二社への奉幣（八月四日条）に加えて軒廊御卜が行われており（『日本紀略』同年八月八日条）、寛弘七年九月には、東大寺・興福寺をはじめとする七大寺で仁王経の読経が行われている（『御堂関白記』九月六日条）。

【参考文献】並木和子「平安時代の祈雨奉幣」（二十二社研究会編『平安時代の神社と祭祀』、国書刊行会、一九八六年）、三宅和朗「日本古代の「名山大川」祭祀」（『古代国家の神祇と祭祀』、吉川弘文館、一九九五年）（武井紀子）

七社奉幣 伊勢神宮をはじめ、石清水*・賀茂*・松尾*・平野*・稲荷*・春日*の七社に対して奉幣を行うこと。これらの神社は二十二社の上七社にあたり、主に天皇の神社行幸の無事を祈るために奉幣が行われた。奉幣対象社は行幸先に応じて異動があったとみられ、七社あるいは十社への奉幣があったようだが、とくに石清水・賀茂社への行幸には七社に奉幣することが慣例となっていた。また、松尾社への行幸にも七社奉幣が行われた（『小右記』万寿元年十一月二日条）。『御堂関白記』には、寛仁元年（一〇一七）の後

一条天皇の石清水行幸*に先立つ七社奉幣の記事がみられ、道長はこのときの行事上卿であった藤原実資とともに、奉幣使に持たせる宣命清書を確認し、使発遣の儀に臨んでいる。このときの詳細はこれ以上不明なものの、同じく実資が上卿をつとめた同年十一月の賀茂行幸のときの奉幣使発遣の様子が『小右記』にみられ、奉幣使発遣の理由が「賀茂に幸するの日、風雨霜雪無きの事を祈る」ためであったことがわかる。奉幣使の任命や発遣の儀はほかの諸社奉幣*の事例にならい、寛仁元年賀茂行幸のときには八省院昭慶門において使が出発している。なお、中宮の諸社への行啓には、七社のうち伊勢神宮が抜けて、かわりに大原野*・梅宮・吉田の三社が加えられた。『御堂関白記』には、寛弘二年（一〇〇五）二月二十七日条に中宮彰子の大原野*社行啓の無事を祈る奉幣が行われたことがみえる。

【所在】寛仁元年二月二十三日条

【参考史料】『小右記』寛仁元年十一月九日条

（武井紀子）

諸祭停止（しょさいていし）　触穢などのために、予定していた祭祀を停止すること。由祓*を行い、祭祀停止におよんだ事由を神に対して申し述べた。『御堂関白記』長和四年（一〇一五）十一月二十一日条では、同十七日の内裏焼亡の触穢により神事が停止されている。延喜臨時祭式によれば、失火による触穢は忌七日であるが、このときに停止されたのは二十日の鎮魂祭で、十八日の大原野祭*は三十日に行われた（『小右記』）。

（武井紀子）

諸社奉幣（しょしゃほうへい）　年中行事の神事*以外で諸社に幣帛を奉る臨時の奉幣のこと。

「諸社」とは特定諸社のことであり、史料上具体的な社名があげられることは少ないが、道長の時代には伊勢神宮*をはじめとする二十一社を対象としていた。奉幣の行われる事由としては、祈年穀奉幣*や祈雨・止雨*の場合が多いが、このほかさまざまな事由によって行われ、『御堂関白記』のなかには、疫癘退散のため（長徳四年七月九日条）、蝗虫の害を除くため（寛仁元年八月六日条）、大流星など天体の異変によるもの（寛弘四年六月二十一日条）、三条天皇の眼病平癒のための奉幣（長和四年閏六月二十六日条）などの事例がみられる。また、彰子（長保二年二月二十五日立后）、妍子（長和元年二月十四日立后）、威子（寛仁二年十月十六日立后）の三人が中宮に立后したときには、その報賽のために諸社奉幣が行われた。

【所在】長保二年三月四日条、長和元年三月十六日条、寛仁二年十一月二十六日条

（武井紀子）

神鏡（じんきょう）　天皇が奉持していた、いわゆる三種神器のうちの八咫鏡を指す。『本朝世紀』天慶元年（九三八）七月十三日条*には、神鏡を納めた斎唐櫃について「伊勢大神の分身なり。事に触れ、祈禱するごとに、霊験奇異と云々」とある。令制では蔵司に納められるものとされたが、平安前期までに女官である内侍がこれに奉仕するようになった。そのため、神鏡そのもの、または神鏡が納められた内侍所を賢所とも称するようになった。平安中期には内侍所は内裏の温明殿に置かれていた。神鏡は何度かの内裏焼亡に巻き込まれたが、天徳四年（九六〇）内裏焼亡のときに、焼け跡から無傷で見つかったことは、神鏡の霊験を示す逸話として有名である。しかし、寛弘二年（一〇〇五）の内裏焼亡は温明殿と綾綺殿の間から出火したとみられ、灰のなかから見つかった神鏡も焼損し、もとの円形のかたちをとどめていなかった。同年十二月十七日に改鋳すべきか否かの議論があり、このときに藤原実資が諸道勘文を提出してから定めるべしと反論し、当座は鏡を綿・錦絹で包み絹を敷いた唐櫃に安置された。これをうけて、翌寛弘三年七月三日に、再度一条天皇御前における定で議論されたが、公卿の

間で意見が分かれ、最終的に道長がもとの神鏡に祈禱を加えてそのまま安置するとの案を出して定まったようである。またこのときに、蛇が殿上から庭に下って内侍所の方へ向かったため、人びとが驚き恐れたと『御堂関白記』は伝えている。神鏡は、天皇遷御や即位にともない竈神とともに移される慣例であった。『御堂関白記』寛弘二年十二月九日条には、神鏡を太政官松本曹司から東三条第に移すのに新しい唐櫃に入れ替えたところ、日光のような光が鏡から放たれたことが記されており、先の蛇の逸話とともに当時の貴族たちの神鏡に対する信仰をうかがうことができる。

【所在】長和五年正月二十九日・六月十日条

【参考史料】『日本紀略』寛弘二年十一月十六日条、『小右記』寛弘二年十一月十五～十七日・十二月九・十日条、『権記』寛弘二年十二月九日条

（武井紀子）

神今食 「かむいまけ（神今木）」ともいう。六月・十二月の*月次祭の夜から翌早朝に行われた*神事。神祇官が執行する月次祭は神祇令に定められているが、神今食は天皇が行う神事であり、律令には規定されない。八世紀前半に行われていたことは、近年出土の二条大路木簡などからも明らかである。六月十一日と十二月十一日の月次祭の夜、天皇は湯殿で潔斎したのち、宮中・中和院の神嘉殿に出御し、忌火で調理された神饌を神と供食した。祭事の上卿は納言クラスがつとめ、参議・弁が行事をつとめた。『御堂関白記』では長和五年（一〇一六）十二月三日条に、道長が三条上皇の広隆寺参詣に同行しなかったことについて、「十一日以前による」と理由を記している。「十一日以前」＝神今食以前の仏事への参加については、『小右記』寛仁二年（一〇一八）十一月四日条などでも議論になっている。後一条天皇は長和五年に即位したさい、まだ九歳であったので、道長が神今食にも伺候していたのであろう（『小右記』寛仁二年十二月十二日条などを参照）。

【所在】長和四年十二月十一日条

【参考史料】『本朝月令』六月十一日「神今食祭事」、『儀式』一、延喜式（四時祭式・上）、『神今食次第』

【参考文献】西本昌弘「八世紀の神今食と御体御卜」（『日本古代の王宮と儀礼』、塙書房、二〇〇八年）、同「九条家本『神今食次第』所引の「内裏式」逸文について—神今食祭の意義と皇后助祭の内実—」（『日本古代の年中行事書と新史料』、吉川弘文館、二〇一二年）

（丸山裕美子）

神事 祭祀全般を指す用語。史料中では、直近に行われる特定の祭祀を指して用いられているほか、祭祀と仏事・触穢が重なったときに、祭祀の日取りを調整する文脈のなかで用いられる。『御堂関白記』では、神事と国忌が重なった場合に神事が延引される例（寛弘四年二月九日条）、花山院崩御により神事が延引された例（同五年二月九日条）、*山科祭と灌仏との実施日時の調整の場合（長和五年四月八日条）などの事例がみられる。また、長和二年（一〇一三）十一月九日条には「左衛門督、梅宮に参り、初めて神事に仕ふ」とあり、この神事は具体的には*梅宮祭のことを指す。公卿たちは行事上卿として神事祭祀をとり仕切ったが、ここでは藤原教通が権中納言となってから初めて行事上卿となって指揮したことをこのように記している。

【所在】寛仁三年九月十六日条

（武井紀子）

神拝 新任国司が任国へ赴任したときに、国内諸神に参拝し幣帛・神宝を奉納すること。任国赴任後に、政始に先立って最初に神拝を行うこととされた。その具体的な様子は、平時範の因幡守赴任の様子にみることができる（『時範記』）。『御堂関白記』寛弘六年（一〇〇九）七月四日条によれば、

神事・神社

同三月四日に大和守に任命された藤原輔尹が初めて春日社*に参詣したことが報告されている。この参拝の途中に、山階寺の僧が乱行におよび、神宝を持っていた国夫預を殺傷する事件が起き、以降、大和国では神拝が行われなくなった。

【参考史料】『朝野群載』巻二十二「国務条事」、『時範記』承徳三年二月二十六日条、『中右記』保延元年五月六日条

【参考文献】土田直鎮「国司の神拝」（『奈良平安時代史研究』、吉川弘文館、一九九二年）、水谷類「国司神拝の歴史的意義」（『日本歴史』四二七、一九八三年）　（武井紀子）

神馬使　祭祀や奉幣のさいに、馬を供物として神に奉献するために立てられる使のこと。春日祭*・大原野祭*・園韓神祭*・平野祭などの公的恒例祭祀では、これらの神馬は馬寮から供給され（延喜左右馬寮式祭馬条）、社頭の儀において列立引廻された。十世紀になると、藤原忠平が春日祭・大原野祭に馬を奉献しているように（『貞信公記』延長二年十一月一・十八日条）、大臣による神馬奉献の事例が広くみられるようになった。これが道長の時代を画期として、氏長者が藤原氏の氏社およびそれに準ずる神社の恒例祭祀に神馬を奉献する慣例となっていった。

『御堂関白記』において道長が恒例として神馬を奉献したのは、春日祭・大原野祭・吉田祭*・梅宮祭*のほか、石清水放生会（寛弘元年八月十四・十五日条、同七年八月十五日条、長和二年八月十五日条、寛仁元年八月十五日条）・祇園臨時祭（感神院*。寛弘元年六月十五日条、長和二年六月十五日条、寛仁二年六月十五日条）・北野祭（寛弘元年八月五日条、長和二年八月五日条、寛仁二年八月五日条）であり、このほか宗像社への奉献（寛弘四年二月二日条）や春日詣（同年二月二十九日条）・賀茂詣*（寛弘六年十二月十六日条、同八年四月十七日条、長和二年四月二十三日条、同四年四月二十三日条）での事例がみられる。

このうち、春日社・大原野社*・吉田社・梅宮社への奉献は氏長者として行われたもので、寛仁元年（一〇一七）三月に道長が子息頼通に摂政・氏長者の地位を譲って以降は、奉納主体が頼通へと移っている（寛仁元年・二年の梅宮祭）。一方、石清水放生会・感神院・北野社*への神馬奉献は、道長個人の信仰にもとづいて行われたと考えられ、使には、道長家の家司など近親の者が立てられたようである。これらの使発遣の儀は通常は鴨川で行われ、物忌などにあたった場合には、土御門第から発遣された（寛弘五年四月二十二日条、長和二年二月九日条）。

【所在】長和四年二月四日条、寛仁元年四月五・二十日条、同二年十一月三日条

【参考文献】並木和子「関白家神馬使の成立をめぐって—平安祭祀と祭馬奉納—」（『神道学』一二九、一九八六年）　（武井紀子）

住吉神社　摂津国住吉郡内に鎮座する摂津国一宮。底筒男命・中筒男命・表筒男命・神功皇后を祭神とし、海上守護の神として信仰を集めた。延喜式では名神大社とされ、神功皇后に縁が深いことから、凶賊追伐に霊験がある神として崇敬され、十六社のなかにも列せられた。長保二年（一〇〇〇）には、東三条院詮子が参詣している。

また、寛弘元年（一〇〇四）には摂津守であった藤原説孝が同社の神人を打傷したことを愁訴し、神人五十名余りが陽明門へ押しかけ、参内中の説孝を打擲して追い払う事件が発生した。

【所在】長保二年三月二十三日条、寛弘元年二月二十六日条

【参考史料】『日本紀略』寛弘元年二月二十六日条

【参考文献】森田悌「摂関期政治動向の考察—苛政上訴を中心として—」（『平安時代政治史研究』、吉川弘文館、一九七八年）、寺内浩「国司苛政上訴について」（『受領制の研究』、塙書房、

二〇〇四年）

（武井紀子）

摂関賀茂詣（せっかんかもうで）　毎年四月の賀茂祭*の前日に、摂政または関白が賀茂神社*に参詣する儀礼。『公事根源』などは天延二年（九七一）九月の摂政藤原伊尹の賀茂神社参詣を初見とするが、四月の賀茂詣としては、すでに延喜八年（九〇八）四月、左大臣藤原時平の賀茂祭当日の参詣がある。賀茂祭前日の四月中申日の賀茂詣が恒例となったのは、関白藤原頼忠のときで、頼忠は天元元年（九七八）以降、ほぼ毎年四月中申日に参詣している。兼家・道隆もこれを行ったが、そのころは他の公卿も賀茂詣を行っており、摂関家に限られるようになったのが、道長の時代であったとされる。同行する公卿も多く、その美々しい行列は、『枕草子』「見ものは」に、臨時祭や行幸と並んで「御かもまうで」とあるほどであった。道長は内覧左大臣のときから、毎年賀茂上下社に詣で、神宝・幣帛を奉り、十烈、東遊を奉納している。寛弘五年（一〇〇八）四月の道長の賀茂詣のさいには、息子の頼宗・教通・顕信・能信が舞人をつとめ、出立の場には公卿十三人が集まっている（同年四月十八日条）。なお道長は終始左大臣として参詣しており、道長に障りがある場合は右大臣藤原顕光が行った例もあって（寛弘二年四月十九日条）、これを摂関賀茂詣と区別する説もあるが、実質的には同じとみてよい。平安後期の関白賀茂詣の様子は『年中行事絵巻』に描かれている。

【所在】長保二年四月十三日条、寛弘四年四月十八日条、寛仁元年四月十六日条、同二年四月二十一日条

【参考史料】『枕草子』二一九段、『年中行事絵巻』関白賀茂詣

【参考文献】三橋正「摂関期における貴族の神祇信仰―「祭―奉幣型」の展開―」（『平安時代の信仰と宗教儀礼』、続群書類従完成会、二〇〇〇年）、末松剛「摂関賀茂詣の成立と展開」（『平安宮廷の儀礼文化』、吉川弘文館、二〇一〇年）

（丸山裕美子）

即位奉幣（そくいほうべい）　即位儀礼に前後して、伊勢神宮*をはじめとする諸社を対象に行われた奉幣。即位に先立って行われる伊勢神宮への即位由奉幣（一条天皇のときに石清水*・賀茂*を加えて三社奉幣となる）、即位が完了したことを畿内七道の天神地祇諸神に奉告する大奉幣が行われたほか、大嘗祭前にも大祓使*の差遣につづき天神地祇への大奉幣と伊勢由奉幣が行われた。大奉幣には神祇官の中臣・忌部*が派遣され、由奉幣は臨時奉幣*・伊勢例幣にならい、王・中臣・忌部が使として充てられ、八省院において天皇臨御のもと使発遣の儀が行われた。幣物料は、畿内には京庫物が、七道諸国には正税が充てられ、使には道中での供給を受けるための官符が発給された。『御堂関白記』には、三条天皇即位（寛弘八年八月二十七日由奉幣、同年十月十六日即位）と後一条天皇即位（長和五年二月一日由奉幣、二月七日即位、三月八日大奉幣）の二度の即位奉幣がみられる。三条天皇の即位奉幣は、天慶九年（九四六）村上天皇の例にならい建礼門で発遣の儀が行われた。このときは、出御のさいに殿上人が列立する前に輿が寄せられてしまい、道長は「近衛将、案内を知らず」と述べている。また、後一条天皇のときには道長は摂政として奉幣発遣の儀に携わり、由奉幣では、天皇に代わって八省院で忌部に幣を授け、中臣に「吉く申し奉れ」と言葉を賜っている。このときの即位後大奉幣も天慶九年の例にならって執り行われ、上卿は藤原実資がつとめた。

【所在】寛弘八年八月二十七日条、長和五年二月一・二十六日・三月八日条

【参考史料】『小右記』寛弘八年八月二十七日条、長和五年二月二十六日条

【参考文献】岡田荘司「即位奉幣と大神宝使」（『平安時代の国家と祭祀』、続群書類従完成会、

一九九四年）　（武井紀子）

園韓神祭（そのからかみさい）　宮中の宮内省に祀られた園神社（一座）と韓神社（二座）の祭祀。『江家次第』の頭書の引く「園韓神口伝」によると、延暦以前からこの地にあり、平安遷都のさいに造宮使が他所に移そうとしたが神託によりそのまま宮内省西北隅に鎮座することになったという。もと秦氏の祀る神であったと思われ、延暦二十年（八〇一）には公的な祭祀となっていた（『類聚三代格』延暦二十年五月十四日付太政官符）。祭日は春二月と冬十一月の丑日で、春は春日祭*の後の丑日、冬は新嘗祭の前の丑日を用いた。『儀式』に詳しい式次第が載っており、上卿と神祇官人らが宮内省の神院に赴いて、祝詞を奏上し、神馬を牽き、神楽を奏した。道長自身が関与することはなく、『御堂関白記』に記されることもまれである。ただし頼通が上卿をつとめるはずだったのに障りを申して交代した長和五年（一〇一六）二月十四日条や、同じく頼通が上卿をつとめた寛仁元年（一〇一七）二月八日条にはその旨が記されている。

【所在】寛弘四年二月九日条

【参考史料】『儀式』一、延喜式（四時祭式・上）

【参考文献】西田長男「韓神社の創祀と秦氏との関係」（『古代文学の周辺』、南雲堂桜楓社、一九六四年）　（丸山裕美子）

代官（だいかん）　ある職掌を本来つとめるべき者とは別の者がつとめること、あるいはその交替した人物を指す。政務儀礼や神事*に参加するべき官職の人物が不参の場合に、別の者にその代役を仰せつけることも代官といったが、多くは、春日祭*や賀茂祭*で近衛府使や馬寮使などに選ばれた者が、病いや触穢などの理由により別の者に交替するときに「代官を申す」と申請した。近衛府使をはじめとする祭使は、各官司内で交替でつとめることになっており（これを「巡」といった）、それ以前に祭使をつとめた回数により定められていたと考えられる。祭使勤仕の諸費用は祭使やその親族が負担することになっていたため、代官が回ってきたときには、急を理由に辞退することもあり、使の決定が二転三転することもあった。寛弘五年（一〇〇八）二月の春日祭使は、当初の予定だった藤原公信が触穢により辞退、さらに代官に立てられた藤原道雅も急を理由にうけず、藤原教通がその代官候補となった。しかし、教通が去年の春日祭使*をつとめていることから、最終的には道雅が天皇の命により祭使をつとめた。長和二年（一〇一三）二月の春日祭使も源雅通から源経親、源頼職と三転しており、このような代官を多く認めるあり方に対して、藤原実資は「近代只だ代官を申す、公事にあらざるに似たり、又神事違例と謂ふべきものなり。相府申さるるにより行ふか、他人口入るべからざるのみ」と不満を述べている。

【所在】長保二年正月七日条、寛弘二年二月五日・七月二十八日条、同四年二月三日条、同五年二月一～三日・四月十九日条、同六年四月二十四・二十五日・十一月八日条、同七年正月七日条、同八年二月十四日・四月十日・九月十五日条、長和元年十一月二日条、同二年二月九日・四月七日条、寛仁二年四月二十八日・九月八日条

【参考史料】『小右記』長和二年正月三十日条

【参考文献】佐々木恵介「『小右記』にみる摂関期近衛府の政務運営」（笹山晴生先生還暦記念会編『日本律令制論集』下、吉川弘文館、一九九三年）　（武井紀子）

大嘗会（だいじょうえ）　天皇が即位後に、新穀をもって神に神膳を供進し、自身もそれを共食する神事*。新穀は、卜定によって定められた畿外国郡の悠紀・主基両国から献上されたもので、国造などからの食物献上とそれを天皇がみずから食するという服属儀礼を、律令国郡制の枠組みのなかで象徴的に行った

ものとされる。天皇の全国土服属を確認する意味をもち、皇位継承にかかわる一代一度の親祭とされた。

天皇は即位すると悠紀国・主基国を卜定し、神膳の準備を進めた。ついで大祓*使発遣・諸社奉幣*が行われた。九月には抜穂使が遣わされて、稲実翁（稲実公）ら祭祀に奉仕する雑色人が悠紀・主基両国の斎田からイネを刈り抜き、大嘗会斎場（多くの場合、北野の地が点定された）において白酒・黒酒などの神饌の御贄が調備された。加えて由加物使、神服使が発遣され、饌物や調度が各地から進上され整えられていった。十月下旬には、事前に大嘗会御禊*の前駆や供奉する女房らが定められ、天皇が鴨川などに出て御禊を行い身を清めた。そして、臨時大嘗宮の造営、散斎、致斎が行われ、前日の寅日には鎮魂祭が修された。儀式当日の十一月中卯日の明け方には、諸社奉幣と、標山という飾山を先頭にした供進物の大嘗宮への運び入れが行われ、夜、天皇は廻立殿で沐浴ののち悠紀殿に渡御し、みずから神膳を供進し、自身もその相伴に預かった。その後、再度沐浴の後、主基殿に移り同様の儀式を行った。この神事が終わると、翌辰日から三日間にわたって群臣などに宴が催され、悠紀・主基国の風俗歌舞、午日の豊明節会における五節舞などが披露された。そののち官人らに叙位賜禄があり、在京諸司や斎郡の解斎が行われて、終了となった。

祭祀の中心をなす卯日神事が密室内での秘儀だったのに対し、神事に先立って天皇がみずから鴨川などの水辺で身を清める大嘗会御禊の行幸と、卯日当日に悠紀・主基国からの神供物を大嘗宮まで運ぶ行列は大々的に行われ、沿道に多くの見物人が出た。長和元年（一〇一二）、道長も三条天皇大嘗会に参加する前に、倫子をともなって北野から内裏までの行列見物に出かけている（十一月二十二日条）。また、三条天皇と後一条天皇の御禊行幸は華やかに行われ、その様子は『御堂関白記』『栄花物語』に詳述されている。両度の大嘗会御禊の女御代*は、ともに道長の娘（長和元年大嘗祭では威子、同五年大嘗祭では寛子）がつとめており、道長は彼女らの母親である倫子や明子のもとを行き来しながら御禊行幸の準備を丹念に行っている。また道長は、長和元年の大嘗会で当日と辰日節会の内弁をつとめ、さらに当日故障を申し出た小忌上卿の代わりもつとめた。長和五年の大嘗会では、後一条天皇の摂政としてのぞみ、御禊定や次第使からの御禊行幸の鹵簿図の確認、大嘗会悠紀方・主基方屏風和歌の選定などを行っている。

【所在】長和元年閏十月二十七日条、同五年十月二十二日・十一月十～十二日条

【参考史料】『栄花物語』巻第十「ひかげのかづら」、同巻第十二「たまのむらぎく」

【参考文献】岡田精司「即位儀・大嘗祭をめぐる問題点」（『古代祭祀の史的研究』、塙書房、一九九二年）、内田順子「「大嘗祭御禊行幸」の意義―九世紀行幸論―」（岡田精司編『祭祀と国家の歴史学』、塙書房、二〇〇一年）

（武井紀子）

大神宝使

新しい天皇の即位後に、伊勢神宮*をはじめとする京畿内・諸国の主だった神社に神宝を奉納するために発遣された使のこと。一代一度大神宝使とも称される。あらかじめ陰陽寮によって大祓*と使の発遣日時が勘申され、おおよそ大嘗祭の前後に行われた。各社に奉られる神宝は、臨時に設置された神宝所によって造作・管理され、当日は天皇が沐浴潔斎してから、清涼殿石灰壇においてそれらを御覧した。発遣の儀は臨時奉幣*の場合と変わらず、大祓ののち、伊勢幣は行事弁が小安殿において、諸社幣は史が嘉喜門において準備した。天皇出御ののち、神宝・幣帛・宣命がそれぞれ使に授けられ発遣された。神宝奉納の対象となった

神社は、伊勢*・度会・宇佐*（二所）・石清水*（二所）・賀茂上下社*・紀伊日前・国懸の五社十所と、のちの諸国一宮につながる有力大社で、十世紀前半よりおおよそ五十社五十五所（宣命は、伊勢・宇佐・賀茂に各二通で全五十三通）で定着していった。伊勢には王・中臣・忌部が使として立てられたほか、宇佐・宮中・畿内七社には殿上人、畿内三国使には五位諸大夫、七道には道別に蔵人雑色以下所衆が充てられた。また、使には道中諸国での供給を受けるための官符が発給された。

　三条天皇即位後の大神宝使派遣は長和元年（一〇一二）十二月十九日に行われ、藤原公任が行事上卿をつとめ、道長は公任の諮問に答えながら、殿上に候して神宝御覧をとり仕切った。また、後一条天皇の大神宝使は長和五年即位の翌年（寛仁元＝一〇一七年）に行われ、源俊賢が行事上卿をつとめた。正月から神宝が作りはじめられ、九月に大神宝使定、十月二日に発遣の儀が行われた。このときには神宝の配分に誤りが多く、発遣の前日に奉納先として石清水八幡宮が漏れていたほか、道長が豊受宮に関する宣命の不備を修正させている（十月一日条）。また、当日には宇佐へ奉納する神宝の数に誤りがあったほか、香椎宮・石清水宮二所の計三所の神宝を誤って園韓神・稲荷社*に奉献してしまうなど不手際が多く、道長が行事蔵人の藤原定頼・頼宣を勘責する事態となった。宇佐・石清水への不足分の神宝は追って造らせ、後日（十四日）に改めて奉られた。

【所在】長和元年十二月十五・十六・十九日条、寛仁元年十月一・二日条

【参考史料】『小右記』寛仁元年九月十九日・十月十七日条、『左経記』寛仁元年十月八・十四日条

【参考文献】岡田荘司「即位奉幣と大神宝使」（『平安時代の国家と祭祀』、続群書類従完成会、一九九四年）、藤森馨「神宝使考」（『平安時代の宮廷祭祀と神祇官人』、原書房、二〇〇八年）

（武井紀子）

月次祭

神祇令に定められた祭祀。六月十一日と十二月十一日に神祇官において諸社に幣帛を班つ祭儀（班幣）を中心とするが、伊勢神宮*には勅使（奉幣使）が派遣された。中祀に位置づけられ（延喜式）、祈年祭*・新嘗祭と合わせて、「四箇祭」（『類聚三代格』寛平五年三月二日付太政官符）と称される。班幣の対象は、延喜式段階では三〇四座であった。奉幣使が派遣される伊勢神宮の月次祭は、神嘗祭とともに「三節祭」として、神宮の最も重要な祭祀であった。「月次」の語義は「月ごと」の意で、半年分をまとめて六月と十二月に行うのだとされる。神祇官で行われる祭祀ということもあり、『御堂関白記』にはほとんど記事がみえない。寛仁元年（一〇一七）十二月十一日条に、後一条天皇の元服のことを伊勢神宮に報告する宣命について、「使」を立つとあり、この「使」は『小右記』同日条に「今日月次祭使に付けらる、前例有りと云々」とあって（『左経記』同日条にも同じ内容がみえる）、月次祭使であることがわかる。

【参考史料】延喜式（四時祭式・上、伊勢大神宮式）

【参考文献】藤森馨「神宮奉幣使考」（『平安時代の宮廷祭祀と神祇官人』、原書房、二〇〇八年）

（丸山裕美子）

内膳御神

家の火所に祀られた竈神のうち、宮中の内膳司に祀られていた忌火・庭火・平野の竈神のこと。天皇の食膳調達をつかさどる神として神聖視され、平安中期以降、皇居が遷移するときには、賢所とともに竈神も遷座した。『御堂関白記』には、三度の竈神遷御がみられる。一度目が、寛弘二年（一〇〇五）十一月の内裏焼亡により御在所が東三条第に遷ったときで、中宮の

竈神とともに遷御している。二度目が寛弘六年十月に一条院内裏の焼亡にともない枇杷殿に遷御するとき、三度目が長和五年（一〇一六）六月の土御門第内裏から新造一条院への遷御で、竈神が東別納に移されている。いずれも天皇遷御と同時刻に行われており、上卿はそれぞれ権中納言藤原隆家、中宮権大夫源俊賢、皇后宮大夫藤原懐平がつとめている。なお、竈神は貴族の家でも祀られており、長和二年の道長の病いが卜占の結果、竈神の祟りであったことがみえる（四月十一日条）。

【所在】寛弘二年十一月二十七日条、同六年十月十九日条、長和五年六月十日条　（武井紀子）

二十一社奉幣　畿内を中心とする特定の神社二十一社に使を立てて奉幣すること。奈良時代以来行われていた霊験あらたかな諸国名神への奉幣の流れをくみ、豊作を祈る祈年穀奉幣には恒例の奉幣使が立てられたほか、祈雨・止雨をはじめ、あらゆる事由で奉幣使が立てられた。対象の神社は、伊勢・賀茂・松尾・稲荷をはじめ石清水・平野・春日、さらに大原野・大神・石上・大和・広瀬・龍田・住吉・丹生・貴布禰の九社が加えられて十六社として確立した。そののち、新たに吉田・広田・北野、さらに梅宮・祇園（感神院）が加わり、道長の時代には二十一社となり、のちに日吉社が加わって二十二社となり固定化した。これらの神社は、皇室の祖先神である伊勢・石清水、天皇や皇城の守護神である賀茂・松尾・稲荷、奈良時代以来の伝統的な大和の神社（大神・石上・大和・広瀬・龍田）、祈雨神（丹生・貴布禰）のほか、藤原氏の氏神（春日・大原野・吉田）や蕃神（平野）、橘氏の氏神（梅宮）など、各貴族の氏神もふくまれている点に特徴がある。奉幣使として石清水八幡宮には王氏が、賀茂・松尾・平野社には参議以上が充てられるのを慣例とし、八省院で発遣の儀が行われた。『御堂関白記』では、祈年穀奉幣のほか、寛弘三年（一〇〇六）の客星による天体異常や、雷鳴などによる二十一社奉幣がみられるほか、「奉幣諸社」「奉幣」とあるものも二十一社（あるいはそのなかの数社）を対象とした奉幣であると考えられる。

【所在】寛弘三年七月十三日・八月十九日条、同六年十二月十二日条

【参考文献】岡田荘司「十六社奉幣制の成立」（『平安時代の国家と祭祀』、続群書類従完成会、一九九四年）　（武井紀子）

丹生川上神社　大和国吉野郡に鎮座する式内社で祈雨神祭八十五座の一つ（延喜臨時祭式）。丹生川上の地は、『日本書紀』神武天皇即位前紀戊午年九月条に天皇が天香山の土で八十平瓮を造って天神地祇を祭った地として登場し、神社は天武天皇四年（六七五）創祀とされる。天平宝字七年（七六三）五月に黒馬を献上した祈雨祭祀が行われたのをはじめ、宝亀八年（七七七）には霖雨のため白馬が献上された。このように奈良時代から祈雨・止雨の神として朝廷の崇敬を集め、延喜式制では名神大社、弘仁九年（八一八）従五位下、元慶元年（八七七）正三位、寛平九年（八九七）従二位となった。平安時代には十六社の一つに列せられた。『西宮記』『北山抄』などの儀式書によれば、祈雨の場合は黒馬を、止雨の場合は赤馬を奉献することを通例とし、使には神祇官人あるいは蔵人が充てられ、大和神社の別宮であることから、奉幣には大和神社の神主が随行した。『御堂関白記』では、祈雨（長和五年五月二十九日条）、止雨（寛弘二年八月五日条、同五年八月四日条、同六年八月十八日条、長和二年八月五日条、寛仁元年七月五日条、同二年六月十四日条）の記事がみえ、いずれも貴布禰社とともに奉幣使が発遣されている。長和五年（一〇一六）の祈雨祭祀では、後一条天皇の土御門第から一条院内裏への遷幸日時が近かったため、神祇官人が勅使に立てら

れた。

【参考史料】『続日本紀』天平宝字七年五月庚午条、宝亀八年五月癸亥・八月丙戌条、『小右記』長和五年五月二十八日条、『左経記』長和五年五月二十九日条

【参考文献】並木和子「平安時代の祈雨奉幣」（二十二社研究会編『平安時代の神社と祭祀』、国書刊行会、一九八六年）、三宅和朗「日本古代の「名山大川」祭祀」（『古代国家の神祇と祭祀』、吉川弘文館、一九九五年）　（武井紀子）

女御代（にょうごだい）　大嘗会*御禊*のさい、臨時に選ばれて幼少の天皇に供奉する女性のこと。本来は女御が奉仕したが、女御をもつ年齢に達しない幼帝の例ができたため、以降女御代が常置されるようになった。御禊や儀式自体にはかかわらない。十一世紀から十二世紀前半にかけて、大臣や大納言など有力貴族の子女から選ばれることが慣例となり、三条天皇（長和元年）と後一条天皇（長和五年）の二度の大嘗会御禊のときには、いずれも道長の娘がこれをつとめている。長和元年（一〇一二）のときは、同年八月に尚侍になり、十月に裳着をすませたばかりの藤原威子がつとめた。前年まで宣耀殿女御藤原娍子がつとめるはずであったが（『小右記』『栄花物語』）、同年四月に娍子が立后したため、威子がつとめることとなったと考えられる。このときは、道長家から女御代や女房の車を九両出すなど、華やかな様子であったことがうかがえる。道長は、車を出した公卿の名およびその車のしつらえ、従者の人数・名前や乗車していた女房の装束など、この日のことを詳細に日記に残している。また、長和五年のときは、同じく道長女（母は源明子）の寛子がつとめており、道長は明子のもとを繁く訪れ、雑事の準備を整えている様子がうかがえる。

【所在】長和元年十月二十一日・閏十月二十七日条、同五年九月六日・十月二十四日条

【参考史料】『小右記』寛弘八年八月八日条、『栄花物語』巻第十「ひかげのかづら」、巻第十二「たまのむらぎく」　（武井紀子）

平野神社（ひらののじんじゃ）　山城国葛野郡内に鎮座する神社で、今木・久度・古開・比売の四神が合祀されている。今木・久度は、桓武天皇の母である高野新笠の父母双方が祀っていた神々であり、これに古開（朝鮮系の竈神とも。土師氏の奉斎していた神）、さらにのちに比売神が加えられ、延暦十三年（七九四）から二十年の間に創祀したとされる。四月と十一月の上申日に行われた平野祭は桓武天皇の勅命によりはじめられ、祭儀のなかに皇太子親幣があることから、皇室とくに皇太子守護神として崇敬されていたと考えられる。延喜式では名神大社とされ、貞観年間（八五九〜八七七）からは臨時奉幣*にあずかり、十六社の上七社に列せられた。円融天皇の天元四年（九八一）以降行幸が行われ、花山天皇の寛和元年（九八五）には平野臨時祭がはじめられた。『御堂関白記』には、寛弘元年（一〇〇四）の一条天皇による行幸（九月二十六日・十月二十一日条）、中宮の大原野*行啓の無事を祈る奉幣（寛弘二年二月二十七日条）、祈年穀奉幣*（寛弘四年二月十七日条）、平野祭（寛仁元年十一月二日条。このときは犬死穢により延引）・臨時祭（長和五年四月十一日条）の記事がみえる。

【参考史料】『日本紀略』天元四年二月二十日条、寛和元年四月十日条

【参考文献】義江明子「平野社の成立と変質」（『日本古代の氏の構造』、吉川弘文館、一九八六年）、岡田荘司「平安前期　神社祭祀の公祭化・上―平安初期の公祭について―」（『平安時代の国家と祭祀』、続群書類従完成会、一九九四年）、三宅和朗「平野祭の基礎的考察」（『史学』六六―一、一九九六年）　（武井紀子）

松尾神社（まつのおじんじゃ）　山城国葛野郡内に鎮座する、大山咋神と市杵島姫命を祭神とする神社。大山咋神は秦氏の祖神として仰

がれ、市杵島姫命は大宝元年（七〇一）に秦忌寸都理が宗像社から勧請したとされ、以後、秦氏が神職を世襲した。また、大山咋神は賀茂別雷命の父神であることから賀茂社*ともかかわりが深く、平安京遷都以降は王城守護の社として信仰を集めた。承和十四年（八四七）従三位、貞観元年（八五九）には正一位となった。公祭としての松尾祭も貞観年中に始まったとされ、賀茂祭*に合わせて松尾社の禰宜・祝に幣帛が班たれた。延喜式では名神大社とされ、十六社の上七社にも列せられ、一条天皇の寛弘元年（一〇〇四）、平野*・北野社*とともに天皇行幸があり、以降十度の天皇行幸があった。一条天皇行幸の折は、宣命に誤りがあり神事*次第が遅れたことが『御堂関白記』にみえる。また、祈年穀奉幣*には賀茂・平野社とともに参議が遣わされた。このほか、中宮大原野*行啓の無事を祈願する奉幣（寛弘二年二月二十七日条）、三条天皇病気平癒のための奉幣（長和四年九月十四日条）、中宮威子報賽の奉幣使（寛仁二年十一月二十六日条）がみえる。

【所在】寛弘元年十月十四日条、同四年二月十七日条　（武井紀子）

御麻　麻の茎の繊維を使って作られた穢れを払うための呪具。御禊*のときに天皇や斎王*に供されるものは「御麻」とある。神祇官の中臣が進上し、中臣女がこれを天皇へ取り次ぎ、天皇はこれに一撫一吻（身体を一撫し、一度口元に触れる）してから戻した。『御堂関白記』では、道長女の威子が女御代*をつとめた長和元年（一〇一二）の三条天皇大嘗会*御禊の次第が詳述されており、御麻の供奉についても言及されている。また、行幸還御のさいにも、祓のための御麻が天皇に献ぜられるのが慣例であった。

【所在】長和元年閏十月二十七日条、同二年十一月二十九日条、同五年六月二日条、寛仁二年九月八日条　（武井紀子）

宮主　神祇官の卜部から亀卜*に堪能な者が補せられ、宮中の神事を掌った。天皇につかえる大宮主（御宮主・内御宮主）のほか、東宮・中宮・皇太后宮・斎宮*などにも置かれた。大宮主は、天皇一代につき一人を原則とし、践祚の日に東宮宮主から転任して、内膳御竈神の遷移を斎行した。また宮中諸祭（御燈御祓・御体御卜*・神今食*・節折・例幣*・鎮魂祭・新嘗祭・石清水祭・平野祭・北野祭・日吉祭・賀茂臨時祭など）の天皇御禊にかかわる祭儀*を掌った。『御堂関白記』では、石清水行幸への供奉（長和二年十一月二十八日条、寛仁元年三月八日条）や大嘗会*御禊*（長和元年閏十月二十七日条）に従事したことがみえるほか、寛弘八年（一〇一一）には清涼殿の火災に触れた女房・男房の素服を宮主が祓っている。また、寛仁元年の御体御卜では、大宮主が不在のため、中宮宮主が御体御卜を行ったことがみえる。

【所在】寛弘八年十一月二十九日条、寛仁元年二月三十日・三月二日条　（武井紀子）

宗像神　筑前国宗像社の市杵島姫神・湍津姫神・田心姫神の三女神を勧請したもので、藤原冬嗣所有の平安京左京一条三坊十四町の東京一条第（のちの小一条第）西南角に祀られた。その後、冬嗣の子息である藤原良房の娘明子が清和天皇を生んだことから、貞観二年（八六〇）に同社祭神に正二位、同六年に従一位が授けられ、翌年には楯鉾と鞍が奉納された。また、藤原時平が、宗像明神を憚って下馬する子息たちのために、南面する勘解由小路一町に石畳を敷くなど（『大鏡』巻二）、藤原氏の信仰を集めた。藤原道長は、寛弘四年（一〇〇七）に数か月のあいだ神馬を奉っていなかった同社に神馬を奉献している（二月二日条）。道長が神馬を同社に奉った記録があるのはこのときだけである。同社は承久三年（一二二一）三月十日に焼亡し、その小一条院東隣りの花山院に移された。

【参考史料】『拾芥抄』中、『大鏡』巻二

【参考文献】岡田荘司「二十二社の成立と公祭制」（『平安時代の国家と祭祀』、続群書類従完成会、一九九四年）

（武井紀子）

八十嶋祭（やそしまさい） 天皇即位儀礼の一環として、難波で八十嶋を祀った祭祀。通常、大嘗祭の翌年に行われ、天皇だけでなく、中宮・東宮も行う。起源については不明で、史料上の初見（『日本文徳天皇実録』嘉祥三年九月壬午条）である嘉祥三年（八五〇）に始まったとする説と、古く五世紀初頭にさかのぼるという説と、大きく異なる二説が提示されている。祭儀についても、鎮魂儀礼であるとする説と、禊祓を中心とするという説とがあり、陰陽道の祓であるとみる説もある。祭の次第は、祭使の出立にあたって、天皇が宮主*の献じた御麻*を一撫で一息する。御麻とともに、女官が天皇の衣を入れた筥を持ち、難波に赴く。難波津で神祇官人が琴を弾き、衣を振り、御麻を捧げて禊を行い、祭物を海中に投じる。『御堂関白記』では、長和二年（一〇一三）の三条天皇の八十嶋祭のみがみえる。十月二十九日条によると、このときの祭使は、典侍一人に女官、蔵人、神祇官人らであり、中宮使・東宮使も派遣された。道長が、諸宮も使を立てるべきではないかと記しているのは注目される。

【参考史料】 延喜式（臨時祭式）

【参考文献】 岡田精司「即位儀礼としての八十島祭」（『古代王権の祭祀と神話』、塙書房、一九七〇年）、田中卓「再び八十島祭について」（『田中卓著作集 神社と祭祀』、国書刊行会、一九九四年）、滝川政次郎「八十嶋祭と陰陽道」（『律令と大嘗祭』、国書刊行会、一九八八年）

（丸山裕美子）

山科祭（やましなさい） 山科神社（山城国宇治郡）の祭祀。山科神社は、宮道氏の氏神社で、醍醐天皇の外祖母が宮道列子（宮道弥益女、藤原高藤妻、宇多天皇女御藤原胤子母）であることから、醍醐即位の翌年、寛平十年（昌泰元＝八九八年）三月七日の宣旨によって、「公家春秋之祭祀」＝公祭となった（『本朝月令』）。祭日は、夏四月と冬十一月の上巳日で、内蔵寮使が幣帛を、馬寮使が走馬十疋（十烈）を奉った（延喜式）。なお山科神社は延喜十一年（九一一）になって官社に列し、四度の幣帛にもあずかった。『御堂関白記』では、暦注に祭日は載せるが、道長自身がかかわることはほとんどない。寛弘四年（一〇〇七）四月三日条で、山科祭が、藤原懐子（冷泉天皇女御、花山天皇母）の国忌と重なったため、祭日を中巳日に変更したこと、寛弘七年四月八日条で、御灌仏が神事*（山科祭）と重なったため行われなかったことが記されるのみである。

【参考史料】 延喜式（内蔵寮式、左右馬寮式）、『本朝月令』四月上巳山科祭

【参考文献】 岡田荘司「平安前期 神社祭祀の公祭化・下—九世紀後半の公祭について—」（『平安時代の国家と祭祀』、続群書類従完成会、一九九四年）

（丸山裕美子）

吉田祭（よしださい） 吉田神社（山城国愛宕郡）の祭祀。吉田神社は、藤原北家魚名流の藤原山陰が、春日神社*を勧請して創祀したとされる（『大鏡』裏書）。一条天皇の外祖母が山陰の孫藤原時姫（藤原兼家妻、円融天皇女御藤原詮子母、道長母）であることから、一条が即位すると、寛和二年（九八六）十二月十七日の詔で、大原野祭*に准じて二季祭が「公家御沙汰」＝公祭となった（『日本紀略』『二十二社註式』）。祭日は、公祭とされたさいには夏四月中申日と冬十一月中酉日であったが、四月中申日が賀茂祭*の前日にあたるため変更されたらしく、実際には永延元年（九八七）以降四月中子日、十一月中申日に行われた。大原野祭に准じて、近衛将監が祭使となり、内蔵寮使、東宮使・中宮使が派遣さ

れ、馬寮使が走馬十疋（十烈）を奉った。饗饌は藤原氏出身の后宮がもうけることになっていた（『小右記』長和元年四月九日条、『江家次第』など）。『御堂関白記』では、朝廷からの祭使とは別に、道長も私的に奉幣使を立てており、寛弘四年（一〇〇七）以降、神馬を奉ったこともたびたびみえている。道長の母方の氏神祭祀であることによるのであろう。

【所在】寛弘元年十一月条、同四年十一月二十一日条、同五年十一月十五日条

【参考史料】『日本紀略』寛和二年十二月十七日条、『大鏡』五・裏書

【参考文献】並木和子「平安中期の吉田社について」（『風俗』二一―三、一九八二年）、岡田荘司「二十二社の成立と公祭制」（『平安時代の国家と祭祀』、続群書類従完成会、一九九四年）

（丸山裕美子）

由祓 触穢や服喪などにより祭祀が行えないとき、もしくは祭祀に参加できないときに、その理由を神に申して行う祓。鴨川などに出て行われた。重服の場合には、由祓自体が行われない場合もあった。『御堂関白記』に頻出し、天皇が御燈を奉らない場合や内裏焼亡により諸祭が停止される場合などのほか、道長個人が触穢や軽服により祭祀に参加しない場合にも行われたことが知られる。

【所在】長和四年二月二十九日・十一月二十一日条

（武井紀子）

臨時奉幣 国家の大事にさいして、年中行事での奉幣とは別に臨時の神事として諸社へ奉幣すること。多くの場合、恒例として特定諸社に対して行われた祈年穀奉幣のことを指す。『御堂関白記』でも、臨時奉幣といえば多くは祈年穀の場合を指し、そのほかは「奉幣諸社」、もしくは単に「奉幣」と記される。『御堂関白記』のなかで祈年穀奉幣以外に臨時に奉幣が行われているのは、客星出現のために二十一社に対して臨時に奉幣使が立てられている事例（寛弘三年八月十九日条）と、月次祭・神今食とともに臨時の奉幣が立てられている事例（寛弘七年十二月十一日条）である。

【所在】寛仁三年二月十日条

（武井紀子）

例幣 毎年の祭祀で神前に奉る通常の幣帛のこと。九月十一日の伊勢神宮神嘗祭への奉幣使を指す場合が多いが、史料の上では、中宮や貴族たちによる賀茂祭や吉田祭、梅宮祭などへの恒例の奉幣も例幣とよばれている。これらの祭祀には幣帛のほかに神馬を奉ることとなっているが、神馬を立てない場合や神に対して特段の奉告がある場合には、例幣に加えて金銀御幣（金銀を方八寸に延べて黒漆の柄にはさんで幣としたもの）を奉るのが例だったようである。道長は、頼通に摂政・氏長者を譲って以降、寛仁元年（一〇一七）四月の梅宮祭と吉田祭、同二年十一月の春日祭・梅宮祭と吉田祭のときに、神馬の代わりとしてこの処置をとっている。

【所在】長和元年四月二十七日条、寛仁元年四月五・二十日条、同二年十一月一・三・十四日条

（武井紀子）

◆仏事・寺院

藤原道長と仏事・寺院

『御堂関白記』のなかで詳細な内容をもつ仏事・寺院関係記事に、寛弘二年（一〇〇五）十月十九日条の木幡浄妙寺法華三昧堂供養がある。

「月、昼のごとし」と出立時の情景を記した『御堂関白記』には珍しい表現から、一日の行事の経過、参加の僧俗の名などが詳しく書かれている。なかでも「此の願は現世の栄耀・寿命福禄の為に非ず、只此の山に座す先考・先妣（亡くなった両親）及び昭宣公（藤原基経）を始め奉り、諸の亡き霊の無上の菩提の為なり、今より後、来々一門の人々を極楽に引導せんが為なり」とみえる建立の目的は、それまであまり顧みられなかった墓所について、先祖から子孫にいたるまで供養し続けるという道長の決意を示している。

この趣旨は『本朝文粋』に残る大江匡衡によるこの日の願文等にも書かれているが、さらに『栄花物語』巻十五には、「わが先祖よりはじめたてまつり、親しき疎き分かず、過ぎにし方より今行く末に至るまで」を救いたいという道長の祈りとしてあらわれている。

しかし『栄花物語』のこの記事には奇妙なところがある。巻十五は、寛仁三年（一〇一九）三月二十一日の道長の出家を描いた巻で、この浄妙寺供養の記事はその後に置かれている。加えて、「御堂の供養寛仁三年十月十九日より」と、巻十五の時間には合致するものの、史実より十四年も後の日付が記されている。『栄花物語』は、道長の浄妙寺供養の目的は正しく把握している。その一方で、史実を曲げてまでこれを寛仁三年におき、「入道せさせたまひて後は、いとど勝らせたまへりと見えさせたまふ」道長、すなわち出家後の道長の多彩な仏事善業の一環として位置づけたのである。

『栄花物語』と道長の仏法への奉仕には、作品成立の根本にかかわるほどの深い関係がある（本書「文学作品に描かれた道長」参照）。しかし、実は巻十五までにみえる道長と仏教についての記事はごくわずかである。それが巻十五の出家後には、道長は弘法大師、聖徳太子、さらには釈迦にたとえられることになる（巻十五の巻名「疑ひ」は法華経従地涌出品の釈迦の故事による）。出家により道長は聖なる存在に生まれ変わったというのが『栄花物語』の把握であり、浄妙寺供養は、そういう道長にふさわしい善業としてここに配されたわけである。

『栄花物語』の巻十五以前の数少ない仏教関係記事に、寛弘四年の道長の金峯山詣（御嶽詣）がある。『御堂関白記』に詳しい記事があり、閏五月十七日に長斎をはじめ、八月二日に出立、十一日に山上で一日がかりの参詣の後、十四日に帰京している。長期にわたる潔斎と厳しい行程を経ての参詣であった。このさいに道長が埋納した経筒が現存している（金峯神社蔵、本書二一一頁「金峰山」参照）。経筒に納められたのは、法華経・阿弥陀経・弥勒経・般若心経等であり、銘文にも、釈尊への報恩、弥勒との出会い、蔵王権現との親近、阿弥陀による極楽往生の願いが記されている。当時の仏教思想を網羅するとともに、埋経という前例のみえない祈りの方法がなされたわけである（銘文には、弥勒菩薩の成仏にあたっての法会に、この経筒が湧き出るようにとの願がみえる）。

　この御嶽詣は、『栄花物語』では巻八にみえる。前年寛弘三年条には、二度にわたって参詣の計画が叶わなかったことが記されるなど、御嶽詣を意識させようとする記述がなされている。四年条の参詣シーンでは、道長の熱意が「よろづ仕度し、思し心ざしまゐらせたまふほどもおろかならず」とみえ、また、旅程を心配するまわりの人びとの様子にもふれつつ、「君達多う、族広うおはしませば、このほどいかにと恐ろしう思しつれど、いと平らかに参り着かせたまひぬ」としており、貴族社会注目の出来事であったことも明確にされている。しかし、そこには仏教の教義や道長の願いに関する記述はない。

　その翌年寛弘五年に道長の娘彰子がついに懐妊する。長保元年（九九九）の入内以来の願いが叶うときがきたわけである。『栄花物語』の記事には、「（道長の）御心のうちには、御嶽の御験にやと、あはれにうれしう思さるべし」とある。さらに安産の祈りのなかにも「（道長は）御嶽にも、今は平らかにとのみ、御祈り、御願を立てさせたまふ」とあり、『栄花物語』のなかでは御嶽詣はもっぱら彰子の懐妊という現世利益をもたらす祈りのあり方とされている。

『栄花物語』は道長の催す仏事には最大級の関心を持っていた。それでいて、『御堂関白記』や金峯山埋納の経筒に残る道長当人の思いとは大きな隔たりがある。

　もうひとつ道長の独創的な仏事奉仕として重要な法華三十講をみることにする。

法華経を講説する法会としては法華八講が盛んに行われていた。法華経八巻二十八品を朝夕二座、四日間にわたって講ずるもので、死者の追善供養の場合が多い。『御堂関白記』にも父兼家や姉詮子のための法華八講がしばしばみえている。

　法華三十講は法華経二十八品に開経の無量寿経と結経の観普賢経を加え講ずるもので、一か月にわたる大がかりな法会である。道長はほとんど前例のなかった法華三十講を、長保四年から毎年、自邸（出家後は無量寿院や法成寺の年もある）で催した。

もともと大規模な法会であるが、道長はさらなる盛りあげをはかる。寛弘二年五月二十四日には例講に加えて、学僧による竪義（立義）が行われ、右大臣藤原顕光、内大臣藤原公季を含む公卿十四人が参列し、両大臣は諷誦を修した。道長も「是れ、希有の事なり」と喜んでいる。寛弘四年五月三十日には、明経道・明法道・算道の諸道論義が行われ、清原善澄が興奮のあまり「狂人のごとし」という状態になるという騒動はあったものの、道長が「明法三番の問答、其の論議（義）尤も美なり」と評するような、充実した学問振興のための行事となった。公卿も藤原懐忠と菅原輔正の二人を除いて参加したとある。法華三十講の一か月は本来の仏事としての尊さに加え、異国情緒や学問的雰囲気をもかもし出す稀有な時空を形成するものであった。

『栄花物語』では、巻八の寛弘三年条に「例の三十講」とあり、すでに恒例の行事としてさしたる注意は払われていない。

ところが同巻の寛弘五年条にはかなり詳細な記事がある（この年の法華三十講は四月二十三日から五月二十二日まで行われた）。ここでも「例の三十講」「（五巻の日も）今は常の事になりたれば」と恒例の催しであることが繰り返されるが、「法華経の説かれたまふ、あはれに涙とどめがたし」と法会の尊さにもふれている。しかし、関心の多くは五巻の日の華やかさにあり、捧物のさま、薪の行道、それを見守る女房たちの衣装などが描かれている。また、「御堂に宮も渡りておはしませば」「夜になりて、宮また御堂におはします」のような、懐妊中の彰子の動向を記した文言もみえる（紫式部の筆によるとの説もある）。

九月十一日の彰子の敦成親王出産のシーンでは、「法性寺の院源僧都御願書読み、法華経この世に弘まりたまひしことなど、泣く泣く申しつづけたり」「殿（道長）のうちそへて法華経念じたてまつらせたまふ、何ごとよりも頼もしくめでたし」と、法華経の加護を祈る記述が続き、安産につながっている。十月十六日の一条天皇の土御門行幸を前に、邸内の準備が進む箇所でも、「あやしう法華経のおはすらんやうに」と、法華経を擬人化して道長邸のめでたさが強調されている。

寛弘五年条の法華三十講記事は、恒例の行事ではあるものの、一段とめでたく催され、彰子の安産をもたらした、というのが『栄花物語』の把握である。安産という現世利益をもたらしたという法華三十講の位置づけは、御嶽詣の場合とよく似ている。

巻十五にも、詳しい法華三十講関連の記事がみえる。道長出家後に、それまでにかかわった仏事を総括する場面である。そこでは道長による法華三十講の意義が明確に記されている。「(僧たちは) 召さるるをば面目にし、さらぬをば口惜しきものに思ひて、学問をし、心あるは灯火をかかげて経論を習ひ、あるは月の光に出でて法華経を読み、あるは暗きには空に浮べ誦じ、ひねもすによもすがらに営み習ひて参り集まりたるに……」。学僧たちの研究を支え、教義に根ざした本物の仏教の隆盛をもたらしたと、道長の功績をたたえている。

『栄花物語』は道長その人に近い、仏事善業の理解者、讃歎者であった。しかし、同じ『栄花物語』であっても道長と仏教のかかわりについての記述はさまざまである。とくに巻十五の出家の前後で大きく変わる。仏法に深く奉仕する道長であっても、俗人でいる間は現世利益の獲得が中心であり、出家した道長の聖性を描く場面では、その思想や仏道奉仕の本質にまで迫る。

道長の仏事善業は独創的かつ網羅的であった。『御堂関白記』や金峯山埋納の経筒のような、道長の思いを直接伝える資料が残るのは稀有の幸いといえる。さらに道長に近しい『栄花物語』がすでに場面場面でさまざまなとらえ方をしているように、道長の豊かで壮麗な仏法への奉仕は、後世に多様な影響をもたらすことになった。現世利益の希求にはじまり、法華経や浄土思想の隆盛、あるいはこの世に極楽を再現した平等院の偉容も、晩年の道長が心血を注いだ法成寺の建立を抜きにしてはありえなかった。

道長本来の思想や奉仕の実態、さらにそれらがいろいろに解釈され、受け継がれていく過程や結果。道長の仏事善業は、それ自体が仏教信仰のひとつの理想型であると同時に、のちに連なる大勢の人びとをそれぞれに魅了し、仏法へと引き寄せ続けた点でも重要といえる。

(池田尚隆)

【参考文献】

阿部俊子「藤原道長と法華経」(『日本文藝論集』一五・一六合併号、一九八六年)
三橋正「藤原道長と仏教」(『駒澤短期大學佛教論集』四、一九九八年)
大津透『日本の歴史06　道長と宮廷社会』(講談社、二〇〇一年)
池田尚隆「藤原道長の出家と『栄花物語』」(山中裕・久下裕利編『栄花物語の新研究　歴史と物語を考える』、新典社、二〇〇七年)

朝座・夕座　法会の折の朝・夕の読経や講経の座。とくに法華八講*では朝夕二座で四日間行われる。寛弘元年（一〇〇四）五月二十一日に、故東三条院詮子のために道長が法華八講を修しているが、この日は五巻日*で、朝座のあとから酒杯を重ね、夕座の初めには皆、酩酊していたとある。

【所在】寛弘四年十月十三日条、同八年五月十五日・八月十一日・十月五日条、長和二年八月十九日条

（藤本勝義）

阿闍梨　本来は弟子を教導する高徳の師範という語義で、密教で秘法に通じ、伝法灌頂を受けた者のことだが、のちに諸寺に置かれ、宣旨によって与えられる称号となった。仁明天皇の承和三年（八三六）に比叡山・比良山など七山にある寺院の住職に阿闍梨の称号を授けたのが最初とされる。寛弘元年（一〇〇四）三月九日、一条天皇が道長にとくに阿闍梨への不満を述べている。道長家での仏事や読経に仕える信用のおける者のみ、阿闍梨解文を奏上せよとの仰せ言である。寛弘五年六月十六日条では、道長のもとに、解脱寺*に阿闍梨を置くべきとの解文や書状が送られてきて道長は承諾したが、以前から修学院より要望が出されており、これを放っておくと恨まれると考え、解脱寺と修学院ともに阿闍梨宣旨が下されるようにしている。寛仁二年（一〇一八）閏四月十九日には、道長が物の怪に憑依されている（『小右記』同二十日条）ため、四人の阿闍梨が四壇御修法*に奉仕した。

【所在】長和二年正月二十六日条、同五年五月十六日条

（藤本勝義）

阿弥陀経　無量寿経・観無量寿経とともに浄土三部経の一つ。極楽や阿弥陀仏の功徳を賛美し、阿弥陀仏の名号を唱えることにより、極楽往生できると説く。寛弘元年（一〇〇四）五月十四日に、故東三条院詮子の法華八講*のために、道長自身が阿弥陀経や法華経*を書写している。同四年八月十一日にも、金峰山*参詣をしている道長が、みずから書写した阿弥陀経や法華経などを、蔵王権現の御在所の金銅灯籠の下に埋納している。同八年三月二十七日には、土御門第にて道長は、金色等身阿弥陀仏および阿弥陀経百巻を供養している。ひとえに極楽往生を願ってのものであった。招請された僧は七僧*をふくむ五十五人（『小右記』同日条）という盛大なものであった。また寛仁二年（一〇一八）十二月二日には、土御門第で道長が阿弥陀経の講経を行っている。

（藤本勝義）

威儀師　法会や受戒式の時、衆僧の先に立ち、僧や受戒者に威儀・作法を指示する僧。『御堂関白記』では、法会の折の威儀師の人数が記されるが、寛弘七年（一〇一〇）三月十八日の紫宸殿での仏・経供養の折には、講師*を道長の前に呼び出す役もしている。

（藤本勝義）

已講　三会（興福寺*維摩会*・薬師寺最勝会・宮中御斎会*）の講師*をつとめあげた僧侶のこと。三会已講師の略。已講などをつとめた者が僧綱*に任じられた。寛弘元年（一〇〇四）五月十九日の故東三条院詮子のための法華八講*に、多くの僧が招請されたなかに、已講の林懐（興福寺の僧）の名がある。同八年九月九日に、藤原氏の氏寺である山階寺（興福寺*）の僧たちが東宮となった敦成親王のもとへ慶賀のために訪れているが、已講は禄として衾（大きめの夜着）を賜っている。また、長和四年（一〇一五）十二月二十七日に道長のもとへ山階寺の僧たちが参り、已講として明空・日観・融碩の名がある。同五年十二月二十五日条では、七日に摂政に任じた道長のもとへ、やはり山階寺の僧たちが慶賀に訪れている。その折は禄として大袿一領を賜っている。

（藤本勝義）

石山寺（いしやまでら）　近江国（現：滋賀県大津市）の真言宗の寺。聖武天皇の御願寺。平安中期には宇多天皇をはじめとして多くの人が参詣し、観音堂に参籠することが流行したことは、『蜻蛉日記』『枕草子』『更級日記』などにもみられる。また、紫式部が『源氏物語』の着想を得た伝説の地としても有名である。『御堂関白記』には、娘の中宮彰子のために修善を依頼したことや（寛弘元年十二月十三日条）、子息の頼通と教通の二人が一緒に石山寺に参詣したことが記されている（長和四年正月十三日条）。なかでも最も詳しいのは、寛弘二年（一〇〇五）十月二十五日から十一月三日にかけて、道長が実際に石山寺を訪れたときのことである。敦康親王の石山寺参詣に、道長は妻の倫子、道綱や行成ら公卿七人と付き従っている。この滞在の間に、道長は公卿たちと琵琶湖の対岸にある崇福寺や梵釈寺にも参詣していて、このとき舟で琵琶湖を往復したことを記している。（松野彩）

内論義（うちろんぎ）　御斎会*の結願*の日（毎年正月十四日）に天皇御前で行われる金光明最勝王経の論義のこと。平安時代には釈奠*の時も内論義がなされたが、ほとんどが御斎会の時である。御斎会の終了後、清涼殿の天皇御前にまず公卿が着座し、その後ろに僧正*・僧都*・律師*の順に着座する。ほぼ戌の刻に始まり、僧たちの問答が続き、亥の刻に終わる。寛弘元年（一〇〇四）正月十四日の御斎会結願の日に内論義が行われた。終了後、御斎会の講師*で内論義に参加した七十歳といわれる真興法橋が、権少僧都に任じられている。同二年正月十四日も、同様に一条天皇の前で御斎会結願の日に行われている。しかし、同四年正月十四日の場合は、物忌のため一条天皇の出御はなかった。そのため清涼殿ではなく、紫宸殿で行われたと『権記』同日条に記されている。このような場合は、紫宸殿で行うことが慣例化していた。→三三七頁（藤本勝義）

盂蘭盆会（うらぼんえ）　『仏説盂蘭盆経』で、亡母が餓鬼道で苦しむのを救ったという目蓮の説話に由来する行事。七月十五日に祖先の霊を招いて供養する。中国で発達し、日本にも早くから伝わっていた。八世紀には諸寺に盂蘭盆供を送ることが恒例化し（『続日本紀』天平五年七月六日条）、平安時代になると、七月十四日に天皇が私的に盆供を諸寺に送るようになり、これが諸家にも広まっていった。道長も、寛弘三年（一〇〇六）・同六年・同七年・同八年・長和四年（一〇一五）・寛仁元年（一〇一七）・同二年の七月十四日に盂蘭盆会を行っている。長和四年の記述によると、道長は法興院*・浄閑寺・慈徳寺に例年盆供を送っていたようである。法興院は父兼家ゆかりの寺、慈徳寺*は姉詮子ゆかりの寺である。浄閑寺は不明ながら、母時姫にゆかりの寺か。また、寛仁元年には、道長の妻倫子が前年に没した母穆子のために、観音寺に盆供を送っている。

【参考文献】三橋正「宮廷仏事の展開」（『平安時代の信仰と宗教儀礼』、続群書類聚完成会、二〇〇〇年）（吉田幹生）

雲林院（うりんいん）　山城国愛宕郡の紫野に位置する寺院。淳和天皇の離宮だったが、仁和二年（八八六）八月九日に天台宗の元慶寺*別院となった。十四世紀に臨済宗の大徳寺が建立されたさいに、同寺の塔頭となり現在にいたっている。『御堂関白記』には五例あるが、寛弘五年（一〇〇八）二月十三日、同七年閏二月一日、同八年三月八日、長和四年（一〇一五）正月九日の四例は、方角的に吉方のため、道長が年の初めの正月などに訪れている。それらは、ほぼ「雲林院慈雲堂」への参詣と記されている。慈雲堂は雲林院を本寺として作られた私堂と考えられる。いわゆる吉方（恵方）詣は、陰陽道でいう歳徳神のある方角で、その年々と道長の年齢の両面から決められている。寛仁二年（一〇一八）

三月二十九日条だけは、吉方詣とは無関係で、道長が摂政頼通ほか卿相らと、桜の季節に遊覧のため出向いている例である。

【参考文献】角田文衞「紫野斎院の所在地」（『古代文化』二四-八、一九七二年）、杉山信三「雲林院と知足院」（『院家建築の研究』、吉川弘文館、一九八一年）、中島和歌子「平安時代の吉方詣考」（『古代文化』四五-三、一九九三年）

（藤本勝義）

円教寺（えんきょうじ）　一条天皇の御願寺。山城国葛野郡の仁和寺*を中心に造営された四円寺（円融寺・円教寺・円乗寺・円宗寺）の一つ。平安京の北西、現在の京都市右京区花園天授ケ岡町の北半に一町四方の寺域があったかと推定される。一条天皇の御願として長徳四年（九九八）正月二十二日に供養が行われ、真言宗の寛朝*が導師をつとめた。寛弘八年（一〇一一）六月二十二日に一条天皇が崩御し、翌長和元年（一〇一二）六月二十二日に円教寺で周忌法要が営まれ、以後、長和二～五年、六月二十二日を初日とする法華八講*（四日間）が行われた。寛仁二年（一〇一八）閏四月十二日に円教寺が焼亡し（『小右記』同日条）、一条天皇周忌法華八講は円融寺*に移される。その後再建され、治安三年（一〇二三）に再び円教寺で一条天皇周忌八講が行われた（『小右記』同年六月二十二日条）。円教寺は鎌倉時代に廃絶したと考えられるが、時期は不明である。

【参考史料】『中右記』保安元年三月十八日条

【参考文献】平岡定海『日本寺院史の研究』（吉川弘文館、一九八一年）、杉山信三『院家建築の研究』（吉川弘文館、一九八一年）、平田泰「平安京右京北辺四坊・一条四坊、法金剛院、四円寺跡」（『昭和五九年度京都市埋蔵文化財調査概要』、京都市埋蔵文化財研究所、一九八七年）

（松岡智之）

円成寺（えんじょうじ）　山城国愛宕郡鹿谷村（現：京都市左京区鹿ケ谷宮ノ前町）にあった寺。藤原淑子の発願で、亡父藤原氏宗の山荘を仏寺としたもの。寛弘八年（一〇一一）七月九日条によると、一条天皇の葬儀ののち、遺骨を吉方により円成寺に安置している。一時的な安置の予定だったが、『小右記』同年七月二十日条に、円成寺に納骨所をつくり遺骨を納めていて、『左経記』寛仁四年（一〇二〇）六月十六日条によれば、この日まで九年間も円成寺に安置されていたことがわかる。『御堂関白記』長和五年（一〇一六）五月十七日条によると、後一条天皇の即位にさいして、八か所に山陵使が発遣され、一条天皇の円成寺にも遣わされている。なお延喜十二年（九一二）三月十六日には、藤原忠平が円成寺の塔供養に出向いている（『貞信公記』）。また、寛和三年（九八七）三月七日に、円融上皇が東山辺りの花見に出かけ、円成寺にも出向いている（『小右記』）。

（藤本勝義）

円融寺（えんゆうじ）　山城国葛野郡にあった寺院。円融天皇の御願寺として、仁和寺*の北東に永観元年（九八三）に建立された。その後、仁和寺周辺に建てられることになる円教寺*（一条天皇の御願寺）などのいわゆる四円寺の一つ。円融上皇は、寛和元年（九八五）に出家しこの寺で暮らし、正暦二年（九九一）二月十二日に没した。なお、後代この地に建てられたのが竜安寺である。二月十二日は正式な国忌*ではなかったが、円融寺でこの日から五日間法華八講*を行うのが恒例となった。『御堂関白記』には、寛弘元年（一〇〇四）・同二年・同五年、長和二年（一〇一三）に道長がこの法華八講に出かけたことが記されている。ちなみに、寛弘四年は頭痛のために不参加であった。また、寛仁元年（一〇一七）六月二十二日には、それまでの円融寺に代わって、一条天皇の国忌がここで営まれている。

（吉田幹生）

延暦寺（えんりゃくじ）　山城国と近江国にまたがって所在する天台宗の総本山（現：滋賀県

大津市坂本本町）。入唐前の最澄が、延暦七年（七八八）に開いた一乗止観院を起源とする。最澄は帰国後、年分度者二人を与えられて天台法華宗を創始し、比叡山の伽藍整備を進め、のちの東塔院・西塔院・横川の三塔の基礎を築いた。また、その死の直後の弘仁十三年（八二二）には、大乗戒壇の設立が勅許され、教団としての独立性を確保し、翌年には延暦寺の寺号を与えられている。延暦寺では天台座主*や三綱*が寺務を取り仕切ったが、それとは別に公卿と弁が一人ずつ俗別当にあてられた。延暦寺は他の寺院と異なり、独自に得度・受戒を行うなど、治部省や玄蕃寮、僧綱*の管理下に置かれない。そのため、俗別当が朝廷との窓口として重要な役割を担った。また、入唐した円仁や円珍のほか、良源・源信など優れた僧侶が輩出し、天皇や貴族らの崇敬を集め、その子弟も多く入寺するようになる。平安貴族にとって、「山」とは比叡山延暦寺を指し、「登山」とは延暦寺への参詣を意味していた。十世紀後半になると、良源が横川を拡充し、彼が座主に就くと延暦寺は大いに栄えた。その一方で、円珍系の僧侶らが山を下りて園城寺に拠るなど、山門と寺門の対立も顕在化するようになった。道長の時代も延暦寺への信仰は篤く、不断念仏に参加するための寛弘元年（一〇〇四）の登山（同年八月十七日条）など、道長の延暦寺参詣や、譲位後の三条院の御幸（長和五年五月一日条）といった記事が、『御堂関白記』には散見する。道長は長徳元年（九九五）から延暦寺俗別当（検校大臣）をつとめ（同年九月二十七日条）、寛弘元年十月二十四日条や長保元年（九九九）閏三月二十九日条では、別当として延暦寺僧の受戒に必要な文書である戒状を処理している。また、道長と明子との子である顕信は、前途を憂いて出奔し、延暦寺で出家しているが（長和元年正月十六日条）、道長は登山して入道装束を送り（同年四月五日条）、受戒に立ち合う（同年五月二十三日条）など、世をはかなんだ顕信への気遣いをみせている。なお道長は、延暦寺のことを「天台」と表記することもある（寛弘二年十二月二十日条、長和四年十二月二十六日条）。

【所在】長和元年三月二十三日条、同四年正月四日条

（磐下徹）

御仏名

中国から渡来した仏事。仏名経にもとづき、主に十二月十九日〜二十一日の三昼夜、清涼殿で過去・現在・未来の三世の諸仏の名号を唱え、その年の罪障を懺悔し、滅罪を祈願し、国家の安寧を祈る法会。請僧*が導師*・梵唄・散花*などをつとめる。承和五年（八三八）僧静安の発願により清涼殿で行われてから、宮中の年中行事となった。諸国の国司の役所、さらには院や宮家・貴族も催すようになる。寛弘元年（一〇〇四）十二月十九日条では、道長は御仏名の初めだけ伺候し、導師が一人も参入していないとある。二十四日には彰子主催の「中宮御仏名」も行われている。寛弘二年の御仏名は十二月二十三日〜二十五日に催されていて、道長は初夜（亥〜子の刻）に参会している。『権記』によれば、二十八日には「中宮御仏名」「東宮御仏名」も行われた。寛弘三年十二月十九日条では道長は宮中の御仏名に参入し、翌二十日の後夜（丑の刻前後）ののちに退出している。二十七日には「中宮御仏名」が行われた。同七年十二月二十三日条では、道長は風病が起こり御仏名には参会していないが、二十五日には参入している。長和四年（一〇一五）十二月二十一日条に、道長の参入と導師の欠員、その補充のことが記されている。また『小右記』によれば十八日に太皇太后（藤原遵子）、二十四日に中宮姸子、二十八日に東宮敦成の各御仏名が行われており、さらに『左経記』（『江家次第』巻二十所引）によれば二十六日に皇太后彰子も御仏名を催

している。寛仁元年（一〇一七）十二月十九日条からの御仏名の記事では、二十一日に秋季御読経*と重なったため、清涼殿での御仏名の結願*に僧を召さなかったとある。なお、十八日には中宮妍子と小一条院の御仏名が行われている。

【参考文献】竹居明男「御仏名に関する諸問題（上・下）」（同志社大学『人文学』一三五・一三六、一九八〇・八一年）、同「日本における仏名会の盛行」（『七寺古逸経典研究叢書』三、大東出版社、一九九五年）、同「王朝貴族と仏名会」（『人文学』一六九、二〇〇一年）

（藤本勝義）

加持（かじ）　仏の加護を願う言葉だが、密教では仏の大悲を「加」、衆生の信心を「持」と説く。病気・災厄・凶事などを取り除こうとする真言密教で行う修行法または祈禱法。印を結び陀羅尼を唱えた。陀羅尼は原語の句を訳さず、原則として漢字の音を写したまま読誦する呪文。長和元年（一〇一二）七月二十二日に三条天皇の病気により、僧を加持並びに御読経*に奉仕させている（『小右記』同日条によれば僧は二十四人）。同年八月十五日にも、三条天皇の病気により同様に奉仕させている。同二年正月十四日には、新僧正*の済信が加持香水を行っている。この香水は、真言密教で仏に奉り修法に用いるために、何種もの香を煮出した上澄み液のこと。また寛仁二年（一〇一八）八月二十九日に、東宮（敦良親王）の瘧の病いのため、天台座主*慶円、大僧都*尋円など六人の高僧が加持を行っている。この日は発熱せず、僧たちに禄の絹が下された。同年十二月九日にも、道長の女寛子（小一条院女御）の平産のため、加持をした僧が絹を賜っている。

【参考文献】大隅和雄「平安時代の仏教」（山中裕・鈴木一雄編『平安時代の信仰と生活』、至文堂、一九九二年）、小町谷照彦・倉田実編『王朝文学文化歴史大事典』「加持祈禱」の項（笠間書院、二〇一一年）

（藤本勝義）

元慶寺（がんぎょうじ）　山城国宇治郡山科（現：京都市山科区北花山河原町）にあった天台宗の寺。陽成天皇の御願寺。本尊は薬師如来。花山寺ともいう。寛和二年（九八六）、花山天皇が藤原兼家・道兼父子に謀られて出家し、その後の二年間を過ごしたのはこの寺である。応仁の乱で焼失したが、近世になって、元慶寺（天台宗）と華山寺（臨済宗）の二つの寺として再興され、現代に至る。『御堂関白記』*では、道長が元慶寺に隣接する慈徳寺を姉の詮子の法事で訪問したときに、両寺の間で生じていた領地をめぐるトラブルに対して、境界をどのように定めるかを指示している（長和二年十二月二十二日条）。ほかには、元慶寺の別当人事にかかわる記述があり、門徒は別の人を推挙したが、天皇の命で源満仲の子である源賢阿闍梨*を任命したとある（長和元年十月十六日条）。また、僧侶の明暹に阿闍梨となる宣旨を下したことが記されている（長和五年五月十六日条）。

（松野彩）

巻数（かんず）　法会や祈禱などの結果報告書。読誦した経典名や巻数などが記されている。道長は、寛弘四年（一〇〇七）三月十七日の内裏での春季御読経*のさいに、上卿として僧名や巻数などの申文を申上させたりもしているが、『御堂関白記』に多いのは、道長自身の四十賀や五十賀にさいして興福寺*や延暦寺*などから巻数が提出されたという記事である（寛弘二年十二月二十・二十三・二十八日条および長和四年十二月二十六・二十七日条）。また、長和四年（一〇一五）十二月二十七日には、興福寺から三条天皇四十賀の巻数が献上されている。なお、算賀のさいの巻数は、箱に収められさまざまな装飾などを施されて献上される慣習であったようである。

（吉田幹生）

観音経（かんのんきょう）　『妙法蓮華経』のうち、第二十五品の観世音菩薩普門品の別称。観音がその姿を三十三体に変化させて衆生を救済する慈悲深い菩薩であることが説かれており、観音信仰の拠り所とされた。『御堂関白記』でも、寛弘元年（一〇〇四）十二月十五日条には、紺に染めた紙に数日かけて道長自身が金泥で書写した観音経を読んでいることや、長和二年（一〇一三）五月十四日条には出産を控えた中宮妍子の安産祈願のために法華経や七仏薬師経と並んで観音経百巻の経供養を行ったことなどが記されている。また、寛弘二年十月二十七日から十一月一日には、観音信仰で知られていた石山寺に参詣し、観音経の読経を行わせてもいる。『権記』十月二十七日条によると、これは妻倫子のための読経であったようである。（吉田幹生）

観音寺　道長の妻（倫子）の母である藤原穆子（一条尼上、源雅信妻）が、倫子とともにしばしば参詣し、法会を営んだ寺院（寛弘七年八月七日・九月二十九日条）。「東山観音寺」とあることから、山城国愛宕郡内に所在し、現在は泉涌寺の塔頭の一つとなっている観音寺（今熊野観音とも）が該当する可能性が高い。穆子は存命中に同寺を墓所とすべく、「無常所」をつくっていた。長和五年（一〇一六）七月二十六日に亡くなると、亡骸は観音寺に移され（同年八月一日条）、葬儀の後「存日作り置ける舎」＝「無常所」に埋葬されている（同五日条）。七七忌の法要も同寺で行われた（長和五年九月五日条）。寛仁元年（一〇一七）七月十四日条にも、倫子が観音寺に参詣した記事がみえている。（磐下徹）

灌仏会　四月八日の釈迦の誕生日に行われる行事。釈迦生誕時の故事にならって、種々の草花で飾った花御堂をつくり、その中に誕生仏を安置し甘茶を注ぎかけて供養する。承和七年（八四〇）に天皇の主催する御灌仏が清涼殿ではじめられて以降、宮中の年中行事として定着した。そのさいに参列者が出す布施は、銭を用いるのを原則としていたが、長保五年（一〇〇三）に紙に改められた。『御堂関白記』寛弘三年（一〇〇六）四月八日条では、布施に紙を用いたことが特記されているが、それはこれが新制度に則るものだったからであろう。また、寛弘七年四月八日は、神事である山科祭と重なってしまったため灌仏会は中止され、長和五年（一〇一六）四月八日も、道長は山科祭のために三条院での灌仏会には不参加であった。寛仁元年（一〇一七）四月八日の三条院での灌仏会では、敦平親王によって灌仏の装束等の一切が持ち去られるという事件も起こっている。（吉田幹生）

願文　神仏に祈願するさいにその意図を述べた文書。死者供養のための法要や、寺院建立時の法会の折などに作成する。寛弘元年（一〇〇四）五月十九日から始まった故東三条院詮子のための法華八講の願文の下書きを文章博士大江以言が、清書を右大弁藤原行成がしている。同二年十月十九日に、木幡の浄妙寺三昧堂供養の願文を式部権大夫大江匡衡が作り、左大弁藤原行成が清書をしている。匡衡作のこの浄妙寺関連の願文は「為左大臣供養浄妙寺願文」他が残されている。同四年十月一日の土御門第での仏経供養の折も、願文を大江匡衡が作り、藤原行成が清書している。同八年三月二十七日の、道長による等身阿弥陀仏と阿弥陀経百巻の供養の折も、大江匡衡が願文を作っている。ただし、現世での功徳のことを多く記していたため、道長の往生極楽を願う意にそぐわないとして、書き直させている。長和元年（一〇一二）三月十五日と同二年五月十四日の道長の仏経供養の願文は、兵部権大夫菅原宣義と兵部卿藤原忠輔が作成している。

【参考文献】渡邊秀夫「願文」（『仏教文学研究』八、勉誠社、一九九五年）、工藤美和子『平安期の願文と仏教的世界観』（思文閣出版、

二〇〇八年）

（藤本勝義）

季読経 宮中で春秋の二回催される季御読経*は、東宮・中宮や上流貴族も行うようになる。それが季読経である。とくに道長は、長保元年（九九九）閏三月二日条を初見とする季読経を頻繁に実施している。四日間行い、三日目には問者と答者による番論義を催すなど、内裏の季御読経に準じている。この折に転読する大般若経*を、一定期間、昼夜間断なく続ける大般若不断読経も行われた。ただし季読経は、必ずしも季節通りに行われたわけではない。たとえば寛弘三年（一〇〇六）十二月十五日条には、秋季読経とあるように真冬に行っているし、同七年六月二十日条が記すように、この年の春季の読経*も遅く始まっている。長和四年（一〇一五）三月には、延引の理由は不明であるが、去年の秋季分の読経を行っている（二十九日条）。また同年十二月には、秋季読経を土御門第の御堂で、懺法*の読経を同第の小南第で同日に行っているのである（二十五日条）。寛仁元年（一〇一七）十月には、道長はこの年の春秋の読経をまだ行っていないので、大般若経不断読経でもってそれらに替えると記している（十七日条）。

【所在】寛弘二年四月二十四日条、同五年三月二十日条、同七年十二月二十二日条、長和二年九月二十日条

（藤本勝義）

季御読経 春秋二季、宮中に百僧を請じて天皇・国家の安寧・安泰を祈り、大般若経*や仁王経*を転読させる仏事。当初、四季ごとに行われたが、陽成天皇の代から春秋二季に変わった。発願、打鐘、説法、転読、行香*、行茶（僧に茶を給う）、御論義*、結願*などが行われる。東宮・中宮・親王なども催す。まず御読経*のための定めが開かれ、招請すべき僧名を出させ、陰陽寮に日時勘申をさせるなどして、検討される。『御堂関白記』では寛弘元年（一〇〇四）三月二十七日からの春季の御読経について、あらかじめ定めがあり、各寺院からの僧が合計百人より多かったので人数を調整している（七日条）が、御読経直前には不参加の僧が出たので欠員を補充している（二十四日条）。内裏の季御読経は紫宸殿と清涼殿の両方で同時に行われるのが普通であり（寛弘二年四月三十日条）、寛弘二年九月二十六日〜二十九日の秋季御読経でも、やはり二か所で行われている（『権記』九月二十六日条）。寛仁二年（一〇一八）十二月二十三日条には、この日に、内裏・大宮（彰子）・皇太后宮（妍子）が季御読経を始めたことが記されている。中宮彰子は立后して自身発願の寛弘元年九月二十七日初日の御読経以降、春秋の季御読経が恒例となり、皇太后となったのちも続けている。長和二年五月十二日条に記されるように彰子の御読経があり、六月十八日条では中宮（妍子）・東宮（敦成）が御読経を始めている。これらは何度も行われている。しかし、御読経は必ずしも春秋にきちんと催されたわけでもない。とくに長和年間からは、たとえば長和四年（一〇一二）十二月十八日条が記すように、だいぶ遅れて秋季御読経を行っているし、実は、同日の皇太后宮（妍子）の御読経は春秋同時のものであった。

【所在】寛弘四年三月十四・十七日条、同五年二月二十八日条、同七年三月六日条、長和五年五月一日条

（藤本勝義）

経供養 書写した経文を仏前に供えて、法会を営むこと。『御堂関白記』には、寛弘元年（一〇〇四）三月二十五日の仁和寺*での大般若経供養*や寛弘七年三月十八日の内裏での法華経千部供養*なども記されているが、道長とのかかわりで注目されるのは、長和二年（一〇一三）三月十八日から開始された月例の経供養であろう。開始の理由は不明だが、道長はこの日から毎月十八日か月末かのいずれかに、土御門第の堂において経供

養を行っている。なんらかの事情で行えない場合は、二、三月分をまとめて行うこともあった（長和四年十二月十八日など）。このほか、道長自身が行ったものとしては、極楽往生を願っての阿弥陀経の経供養（寛弘八年三月十八日）や、出産を控えた中宮妍子の安産祈願のための法華経や観音経の経供養などがあり（長和二年五月十四日）、反対に、道長のために催されたものとしては、五十賀にさいして彰子の主催で行われた大般若経や寿命経の経供養がある（長和四年十月二十五日）。

（吉田幹生）

行香（ぎょうこう）　法会の折、公卿や堂童子らが焼香のための香を、衆僧の間を回って配ること。またその役目の者。「行」は配るの意。台に香と香灯を載せ僧の間を回った。寛弘元年（一〇〇四）十月一日条の季御読経結願の日、一条天皇御前で焼香の香を配る役を決めている。同二年二月二十五日条の春の臨時の仁王会では、道長も行香に奉仕している。『小右記』同条によると、夕講のあと行香があり、その後、公卿たちは清涼殿の御前に伺候し、行香に奉仕している。季御読経では初日と結願日に行われるのが普通である。長和四年（一〇一五）十月二十五日条の道長五十賀の法会では、土御門第の南庭に構えた舞台の上に行香机を立てている（『小右記』同日条も参照）。同年十二月二十五日条の道長邸での秋季および懺法読経の折、行香の公卿は前者の土御門第御堂と、後者の小南第の両所へ向かっている。一方、長和二年十月二十四条の冷泉院国忌では、冷泉院ゆかりの妙覚院の僧が不参入のため、行香が行われなかった。『栄花物語』（巻十七「おむがく」）には、法成寺金堂供養の折に、殿上人二十人が行香に奉仕したとある。

【所在】寛弘元年十二月十五日条、同四年五月八日条、同七年六月二十三日条、長和二年八月十九日条

（藤本勝義）

行道（ぎょうどう）　僧が行列して読経しながら仏堂などを回ることをいうが、薪の行道を指す場合が多い。すなわち法華経講会の折、法華経巻五の「提婆達多品」における釈迦の修行の故事により、僧や人びとが「法華経をわが得しことは薪こり茶つみ水くみ仕えてぞ得し」の歌を詠いながら、仏前を三回廻る。この日を五巻日という。寛弘元年（一〇〇四）三月十三日の法興院万灯会や、長和四年（一〇一五）十月二十五日の道長五十賀のさいなどの行道があるが、薪の行道としては、『御堂関白記』では三例みられ、いずれも土御門第での法華三十講の時のものである。寛弘二年五月十五日、同五年五月五日、同八年五月十六日がそれぞれ五巻日であり、薪の行道を中心とする盛大な儀式が行われた。寛弘五年の例は、五巻日がちょうど五月五日に当たり、仏への捧物にはとくに趣向を凝らしたものが多かった。この時は池の周りを行道しており、それに加わった僧や人びとは一四三人と記されている。

（藤本勝義）

清水寺（きよみずでら）　延暦年間（七八二～八〇六）に坂上田村麻呂の助力により創建された山城国愛宕郡清水門前（現：京都市東山区清水）にある寺院。摂関期には奈良の興福寺に属し、真言・法相兼学の寺院として栄えた。木造の十一面千手観音立像を本尊として、観音の霊場として信奉されていた。寛弘元年（一〇〇四）三月十二日、道長は賀茂川の新水路を検分するついでに、修理中の清水寺をみている。同年九月二十八日には、道長は倫子とともに修善のために、この日から十日ほど清水寺に参籠している。道長には明救僧都、倫子には前大僧正観修が護持僧となっている。翌日以降、清水寺の道長のもとへ上達部らが毎日のように参上している。同五年正月十六日には、道長は媄子内親王の清水寺参詣に供奉している。さらに翌二月一日には、媄子の清水寺退出に道長は迎えに行っている。長和

元年（一〇一二）九月八日には、道長の女寛子が清水寺へ参詣するということで、道長が事情を尋ねるために寛子宅を訪れている。（藤本勝義）

金峯山寺 →金峰山［二一一頁］

供養法 密教で行う行法の一つ。仏、菩薩、梵天・帝釈天など天上界の神々である天部への供養のために行われる。『御堂関白記』寛弘元年（一〇〇四）十一月二日条では、道長は枇杷殿で道長家の秋季御読経*を催行するさいに、供養法*を行うために僧を招請している。例年は十分な人数がそろわなかったのに、この日は二十人の僧が参加したことを道長は喜び、これで本意通りに仏道に励むことができると満足している。なお、『御堂関白記』に供養法は四例みられるが、すべて秋季御読経のときに行われている。このうち、長和四年（一〇一五）三月二十九日に行われた季御読経*の例は、春に行われているとはいえ、前年の秋季御読経を年が明けてから行っているものなので、これも含めてすべて秋季御読経の例である。（松野彩）

解脱寺 洛北岩倉の長谷（現：京都市左京区岩倉長谷町小松原）にあった天台宗の寺。道長の姉の詮子の御願寺。長谷寺ともいい、『御堂関白記』では「長谷」「長多仁」「永多尼」と表記される。長保四年（一〇〇二）に大僧正観修*が園城寺から門弟を引き連れて移り、住持となってから隆盛を迎えた。『宇治拾遺物語』第六十一話「業遠朝臣蘇生事」には、道長の命で解脱寺の僧正であった観修が死人に加持*を行ったところ、蘇生して遺言を残すことができたという逸話が載せられている。『御堂関白記』によると、道長はたびたび解脱寺を訪れており、寛弘元年（一〇〇四）閏九月十七日には、不断念仏に参加するために異母兄の道綱など六人の公卿や妻の倫子を同道している。道長が倫子をともなって参詣した例は他にもみられ、同年六月二十二日には、物忌で引き籠もるために夫妻で出かけている。また、倫子が解脱寺に一人で参詣した例もみられる（寛弘二年二月二十九日条）。（松野彩）

結願 結願は、日数を定めて行う法会や修法の期間が満ちること。またその最終日や、その日の作法をもいう。対義語は開白または発願であるが、『御堂関白記』では、法会・修法の開始が「家読[経]初」（長保二年四月二十三日条）、「初三十講」（寛弘元年七月三日条）などと記されることが多い。結願日には、読誦した経文などの題目・巻数・度数などを記した目録の「巻数*」が願主に届けられる。また、仏事をつとめた僧侶に禄が与えられる。宮中の法会・修法では、結願日に臨時の度者*が賜与されることもあった。宮中御斎会*の結願日（正月十四日）には、法会の後に諸卿が饗宴の座に着く一方、天皇御前で内論義*が行われる。季御読経*では、発願と結願の日に公卿が参候する。結願日には読経の後、陣座に公卿の饗がもうけられ、大弁・史が参入して巻数が報告される（『西宮記』恒例第三、季御読経事、『江家次第』巻五、季御読経事）。法興院*法華八講*は、その結願日が、兼家の忌日（永祚二年七月二日薨）である七月二日に当たるように催された。（松岡智之）

闕請 法会に参会する僧侶に生じた欠員。またその欠員を補充すること。『御堂関白記』では「補闕請」ないし「闕請定」「定闕請」と記される。宮中の季御読経*、仁王会、最勝講、維摩会*、天皇の周忌法会などに先立って僧名定を行い、参会の僧侶（請僧）を決めるが、その後辞退などで生じた欠員を補う。僧名定、闕請定ともに陣座で定められるが、道長の時代、闕請定は法会当日まで随時に行われるが、二度目以降の闕請定は行事上卿の直廬ないし私邸でなされることもあった。季御読経の場合、参加僧侶の中から天皇の御前に伺候する御前僧の決定が、闕請定と同時に行われることがあった。『江家次第』巻五「二月　季御読経事」に、定文は大弁の参議が書くが、大弁不在の場合は他の参議が書く、また弁官が書いた例もあるというのは、僧名定の定文についてだが、闕請定の場合も同様であったらしいことが、『御堂関白記』寛弘元年閏九月十五日条、寛弘七年三月五日条からうかがえる。

【所在】長保二年三月十七日条、寛弘元年十二月十三日条、同六年十二月二十三日条、同七年三月二十日条、長和元年五月二十五日条、同五年十月八日条

【参考文献】佐野和規「季御読経における請僧」（『待兼山論叢』第二十五号・史学篇、一九九一年）

（松岡智之）

講師（こうじ）　平安時代の「講師」には、①法会において、経典の主旨を参加者に説き聞かせる役の僧侶、②諸国の国分寺で経論を講説し寺務を統轄し、国内諸寺を監督する僧官、③作文会・歌会の披講のさいに詩歌を読み上げる役、の三種がある。①の意の講師は、興福寺維摩会*、宮中御斎会*、薬師寺最勝会の三会や仁王会*などの公的な法会、また、公私の法華八講*、法華三十講*、大般若経供養*などで中心的な役割を担う。七僧*の一つ。道長は、氏長者として維摩会講師を任命し、また天皇の諮問に答えて各種法会の講師選定に関与した。道長は、時々講師の論説の秀逸さを日記に記している。②に準じた例に、『御堂関白記』には寛弘六年（一〇〇九）九月八日条にみえる弥勒寺講師元命がある。

【所在】長徳元年七月二十二日条、寛弘元年一月八日・五月十九日・閏九月十二日条、同二年八月十五日条、同六年四月二日・六月十四日条

（松岡智之）

興福寺（こうふくじ）　大和国添上郡の内、現在の奈良市登大路町にある法相宗寺院。南都七大寺の一つ。藤原氏の氏寺であるとともに官寺でもある。山城国山階（山科）にあった藤原鎌足の邸内に、鎌足の病気平癒を願って妻鏡女王が堂を建て釈迦三尊像を安置したことに始まるとされ（『興福寺流記』「中金堂院」所引「旧記」）、「山階寺」ともよばれる。現存『御堂関白記』では「興福寺」十九例に対し「山階寺」十三例、「山科寺」一例ある（『御堂関白記抄』を含む。具注暦注記を除く）。平城京遷都にともない、藤原不比等の主導により、藤原氏の氏寺として現在地（平城京左京三条七坊〈外京〉）に諸伽藍がつくられていった。元正天皇の時代に国家主導の造営に変わり、天平年間までに藤原氏氏寺であるとともに官寺（大寺）となった。寺務を司どる別当・三綱*は、藤原氏の氏人が選定すると規定される（『延喜式』玄蕃寮）。ただし、道長や息頼通の執政時代までは藤原氏有力者の子弟が別当になることはあまりなかった。また、寺務を監督する公卿俗別当、弁別当を藤原氏の官人が占めることになるが、ともに勧学院の別当を兼任することが慣例となる。興福寺と氏長者との折衝の使者には、勧学院の別当があてられることが多かった（『御堂関白記』長和五年正月十九日条）。『御堂関白記』にみられる興福寺別当の定めは、定澄を任じた長保二年（一〇〇〇）三月十七日と林懐を任じた長和五年五月十六日とである。道長は、氏長者兼為政者として、所領をめぐる相論などの興福寺の訴えに対処したが（『御堂関白記』寛弘三年七月十五日条）、必ずしも興福寺側の利益を優先していない。道長と興福寺との関係では、維摩会*講師の選定も重要であり、道長は能力評価による抜擢も行っている（『御堂関白記』寛弘六年四月二日条）。興福寺僧は氏長者や藤原氏出身の后妃の慶事にさいし、上京して慶賀を述べるのが慣例であった。道長家法華三十講*などの仏事において、天台宗（北嶺）に対する南都側

の主要な参加者は興福寺僧であった。

【参考史料】仏書刊行会編『大日本佛教全書第一二三巻　興福寺叢書』（「興福寺流記」を含む）

【参考文献】桃裕行『上代学制の研究　修訂版』（思文閣出版、一九九四年）、泉谷康夫『興福寺』（吉川弘文館、一九九七年）　（松岡智之）

広隆寺　山城国葛野郡にある真言宗寺院。『日本書紀』によると、秦河勝が聖徳太子から授けられた仏像を安置するために建立されたという。長和三年（一〇一四）五月五日には、本尊である薬師仏の開眼が行われ、貴賤がこぞって広隆寺に参詣しているように（『小右記』当日条）、広く人びとの信仰を集めていた。『御堂関白記』にも、寛弘三年（一〇〇六）十二月三日に脩子内親王が、同年十二月八日には道長が広隆寺に参詣したことが記されている。また、眼病を患っていた三条上皇も、眼病平癒を祈願して長和五年（一〇一六）五月一日に延暦寺*に御幸し七日間籠って七壇御修法*を行ったがその効果がなかったので、十二月三日から九日間広隆寺に籠居している。　（吉田幹生）

五巻日　法華八講*・三十講*や最勝講*などで法華経*巻五「提婆達多品」第十二を講ずる日で、薪の行道*を中心に捧物*を献ずるなど、盛大な儀式が行われる最も大事な日。『御堂関白記』での用例は多く、たとえば寛弘七年（一〇一〇）五月十六日条は、土御門第での法華三十講の五巻日を語るが、この時期の道長邸での三十講は恒例となっている。

【所在】寛弘二年五月十五日・六月三十日条、同三年六月三十日・七月二十九日条、同四年五月二十日・十月十三日条、長和二年五月十五日・六月三十日条、寛仁二年五月十三日条　（藤本勝義）

国忌　毎年、天皇崩御の日に、東寺や西寺などで追善供養の法要を行い、今上帝をはじめ政務全体が廃務となり、音楽を奏することなどが禁じられた。神事などが重なる時は、神事が延期された。元来は、崩御の天皇に限られていたが、母后なども加えられるようになった。寛弘三年（一〇〇六）三月十七日の桓武天皇の国忌の法会の折、石清水臨時祭に関して、清涼殿前庭に祭使などを召すはずが取りやめとなっている。同四年四月三日条では、この日、藤原懐子（花山天皇母・冷泉天皇女御）の国忌により、山科祭が延期されている。延引の場合、同じ干支の日となる場合が多い（この時は巳の日の十五日）。同年十二月十四日条に、例年、年末に行う御仏名*をこの日から始めたことが記されている。予定では二十三日からだったが、この日が光仁天皇の国忌にあたっていたために繰りあげられ、国忌は西寺で行われた。また長和二年（一〇一三）二月十二日は、円融天皇の国忌により、円融寺*で追善供養のための法華八講*を始めている。『小右記』同日条によれば、左大臣(道長)、内大臣(公季)、大納言(実資)、権大納言(公任)、権中納言(頼通)らが参入している。

【所在】寛弘四年二月九日条、同五年二月十二日条、長和二年十月二十四日条

【参考文献】古瀬奈津子「「国忌」の行事について」（『日本古代王権と儀式』、吉川弘文館、一九九八年）　（藤本勝義）

極楽寺　藤原基経が建立を始めて、父の遺志を継ぎ、時平が完成させた藤原北家の私寺。山城国紀伊郡深草郷（現：京都市伏見区）にあった。『貞信公記』によれば、基経の子忠平は、とくに延喜年間、極楽寺にしばしば参向している。延喜十九年（九一九）十二月二十八日には、忠平四十賀の諷誦*を極楽寺で行っている。また延長二年（九二四）三月八日、中宮穏子が前坊・保明の周忌法事を極楽寺で行っている。『小右記』永祚元年（九八九）五月七日条によると、極楽寺

仏事・寺院

に阿闍梨*三人が加え置かれている。『御堂関白記』では寛弘二年（一〇〇五）十二月二十三日に、道長四十賀の折に極楽寺は巻数*を贈っている。また長和四年（一〇一五）十二月二十六日にも、道長五十賀の巻数などを贈っている。同五年五月十六日には、極楽寺の日増に阿闍梨の宣旨が下されている。

（藤本勝義）

御斎会

奈良時代から行われ、毎年正月八日から十四日までの七日間、八省院の正殿の大極殿で各宗の高僧を招請して、国家安寧・五穀豊穣を祈願する法会。盧舎那仏を本尊として、観世音菩薩などを安置し、金光明最勝王経を講ずる。儀式次第は、打鐘で諸卿着座、僧等参上、講読師参上、楽人着、唄*、散花*、行道*、舞、講説などとなっている。結願*の日は、大極殿の儀式ののち、清涼殿の帝前で内論義*を行う。興福寺維摩会*・薬師寺最勝会とともに三大会とされる。

『御堂関白記』寛弘元年（一〇〇四）正月八日条によると、道長は不吉な夢想により御斎会の初日に参入していない。この時の講師*は興福寺僧の真興で、十四日に、この折の労により権少僧都に任じられている。寛弘八年正月八日～十四日の御斎会には、道長は初日から結願まで参会していない。枇杷殿を精進所として、金峰山参詣のための長い精進潔斎（御嶽精進）に入ったためである。『小右記』正月八日条によれば、申の刻の打鐘により諸卿が大極殿に着し、講読師が腰輿（手輿）に乗って参入（講師は薬師寺僧の増祐）し、雅楽寮による大唐舞・高麗舞があるなどして、講読師が退下し行香*があり、戌の刻に終了している。

道長は御斎会に参入しない時が少なくない。結願には参ることが多いが、初日の不参が目立つ。寛弘二年・同五年の八日はともに物忌のため不参、長和元年（一〇一二）・寛仁元年（一〇一七）には初日・結願日ともに参入しているが、長和四年は両日とも物忌のため不参、長和五年も両日とも不参で、結願日は頭痛による。寛仁三年も結願日に不参で、初日は参会して雅楽寮が楽を供せないのを疑問に思っている。なお宮中の年中行事とは別に、たとえば長和元年十月六日条にあるように、妙覚院で故冷泉院の一周忌の御斎会が行われている。儀式次第は、打鐘により衆僧ら、次いで講師が参入するなど、宮中の御斎会と同じように行われている。

【所在】 寛弘七年正月八日条、寛仁三年正月八日条

（藤本勝義）

五師

南都諸大寺に置かれた役僧で、別当・三綱*のもとで寺の管理にあたった。定員五名。別当や三綱に欠員が生じたさいには、後任の推挙も行った。寛弘元年（一〇〇四）閏九月十四日条には、大安寺*の五師が別当の管理能力を問題視して朝廷に訴えたということが記されている。調査の結果、五師の訴えは多くが事実に反するとされたが、このような訴えがなされた背景には、三綱と五師との対立があったと考えられている。その他、寛弘三年七月十五日条には、興福寺*僧と左馬允との争いに関して、興福寺の五師が別当らとともに道長の土御門第に申文を渡しにやってきたことなどが記されている。

（吉田幹生）

五七日

人の死後、七日を五度重ねた三十五日で、死者の魂がこの日まで迷っているとされる四十九日（七七日）に次いで重要とされた。寛弘八年（一〇一一）十一月二十九日条に、故冷泉院の五七日法事が院司の奉仕で行われ、七僧*並びに三十僧の布施料のことが出ている。なお同年十二月七日条にある冷泉院の「七七日御斎会*」は、皇太后大夫をはじめ参議などにより準備がなされた朝廷主催であり、『小右記』同日条によれば七僧と百僧が参会している。同年八月二日

条では、故一条院の七七日法事が示され、『小右記』同日条には金色等身三尊（釈迦如来・阿弥陀如来・弥勒菩薩）を安置し、金泥法華経・般若心経を書写し、打鐘に始まり諸僧の行道、仏経の供養などのことが記されている。また長和元年（一〇一二）五月二十七日条には、円教寺で故一条院の一周忌法要が記され、同じく『小右記』では、両界曼荼羅・般若心経・法華経などを螺鈿の筥に納めたとある。

【所在】寛弘八年八月二・十一日条、長和元年十月二十四日条　（藤本勝義）

権律師（ごんのりつし）　僧綱の一つ。僧正・僧都に次ぐ僧官。衆僧に戒律を示すという意味がある。もとは律師四人と定められていたが、次第に増え、大律師・権大律師・中律師・権中律師というように細分された。寛弘元年（一〇〇四）五月二十四日条に、内裏の御読経結願のち僧綱召があり、権律師に延暦寺僧の如源が任じられた記事がある。また同年十月二十七日条では、法隆寺の別当を望む十七人の申文が陣定で検討され、その候補者三人の一人に東大寺僧の権律師澄心の名がある。ただし、別当には選ばれなかった。長和四年（一〇一五）五月十五日条には、「心誉律師」が三条天皇の眼疾治癒のため、不動調伏法に奉仕していることが記されている。ただし、律師とあるが、心誉は長和三年十月に権律師に任じられたままである。　（藤本勝義）

斎食（さいじき）　仏事のさいに奉仕する僧へ供する食事で参加者にも出す。「とき」ともいう。元来、仏教上の戒律で午前中に供したが、正午以後の飲食をいう非時食の対語。たとえば寛弘元年（一〇〇四）七月二日は、道長の父兼家の忌日であり、法興院での法華八講結願の日で、斎食を供している。

【所在】寛弘四年七月二日条、長和元年十二月二十二日条、同二年一月二十一日条　（藤本勝義）

最勝講（さいしょうこう）　一条天皇の長保四年（一〇〇二）に始められ、清涼殿にて、東大寺・興福寺・延暦寺・園城寺の四大寺のなかから学殖豊かな僧を選び、金光明最勝王経を毎日二巻ずつ、朝夕二座の講師・問者にあて、講説・問答を主として、国家の平安や天皇の息災を祈願した法会。通常、五月の吉日から五日間行うが、三月や六月などの例もある。寛弘二年（一〇〇五）八月一日条に、最勝講の僧名を定め、問答の可否を判定する証(義)者は覚慶・観修、講師は厳久・定澄・覚運・院源など、聴衆は朝晴・春穏など二十二人列挙していて、八月十四日から五日間催されている。同七年三月八日にも、最勝講の僧名を定めており、三月二十一日から二十五日まで行われ、初めの二日間は物忌のため道長は参入していない。結願の日は、朝座が巳の刻、夕座が未の刻とある。僧らは度者や禄を賜っている。

【所在】寛弘八年三月二十四日条　（藤本勝義）

座主（ざす）　言葉としては一座の主という意味であり、その意味で用いられた例もあるが（寛仁二年八月九日条）、多くは仏教寺院において僧侶を束ねる最上位の僧を指す。一般的には、天台宗の管長である延暦寺の座主（天台座主）をいうが、『御堂関白記』では法性寺の座主をいう例も多く、両者の用例が相半ばしている。天台座主を指す場合は、「山の座主」と書かれることもある（長保二年三月十二日条、寛弘元年八月五日条など）。『御堂関白記』の期間では、天台座主には覚慶・慶円が、法性寺の座主には院源・慶命がいた。寛弘七年（一〇一〇）二月二十九日には覚慶に、また長和五年（一〇一六）十月二日には慶円に密教修法の一つである薬師法を修させたことが記されている。後者の例は同年九月ごろから気分の優れなかった後一条天皇の病気平癒を祈ってのもの。『小右記』に

よると、慶円は同年五月にも三条上皇の眼病平癒のために薬師法を修している（五月二日条）。（吉田幹生）

散花（さんげ）　法会において、花籠から紙製の蓮の花びら（樒の葉を用いることもある）を散布し、仏・菩薩を供養する。その役目の僧をもいう。散花によって場を清浄にし、仏を請じて祈願成就をはかる。『御堂関白記』には、法会の折に散花の僧（散花師）の名前が記されている場合が非常に多い。寛弘元年（一〇〇四）三月二十五日には、道長室（倫子）が仁和寺*で大般若経*を供養したが、道長も出向き、散花は権律師*慶命・法橋扶公であった。同二年十月十九日の木幡の浄妙寺*三昧堂の大々的な供養の時は、散花は少僧都院源と律師明肇がつとめている。同四年八月十一日の道長の金峰山参詣では、散花に定基の名がある。同年十月一日の土御門第の御堂での仏法供養では、法会で主要な役割をする七僧*のそれぞれの名前があげられており、散花は法橋扶公とある。同八年三月二十七日の道長による等身阿弥陀仏の開眼などの供養の折は、天台僧の日助・遍救などの例がある。（藤本勝義）

三綱（さんごう）　仏教寺院において僧尼統括のために置かれた役僧で、上座・寺主・都維那の三職のこと。唐の制度にならって、日本では大宝令制定以降に制度化されたと考えられている。東大寺や興福寺*のような大寺院では、権官が設けられることもあった。別当の下に置かれることが多く、造営完成した浄妙寺*の三綱は別当の意見に従って決定されている（寛弘二年十月十九日条）。『御堂関白記』では、寛弘元年（一〇〇四）六月十五日条や同四年八月十一日条のように、道長が禄を下賜する対象として登場する例が過半数を占めており、具体的な様子が描かれることはないが、寛弘元年閏九月十四日条では別当が寺務管理能力に欠けると訴えた大安寺*の五師*に対応するために、三綱が間に入って意見を聞いたことが記されている。（吉田幹生）

讃衆（さんしゅ）　灌頂や法会にさいして、讃を唱和する役をつとめる僧。『御堂関白記』では、浄妙寺の三昧堂供養（寛弘二年十月十九日条）や道長の五十賀（長和四年十月二十五日条）などに登場する。（吉田幹生）

三礼（さんらい）　法会の読経にあたり、代表的な声明の一つの三礼の文を、最初にひときわ声高に唱える役僧。三礼師。寛弘元年（一〇〇四）三月二十五日条では、仁和寺*での倫子主催の大般若経*供養の折、権大僧都*定澄が三礼をつとめ、同四年八月十一日の道長の金峰山参詣のさいに、随行して三礼をつとめた明尊の名が記されている。他にも同年十月一日条・同八年三月二十七日条などにも三礼師の名前が出ている。（藤本勝義）

四教義（しきょうぎ）　仏教書。中国の僧智顗（五三八〜五九七年）の撰。智顗は南北朝時代から隋にかけての人で、天台宗の開祖の一人。智者大師、あるいは天台大師とも呼ばれる。『四教義』は天台教学の教えを蔵教・通教・別教・円教の四つ、いわゆる「化法の四教」に分類し、整理したもの。四巻・六巻・十二巻の三種の本があるが、『御堂関白記』寛弘元年（一〇〇四）九月八日条には覚運僧都が六巻を持ってきたとあり、同十五日条に残りの巻を持ってきたとあるので、覚運の所持していたものは十二巻本であった。同十九日条によると、一条天皇の命で道長は『四教義』を天皇に献上し、天皇は清涼殿で覚運を師として『四教義』の講読を受けた。十二巻本は九十七枚で、この日に天皇が読んだのは七枚ほどであったと記されていることから、一日で一巻弱を読んだことになる。（松野彩）

七僧（しちそう）　法会にさいして重要な役をつとめる七種の役僧、講師*・読師*・呪願師*・三礼師*・唄師*・散花師*・堂達*の総称（『拾芥抄』第十二等）。講師が導師*に、三礼師が錫

仏事・寺院

杖師または引頭に、堂達が行事に替わる場合もある。七僧が揃う法会を七僧法会*といい、『御堂関白記』では、仁王経*千部供養（寛弘二年五月四日条）、一条院四十九日（寛弘八年七月五日条）、道長五十賀（長和四年十月二十五日条）、敦康親王五七日（寛仁三年正月二十四日条）などがある。また、寛弘八年三月二十七日の道長家仏経供養など、記事に「七僧」となくても七僧の揃う法会がある。法会の主催者が当日用の七僧の法服を製作する例が多い。これとは別に、七僧への布施もなされた。

【所在】寛弘四年十月一日条、同七年九月二十九日条、同八年十一月二十九日条、長和元年十月二十四日条、同二年十二月十六日条、寛仁元年七月二十二日条

（松岡智之）

慈徳寺　山城国宇治郡（現：京都市山科区北花山）の元慶寺*の東にあった天台宗寺院。道長の姉詮子ゆかりの寺。僧正遍昭の住房を覚慶が伝領して妙業房と号したのを基に、寛和二年（九八六）に創建された。長保元年（九九九）八月二十一日に、詮子が行啓して落慶供養が行われた。詮子の発願による創建ではないが、実質的な御願寺であった。長保三年閏十二月二十二日に詮子は崩御し、同四年十二月二十一日、詮子の一周忌法会が本寺で営まれた（『権記』『本朝世紀』同日条）。翌寛弘元年（一〇〇四）以降、詮子命日に結願*するように十二月十九日から法華八講*が本寺で営まれることが恒例となった。寛弘三年十二月二十二日には詮子が発願した袈裟千条の寄進を道長が完遂し、長和二年（一〇一三）十二月二十二日には道長は慈徳寺と元慶寺との境界を定めた（『御堂関白記』）。道長の死後一時荒廃していたが、永長元年（一〇九六）師通が堂舎を再建した（『後二条師通記』同年十二月十四日条）。その後、鎌倉時代には衰微したと考えられる。

【参考文献】杉山信三『院家建築の研究』（吉川弘文館、一九八一年）

（松岡智之）

錫杖衆　法会の折に錫杖を振って、偈を唱える役の僧。『御堂関白記』には、寛弘元年（一〇〇四）三月十三日、長和四年（一〇一五）十月二十五日条などの四例がみられ、浄妙寺*の供養や道長五十賀などの法会の折に人数が記されている。

（藤本勝義）

呪願　法会において呪願文を読み唱えること、またその役の僧である呪願師をいう。呪願師は七僧*の一つで、七僧法会では最も上臈の僧がつとめる。また、呪願が呪願文自体をさすこともある。呪願文は施主の願意の実現を祈る祈願文であり、四字句を連ねて作られる。

【所在】寛弘二年十月十八日条、同四年十二月二日条、長和二年七月一日条

【参考史料】『参語集』三「呪願文并鐘呪願文事」（『国文東方仏教叢書　第一輯第四巻　随筆部』、名著普及会、一九二六年、復刻版一九九二年）

（松岡智之）

修善　修善は善事を行うことの意であるが、仏事、とくに密教の修法を行うことをいう。『御堂関白記』等の古記録類中では、『権記』長保二年（一〇〇〇）九月四日条に「此の度の修善は重く慎むべきに依りて行ふ所なり」、同書同年十月二十五日条に「女御（藤原元子）病有り。仍りて修善す」とあり、何らかの忌むことや病気を改善するために行われる。『小右記』天元五年（九八二）五月十六日条に「権大僧都余慶を以て、禁内にて御修善を修せらる〈伴僧廿口、不動調伏法なり〉」とある。円融天皇のために余慶が修善を行い、割注によればそれは「不動調伏法」であった。安産祈願の場合も多い。『御堂関白記』では、寛弘二年（一〇〇五）八月七日条に、翌日に予定されていた中宮彰子の御修善について、一条天皇から道長に、明日は丹生社・貴船社への止雨使を発するが、御修善

の実施は問題ないかと下問があり、道長が「不動の壇は後日を以て初むべき由」を奏上したとある。同寛弘六年の記事では、法性寺*での同じ仏事が「修法」（二十日条）とも「修善」（二十七日）とも記されるが、使い分けの基準は定かでない。

【所在】寛弘元年十月三日条、同六年九月二十二日条、同七年二月二十九日条、長和四年五月十日条、寛仁二年六月十三日条　（松岡智之）

寿命経（じゅみょうきょう）　「ずみょうきょう」とも。『仏説一切如来金剛寿命陀羅尼経』一巻のこと。「金剛寿命経」などとも。延命・息災のための密教経典。唐の不空訳。仏や諸菩薩、四天王が、衆生の寿命を延ばし、厄災による死や死の恐怖を除くための陀羅尼を説く。さらに、仏は、この経を日々読誦すれば、三悪道に落ちずに寿命を延ばし、夭死短命、悪夢、魘魅の呪いや羅刹鬼神、火災水害や兵難などの怖れがないと説く。約七五〇字の短篇。『御堂関白記』には寛弘元年（一〇〇四）七月二十日、同八年八月十一日、長和二年（一〇一三）六月二十二日、同四年十月二十五日の各条計四例がみられ、各々彰子の病平癒、一条院*の四十九日法会（彰子の御願）、道長家経供養、彰子主催の道長五十賀の法会のために供養されている。『貞信公記』『小右記』など他の古記録、『菅家文草』の願文*や『枕草子』『源氏物語』等の文学作品にもみられる。平安貴族社会でよく用いられた経典である。　（松岡智之）

証者（しょうじゃ）　法会の論義において、問答者の所説を批判しその可否を判定する役。そのため高僧がつとめることが普通。「証義者」と記されることもある（寛弘元年五月十九日条など）。『御堂関白記』では、法華八講*（長和元年五月十五日条）や法華三十講*（長和二年五月四日条）のさいに登場する。（吉田幹生）

請僧（しょうそう）　法会に招請された僧のことで、寛弘元年（一〇〇四）三月十三日の法興院*万灯会*の折には請僧は十三人だが、臨時に増やし十四人と記されている。寛弘元年五月十九日の故東三条院詮子のための法華八講*の時は、請僧として、証(義)者*は天台座主*覚慶・前大僧正観修*、講師は大僧都定澄・厳久、已講*は林懐、聴衆は朝晴などとして、二十五人の名前を列記している。同二年八月十四日条に、翌日の最勝講*における請僧の座の記事、さらに『小右記』同日条にその具体的な記事があり、清涼殿の御帳の南から南壁にかけて僧綱*・凡僧*の座が設けられている。同三年十月二十五日の法性寺*開眼供養法会のさいの請僧らには度者*を賜っている。同年十月二十八日の法興院万灯会の請僧は、僧綱十三人・凡僧四十人とあり、絹の布施が下されている。同八年三月二十七日の道長による等身阿弥陀仏・同経供養*には、請僧は五十人におよび南都北嶺の名僧などが招請されている。　（藤本勝義）

浄妙寺（じょうみょうじ）　山城国宇治郡木幡（現：宇治市木幡小学校校地）に所在した藤原北家冬嗣流の墓所であり、かつてその荒廃の様子をみて、道長は一堂の造営を思い立ったとされる。道長の父母や昭宣公（基経）をはじめとした北家の霊の菩提のためとしている。寛弘元年（一〇〇四）二月十九日条に浄妙寺の中心となる三昧堂建設の場所を定めている。これが浄妙寺関連の初見史料となっている。その後、道長は造堂の検分のため、しばしば木幡を訪れている。同二年六月二十一日には、三昧堂供養のための写経が始められている。この九月二十八日には、道長は藤原道綱や源俊賢ら十人の上達部を率いて、梵鐘鋳造検分のために出向いている。同年十月十九日の三昧堂供養当日は、御斎会*に準じて国家的規模で行われた。参列した上達部は高齢の菅原輔正ら二人をのぞく十八人で、参会した僧は優に百人をこえていた。同四年十二月二日には多宝塔供養が催された。

【所在】寛弘元年二月十九日・三月二十三日条、寛仁元年二月二十七日条　（藤本勝義）

世尊寺（せそんじ）　藤原行成が岳父の源保光から伝領した桃園邸を寺としたもの。山城国桃園（現：京都市上京区）にあった。『権記』によれば、長保三年（一〇〇一）二月二十九日に落慶供養が、天台座主をはじめ十僧・百僧を請じ、多くの公卿・殿上人が参会して盛大に行われた。道長もこの前日に訪れており、諷誦料として百端もの手作布を贈っている。『御堂関白記』寛弘元年（一〇〇四）六月六日条によると、前日に道長を訪れようとして、牛車が転倒しけがをした前大僧正観修を、道長は世尊寺に見舞っている。寛弘三年四月八日には、中宮（彰子）御修法を世尊寺で始めている。長和四年（一〇一五）三月二十九日には、世尊寺で前大宰大弐（平親信）七十賀の法事を行っている。道長は僧への食事を供している。寛仁二年（一〇一八）正月十五日には、吉方（恵方）詣として道長は、娘の尚侍威子・千子（嬉子か）や藤原行成とともに世尊寺に参詣している。　（藤本勝義）

懺法（せんぼう）　経を読誦して自己の罪障を懺悔する法要。古くは悔過といった。滅罪生業・後生菩提のための天台宗の法華懺法が最も盛行した。浄土信仰の広まりとともに懺法も盛んになったと考えられる。他に阿弥陀懺法・観音懺法なども行われた。寛弘七年（一〇一〇）十二月二十二日、道長の枇杷殿で秋季読経と懺法が同日に行われている。長和元年（一〇一二）十二月二十二日と同四年十二月二十五日にも、道長第でこの二つが同時に催されている。多くは十二月に行うのだが、寛弘八年三月二十一日に道長第で行っているのは、慎むべき年ということで、早い時期から懺法を行った例と考えられる。長和四年閏六月十六日に宮中で法華懺法が行われたが、内裏では初めてのことで、三条天皇の眼病平癒祈願のためと思われる。一方、長和元年三月十一日から十八日まで、皇太后宮（彰子）の懺法御読経があり、四日に御読経の僧十五人を定めている。　（藤本勝義）

僧綱（そうごう）　衆僧を綱領・統括する僧官で、僧正・僧都・律師の三官をいう。僧綱の人数は当初、僧正一人・大僧都一人・少僧都一人・律師四人と定められていた（弘仁十年十二月太政官符）が、しだいに栄誉職的意味も強くなり、望む者が増え、大僧正・僧正・権僧正などのように細分化され、平安時代後期には三官で三十人とされ、さらに増加していった。寛弘四年（一〇〇七）三月十七日、故飯室僧正に諡名が贈られ、その慶中に訪れた僧綱（権大僧都・権少僧都の二人と権律師二人）に道長が対面している。長和四年（一〇一五）閏六月六日、流行している疫癘を鎮めるべく、僧綱が御読経の申請をしており、十七日、大極殿にて仁王経転読が行われている。同様の僧綱の申請による仁王経御読経は寛仁二年（一〇一八）六月八日条にもあり、そこでは祈雨のために、やはり大極殿で五百人もの僧が行っている。なお、寛仁元年十二月二十八日、道長の任太政大臣の慶賀に、山階寺の僧綱らが訪れ、道長が対面している。また同日、新任の僧綱が道長のもとへ礼にきている。氏の最高権力者と僧綱の結びつきの強さがうかがわれる。

【所在】寛弘元年三月十三日条、長和五年十二月二十五日条　（藤本勝義）

僧前（そうぜん）　仏事をつとめた僧に供する食膳。『御堂関白記』では「僧前」と表記されるが、他の文献には「僧膳」と記されているものもある。『御堂関白記』で道長が僧前を送ったと記しているのは、冷泉院の四十九日法要（寛弘八年十二月七日条）、倫子の叔父と藤原公任母の一周忌法要（長保元年六月三日条、長和四年閏六月二十四日条）、世尊寺で行われた平親信の七十賀（長和四年三

月二十九日条）などのさいである。（松野彩）

大安寺（だいあんじ）　大和国平城旧京左京六条四坊にあった真言宗寺院。南都七大寺の一つ。奈良時代には元興寺と並ぶ三論宗の根本道場で、東大寺に次ぐ大寺として繁栄したが、九世紀になると、空海のもと真言道場としての性格を強めていった。しかし、十世紀に入ると最初の火災に遭遇し（延喜十一年）しだいに衰退していき、寛仁元年（一〇一七）三月一日の火災で焼亡した。なお、大安寺焼亡のことは、翌二日に道長にも報告された（『御堂関白記』同日条）。このほか『御堂関白記』には、寛弘二年（一〇〇五）七月十七日の陣定で、元興寺の別当であった扶公が大安寺別当も兼務することが決まったことや、同四年八月三日に、金峰山詣での途中で道長が大安寺で宿泊したことなどが記されている。（吉田幹生）

大僧正（だいそうじょう）　僧綱*のなかの最高位。僧正は僧侶の濫行不正を正す職である。寛弘元年（一〇〇四）三月二十五日、道長室倫子主催の大般若経供養*が仁和寺*で行われたが、講師*として前大僧正観修、呪願*に僧正雅慶が任じられている。寛弘元年五月十九日には、道長が土御門第で故東三条院詮子のために法華八講*を催したが、証（義）*者に前大僧正観修の名が出ている。『御堂関白記』に出てくるほとんどの大僧正は、長保二年（一〇〇〇）八月に大僧正になり、翌年七月に辞した観修である。なお長和四年（一〇一五）六月十九日条には、三条天皇の眼病が故賀静霊の仕業として、賀静に僧正位を贈ったことが記されている。（藤本勝義）

大僧都（だいそうず）　僧綱*の一つ。僧正に次いで僧侶を管轄する僧官。大僧都・権大僧都・僧都・少僧都・権少僧都の五等に分かれる。もとは大僧都・少僧都各一人であったが増加して、平安末期には大僧都だけで十人近くいた。寛弘元年（一〇〇四）三月二十三日、道長は木幡堂（のちの浄妙寺*）に赴き、帰りに法性寺*に寄るが、仁和寺*の大僧都済信らも同道した。同元年五月十九日、道長が土御門第で故三条院のために法華八講*を行うが、その講師*は興福寺*の権大僧都定澄と延暦寺*の権大僧都厳久であった。同年十二月三日条には、道長が土御門第にて大般若経*と観音経*の供養を行ったが、三十人の請僧*のなかで講師には「定澄大僧都」とある。寛仁二年（一〇一八）五月二十二日の土御門第での法華三十講*の折には、僧の料として馬を引出物として請僧十八人に与えたが、大僧都の二人（院源と慶命）には馬二疋ずつ与えている。（藤本勝義）

大般若経（だいはんにゃきょう）　『大般若波羅蜜多経』のこと。唐の玄奘が漢訳した一部六百巻の経典。鎮護国家、除災招福に効果があるとされ、朝廷での公的な場面のみならず、私的にもさかんに供養・書写された。道長家でもしばしば大般若経を用いた法会が開催されている（寛弘元年十二月三日条など）。長和元年（一〇一二）七月五日条では、勧学院が興福寺*僧を率いて土御門第で大般若不断読経（一定期間、毎日昼夜の別なく大般若経を転読する法会）を行っているが、これは道長の体調不良や春日社での怪異によるもののようである。また同四年十月二十五日条には、彰子による道長五十賀の大般若経供養がみえている。そのほか、寛弘元年（一〇〇四）三月二十五日条によれば、宇多源氏たる倫子が同氏ゆかりの仁和寺*において大般若経供養を行っており、道長は当日同席するとともに、事前の差配も行っている（同年三月十五日条）。

【所在】寛弘二年四月二十四日・十月二十二日条、長和元年五月二十七日条、同四年六月二十五日条（磐下徹）

天台舎利会（てんだいしゃりえ）　釈尊の遺骨である仏舎利を供養する法会。貞観二年（八六

仏事・寺院

○）慈覚大師円仁が中国から仏舎利を持ち帰り、比叡山延暦寺*の東塔の総持院にて舎利会を始めた。四月か五月の山桜の咲くころに行うという。寛弘六年（一〇〇九）五月十七日、道長は比叡山へ登り、舎利会に参会している。この時は二百人の僧が奉仕しており、上達部は大納言斉信・公任をはじめとして十一人が加わり、二十人余りの殿上人が参会している。『権記』同日条によれば、舎利会は午の初刻に講堂より舎利を迎え、総持院において供養し、申の終刻に終わっている。『御堂関白記』長和二年（一〇一三）五月一日条によると、頼通が比叡山に登り舎利会に参会しているが、道長は物忌のため出向いていない。なお同年四月二十八日には、道長が永円律師に翌日の舎利会の料として絹・紙を贈っている。

（藤本勝義）

堂（どう）　『御堂関白記』において所在地を示すことなく単に「堂」とある場合、道長の土御門第内にあった仏堂を指すことが多い。この堂は庭中の池の付近にあった。「堂北屋」「堂南屋」「二堂」（『御堂関白記』寛弘四年十月一日条、寛仁二年八月二十九日・十二月二日条）とあり、南北二棟で構成されていた。規模も建築様式も不明であるが、廂・簀子を備え、廊（渡殿）が付随していたので（『御堂関白記』寛弘四年〈一〇〇七〉五月三十日条、寛仁二年（一〇一八）十月二十二日条）、寝殿・対屋のような和様住宅風の建物と考えられる。廊は「北廊」とされる（『左経記』長元九年四月二十二日条）。堂では道長家の季読経*（『御堂関白記』長和四年十二月二十五日条）、例講*（例供養経）などの仏事を行った（長和二年三月十八日）。現存『御堂関白記』での初出は長保二年（一〇〇〇）正月四日条の「修正月、新作に於いて初めて修せらる」か。

【所在】寛弘四年十月一日条、長和元年三月十五日条、同四年十月八日条

【参考史料】『権記』長保二年正月四日条、『左経記』万寿二年十月一日条

【参考文献】角田文衞「土御門殿と紫式部」（『角田文衞著作集』第七巻、法藏館、一九八四年）、太田静六『寝殿造の研究』（吉川弘文館、一九八七年）

（松岡智之）

導師（どうし）　法会において、衆僧の首座として儀式を執り行う役僧。願文*・表白を読むことが多い。七僧*でいえば「講師*」に当たる。「講師」と「導師」とはしばしば通用する。仏名会では、初夜・中夜・終夜の各導師が定められた。権導師とされることもある。

【所在】寛弘元年十二月十九日条、同二年十月十九日条、長和四年十二月二十三日条

（松岡智之）

東大寺別当（とうだいじべっとう）　東大寺の寺務を統括する最高責任者。初代別当は八世紀の良弁。『御堂関白記』には、第五十七代別当の選定過程が記録されている。それによると、第五十六代別当の済信が辞任を申し出たのを受けて、寛弘三年（一〇〇六）十二月二十九日の陣定では後任候補として澄心と清寿の名があがり、右大臣顕光や内大臣公季らは清寿を推し、前大宰権帥伊周や中宮権大夫俊賢らは澄心を推した。しかし、上卿である道長は二人の寺務能力を調査するように指示し、決定は持ち越された。その後、両人から申文も提出されたが、病いのために道長は同四年三月六日にこの申文を返上し、上卿の交代を申し出た。そして、新たに上卿となった顕光のもと、三月二十八日の陣定で澄心が第五十七代別当に決定した。これを受けて、済信は四月四日に辞状を持参している。なお、この時選に漏れた清寿は、澄心の後任として第五十八代の別当になっている。

（吉田幹生）

堂達（どうたつ）　法会の役僧の一種で、七僧*の一つ。法会の中で、磬を打ち、願文*を導師*（講師*）に渡し、呪願師*に呪願を乞うことなどを担う役僧。一名乃至二名。雑用係ではあ

るが、『御堂関白記』によれば林懐・定基など比較的高い地位にある僧侶がつとめている。

【所在】寛弘元年三月二十五日条、同二年十月十九日条、同八年三月二十七日条

【参考史料】『参語集』三「堂達事」　（松岡智之）

堂童子（どうどうじ）　大寺などで雑事をとりあつかう童形の下部（しもべ）。宮中などの大法会で散花（さんげ）*用の花を入れる籠（花筥（けこ））を配る役などをつとめた。長和元年（一〇一二）五月十五日の故一条院のための法華八講*では、四位の殿上人が選ばれ、臨時の堂童子となっている。

【所在】長和元年十月六日条、同二年八月十九日条　（藤本勝義）

読経（どきょう）　声を出して経典を読むこと。道長家の読経としては、毎年春と秋に行われる季読経（きのどきょう）*が知られているが、それ以外にも年末の四日間を選んで読経が行われている。『御堂関白記』での初出は寛弘元年（一〇〇四）十二月二十一日条だが、そこに「例の講経」とあるので、それ以前から恒例化していたことがうかがわれる。これは自己の罪障を懺悔するためのもので、懺法（せんぼう）*といい、経典や本尊の別によって法華懺法・阿弥陀懺法・観音懺法などの別があった。この当時、広く行われていたのは法華懺法であり、道長が行ったのもおそらくこれであろう。極楽往生する前提として、現世で犯した罪障を懺悔する必要があるとの認識から浸透した。時期は年末に限らないが、道長は、一年を締めくくるにあたって、懺法の読経を行うことを恒例としていたのであろう。懺法であることが明示されるのは、寛弘七年（一〇一〇）以降の四回のみだが（長和元年・同四年・寛仁二年）、それ以前の年末の読経においても同様のことを行っていたのだと思われる。　（吉田幹生）

読師（どくし）　法会の役僧の一種。七僧（しちそう）*の一つ。講師*と合わせて「講読師」と記されることもある（『御堂関白記』寛弘八年十二月七日条）。法会において、仏の左右に設けられた高座に講師と相対して登り、経題・経文を読み上げる。ただし、経題の読み上げには、別に題名僧がいる法会もある（『小右記』長保元年四月三日条など）。

【所在】寛弘元年三月二十五日条、同四年八月十一日条、同六年五月二十三日条　（松岡智之）

度者（どしゃ）　得度者（とくどしゃ）の略で、剃髪し衣をまとい仏門に入ること。律令制の導入後、国家が出家者を統制し、平安時代初期には宗派・大寺院ごとに毎年の度者数を定めた年分度者制ができた。法事のさいなどに臨時に度者の許可を与えることもしばしばあった。『御堂関白記』に記されている十数例の「度者」はすべて、この臨時度者である。なお、公の許しを得ずに得度した者を私度（しど）僧という。寛弘元年（一〇〇四）三月二十五日条の、仁和寺（にんなじ）*での道長室倫子主催の大般若経供養*の折の度者を賜る勅許や、仁王会（にんのうえ）*の諸僧にその弟子等を得度させる権利を与えていること（同年十二月十五日条）、さらに道長が解脱寺（げだつじ）*の不断念仏*に赴いたさいに参会の諸僧に度者の認可を与えたこと（同年閏九月十七日条）など、みな臨時の度者認可である。ちなみに、同二年八月十八日条や同六年六月二十三日条・同七年三月二十五日条は、いずれも最勝講（さいしょうこう）*・結願（けちがん）*の臨時度者である。他に、長和四年（一〇一五）五月十日条・寛仁元年（一〇一七）六月二十三日条・同二年五月九日条などにみられる。　（藤本勝義）

仁和寺（にんなじ）　山城国葛野郡内大内山山麓（現：京都市右京区御室大内）にある寺院。光孝天皇の遺願を継いだ宇多天皇によって仁和四年（八八八）に創建された。宇多上皇出家後の常御所「御室」もうけられる。仁和寺は道長の妻源倫子との縁が深い。宇多法皇の崩御後、倫子の祖父で宇多皇子の敦実親王（法名覚真）が御室を伝領し（『御室相承記』）、寺内に観音院を建立する。その後、敦実親王の男で倫子の伯父の寛朝が別当とな

り、倫子の父雅信も堂舎の整備を進めた（『日本紀略』寛和元年四月二十八日、正暦二年七月二十二日条）。倫子の兄弟済信も仁和寺僧となった。倫子の父源雅信の周忌法会として、命日の七月二十九日が五巻の日にあたるように仁和寺で法華八講*を行うことが恒例となっていた（『御堂関白記』長保元年、寛弘三年、長和四年、寛仁二年の各七月二十九日条）。倫子は、仁和寺で大般若経供養*を行った（『御堂関白記』寛弘元年三月二十五日）。また、寺内観音院内に灌頂堂を建立し、叔父の雅慶から灌頂を受けた（『御堂関白記』寛弘七年三月二十五日条）。　（松岡智之）

仁王会　大極殿・紫宸殿・清涼殿、諸宮・諸社や諸司に百高座をもうけ、仁王般若波羅蜜経を読誦して、鎮護国家を祈願し、天変地異を攘うなどのために行う法会。天皇即位の年、大極殿で行う一代一度の仁王会や、毎年春秋二季に日を選び催すもの、さらには天変地異や疫癘などにさいしての臨時のものがある。当日に先立ち仁王会定めがあり、そこで陰陽寮に日時勘申をさせ、僧名や大祓の日時などを定める。当日は、打鐘で公卿や僧が昇殿し、堂童子*が着座し、朝講があり、その後に行香*が行われる。さらに同様にして夕講がある。一代一度仁王会は長和二年（一〇一三）八月十九日条にあるように、三条天皇のもので、式次第は『小右記』に記されているが、春秋の仁王会とほぼ同じである。なお、このために作られた呪願文*（文章博士・菅原宣義作）が『小右記』同日条に記されている。寛弘元年（一〇〇四）十二月十五日の秋の仁王会は、大極殿で打鐘により午の四刻開始、朝座*が終わり僧・公卿退下、打鐘また着座、夕座*などが酉の刻終了。その間、請僧*に度者*を賜い、紫宸殿などでも行われた。

臨時の仁王会に関しては、寛弘元年七月一日条で、道長が一条天皇へ仁王会を行うことを伺っている。これは六月が連日晴天続きで、祈雨祈願のためである。八月一日に決定し、大極殿にて百人の僧で始められた（同月六日条）。一方、同三年八月十三日は客星（彗星など）に関連した臨時仁王会だった。また、長和四年（一〇一五）五月十五日条にみえるのは、この年三月ごろよりずっと流行して死者が多数出ている疫癘を鎮めるための仁王会である。しかし疫癘が治まらず六月二十三日に重ねて行っている。『小右記』同日条は、天皇御前で朝講後、申の刻打鐘、講説、行香の順に催されたことを記している。寛仁二年（一〇一八）六月二十七日のものは、『御堂関白記』に記事はないが、『小右記』『左経記』などによれば、旱魃および天変のために行っている。

【所在】寛弘元年七月一日条、寛仁二年三月二・四日条、同三年三月十六日条　（藤本勝義）

仁王経　仏説仁王般若波羅蜜経二巻（鳩摩羅什訳）と仁王護国般若波羅蜜多経二巻（不空三蔵訳）の二本あり、一般には東密が不空訳を、台密が鳩摩羅什訳を用いる。鎮護国家を祈り、天変地異などの災害を攘い、天下泰平・万民豊楽のために仁王会*などで読誦する。護国三部経の一つ（あとは法華経*・金光明最勝王経）として尊ばれた。寛弘元年（一〇〇四）十二月十五日、仁王会の日、一条天皇の御願により、講経のため道長が書写した「紺泥仁王経百二部」が用いられた。紺に染めた料紙に金泥で文字を記した装飾経の一つである。同二年五月四日には、道長が仁王経千部供養を行っている。『小右記』同日条によれば、播磨の書写山円教寺の性空*のお告げにより催したとある。同八年八月十一日は一条院の七七日正日にあたり、生前、一条天皇が持経とすべく藤原行成に書写を命じていた仁王経一部を、法華経などとともに供養している。一方、寛仁二年（一〇一八）六月三日には祈雨のため大極殿で仁王経御読経を行っている。

【所在】寛弘元年五月十五日条、同八年十月五日条、長和二年五月二十日条　（藤本勝義）

念仏（ねんぶつ）　「南無阿弥陀仏」の六字の名号を唱えること。もともと念仏は釈尊を思い念ずることを意味したが、中国の唐代以後の浄土教の流行で、阿弥陀仏を念ずる意が中心となった。寛弘八年（一〇一一）三月二十七日には道長の等身阿弥陀仏と阿弥陀経*を供養する法会が終わった夜に、しかるべき二十人の僧が念仏を唱えている。また同年八月二日条に、一条院中殿において一条天皇七七日（しちしちにち）の法事のことが記されているが、『権記』同日条によると、法事終了後の夜になって「御念仏」が行われている。『御堂関白記』寛弘八年十二月七日条の、冷泉天皇の七七日の法事の折には、追善の御念仏に道長も伺候している。十一日に御念仏の結願（けちがん）*とある。また長和元年（一〇一二）正月十五日と三月三十日に、道長は一条天皇のための御念仏に一条院へ参っている。『御堂関白記』の最終記事の治安元年（一〇二一）九月一日～五日条には、道長の念仏三昧が記され、五日には念仏「十七万遍」とある。　（藤本勝義）

衲衆（のうしゅ）　粗末な衣の意の衲衣を着る僧のことだが、種々の色合いの端切れを継ぎ合わせて作りあげ、華美なものとなる。寛弘二年（一〇〇五）十月十九日や同四年十二月二日条の浄妙寺*供養では、それぞれ「衲衆卅人」と記されている。　（藤本勝義）

唄・唄師（ばい・ばいし）　法会で高下抑揚の曲節をつけて歌唱する梵唄（ぼんばい）（声明（しょうみょう））をいい、その役僧を唄師という。仁和寺（にんなじ）*での倫子の大般若経供養*の折の寛弘元年（一〇〇四）三月二十五日や、浄妙寺供養*の同二年十月十九日など「唄」として僧名をあげるのがほとんどで、「唄」は「唄師」と同様に使われている。「唄師」は寛弘七年三月十八日条に「唄師着仏前座」とあるのが唯一の例である。

番僧（ばんそう）　法会や修法などのさい、導師*に随伴して読経*などの役をつとめる僧。伴僧とも。中宮彰子のための御修善は「番僧二十口」（寛弘五年六月十三日条）とあり、また法性寺（ほっしょうじ）*五壇法結願（けちがん）*では、番僧に絹二疋の禄とある（長和二年八月二十一日条）。　（藤本勝義）

非時（ひじ）　非時食（じき）のこと。仏事終了後、僧へ供した食事で、正午前は斎（とき）といい、午後の場合を非時という。インド仏教の戒律では午後の飲食は禁止されたところからくる。『御堂関白記』に出てくる「非時」のほとんどは、道長邸での法華三十講*の時である。寛弘元年（一〇〇四）七月三日初日の法華三十講のさいは、二十一日条に「右大弁（藤原行成）、僧の非時」、二十二日条に「左頭中将（源経房）、非時」、二十五日条に「公行朝臣（伊予守佐伯公行）、僧の非時」とある。『権記』二十一日条には、行成の奉仕のことが「今日調非時及小飲食持詣」と記される。寛弘七年五月の三十講の折も、十二・十六・二十三日条に、それぞれ但馬守源頼光、播磨守平生昌、左衛門権佐橘為義が非時を奉仕している。これらの非時にかかわる者のほとんどは道長の近親者や家司（けいし）で占められ、とくに受領（ずりょう）が増えていく。道長の歓心を買い栄達をはかる所作と考えられる。寛仁二年（一〇一八）五月二十二日条に、三十講の間の非時担当者九人の名前があげられている。三十講以外の例は、長和元年（一〇一二）三月十六日条が記す皇太后宮（彰子）懺法（せんぼう）*御読経（みどきょう）*の折の非時や、同二年八月十六日条の、法性寺*における五壇御修法（みしほ）*のものなどに限られる。　（藤本勝義）

【参考文献】山本信吉「法華八講と道長の三十講」（『仏教芸術』八九、一九七一年）

諷誦（ふじゅ）　諷誦は、元来経文等に節をつけ、声に出して読むことであるが、『御堂

仏事・寺院

関白記』等の古記録では、経文読誦の依頼を名目として、寺僧に布施を行うことを指す。法会に際して、故人の追善や招福延命など特定の願意を込めることが多い。また、諷誦は諷誦文の略語としても用いられる。諷誦文は、布施物を献上して僧に諷誦を請うこと、あるいは仏ないし僧に布施の受納を請うことを主題とする文書。法会には経文読誦をともなうので、両者の区別はつけがたい。諷誦文には一定の書式がある。依頼する俗人の側からは「諷誦を請ふ」、仏事を行う僧侶の側では「諷誦を請く」となる。追善の法会などの場合、諷誦を行うのは施主以外の人となることが多く、また諷誦文は法会全体の願意を述べる願文*とは別に作られる。諷誦の布施物は会場に積み上げられ、諷誦文は法会の中で導師*（講師*）によって読み上げられ、呪願師*によって仏に捧げられたと考えられる。

【参考史料】『参語集』三「諷誦文事」

【参考文献】今成元昭「「諷誦文」生成考」（『国文学研究』一〇二、一九九〇年）、後藤昭雄「諷誦文考」（『講座　平安文学論究』第九輯、風間書房、一九九七年）、後藤昭雄「諷誦文考補」（『詞林』三七、二〇〇五年）　（松岡智之）

法興院（ほうこういん／ほこいん）　道長の父藤原兼家が創建した寺院。平安京に隣接して、東京極大路東二条大路末にあった。もとは二条京極第ないし二条院とよばれる兼家の邸宅であった。兼家は、永延二年（九八八）までに、醍醐天皇皇子盛明親王の住居であったこの地を取得して屋敷を修造した（『栄花物語』巻三「さまざまのよろこび」、『日本紀略』永延二年九月十六日条）。正暦元年（九九〇）五月八日に兼家は出家をし（『日本紀略』）、同月十日に二条京極第を積善寺の別院として法興院と号した（『門葉記』七四）。兼家は正暦元年七月二日に薨ずる。四十九日法要、翌年の周忌法要は法興院で行われた。積善寺は兼家が都東郊の吉田の地に創建した寺院であるが、兼家の死後、子息の道隆が積善寺を法興院の内に移した（『本朝文粋』巻五、大江匡衡「為関白内大臣請以積善寺為御願寺状」）。正暦五年二月二十日の積善寺供養の様子は、『枕草子』「関白殿、二月二十一日に」の段に描かれている。同時に御願寺となる。『御堂関白記』には長徳元年（九九五）六月二十七日条以降、法興院八講の記事が例年みえる。六月二十七日ないし二十八日に始まり、兼家の命日である七月二日に結願*する。兼家の追善のため五日間にわたって行われる法華八講*（あるいは十講）である。氏長者になって以降の道長は、法興院の経営を担ったと考えられる。寛弘元年（一〇〇四）三月十三日、道長は法興院で万灯会*を催した。寛弘八年十月六日、長和元年（一〇一二）閏十月十七日の相次ぐ火災により焼亡する。長和二年四月三日「堂等」が再建され、長和四年まで再建の記事が続く。しかし、法興院は、翌長和五年七月二十一日に再び火災に遭って焼亡した。寛仁元年（一〇一七）二月十二日、道長は法興院の再建を指示し、同年六月二十七日には再度再建された法興院の堂で恒例の法華八講が行われている。

【所在】寛弘元年六月二十七日・七月二日条、同三年十月二十八日条、同四年十一月二十日条、長和四年閏六月二十四日・九月八日条

【参考文献】杉山信三『院家建築の研究』（吉川弘文館、一九八一年）　（松岡智之）

法成寺（ほうじょうじ）　東京極大路東（現：京都市上京区）にあった寺。道長が晩年に浄土信仰に傾倒して、自邸の土御門第の隣りに建立した。御堂ともよばれ、道長の御堂関白という呼称の由来となった。『御堂関白記』では「无量寺」「堂」と表記される。寛仁三年（一〇一九）に阿弥陀堂から造営が開始され、当初は無量寿院とよばれたが、治安二年（一〇二二）七月に金堂と五大堂が完成し、金堂に藤原行成筆の額が掲げられ法成寺と改

称された。万寿四年（一〇二七）に道長は阿弥陀堂内で死去した。このときのことは『栄花物語』巻第三十「つるのはやし」に詳しく、道長は阿弥陀仏の指とみずからの指を糸で結び、念仏を唱えながら亡くなったという。その後、康平元年（一〇五八）に全焼し、長男の頼通が再建したが、中世になって衰退し、十四世紀初頭に廃絶した。『御堂関白記』には、阿弥陀堂の完成後に行われた落慶供養に、道長の三人の娘たち―太皇太后宮彰子、皇太后妍子、中宮威子の三后が訪れ、厳かに行われたことが記されている（寛仁四年三月二十二日条）。（松野彩）

捧物

法華三十講*などの法会における、金銀の造花の枝に結びつけた仏への捧げ物。寛弘元年（一〇〇四）七月十五日・同四年五月二十日・同五年五月五日などの法華三十講の五巻日*には、多くの趣向を凝らした捧物が届けられている。『栄花物語』（巻八「はつはな」）には、銀の菖蒲の枝に薬玉をつけた捧物の記事がある。（藤本勝義）

法華経

原典の題名は「白蓮のような正しい教え」であり、日本では中国南北朝時代の鳩摩羅什訳の妙法蓮華経を指す。仏の説いた経典のなかで、最も優れたものとされ、平安朝以降、修法が流行すると滅罪生善・頓生菩提のために、のちには鎮護国家のために法華経法が行われた。八巻・二十八品から成り、前半では法華経の教法を説き、釈迦がこの世にあらわれた趣旨を明らかにし、後半では「南無妙法蓮華経」の題目への絶対的な帰依を説く。天台宗の所依の経典（のちには日蓮宗他も）である。寛弘四年（一〇〇七）八月十一日、金峰山参詣中の道長が、法華経百部などの供養を行っている。同七年三月十八日には紫宸殿において、法華経千部などの供養を催している。千部が十部ずつに分けられ、百人の僧の前に置かれた。前年十二月半ばから法華経を摺り初めたものとある。長和四年（一〇一五）閏六月二十二日条によると、道長自身が持経となす法華経を書写している。

【所在】寛弘元年五月十五日条、同八年八月十一日条（藤本勝義）

法華三十講

法華八講*の折の法華経八巻*に開経の無量義経と結経の普賢観経を加え、三十座で講じるもので、原則として三十日間だが、二十九日間や、場合によっては十六日間というのもある。『御堂関白記』に記される法華三十講は、ほぼ道長邸で催されるものである。貴族が個人で初めて行ったのは、法華経信仰の厚かった道長で、『権記』長保四年（一〇〇二）三月一日条でその初日が記されて以来、道長家での三十講が恒例となった。『御堂関白記』寛弘二年（一〇〇五）五月四日が初日、十五日が五巻日*、二十八日が結願*で、二十四日には教義に関する論義*および学僧の試問する立義*が行われた（各条による）。寛弘七年五月の場合、二十五日条でこの日が結願で、十七日より残りの十七座を二座ずつ講じたことが記されている。ほぼ土御門第で催されたが、長和五年（一〇一六）五月の場合は三月に取得した高倉第で行っている。

【参考文献】高木豊『平安時代法華仏教史研究』（平楽寺書店、一九七三年）、山本信吉「法華八講と道長の三十講」（『摂関政治史論考』、吉川弘文館、二〇〇三年）（藤本勝義）

法華八講

法華経*八巻二十八品を八座に分けて、一日に朝夕二座を四日にわたり講説する法会。大半は死者の追善供養のため、毎年同じ時期に行う周忌八講を指すが、長寿慶賀のための八講や生前に催す往生菩提のための逆修の八講もある。三日目を五巻日*として、「提婆達多品」を中心とした巻五が講じられ、捧物*をささげて回る薪の行道*や舞楽が行われ、とくに重要な日とされた。貴族社会では九世紀後半に行われ、摂関政治の確立する時期に成立・発展していく。寛弘元年（一〇〇四）五月十九日から道長の姉・東三条院詮子の追善供養が土御門第で行われ、二十二日条には、五巻日の次第が、打鐘*、入堂、高座に講師登上、行道、舟が音声演奏、鳥舞・青海波舞などと記される。『御堂関白記』でとくに目立つのは、毎年行う道長の父兼家の追善供養の八講である。普通の八講は四日間だが、兼家の命日の七月二日を結願*とするこの八講は、五日間にわたって催される。寛弘二年の場合は、六月二十八日が初日で、三十日が五巻日、七月二日が結願だが、道長は物忌などのため五巻日だけ参入している。長和四年（一〇一五）閏六月二十七日初日の場合は、二十九日の五巻日、七月二日の結願のすべてを、道長は欠席している。足を痛めて満足に歩けないためである。また、長和元年五月十五日条に記されるように、前年崩じた一条天皇の追善の八講が皇太后彰子の主催で、彰子の邸・枇杷第で行われている（翌年からは円教寺*で催されることが多い）。道長も倫子と参入している。打鐘*で諸僧着座し、証（義）者の天台僧院源をもって初座の講師*とし、花筥を配る堂童子*には四位の者を用いるなどとある。十七日条では五巻日の捧物のことを詳細に記す。彰子の捧物は金百両などとあり、『小右記』同日条には「大瑠璃壺、納丁子、小固壺、納砂金」とある。なお、受領が八講を催した例もある。長和四年閏六月十二日条に記される内蔵頭・美濃守の源頼光が行っていて、『小右記』は十二日〜十六日条のほとんどで、婿の藤原道綱の臨席はともかくも、藤原行成らの公卿の参入や、掛十二領を給していることなどを道長も批判している。

【所在】寛弘元年二月十六日・十二月十九日条、長和二年六月二十二・二十八・三十日・七月二日条

【参考文献】高木豊『平安時代法華仏教史研究』（平楽寺書店、一九七三年）、今成元昭「法華八講の〈日〉と〈時〉」（『仏教文学講座』八、勉誠社、一九九五年）、田中徳定「『栄花物語』にみえる宸筆法華八講記事をめぐって」（松本治久編『歴史物語論集』、新典社、二〇〇一年）、山本信吉「法華八講と道長の三十講」（『摂関政治史論考』、吉川弘文館、二〇〇三年）

（藤本勝義）

法性寺　鴨川の東岸九条河原にあった寺院（山城国紀伊郡内。現：京都市東山区本町）。延長二年（九二四）までに、藤原忠平が創建した。承平四年（九三四）定額寺となり（『日本紀略』同年十月十日条）、さらに朱雀天皇の御願寺となる（『九暦』天暦二年四月二十三日条）。その一方、天慶八年（九四五）藤原穏子の多宝塔供養があり（『日本紀略』同年二月二十七日条）、天暦三年三月十五日忠平七十の賀が行われるなど（『吏部王記』）、忠平一族の氏寺的な存在となる。天徳二年（九五八）三月三十日に焼亡（『九暦』同日条）。寛弘二年（一〇〇五）、道長は忠平一門の納言以上の者に寄進を呼びかけ（『小右記』同年五月十七日条）、自身は五大堂の建立などを担い、兄道綱も堂を建立した（『御堂関白記』寛弘三年十月二十五日条、十二月二十六日条）。法性寺に置かれた座主*職に、天元四年（九八一）天台宗寺門派の余慶が補され、山門・寺門両派の対立の契機となった。

【所在】寛弘二年十二月二十一日条、同四年二月五日条、同五年二月十三日条

【参考文献】平岡定海『日本寺院史の研究』（吉川弘文館、一九八一年）

（松岡智之）

法性寺五大堂　藤原道長が法性寺内に造立した五大堂。五大堂は、不動・降三世・軍荼利・大威徳・金剛夜叉の五大明王（五大尊）の像を安置する堂。天台宗では金剛夜叉明王に替えて烏枢沙摩明王を立てる場合もある。法性寺が天徳二年（九

五八）三月三十日に焼亡（『九暦』同日条）して以後の再建過程で、道長は寛弘二年（一〇〇五）十二月二十一日に五大堂の建立、丈六五大明王像の造仏を始めた（東福寺同聚院に現存する不動明王像は、この時仏師康尚が作ったものとされる）。同三年十月二十五日に五大尊像の開眼供養を行い、観修、院源等五僧を各明王（五壇）の担当者に定めた。同年十二月二十六日には五大堂の落慶供養を行った（以上『御堂関白記』）。『御堂関白記』長和二年（一〇一三）八月十四日条からは、道長の病に際し法性寺五大堂で五壇法が修されたこと、また、この五大堂に「南堂」が付随していたことが知られる。

【所在】寛弘四年二月五日条、同七年閏二月一日条、長和元年十月六日条、寛仁二年閏四月十六日・十月五日条

【参考文献】杉山信三『院家建築の研究』（吉川弘文館、一九八一年）、副島弘道「同聚院木造不動明王像と法性寺五大堂本尊」（佐藤道子編『中世寺院と法会』、法藏館、一九九四年）

（松岡智之）

梵音衆（ぼんおんしゅ）　「ぼんのんしゅう」とも。また、「梵音」と略記されることもある。法会の役僧の一種。四箇法要において、梵唄、散花に続いて三番目に梵音をうたう役僧（四番目は「錫杖」）。梵音は、『華厳経』（八十華厳）に基づく偈頌「十方諸有勝妙華　普散十方諸国土　是以供養釈迦尊　是以供養諸如来　出生無量宝蓮華　其華色相皆殊妙　是以供養大乗経　是以供養諸菩薩」を唱え詠じて仏法僧の三宝を讃え、浄音を三宝に供養する。四箇法要は、大堂落慶法要や入仏開眼供養法要など各種の法会に用いられる声明曲の仏儀。『御堂関白記』では寛弘元年（一〇〇四）三月十三日の法興院万灯会、寛弘二年十月十九日の浄妙寺供養、同四年十二月二日の同寺多宝塔供養、長和四年（一〇一五）十月二十五日の道長五十賀法会の各記事に梵音衆がみえる。

【参考文献】大山公淳『仏教音楽と声明』（東方出版、一九八九年）

（松岡智之）

万灯会（まんとうえ）　一万の灯明を掲げて、仏菩薩に供養し、諸々の罪障を滅ぼす祈願をし、懺悔する法会。『御堂関白記』には、寛弘元年（一〇〇四）三月十三日と同三年十月二十八日の法興院での万灯会の例が出てくる。前者に関しては、二月二十八日条に、万灯会のための雑事が定められている。当日、日没を待って万灯に火を入れて掲げ、子の刻に終わったが、灯はなお盛んで昼のように明るかったと記されている。後者では、請僧は僧綱十三人・凡僧四十人とあり、見物の人びとが垣根のように列をなしていたとある。法興院での万灯会はこの二例しかみられないが、後者に、万灯会の雑事などが例年に勝っていると記されているところから、恒例の行事と考えられる。『小右記』からは、興福寺や行願寺でも万灯会のあったことがわかる。

（藤本勝義）

御修法（みしほ）　「みずほう」「みしゅほう」とも読む。密教で行う加持祈祷の法。壇を設けて護摩を焚き、印を結んで真言（主に陀羅尼）を唱える。息災・降伏・延命・増益など祈願の目的により方式に違いがあり、本尊も、目的により大日如来や不動明王などを祀る。寛弘五年（一〇〇八）三月二十一日に、懐妊中の中宮彰子のために御修法が行われている。『紫式部日記』では、同年九月十一日の彰子出産直前に五壇の御修法が大々的に行われている模様が描かれるが、物の怪が跳梁しており、安産祈願とともに怨霊調伏の目的があった。長和元年（一〇一二）七月二十四日、三条天皇病気のための二壇の御修法が行われ、天台僧の証空・念覚らが奉仕している。同四年四月二十八日には、三条天皇の眼病のため、御修法などのことを定めているが、『小右記』によれば五月一日夜から、宮

中で七壇の御修法（七仏薬師を本尊とする薬師法）が始められ、結願*は五月十日であった。

【所在】寛弘元年八月二十八日条、長和四年閏六月二十九日条

【参考文献】小町谷照彦・倉田実編『王朝文学文化歴史大事典』「修法」の項（笠間書院、二〇一二年）

（藤本勝義）

御読経 主に宮中で行うもので、定期的に僧侶が一時ずつ輪番で仁王経*・法華経*・大般若経*・最勝王経などを読経*し、成仏や死者の冥福を祈る不断御読経や、祈雨や疫癘を鎮めるための臨時御読経、臨時の不断御読経などさまざまである。不断御読経は五月に催されることが多く、年中行事化しているともいえる。寛弘元年（一〇〇四）五月十七日からの内裏の御読経は、当初、仁王経転読が予定されていたが、宮中で出産の穢れがあり、懺悔・滅罪の功徳があるためか法華経に変わっている（五月十五日条）。同年八月六日条は、祈雨のため大極殿で百人の僧による仁王経御読経を記す。同七年十二月二十七日条は、四十人の僧による清涼殿の大般若御読経の初日を記す。一条天皇の新造一条院内裏への還御にかかわる宗教儀式と考えられる。中宮御読経は、たとえば同二年十月八日初日で、とくに十一日結願*の折、右大臣・内大臣をはじめ八、九人の公卿が参列し、道長は、后妃主催の御読経に大臣参列はきわめて稀であるとして喜んでいる（十月十一日条）。

【所在】寛弘元年七月二十日条、同二年十月二十二条、同四年閏五月十七日条、同八年五月九日・八月二日・十一月二十四日条、長和四年六月二十五日・十月二十六日条

（藤本勝義）

無動寺 比叡山延暦寺*東塔の無動寺谷にある寺。円仁の弟子の円応によって、貞観七年（八六五）に建てられた。長和元年（一〇一二）一月十六日条によると、この日の朝に比叡山から慶命がやって来て、道長次男の顕信が早朝に出家し無動寺にいると告げたとある。『栄花物語』や『大鏡』の記述と総合すると、革堂（行願寺）の行円のもとを訪れた顕信はその地で出家し、その後、慶命の無動寺に登ったことになる。突然の出家に周囲の者は驚いたが、道長は考えがあってのことだろうとし諸々手配するように返答し、異母兄にあたる頼通を比叡山に派遣した。翌十七日条によると、道長も相当に動揺していた様子がうかがわれる。その後、四月五日に道長も比叡山に登り、慶命の仲介で出家した顕信と対面した。

（吉田幹生）

無量寿院 →法成寺

維摩会 南都三会の一つ（あとの二つは宮中*の御斎会*と薬師寺最勝会）で、奈良の興福寺で毎年十月十日より藤原鎌足の忌日の十六日まで維摩経を講ずる法会。主に病気平癒のために行われた。維摩経は中国南北朝時代の鳩摩羅什が訳した維摩詰所説経の略称で、三巻十四品。起源は、七世紀に藤原鎌足の病気平癒を祈願して維摩経「問疾品」を誦したところ効験があり、鎌足は自邸を寺にして維摩経を講説したことにあるとする。その後、和銅七年（七一四）にこの山階寺を移建した興福寺で行うことになった。

その後、中絶があったが、延暦二十年（八〇一）興福寺で催すべしとの勅により慣例化した。勅使として藤原氏の弁官が派遣されるようになる。勅使は維摩会に先立って、聴衆の文・十聴衆の文・立義*者の解文を興福寺へ持参した。十聴衆とは、聴衆として参加する僧は四十人で、そのうち十人は興福寺から出すことが慣例であることからいう。これらの名簿はあらかじめ奏請されており、また、立義者の解文は前年のうちに興福寺から提出されていた候補者の申請書である。法会では講師*が維摩経を講説し、問答を行い立義者が答え、その及第が判定された。

寛弘七年（一〇一〇）十月十九日によると、

仏事・寺院

維摩会終了後に帰京した弁官（左大弁藤原説孝）が、維摩会の文書を氏長者の道長に進上している。そこには明年の立義者に興福寺の僧らの名前が記されていた。同八年四月六日や長和五年（一〇一六）四月五日には、それぞれ維摩会の講師の宣旨が下されている。『御堂関白記』では、このような比較的簡略な記事が大半である。『権記』では、たとえば長保元年（九九九）十月九日条にあるように、右大弁であった藤原行成自身が勅使として下向し、十六日まで興福寺界隈に滞在しているため記事は詳細である。風雨などにより朝座・夕座*に参入しない時もあるが、講師などの僧らと接触し、興福寺の諸堂内を巡礼するなど積極的に行動している。明年の講師らの名前も列挙している。

【所在】長和二年十月九日条、同五年十月八・十七日条　（藤本勝義）

立義　教義判定によって僧侶の実力を試す試験。「竪義」とも書くが、『御堂関白記』では「立義」と書かれている。出題者である探題が論議の議題を選定し、受験者である竪者が解答し、それについて試験官的な立場の問者が質問して竪者が答え、最後に探題*が解答の当否を判断し及落を決定する。興福寺維摩会*や薬師寺最勝会などで行われ、所寺から聴衆が参加した。『御堂関白記』では、十月十日から十六日まで行われる興福寺維摩会での立義の竪者選定のことがしばしば記されているほか（寛弘元年十月九日条、同七年十月十九日条、長和二年十月十五日条、同四年十月十四日条など）、寛弘二年（一〇〇五）五月二十四日や同三年五月二十二日には土御門第で開催した法華三十講*で立義を開催したことが記されている。また、寛仁元年（一〇一七）十月二十八日には、道長は立義を聞くために三井寺に参詣している。　（吉田幹生）

例経　いつもの経典というほどの意味。道長は、長和二年（一〇一三）三月十八日から開始した月例の経供養*について、当初は「例の経を供養す（例供養経）」と記していたが（五月十八日・六月十八日条など）、長和四年閏六月十八日条で「例経を供養す（供養例経）」として以降、「例経を申上す（例経申上）」（長和五年三月二十九日条など）「例経を申し上げしむ（令申上例経）」（寛仁元年五月三十日条など）と「例経」という言い方をするようになっていく。『御堂関白記』に十例みられる用例のうち八例がこの月例の経供養を指している。残りの二例は、寛弘五年（一〇〇八）一月二十一日の亡母忌日および長和四年六月二十二日の故一条院国忌*の法華八講*のさいに用いられている。これらも例年の行事ゆえ「例経」とされているのであろう。　（吉田幹生）

例講　例講は、定期的に催される経典講説の法会。道長以前には、藤原頼忠や同兼家、同実資が行った例がある。道長は土御門第の堂における例講を長和二年（一〇一三）三月に始め、毎月十八日に行った。十八日に行えなければ月末（二十九・三十日）に行った。両日ともに開催できなければ、その分を翌月に補充した。寛仁元年五月のように、十八日に先月分、月末に当月分を行ったこともあった。道長はこの月例行事を「例供養経」（『御堂関白記』長和二年五月十八日条など）ともよび、例講の実施をしばしば「（経を）申し上ぐ」と表現した。この法会では、僧一名を講師とし、経典を読誦、講説させたと考えられる。講じられた経典は不明。院源、実誓、日助、定基、懐寿、明快などの天台宗僧、融碩、経救などの興福寺*僧が講師*をつとめた。公卿の列席もある。長和二年の間は管絃が伴ったが、のちに恒例ではなくなった。

【所在】長和二年三月十八日条、同四年十二月十八日条、同五年八月三十日条、寛仁元年五月十八・三十日・九月三十日条、同二年正月三十日条

【参考文献】大谷久美子「藤原実資と藤原道長の「例講」―その信仰の違いについて―」(『国文学研究ノート』第五二号、二〇一四年)

(松岡智之)

論義(ろんぎ) 典籍の字句や意義について、問答を通じてその非理を明らかにすること。宮中御斎会(ごさいえ)*結願日(けちがん)*の『金光明最勝王経』の内論義(うち)*(天皇の御前で行われる論義)のほか、道長の時代には季御読経(きのみどきょう)*にともなう論義なども知られている。これ以外に、釈奠(せきてん)にさいしても儒者による内論義が行われた。『御堂関白記』には仏事にともなう論義が散見する。寛弘三年(一〇〇六)四月二十五・二十八日条や、長和二年(一〇一三)五月二十四日条には、春の季御読経にともなう論義が、寛仁元年(一〇一七)正月十四日条には、宮中御斎会の内論義がみえている。また長和二年九月二十一日条や同五年十月十三日条は、道長家の季読経(きのどきょう)*にともなう論義の記事であり、道長が自邸に僧侶を招いて論義を聴聞していることがわかる。道長家では、寛弘三年には「六番」(七月二十日条)、同六年には「五双」(四月二十五日条)、同七年には「五双」(六月二十二日条)の論義が繰り広げられている。→三五九頁「論義」

(磐下徹)

◆風俗・信仰

貴族の風俗と信仰

仁明天皇の承和年間（八三四〜八四八）は政治的・文化的に種々の転機だった。五年に最後の遣唐使が出発。七年淳和、九年嵯峨上皇崩御。直後に皇太子が藤原良房妹順子所生の皇子（文徳天皇）に替る。桓武朝頃から神祇や政治的敗者の皇族の死霊（山陵）などの祟が天皇らの病いや災害・怪異の原因と考えられていたが、十一年に良房が嵯峨の遺詔に反して何の祟か占うことを正式決定した。

文徳第四皇子の清和天皇の貞観年間（八五九〜八七七）には、社会不安が高まる。富士山・鳥海山の噴火や三陸大津波、都の疫病や洪水等の災害が続いたため、疫病流行を崇道天皇以下六人の霊の祟とし、慰撫する御霊会も始まった。また初の幼帝で太政大臣良房が外祖父として人臣初の摂政となり、三宮に准じるなど、外戚北家藤原氏の権力掌握や、それにともなう律令体制の衰退が進む。新皇統の宇多天皇は、寛平年間（八八九〜八九八）の初期まで良房養子の基経を関白としたが、その後は親政を行い、菅原道真を重用した。宇多朝には新たな年中行事が生まれ、神国意識も高まる。続く醍醐朝に道真が左遷され延喜三年（九〇三）大宰府で死去した後、都の雷火の被害をその祟としたことから、同時代の臣下の霊も恐れられるようになった（道長が敗者たちに手を差し伸べることを彼の温情や豪気に帰す向きがあるが、怨霊に対する恐れも看過できない）。

以上のように、平安貴族が恐れたのは神祇や死霊で、災害・怪異や病いをその祟と考え、凶事が起きる予兆とみなした。中国の災異思想は、国家が道を失うと天がまず「災害」を出して「譴告」し、自省しなければ「怪異」を出して「警懼」し、なお変わらなければ死に至らせるという（『漢書』巻五十六・董仲舒伝）、儒教的天命観にもとづき徳治を促すものだった。災異と対になるのが天象や鳥獣等による祥瑞である。日本の律令国家でも、これを継受して災異を為政者に対する天譴（天帝の警告。ただし日本では天神地祇が主体）とみなしたが、奈良末期から平安初期にかけて伝統的な災異観への揺り戻しがあり、再び神霊の祟・警告とみなし、占いでその意向をうかがった。災は、『類聚国史』災異部に旱、地震、火、蝗、凶年、三合歳、疾疫があげられ、『小記目録』巻十九には天変、雷鳴、霖雨、洪水、大風もみえる。夢も、悪夢（夢想）は陰陽師の怪異占の対象だが、神仏の夢告は別で、夢解（夢占）に陰陽師はかかわらない（旱魃の続く寛弘元年の七月十日に一条天皇みずから東庭で祈雨を行った翌朝、「飲酒」の夢を見て道長が「雨下るか」と奏上したのは夢解の例）。

彼らは神や霊のほかにも外来の神々や諸仏・諸天、鬼、精、狐などの貴賤や由来も異なる基本的に目に見えないモノ（広義の「物」）の存在と、その影響力を信じた。ただし外来神のうち受容されたのは、星神、方角神、地神、水神・火神、冥官神・寿命神等の普遍的・原理的な自然神で、伝統的な八百万の神に通じる。また星神のうち北辰（北極星）や北斗七星の信仰は、道教に始まり五行家や医家、さらに唐末には密教に取り込まれ、それぞれの書籍等から日本に伝わった。道教は、仏教のような体系や教団の伝来はないものの、『抱朴子』等の書籍が渡来し（『日本国見在書目録』廿五・道家）、御燈、庚申、大祓の東西文部の祓刀など、諸要素が平安文化に溶け込んでいる。とくに陰陽道の呪術・祭祀は、多くが道教に由来した。元旦の四方拝の呪文等の常套的結句「急々如律令」も、漢の公文書末尾の「如律令」等にさかのぼる道教の呪符の用語である。

また平安貴族は、死・出産・流産・月事・肉食等を穢とし、それらに触れることも恐れ、忌避した。これは、神祇が清浄を好み不浄を悪むこととかかわる。彼らは神を敬い神事を重んじるがゆえに、みずからも清浄を好んだ。この志向は色彩観にも影響し、中国では五行思想で金に当たり「喪」の色として忌避された「白」が、日本では衣服令で天皇の衣の色とされ、后妃の出産時の装束（室礼と衣）の当色とされた。雪や月を愛でる心理にもつながる。

彼らは穢等を恐れる一方で、不安解消・秩序回復の手段も種々手に入れた。触穢のさいの忌の期間や伝染のしくみの規定も、危機管理のための共通理解である。また、服喪期間は喪葬令にさかのぼるが、回復に要する期間は怪我の全治のような本質的なものではなく社会の約束事ゆえ、必要があれば月を日に換算して満期を早めることもできた。

陰陽道の成立も、多種多様なモノに対する恐れと安寧秩序を求める心理にもとづく。陰陽寮の官人は、神祇官とともに占い、社会不安の高まった九世紀後半から十世紀にかけて、陰陽五行書や医書、道教・密教経典等に拠り、国家や個人の無事のために、新たに留意すべき日時・方角の禁忌を進言し、呪術・祭祀を行うようになる。平城天皇が禁止して、良房の父冬嗣が嵯峨朝に復活させた暦注も、この時期に『宿曜経』（空海が将来）や『群忌隆集』（十月の亥子餅の出典でもある）等にもとづき追加された。

このような陰陽寮官人の学術・職務の拡大によって日本で成立した、現世での吉凶・禍福にかかわる禁忌と占術・呪術の集合体が、大学寮の四道に準じて「陰陽道」とよばれるようになる。陰陽道も、日本の伝統的思考と大量の外来文化の取捨・受容にもとづき、承和年間を転機として、貞観頃に外戚の権力掌握やそれにともなう律令体制の衰退と社会不安に乗じて誕生し、摂関家をはじめとする貴族社会を主な担い手として発展した、国風文化の一つである。「陰陽師」の「祓」（『伊勢物語』六五段）、「方違」（『古今和歌集』雑歌上・八七六番歌詞書）など、現存文献上の語句の初例の多くが仮名文学作品にみえるのは偶然ではない。

また同じ頃、日本紀講を通じて住吉神や神功皇后伝承とともに難波の海の重要性が再認識されるなど、水の呪力への信仰が高まり、それによって災禍（旱・霖、疫病や個人の病い等）を攘い浄化・再生を祈る祭祀が、十世紀中頃までに生まれた。神祇官の八十嶋祭や陰陽師の河臨祓、高山祭・海若祭（長和四年四月二十八日条）などである。そのほかに熾盛光法をはじめとする天変消除のための星辰祭供（星辰供・星供）や聖天供等の密教修法も、天下や公家危急の対処または予防に用いられた。

そして十世紀中頃から一条朝の前半の十世紀末まで、村上朝を中心に、陰陽道は最初の発展期を迎える。とくに忠平・師輔・兼家は、『貞信公記』『九条殿遺誡』『蜻蛉日記』等で知られるとおり、陰陽道の祭祀に親しみ禁忌を遵守した。一方、村上朝に法蔵の活躍によって成立した身分・地位と無関係に個人の誕生時の星の位置で占う密教占星術の宿曜道には、子孫の師実・師通・忠実と異なり、道長はあまり関心を持たなかった。

十世紀末は種々の過渡期で、たとえば正暦四年（九九三）は元日の大極殿での約半世紀ぶりの朝賀が参列者の遅刻で大幅に遅れ（『権記』）、また諸司・諸国用の頒暦が作られず、十一月一日は慶賀すべき朔旦冬至だったが御暦奏に頒暦の唐櫃がなかった（『本朝世紀』）。このように律令体制が解体し政治機構のミウチ化が進んだが、神社の四時祭や宮中の年中行事、勅撰和歌集の四季の部立、皇族の算賀や入内用の月次屏風など、頒暦制度とは別のかたちで天皇が時間を司るという理念は継承される。漏刻具（水時計。当時は定時法）は譲位のさいに大刀契などとともに東宮に移された（長和五年正月二十九日条）。暦の需要も高まり、貴族らは個別に入手した具注暦の間あきに日記を書いた。『御堂関白記』自筆本は具注暦（『宣明暦』）そのものである。

十一世紀には、北野で三条天皇の眼病平癒の祭をした男巫（長和四年閏六月十三日条）など、民間の老若男女の呪術師・祈禱師が増え、陰陽師も呪術宗教家的性格を強める。陰陽道が宗教か否かは議論が分かれ、学術や有職故実というべき面もあるが、陰陽師は祭壇をもうけて各種の神に祈る祭祀者であり、依頼者たちは神々の存在や力、陰陽師の呪力を信じていたので、宗教という面の全否定はできない。魂の救済を行うのではなく、来世観を持たず、あくまで現世利益という此岸性は道教と同じだが、屋外の水辺や山・境界・庭などを祭場とし、寺社や道観・聖廟のような建物を持たない点が、ほかの宗教と異なり、初期の神祇信仰に類似する。祭祀は主として夜間に行われた。

さて道長が陰陽道信仰に熱心であったことは、諸氏によって指摘されてきた。彼の心理的支えや事績としても、人間関係や、いかに理詰めでなく臨機応変に事を処する能力（「和魂」、『源氏物語』少女）の持ち主であるかをうかがう手段としても、陰陽道は重要である。安全安心を得るためのものであり、彼の合理的思考とは矛盾しない。

道長がより多用した陰陽師は、賀茂氏より劣位ゆえに呪術・祭祀を中心に職務開拓や宣伝活動に積極的で、禁忌の扱いなどでは摂関家の意向に迎合的だった安倍晴明・吉平親子である。道長は滅門日や五菓、藤原行成は泰山府君祭や七瀬祓など、最新の知識や術を彼らから直接教えられている。今日の初詣につながる生気献燈をこの二人が始めたのも、同様の経緯に拠るのだろう。一方、『小右記』の記主で「漢才」（学識）のある藤原実資は、出典重視で学術的な忠行・保憲・光栄・守道と続く賀茂氏を尊重した。

また両者の日記も対照的で、『御堂関白記』には専門用語・正式名称や勘文・占文の引用はほとんどなく、「陰陽師」はすべて通称・俗称である。凶日では「坎日」が最多で、方角神名は限られ、「吉方」「忌日」「日次不宜」「吉日」「宜日」「祭」「祓」などの総称や間接的な表現が多い。これは仮名文学作品と同じである（寛弘七年上巻・表紙見返の「件の記等、披露すべきに非ず。早く破却せらるべき者なり」も『土佐日記』以下の常套句に類似）。「物怪」を当時の矮小化した用法ではなく祖霊の啓示のみに用いる点は、『源氏物語』に近い。ただし仮名文学にすらみえる「厄」「呪詛」の語は皆無である。道長は縁起の悪い語句・事柄は記さず言忌をしており、病いの原因となるモノの「祟」は「竈神」のみ長和二年（一〇一三）に二例、「邪気」（物気）は同四年の三条天皇と頼通に憑いた数例のみ。また、「忌方」（禍害・鬼吏）は寛弘八年（一〇一一）の二例、同じく八卦忌の大厄日・小衰日も同年（実例では初見）と翌年に限られるなど、道長の禁忌への関心には一過性がある。

一方、物忌・祓・方違は日記全体を通じて多い。最多は物忌で、家司による注記をふくめ鎌足廟鳴動など氏関係が目立つ。方違も、父兼家建立の法興院の犯土のさいは詳しい。祖父師輔が共通するいとこたちの着服・除服の記事をふくめ、藤氏や九条家の長としての行動や意識が顕著である。日の吉凶については師輔の遺誡を遵守するとともに、忠平の着座の吉例を優先して大禍日を忌まなかった。また敦成親王（後一条天皇）の衰日の例が多く、敦成が病むと道長は固い物忌を破って馳せ参じ、新造内裏遷幸で仏事のみ忌む「滅門」にこだわるなど、守護が目立つ。以後も、大内裏犯土の方忌には無頓着だが、春日行幸では天皇の大厄・小衰の月にまでこだわった（『小右記』寛仁二・四年）。

また祓は、浄化と招福を目的とするもので、道長の例は物忌の次に多く、種類・量ともに圧倒的である。すでに長徳元年（九九五）に右大臣・内覧・氏長者になっていた彼の政治面での望みは、娘が国母（天皇の生母）となり、外祖父として政務に携わり、その地位を長男に渡すことだった。天皇にとっても母親や外戚の存在が重要なことは、四方拝での父母の廟の遥拝、仁明朝に始まる朝覲行幸、外戚神の例祭の公祭化などからわかる。母后が簾中にいて行幸では同輿する幼帝の場合はなおさらである。道長は本格的にそれを狙うための寛弘四・八年の御嶽精進中に、松前等、複数の国家的祭場で河臨祓を行った。寛弘の初年までは定子所生の敦康親王の祓の伴をしていたが、その後は下巳祓をふくめ、倫子や后候補の威子・嬉子と行う例がみえる。夫婦や家族での外出だが、政治的意味合いがあった。

祓等に頼ったのは道長だけではない。貴族らは太政官制に加えて天皇の外戚になることを権力掌握の必要条件としたが、女性の身体に頼り偶然性の高い妊娠・出産が権力基盤というのは不安定である。このことが、為政者らが神秘を公然と支持した一因であろう。また出産は、生と死、清浄と不浄の交錯する場で神祇官はかかわれない。医師や密教僧も安産のために奉仕したが、胎児の性別や誕生時刻、産座や産湯等の日時・方角の勘申など、出産前後は祓以外にも陰陽師の職務の集中する場だった。陰陽道が清和・良房の摂関体制成立期に誕生したのは必然といえる。

陰陽道は権門の外戚政策を支え、貴族の男女の生活を種々の禁忌で規制しただけでなく、文化の発展にも寄与した。たとえば主君の物忌に備えた参籠が、庚申とともに詩歌管絃等に勤しむ機会となり、怪所である自邸以外での物忌は方違とともに新たな出会いをもたらし、籠居の所在なさが自照や自然観察につながった。道長も物忌の日は寛弘元年五月十四日条「天陰、微雨時々下る。南風の気有り」など、繊細な天気の記事が多い。また陰陽道の禁忌は基本的に二十四気による節切で、彼らは常に暦月（陰暦）と節月の両方を意識せざるを得なかった。『古今集』巻頭歌で知られる「年内立春」も、陰陽道によって生活に浸透していたのである。上巳や夏越祓は季節感があり女性もかかわったので例歌も多いが、陰陽道全体が歳時や暦と不可分だった。なお基礎的な知識は幼学書『口遊』の陰陽門や時節門にみえ、院政期の陰陽道書『陰陽雑書』や『陰陽略書』が詳しいが、後代の故実書は実態と異なる点がある。

ところで、平安時代に用いられた中国の類書『初学記』

の首巻・天部上の項目は天・日・月・星・雲・風・雷、下は雨・雪・霜・雹・露・霧・虹蜺・霽晴である。これら天象や鳥獣草木等の自然は、その異常が背後にモノが存在する災害・怪異や天変で統括者の問題とされる一方、正常なあり方は順調な時の運行を示し聖代の証となるほか、季節ごとに賞美された。とくに「雪月花」（出典は承和五年将来の『白氏文集』巻五十五・寄殷協律、『千載佳句』憶友・『和漢朗詠集』交友に摘句）は、詩歌にもよく詠まれ、道長は花見や紅葉狩りに加え雪見にも出かけている。天象と動植物、陰陽道、年中行事、野遊等は、一連のものである。

なお霜は、道長第作文での詩題二例（「風高霜葉落」「経霜知菊性」）、雹は雷鳴をともなった寛弘二年十一月二日条と長和二年三月二十九日条、霰は長保元年（九九九）九月二十日条「今朝、初霰降る」、露は寛弘八年六月二十一日の一条法皇の辞世歌「つゆのみの…」と長和四年五月二十六日条の疫病の比喩「霧露、相侵す」、霧はこれと寛弘四年八月十一日条の金峰山埋経後の眺望「霧下る、意の如く見えず」にみられる。曾孫師通は、御嶽詣だけでなく、そこでの道長の風景描写や雪月花の表現等を継承した。

【参考文献】

朧谷寿『藤原道長―男は妻がらなり―』（ミネルヴァ書房、二〇〇七年）、加納重文「藤原道長の禁忌生活」（村井康彦編『公家と武家―その比較文明史的考察―』、思文閣出版、一九九五年）・『平安文学の環境―後宮・俗信・地理―』（和泉書院、二〇〇八年）、下出積與『日本古代の道教・陰陽道と神祇』（吉川弘文館、一九九七年）、中村璋八『日本陰陽道書の研究 増補版』（汲古書院、二〇〇〇年）、ベルナール・フランク『方忌みと方違え―平安時代の方角禁忌に関する研究―』（斎藤広信訳、岩波書店、一九八九年）、村山修一「道長の陰陽道信仰」（『日本陰陽道史総説』、塙書房、一九八一年）・「陰陽道」（鈴木一雄・山中裕編『平安時代の信仰と生活』、至文堂、一九九一年）、山下克明『平安時代の宗教文化と陰陽道』（岩田書院、一九九六年）・『陰陽道の発見』（日本放送出版協会、二〇一〇年）・『平安時代陰陽道史研究』（思文閣出版、二〇一五年）、山中裕「平安貴族と陰陽道―とくに藤原道長を中心として―」（『陰陽道』神道大系・月報67、一九八七年）、渡辺秀夫『詩歌の森―日本語のイメージ―』（大修館書店、一九九五年）、中島和歌子「八卦法管見」（『文化學年報』一二、一九九三年）・「院政期の出産・通過儀礼と八卦」（『風俗』三二―二、一九九三年）・「平安時代の吉方詣考」（『古代文化』四五―三、一九九三年）・「源氏物語の道教・陰陽道・宿曜道」（増田繁夫ほか編『源氏物語の思想』源氏物語研究集成・第六巻、風間書房、二〇〇一年）・「陰陽道の七瀬の祓と、『源氏物語』澪標巻の難波の海の祓」（日向一雅編『源氏物語 重層する歴史の諸相』、竹林舎、二〇〇六年）・「陰陽道」（小町谷照彦・倉田実編『王朝文学文化歴史大事典』、笠間書院、二〇一一年）・「『御堂関白記』の陰陽道」（『国文学研究資料館紀要 文学研究篇』四〇、二〇一四年）・「古代文学と陰陽道概説」（水口幹記編『古代東アジアの「祈り」―宗教・習俗・占術―』、森話社、二〇一四年）

（中島和歌子）

雨 天象の一つ。季節を限らず、水源となり農事に影響する（寛弘五年八月四日条、同六年七月十二日条）など、最も身近で影響が大きかった。天象はすべて王権とかかわるが、雨は代表的。また当時の儀式・行事は屋外または屋内外が一体化して行うものがほとんどで、雨天時は中止や規模の縮小・場所の変更があり（雨儀）、雨は好まれなかった。旱*と霖雨は、年穀にも直結する災で、軒廊御卜や祈雨*・祈晴（止雨）を行った。ともに蝗害や疫病等、他の災の原因にもなる。

『御堂関白記』中、霖は寛弘二（一〇〇五）・三・五〜七年、長和二年（一〇一三）、寛仁元年（一〇一七）、旱は寛弘元年、長和元・五年、寛仁二年にみえる。長和五年は梅雨明け後に降らず、五月二十九日に祈雨奉幣・黒馬奉納をした。六月八日神祇官の祈禱の翌日から降り、九日も朝から「雨気」があって「天雲陰気普し。異雨の如し」などとある。寛仁二年は祈年穀奉幣使発遣後「大瑞雨」があったが、四月から旱となり五・六月に祈雨をした。逆に、長和二年は三月から多雨で寒く、二十三・二十四日に「志久礼」のような雨、二十九日「雨脚甚冽。雷。氷降る。其の大なる事、碁石許り」、六月三日「暴雨。前駆の者、水に落ち入るが如し」。寛仁元年も五月十六日「雨下ること、射るが如し」、七月二日「通夜深雨。京極の辺、海の如し」で、八月まで雨が多く疫病による死者も出たが（六月二十九日条）、七月来の蝗害は収まった（八月五日条）。他の雨の記事や表現も多様で、長保二年（一〇〇〇）四月七日は「未時白雨、雷音大なり。…此の後大雨。戌時、天晴月明。亥時、宮入り給ふ」と彰子立后後初入内日の変化を記し、寛弘四年四月十九日の賀茂祭で雨が止んだことは「神感」と記す。大雨は他に「甚雨」、逆は「小雨・少雨・微雨」など。雨による比喩は、浄妙寺供養の感涙「道俗涙を流すこと、雨の如し」と一条院崩御前日の「泣を流すこと、雨の如し」。

【所在】長和四年正月一日・七月十二日条、同五年三月十一日条、寛仁二年三月二十四日条

【参考史料】『類聚国史』災異部四・旱、『小記目録』巻十九・霖雨事、洪水、止雨、旱魃事、祈雨事

（中島和歌子）

移徙 「わたまし」とも。住居を変えること、引越し。「渡」や「遷幸」など移徙に当たる語は多い。出かける意の「出行」は別である。日時・方角禁忌が重視された。暦*の吉事注にあり、『陰陽雑書』（移徙吉日）も「甲子〈春忌〉・乙丑・丙寅・丁卯」以下の吉日をあげ、「忌日*」として往亡や帰忌、忌遠行や火曜などの凶日をあげる。新造の邸宅に移徙するさいには、一連の新宅作法（鎮新居法・新宅儀・新宅法・移徙法）を行った。陰陽師*が出発前に反閇*を行い、水火童女（水取火取）と、土公神の祟（土気）を鎮める黄牛（行幸や御幸は二頭）を率いて新宅に入る。地鎮や宅鎮の呪符なども用いられ、五菓は三日間供えた。黄牛も三日間繋ぐ。

『御堂関白記』にも移徙や日時・方角の勘申*が多数みえる。禁忌のために延期や中止になった例も多い。寛弘八年（一〇一一）七月一日、陰陽師たちは八月十一日壬子が新造内裏遷幸の「宜日」だと申したが、道長は「火曜日」であるなどの理由で留保した。火曜でも「然るべき御祈」を成せば「吉日」になるというのは、河伯神・朱童神などを祭る陰陽道の火伏の火災祭を指す（『小記目録』第十五・日次事）。また、寛弘三年八月十九日己丑の道長小南第移徙では「新宅の儀を用ゐず」だったが、当日の攤打や二日目・三日目の小宴があることから、三日間続く貴族らの訪問・酒宴等は別物であるとわかる。寛弘二年二月十日戊子の新造東三条第移徙は「陰陽師晴明…新宅作法有り」（三日目に黄牛逃亡）、寛仁元年（一〇一七）十一月十日甲辰の新造二条第移徙は「新宅の儀、常の如し」とのみ

記す。一方、行幸啓は具体的で、後一条天皇と彰子が長和五年（一〇一六）六月二日甲戌に新造一条院内裏に入った記事は、童女や童男ではなく左右馬寮官人が黄牛二頭を牽いたことや五菓などについても詳しく、寛仁二年四月二十八日乙卯の新造内裏行幸啓では安倍吉平による「読符」が加わっている。

【所在】寛弘五年七月九日条、同八年八月十一日条、長和五年三月二十日・十月二十日条

【参考史料】『新儀式』四・天皇遷御事、『小右記』長和五年六月二日条、『左経記』長元五年四月四日条　（中島和歌子）

忌月　①仏教でいう祥月。「きげつ・きづき」。天皇の忌月は影響が大きく、五月節会は村上天皇（崩御は五月二十五日）の忌月により冷泉朝に停止された（『日本紀略』安和元年八月二十二日条）。②陰陽道などで何かを忌む月全般。五月・九月は結婚を忌む（『陰陽雑書』嫁娶吉日）。『御堂関白記』の六例はすべて①。寛弘元年（一〇〇四）二月五日、春日祭使の頼通が参内したさい、父円融院（二月十二日崩御）の「御忌月」により「歌笛」（求子）がなく、寛弘七年十二月一日に道長が御前に召されなかったのは母詮子（閏十二月二十二日崩御）の「御忌月」によるらしい。道長も、寛弘六年十二月七日の東三条第での神楽は「院（詮子）の国忌月」により開始前に帰っている。三条天皇は、元日節会が母超子（贈皇太后、正月二十八日卒去）、十月一日の旬が父冷泉院（十月二十四日崩御）の「御忌月」により、出御できなかった。

【所在】長和二年一月一日・十月一日条、寛仁元年十月三日条　（中島和歌子）

忌方　→王相方

忌日　①仏教でいう命日。「きにち」。国忌は天皇や母后の命日。祭事は国忌と重なれば延期された。②陰陽道の八卦忌の衰日*。「いみのひ」。「忌方」に対応する。『栄花物語』も、葬送の記事で道長やその子女などの衰日を「御いみの日」とよぶ。③主に陰陽道で何かを忌む日全般。「いむひ」。

『御堂関白記』の例は①がほとんどである。道長は、父兼家の忌日（七月二日）は法興院で基本的にその日を結願日とする法華八講や斎食、母時姫の忌日（正月二十一日）は斎食や院源らによる経供養、姉詮子の忌日（閏十二月二十二日）も慈徳寺でその日を結願日とする八講や斎食を恒例とした。長和四年（一〇一五）七月十四日条に「盆供、常の如し。法興院・浄閑寺・慈徳寺等也」とあり、寛仁元年（一〇一七）二月二十七日の木幡の墓参もこの三人ので、両親と詮子を重んじた。倫子も、父源雅信の忌日（七月二十九日）の八講を仁和寺で（長保元年・寛弘三年・長和四年・寛仁二年）、母藤原穆子の忌日（七月二十六日）の寛仁元年の一周忌法会を一条第で、翌年は経供養を二条第で行っている。

ただし②もある。寛弘八年（一〇一一）七月十七日条で、彰子の土殿移御と着服が延びた一因を十三日甲申が「母の忌日」だったとするのは、四十八歳の衰日が寅・申であることから、倫子の衰日とわかる。妍子も、三条院の入棺・葬送の五月十二日己酉が「母々御忌の日に依り、延引」（寛仁元年五月二十七日条）。これも穆子の命日ではなく、倫子五十四歳の衰日である。中宮彰子と妍子は、ともに亡夫の服喪*を母親の衰日を憚って延期した。また長和五年二月五日庚辰に道長五十一歳が「余の忌日」により叙位を行わなかったのも、辰で個人の忌ゆえに衰日。

③の例はない。道長は日次の悪いことを、基本的に「日・日次・日条次」「不宜」と書く（寛弘四年正月十九日条、長和元年四月七日・十二月八日条、同二年五月二十日条等）。寛弘八年七月七日条は「日の忌有り」。

【所在】長和元年五月十七日条、同五年四月二日条

風俗・信仰

【参考文献】桃裕行「忌日考」(『古記録の研究(上)』、思文閣出版、一九八八年)(中島和歌子)

易 占術の一種。『易経』にもとづき、筮竹と算木を用いて占う。易筮・易占とも。上代は陰陽寮の陰陽部門でも行っていたが、平安時代は僧侶や儒家が、正規の職務ではなく内々の諮問に対して行った。院政期の大江匡房・藤原頼長の例も知られる。これによって一日籠居するのが「易物忌*」。『御堂関白記』では、道長が一条天皇病中の寛弘八年(一〇一一)五月二十五日、大江匡衡を召して占わせた一例のみ。醍醐・村上天皇崩御のさいと同じ卦が出て、「占文」を見た道長と御持僧慶円が二間で泣くのを垣間見した天皇は、結果を知り病状が悪化した(『権記』二十七日条)。長和四年(一〇一五)の三条天皇の眼病についての仁海の易は、平癒との結果が不満だったためか記していない。

【参考史料】『小右記』長和四年閏六月二・三日条、『二中歴』十三・一能歴・易筮

【参考文献】小坂眞二「古代・中世の占い」(村山修一ほか編『陰陽道叢書4』、名著出版、一九九三年)(中島和歌子)

王相方 忌むべき方角神(凶神・悪神)の一つ。本来は王方と相方。立春後四十五日間は震(東)が相方で艮が王方、春分後四十五日間は巽が相方で震が王方というように、前駆の相と王は四十五日ごとに時計回りに八方位を巡る。実際には併せて王相方として、立春から九十日間は東、立夏から南、立秋から西、立冬から北と、季節(節切)ごとに四方を巡るものとして扱われ、「三月めぐり」(『簾中抄』下)の呼称も生まれた。犯土*を忌み、八卦忌の絶命・鬼吏と重なると行幸を忌む(康保元年九月九日賀茂保憲勘文)。

八卦忌は、年齢ごとに八通りある一年間(節切)の方角・日時の禁忌の体系で、凶方の遊年・禍害・絶命・鬼吏、吉方*の生気・養者、衰日*、小衰・大厄が中心。遊年・禍害・絶命・生気が本来的で、日本でも藤原京跡出土の木簡にみえる。五行書では男女別だが、日本では男女兼用の医書の説を採用した。

『御堂関白記』には寛弘八年に二例。ともに八卦忌方と併記されている。道長が南山金峰山詣を延期できない理由は、南が今年の「忌方」(四十六歳の禍害・鬼吏)で、夏には「王相」に当たるために重く忌む必要あり(三月九日条)、また東宮居貞が西を忌み七月十日に入内するのに方違*が必要な理由も、「忌方」(三十六歳の禍害)と「大将軍*・王相」だった(六月八日条)。寛仁元年(一〇一七)三月二十七日、安倍吉平が四月十九日に土御門第から南方の法興院の堂を建てるためには「方忌*」があるので立夏以前に源済政三条家に渡るとよいと申したのも、王相方の忌を指す。道長は四月二日に方違をした。

【参考史料】『外台秘要方』巻三十三・崔氏年立成図法、『五行大義』巻五-二・論人遊年・年立、『医心方』巻二針灸部・八卦法第十一、『口遊』陰陽門、『陰陽雑書』方角禁忌、『陰陽略書』諸神禁忌法

【参考文献】小坂眞二「物忌・方違と陰陽道の勘申部門」(村山修一ほか編『陰陽道叢書4』、名著出版、一九九三年)(中島和歌子)

陰陽師 ①官名。職員令に規定された陰陽寮の占術(占筮・相地)を行う部門の技官。寮に六名、大宰府に一名。九世紀中に周辺の国衙にも怪*を占うために配置された。②職業名。中世に「おんみょうじ」となる。陰陽道の知識や術がある者で、寮の現役や出身の官人のほか、祓*をもっぱらとし時に呪詛も行った法師陰陽師など、寮とは無関係の民間人にも用いる。九世紀後半から十世紀にかけて、寮の官人が所属部門(陰陽・暦*・天文・漏刻)にかかわらず公私に要請を受け、占術のほか、呪術・祭祀、日時・方角禁忌の勘申*を行うようになり、陰陽道が成立した。それにともない普及した通称・俗称。公文書

などでは「陰陽家」。村上朝以降、上位二人が蔵人所に召され、式占*（蔵人所御占）や天皇個人に関する日時・方角の勘申、祭・祓を行った。彼らは上級貴族にも私的に奉仕して収入と官位を得た。出産は三大職務が揃う代表的な活躍の場である。本来、寮の最高責任者で最高位の陰陽頭は、十一世紀後半に両家が独占するまで陰陽道では下位となったが、軒廊御卜や公事の日時勘申、御忌勘文献上などの寮務は続いた。両家のうち賀茂家は学術的、安倍家は呪術者的で摂関家に迎合的。『御堂関白記』では、寛弘二年（一〇〇五）二月十日条の「陰陽師晴明」以下、すべて②の俗称。道長が最も多用したのは安倍吉平だが、賀茂光栄を陰陽道および暦道の長として信頼していた。彼は晴明・吉平親子それぞれと公私の職務で協働している。天文密奏*の内覧で接点のある縣奉平も、権天文博士の公務以外に、三番手の陰陽師として道長の重要な祓や祭、日時勘申に奉仕した（寛弘元年十二月三日条、同四年三月十六日・七月一日条等）。天文博士の晴明男吉昌にも道長の祓の例がある（寛弘八年二月十九日条、長和五年三月一日条）。ただし光栄以外の暦道の陰陽師たちは、光栄男守道をふくめ直接的な接触は記されていない。また惟宗文高（前姓秦、文隆は当て字）は寮内の叩きあげのトップだが、私的には下位の陰陽師として八嶋祓や七瀬祓、土御門第再建の日時勘申等に奉仕した。文高の前後の頭惟宗正邦・大中臣実光も同様である。道長は文高を公的には頭として遇するが、行幸の日時勘申をあらかじめ光栄・吉平に「内々」にさせ（寛弘八年七月三日条）、吉平の説を支持するなど（寛仁元年二月五日条）、陰陽寮の軽視がうかがえる。嬉子の死後、儒教の喚魂を行った中原恒盛（『小右記』万寿二年八月七日条等）のような下位の陰陽師の名はみえない。

なお、一条院・冷泉院・三条院の葬地や陵地の吉所を儒家とともに陰陽師に選ばせたのは、相地（視占）の例である。長和五年（一〇一六）八月七日、吉平と文高に法興院再建の「町を卜せしめ」たのも御願寺ゆえ公的だが、寛弘元年二月十九日、晴明と光栄に「木幡三昧堂」建立の「勝地」（『世事要略』巻二十九）を選定させたのは、臣下の相地の例として早い。「其の北方に平所有り。道の東なり」は、十一世紀中に成立する狭義の四神相応にも一部合致する。また、寛弘八年十月十一日条「御禊点地画図勘文」、長和元年閏十月二十二日条「点定」、同五年十月九日条「点地」等、大嘗会の御禊をどの大路末の河原で行うかの選定も、陰陽師が担った（『儀式』二、『江家次第』巻十四・大嘗会御禊定）。

【所在】寛弘八年二月十六・十九・二十・二十三〜二十六日条

【参考文献】村山修一『日本陰陽道史総説』（塙書房、一九八一年）、繁田信一『陰陽師と貴族社会』（吉川弘文館、二〇〇四年）（中島和歌子）

怪（かい）

「さとし」とも。何かの予兆と考えられた、実害はあまりないが不可解な現象。よく異体字の「恠」が用いられる。異・怪異とも。天長年間から「物怪」（もののさとし・もっけ）も用いられるようになった。鷺の群集など鳥によるものが多い。犬や鼠の矢（糞）なども時や場所によっては怪とみなされた。悪夢（夢想*）や火事*もふくまれる（大規模な火事は災）。「怪異」と「災・災害」を合わせた語が「災異」、逆が「祥瑞」。災と同様に、発生場所の長に対する神や山陵などの啓示と考えられて、吉凶や、何の予兆で長以外には誰がいつ慎むべきかなどを陰陽師*の式占*で明らかにした。

道長が「恠」を用いるのは、祈年穀奉幣の宣命への「天変・物恠頻に示す由」の追加指示（寛仁元年二月十三日条）をのぞくと、多武峰の鎌足廟の鳴動に限られる。寛弘元年（一〇〇四）九月二十五日条「去廿三日御墓鳴る怪異の事」、三十日条「多武峰申す去廿三日の怪」、同七年八月二十四・二十六日条「多武物怪」で、祖霊の啓示、まさに「もののさとし」である。他の怪については、鷺・鴨・山鶏・小鳥の群・蛇・牛・鹿・犬・狐・野猪等の行動や松の枯倒、内裏樋殿や朝堂院延禄堂の顚倒、虹など、現象を具体的に記す。寛弘七年八月二十四日条も、土御門第の怪は「細殿北面に牛登る」と記している（寛弘二年七月二十一日は西対北渡殿）。式占で「不吉」と出て牛の祓＊をした。長和四年（一〇一五）閏六月十日、道長が同第の仏堂の南の山に昨日虹が立ったと聞き、安倍吉平を召して吉凶を問うと、「殊なる事無し。自然の事なり」と答えた。重病で記事のない長和元年六月にも、同第や道長に近しい人びとの家に虹が立っていた（『小右記』同年六月二十八・二十九日条）。なお自筆本の家司による注記には、「御物忌、興福寺御塔烏の巣の怪。御年不当」、「左近陣烏の矢の怪」などと「怪」が用いられ、大原野社や春日社の怪もみえる。

【所在】寛弘元年五月五日条、同三年七月三日・十月十一日条、長和二年十一月十六日・十二月二日条、同五年三月二十三日条、寛仁元年十月十五・十六・二十八日条

【参考史料】『小記目録』第十六・怪異事、『小右記』長和三年三月一日条

【参考文献】森正人「モノノケ・モノノサトシ・物怪・怪異—憑依と怪異現象とにかかわる語誌—」（『国語国文学研究』二七、一九九一年）、山下克明「災害・怪異と天皇」（『コスモロジーと身体』、岩波書店、二〇〇二年）

（中島和歌子）

外人

一般的には外部の人の意だが、陰陽道ではとくに外宿人、つまり前夜、他所で宿泊した人を指す。病事を慎む重い（固い）物忌＊中は、外部との接触を断つ必要があり、基本的には彼らと会えない。逆に前夜「同宿」（籠候）すれば外人ではなくなるので、接触ができた。『御堂関白記』の例も、道長物忌中の訪問者の総称である。「外宿人」二例中、寛弘元年（一〇〇四）十二月二十一日条は道長第講経に列席した公卿六人を指す（他は寛仁元年四月五日条）。「外人」十八例中、寛弘七年六月二十二日条も仏事である同第季読経への参会者。他は、会わなかった・物忌が軽いので会った・諷誦をして中に入れたことなどが記されている。「外(宿)人」以外に、一条天皇の物忌の初例の長保元年（九九九）三月二十日条には「仁王会に候す。…外宿の上達部は南殿に候す」とあり、具体的な人名や単に「人々」（長和元年二月十九日条）と記す場合もある。なお長和元年（一〇一二）二月二十九日条「昨日、慎む所有りと雖も、外人来る」のみ、大厄日で籠居（八卦物忌）していたさいの訪問者を指す。

【所在】寛弘七年九月五日・十月二十七日条、長和二年三月七日条

（中島和歌子）

方忌

方角の禁忌。凶しき方角神のいる方角（塞方）を忌避すること。①その方角に行くことはできるが宿せない、夜を過ごせない。②その方角で犯土＊・造作を行えない。その方角に胞衣・爪などを埋めることができない。③その方角を向いて出産・灸治などを行えない。これらを犯すと身命に危険があった。①②の主な対処法が方違＊。忌むべき方角神は陰陽道の成立・発展とともに増えた。日の干支により八方と天上を移動する天一神（中神）は、太白神（一日巡り）と同じく貞観頃から忌まれるようになった。ともに長期の大将軍＊・王相＊・八卦忌方より重く忌む必要があり、その方角に行きやむをえず宿泊する場合は呪文を唱えた。天一は大将軍遊行方と同じく暦＊の上段に朱書されている。金神は院政期以降に忌むので無関係である。一方、暦序や暦例にみえる本来の凶神の月殺などは目立たなくなる。

『御堂関白記』の「方忌」の語は三十余例。

道長自身の行動にかかわる例がほとんどである。「方忌」だけで方角神名を明記しない場合が多く、「大将軍・忌方・王相・天一・大将軍遊行方」の用例はわずか。たとえば、安倍吉平が妍子の参内を十月三日庚辰と勘申*したのに対し、頼通は「暦を見る」と三十日丁丑から「天一在西」なので如何かと述べ、三条天皇は延期ではなく方違を勧めた（長和四年九月二十六日条）。日遊神は天一の臣下で、天一天上の間（癸巳から戊申）と戊・己の日は室内に所在する。暦例に「産婦、須らく之を避くべし」とあるとおり、彰子の出産でも忌み、産座を寝殿の母屋から北廂に移した（『紫式部日記』寛弘五年九月十一日戊辰条）。この日の自筆本の最下段に「日遊在内」の暦注がある。太白は、一日は東、二日は東南と、十日周期で移動する。貴族の邸宅は内裏の東方が多く、一のつく日は東に行けても宿せないので、前夜候宿すると帰宅しても夜を過ごせず（寛弘八年十一月十一日条・内裏から土御門第）、逆に五の付く日は西が塞がり、参内しても候宿できなかった（同四年三月十五日条・土御門から一条院）。他にも参内・退出の「方忌」には太白が多い。

【所在】寛弘元年閏九月二十五日条、同二年九月二十日条、同七年十二月二十一日条、長和元年閏十月十五日条、同二年二月十日条、同五年一月十五日条、寛仁元年二月十日・六月十七日・十月二十六日条

【参考史料】『醍醐天皇御記』延喜三年六月十日条、『口遊』陰陽門、時節門・天一神上下誦、天一神及太白神方塞夜礼拝頌、『倭名類聚抄』巻二・鬼神部・神霊類、『陰陽雑書』方角禁忌、『陰陽略書』諸神禁忌法　（中島和歌子）

方違　方角禁忌（方忌*）に対する対処法の一つ。移徙*や出行などで向かうべき場所や、犯土*・造作すべき場所が忌むべき方角にならないように、他所に行って宿した。『御堂関白記』には、「忌違」「違忌」や「塞」はなく、「方違」が六例、「違方」八例、「違方忌」一例（長和五年七月二日条）、「避忌」一例（同二年四月二日条）。うち寛弘五年（一〇〇八）二月二十四日乙卯条の「内より出で、方違有るに依り、小南に宿す」は、「方忌」の誤記か。他の「方違」は皇族四例と、安倍吉平の勘申*中の道長の例で、みずからには用いない。寛弘元年四月二十四日条「師宮(敦道)、御方違に御座」をはじめ、寛弘三年十月二十日は九日の南院焼亡で東三条第に避難中の冷泉院が翌日成方家に移るために小南第に、長和四年（一〇一五）三月十四日は小南にいる禎子が翌日参内するために彰子の高倉第に、長和五年三月二十一日は三条院が二日後枇杷殿の寝殿に渡るために東対代に方違をした。同日の道長の新造二条第移徙*のための藤原定佐家への方違は、朱書暦注の凶日忌遠行日により中止。「違方」は道長が六例で、寛弘元年三月二十四日条「入夜、伊祐家に方を違ふ」をふくむ。「方違所」の熟語はみえないが、本宅以外の自邸（小南、一条、東三条等）や受領階級の定佐・藤原伊祐・源道成らの家を利用した。また、「違」の語は使わないが、犯土・造作のための方違もある。法興院の四例（長和二年二月に大将軍*「遊行方」で源雅通三条宅へ、四月に同四条家へ、長和五年七月に「方忌」で藤原道綱大炊御門家へ、寛仁元年四月に王相方*で源済政三条家へ）、土御門第の再建（長和五年十二月二十日に大江清通家に渡り、翌年正月二十日も宿す）などである。なお土御門第が本宅のときは、方違ではなく土忌をした。

【所在】長保元年十月二十五日条、寛弘二年七月三十日・八月三日条、同五年二月十二日条、同八年九月十日・十月十五日条、長和二年七月二十二日条、同四年九月二十六日条、寛仁元年六月六日条、同三年正月九日条　（中島和歌子）

竈神　「そうじん」とも。竈に宿る神で、各家で祭られている。宅神の代表

的なもの。その祟が病気の原因の一つ。除病方法は陰陽師*の祓*。宮中には天皇や后宮の平野・庭火・忌火の竈神三所（内膳御神）があり、同じく祟った（『小右記』長和二年十一月二十九日条）。陰陽師の式占*で病因として出る「呪詛」と「邪気*」「神気」「鬼気」「土気」「北君（北辰・妙見）」「竈神」などのモノの祟のうち、『御堂関白記』に明記されたのは「邪気」と「竈神」のみで、「祟」の語は比較的軽い後者にしか用いられていない。長和二年（一〇一三）、道長が法興院の犯土*により源雅通四条家に方違*中の四月十日に「風病」が起こり、翌十一日、原因は「竈神の祟」だったので土御門第に行き安倍吉平に祓をさせた。同年六月八日は「時々深雨」で、小南第から土御門第への帰途に「竈神の御屋」に水が入ってきているのを見て、体調不良の原因を占わせると「竈神の祟」と出たので、祓と祠の補修を行わせた。

【参考史料】『占事略決』占祟病法、『口遊』時節門・歳旦拝天地四方諸神芳誦

【参考文献】増尾伸一郎「氏神・土の気・竈神とその鉱脈—陰陽師の〈占病祟法〉と地霊への眼差し—」（『系図をよむ／地図をよむ—物語時空論—』、勉誠出版、二〇〇一年）（中島和歌子）

雷　天象の一つ。鳴神・神とも。災*や、天神・龍神の仕業とされた。火事*の一因でもある。雷鳴があると、蔵人が陣を立てるようにとの仰せを伝え、清涼殿の東廂の御簾を垂れ、昼御座の南に御座を設ける。近衛は弓箭を帯して参上。左右大将・中将は孫廂に御座の前をはさんで南北に候し、将監以下は紫宸殿の南階をはさんで隊列を組む。雷雨が止むと大将が解陣を命じた（雷鳴陣）。

『御堂関白記』にも寛弘七年（一〇一〇）六月六日条に陣を立てたことがみえる（同六年七月二十七日も両大将が御前に伺候）。雷は六・七月がとくに多いが、春雷もあり、すべての月の例がある。寛弘四年七月一日と八年二月二十三日の御嶽精進中の松前での河臨祓*では、着いてからと行きの賀茂河原で二度とも雷に遭った。道長は「赤*（火の色）平張」が原因かと推測している。雨にともなうので霖雨の年に多い（寛弘三年・長和二年・寛仁元年等）。とくに寛仁元年（一〇一七）は五～八月に雷雨が多く、六月二十二日は「電光」も続き、「落雷」で興福寺東金堂が焼亡した。旱*の年も、寛弘元年七月十一～十四日、長和五年（一〇一六）五月二十三日・六月九日など、祈雨*の前後にみえる。道長はとくに音（雷声・雷鳴・雷電・電音）に恐れを感じており、たとえば寛弘二年十一月二日条には「亥時許り、風雨并びに氷下る。雷鳴数度、高大なり。恐しく思ふこと少なからず」とある。敦良誕生直後の同六年十二月五日夜から六日未明の五、六度の雷鳴は、七日に軒廊御卜を行い、八日に二十一社臨時奉幣を定め、十二日に立った（『権記』）。また、長保二年（一〇〇〇）四月七日の彰子立后後初入内が「天晴、月明」、寛弘四年二月二十九日の春日詣*が「天気晴、日脚晴」と、雷雨（後者は雪も）が上がり日月の光が見えたことを記すのは、幸運を感じてのことだろう。

【所在】寛弘四年二月二十九日条、長和元年二月十日条、同二年三月二十九日条、同四年閏六月十二日条、寛仁元年七月七日条

【参考史料】『新儀式』五・雷鳴陣事、『小記目録』巻十九・雷鳴事　（中島和歌子）

旱　「ひでり」とも。災*の一つ。霖雨の逆。軒廊御卜や祈雨*が行われた。『御堂関白記』では「旱・旱損・旱魃」。「炎旱」とも。寛弘元年（一〇〇四）は、六月二日に鴨川の新堤の決壊もあったが、十九日の梅雨明け後はほとんど雨が降らず、七月十日の一条天皇の東庭での「御祈」以下八月まで、安倍晴明の五龍祭*、龍穴社御読経、相撲楽停止、改元、東大寺大仏殿「祈雨御読経」、諸社臨時奉幣、

風俗・信仰

軒廊御卜、大中臣輔親の中和院での祈禱、天台諸院への「奉仕祈雨」の宣下、大極殿での『仁王経』転読、諸社祈雨奉幣使と宇佐使発遣、大原野社行啓停止などがあった。閏九月二十二日条に宇治川の渇水状況もみえ、十一月七日条にも夏以来の旱魃で京中の井戸水が四条以北は皆尽き、鴨川の水も三条以北は尽き、この日に土御門第の井戸水が戻るまで道長がいた枇杷殿の水を皆が使っているとある。また長和元年（一〇一二）は、五月十五日条に「日来雨降らず。紅塵、雲の如し」、八月二十六日条に「五月晦日より後、今日降る」とあり、広範囲の旱で、九月二十二日の陣定で唐物使派遣が路次の国々を疲弊させる一因や、大和守の任期延長要望の理由とされている。長和五年も五・六月に、寛仁二年（一〇一八）も五～七月に種々の祈雨を行った。

【参考史料】『類聚国史』災異部四・旱、『小記目録』巻十九・旱魃事、祈雨事　（中島和歌子）

勘申　「かんがへまうす」とも。専門分野に関して、先例や文献等を調査し勘案して答申すること。その内容を記した文書が勘文。それをさせることが「令勘（勘ぜしむ）」。『御堂関白記』の例の多くは、陰陽師*による公私・大小の諸事の吉日など日時・方角禁忌の勘申である。長保二年（一〇〇〇）正月二十八日に安倍晴明を召し彰子立后に関する「日時勘申」をさせたのが早い（十日条は尚早によりみずから抹消）。天皇個人については蔵人所陰陽師が行うが、公事では陰陽寮を召す。また陰陽道は、国家の大事についても大学寮の諸道とともに学術的判断をした。寛弘二年（一〇〇五）十一月十五日の内裏火災後の十七日、遷御の「吉方*」、「行幸日時勘申」の実施、焼損した「神鏡」についての「諸道勘文」の提出を定めた。翌年七月三日には、改鋳可否の勘文を行成が御前で「先紀伝、次明経、次明法、次陰陽道」の順で読み、道長が「道々の勘申、此くの如し。定め申せ」と述べている。道長が用いた唯一の「陰陽道」の例で、当時はまだ宗教的・呪術的ではなく、学術的要素が強い語だった。また十三日条の「大星*勘文」を奉った「諸道」には、天文道がふくまれる。他に、儒家による皇子の名や元号（寛弘五年十月四日条、長和元年十二月二十四日条「年号勘文」等）、法家による罪名（寛弘四年十二月二十五日条「明法勘文」等）、大外記による先例（長保元年九月十八日条等）や外記政始の日（寛弘五年正月十四日条等）の勘申なども散見する。

【所在】寛弘五年二月七日条、同八年六月八日・七月七日条、長和二年三月二十五日・五月二日条、同四年十二月二十七日条、寛仁二年四月十三日・七月二十八日・九月十二日条

【参考史料】『朝野群載』巻十五、『陰陽雑書』、『陰陽略書』　（中島和歌子）

坎日　陰陽道で、ある事をしてはいけない凶日の一つ。とくに暦注のうち下段に墨書された本来の禁忌の一つ。九坎（日）。これと往亡・帰忌・血忌・重日などは、『元嘉暦』にさかのぼる（石神遺跡出土木簡）。節月ごとで、順に辰・丑・戌・未・卯・子・酉・午・寅・亥・申・巳。暦例（暦*の凡例）によると「出行及び種蒔・蓋屋」に「凶」。種々の行事や儀礼などの延期や停止の理由となった。『御堂関白記』には当て字の「欠日」三例をふくめ計五例。万人共通の凶日では最多。寛弘三年（一〇〇六）正月一日甲辰（節月正月二日）条に、実頼が任中納言後初めて列立した「申日」（忌日*の一つ。他に二例。『陰陽略書』雑事吉日）よりも坎日は「重き忌」のため、公任の叙二位後初の列立を今日すべきではないという実資の言がみえる。

また、暦注の凶日のうち「帰忌日」と「重日」も明記され、凶会と判断できる例もある。帰忌日は、節月ごとの十二支で、丑・寅・子を繰り返す。「遠行・帰家・移徙*・呼女・娶嫁」に「大凶」。『御堂関白記』に三例。うち

風俗・信仰

寛弘三年十一月二十七日丙寅は、道長上表後で賀茂光栄も「重く忌むべし」と申したので、翌日の除目に備えての参籠を取りやめた。重日は、巳と亥の日。これと復日は、「凶事を為すべからず。必ず重なり、必ず復す。宜しく吉事に用ゐるべし」。二例中、寛仁元年（一〇一七）十月十六日辛巳は、新造内裏の竣工と遷御延期の相談を先送りした。凶会日は、単陽以下の二十二種類の凶日の総称で、「之を用ゐるべからず。上吉と幷ぶと雖も、亦た之を用ゐるべからず」。寛仁二年四月一日甲子の後一条天皇元服後初の旬が「日、宜しからざるに依り」平座だったのは、「凶会日」（絶陰）による（『小右記』同日条）。

【所在】寛弘四年十一月五日条、長和二年七月二十七日条

【参考史料】『口遊』陰陽門、『陰陽雑書』、『陰陽略書』暦注諸神吉凶、択日吉凶

【参考文献】藤本勝義「藤原道長と陰陽道信仰―帰忌日をめぐって―」（『中古文学論攷』一九、一九九八年）

（中島和歌子）

祈雨

雨乞い。請雨とも。旱*対策。諸社への臨時奉幣や山陵使の派遣が代表的で、五行思想で水の色である黒の馬の奉納*（雨が止むのを祈るさいは赤）、諸社での祓*、神祇官の祈禱も行われた。他に仏教の請雨経法等の修法、護国経典の読誦、陰陽道の五龍祭、*七瀬祓等がある。改元や赦も行われた。『御堂関白記』の「祈雨」の語は、寛弘元年（一〇〇四）七月二十日条の二十五日からの東大寺大仏殿での僧二百人による「祈雨御読経」の宣旨、八月五日条の天台座主への諸院の僧による「奉仕祈雨」の要請、長和元年（一〇一二）八月八日条の「祈雨」奉幣使の発遣等の五例だが、実態ははるかに多い。たとえば長和五年は、五月二十九日に丹生神社と貴布禰神社に幣と黒馬を奉り、六月八日に大中臣輔親に神祇官の斎院で「御祈」をさせた。寛仁二年（一〇一八）は、諸社奉幣のほか、五月二十一日に神祇官の祈と南都七大寺や室生龍穴社での読経を行わせる宣旨、六月三日から大極殿で百人での『仁王経』読経、四日から仁海の請雨経法（十三日結願）と安倍吉平の五龍祭、同日軽犯者の赦免、八日読経結願と五百人での再開、七月十一日に比叡山総持院での熾盛光法等が行われた。

【所在】寛弘元年七月十・十四・十六・二十日・八月六・十六・二十四日・九月二十三日条、寛弘三年二月十日条

【参考史料】『小記目録』巻十九・旱魃事、祈雨事

【参考文献】水口幹記『渡航僧成尋、雨を祈る』（勉誠出版、二〇一三年）

（中島和歌子）

鬼気祭

陰陽道祭祀の一つ。出典は『董仲舒祭法』で道教系。大寒の土牛や臨時の高山祭・海若祭と同じく、災のうちの疫鬼（疫神）による疫病流行対策。その侵入を防ぐため、夜間、建礼門の前などの境界で行った。道長や実資ら知識と財力のある特権階級は「家の門」でも行い、自邸への侵入を予防した。一条大宮などの大内裏の四隅（宮城四隅）で同時に鬼気祭を行うのが四角祭（宮城四角鬼気祭）で、山城国境の逢坂・山崎・大枝・龍華（和邇）で同時に行うのが四堺祭（四境祭）、これらをあわせたのが四角四堺祭（四角四堺鬼気祭）である。『御堂関白記』には、長和四年（一〇一五）四月二十八日条に「四角四堺御祭日時」の奏聞などがあり（『小右記』によると五月六日に四角祭、九日に四境祭）、翌長和五年は、四月八日条に四角祭をしなかったという源経通の報告、五月二十九日条に自邸での「鬼気祭」がみえる（寛弘元年六月八日条も道長第）。

鬼気祭は、病因の式占*で「鬼気」（疫鬼や求食鬼等の鬼神の祟。物気は別物）と出た場合にも、除病のために行われた。寛弘三年（一〇〇六）七月十一日辛亥に道長の数日来の「痢病」（赤痢）を除くため、高階業遠に「門外」で行わせた「両三祭」も、複数の門

での鬼気祭と考えられる。業遠は明日壬子の仏事を忌む「八専」以降は賀茂光栄に行わせるべきだと申した。寛弘六年九月四日条の冷泉院の「痢病」を除く「御祭等」も同様か。寛弘元年十二月三日に経供養開始とともに安倍晴明・光栄・縣奉平に行わせた「祭」は、鬼気祭のほか泰山府君祭が考えられる。泰山府君祭は晴明が普及させたもので、一条天皇のために行い、行成にも勧めており、道長も行った可能性が高い。長和二年五月の東宮敦成の除病のための「御祭等」も、これらや招魂祭・土公祭などのいずれかである。

【参考史料】『小右記』永祚元年二月十・十一日条、永延二年七月四日条、長元三年六月九日条、『権記』長保四年十一月九・二十八日条

（中島和歌子）

乞巧奠 五節供の七夕。七夕祭とも。宮中や私邸で織女星、和名「棚機つ女」に五色の糸などを供え、技芸上達を祈った。梶の葉なども供える平安末期の祭壇を、長家の子孫冷泉家が伝えている。『御堂関白記』長和四年（一〇一五）七月七日条にも、小南第での「庭中の祭、常の如し」とある。翌日、教通が間を取り持つ「小星」の出現など「二星会合」の様子をつぶさに語り、道長を感動させた。寛弘二年（一〇〇五）は「佳会風為使」、庚申*と重なった同六年は「織女理容色」の題で、内裏七夕作文があった。また後者では、選子から彰子に七夕用の琵琶と琴が届いた。

（中島和歌子）

亀卜 占術の一種。亀の腹甲を熱し亀裂の入り方によって占う。灼亀・卜とも。「占」の字は用いない。「卜占」の「占」はともに行う軒廊御卜での陰陽寮の式占*を指す。古墳時代に伝わり、神祇官の卜部の職務とされた。平安時代も、恒例の御体御卜や御燈御卜、奉幣使の選定、即位にともなう諸神事*などで用いられた。占いの結果を記したものが卜串・卜文。『御堂関白記』にも「卜合」などの実態が散見する。寛弘元年（一〇〇四）九月十日は、外記が伊勢例幣使の「王大夫」の「占串」を道長第に持参して「乙下合」の神祇伯秀頼王を採用。同八年八月十五日条は大嘗会の悠紀・主基の国郡の「御卜」、長和元年（一〇一二）十二月四日条も、三条天皇が「当子内親王」と書いた紙を厳封して渡し、祭主が卜定して結果の「丙合」を上に書き筥の蓋に入れて奉った「文」を開封・内覧して奏上したなど、上卿かつ内覧の道長が斎宮卜定の次第を記している。次代に備えたか。同年は、大嘗会の小忌上卿が不参で頼通が代りの「卜に当り」、大神宝使発遣でも使いの王が障*を申し「不合」の内膳正方隆王が代行した。後一条朝の長和五年も、正月三十日条の即位報告の使いの「卜串」以下、斎宮卜定、大嘗会国郡などの卜がみえる。

【所在】寛弘三年七月三日条、同七年十一月十六日条、同八年八月十五日条、長和二年九月九日条、同四年九月十日・閏六月二十六日条、同五年二月十九・二十五日・四月七日条

（中島和歌子）

薬玉 端午の節物の一つ。続命縷とも。芳香を持つ薬草の菖蒲や蓬で作り、人にも贈った。柱・簾や袖などに付ける。糸所は、橘・楝・躑躅など季節の花で飾り五色の糸を長く垂らした柱用の薬玉を、二流ずつ天皇と二宮に献上した。寛弘二年（一〇〇五）は、「糸所の者」が持参したので道長が賜禄し、また彰子は斎院選子に薬玉を贈った（五月五日条）。

【参考史料】『延喜式』左近衛府・五月五日、同・内蔵寮、『新撰年中行事』上・五月、『枕草子』「節は」

（中島和歌子）

穢 「ゑ・けがらひ」とも。人や六畜の死や血、失火などにより清浄ではなくなること。不浄。障*の一つ。穢に触れることが触穢。死・出産によるものを死穢・産穢という。『延喜式』巻三・神祇の規定では、人の

風俗・信仰

死は三十日・産七日、六畜の死は五日・産三日（鶏は省く）、肉食は三日忌む。弔問、病気見舞い、山作所に行く、三七法事は、穢れていないが当日は参内不可。改葬と四か月以上の傷胎（流産）は三十日、三か月以下は七日。僧尼と重服の人は諸祭前後の散斎の日も参内できない。軽服の人も致斎と散斎の日については同様。宮女は懐妊すると散斎の前に退出し、月事があると祭日の前に宿廬に退き昇殿できない。失火の所に触れると神事は七日忌むなどである。他に死体の一部による七日間の五体不具穢もあった（『北山抄』巻四・雑穢事）。これらが仮の期間でもあり、発生直後から数える。六畜は牛馬もあるが犬がほとんどで、死体も犬が運ぶ・喰うなど、穢の発生には犬の存在が大きかった。

　また伝染する点が服喪*や物忌*と異なる。伝染のしくみは、甲の場所が触穢のさい、乙が着座すると後に行った場所（乙）全体が穢れる。乙所に丙が着座すると本人だけが穢れ、後に行った場所（丙）は穢れない。ただし丙所に乙が着座すると丙全体が穢れる。丙所に丁が着座しても穢れない（『延喜式』触穢条）。触穢を告知するため、各門に簡札を立てた。物忌と異なり、外部の者は入れるが、伝染しないように庭に立ちながら言葉や物の授受をした。内裏触穢は神事に限らず行事が延期され、私邸の触穢による臣下の不参も延期や交替の原因となった。人為が疑われる例も多い。

　『御堂関白記』にも触穢が散見する。内裏の例は、長保元年（九九九）九月八日、道長の直廬の下に童の死体があり、所々犬が喰っていたが体があって「五体不具」と言い難く、「三十日」の触穢となったため、十八日に秋季御読経の延引を決めた。寛弘四年（一〇〇七）四月十二日は、犬の死穢で供奉の諸司が皆「乙」となり、斎院御禊が延引。長和元年（一〇一二）三月二十四日も下女の死で触穢となったが、道長は翌日訪れた行事の実資を「着座」させず、賀茂祭を行うよう指示した。寛弘元年五月十五日条にみえる人の産穢（彰子女房）は珍しい。同四年十一月二十一日条「触穢の間、諸祭停止の由大祓」は、十七日の内裏焼亡の失火による。また、一条院や三条院が後院で崩じたさい、道長は死穢に触れないよう看取らなかった（寛弘八年六月二十二日条、寛仁元年五月九日条）。

　道長第の場合も、広大で種々の人や動物が出入りしていたために多様だが、原因はやはり犬が多い。寛弘元年正月二十七日の犬の死穢で二月一日に不奉幣の由祓（陰陽師*の祓*の一種）をした。僧坊で牛が死んだ例もある（長和元年二月二十三日条）。産穢も犬が多いが、寛弘四年正月十二日条の「日来、触穢に依り籠る」は五日の嬉子誕生、翌五年九月十一日条「左近中将頼定に禄を賜ふ。触穢の人に依る」は、敦成誕生の日に勅使が着座したことを指す（『御産部類記』不知記）。

　なお『御堂関白記』の「簡・札」はすべて触穢用で、物忌用は皆無。長和二年九月三日、犬の死穢で「門々に簡を立たしめ」たが、人の出入りで内裏に伝染した（七日条）。道長第は他に四例ある。同四年八月二日は手足各一本のない童の死体があり皇太后宮が「三十日の穢」、同五年三月二十二日は内裏が犬の死穢で、ともに「触穢の札」を立てた。

　霖雨の軒廊御卜で「未申の方の大神の祟有り」と出たのは、大原野神社辺で葬送をした「不浄」による（寛弘七年九月十五日条）。また、穢か否かが曖昧な「不静（浄）の疑ひ」（寛弘二年二月十六日条）は、御燈御卜*をのぞき陰陽師が占った。寛弘元年六月十八日、頼通乳母の産死後の下女らの行き来で「不静の恐れ」があるために安倍晴明・賀茂光栄に占わせて二十日の賀茂詣を延期し、二十一日に不参の由祓をした。長和四年七月二十八日、前日内裏で見つかった人の頭を安倍吉平が「不浄」と占い、三条天皇の眼病平癒の伊勢奉幣が四度目の延期となった。

妊娠五か月の穢の明記はないが、寛弘五年四月十三日の彰子退出（六月十四日に内裏に戻る）は賀茂祭を憚るためで（『日本紀略』『御産部類記』）、祭使も彰子は「御懐妊」により立てなかった（『権記』）。

【所在】寛弘七年八月九・十三日・十一月十一日条、同八年九月二十四日条、長和二年二月二十三・二十四日・三月二十七日条、同四年四月十一日・閏六月二十三・二十六日条、同五年四月十一日条、寛仁二年五月十二日条

【参考史料】『諸社禁忌』、『法曹至要抄』

【参考文献】山本幸司「貴族社会に於ける穢と秩序」（『日本史研究』二八七、一九八六年）、三橋正『平安時代の信仰と宗教儀礼』（続群書類従完成会、二〇〇〇年）、西山良平『都市平安京』（京都大学学術出版会、二〇〇四年）、勝浦令子「古代・中世前期出産儀礼における医師・医書の役割」（『国立歴史民俗博物館研究報告』一四一、二〇〇八年）

（中島和歌子）

月蝕 →日蝕・月蝕

庚申　道教の習俗の一つ。日本でも八世紀後半から行われた。人の体内には三尸という三匹の虫がいて、庚申の夜、寝ている間に天に上り、犯した罪科を天帝に告げ早死させるので（『抱朴子』）、それを防ぎ長生きするため、眠らないようにした（『酉陽雑俎』）。「庚申を守る」といい、「庚申を待つ」は後代。宮中や貴族の邸宅では詩会（作文）、歌会、管絃などをして過ごした。皆で徹夜する正当な理由があり謹慎の必要はないので、物忌*による参籠と同じく文化の発展に寄与した。『御堂関白記』にも例が多いが（内裏八例、道長第六例）、一例以外は一条朝に限られ、道長や天皇の好文と結びついている。長保元年（九九九）六月九日の「御庚申」では「作文・管絃」があり、倫子が「菓子・紙等」を差し入れた。道長が固い物忌中の寛弘元年（一〇〇四）閏九月九日には「物忌に籠る人々、庚申を守る。詩を賦し、和歌を読む」とあるが、以後、道長第ではもっぱら作文をした。寛弘二年九月十五日の題は「池水浮明月」、韻字は「澄」。五月十三日は法華三十講の僧も籠って作文があり、殿上人の一種物もあった。寛弘五年三月三日に中宮侍長平明範が「庚申の夜の乱行」により「解却」されており、乱痴気ぶりもうかがえる。

【所在】寛弘元年六月七日条、同二年三月十二日条、同三年一月十七日条、同五年五月一日条、同六年七月七日条、同七年六月十三日・八月十四日条、長和二年十月二日条

【参考史料】『西宮記』巻三、『本朝文粋』巻八、巻十一、『明文抄』一・天象部・庚申経

【参考文献】後藤昭雄『大江匡衡』（吉川弘文館、二〇〇六年）

（中島和歌子）

御燈　道教由来の行事。三月と九月の三日に北辰（北極星）つまり妙見菩薩に燈明を奉り、長寿と福徳を祈る。宇多朝は月林寺のあと円成寺、以後は貞観期と同じ霊巌寺妙見堂（『西宮記』巻三）。奈良末期に下級官人ら民間で流布し、平安初期に盛行して承和期には上級貴族にも広まり、貞観期には天皇や中宮も行うようになった。延喜・天暦期以降、一日に各宮主が穢*の有無の亀卜*を行い（御燈御卜）、なければ三日に献燈の使いを派遣し、ある場合は三日に御燈を奉らない由を北辰に申し上げる御禊（由祓）を宮主が行った。いずれの場合も潔斎や三日の遥拝はあった。大嘗会や斎宮群行の年は御燈自体がなく（長和五年九月二・三日条、寛仁二年九月三日条）、潔斎や由祓も行わない。

忠平は一日に賀茂河原に出て祓*を行い、献燈の使いを送った。寛弘八年（一〇一一）三月一日「御燈の為に解除す」など、道長の寛弘年間の三月と九月一日の同所での祓も、献燈のためか。物忌*などの時は二日や三日に延ばした。たとえば寛弘七年九月三日は「東河

（賀茂河原）に出でて禊す。女方同じ」で、后以外の女性の例は珍しい。また長和元年九月一日条に潔斎のために皇太后宮に僧がおらず仏教以外の平癒祈願をしたこと、寛仁元年（一〇一七）二月三十日条に「子日」は御卜を避けること、三月二日条に中宮の宮主が昨日「御卜文」を持参したこともみえる。

【所在】長和二年三月三日条、同五年二月二十六日・三月一・三日・九月一日条、寛仁元年三月一日・九月一日条、同二年三月一日条

【参考史料】『延喜式』斎宮、『貞信公記』承平元年三月一日条・天慶九年三月一日条、『権記』長保元年十二月九日条

【参考文献】西本昌弘「八、九世紀の妙見信仰と御燈」（『関西大学文学論集』五一–四、二〇〇一年）、並木和子「御燈の基礎的研究」（『古代文化』五八–三、二〇〇六年）　（中島和歌子）

暦　巻物式のカレンダー。上下二巻。詳しい注を具備し具注暦とよばれる。暦序・暦例、各月の注、各暦日、暦跋から成る。貞観四年（八六二）から八百年以上にわたり『宣明暦』を採用。本来の注は、凡例にみえる吉凶日や、小字・二行の解除などの吉事注等。日月蝕*の予報や、新しい日時・方角禁忌は朱書された。たとえば三宝吉、忌遠行（十死一生とも。長和五年三月二十一日乙丑は方違*を中止）、忌夜行（百鬼夜行とも。長和元年一月二十日戊子は嬉子在所に不参）、八専（仏事を忌む日）、滅門、大禍である。七曜もあるが干支ほど重視されない。道長は仏事を忌む「滅門」への注意を安倍晴明に促され（寛弘元年六月二十日条）、のちに後一条天皇の新造内裏遷幸で忌み（寛仁二年四月十二日条等）、東宮敦良発熱では読経僧の増員を憚らなかった（同年八月二十四日癸丑条）。逆に大禍日は忠平以来の着座吉日の二月丙午日などにより頼通・教通の着陣で忌まず、仏事限定とした（長和二年六月二十七日条）。

暦博士や造暦宣旨を蒙った者（長徳元年の仁宗や長和四年の仁統も）が翌年の暦計算をして暦の見本（暦草）をつくり、陰陽寮が天皇用の具注御暦上下巻と諸司用の頒暦（人給暦）を多数作成して、上司中務省が十一月一日（自筆本の年中行事の注記の寛弘二年以下四例は六月一日）に奉った（御暦奏）。十世紀中に内侍を通じて奏する略儀になり、頒暦は料紙が供給されず廃れるが、暦の需要は高まり、有力貴族は私的に陰陽師*に料紙を渡し御暦を写させた。御暦奏の日付と造暦者の位署（宿曜師の名は記さない）も写す。入手後、家司が年中行事や物忌*等を書き加えた（長徳四年巻末）。道長は師輔の遺誡を遵守して、陰陽師の勘申*だけに頼らず、みずから暦を見て日や方角の吉凶を確認し、二行の間あきや紙背等に日記を書いた。王氏の叙位について「暦に付くるか」と思い「引見」したのは自身の日記である（寛仁三年正月五日条）。

【所在】寛弘四年三月十六日条、長和四年九月二十六日条、同五年三月二十一日条

【参考史料】『九条殿御遺誡』、『口遊』陰陽門、時節門、『小右記』長和三年十月二日条、治安三年十一月十九日条、『朝野群載』巻十五・陰陽道・陰陽寮請造暦用途物解

【参考文献】大谷光男ほか編『日本暦日総覧　具注暦篇　古代中期～中世前期』（本の友社、一九九二～九五年）、山下克明「具注暦と日記」（倉本一宏編『日記・古記録の世界』、思文閣出版、二〇一五年）　（中島和歌子）

五龍祭　陰陽道の公的祭祀の一つ。雩祭とも。旱*対策で、祈雨*のため、神泉苑で夏から秋に臨時に行われた。五行思想にもとづき祭壇に五色の龍を祭る。『日本紀略』延喜二年（九〇二）七月八日条が早い。当初の祭場は「北山十二月谷」（『西宮記』巻十二）、つまり「鳴滝北、十二月谷口」（『扶桑略記』裏書・延喜二年六月十七日条）。北山は実際に水源地だが、北は五行でも水に当たり、道長が寛弘八年の七瀬祓*で選んだ鳴

滝付近は、水の呪力に頼む公的祭場だった。『御堂関白記』にも安倍晴明・吉平の各一例がみえる。寛弘元年（一〇〇四）七月十四日、晴明が奉仕すると夜に大量の雨が降って一条天皇から賜禄があり、寛仁二年（一〇一八）六月四日、この夜から七日間、仁海の請雨経法と吉平の五龍祭を始めさせた。『江談抄』一に吉平は三度行ったとあり、泰山府君祭と同様に五龍祭が安倍家の代表的祭祀とされたことがうかがえる。（中島和歌子）

障 差し障り・支障・障害全般を指し風雨等もあるが、主なものは穢、所労・怪我、服喪。諸事への不参、行事役や勅使・舞人等の辞退の理由とされ、延引の一因となった。「故障」とも（寛弘六年十一月十九日・十二月二十六日条）。「不合」も近い（同四年正月六日条等）。『御堂関白記』に「障」は多いが、ほとんどは他人の例で、みずからの例ではあまり理由を示さない。寛弘二年（一〇〇五）正月の除目で、必ず奉仕せよとの仰せに今年は四十歳で大臣として十一年間奉仕してきたので遠慮したいと申し（二十二日条「思ひ給へ憚る事」、二十三日条「障る事」）、結局奉仕して結果がすべて思い通りになったのは（二十七日条）、一条天皇への圧力か。同三年十一月の除目、同四年正月も、同様の攻防があった。また、長和元年（一〇一二）十二月十七日の賀茂臨時祭は使いの源頼光が触穢を申して舞人らも障があり、十九日の大神宝使発遣は摂津国使と伊勢使の王が障を申して代りの方隆王も「無実」の触穢で免れようとし、翌年正月にずれた宇佐使も二十四日に源道成が弟の僧の軽服、代官の源経頼も二十九日に豊後国のいとこの軽服を申し、翌日三人目の源頼国に改定されるなど、三条朝は障を申す者が相次ぎ、種々の公事が滞った。

【所在】寛弘元年六月七日条、同二年十二月八・十日条、同五年七月二十八日条、長和二年八月一日・十二月十四日条、同五年正月七日・六月十五日・十月二・三日条（中島和歌子）

式占 陰陽師の行う占術の一つ。式盤を用いる。上代から平安初期までは太一式・遁甲式などもあったが、中期以降は六壬式盤を用いた六壬占。種々の事柄を占ったが、病いと怪が代表的。病いは、原因、転地療養・服薬の可否をふくむ除病方法、平癒期等を占う。病因は邪気（死霊の祟）が代表的で、他には神気・土気・竈神・北辰・鬼気（各神仏鬼の祟）や呪詛、時行（疫病）などがある。神の祟なら加持ができない。怪異占では、予告された凶事や物忌すべき人・時期などを占った。「もの問ふ・吉凶を問ふ・祟を問ふ」ともいい、吉・慶賀や理運・祟無し・咎無しの時もあるが、呪詛と出ることはない。地盤上の天盤を怪日の干支や時刻などにより動かし、位置から判断した（推断・推す）。陰陽師間（寛弘七年八月二十四・二十六日条）や初度と二度目（覆推）で結果が異なる場合もある。結果を記した文書が占方・占文。内裏の怪は上臈二人が蔵人所御占を行い、災と国家的寺社や諸国などの怪は陰陽寮と神祇官の亀卜により、どの方角の神社や山陵の祟か、天皇や天下は何をいつ慎むべきかなどを紫宸殿東側の軒廊で占った（軒廊御卜）。

道長は「占筮・占・問ふ」と当て字の「卜」を用いた。法興院の火事をふくめ怪異占が最多だが、予告された凶事は明記しない。病いの例は稀で、長和二年（一〇一三）五月二十日条に東宮敦成の病いを賀茂光栄・安倍吉平が占い「重き由」を申したとあるが、原因は記さない。同年の道長の病因は竈神の祟だった。ほかに、誕生時刻（長和二年七月六日条）、大原野行啓や御嶽奉使などの可否、穢の有無、厭物か否かなどを占わせた。「神祇亀占筮吉凶」（寛弘三年七月三日条）をふくめ軒廊御卜も散見する。長和二年六月三十日・七月一日条の内裏樋殿顛倒の「御卜・卜方」は吉平の蔵人所御占の例で、二日に行った光栄の占方全文と「帝位」にかかわる道長の添削が『小右記』同日条にみえる。

【所在】寛弘元年八月二十二日条、同二年七月二十一日条、長和二年十一月八日条、寛仁元年十月十六日条

【参考史料】『占事略決』占病祟法二十七他、『朝野群載』巻十五・陰陽道・六壬占

【参考文献】小坂眞二「古代・中世の占い」（村山修一ほか編『陰陽道叢書4』、名著出版、一九九三年）　（中島和歌子）

地震　和語では「なゐ」。凶事の予兆である災異の一つで、発生のさい、何の予兆かなどを占った。占い結果を記した勘文は、九世紀頃までは陰陽頭が直接、十世紀前半は陰陽道、世紀末には天文道が内覧を経て、密封して天皇に奉った（地震勘文・勘奏）。『御堂関白記』寛弘元年（一〇〇四）七月二十日条の改元の詔書草案では「地動く」。同三年二月二日条以下に「地震(振)」が多数記され、とくに寛弘七年と長和二年（一〇一三）に地震が続いたことがわかる。地震勘文は三例。寛弘四年十二月二十二日、天文博士の安倍吉昌と権博士の縣奉平が昨日二十一日立春の「地震奏」を持参したが、月の所在の宿が「弖」と「角」、月が「十二月」と「正月」と異なり、「家々の説」を主張したので、道長は暦家の賀茂光栄を召して「月、弖を渡る」であることを確認した。天文道内の対抗意識がうかがえる。安倍家の権威は未だ確立していなかった。長和二年八月十二日は、吉昌が十日の「地震勘文」持参中に「又」あり、「日来連震」ゆえ僧四十人による読経を始めさせた。同四年五月二十八日条には、道長参内中に激しく揺れ、吉昌が直ちに「勘奏」を持参し、「封を加へ返給」したと内覧もみえる。

【所在】寛弘八年四月八日条、長和二年四月八日・七月二十四日条、寛仁元年九月七日条

【参考史料】『類聚国史』災異部五・地震、『本朝世紀』天慶五年四月十四日条、『小記目録』巻十九・地震事　（中島和歌子）

邪気　祟る死霊、怨霊。また死霊の祟。病因の代表的なもの。「霊気・物気・邪霊」とも。「物怪*」は怪で別物。密教僧の加持・祈禱で駆り出し、憑坐に遷して調伏した。『御堂関白記』にも長和四年（一〇一五）にみえる。六月十九日、眼病の三条天皇に熱がありしばらく加持を止め、「冷泉院の御時よりの邪気」の故権律師賀静に僧正を追贈したが、二十九日には「故冷泉院の御気」が出来した。十二月十三日、頼通の重病中に「邪気」が相次いで現れ、祈るうちに「人に遷り、頗る宜し」となった。　（中島和歌子）

衰日　陰陽道の八卦忌で万事に凶の日。中世以降は「徳日」とも。年齢ごとの十二支二つ。巳・亥はない。「私の忌」であり万人共通の坎日*よりは忌が軽かった（『台記』久安三年七月二日条）。『御堂関白記』にみえる「衰日」は、敦成が五例、一条天皇・冷泉院・道長・頼通が各一例。寛弘四年（一〇〇七）正月二十三日、二十八歳の一条天皇に除目を行うべき日を聞かれた道長は、二十七日乙丑は「御衰日」で二十六日が「宜しく侍るか」と奏上した。寛仁元年（一〇一七）七月二十二日戊午の穆子周忌法会に「大(内)裏・摂政」の「御諷誦」がなかった理由の「御衰日」は、後一条天皇十歳と頼通二十六歳の衰日（ともに子と午）を指す。寛弘四年十月七日庚子の敦道の葬送は、父冷泉院五十八歳の衰日を避けて延期。葬送など人の死にかかわる事柄はとくに忌む。また道長は五十二歳の寛仁元年二月十一日、行幸予定日と勘申*された三月四日癸卯が彰子の「八卦御忌日」（小衰日および衰日）なので、「余の衰日」のために安倍吉平が「吉日」の候補から外しておいた三月八日丁未に変えさせた。次代優先である。なお「忌日*」のうち二例は倫子、一例は道長の衰日を指す。

【所在】長和二年三月九日条、同四年十一月八

日条、同五年九月八・十四日条
【参考史料】『医心方』巻二針灸部・八卦法第十一、『口遊』陰陽門、『陰陽略書』択日吉凶
【参考文献】土田直鎮『奈良平安時代史研究』（吉川弘文館、一九九二年）

（中島和歌子）

正現 日月蝕*が暦*に注記された暦家の予報通りに見えること。天文道は予報とは無関係である。『御堂関白記』にも、寛弘三年（一〇〇六）五月一日条「朝の間、天陰る。日蝕、不正現」以下の例があり、長和元年（一〇一二）八月一日条「日蝕。未剋、正現」もあるが、「不(無)正現(見)」のほうが多く、曇天や雨天をふくめ観測できなかったという意味で用いられている。寛弘六年九月十六日の皆既月蝕は、「虧け初め、丑四刻三分」との予報で「子時許りまで天晴、丑時の後、黒雲天を覆ふ」、寛仁三年（一〇一九）三月一日の日蝕も「終日、天陰」により、ともに「不正現」。ただし後者は、『大日本史料』所収「東京天文台回答書」によると、午前十時五十四分に最大蝕分一割七分五厘の部分日蝕が起きていた。見えた場合は、寛弘三年十一月十四日条「月蝕、違ふ事無し」、長和四年六月一日条「日蝕。時剋、暦の如し」なども記されている。
【所在】長和元年正月十六日条、同五年四月十七日条、寛仁元年四月十五日・十月十六日条

（中島和歌子）

大将軍 忌むべき方角神（凶神・悪神）の一つ。具注暦の冒頭（暦序）に示された大歳神以下の八将神の一つ。年（節切）の十二支により、亥・子・丑は酉(西)、寅・卯・辰は子(北)、巳・午・未は卯(東)、申・酉・戌は午(南)と、三年ごとに四方を巡る。暦序に、大歳神以下の地は掘ったり土を動かしたりするとくずれ壊れるとあり、主に犯土*・造作を避けた。春の節分の方違*は、その忌の基点を変えることが目的の一つ。大将軍遊行方は、大将軍神が、その年の「本宮」から、暦日の干支により四方と「中宮」（家内）に「遊行」する方角。庚子から五日間は西に遊び、乙巳に本宮に還る。以下も遊行は五日間、本宮は七日間。『宣明暦』にない新しい禁忌の一つで、暦*の上段に朱書されている。『御堂関白記』本文に明記された「大将軍」は二例。うち長和元年壬子（一〇一二）五月二十一日戊子条では、西方の円教寺で二十七日に一条院周忌法事を行うことの憚(二十六日癸巳注「大将軍西に還る」)について、安倍吉平が忌まずと勘申*した。「遊行方」は三例。うち一例は寛弘五年戊申（一〇〇八）七月九日丁卯当日、彰子が出産のために一条院内裏から土御門第に退出する時になって、道長が「大将軍遊行方」であることに気づき、中止した。賀茂光栄・吉平・縣奉平は「忘却」していたという（『権記』同日条）。
【所在】寛弘八年六月八日条、長和二年二月十一・十八日・四月二・三・五日条
【参考史料】『口遊』陰陽門、『陰陽雑書』方角禁忌、『陰陽略書』諸神禁忌法

（中島和歌子）

大星 大きな星の中でも、とくに突然現れた客星。客星は彗星や新星で、天文変異の一つ。吉凶を占い、凶の場合は種々の攘災を行った。安倍吉昌によると寛弘三年（一〇〇六）三月二十三日から二十八日までみえ（『一代要記』）、六月二十四日に諸道勘文が奏された（『権記』）。『御堂関白記』によると、七月十三日の陣定で「諸道進る大星勘文」をとりあげ、「道々の勘文」の内容が不一致ゆえ再度神祇官と陰陽寮に吉凶を問う「御卜」（軒廊御卜）と「仁王会幷びに最勝講、道々に付けたる内外の御祈」の実施を議定したところ、一条天皇から「御筮」（同前）と「仁王会」を行うよう仰せがあった。「諸道」「道々」には天文道がふくまれる（天文密奏*）。十四日、明日の御卜と赦を行うよう仰せがあったが、十五日は源俊賢が軽服なので陰陽寮のみが式占*を行い（『権記』）、十九日に藤原公

季の担当で神祇官が「軒廊」の「大星の御卜」を行った。頭中将藤原実成が道長に持参した卜方には「凶星」とあった。（中島和歌子）

垂氷（たるひ）　氷柱。道長は極寒で雪が多かった寛仁二年（一〇一八）の二月十二日、中宮妍子の一条第の軒から四、五尺の氷柱が隙間なく垂れているのを年来ないことと記している。氷は、元日節会に氷様奏（寛弘三年）、四月一日に主水司始貢氷（同七年、長和二年）があるように、朝廷が氷室で管理する。後一条天皇は夏に毎日氷を食べて風病を発した（寛仁二年四月二十日条）。

（中島和歌子）

月（つき）　天象の一つ。太陰とも。日月の光は王権の象徴。月蝕は天変の一つ。毎日の月の位置を示す等間隔の星の座標が二十七宿で（中国では牛宿を加える）、各日の月の所在の宿は、『宿曜経』上巻の配当表「月宿傍通暦」により、七曜日とともに暦に朱書されている。当時は夜間の暗さに加え、月齢が日付で満ち欠けや出入りが生活に密着しており、月に時の移ろいを感じやすかった。また「雪月花」「風月」の熟語があるように自然美の代表で、賞美し心情を託す対象でもあった。

道長は、月蝕が予報以上に欠けたのを恐れた寛弘元年（一〇〇四）十一月十五日条をのぞき、満月の頃の明るさを記すのが基本である。彰子立后が確実となった長保二年（一〇〇〇）正月十三日に詮子を訪問した夜は「月明鏡の如し」。寛弘七年正月十五日上元の敦良の百日も「月色清明」で管絃のさいに燭は用いたが「月光」を見るために篝火は控え、長和元年（一〇一二）二月十四日の妍子立后の宣命の儀も月が明るく晴儀を用い、禎子誕生後の土御門第行幸の同二年九月十六日条に「雲収まり天晴、月色清澄。仍りて主殿寮を退く。是に於いて水面清く晴れ、沙岸の滝の声、管絃に和す」など美文を用い、威子立后の寛仁二年（一〇一八）十月十六日「余和歌を読む」（「この世をば…」）に至る。また寛弘二年十月十九日の浄妙寺三昧堂供養に出立した寅時は「月昼の如し」で、京は「雪雨」なのに木幡では降らず、帰路も「月明々」。同六年五月十七日の延暦寺舎利会も、雨続きだが二日前から晴れて風雨の障無く「本意の如し」で、帰路は「月昼の如し」だった。道長の政治的・宗教的満足感が明月と一体化している。

【所在】長保二年四月七日条、寛弘二年九月十五日条、同七年九月十三日条、長和二年三月十八日・七月十四日・八月十三日条、同四年三月十六日条

【参考史料】『口遊』乾象門・十二月朔宿、『小右記』寛仁二年十月十六日条、『紫式部日記』寛弘五年九月十五日条

（中島和歌子）

慎（つつしみ／つつしむ）　みずからの言行やある事柄に気を付けたり、籠ったりすること。また、気を付けるべき対象や理由。具体的には、①予告された凶事に気を付ける陰陽師の式占にもとづく二日連続の謹慎・籠居（物忌）、②陰陽道の八卦忌の大厄や小衰による一日の謹慎・籠居（八卦物忌）、③生年十二支の厄年、④不吉な夢による一日の謹慎・籠居、⑤天文道の占文にもとづく謹慎、⑥穢に触れたこと（触穢）による謹慎・注意、⑦平癒・安産のための謹慎や祈禱、⑧宿曜道の勘文による謹慎などである。服喪は指さない。慎に近いのが「憚」で、「障」は別。

『御堂関白記』の「慎」は未詳も多いが、①が七例で最多（寛弘七年八月二十四日条、長和元年正月十九日・二月八日条、同二年十一月八日条等）。次が②の五例で、寛弘八年（一〇一一）三月二十八日・節月四月二日の「慎むべき日に依り、最勝講結願に参らず」は、家司による注記「御出すべからず」からも、道長四十六歳の小衰の例である。四月二日・節月四月五日の「慎むべきに依り、外行せず」は、注に「南行宜しからず」とあり、大厄とわかる。また、寛弘元年正月八日の「慎む所

風俗・信仰

有り」は④。同四年六月十六日の流星の赦についての「御慎み重し。尤も吉事」は一条天皇の⑤。長和四年（一〇一五）八月二日に皇太后宮の死穢で道長が諸方に「能く慎むべき由」を命じたのは⑥。寛弘四年四月八日条の「忽ち慎み給ふに依り、候する人は四五人許り」は、前日の「御歯悩み給ふ」から⑦。⑧は見当たらない。ただし、長和四年閏六月十九日、道長は左足に大怪我をしたが、宿曜師の仁統が「今年、頭・目・足等の厄有り」との行年勘文を奉り、警告していた（『小右記』七月十六日条）。

【所在】寛弘元年四月十四日・六月十三・二十二日条、同八年十一月十九日条、長和元年七月二十日・十二月十七日条、同五年四月五日条、寛仁三年正月四・二十日条

【参考史料】『小右記』長和五年六月十九・二十日条

（中島和歌子）

天文密奏　日月蝕*をふくむ天変があったさいに、天文博士または天文道や明経家で宣旨を受けた者が、唐代の天文類書『天文要録』『天地瑞祥志』等から該当する条文を引用して、地上の出来事の何に対応するかを記した占文（勘文）を作成し、密封して奏上すること。末尾に「徳化を施し災殃を消すべし」を付した。天人相関説にもとづく中国の公的天変占星術を継受したもので、帝王以下の身分・地位で占う。職員令では、天文博士が常に「天文」や「風雲」（気象）を観測し（定時は戌と寅）、変異が現れると直ちに勘文を作成するが、密奏は陰陽頭の職務だった。十世紀までに、頭を経ずに陰陽寮別当である一上に奉り内覧の上で密封して蔵人から奏上されるようになる。『御堂関白記』での明記は二例。寛弘元年（一〇〇四）三月十四日、道長が参内すると権天文博士の縣奉平が「天文奏」を持参した。また同四年六月八日夜の「流星数多」、九日夜の「大流星」を受け、十日に「天文博士等」（安倍吉昌と奉平）が「勘奏」を持参。十二日に道長が勘文にあった赦と仁王会・御読経・奉幣の必要性を奏上した。二十一日条まで攘災関連の記事が続く。他に日蝕*・大星*や地震の勘文もみえる。

【参考史料】『新儀式』四・天文密奏事、『小記目録』巻十九・天変事、『安倍泰親朝臣記』、『養和二年記』、『禁秘抄』下

（中島和歌子）

日蝕・月蝕　日食に同じ。陰暦では一日（朔）のみに起きる天文現象。

日月蝕ともに暦家が計算し、時刻や欠け方（蝕分）を暦*に朱書した（暦注ではない）。暦例には「虧蝕、其の日、日月同道し、相衝し掩映（おおいかくす）の会なり。故に之を用ゐるべからず」とある。「国家之大忌」で諸事に忌み、廃朝や読経を行ったり、天変として天文道が勘文を奉ったりした（天文密奏*）。『御堂関白記』自筆本の具注暦にも、長徳四年（九九八）十月一日「日蝕十五分之四。虧け初め午一刻二分、加はる時未二刻三分、復する未未四刻一分」等、朱書されている。また寛弘七年（一〇一〇）二月七日丁亥の年中行事の注記に、二月と八月の上丁日に行う釈奠が、「祈年祭及び日蝕」に当たれば「中丁」を用いるとある。日記本文の「日蝕」は六例。予報通りに見えた（正現*）か否かのみ。長和二年（一〇一三）十二月一日、曇りだが「日輪」は時々みえ、時刻になっても依然「円満」で「不蝕」だったのは、「暦家の失か」と造暦した暦博士の賀茂守道を非難したが、実際には起きていた（『大日本史料』所収「東京天文台回答書」）。一方、長和四年六月一日条には「時尅、暦の如し」とある。また同二年六月二日条に、天文博士の安倍吉昌が昨日の「日蝕勘奏」を持参し道長が「封を加へ返給」したと、内覧のことがみえる。

月蝕（月食）は、陰暦では十五日頃（望）のみ。天変とされ読経・修法などはしたが、天皇にかかわる日蝕ほど忌まれない。寛弘二年五月十六日に「月蝕、皆既。…」の朱書が

あるが、道長は「深雨、蝕見えず」と記した。一方、長和元年正月十六日の「月蝕十五分之十四半弱。…」については、「月蝕、正現」と記す。他の日記本文の「月蝕」「蝕」は各三例、「月虧」二例。うち寛弘元年十一月十五日は、月が予報よりも欠けて恐ろしく思い、参内を中止した。以後は「正現」か否かが基本で、禁忌の意識はうかがえない。

【所在】寛弘元年十二月一日条、同二年十一月十五日条、同三年五月一日・十一月十四日条、長和元年八月一日条、寛仁元年四月十五日・十月十六日条、同三年二月十四日・三月一日条

【参考史料】『三代実録』元慶元年四月一日条、『小記目録』巻十九・天変事、『朝野群載』巻十五・天文道・陰陽寮天文奏、『禁秘抄』下

【参考文献】渡辺敏夫『日本・朝鮮・中国―日食月食宝典―』（雄山閣、一九七九年）

（中島和歌子）

八卦忌 →王相方

花見 桜は春の景物の代表で、平安中期、庭の花見や宮中での花宴のほか、三月に東郊の白河などの京外へ花見にも行った（桜狩り）。道長が長保二年（一〇〇〇）三月三日に公卿とともに花見をしたのは土御門第だが、寛弘元年（一〇〇四）三月二十八日は、花山院の白河花見に供奉し、公任に題を出させて和歌を奉り、御製と馬を賜った。長和五年（一〇一六）三月五日には、殿上人が「山の花」を見るべしとの道長の意向で各自餌袋や破子などを持参して馬で雲林院から西山辺りを逍遥し、道長の桂山荘で蹴鞠や聯句・酒宴をした（『小右記』四～六日条、『左経記』五日条）。同七日も人びとが教通の小白河の山荘に赴いた。寛仁二年（一〇一八）三月二十九日は、摂政頼通以下公卿が道長二条第に参会して「庭前の桜花」を賞翫し、殿上人が加わって花下で蹴鞠をした後、道長をふくむ全員で大白河・小白河へ花見に行き、輿に乗じて雲林院まで乗馬して、帰邸後に彰子と嬉子に花の枝を贈った。なお、『栄花物語』（つぼみ花）は敦成誕生を「殿の栄花の初花」とよぶが、道長自身、寛仁元年三月四日の頼通任内大臣の大饗の「桜花」題の和歌において、満足感を桜の開花で表現している。

（中島和歌子）

祓 水辺などに祭壇を設け、麻などの祓具を捧げて祓戸（所）の八百万の神々に祈ること。人形（贖物・祓物）に罪や穢を負わせて水火に投じた。予防、招福、祈願成就に重きを置く場合もある。格式が高い祓は鳥・馬・車・船などの作物も贖物に用いた。代理祓では衣を身代（撫物）とし、使いが持ち帰る。陰陽師による祓は、九世紀後半から貴族に対して行われるようになった。神祇官と異なり穢にも対応でき、摂関家が公家の宮主の役割を陰陽師に求めたためである。のちには天皇の祓の一部も担った。七瀬祓も臣下が先行。外来の陰陽道祭祀と異なり日中に行い、宮主と同じく中臣祭文（中臣祓・祝詞）を読む。中臣が百官に宣下する宣命体の大祓詞を神々への奏上形式にしたもので、彰子の安産祈願でも陰陽師たちの読む中臣祭文が邸内に響き渡っていた（『紫式部日記』寛弘五年九月十日条）。「禊」の字も天皇らの祓や水辺での祓の意で用いられ、水に触れる本来のかたちは斎宮などの御禊のみ（寛仁二年九月八日条）。

『御堂関白記』の用語は、主に漢語の「解除」で（暦の吉事注の一つ）八十六例。「祓」は少ない。「東河に出づ・河に出づ」のみで祓をあらわす場合も多い。道長は誰よりも祓好きで、多様な祓を行った。早くは長徳元年（九九五）六月十四日、兄たちの「軽服」により鹿島以下の氏神に奉告せずに「氏の印」を使用するための「解除」（由祓）がある。

臨時では、除服祓が多い。物忌中は出向く場合（寛弘七年七月十四日）と代理（長和二年六月十一日）がある。扇をふくめ喪服一

風俗・信仰

式を祓後に破って流した。他に、御嶽精進開始（寛弘四年閏五月十七日、同八年正月八日）、参詣出発（同四年八月二日）、解斎（同十四日）、刑罰（同七年九月十五日）、触穢（同八年正月二十二日等）、妍子呪詛除去（長和元年四月十一日）、同安産祈願（同二年五月四日から三人で不断）、道長・敦成・頼通の除病（同年五月二十五日・祭と祓、同五年九月九日・宮主と協働等）、神祇官の代行（同元年閏十月十六日・宇佐使発遣）などの祓がある。

定期では、長保元年（九九九）二月十一日等の例祭への奉幣・神馬使発遣にともなう祓、寛弘元年（一〇〇四）九月一日等の御燈*を奉るための祓、三月九日癸巳「中御門末に出で、祓す。女方具す。…一宮、御祓に出で給ふ」等の上巳祓、二月一日「触穢に依り、東河に出で、（大原野祭）幣を奉らざる祓す」や四月十九日「祓す。賀茂に参らざる由」等の神に対する由祓が、初期から散見する。物忌中の使い発遣の祓は、陰陽師らも籠居させ邸内で行ったが（寛弘五年四月二十二日等）、河原（寛弘六年十一月十日）や他所（寛仁元年四月五日）での例もある。上巳は、節日は三月三日で曲水宴などをしたが、祓はもっぱら原義通り最初の巳日に行われた。長和二年三月は、一日に道長・倫子の御燈の祓、二日癸巳に夫妻と后がねの威子・嬉子の上巳祓、二十六日丁巳に下巳祓を行っている。由祓は、春日・大原野・吉田や梅宮など氏の例祭の停止や触穢・服喪*などで不奉幣、摂関賀茂詣に不参、祇園感神院臨時祭に不参、石清水放生会に不奉幣・神馬など、とくに多い。寛弘三年の不奉幣は倫子の妊娠のため。御燈を奉らない由を北辰に申す由祓の確かな例は、長和二年（一〇一三）九月一日の「解除す。御燈を献ぜざる由なり」が早い。以後、道長は一日の由祓を恒例とする。長和五年三月は上巳祓も行い、九月は坎日*および「寅日」（祓の忌日*の一つ）で順延。同四年三月も、「公家」が触穢の時は「御卜」を行わないが、行う場合は「穢有り」と出て「御慎*」をするのが常態化し「年来、公私」に「由禊」があるので、触穢中はせずとの賀茂光栄・安倍吉平の説を退け由祓を行った（二月二十九日・三月一日条）。六月の大祓を民間で行う夏越祓も、同四年閏六月二十九日条に「大祓。文部等、刀を奉る。家の祓、常の如し」とある。

以上の祓は邸内の夏越など一部を除き賀茂河原で行われた。「東河・河」は、「鴨河・賀茂川」と異なり、川そのものを指す例がない。具体的には中御門大路末（寛弘元年六月二十一日等）で、土御門第から近い。同第は祓に適していた。また近江国の辛崎には俊賢、倫子と赴き（寛弘元年九月七日、長和元年九月十七日）、八嶋では夫妻と一宮敦康のための祓をした（寛弘二年十月二十九日）。

このように道長も寛弘初年までは当時の一般的な祓所を用いたが、その後、本格的にみずからの外孫による執政を狙う二度の御嶽精進中に、複数の国家的祭場で河臨祓を行う。寛弘四年は六月三十日と七月一日で、後者は松前。同八年の「七箇所解除」は、二月十六日鴨河、十九日鳴瀧、二十日耳聡（敏）河（大宮川）、二十三日松前、二十四日大井、二十五日「東河…手づから」、二十六日般若寺の瀧（鳴滝）と七日間延べ七瀬で行った（御嶽詣は触穢で三月に断念したが敦成の立太子が実現。これを吉例とし十一世紀中に東瀧と石陰を加えて「七箇霊所・霊所七瀬」に）。さらに長和年間には、賀茂河原で七瀬祓を行う。長和元年三月十四日辛巳の中巳に二条末から川合瀬までさかのぼり、陰陽師七人に各大路末で祓をさせた。同五年八月二十五日も同様。翌寛仁元年二月十九日、三条院の七瀬祓に道長も中御門末まで従った。ただし「七瀬」とのことわりは長和五年三月一日乙巳に四瀬で行ったときのみである。「七」に限らない。寛仁年間には、一人が一瀬で七日間行う「七箇日解除」も二度、吉平にさせた。

寺でも、寛弘元年六月晦日二十九日の五巻日に法興院で行っている。同四年八月十日・十一日に金峰山で行った「解除」は水垢離か。

【所在】寛弘五年三月十九日条、同八年正月八・十四・二十二・二十五日・二月三日・三月一・二・八日条、長和元年二月十日・四月十二・二十三日条、寛仁二年四月十日・十一月六～十二・二十六日条

【参考史料】『権記』寛弘四年十一月二十日条、『左経記』長元四年八月十七日条、『水左記』承暦五年十月二十七・二十八日条、『朝野群載』第六・神祇官・中臣祭文、『陰陽雑書』解除吉日、『禁秘抄』下・御祈・陰陽師御祭

【参考文献】小坂眞二「禊祓儀礼と陰陽道—儀式次第成立過程を中心として—」(『早稲田大学大学院研究紀要』別冊三、一九七六年三月)、岡田荘司『平安時代の国家と祭祀』(続群書類従完成会、一九九四年)

(中島和歌子)

火事

火事・火災。「火災」は災としての火事で、神・霊の祟が原因で凶事の予兆とされた。内裏火災は軒廊御卜や臨時奉幣などを行う。私邸などの火事も怪*とみて式占*をさせた。予告される凶事にも「火(事)」があり(寛弘元年二月十八日注記等)、火事物忌*をした。火伏には陰陽師*の火災祭がある(同八年七月一日条)。失火は穢*で、七日間神事を避けた(長和四年十一月二十一日条)。

『御堂関白記』の「火災」は、寛弘二年(一〇〇五)十一月十五日の内裏火災を指す「此度の火災、(神鏡)御体不全」のみ(十二月九日条)。同六年十月五日の一条院内裏焼亡をふくめ大小の「火事」や「付火」は初期から散見する。長保二年(一〇〇〇)正月九日には詮子在所の土御門第西対北廊に「放火の事」があり、寛弘七年八月六日も同西廊北廂に深夜「置火」する者がいた。長和元年(一〇一二)二月二日の彰子在所の付火、同二年正月十六日の妍子の東三条院焼亡など、呪詛と対象が重なる。寛弘八年十月六日の法興院に続く翌長和元年閏十月十七日の「積善寺焼くる事」を、賀茂光栄・安倍吉平に今日の時刻で占わせると「殊に咎・祟無し」で、昨夜子刻(飛火の時刻か)で占わせても同様だった(十八日条)。同五年七月二十一日の「土御門大路より二条北に至る五百余家焼亡」の大火は、翌日諸卿が見舞い、受領たちも相次ぎ上京。土御門第焼亡で相撲節会も停止(二十四日条)。八・九月にも内裏東廊をふくめ放火が続き、十月九日に慶円らに攘災の聖天供をさせた。寛仁三年(一〇一九)も、三月十二日に「大内の方」の火を見て道長らが馳せ参じ、十四日は東宮梅壺渡殿に「付火」があり、「九重不静」だった。

【所在】寛弘八年十一月四日条、長和二年十一月四・十六・二十九日条、同四年十一月十七日条、同五年七月二十四・二十七・二十九日・八月一・二・八日条、寛仁三年正月十四日条

【参考史料】『類聚国史』災異部七・火、『小記目録』巻十九・皇居火事、神社火事、寺塔火事、所々焼亡事、『小右記』寛仁三年四月十三日条

【参考文献】吉海直人「「火事」と平安朝文学」(『源氏物語の新考察—人物と表現の虚実—』、おうふう、二〇〇三年)、京樂真帆子「平安京における都市の転成」(『平安京都市社会史の研究』、塙書房、二〇〇八年)

(中島和歌子)

服喪

近親者の死後、喪に服すること。穢*や障*の一つ。喪葬令・服忌条に、天皇・父母・夫・本主は一か年、祖父母・養父母は五か月、曽祖父母・外祖父母・父方おじおば・妻・同父の兄弟姉妹・夫の父母・嫡子は三か月、父方いとこ・兄弟の子は七日間などとある。喪服の色も異なった。忌引(仮)の日数は仮寧令・職事官条にみえる。両親等の長期の重服に対し、短期が軽服。服喪中は神事にかかわれない。廃朝の理由の一つが天皇の服喪で(寛弘八年七月七日条等)、

長期は政務に差し支えるため、「喪服の期、日を以て月に易ふ」と換算・短縮された。一か年なら十三日目に明けるが、一年間は「心喪」で美服を着ず巻纓をした。着服は日時を選び、死後ただちにではない（寛弘七年六月二十八日条では仮の後も未着）。除服は喪が明けた後、吉日（暦*の吉事注にあり）に、賀茂河原に出て衣服や帯などを脱ぎ、吉時に陰陽師*が祓*をして破って河に流した。天皇の除服は、宮中で宮主が行い、河原に運ぶ（『西宮記』巻十二・太上天皇・皇祖母后崩）。

『御堂関白記』には、道長のいとこたちの「軽服」が多い。うち長和二年（一〇一三）六月二十九日の遠基女の死による着服は疎遠ゆえ「服の帯」だけ着し、七月五日に除服。相尹の着服は長和二年六月五日で、十一日の除服祓は物忌*のため家司が「冠・直衣等」を河原に運び、賀茂光栄が行った。他に伊尹五女・遠度女・良覚母・時光・遠光・遠量女の着服と除服がみえる。祖父師輔が共通し、九条家を意識する機会だったか。異母妹綏子（寛弘元年二月七日死去）のときは、十三日着服、五月八日除服。仮文は奉らなかったが（二月十六日条）、「軽服」で法興院万燈会は音楽を止め、斎院御禊前駆定は顕光と交替（花見や陣定*はした）。甥隆円は長和四年二月四日死去。道長の着服・参内は十一日だが、除目は「此の月立、軽服と成り、延引」。憚は着服以前からある。寛仁三年（一〇一九）九月十一日に摂政頼通が周頼の「軽服」のために行幸が停止したのも同様で、日を選び十四日でも未着だった。寛弘元年二月九日の列見が時光・斉信の「服身の仮」と公任の「産穢の仮」で延期、寛仁元年六月一日の姉遵子の死による公任の「籠居」（仮は二十日）で十九日に造宮行事が替るなど、公卿の服喪は影響が大きい。期間短縮の例は、三条天皇の叔父昭平親王の長和二年七月十七日薨奏と「御服」、翌日除服。父冷泉院も寛弘八年十一月十六日葬送で「倚廬」に籠り、二十九日の五七日法事後、無名門で東を向き、宮主が弓場殿北廊で南面して「錫紵」の「御祓」をした（道長らは着服と同じく朔平門外）。女房や男房の「素服」は「河辺」で祓をした。

【所在】寛弘元年七月二十日条、同五年八月十一日条、同七年十一月九・十・十三・十六・二十九日条、十二月十八・二十二日条、長和元年五月二十七日条、同四年三月十一日条、寛仁二年四月十二日条

【参考史料】『文徳実録』嘉承三年三月庚子二十二日条、『延喜式』巻三・神祇・致散斎条、『小右記』寛弘八年七月十七日・八月一日条、『陰陽雑書』除服吉日、服紀抄、『中外抄』四、『凶服部類』

（中島和歌子）

反閇　道教由来の呪術。貴人の出行や移徙*の出発、受領の下向や追討使派遣の門出、相撲や競馬などの地面に接した勝負事のさいに、護身のために陰陽師*が行う。一連の呪文と禹歩をふくむ。禹歩は天罡（北斗七星と輔星・弼星）を象った特殊な歩行法で、足を引きずるように歩み地面を踏み固める。天門呪・地戸呪・玉女呪に続く刀禁呪は、陰陽師が刀剣を持ち邪鬼を退ける呪文で、さらに四縦五横呪と印、禹歩と続く。天皇や貴族ら依頼主は陰陽師の後ろに続いて歩いた。身固は院政期以降の反閇の略法である。『御堂関白記』には、長和二年（一〇一三）正月十日壬寅の東宮敦成の枇杷殿朝覲行啓以下、五例ある。すべて天皇や院宮の出行と移徙の出発前で、安倍晴明が主張した、入るさい（『権記』長保二年十月十日条・新造内裏入御）の例や、道長の例はみえない。担当は長和二年の「御返閇」のみ賀茂光栄、他は安倍吉平である。ただし、同年正月十六日、東三条第の火事*で避難していた身重の中宮妍子が斉信第に移る記事は時刻のみで、吉平の反閇（『小右記』同日条）は記していない。

【所在】長和五年三月二十三日・六月二日条、

寛仁二年三月七日・十月二十六日条

【参考史料】『若杉家文書』小反閇法幷護身法

（中島和歌子）

卜占 →式占

犯土 土を掘ること。地中の神の土公（土王）に対する侵犯という禁忌を意識した語。起土や動土。造作は別だが、多く犯土をともなう。凶神の方角を避け、吉日を選び、凶の日時を避けた。『御堂関白記』にみえる「犯土」は土御門第が五例、法興院が二例。寛仁元年（一〇一七）六月六日条「高倉に渡り、宿す。是れ一条、明日舎を立つるに、方忌有るに依る」のように、「犯土」の語を用いない例が多い。法興院の四度の犯土・造作や土御門第の再建でも、方忌*を重視し方違*をした（長和二年二月十八日・四月五日条等）。土御門第居住中の犯土では、土公神の祟（土気）を恐れて、他所に一時的に移った（土忌）。寛仁二年九月十六日は妍子の一条第に候宿。寛弘元年（一〇〇四）十月二十九日に井戸の「修理」で枇杷殿に、同四年三月十五日に「小南屋」の建築で一条第に、長和元年（一〇一二）三月十六日に馬場殿の廊の柱替で東三条第に渡ったのも、土忌である。内裏の犯土は、新造のほか、寛弘四年四月二十三日、「方忌」（王相方か*）のために南庭に「流水」を作れなかった例がある。

土公神は、春（節切）は竈、夏は門、秋は井、冬は庭に在り（暦*の各月に朱書）、日の干支により本宮から四方に出遊する（土公遊行の方も朱書暦注）。一定の範囲の土を掘ったり汚したりすると祟り、産でも忌まれた。陰陽師*が葬所の「地鎮」を行うのも土公を鎮めるためである。新宅への移徙*でも予防した。病気の一因でもあり、式占*で「土公・土気」と出たり、みずから脚部の病いを祟と判断したりした。除病方法は陰陽師の土公祭。道長は土御門第再建開始日、「土公等の為」に『金光明最勝王経』講読を始めた（長和五年八月十九日条）。堅牢地神の守護を期待したか。

伏龍も朱書暦注で、節月十一月二十一日から四十日間は竈に在って犯土を忌み、三月一日から百日間は門に在って修理などを忌む。道長が土御門第の南大門の扉に「修理」を加えようとして「暦」を見ると、「伏龍門に在り」とあり、縣奉平に祓*をさせた（寛弘四年三月十六日条）。

【所在】寛弘七年十一月四日条、同八年三月十四日条、長和五年七月十・十一日条、寛仁元年三月二十七日条

【参考史料】『倭名類聚抄』巻二・鬼神部・神霊類、『小右記』万寿四年六月五日条、治安三年九月一・二日条、『左経記』長元五年四月四日条、『朝野群載』巻十五・陰陽道・賀茂保憲勘申隣里犯土禁忌歩数事、『狭衣物語』巻一、『陰陽雑書』方角禁忌等、『陰陽略書』諸神禁忌法等

【参考文献】増尾伸一郎「氏神・土の気・竈神とその鉱脈―陰陽師の〈占病祟法〉と地霊への眼差し―」（『系図をよむ／地図をよむ―物語時空論―』、勉誠出版、二〇〇一年）

（中島和歌子）

本命祭 陰陽道の個人を対象とした祭祀の一つ。生年干支の日である本命日に延命・招福を祈る。祭神は道教系の天曹・地府・司命・司禄・河伯水官・掌籍・掌算で、寿命を司る神々だが泰山府君は入らない。また、よく属星（本命属星・本命星とも。生年十二支で決まる北斗七星の一つの守護星）を祭る属星祭（本命属星祭）と混同されるが、別である。道長は康保三年（九六六）生れで、本命日は丙寅。『御堂関白記』中の名称が明記された個人対象の陰陽道祭祀は道長の本命日の例のみで、すべて賀茂光栄が担当した。寛弘元年（一〇〇四）八月十四日丙寅、光栄に本命元辰（生年の前や後の十二支に対応する北斗七星、属星の裏星）を祭らせたが、六十日後の閏九月十五日は、忠平が行っていた本命祭に切り替えている。寛弘

七年六月十九日は、恒例の光栄の本命祭に加え、宿曜師の仁統の本命供も行わせた。本命祭は計四例で、長和二年（一〇一三）六月六日条と十二月九日条にもみえ、前者には光栄が当日「祭文」を持参し道長が加筆したとある。

【参考史料】『三十五文集』紀長谷雄・仁和四年本命祭文

（中島和歌子）

夢想　夢のうちとくに予告的なもの。夢のさとし。主に不吉な夢を指す。夢見がよくない、つまり自分やある人についての不吉な夢を見たときは、怪*として陰陽師*に式占*をさせた。その結果にもとづく二日連続で十日ごとの物忌*が夢想物忌・夢物忌である。自主的に慎む場合もあった。厄除は諷誦や読経など僧の担当。外には見えず、不参や人に会わない口実にもされた。『御堂関白記』にも、「夢想(相)」が「不宜・不閑・不静」という例が多い。寛弘八年（一〇一一）十一月七日、他人が道長にかかわる不吉な夢を見たので、みずからの判断で「籠居物忌」した。これ以外の籠居は「不参」「不他行」「無他行」と記す。他人（主に倫子か）の夢によるのは他に三例、自身の夢が五例。長和二年（一〇一三）二月二十六日の物忌中の「両度夢想」をとくに恐れ、三月三日から「修善」を行わせ、六日から康尚に等身仏を作らせた（『小右記』三月一・七日条が詳細）。同五年十月十二日癸未、後一条天皇の物忌中に道長が天皇にかかわる不吉な夢を見たので、「御諷誦」を再度行わせた。他人にかかわる夢の唯一の例で、とくに気にかけていたことがわかる。他に夢告の例もある（長和元年五月一日条）。

【所在】長保元年六月三日条、同二年三月二十日条、寛弘元年正月八日・六月五日・十月六日条、同六年九月五日条、長和五年八月二十七日条、寛仁元年三月二十五日条

【参考文献】石埜敬子・加藤静子・中嶋朋恵「御堂関白記注釈ノート・三」（『国文学　言語と文芸』九四、一九八三年）、藤本勝義「王朝文学と夢・霊・陰陽道」（藤本勝義編『王朝文学と仏教・神道・陰陽道』、竹林舎、二〇〇七年）、倉本一宏『平安貴族の夢分析』（吉川弘文館、二〇〇八年）

（中島和歌子）

沐浴　「沐」は水や湯をかける、「浴」は水や湯に浸かること。暦*の注に「沐浴」とある吉日を選び、忌日*を避けた。朱書暦注の凶日の下食日（歳下食）に沐浴する場合は、呪文を唱える。五月や一日を忌む説は賀茂保憲『暦林』が否定（『権記』寛弘六年五月一日条）。『御堂関白記』の「沐浴」は、産湯（嬉子・教通男等）、寺社での清め（春日大社・金峰山）などである。長和二年（一〇一三）七月六日に誕生した禎子は、七日丁酉は沐浴吉日だが坎日*なので八日戊戌が湯殿始となった。七日、女房たちが「明日、沐浴を忌む」というので道長に召された賀茂光栄は、「文書に所見無し」と退け、「明日、沐浴吉」の勘文を献じた。八日条に「酉時、御湯を供ず」とあり、これが八日を忌まない「古例」とされる（『陰陽雑書』第五・産雑事）。同五年九月二十三日甲子条「初めて御湯殿を供ず」は後一条天皇の五日または六日以来の病いの平癒後の沐浴で、子日は吉日の一つ。道長は十四日から十六日まで「水を浴び」、束帯で庭に下りて伊勢以下諸神に平癒を祈った。

【所在】長保元年二月二十七日条、寛弘四年正月六日・八月十一日条、寛仁元年二月六日条、同二年十二月二十四日条

【参考史料】『九条殿遺誡』、『口遊』時節門・下食日沐浴頌、『陰陽雑書』第三十四・沐浴吉日、病平癒後手洗沐浴吉日

（中島和歌子）

物忌　①陰陽師*の怪異占*による特定の凶事を予防するための二日連続の籠居・謹慎。②他の占術や禁忌（八卦忌・易*・宿曜*等）による一日の籠居・謹慎。③発病後七日目の籠居。④不吉な夢（夢想*）による自主的な一日の籠居。⑤そのほかの謹慎・籠居。⑥①に使う簡札のうち室内や身体用。⑦縁起か

風俗・信仰

つぎ全般。①②④⑤は慎*とも。方忌*・方違*や土忌は、物忌ではない。

平安中期は右のいずれかだが、ほとんどは①。怪*が某日に某所で発生すると、陰陽師が六壬式盤を用いて、予告された凶事、それが起きないよう慎むべき怪所の構成員（生年十二支）、期間（怪日以後何十（五）日の内と複数の節月）などを占った。これにより怪所の統括者（天皇・長官・氏長者・家長等）と年当の男女の構成員は、その期間の怪日の五行に勝つ五行ごとに凶事に気をつけた。外記物忌・夢想物忌は怪所や原因、四日物忌は期間、火事物忌*は凶事による分類。凶事は一つとは限らない（寛弘四年九月二十一日「物忌、春日、口・病事」等）。物忌中は、簡札で周囲に示し（門や庭、簾や柱、頭や袖）、外部との接触を断つ。重い（固い）場合は閉門して来訪者（外人*）に会わず、手紙の授受なども憚った。怪所を離れる「所避りたる物忌」もある（長和二年十一月十・十一日条等）。軽重は本人の信心とは無関係で、慎むべき事が口舌（争事）なら軽く、病事・薬事は命にかかわり重い。改めて占うと（覆推）、軽重が変わる場合もあった。天皇の物忌は政務や行事・儀式に支障があるので、関係者が丑刻（寅から翌日）までに参内して候宿し（寛弘元年十二月二十日条等）、必要なものも搬入した。平座や、急な物忌の出来による延引もある（寛仁元年八月十一日条）。

『御堂関白記』には約三五〇例みえる。うち②が二例（寛弘八年四月二十日条が大厄、同月二十二日条が小衰）、③が長和四年（一〇一五）九月六日条「物忌籠居。件の物忌、小児（嬉子）悩む後、七日に当たる」の一例、④も一例。他は①で、道長の例がほとんど（自筆本と、古写本寛弘元年下巻の一部、平松本長和二年上巻の約一九〇例の注記もすべて）。ただし寛仁二年後半には激減し、後一条・彰子・頼通らの例が目立つ。道長の次に多いのは一条天皇で、寛弘三年十一月二十六日条の除目に備え「籠候」を促す仰せなど、公卿や使い・舞人・陪従・相撲人らの候宿が散見する。寛弘元年十月十三日は馬、長和二年四月十五日は直物の召名などを籠めた。

道長は一上・氏長者・家長ゆえ物忌が多い。陣定の場所（長徳四年下巻末）のほか、外記庁の怪でも必要と主張した（長和二年六月二十七日条）。氏関係では、たとえば長徳四年（九九八）の六・九月戊己が大原野神社の怪、八・十一月丙丁が興福寺塔烏巣、十・十一・十二月戊己が多武峰卯時鳴動、十一・十二月甲乙は別の多武峰鳴動の物忌で、節月十一月は六日物忌だった。「勧学院松樹枯の占方」もみえるが、「多武峰物忌」が重要で、寛弘元年九月二十五日に年当の公卿たちに占方を送り（『大鏡』藤氏物語では札）、同七年八月九日乙卯の鳴動も当・不当にかかわらず二十四日庚午と翌日は物忌で、西門を閉じた（長和二年十一月八日の式占*は彰子と教通が年当）。覆推して軽くなった例は七例（長和二年正月十二日条等）。固い物忌中に外人を入れた例（寛弘二年正月十一日条等）、破って外出した例（長和二年五月二十日条等）は稀だが、軽い場合は多い。祭・荷前などの使い発遣では、陰陽師・使い・幣・神馬などを籠らせ門内で祓*をした（長和元年十一月四日条、同二年十一月二十日条等）。公卿や殿上人の道長第籠候も散見する（寛弘七年六月二十三日条等）。寛弘七年九月六日は教通曹司で終日、十月一日も徹夜で作文するなど、軽重にかかわらず同宿人と楽しみ、庚申*とともに貴族文化を発展させた。「物忌開く」の表現、物忌の日の天気の記事の多さも特徴的。

【所在】長保元年閏三月七・九日条、寛弘元年二月二十四日・四月二日条、同七年三月六日条、長和元年十二月十三日条、同二年六月十日条、同四年十二月十二日条、寛仁元年四月四日条

【参考史料】『小右記』長和二年九月十六日・十

月十二日条、『侍中群要』九、『禁秘抄』下

【参考文献】小坂眞二「物忌と陰陽道の六壬式占」（古代学協会編『後期摂関時代史の研究』、吉川弘文館、一九九〇年）、同「物忌・方違と陰陽道の勘申部門」（村山修一ほか編『陰陽道叢書1』、名著出版、一九九一年）、野口孝子「『夜』化の時代─物忌参籠にみる平安貴族社会の夜─」（『古代文化』五九─一、二〇〇七年）

（中島和歌子）

紅葉（もみじ）　「こうよう」とも。秋の景物の代表。西郊嵯峨は紅葉の名所で、道長も公卿・殿上人を率いて出向いた。紅葉を見ることは野望*の一つ。寛仁二年（一〇一八）九月十六日は、道長も小一条院の供をして、大堰（おおい）川の船上で管絃や「紅葉浮水」題での詠歌を行い、桂山荘で饗応した。二十六日に宇治でも乗船して紅葉を見たが、和歌ではなく聯句（れんく）や詩を作っている。詩題は「傍水多紅葉」。

【所在】長保元年九月十二日条、寛仁元年十月二十五日条、同二年九月十八日条（中島和歌子）

野望（やぼう）　郊外での遊覧、行楽。「野遊・遊覧*」とも。若菜摘み、小松引き、花見*、納涼、秋草採集、紅葉狩り*などを、嵯峨・桂、紫野、白河・小白河などで行った。『御堂関白記』の「野望」と明記された三例は、九月、殿上人による（寛弘元年九月四日条、同六年九月二十三日条、寛仁二年九月十六日条）。これらは主に紅葉狩りだが、ほかにも花見や秋の大井・宇治遊覧などの記事がみえる。

【所在】長保元年九月十二日条、寛弘三年十月十七日条、長和元年九月六日条、同二年十月三・六日条、同四年八月二十二日・十月六・十二日条、寛仁元年十月十二日条　（中島和歌子）

雪（ゆき）　天象の一つ。初雪が降ると点呼を取り物品を賜る（初雪見参（はつゆきけんざん））。氷様奏（ひのためしのそう）で氷が厚い場合と同様に、一尺以上の大雪は豊作の吉兆とされた（『文選』雪賦）。一方、季節はずれの降雪・積雪は怪（かい）*の一つである。このように王権にかかわる一方、「雪月花」の熟語があるように自然美の代表で、清新、清浄、儚さなど、種々のイメージでとらえられた。花見*と同じく郊外に雪見にも行った。また大雪は見舞い（訪（とぶらい））の機会の一つでもある。

『御堂関白記』には、長保二年（一〇〇〇）正月十日条「雪大いに降る。一尺二三寸許り」をはじめ積雪量の記録が多い。寛弘元年（一〇〇四）一・二月、十一月から翌年正月にかけても大雪で、同元年二月六日、前日春日（かすが）祭使に立った少将頼通を思いやる和歌を公任や花山院と贈答したが、道長の「若菜摘む春日の原に雪降れば…」（『御堂関白集』巻頭、『栄花物語』初花）以下、四首とも前年元服した十三歳の嫡男の大仕事の初々しさを若菜・春日野・雪のイメージと重ねて詠んでいる。長和二年（一〇一三）三月二十四日条には、二十日立夏後の雪のことがみえる。寛仁二年の春も極寒で雪の日が多く、正月十五日に「五寸許り」降り、以後「連々雪降る。風又烈（はげ）し」（二月八日条）、十二日も未だ消えず「垂氷（たるひ）*」ができた。四月一日条に、桜の満開の遅れは二・三月が「寒気盛ん、氷雪烈しきに依るか」、全国での牛馬の大量死も「天寒に依ると云々」とある。長和五年十二月八日には、初雪見参（他に寛弘六年十一月九日・同七年十月二十二日・長和四年十一月十四日条等）と、桂山荘での雪見を行った。冬の景物の代表で詩題にも多く、寛弘元年十一月二十七日の内裏作文（さくもん）は「雪是遠山花」。道長第で前日から寅時まで「菊花雪自寒」の詩を詠んだ長和元年閏十月五日条には、「自宵雪降、庭上敷粉、山頂白程、人々分散」と四字句中心の描写がある。「万物（ばんぶつ）白し」とも記す（寛弘元年十二月十八日条等）。

【所在】寛弘四年二月二十九日条、同八年十一月八日条、長和五年十二月三十日条、寛仁元年正月一日条

【参考史料】『権記』寛弘八年七月十二日条、『左経記』寛仁二年二月十二日・十二月七日条

風俗・信仰

【参考文献】目崎徳衛「王朝の雪」（山中裕編『平安時代の歴史と文学　歴史編』、吉川弘文館、一九八一年）、山中裕「『初雪見参』について」（『日本歴史』六三二、二〇〇一年）

（中島和歌子）

厭物（ようもつ）　呪術のための道具（呪物）の一種。地鎮・宅鎮用もあるが、呪詛用が多い。具体的には餅・髪・土器・人形などで、対象者の家の井戸に入れたり床下に隠したり、呪詛をしている寺社に埋めたりした。式占*などで厭物だとわかると、陰陽師*が祓*をして廃棄した。式盤上の神名などの呪文を書いた「厭符（符書・厭式）」は、呪符の一種であり厭物とは別。「厭ず」は何かを鎮圧することで、そのための呪術が「厭術」である。「厭魅」も「呪詛」とほぼ同義（「式を伏す」とも）。『御堂関白記』には「呪詛」「厭術」「厭符」などの語はないが、「厭物」は呪詛の二件にみられる。長和元年（一〇一二）四月十日、立后後間もない妍子の東三条院の井戸に厭物があるとの報告を受け、道長は賀茂光栄・安倍吉平を召し、式占で呪詛用と確認した。十一日条には陰陽師らが井戸から汲み上げられた厭物の祓をしたことがみえる。『小右記』同日条には「餅数枚、人髪」「呪詛の気」などと明記されている。もう一例は妍子の乳母が呪詛された。道長は、より多かった自身・詮子・彰子・敦成の呪詛は記さない。

【所在】長和四年七月二日条

【参考文献】繁田信一『呪いの都　平安京―呪詛・呪術・陰陽師―』（吉川弘文館、二〇〇六年）

（中島和歌子）

吉方（よきかた）　「きちほう」とも。方角神のうちの吉神がいる、ある事を行うのによい方角。凶神がおらず悪くはない方角が宜方。吉日・吉時と同じく陰陽師*が勘申*した。年ごとの吉方の歳徳や月ごとの天道・天徳・月徳・月空は暦*にみえる。年齢ごとの八卦忌の吉方は、生気が代表的で、その方角の色も用いられた。準用されるのが養者で、ともに御忌勘文の項目である。『御堂関白記』にみえる「吉方」は九例。「宜方」はない。うち寛弘五年（一〇〇八）二月十三日・同七年閏二月一日・同八年三月八日・長和四年（一〇一五）正月九日・寛仁二年（一〇一八）正月十五日条は、立春後の仏事の吉日（朱書暦注の三宝吉）に、生気または養者の方角の寺院に燈明を奉る、いわゆる吉方詣である。彰子懐妊を知った寛弘五年、道長は雲林院慈雲堂に参詣して「燈明・諷誦」を奉った。「吉方」は西北で、道長四十三歳の生気である。寛仁二年は后がねの威子・嬉子を連れて行成の案内で世尊寺に参った（養者が道長は西で娘たちは西北）。他の「吉方」は未詳だが、焼亡による移徙*先、方違*先や葬所、陵所等、天皇・中宮の例に限られる。寛弘六年十二月九日に敦良の「御胞衣」を「東方」に埋めたのも、五行思想で万物生成の吉方ゆえである。

吉日は、ある事を行うのによい日。多くは暦注にある。「吉日」十五例のうち、着座吉日の「二月丙午」と受領初下向の「三月丁未」は具体的だが、他は「吉日」ゆえ何かを行った記事または勘申の記事である（土御門第行幸、新領二条第見分、法興院懸鐘、敦良立太子等）。また法興院犯土*の長和二年二月「十八日」「庚辰」、四月「三日」「甲子」は、『陰陽雑書』（犯土造作吉日）にみえる。逐一記さずとも吉日を選んでいた。「宜日」は十二例（寛弘五年正月十六日条、長和二年六月十四日条等）。「吉時」は仏事四例（浄妙寺三昧堂供養、胸病平癒の修善等）、公事四例（禎子着袴、大奉幣使発遣日の参入等）。時刻が過ぎることを心配する記事も散見する。

【所在】寛弘二年十一月十七日条、同八年七月九日条、長和二年正月十六日・七月二十二日条

（中島和歌子）

移徙（わたまし）　→いし

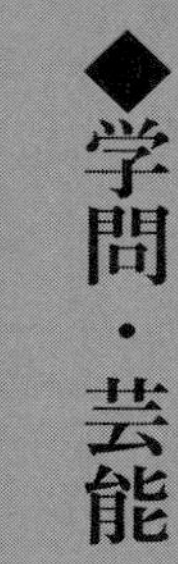
◆学問・芸能

藤原道長と学問・芸能

藤原道長は平安中期を代表する政治家であると同時に、この時代における学問の庇護者・後援者でもあった。とくに注目されるのは、漢籍を中心とする書籍の収集である。『御堂関白記』寛弘七年（一〇一〇）八月二十九日条には、棚の厨子に史書や詩文集など二千巻以上を収めたと記されており、道長が早くから多数の蔵書を有していたことが推定されるが、これは書物の散逸を防ぐという点でも意味のあることであろう。実際に『御堂関白記』を紐解いてみても、長保二年（一〇〇〇）二月二十一日条の『扶桑集』にはじまって、数多くの書籍が道長の手元に集まってきていることが知られるし、寛弘三年三月二十八日条や四月四・五・七日条には、書名は不明ながらも、数千巻におよぶ大量の書籍が道長に贈られたと書かれている。また、藤原行成の日記である『権記』には、『往生要集』や『後撰和歌集』などを行成が書写して道長に献上したことが記されている（寛弘二年九月十七日条・同五年八月十五日条）。

　とりわけ、寛弘年間頃の道長は『文選』や『白氏文集』を愛好していたのだが、宋の商人などを経由して、当時の中国で出回り始めた刊本（宋版）を積極的に入手しようとしていたようであり、長和二年（一〇一三）の『御堂関白記』には入宋僧から摺本の『白氏文集』などが献上された記事も認められる（九月十四日条）。

　このようにして収集された書籍は、たとえば寛弘元年（一〇〇四）十月三日に源乗方から贈られた『文選集注』が一か月後の十一月三日に中宮彰子経由で時の一条天皇に献上されているように、政治的な意図をもって利用された場合や、同じく寛弘元年九月七日および十五日に行成が持参した『新楽府』上下巻（『白氏文集』の抄出本）が同年六月四日に書写を依頼していた本だとすれば、息子である頼通の教育のために用意されたという場合もあったと考えられるが、それと同時に、道長自身の知的好奇心を満たす場合も少なくなかったと思われる。

　道長は長和四年十月二十五日に彰子主催で開かれた自身の五十賀で「老いぬとも知る人なくはいたづらに谷の松とぞ年を積ままし」（たとえ年老いたとしても、もし自分を見出してくれる人がいなかったら、谷の松のように無為に年月を過ごしてきたことだろう）との和歌を詠じ、主催者である彰子に感謝の気持ちを表わしているが、このとき道長が用いた不遇な存在の象徴としての「谷の松」という言葉は『文選』や『白氏文集』に用例のみえる「澗底松」という語を踏まえたものであり、おそらくは道長の若い頃からの読書経験がこのような詠作となって実を結んだのであろう。

　このような道長の漢詩文愛好の側面は、作文会（さくもんえ）の主催というかたちでもあらわれてくる。『御堂関白記』には、長保元年（九九九）五月六日の土御門第（つちみかどてい）での作文会以降、約七十例ほどの作文会が記録されているが、そのうちの約四十例が道長邸（ほとんど土御門第）でのものである。とりわけ寛弘元年・二年・四年に記事が集中するのだが、このような道長主催の作文会は、内裏の詩宴と並ぶ当時の重要な詩作の場であり、一条朝の漢文学再興を道長がこのようなかたちで支えていたことは疑いえない。高階積善（たかしなもりよし）の撰になる『本朝麗藻（ほんちょうれいそう）』はこの時代の漢詩を収めた詩集だが、そこには道長邸の作文会での作品もいくつか採録されており、また道長自身の詠んだ漢詩も六首載せられている。

　また、和歌についての記事も『御堂関白記』には散見される。道長自身は漢詩文ほど和歌を重視しておらず、日記に書きとどめたのもわずか八首（そのうち道長自身の和歌は四首）にすぎないが、庇護者としての側面はここでもうかがうことができる。長保元年十月には、入内（じゅだい）する彰子のために人びとに屏風歌（びょうぶうた）の詠進を依頼しているが、これに限らず、道長はしばしば屏風歌の注文主として和歌史に登場するのである。平安中期になると屏風歌そのものがあまり詠まれなくなってはくるが、そのようななかで道長は、屏風歌を詠む場を提供する側に立ち続けたと位置づけることができよう。また、『御堂関白記』には当該年の記事が欠けているものの、長保五年五月十五日には法華三十講にさいして、当時の有力歌人たちを集めて歌合を開催したことが知られているが、これも庇護者・後援者としての道長の性格を示すものであり、さらに近年では第三の勅撰和歌集である『拾遺和歌集』の成立に道長が深く関与したことも指摘されている。

　このような側面は、物語との関係についても指摘できる。『紫式部日記』には、彰子中宮のもとで行われている物語の清書作業を道長が紙や硯（すずり）を提供するなどして積極的に支援している様子が描かれている（寛弘五年十一月）。この作業が紫式部を中心に営まれていることから、このとき清書された物語が『源氏物語』だと考えられているが、とすれば、道長は『源氏物語』の誕生を物質的に支援していたということになる。

　目を芸能に転じてみることにしよう。この時代の音楽・舞楽は、日本古来の神楽歌（かぐらうた）や東遊（あずまあそび）といった国振（くにぶり）歌謡、大陸から伝わった唐楽・高麗楽（こま）などの大陸歌謡、平安の宮廷で歌われていた催馬楽（さいばら）などの謡物（うたいもの）に三分される。

『御堂関白記』では、寛弘七年正月十五日の敦良親王の五十日の儀のさいに、『和漢朗詠集』（酒）にも収める漢詩の一節「新豊酒色」（新豊の酒の色は鸚鵡の盃の中に清冷たり　長楽の歌の声は鳳凰の管の裏に幽咽す）を藤原斉信が詠じ、その場に居合わせた人びとがともに朗詠したというような記事はあるが、特記されるもののほとんどは国振歌謡や大陸歌謡の類である。

とくに、競馬や相撲節会のさいに、蘇芳菲や駒形、あるいは抜頭や納曾利といった唐楽・高麗楽が披露されたという記事が多い（寛弘元年五月二十七日条・同二年七月二十九日条など）。なお、納曾利は競馬や相撲節会の勝負楽でもあるため、『御堂関白記』で最も言及回数の多い曲名である。

また、国振歌謡については、石清水臨時祭の試楽や摂関賀茂詣にさいして東遊に、春日詣や賀茂臨時祭にかかわって神楽にしばしば言及されている（それぞれ、寛弘二年三月二十二日条・同三年四月十六日条など、長保元年二月二十七日条・寛弘元年十一月二十三日条など）。清少納言は『枕草子』（「なほめでたきこと」）に、賀茂臨時祭は還立の御神楽などにこそ心が慰められるものだと記しているが、道長が還立の御神楽に言及するのは寛弘七年十一月二十二日条くらいであり、二人の感じ方の差を示しているのかもしれない。その他、長和元年十一月二十五日の豊明節会では、久米舞や吉志舞が披露されたという記事もみられる。

とはいえ、これらは当時の風習を示すもので、道長の意向とは直接かかわらない事柄である。それに対して、道長にかかわる芸能としては東三条第での神楽があげられる。『御堂関白記』には、寛弘四年十一月二十六日条に初めてみえ、以降、同六年十二月七日条・長和元年十二月二十六日条・同二年十一月二十五日条・同五年十一月三十日条・寛仁二年（一〇一八）十一月二十九日条に言及がある。道長がその詳細について記すことはなかったが、寛仁二年の例について「此の夜東三条神楽常の如し」と書いている通り、冬の恒例行事となっていたようである。しかし、たとえば十三世紀頃に成立した『年中行事秘抄』が十一月の下卯日に東三条第神楽が催されると記すほどには固定化されておらず、これら六回の東三条第神楽のうち、十一月下卯日に行われた例は見出せない。道長のころから恒例行事化しはじめ、やがて開催日が固定されるようになっていったということなのであろう。

このように、道長のころにはじまったと考えられるものとして、最後に和琴「鈴鹿」の累代御物化を指摘しておきたい。

鈴鹿は、琵琶「玄上」と並び称される名器とされ、『江談抄』に「これは累代の帝王の渡り物なり」とみえるように、平安時代後期には、天皇から天皇へと受け継がれていく累代の御物となっていたが、天皇の御物と思われる宮中伝来の名器を列挙する『枕草子』(「無名という琵琶の御琴を」)の記述には鈴鹿の名はみえず、清少納言が出仕していた十世紀末頃にはまだ宮中に知られていなかったと推定される。それが名器とされていくようになる発端は、寛弘七年正月十五日に、道長が一条天皇に横笛や箏の琴などとともにこれを献上したことであろう。

鈴鹿は、もともと道長の祖父である師輔の兄の実頼が所有していたもので、それが源経房によって、同年正月十一日に道長に献上されていた。道長はそうして手に入れた鈴鹿を、早速四日後の敦良親王の五十日の儀のさいに一条天皇に献上したのである。こうして一条天皇の手に渡った鈴鹿は、やがて皇子たちに伝えられることとなり、先の『江談抄』に記されるような累代の御物となっていったのだと思われる。

【参考文献】

飯沼清子「寛弘年間の道長と元白集」(『国学院大学日本文化研究所報』二四-六、一九八八年)
池田尚隆「藤原道長—文学愛好者・文壇後援者として—」(『国文学』一九八九年八月号)
岡部明日香「藤原道長の漢籍輸入と寛弘期日本文学への影響」(王勇・久保木秀夫編『奈良・平安期の日中文化交流—ブックロードの視点から—』、農山漁村文化協会、二〇〇一年)
北山円正「藤原道長の「谷の松」と新楽府「澗底松」—長和四年の賀宴における和歌をめぐって—」(片桐洋一編『王朝文学の本質と変容　韻文編』、和泉書院、二〇〇一年)
近藤みゆき「『拾遺和歌集』の成立—勅撰和歌集における王権・政権と和歌の問題として—」(『王朝和歌研究の方法』、笠間書院、二〇一五年)
佐藤道生「藤原道長の漢籍蒐集」(同編『名だたる蔵書家、隠れた蔵書家』、慶應義塾大学出版会、二〇一〇年)
豊永聡美「累代御物の楽器と道長」(『日本歴史』六七二、二〇〇四年)
目崎徳衛「藤原道長における和歌」(『貴族社会と古典文化』、吉川弘文館、一九九五年)

(吉田幹生)

東遊（あずまあそび）　宮中に伝来した東国地方の歌舞。一歌・二歌・駿河歌・求子*歌・片降（大比礼歌ともいう）の五曲から構成されており、駿河歌*・求子歌には舞いがともなう。なお、舞人は通常近衛府の官人がつとめることになっており、後述する寛弘元年（一〇〇四）および長和二年（一〇一三）の競馬*のさいにも左右近衛府の少将や将監が舞人に任じられている。起源は東国の民間習俗にあるようだが、『三代実録』貞観三年（八六一）三月十四日条には東大寺大仏供養に「東舞」の語がみえ、『宇多天皇御記』寛平元年（八八九）十月二十四日条には賀茂臨時祭の創始にかんして「東舞」を近衛府の官人に習わせたことが記されており、平安初期には宮中でも知られるようになっていた。また、『吏部王記』延長七年（九二九）正月十八日条には賭弓の後に「駿河舞*・求子等」が舞われたとあるように、平安時代においては、賭弓・競馬・諸大社の祭・皇室摂関家の社参などのさいに東遊が奏されるようになり、中期ごろには都の人びとの注目を大いに集めたようである。『枕草子』「舞は」の段にも、「駿河舞、求子いとをかし」とある。『御堂関白記』においても、摂関賀茂詣四例（寛弘三年四月十六日条・長和二年四月二十三日条・同四年四月二十三日条・寛仁二年四月二十一日条）、競馬三例（寛弘元年五月二十七日条・長和二年九月十六日条・寛仁元年九月二十三日条）、春日詣一例（寛弘四年四月二十八日条）および三条天皇の賀茂社行幸（長和二年十二月十五日条）などで東遊が奏された記事がみえる。なお、寛仁二年（一〇一八）四月の摂関賀茂詣にさいしては、前年三月に道長から摂政の職と氏長者の地位を譲られた息子の頼通が、これまで東遊を奉ってきた道長に代わって東遊を奉納しており、道長は音楽を奉納するのみであった。また、寛弘六年九月二日には、道長家の随身所に詰める随身たちが、前年に彰子中宮の平産を祈願し、その立願成就の礼として、諸社に東遊を奉納している。

（吉田幹生）

和泉式部（いずみしきぶ）　生没年未詳。平安中期の歌人。大江雅致女。母は平保衡女ともいう。『拾遺和歌集』に「雅致女式部」の名で一首採られているが、和泉守橘道貞と結婚したため「和泉式部」とよばれた。冷泉天皇の皇子為尊親王、その弟の敦道親王と恋愛し、後者に関しては『和泉式部日記』に詳しく描かれる。寛弘六年（一〇〇九）頃、道長に召されて彰子に仕えた。のち道長の家司藤原保昌と再婚した。『御堂関白記』では、寛仁二年（一〇一八）一月二十一日条に、摂政内大臣頼通の大饗*にさいして屏風詩歌が撰定されたときに、和歌の作者として大中臣輔親・藤原輔尹とともに「江式部」の名がみえる。道貞との夫婦関係破綻後も「和泉式部」が通り名であったが、主人筋から本姓によって「江式部」とよばれていることは興味深い。『後拾遺和歌集』に最多の六十八首の歌が採られるなど、平安時代を代表する女性歌人である。

【参考文献】山中裕『和泉式部』（吉川弘文館、一九八四年）、久保木寿子『実存を見つめる和泉式部』（新典社、二〇〇〇年）（妹尾好信）

一の舞（いちのまい）　最初に舞う舞人*のこと。とくに、臨時祭に奉納する東遊*の駿河舞*における一の舞。『枕草子』「なほめでたきこと」の段の、石清水臨時祭における駿河舞を描くくだりに「一の舞の、いとうるはしう袖を合はせて、二人ばかり出で来て、西に寄りて向かひて立ちぬ」とある。駿河歌の途中で舞人が登場し、舞をはじめる。その最初の二人を一の舞とよんでいる。『御堂関白記』では、寛弘四年（一〇〇七）十一月二十二日条に、前日賀茂臨時祭試楽*の「頼宗・顕信」と当日の「教通」が、寛仁三年（一〇一九）三月十一日条では、石清水臨時祭試楽の「隆国・頼良」が特記されている。寛弘四年の三人は道長の子息である。『江家次第』によれば、一の舞の指名は、天皇の仰せによって決まるのであり、該当者にとっては名誉であった。　（塚原明弘）

韻（いん）　単語音節のうち、頭子音を除いた残りの部分を韻という。また韻文を作るのに、各行の末尾のことばの韻を合わせて、調和のとれた響きにすることを「韻をふむ」（押韻）という。漢語においては、古くから朦朧とか支離などという「畳韻語」（韻をふんだ熟語）がある。古くは一句の中の押韻もあったが、漢詩の押韻は次第に末句の押韻だけに集中され、偶数句で韻をふむのが例になる。六朝の末から唐代にかけて「近体の詩」（絶句や律詩など）が流行すると、どこで押韻するかという型式がきまる。漢語には語調の高低の波（声調）があるために、周・秦のころはともかく、漢代以降の詩では、韻を合わせると同時に声調をも一致させなければならない。なお、漢語の韻文作成用に、韻字を選び出す手引きとして作られた発音字典を「韻書」という。長和四年（一〇一五）十月十七日条によれば、作文が催された。このときの題は「菊残れること老人に似たり」、韻が「晴」であり、大江通直が序を作ったということがわかる。

【所在】寛弘三年三月四日条、同四年四月二十五日条　（佐藤信一）

韻字（いんじ）　韻をふんでいる字のこと。たとえば、干 kan・良 liang などが韻字である。寛弘四年（一〇〇七）四月二十五日条によれば、韻字を書いた紙を探りとり、各々がその韻字を用いて作詩し、次いで王卿で文章に堪能な者が「韻」を検討したという。『新儀式』巻四「花宴事」に詳しい作法がみえる。

【所在】寛弘三年三月四日条、長和四年十月十七日条　（佐藤信一）

内論義（うちろんぎ）　釈奠内論義のこと。秋の釈奠（二月と八月の上丁日に大学寮で行う孔子の祭り）の翌日に諸博士を紫宸殿に召して行う儒教の論義。『江家次第』巻八に「公卿着陣」とある。寛弘二年（一〇〇五）八月二日の記事にでる。　（佐藤信一）

御文（おんふみ）　→点の葉子

学生（がくしょう）　大学寮での最初期の課程に在籍する生徒のこと。大学別曹や国学でも同じ。『職員令』によると定員四〇〇名である。長和五年（一〇一六）正月二十四日条によれば、藤原行成から学生の藤原明通に申文を送ったという。　（佐藤信一）

楽所（がくそ）　語義的には、楽人の詰めるところを指すが、公的には、平安中期以降、楽舞の伝習・演奏を担った大内楽所をいう。平安初期までは、大宝元年（七〇一）治部省に置かれた雅楽寮が楽舞をつかさどっていたが、衛府の官人が雅楽を奏するようになると、大内楽所が、天暦二年（九四八）までに桂芳坊に置かれ、楽舞の中心はこちらに移っていった。この影響下で、摂関家にも家楽所が設けられるようになった。『御堂関白記』でも、右の三つの意味で用いられている。長和五年（一〇一六）三月十二日条の石清水臨時祭試楽のくだりには「楽所馬場西廊南妻、是従本令候楽人等所也、人名付楽所云」とあり、楽人たちが詰める場所を楽所といったという。長保元年（九九九）三月十六日条や寛弘七年（一〇一〇）一月十五日条では、楽所の者を召すという文脈で用いられており、大内楽所を指している。道長の家楽所の初見とされるのは、寛弘元年十一月二十日条の「初楽所」であり、同四年四月二十三日条には「家楽所」と記される。

【参考文献】荻美津夫『平安朝音楽制度史』（吉川弘文館、一九九四年）、永田和也「大内楽所と藤原道長の家楽所」（『国史学』一三六、一九八八年）　（塚原明弘）

漢書（かんじょ）　後漢の班固が撰した前漢の正史で、武帝以前の記述を『史記』で補って、体裁を整え編纂したもの。「芸文志」は書籍目録の祖であり、また、「列伝」は個人の伝記に特化する向きが強まった。班固の没後、「表」と「天文志」が欠けていたのを、和帝は班固の妹班昭に命じ補修させた。寛弘六年（一〇〇九）十一月二十七日条によれば、当日夕方の刻限に、東宮学士の菅原宣義が『漢書』の「文帝紀」を読み、敦良親王の産養に奉仕した。　（佐藤信一）

紀伝博士（きでんはかせ）　→文章博士

擬文章生（ぎもんじょうしょう）　大学寮において文章生*の志望者が学業を修め、大学頭のもと試験五題を受け、三題以上に及第すると擬文章生となる。擬生と略す場合もある。寛弘三年（一〇〇六）三月一日条に、文人らとともに擬文章生も召されたとある。

【所在】寛弘三年三月四日条　（佐藤信一）

玉篇（ぎょくへん）　梁の顧野王撰の中国の字書。梁の大同九年（五四三）成立、三十巻。部首引きにより、漢字をあげ、音と義を注し、用例に多くの文献を引く。日本では空海の『篆隷万象名義』など諸書に引用され、中世にはその名をとった『倭玉篇』も著述された。原本は中国では現存せず、日本にのみ残巻が伝存するが、そのうち神宮文庫本は巻二十二の一巻を完存する唯一のもの。寛弘二年（一〇〇五）二月十四日条にみえる『玉篇』は、高階明順が道長から借用し、持参したものである。道長を起点にして活発な古典籍の交流がなされていることを物語る。

【参考文献】岡井慎吾『玉篇の研究』（平凡社東洋文庫、一九六九年）、小島憲之「上代に於ける学問の一面―原本系『玉篇』の周辺―」（『文学』一九七一年十二月号）　（佐藤信一）

競馬（くらべうま）　二手に分かれて乗馬の技術を争う競技。宮中では、年中行事として五月五・六日の節日に、武徳殿で騎射とともに行われた。平安中期以降は、臨時の競馬として、離宮や行宮、寺社、貴族の私邸でも催された。道長も、土御門第で実施するとともに、春日社や石清水八幡に奉納している。『栄花物語』巻二十三には、藤原頼通の高陽院における競馬が描かれている。

出発点を馬出といい、決勝点を馬駐という。直線の走路の左右に埒とよばれる柵を設けた。左右に分かれ、乗尻とよばれる騎手が、早く走らせることよりも、相手の馬や乗尻の邪魔をして先着する技術を競った。左右一番からなる十番を例とした。貴人の参入時には「蘇芳菲」*「駒形」*が演じられた。勝負のときは「乱声」*が奏され、左方が勝つと「陵王」*「抜頭」*、右方が勝つと「納曾(蘇)利」*「八仙」を舞った。

『御堂関白記』では、宮中の五月の競馬についての記述はない。道長は、長保二年（一〇〇〇）三月六日条や同年四月二十五日条のように、自邸で競馬を実施しているが、花山法皇御幸（寛弘元年五月二十七日）・一条天皇行幸（同三年九月二十二日）・三条天皇行幸（長和二年九月十六日）のさいにも、土御門第で競馬を奉仕し、次第を詳述している。一条天皇と三条天皇の行幸には船楽の記述もある。また、春日社参詣（長保元年二月二十八日）や石清水八幡参詣（寛仁元年九月二十三日）にあたっても、競馬を奉納している。　（塚原明弘）

群書治要（ぐんしょちよう）　唐の貞観五年（六三一）、太宗の命で魏徴を中心に蕭徳言らが編纂した、治世に重要な語彙を多数の書から抄録した書物。五十巻。中国では宋初に散逸したが、わが国には早く伝わって、藤原佐世の『日本国見在書目録』には、「群書治要五十巻」と記録がある。『貞観政要』『帝範』とともに朝廷で重んぜられ、『続日本後紀』承和五年（八三八）六月二十八日条に、仁明天皇が清涼殿で助教直道広公に『群書治要』の第一巻を読ませたとみえる。寛弘元年（一〇〇四）八月二十日条によると、道長は一条天皇に「群書十帖五十巻」を献じた。巻数から一条天皇に贈ったのは、『群書治要』と推測される。（佐藤信一）

還城楽（げんじょうらく）　雅楽。唐楽。太食調。古楽。一人舞。舞は左方と右方の両様があり、舞手に違いがある。別名「見蛇楽」「還京楽」。左方舞楽にも右方舞楽にも用いる。胡人の扮装に朱の仮面をつけ、桴を持ち作り物の蛇を捕らえて舞う。『教訓抄』は、蛇を好んで食する西国の人が蛇を得て喜ぶ姿を模してこの舞を作り、見蛇楽と名づけたという。また『楽家録』によると、唐の明皇が兵を挙げ韋后を誅し、京師に還ってこの曲を作ったので還城楽と名づけ、大国の法では王の行幸、還御のときに奏するという。『御堂関白記』では、春日詣（長保元年二月二十八日条）、相撲節会（長和二年八月一日条）において、勝負楽とは別に奏されている。（塚原明弘）

元白集（げんぱくしゅう）　唐代の詩人白居易と元稹の詩集か。『唐書』に「居易最も詩に工なり、元稹と酬詠す、故に元白と号す」とある。寛弘元年（一〇〇四）十月三日条に、源乗方朝臣が、『集注文選』とともに『元白集』を持ち来たったとある。道長は「感悦極まり無し。是れ聞こえ有る書等なり」と感懐を記している。（佐藤信一）

孝経（こうきょう）　一巻。経書。孔子の弟子曾子学派の撰とされる。孝道を治国の根本にすえており、産所読書としてよく用いられた。長和四年（一〇一五）十二月四日条に、『孝経』の点図（→点の葉子）が示され、儀式のはじまる前に三条天皇から『御注孝経』が届けられたとされる。『小右記』当日条には「此ノ間蔵人ノ頭資平勅使ト為リテ参入ス、御注孝経〈銀ヲ以テ書形ヲ作シ、金ヲ以テ軸ト為ス。中納言行成召ニ応ジ以テ墨書外題スト云々〉裏ハ象眼〈青色ナリ〉五粒ノ松枝ニ付シテ、蒔絵ノ筥ノ蓋ニ盛ル、小舎人之ヲ持ツ、資平只御書ヲ執ル」とあり、『御堂関白記』の記事と合わせると、字は銀で書かれ、藤原行成筆の外題のある金の軸の巻子本で、青色の蘿で包まれ銀製の五葉の松の枝に結ばれている豪華なものであったようである。『小右記』はさらに「聖主五体不悦ノ間、以テ無例ノ銀書ヲ賜ハリテ書キ始ム所如何、無興ノ比カ、又管絃ノ事、識者甘心セザルカ」として、三条天皇の不例の続く折に、前例のない銀書が届けられたことや管絃会が催されたことを批判している。また、『御堂関白記』に記載はないが、敦康親王の誕生にさいし、大江以言が『孝経』を詠じた序と詩を作り、道長・伊周・公任ら全八人で詠じている（『本朝麗藻』下）。道長は「君命を蒙りてより孫に殊ならず」と、親王は自分の孫に他ならないとする。

【所在】寛弘四年五月三十日条、同六年十一月二十五日条

【参考文献】八重樫直比古「日本古代の大学における『孝経』（上）」（『ノートルダム清心女子大学紀要』五–一、一九八一年）、林秀一『孝経学論集』（明治書院、一九七六年）（佐藤信一）

講書（こうしょ）　寛弘四年（一〇〇七）三月四日条にみえる。ここでは詩を披講すること、書籍を講説すること。続いて、参加者への賜禄が行われた。

【所在】寛弘四年五月一日条（佐藤信一）

講文（こうぶん）　寛弘三年（一〇〇六）三月四日条に、朔日の作文の詩を披講したことがみえる。『新儀式』に「近衛ノ次将文台ノ筥ヲ執リテ、御前ニ置ク、詩ヲ講ズルノ儀常ノ例ノ如シ」とあるように、おそらく出居座にいる近衛次将が、文台にのせられた筥のなかの詩を天皇の御前に置き、儒士（ここでは献題した藤原忠輔か）に講じさせた。昨日の作文の詩を披講したことをいう。

【所在】寛弘二年九月十日条、同八年五月八日条　（佐藤信一）

後漢書（ごかんじょ）　後漢の正史。南朝宋の范曄の撰。紀伝道の隆盛により『史記』*『漢書』*とともに三史の一つとして、修学が重視された。『御堂関白記』には、寛弘六年（一〇〇九）十一月二十六日条にみえる。このときは敦良親王の誕生にさいし、読書の儀として東宮学士の菅原宣義により『後漢書』の「章帝紀」が読まれた。時代はさかのぼるが、貞観六年（八六四）菅原是善が『後漢書』を講じたことが知られる。　（佐藤信一）

古今和歌集（こきんわかしゅう）　平安前期の最初の勅撰和歌集。全二十巻。醍醐天皇の勅命により、紀友則・紀貫之・凡河内躬恒・壬生忠岑の四人が撰した。成立時期は定かでなく、「序」にみえる延喜五年（九〇五）四月を下命時とみるか、完成・奏上時とみるかで説が分かれる。延喜十三年（九一三）頃の詠歌までふくむので、最終的な完成はそれ以後である。細かく配慮された分類・配列法は長く後世まで範とされた。収められた一一〇〇首ほどの和歌は王朝貴族のたしなむべき教養とされ、村上朝の宣耀殿女御藤原芳子は、全歌をそらんじていたといわれる（『枕草子』『大鏡』）。『御堂関白記』には、長和二年（一〇一三）四月十三日条に、中宮妍子が藤原斉信邸から土御門第へ還啓の途次、姉皇太后彰子の住む枇杷第に立ち寄ったさい、彰子から貫之筆の『古今和歌集』と文正筆の『後撰和歌集』*が贈り物として妍子に献上されたという記事がある。成立から百年後に、道長の周辺に撰者自筆の『古今和歌集』が存在していたことを示す貴重な記録である。　（妹尾好信）

五臣注文選（ごしんちゅうもんぜん）　呂延済・劉良・張銑・呂向・李周翰の五人による注の付された文選のこと。全三十巻で、開元六年（七一八）に玄宗に奉られた。寛弘三年（一〇〇六）十月二十日条によれば、唐人の曽令文が蘇木や茶垸などの渡来品とともに『五臣注文選』や『白氏文集』*を献上した。当該条は本邦における『五臣注文選』の初出のようである。

【参考文献】築島裕「文選読」（『平安時代の漢文訓読語につきての研究』、東京大学出版会、一九六三年）　（佐藤信一）

後撰和歌集（ごせんわかしゅう）　平安中期の第二の勅撰和歌集。全二十巻。天暦五年（九五一）十月に、村上天皇の勅命により、梨壺（昭陽舎）に藤原伊尹を別当に撰和歌所が置かれ、清原元輔・紀時文・大中臣能宣・源順・坂上望城の「梨壺の五人」が寄人として撰んだ。部立や構成は『古今和歌集』*に倣うが、撰者の和歌が全く撰入されないことや、屏風歌などハレの歌が採られないことなどの特徴があり、序をもたないこともあって、古くから未定稿説がある。古来、『古今和歌集』『拾遺和歌集』（古くは『拾遺抄』）とともに三代集の一つとして重んじられた。『御堂関白記』には、長和二年（一〇一三）四月十三日条に、中宮妍子が藤原斉信邸から土御門第へ還御したさい、姉皇太后彰子の住む枇杷第に立ち寄り、彰子から貫之筆の『古今和歌集』とともに文正筆の『後撰和歌集』が贈られたという記事がある。文正は村上朝の能書として知られるが、藤原忠紀男とも紀時文男ともいい、氏は不明。この文正筆『後撰和歌集』は、『権記』寛弘八年（一〇一一）十二月十六日条によれば、写本作成のための原本として一条天皇から道長に下賜されたものである。　（妹尾好信）

琴（こと）　広義には、絃楽器の総称。狭義には箏を指している。正倉院に現存する絃楽器には、和琴*・琴・瑟*・箏・阮咸・新羅琴・琵琶*・五絃琵琶・箜篌・七絃楽器がある。このうち、平安時代に行われた絃楽器は、琴・和琴・箏・琵琶である。琴は七絃、和琴は六絃、箏は十三絃、琵琶は四絃。琴は、『うつほ物語』や『源氏物語』に登場し、帝王の楽器と位置づけられたが、摂関時代には行われなくなっていた。和琴は、神楽歌をはじめ古来から伝わる国風歌舞に用いる。箏と琵琶は唐楽*（左方の楽）の演奏で用いる。高麗楽*（右方の楽）では絃楽器を用いない。『御堂関白記』で琴と記した場合には、箏の場合と和琴の場合がある。寛仁二年（一〇一八）十一月九日条にみえる教通から贈られた「琴」は箏である。長和五年（一〇一六）十二月十四日条に「御琴」とあるのは和琴と考えられる。

【参考文献】荻美津夫『古代中世音楽史の研究』（吉川弘文館、二〇〇七年）　（塚原明弘）

高麗楽　奈良時代に朝鮮半島から伝来した楽舞。狛楽とも書く。中国伝来を中心とする唐楽*と区別する。高麗壱越調・高麗平調・高麗双調の三調子がある。最も早い例として、『日本書紀』天武天皇十二年（六八三）正月七日条に、高麗・百済・新羅の楽人による演奏の記録が残る。仁明朝（八三三～八五〇）の楽制改革で、日本における新作もふくめ、右方に配されたため、総称して、右楽とも高麗楽ともいう。唐楽には舞のない楽曲もあるが、高麗楽はすべての楽曲に舞がある。楽器編成は、管楽器が篳篥・高麗笛、打楽器が羯鼓・太鼓・鉦鼓である。絃楽器を用いない点が、唐楽との大きな違いである。調子にも違いがある。舞楽の装束は、左方が赤色を基本色とするのに対し、右方はおおむね緑色を用いる。『御堂関白記』に高麗楽の用語例はないが、寛弘五年（一〇〇八）十月十六日条に「奏楽各二曲」とあるのは、『小右記』に「大唐・高麗互奏各二曲」とあって、唐楽・高麗楽が二曲ずつ演奏されたということである。　（塚原明弘）

駒形　舞楽の曲名。「狛竜」とよばれることが多い。『御堂関白記』*『枕草子』には「駒形」と記される。高麗楽*。高麗壱越調。『教訓抄』によると、五月節会の輿の出入の間に御前にて奏し、小馬形に乗って二人で舞う。行幸で競馬*が行われるさい、天皇が馬場殿へ出御するときと寝殿に還御するときに、番舞の「蘇芳菲」*とともに奏された。『御堂関白記』では、寛弘三年（一〇〇六）九月二十二日条・長和二年（一〇一三）九月十六日条、『小右記』でも、長和三年五月十六日条・万寿元年（一〇二四）九月十九日条で確認できる。『小右記』治安二年（一〇二二）五月二十六日条によれば、藤原頼通主催の競馬に道長を迎えるさいに、天皇と同じように「駒形」「蘇芳菲」を奏している。『御堂関白記』寛弘元年五月二十七日条の花山院の御幸では、競馬・騎射・楽遊が終わって、禄の下賜や贈り物の間、二人の舞人*が「駒形」を舞っている。　（塚原明弘）

作題　漢詩の詩句から五文字または七文字の題*を作ること。句題ともいう。長和二年（一〇一三）五月十一日条に、前日に「荷香近入衣」の題を出され、「薫」*を韻字にして詩を作ってくるように道長が人びとに指示していた記事がみえる。その詩を作り終わったあとに実作の詩を講じたのである。　（佐藤信一）

作文　平安時代には、漢詩を作ること、およびその漢詩そのものを意味し、「さくもん」と訓んだ（「文」の音は古く呉音「モン」）。「文」は、散文である「筆」に対し詩や賦などの韻文をいう（『二中歴』一二）。平安時代の記録類で、「作文」の語の古い用例は、天慶二年（九三九）の『作文大体』の序に「其レ学問ノ道ハ作文ヲ先ト為ス」とあり、九条（藤原）師輔の『九暦』天暦三年（九四九）三月十一日条にみえるものである。以後、『御堂関白記』をはじめとする日記類では、すべて「作文」が用いられる。これらより以前の、九世紀に相次いで作られた『日本後紀』以下の国史類では、漢詩を作ることはすべて賦詩と記されている。『日本紀略』

長保元年（九九九）九月九日条には「殿上作文」という用例があるが、「作文」は「賦詩」と書くのが本来のかたちだろう。『日本紀略』の例は殿上（清涼殿の殿上間）における作文の会、すなわち詩会の意であろう。平安時代末期にはこの詩会を「作文会*」ともよんだ（『永昌記』保安五年四月九日条）。

寛弘二年（一〇〇五）八月十七日条に「林池秋興の詩」を道長が賦したことがみえる（『和漢兼作集』巻八・秋部下「紅ノ錦繡　飄ス霜後ノ葉、碧ノ瑠璃　潔シ月前ノ流」）。「紅」と「碧」、「霜後」と「月前」と対句を用いながら表現を練りあげている。このときの作として『新撰朗詠集』に大江以言の同題の詩句がみえる。上「露　暗叢ニ滴ツテ蛍火湿ベリ、風　曲岸ヲ吹イテ鷺糸寒シ」、下「林風　槐旧リテ繁華久シ、池水　蓮伝ヘテ累葉芳シ」。『新撰朗詠集』には、この他にも「林池秋興の詩」がいくつか詠ぜられてる。

【所在】寛弘元年九月九日・閏九月三・十一・二十一・二十九日・十月九日条、同二年三月二十九日・七月七日・九月三・九・十五日・十月六日条、同三年十一月二十三日条、同四年三月二十日・四月二十九日・閏五月十五日・九月十七・二十三日条、同五年五月一日・十一月十二日条、同六年七月七日条、同七年六月十三日・八月十四・二十二日・九月六日・十月一日条、同八年三月十八・三十日・五月七日条、長和四年十月十七日条、同五年三月二十六日条

【参考文献】飯沼清子「平安中期における作文の実態―小野宮実資の批判を緒として―」（『國學院雑誌』八八―六、一九八七年）　（佐藤信一）

作文会（さくもんえ）

長保～寛弘期にかけて、一条天皇は盛んに内裏で作文会を催したが、同じころ道長も私邸でしばしば作文会を催した。飯沼清子氏によると、その数は三十九回にもおよぶという。詩を作成するための詩題は、文章博士*が過去における漢詩文の句の中から選んだ。寛弘五年（一〇〇八）十一月十二日条にみえる作文会の詩題は「佳不如詩境（佳なるは詩境に如かず）」であった。このときは道長邸にて行われ、その夜の午前二時ごろに終了した。

【所在】寛弘元年閏九月二十九日条、同三年三月四日条、同四年四月二十五日条、同六年七月七日条、同七年六月十三日・九月六日条、長和五年三月二十六日条

【参考文献】飯沼清子「平安中期における作文の実態―小野宮実資の批判を緒として―」（『國學院雑誌』八八―六、一九八七年）　（佐藤信一）

算道（さんどう）

大学寮の四道のうち、算術。土御門第では諸道の論義*が行われた。寛弘四年（一〇〇七）五月三十日条に「明経・明法・算等道ノ博士・学生等ニ論義セシム」とある。時期はさかのぼるが『権記』長保二年四月四日、七月十七日・二十八日条で算博士*の三善茂明と日下部保頼らが算道挙状の異例に関して紛議を戦わせている。

【参考文献】桃裕行『上代学制の研究』（思文閣出版、一九九四年）　（佐藤信一）

算博士（さんはかせ）

大学寮算道*の教官。定員二名。算道は大学寮の四道の一つ。算術。小槻氏が、次いで三善氏が博士家を確立した。寛弘四年（一〇〇七）五月三十日条にみえる。　（佐藤信一）

四韻（しいん）

寛弘四年（一〇〇七）九月九日条にみえる。ここでは、重陽節のさいに作られた詩の中で、律詩*のこと。八句の内で、四か所の偶数句末に韻をふむことからの称。五言詩か七言詩かは不明。このときには、藤原伊周の一人のみが絶句を作ったことで知られる。　（佐藤信一）

詩宴（しえん）

貴族や文人が集まって漢詩を作る会。当時の用語としては、平安中期以降用いられた「作文会*」が一般的である。ただ、このときは『御堂関白記』長和四年八月十日条に「咳病歟」とあるように、道長の体調がすぐれないため中止にいたった。詩宴を停止

学問・芸能

することは多く葬祭・死穢による（『本朝世紀』正暦四年八月二日条「丁巳、今日釈奠祭也、依左大臣薨、停止宴座」、治暦四年八月七日条「丁未、釈奠、依寛弘八年例、無宴座」など。「寛弘八年例」とは内裏の穢れによる）。疫病により宴座を停止することは前例がなかった（『日本紀略』正暦五年八月八日条「丁亥、釈奠、疾疫之年有宴座之例、仍行之」）。実資は疾病により詩宴なしと伝え聞いており、『小右記』によると、疾病による詩宴停止はこれを前例とするようになったようである（『小右記』当日条「伝聞、依疫不行宴宴座、蓋是前例云々」）。

【所在】長和四年八月十日条　（佐藤信一）

試楽（しがく）　行幸や年中行事などに奏される舞楽、歌舞の予行練習をいう。とくに『御堂関白記』では、行幸・行啓に先立って行われるものや、石清水臨時祭・賀茂臨時祭の前に清涼殿で天覧のもとに行われるものを指す。『枕草子』「なほめでたきこと」の段には、石清水臨時祭の試楽が活写されている。

『御堂関白記』においては、石清水臨時祭の試楽についての記述が最も多く、長保元年（九九九）三月二十七日条を初出として、ほぼ毎年のように、三月の中の午の日に行われる石清水臨時祭に合わせて前々日に行われる試楽への言及がある。そのなかでも長和二年（一〇一三）三月二十七日条と同五年三月十二日条が詳しい。本来、臨時祭の前々日に行われる規定だが、寛弘三年（一〇〇六）三月十五日条と長和四年三月十三日条の試楽は臨時祭の前日に行われている。行幸の試楽の例は、寛仁元年（一〇一七）三月六日条に八日の石清水行幸にともなう試楽、同年十一月二十三日条には二十五日の賀茂社行幸に向けた試楽、同二年十一月二十五日条には、賀茂臨時祭（二十七日）の試楽が詳述される。寛弘二年三月六日条には、八日の中宮（彰子）大原野行啓の試楽が中宮の御前で行われた様子が描かれている。　（塚原明弘）

史記（しき）　司馬遷による中国における正史の嚆矢にあたる。寛仁二年（一〇一八）二月十六日条に、道長の六男である藤原長家が、『史記』一巻を読了し、藤原広業に自分の曹司に行かせ、しかるべき文人を召して、詩を作らせたとある。このときの記事ではないが、『紫式部日記』に「文読む博士、蔵人の弁広業、高欄のもとに立ちて、史記の一巻を読む」とある。この「弁広業」も藤原氏。その一巻とは、巻頭にあたる「五帝本紀第一」である。

【所在】寛弘六年十一月二十六日条

【参考文献】小守郁子「源氏物語における史記の影響」（『名古屋大学文学部研究論集』七、一九五四年）　（佐藤信一）

直講（じきこう）　大学寮の教官をいう。寛弘四年（一〇〇七）五月三十日条にみえる。　（佐藤信一）

式部省試（しきぶしょうし）　文章省試・文章生試*ともいう。省試は元来春秋一度ずつ実施されたが、次第に少なくなり、『年中行事秘抄』には「隔両三年行之」とある。一般学生は大学寮試に及第すると擬文章生*となり、さらに式部省試に合格して文章生*になった。長和元年（一〇一二）十二月二十七日条に記事がある。

【所在】長和元年十二月二十六日条、同二年正月十三・二十六日・六月三日条、寛仁二年十月二十七日・十一月四日条　（佐藤信一）

試詩（しし）　試験として詠ぜられた詩のこと。寛仁二年（一〇一八）十月二十七日条にみえる。ここは文章生試*（文章省試・式部省試*とも）のさいに、擬文章生たちが作った答案の詩の意。『小右記』十月二十二日条頭書に「彼［後カ］聞、擬生詩収置前太府」とあるように、土御門第では、試験が終わって左大臣が封を付し、そのまま道長のもとに残されたようである。同文中に「御封」

とあるのは、天皇の封とも考えられるが、ここではそうとるより、「消息」の内容に用いた敬語をそのまま記したものと考えるのが自然であろう。勅封となれば、いくら道長であろうとも手続きがこのように簡単なものではないと思われる。（佐藤信一）

詩人（しじん）　詩を詠ずる者のこと。長和四年（一〇一五）十月二十日条によれば、道長は物忌により籠居していたため、一～二人の詩才のある者を呼んで作文*をさせたようである。題は「早寒生重衾」、韻字*は「知」。道長主催の作文で彼の物忌のときに行われた例に、『御堂関白記』寛弘元年（一〇〇四）閏九月九日条（庚申のときの賦詩・読和歌）、同七年十月一日条、同八年三月三十日条がある。「一両」の「詩人」がどのような人びとであるかは不明だが、寛弘七年十月一日条の物忌の日の作文で「下臈男共七八人許」、同年六月七日条の作文で「文殿人々」とあるので、道長第の文殿に候していた下臈の人びとか。また「重衾」は、夜具を重ねて着る、の意であろう。（佐藤信一）

試判（しはん）　文章生*試の試詩*の優劣を判定する会議。寛仁二年（一〇一八）十月二十七日条に開催された記事がみえる。『延喜式』式部上に「凡ソ擬文章生ハ春秋ニ仲月之ヲ試ミル、試了リテ文章博士及ビ儒士二三人ヲ喚ビテ判定ヲ共ニシテ其レ等ノ第ヲ省ル、奏聞シ即チ之ヲ補フ」とある。ただし省試試判はこの通りに定期的に行われたわけではない。（佐藤信一）

修文殿御覧（しゅうぶんでんぎょらん）　北斉の祖孝徴らの撰で、宋の『太平御覧』の祖本。『太平御覧』は、『山槐記』の治承三年（一一七九）二月十三日条に「算博士行衡来リテ云ク、入道大相国、唐ノ書ヲ内ニ献ゼラルベシト云々。其ノ名太平御覧ト云フ。二百六十帖ナリ。入道大相国之ヲ書キ留ム。摺本ヲ内裏ニ献ゼラルベシト云々。此ノ書未ダ本朝ニ渡ラセザルナリ」とあることから、平安末期になってから渡来したことがわかる。したがって、『御堂関白記』においては「御覧」は、『修文殿御覧』ということになる。道長が『修文殿御覧』を蔵していたことは、『御堂関白記』寛弘七年（一〇一〇）八月二十九日条の「作棚厨子二双、立傍、置文書、三史・八代史・文選・文集・御覧・道々書・日本記(紀)具書等、令・律・式等具、並二千余巻」によって明らかである。このとき、大宰大監藤原蔵規の献上した孔雀が産卵した。その『修文殿御覧』の記事がここに引かれているのである。なお、『太平御覧』九百二十四巻・孔雀部に「南越志ニ曰ク、義寧県ノ杜山ニ孔雀多シ、……便チ孕ム有リ」とあり、道長は感懐として「之ヲ以テ自然ニ孕ムコトヲ知ルナリ、文書信有リ」とするが、『修文殿御覧』が信頼できることを称揚しているのである。『修文殿御覧』を正確に引用しているとみなし得る。

【所在】長和四年四月十日条　（佐藤信一）

春秋左氏伝（しゅんじゅうさしでん）　中国の歴史書『春秋』の注釈書の一つ。養老令では『春秋左氏伝』を大学で教授すべき経書に定める。寛弘六年（一〇〇九）十二月二日条、敦良親王の七夜の産養*の記事にみえる「左伝」は『春秋左氏伝』の略称。ここでは、皇子が名君となるように、中国の名君の一人である魯の第十六代の君主である荘公の在位三十一年目（紀元前六六三年）の本文と注釈を施した箇所を読書博士が読みあげている。

【参考文献】小林芳規『平安鎌倉時代に於ける漢籍訓読の国語史的研究』（東京大学出版会、一九六七年）　（佐藤信一）

序（じょ）　詩序。一編の詩における大意を述べたもの。寛弘四年（一〇〇七）三月四日条によると、序は大江匡衡、講師は大江以言が担当した。このときの匡衡の序と詩は、『江吏部集』上・四時に収録されている。序は『本朝文粋』巻八にも載る。「三月三日左相府ノ曲水ノ宴ニ陪シテ同ジク流レニ因リテ酒ヲ汎ブトイフコトヲ賦ス」とある。この「左相府」とは道長のことを指す。

【所在】寛弘三年三月四日条　（佐藤信一）

笙（しょう）　管楽器。合笙。凰笙。『源氏物語』「若紫」巻に「さうのふえ」とある。吹口のついた頭に長短十七本の竹管を立てる。複数の竹管をもつ楽器に簫と竽もあったが、楽制の改革が進むなかで、平安中期には廃絶した。雅楽で三管といえば笙・篳篥・笛*を指す。唐楽*では、篳篥と龍笛の旋律に対し和音を奏し、催馬楽や朗詠では旋律を奏する。『御堂関白記』では、他楽器の場合と同様、多く贈物として言及される（寛弘三年九月二十二日条・同五年十月十六日条・同七年正月十五日条・長和四年九月二十日条・寛仁二年九月十六日・十月二十二日・十一月九日条）。寛弘三年（一〇〇六）の土御門第行幸の場合には、道長が、一条天皇には箏*の御琴・琵琶*・和琴*を贈り、東宮に箏と笛を贈っている。演奏の表現としては寛弘四年四月二十六日条がある。親王加階のくだりで、宰相中将源経房が笙を吹いている。　（塚原明弘）

省試（しょうし）　擬文章生*から文章生*を選ぶ試験をいう。省試の執行をうけ、試判*、つまり合否の判定が行われる。『延喜式』式部上には、「凡ソ擬文章生ハ春秋ニ仲月之ヲ試ミル、試了リテ文章博士及ビ儒士二三人ヲ喚ビテ判定ヲ共ニシテ其レ等ノ第ヲ省ル、奏聞シ即チ之ヲ補フ」とあり、ここでその結果を奏上しているのである。文章生評定文については、『朝野群載』巻第十三・紀伝上に「式部省詩評定文」として、承保二年（一〇七五）八月三十日や永久五年（一一一七）十一月二十三日の文書の実例が載っている。文章博士*や儒者、大学頭、式部少輔などが評定し、前者の例では及第した者を列挙し、「粗詩情ヲ得タリ。既ニ瑕瑾ヲ免ル。専ラ帝徳ノ天地ニ配スルヲ詠ジ、聖化ノ華夷セラルヲ述ブ。格ル条指ス所、之ヲ丁科ニ処ス」と判辞が加えられている。ただしこの例では、十八名の及第者と員数外二名をまとめて一枚の評定文に作っているが、おそらくこれは院政期に省試がすでに形骸化している影響と思われ、ここでは「十一枚」とある点から一人に対して各々一枚の評定文を作っていると考えるべきであって、ここでは及第した十一名分を奏上したということであろう。寛弘四年（一〇〇七）二月十四日条に、省試判にさいし「召式部大甫、落第文十三枚、加三枚下給」とあるのも評定文であろう。長和二年（一〇一三）正月二十六日条では式部大輔広業が文章生評定文を奏している。

【所在】長和元年十二月二十六・二十七日条、同二年正月十三日・六月三日条、寛仁二年十一月四日条

【参考文献】桃裕行『上代学制の研究』（思文閣出版、一九九四年）、久木幸男『日本古代学校の研究』（玉川大学出版部、一九九〇年）　（佐藤信一）

尚書（しょうしょ）　『書経』ともいう。五経の一つで「詩書」と称され儒教の基本的文献とされた。中国の伝説上の聖王である堯・舜から春秋時代の王朝までの詔勅や訓戒を集めたもの。寛弘六年（一〇〇九）十一月二十七日条には敦良親王の三夜にさいして、読書の儀として『尚書』が読まれたとある。朝は惟宗為忠があたった。ここでは「堯典篇」が読まれている。

【参考文献】吉川幸次郎訳『尚書正義』（『吉川幸次郎全集』八、筑摩書房、一九八四年）　（佐藤信一）

勝負楽（しょうぶがく）　勝負舞とも。勝敗を競う宮中行事*で、勝負がつくと奏した乱声*と舞楽。『江家次第』によれば賭弓*と競馬*では、左方が勝つと「陵王*」、右方が勝つと「納曽（蘇）利*」を舞った。相撲節会の場合は、召

合の日には、左方が勝つと「抜頭」*、右方が勝つと「納曾(蘇)利」を舞った。翌日の選抜戦の抜出が終わると、左「散手」「還城楽」*「散更」「蘇合」、右「帰徳」「狛犬」「吉干」「新鳥蘇」が奏された。『御堂関白記』では、宮中の賭弓の例が、寛弘三年（一〇〇六）正月十八日条にみえる。寛仁三年（一〇一九）正月十八日の場合は、勝負楽が中止されている。競馬の例は、長保元年（九九九）二月二十八日条（春日社参詣）・寛弘元年（一〇〇四）五月二十七日条（花山院御幸）・長和二年（一〇一三）九月十六日条（行幸）・寛仁元年（一〇一七）九月二十三日条（石清水参詣）にあるが、いずれも宮中以外の競馬の例。長和二年の例では、左方勝利にもかかわらず「納蘇利」も奏され、慣例になって寛仁元年の場合も両曲が奏されている。宮中の相撲節会の召合の例が、寛弘二年七月二十八日条・同七年七月二十七日条・長和二年七月二十九日条にみえ、抜出の例が長和二年八月一日条にある。臨時の例が寛弘三年八月二十三日条（童相撲）にみえる。（塚原明弘）

尚復　講書*のさいに講師を補佐する役。天皇・東宮の読書・講日本紀・蔵人所講書にあたって一名から四名が任じられた。得業生などが任命されることが多かった。長和四年（一〇一五）十二月四日は、敦良親王の読書始であった。博士*がまず書物を開き、次に尚復が書物を開き、ついで敦良親王が書物を開く。さらに博士は『御注孝経』*序の五文字を読み、その後、尚復がまた『御注孝経』の五文字を読みあげたという。後代の例だが、『中右記』天永二年（一一一一）十二月十四日条に「天晴ル。今日御書始ナリ…御書ヲ披キテ又笏ヲ持チテ本ノ座ニ復ス。御注孝経、件ノ五字ヲ読ミ上グルカ、尚復又之ヲ読ム」とある。（佐藤信二）

新楽府　楽府とは本来は漢代に民間で歌われた歌謡のことだが、『御堂関白記』では唐の白居易撰『白氏文集』*の「新楽府」二巻を指す。寛弘元年（一〇〇四）九月七日条によれば、右大弁藤原行成が上巻を持参した。十五日には行成が下巻を持参している。『紫式部日記』によると、紫式部は彰子に『白氏文集』の「新楽府」を進講していたことが知られる。「新楽府」は、神田氏旧蔵平安末写、巻三・四および宮内庁書陵部蔵「新楽府元亨写本」巻三などが知られる。

【参考文献】太田次男『旧鈔本を中心とする白氏文集本文の研究（上）』（勉誠社、一九九七年）（佐藤信二）

駿河舞　東国の風俗歌舞*に起源する、東遊*を構成する舞楽の一つ。東遊では、駿河歌と求子*だけが舞をともなう。一歌・二歌に続いて奏する。舞人*は四人または六人。『枕草子』は「舞は、駿河舞。求子いとをかし」と、駿河舞と求子を舞楽の第一にあげている。「なほめでたきこと」の段が、一歌・二歌に続いて第三の駿河歌がはじまり、いよいよ舞人が二人ずつ登場し、出揃うと舞いはじめる、その高揚感を「すべて、まことにいみじうめでたし」と評している。『御堂関白記』長和二年（一〇一三）三月二十七日条で、駿河舞の間の降雨に言及しているのは、それがせっかくの山場を邪魔するものであったことによる。また、長和二年九月十六日条の土御門第行幸では、競馬*のあと、左右近衛府の官人が東遊を奏するさい、左近衛府が駿河舞、右近衛府が求子を分担したことを明記している。（塚原明弘）

千字文・千字文推位譲国篇　南朝梁の周興嗣の作で平安時代以後流行し、習字の教科書として重視された。それは、単に字を並べたというよりも、内容的に一貫性があるのと、暗誦に便利なように韻*をふんで作られていることによる。『日本三代実録』貞観十七年（八七五）

四月二十三日条に「乙亥、皇太子始めて千字文を読み給ひき」とある。このときは橘広相が講じた。寛弘六年（一〇〇九）十一月二十九日条には、読書の儀として夕方に藤原広業が『千字文』推位譲国篇を講義した。そのうちの一節が「推位譲国、有虞陶唐」で、位を賢人に渡し、国を臣下に譲渡したのは、有虞と陶唐だの意。有虞・陶唐はそれぞれ伝説の聖帝である舜・堯を指す。（佐藤信一）

筝（そう）　楽筝。筝の琴。唐楽*の伝来とともに伝わったと考えられ、琵琶*とともに用いられる絃楽器。管絃合奏や催馬楽、朗詠の伴奏にリズム楽器として用いられ、独奏もされた。今日の十三絃の琴に相当し、琴柱を立てて調絃し、右手にはめた琴爪で掻き鳴らす。『枕草子』「弾くものは」段では、琵琶の次に「筝の琴」をあげ、「いとめでたし」とする。『御堂関白記』で筝と記すときは、多く「筝御琴」のかたちで天皇や皇太后に献上する場合である（寛弘三年九月二十二日条・同七年正月十五日条・長和五年六月二日条・寛仁二年十月二十二日条）。寛弘七年（一〇一〇）正月十一日には「螺鈿」とよばれる筝を手に入れ、十五日には一条天皇に「筝御琴」を献上している。『拾芥抄』巻上・『楽家録』に、筝の名器として村上天皇御物の大螺鈿・小螺鈿の名を伝える。筝を「琴*」とも記している。寛仁二年（一〇一八）十一月九日条に教通から道長に贈られた「琴」は、『小右記』同日条には「筝」とある。（塚原明弘）

蘇芳菲（そほうひ）　舞楽の曲名。唐楽*。乞食調。『教訓抄』によると、五月節会のときに御輿の御前で舞う。番舞の「駒形*」とともに奏された。蘇芳菲の身は獅子の姿であり、頭は犬のようである。行幸で競馬*が行われるさい、天皇が馬場殿へ出御するときと寝殿に還御するときにも「駒形」とともに奏された。『御堂関白記』では、寛弘三年（一〇〇六）九月二十二日条・長和二年（一〇一三）九月十六日条、『小右記』でも、長和三年五月十六日条・万寿元年（一〇二四）九月十九日条で確認できる。『小右記』治安二年（一〇二二）五月二十六日条によれば、藤原頼通主催の競馬に道長を迎えるさいに、天皇と同じように「駒形」「蘇芳菲」を奏している。（塚原明弘）

題（だい）　『御堂関白記』では、詩の題目をいう。寛弘七年（一〇一〇）十月一日、道長家の物忌に籠居した者たちによって、作文*が行われた。題は「秋尽きて林叢老ゆ」。『和漢兼作集』巻八・秋部下に「秋尽林叢老　橘孝親朝臣」として「黄髪柳衰風冷後　白頭菊悴雪寒前」の句を載せるのは、このときの作か。橘孝親は、『小右記』長和三年（一〇一四）十二月二十八日条に「外記孝親」としてみえ、のち大内記・文章博士*。大江匡房の外祖父にあたり、『江談抄』にその談話が引かれている。

【所在】寛弘元年九月十二日条、同二年七月十日条、同七年六月七・十三日条、長和二年五月十日条、同四年十月二十日条（佐藤信一）

大学（だいがく）　式部省に管轄された貴族・官人の教育、官吏養成のための機関。北を二条大路、南を三条坊門小路、東を壬生大路、西を朱雀大路に囲まれた区画に位置し、内部には政務の場である本寮のほか、廟堂院・都堂院・南堂院・算堂院・明法堂院などがあった。寛弘五年（一〇〇八）三月十六日条には、道長が諸卿を率い内蔵寮などを巡ったさいに美福門から出て大学にいたったとある。

【所在】寛弘四年五月三十日条

【参考文献】桃裕行『上代学制の研究』（思文閣出版、一九九四年）（佐藤信一）

大博士（だいはかせ）　明経博士*をいう。経書を教授する職。寛弘二年（一〇〇五）八月二日条で、大博士の清原広澄が見参に参上しなかったことを語る。

【所在】寛弘四年五月三十日条、寛仁二年八月

学問・芸能

九日条

（佐藤信一）

太平楽 舞楽の曲名。楽は「朝小子」太食調、「武昌楽」平調、「合歓塩」太食調の三曲からなる。左方の武舞。答舞は「狛桙」「古鳥蘇」「陪臚」など。舞人四人*。途中で剣を抜いて舞う。『教訓抄』の一説によれば、項羽と劉邦の鴻門の会において、項荘と項伯が剣舞をしながら、項伯が項荘の劉邦殺害を阻止したことによるという。『枕草子』「舞は」段も、「太刀などぞ、うたてあれど、いとおもしろし。唐土に、敵どちなどして舞ひけむ」などきくに」と評している。『御堂関白記』では、長和二年（一〇一三）八月一日条の相撲節会の抜出のあとに奏されている。寛仁二年（一〇一八）十月二十二日条、後一条天皇の土御門第行幸では、走馬・作文*のあと、寝殿の御前の中庭で舞っている。

【参考史料】『楽家録』

（塚原明弘）

探韻 紙に記された韻字*を探りとり、その韻*を用いて、各自が漢詩を詠ずること。寛弘三年（一〇〇六）三月四日条に、儒*者藤原忠輔が「水を渡り落花舞ふ」という題*を献じたとある。『新儀式』「花宴事」・『北山抄』「花宴事」には探韻を行うさいの作法が記されているが、同日は探韻は行われず、忠輔が「軽」字を脚韻に用いるように全員に命じた。さらに大江匡衡を召して題を賜り、序*を献ずるよう命じた。

【所在】寛弘四年四月二十五日条、長和四年十月十七日条

（佐藤信一）

纏頭 歌舞・演芸をした者に、褒美として衣類などを与えること。かずけもの。『御堂関白記』でも、人長兼時*（寛弘四年二月二十九日条）や競馬*の勝者（寛仁元年九月二十三日条）、遊女（同年九月二十四日条）に纏頭しているが、饗宴に集まった官人（寛弘四年二月十三日条・長和四年十月二十八日条）や随身（同年十月二十五日条）に纏頭した例もある。

【所在】寛弘四年二月三十日条

（塚原明弘）

点の葉子 点の葉子はヲコト点を示した点図の複数の枚。綴じられた冊子であったのか枚のままであったのか形態は不明。『小右記』長和四年（一〇一五）十二月四日条には「置御注孝経并点袋」とみえ、この「点袋」からすると、綴じられないままに複数枚が袋に入れられていたと考えることができる。『中右記』天永二年（一一一一）十二月十四日条に「昼ノ御座ニ立案ス、其ノ上ニハ敷紙、御注孝経一巻並ビニ点図、件ノ点図ハ在良朝臣進上セリ、件ノ小造紙ニ点図有リ」、同大治二年（一一二七）十二月二十五日条に「置点図小草子」、『兵範記』仁安二年（一一六七）十二月九日条に「件点図五枚、先例或三枚」、『台記別記』久安三年（一一四七）十二月十一日条に「置点図〈色紙、小草子六枚許〉」、『小右記』長和三年十一月二十八日条に「是(置)御注孝経並点袋等」など、点図には綴じられた冊子と綴じられない枚のままのものがあったことがうかがえる。長和四年十二月四日条に、敦良親王の御文始にさいし、座の西面に置かれた机の上にのせられていたとある。御文は『御注孝経』*のおそらく巻子本で読書始に用いられるテキスト。平安時代中期には、ほとんど『孝経』*が使用され、それも必ず唐の玄宗の『御注孝経』が用いられる例になっていた。長和四年に皇太子時代の一条天皇がはじめて読んだのも『御注孝経』であった。このときには「未前ニ大内ヨリ孝経ヲ給ハル」とあり、巻子本であったろう。

（佐藤信一）

唐楽 奈良時代に中国から伝来した楽舞。高句麗伝来を中心とする高麗*楽と区別する。壱越調・平調・双調・黄鐘調・盤渉調・太食調の六調子がある。大宝元年（七〇一）の大宝律令で、雅楽寮の管轄に唐楽がある。仁明朝（八三三〜八五〇）の楽制改革で、林邑楽・天竺楽などを包括して左方に配

されたため、総称して左楽とも唐楽ともいう。高麗楽のすべての楽曲に舞があるのに対し、舞をともなわない楽曲がある。楽器編成は、管楽器が笙*（鳳笙とも）・篳篥・龍笛（横笛とも）、打楽器が羯鼓・太鼓・鉦鼓、絃楽器が琵琶*・箏*である。絃楽器を用いる点が、高麗楽との大きな違いである。調子にも違いがある。また舞楽の装束は、右方が緑色を基本色とするのに対し、左方は、おおむね赤色を用いる。『御堂関白記』に唐楽の用語例はないが、寛弘五年（一〇〇八）十月十六日条に「奏楽各二曲」とあるのは、『小右記』にも「大唐・高麗互奏各二曲」とみえ、唐楽・高麗楽が二曲ずつ演奏されたということがわかる。（塚原明弘）

納曾利　舞楽の曲名。『御堂関白記』では「納蘇利」と表記。高麗楽*。高麗壱越調。右方の走舞。答舞は「陵王*」。「双竜舞」とも。通常は二人舞。一人舞のときは落蹲と称する。南都方では二人舞を落蹲、一人舞を納曾利とする。『枕草子』「舞は」段に「落蹲は、二人して、膝踏みて舞ひたる」とある。二匹の竜が楽しげに戯れる様子をあらわしたものといわれる。右方の勝負楽*として相撲・競馬*・賭弓で奏されたほか、祝宴での曲目に選ばれた。『御堂関白記』では、勝負楽の演奏例が、寛弘七年（一〇一〇）七月二十七日条（相撲節会）・長和二年（一〇一三）九月十六日条（行幸競馬）・寛仁元年（一〇一七）九月二十三日条（石清水競馬）にある。親王元服などの酒宴での演奏例が長和二年三月二十三日条（敦儀・敦平）に、行幸での演奏例が、競馬とは別に寛仁二年十月二十二日条にみえる。長和二年四月一日条には、孟夏旬政の記事に「不奏龍王・納蘇利」とあって、本来なら孟夏旬政の儀式でも「龍王」「納曾(蘇)利」を奏したことがわかる。

【所在】長和二年九月二十五日条（塚原明弘）

人長　宮中の神楽*の舞人の長。近衛府の中から選ばれる。御神楽の進行役をつとめ、神おろしの「早韓神」と神おくりの「其駒揚拍子」で人長舞を舞う。『枕草子』は「心地よげなるもの」に「御神楽の人長」をあげる。寛弘四年（一〇〇七）二月二十九日条に「人長兼時」とみえる尾張兼時は、当時の舞の名人。（塚原明弘）

博士　『御堂関白記』では明経博士*のこと。長和四年（一〇一五）十二月四日条には、明経博士がまず『御注孝経*』序の五文字を読み、その後、尚復*がまた同じ五文字を読みあげたということがみえる。

【所在】寛弘四年五月三十日条、長和二年八月七日条

【参考文献】桃裕行『上代学制の研究』（思文閣出版、一九九四年）、布施弥平治『明法道の研究』（新生社、一九六六年）（佐藤信二）

白氏文集　唐の白居易（七三八〜八四六）の詩文集。白居易、字は楽天、号は香山居士。『白氏長慶集』五十巻・『白氏後集』二十巻・『白氏続後集』五巻からなる全七十五巻。詩を諷喩・閑適・感傷・律詩に分け、後半に賦・散文を収め、その総数は三八四〇首以上を数える。試験の手本の文章とされた諸作品や、詔勅の文体を一変させ、『白樸溏』の詔や批判に応えた文章があり、自己の詩作を「狂言綺語」と規定する仏教的立場に拠った文章も広く読まれた。また、当時行われた『白氏文集』が七十巻本であったことを伝える。この七十巻本はその後、大江匡房の加点したものが出て、広く読まれたものと思われるが、白居易の詩はその詩句が、大江惟時の『千載佳句』をはじめ、藤原公任の『和漢朗詠集』、藤原基俊の『新撰朗詠集』に集められて一層親しまれた。『枕草子』にも「ふみは文集・文選・はかせの申文」とあって重視され、それだけに日本文学への影響も顕著であり、その影響は『源氏物語』をはじめとして枚挙にいとまがないが、とくに

影響の大きかったものは、他に「長恨歌」「琵琶行」「秦中吟」などがあげられよう。

寛弘元年（一〇〇四）九月七日条によると、右大弁藤原行成が自写の「楽府」を道長のもとに持参した。この楽府はここでは『白氏文集』のなかの「新楽府」*二巻のうち、上巻を指す。「海漫漫、仙ヲ求ムルヲ戒ムルナリ」や「上陽白髪人、怨曠ヲ愍レムナリ」などで知られる。紫式部が彰子に講じたのもこれであり、『源氏物語』の源泉の一つにもなっている。

【所在】寛弘元年九月十五日・十月三日条、同三年十月二十日条、同七年八月二十九日・十一月二十八日条、長和二年九月十四日条、同四年七月十五日条

【参考文献】平岡武夫『白居易―生涯と歳時記―』（朋友書店、一九九八年）、『白居易研究年報』（勉誠出版、二〇〇〇年〜、継続中）、『白居易研究講座』全七巻（勉誠社、一九九三〜二〇〇九年）、静永健『白居易「諷喩詩」の研究』（勉誠出版、二〇〇〇年）

（佐藤信一）

白氏文集抄（はくしぶんしゅうしょう）　『白氏文集』*所収の詩文を抄録したものと考えられる。

なお後代のものだが、建長二年（一二五〇）写の『文集抄』という一本がある。これは『白氏文集』巻一・二の詩を収載したもの。『御堂関白記』では寛弘三年（一〇〇六）八月六日条にみえる。このとき、道長は参内して『扶桑集』*とともに『文集抄』を奉った。この『文集抄』は『白氏文集抄』の意であろう。

【参考文献】太田次男『旧鈔本を中心とする白氏文集本文の研究（中）』（勉誠社、一九九七年）

（佐藤信一）

抜頭（ばとう）　舞楽の曲名。林邑楽。太食調。左方の走舞。答舞は「八仙」「還城楽」*など。舞人一人。『教訓抄』*によると、天竺の楽で婆羅門僧正が伝えた。一説に仏哲が伝え唐招提寺に置くという。また唐の后が嫉妬して鬼となった形の舞であるという。相撲節会の左方の勝負楽*に用いられた。『枕草子』「舞は」段には「抜頭は、髪ふり上げたる目見などは、うとましけれど、楽もなほいとおもしろし」とある。『御堂関白記』では、寛弘七年（一〇一〇）七月二十七日条の相撲節会の召合の勝負楽として出てくる。勝負は右方が勝ったのに左方の抜頭が出てきたが、奏楽はさせずに返し、右方がまず「納曽（蘇）利」*を奏し、続いて左方が「抜頭」を奏した。また、寛弘二年（一〇〇五）七月二十八日の場合は、相撲召合の結果が引き分けだったので、どちらの楽も奏している。

【参考史料】『楽家録』

（塚原明弘）

披講（ひこう）　詩合せ・和歌会*・歌合せで、提出された詩稿や歌稿を講師が読みあげて披露すること。寛弘二年（一〇〇五）九月十日条によれば、同日の早朝に詩が講じられた。前日の重陽節に「菊是花聖賢」*との題で作られた詩の講義である。『北山抄』*によると、重陽の作文*の後に、儒士が序を作成し、五位以上の官人が詩を講じる予定だったことがわかる。

【所在】寛弘三年三月三日条、同四年三月四日・五月一日条、同五年五月二日条、同八年五月八日条、長和元年閏十月四日条、同二年五月十一日条、同四年十月十八日条

（佐藤信一）

琵琶（びわ）　絃楽器。通常四絃。八世紀に中国から伝来した。正倉院に残る同種のものに阮咸と五絃琵琶があるが、平安時代の楽制の改革によって、四絃曲頸の琵琶に淘汰され、箏*とともに管絃合奏や催馬楽伴奏のリズム楽器となった。『枕草子』は「弾くものは、琵琶」と絃楽器の第一にあげている。『御堂関白記』寛弘四年（一〇〇七）四月二十六日条では、親王加階の場面で、具平親王が琵琶を弾奏している。ほかに登場する場合は、多く贈り物としてである（寛弘三年九月二十二日条・同四年十二月十日条・長和四年十月二十八日条・同五年六月二日条など）。とくに、

寛仁元年（一〇一七）十二月四日に道長が藤原能通に授けた琵琶の名器「牧馬（ぼくば）」は『枕草子』にもみえる。（塚原明弘）

笛（ふえ） 広義には、吹き物（気鳴楽器）の総称として用いられた。『源氏物語』の「若紫」巻に「笙の笛」、「末摘花（すえつむはな）」巻に「大篳篥、尺八の笛」の用例がある。該当する楽器には、龍笛（りゅうてき）（横笛（おうてき））・高麗笛（こま）・新羅笛（しらぎ）・和笛（大和笛（やまと）・神楽笛（かぐら））・笙*（しょう）・篳篥（ひちりき）・大篳篥・簫（しょう）・尺八・竽（う）などがあった。笙・篳篥・大篳篥・簫・尺八・竽が竪笛（たてぶえ）で、笙・簫・竽は複数の管をもつ。龍笛・高麗笛・和笛が横笛（よこぶえ）である。楽制の改革が進むと、使用される楽器も淘汰され、雅楽で三管という場合は笙・篳篥・笛を指し、おもに旋律を担当する。この場合の笛は狭義の笛で、横笛を指し、平安中期までに神楽笛・龍笛・高麗笛に固定された。唐楽*（とうがく）（左楽）に用いる管楽器は、笙（鳳笙（ほうしょう）とも）・篳篥・龍笛（横笛とも）である。高麗楽（右楽）に用いる管楽器は、篳篥・高麗笛である。このうち、笛としての横笛は、龍笛・高麗笛であり、ほかに神楽歌に用いる神楽笛がある。形態と音色は、龍笛を基準に、神楽笛が長く低音を出し、高麗笛が短く高音を出す。竪笛の篳篥が主旋律を担当する。『御堂関白記』で単に「笛」とした場合には龍笛を指す。『御堂関白記』では、しばしば笛が贈り物に選ばれている。「御笛」（寛弘四年四月二十六日条）、「笙・笛・高麗笛」（寛弘五年十月十六日条・長和四年九月二十日条・寛仁二年十月二十二日条）、「笙・笛・新羅笛」（寛弘七年正月十五日条）、「横笛」（同年七月十七日条）、「笙・笛等」（寛仁二年九月十六日条）など。このうち、道長が寛弘七年（一〇一〇）に一条天皇に贈った笛は、「葉二（はふたつ）」という名器で花山院の御匣殿（みくしげどの）から手に入れたもので同年正月十一日条に「只今第一笛也」とあり、『枕草子』にも管絃の名器とされている。『御堂関白記』寛弘元年二月七日条と同年十月十五日条は、笛の奏者名だけをあげている。なお、寛仁元年（一〇一七）三月四日条に藤原遠理が「篳篥上手也」とあって、篳篥の名手であった。

【参考文献】荻美津夫『古代中世音楽史の研究』（吉川弘文館、二〇〇七年）（塚原明弘）

扶桑集（ふそうしゅう） 紀斉名（きのただな）の編纂した漢詩集。十六巻（もしくは十二巻）。長徳年間に編纂にあたったが、斉名の生前には完成しなかった。『御堂関白記』では長保二年（一〇〇〇）二月二十一日に「故斉名の妾」が道長に奉ったとされる。寛弘三年（一〇〇六）八月六日に、道長はこの集を「文集抄」（『白氏文集抄*』）とともに「御手筥料」として、一条天皇に奉っている（同日条）。『江談抄』巻五・詩事に「扶桑集ハ長徳年中撰ズル所ナリト云々。時ニ九代ヲ歴タルカ。今上ノ時ナリ」とある。全十六巻のうち、巻七・九が現存する。（佐藤信一）

風俗（ふぞく） 諸国に伝わる歌謡、とくに、中央化して宴遊などに歌われたものを風俗歌という。平安貴族の間で流行した。『枕草子』「歌は」の段は、風俗・神楽歌（かぐら）・今様歌（いまよう）の三者をあげる。芸能史では、久米舞（くめ）・吉志舞（きし）・五節舞（ごせち）・東遊*（あずまあそび）など、日本古来の歌謡につけられた舞を風俗舞という。ただし、『御堂関白記』長和元年（一〇一二）十一月二十二・二十三日条にみえる「風俗」は、三条天皇即位のさいの大嘗祭に奏された風俗である。卜定（ぼくじょう）によって選ばれた悠紀国（ゆき）（東日本）と主基国（すき）（西日本）からは、農産物とともに芸能も天皇に献上した。この二国の地方芸能のことを悠紀風俗・主基風俗という。それぞれの地方の歌舞が編曲・振付され奏された。（塚原明弘）

陪従（べいじゅう） 天皇の行幸などにつき従うこと、また、その人。平安中期以降には、神楽（かぐら）・東遊*（あずまあそび）などで管絃や歌を担当した地下（じげ）の楽人を指すようになる。殿上人から選ばれることもあった（『小右記』長和五年三月二日条）。『枕草子』「見物」や「臨時の祭」段からは、陪従の控えめな立場がうかがえる。『御堂関白記』では、行幸・行啓のほか、春日・石清水・松尾・北野・賀茂の神社参詣や祭の奏楽に奉仕した例が多い。長和二年（一〇一三）十二月十四日条では、賀茂行幸に従う陪従を、触穢によって交替させている。陪従交替の例は、寛弘八年（一〇一一）四月十三日条にもある。臨時に加える加陪従の例は、寛弘元年二月五日条・同八年四月十九日条にみえる。ほかに、つき従う者の意の例が、長和元年二月十六日条・寛仁三年（一〇一九）二月二十八日条にある。（塚原明弘）

本朝麗藻（ほんちょうれいそう）　漢詩文集。上・下二巻（上巻の首尾を欠く）。書名は、日本に伝来していた『文林麗藻抄』（百巻）や『文房麗藻』（十巻）といった総集にならうものだろう。高階積善の撰。寛弘七年（一〇一〇）成立か。年時のわかる最も古い作品は天元五年（九八二）、新しいものは寛弘七年。

現存の詩数は一五〇首、詩序が十四篇。作者は、多いほうから順に大江以言・具平親王・藤原伊周・同為時・同公任・同有国・源為憲・同孝道・高階積善・一条天皇・藤原道長・源道済らで、総数二十九人。ただし『二中歴』所載の作者三十四人のなかで七人を欠き、それにない藤原為時・同広業の作品がみえる。詩は五言古調詩一首を除いて、すべて七言詩。そのうち律詩が一一三首、絶句が二十七首、古詩が九首。また遊宴での作が三分の二強で、花鳥風月の世界を詠じた作品が多く、自然観照としては形式的・類型的である。藤原摂関政治の詩文集で、女房社会から生まれた『源氏物語』に対し、宮廷官人群の作品集といえる。

写本としては、上巻は尊経閣文庫に鎌倉初期写の二十三枚がある。下巻も同文庫に建暦三年（一二一三）清寛加点の奥書をもつ江戸初期の写本があり、内閣文庫本・静嘉堂文庫本・陽明文庫本など現存諸本は多くこの系統に立つ。国会図書館本は巻末に篠崎東海の「本朝麗藻考」を付す。広く流布し、『後二条師通記』寛治六年（一〇九二）十二月二十八日条や『中右記』保延三年（一一三七）四月二日条にみえる。一条朝における詩の在り方を垣間見る資料として貴重である。

寛弘四年三月二十日に詠まれた漢詩としては、『本朝麗藻』巻上に「林花落灑舟」と題して、道長、大江以言、高階積善の三作が載せられている。道長の作をみていこう。道長は「花ハ林間ニ落チテ　枝漸ク空シ、多看ル漠々トシテ舟ニ灑ク紅ヲ」とする。大江以言は「春暮レテ　林花枝漸クニ空シ、紛々トシテ散リ落チ　舟中ニ灑ク」、積善は「花ハ林梢ニ満チテ　碧空ニ映ズ、落チ来タリ片々トシテ　舟ニ灑イデ紅ナリ」としている。ここで首聯、第一・第二句の表現の類似がみてとれるであろう。このように共通する語彙を重ね合わせて叙述してゆくことで、道長たちの交際が看取できるのである。

【所在】寛弘元年閏九月二十一・二十三日条、同二年三月二十九日・七月七日条、同四年閏五月十五日条、同五年五月一日条

【参考文献】後藤昭雄「一条朝詩壇と本朝麗藻」（『平安朝漢文学論考』、桜楓社、一九八一年）、川口久雄・本朝麗藻を読む会編『本朝麗藻簡注』（勉誠社、一九九三年）　（佐藤信一）

舞人（まいびと・まいにん）　舞を舞う者のこと。管絃を奏する者を伶人*もしくは楽人といい、歌う者をふくめて陪従*とよぶのと区別する。舞を区別すれば、「平舞」は、二人で舞う「青海波」を例外として、四人または六人で舞う。「武舞」は四人、「走舞」は一人または二人で舞う。行事別では、石清水臨時祭や春日祭では、舞人が十人奉仕する（『江家次第』）。奈良時代までは雅楽寮の楽師や楽生が担っていたが、平安時代になると、近衛府をはじめ

とした衛府の官人がかかわるようになる。『権記』寛弘四年（一〇〇七）二月二十八日条によれば、道長の春日詣に参加した十人の舞人のうち、九人が衛府の官人である。『御堂関白記』長和二年（一〇一三）三月二十七日条の石清水臨時祭試楽*の記事に「舞人七人参会」とあるが、藤原実資は『小右記』同日条で、往古の例では舞人が七人参入したときは一人を止めて六人で舞うものなのに、一条院の在位時に道長がそれを知らず、七人あるいは九人で舞わせたことをとりあげて非難している。舞の名手としては尾張兼時（『権記』寛弘四年二月二十九日条）・多吉茂（『御堂関白記』寛弘五年正月二日条）があげられる。（塚原明弘）

参音声（まいりおんじょう） 舞人*・楽人などが参入し、定められた位置につく所作で奏でられる楽曲。曲目は、季節や行事によって選ばれた。寛弘四年（一〇〇七）四月二十五日の内裏密宴では、作文会*が終了して、参音声によって音楽がはじまっている。（塚原明弘）

罷出音声（まかでおんじょう） 舞楽の終わりを告げる演奏。「長慶子」が演奏される。『紫式部日記』寛弘五年（一〇〇八）十月十六日の土御門第行幸では、船楽のあと、楽船が退去しながら「長慶子を退出音声にあそびて、山のさきの道をまふ」とある。『御堂関白記』では、寛弘四年四月二十六日条に「罷出音声」がみえる。同五年十月十六日条では、道長が「長慶子」に合わせて舞っているのが、罷出音声であろう。（塚原明弘）

負態（まけわざ） 賭弓・競馬*・相撲・囲碁・物合などの勝負事にさいし、負け方が勝ち方に物品を贈ること。贈られた物品によって酒宴が開かれ、再び競馬や弓射なども行われた。『御堂関白記』の長保元年（九九九）閏三月十日条では、前日の東宮の御射儀の負態について、道長の奉仕内容が記録されている。道長は東宮をはじめ、東宮の殿上侍臣、東宮女房、帯刀、弓場に奉仕した衛府官人らの酒食を用意した。また、同時に行われた弓射の懸物として女装束、東宮からの懸物として馬一頭も提供した。『小右記』には、囲碁の負態（天元五年六月九日条）や競馬の負態（永祚元年四月二十五・二十八日条）がみえる。

【所在】 長保元年閏三月五日条、寛弘三年三月十一日条、長和二年三月十六日条 （塚原明弘）

御注孝経（みちゅうこうきょう） 後漢の鄭玄が注したとされる今文孝経に、唐の玄宗が施注したもの。寛弘六年（一〇〇九）十一月二十五日条では皇子敦良の誕生にさいし、藤原広業が『御注孝経』の「天子章」を講義したことが知られる。「天子章」とは、天子の孝を陳べたもの。『紫式部日記』にも「例の孝経」とあり、「天子章」が読まれるのが通例であった。

【所在】 長和四年十二月四日条

【参考文献】 八重樫直比古「日本古代の大学における『孝経』(上)」(『ノートルダム清心女子大学紀要』五―一、一九八一年)、林秀一『孝経学論集』(明治書院、一九七六年) （佐藤信一）

御堂関白集（みどうかんぱくしゅう） 平安中期成立の私家集。『御堂関白道長公集』『法成寺入道殿御集』とも。書名に道長の呼称を冠してはいるが、道長個人の家集ではなく、道長と妻倫子、娘彰子・妍子ら道長家の人びとの日常贈答歌集といえるものである。四十本ほどの伝本が存するが、従来知られていたのは、いずれも七十三首の和歌*とそれに続く詞書で中断したかたちになっていて、末尾が失われた残欠本とみられていた。ところが、平成十三年（二〇〇一）秋に、冷泉家時雨亭文庫所蔵の資経本私家集のなかに『法成寺入道殿御集』と題する一本が存しており、その本は七十三番歌で途切れずに続き、九十首の歌を有することが報告された。資経本は鎌倉後期の永仁二年（一二九四）の書写と古く、圧倒的な最善本の出現であった。同本は「冷泉家時雨亭叢書」第六十七巻『資経本私家集三』（朝日新聞社、二〇〇三年）に収められて影印刊行された。

『御堂関白集』は、春日の使に立った十三歳の息子頼通を心配する歌を道長が藤原公任に贈り、公任がそれに返歌するという贈答からはじまる。このやりとりがあったのは寛弘元年（一〇〇四）二月六日のことで、『御堂関白記』にも同日条の裏書に同じ贈答を記している。続いて載る花山院から届いた見舞いの歌に道長が答えるという贈答歌も、やはり同日条の裏書にみえる。『御堂関白集』の内部には年次の記載は一切ないが、『御堂関白記』やその他の史資料によって詠作年時が判明する和歌が少なからずあり、後世の偽作などではなく、詠歌資料としての信憑性は相当高いことがわかる。

こうして『御堂関白集』は寛弘元年、道長三十九歳の春の詠歌からはじまるのだが、以降の和歌はほぼ詠作年時順に配列されている。第二十五番歌までが寛弘元年、第二十六番歌から第四十六番歌までが翌寛弘二年の詠、そして、第四十七番歌から第八十二番歌までが寛弘七年、続く第八十三番歌から末尾の第九十番歌までが翌寛弘八年の詠歌と考えられる。すなわち『御堂関白集』は、道長やその周辺の人物たちが日常的に詠み交わした詠歌を時間軸にそって並べた日記的な歌集なのである。ただ、寛弘二年詠から同七年詠の間に四年間のブランクがあることと、末尾の第九十番歌も寛弘八年五月の詠で、年の途中で終わっていること、さらに、第八十六番歌と第八十七番歌の間にも明らかな脱落があることなどから、時雨亭文庫本もなお『御堂関白集』の完本とは考えられず、本来はもっと長期間にわたる詠歌を集めた規模の大きな家集であったと推測される。

『御堂関白集』が道長個人の家集ではなく道長家の人びとの歌集とされるのは、道長がかかわらない、道長周辺の人物の間で詠まれた和歌を多数ふくんでいるからである。詞書で道長を「殿」とよび、道長室の倫子を「殿の上」とよんで最大級の敬語を用いていることなどから、編者は「倫子と道長の住む土御門邸に仕える女房」（平野由紀子説）ではないかと考えられているが、この集の中心にいるのは道長ではなくて中宮彰子であるとみて、「彰子の周辺で詠まれた歌を、上臈とは思えない一女房の視点で集めたもの」（片山剛説）とする見方もある。いずれにしても、一条朝末期の道長が政権の基盤を固めつつあった時期の道長家の人びとの動向を、日常的な詠歌を通じて伝えるきわめて興味深い歌集であり、『御堂関白記』や『栄花物語』などによって知られる当時の歴史記述を補足・修正することのできる一級資料といえる。

【参考文献】杉谷寿郎「御堂関白集の性格」（『平安私家集研究』、新典社、一九九八年）、片山剛「『御堂関白集』試論」（藤岡忠美先生喜寿記念論文集刊行会編『古代中世和歌文学の研究』、和泉書院、二〇〇三年）、平野由紀子『御堂関白集全釈』（風間書房、二〇一二年）

（妹尾好信）

明経道（みょうぎょうどう）　大学寮で儒学を研究した学科。寛弘六年（一〇〇九）十二月二日条*によれば、文章博士*（もんじょうはかせ）の菅原宣義と明経博士の惟宗為忠は、敦良親王の読書の儀に奉仕した。七夜の産養（うぶやしない）にあたる。このとき、為忠は『論語』「泰伯篇」を講じている。時代はさかのぼるが、『菅家文草』巻九の奏状で「明経ノ学、習フ所惟レ大ナリ」としているのが想起される。

【所在】寛弘四年五月三十日条、寛仁二年八月九日条

【参考文献】桃裕行『上代学制の研究』（思文閣出版、一九九四年）、久木幸男『日本古代学校の研究』（玉川大学出版部、一九九〇年）

（佐藤信一）

学問・芸能

明経得業生（みょうぎょうとくごうしょう）

明経道に設置された上級コース。寛弘四年（一〇〇七）五月三十日条に道長邸で諸道の論義*が行われ、明経生から明経得業生が選ばれたとある。また長和三年（一〇一四）十月二十一日には藤原実資が道長に依頼することで、明経生の中原師重が明経得業生に補された（『小右記』同日条）。

【参考文献】桃裕行『上代学制の研究』（思文閣出版、一九九四年）　（佐藤信二）

明経博士（みょうぎょうはかせ）

大学寮の儒教の教官。大学博士・大博士・博士ともいう。正六位に相当した。儒学の修養に努め、明経勘文の作成にあたった。寛弘四年（一〇〇七）五月三十日、道長邸で諸道の論義*が行われた。このときは明経博士（大学博士）・明法博士*・算術士が参加した。

【所在】寛弘六年十二月二日条、寛仁二年八月九日条

【参考文献】桃裕行『上代学制の研究』（思文閣出版、一九九四年）、布施弥平治『明法道の研究』（新生社、一九六六年）　（佐藤信二）

明法道（みょうぼうどう）

大学寮の四道の一つ。法律を学ぶ。ただ明法道の出身者は少なかったため、世襲化されるきらいがあった。令宗允正は、大江匡房の『続本朝往生伝』に「明法ハ則チ允正（中略）是天下ノ一物ナリ」と称揚されている。この令宗允亮は詩賦にすぐれ、円融・花山・一条天皇に仕えた明法家であり、平経高の日記である『平戸記』寛仁二年（一〇一八）四月十四日条に「允亮ハ中古ノ名儒ニシテ、法意ノ達者ナリ」とする。寛弘四年（一〇〇七）五月三十日条に諸道の博士*・学生*に論義*をさせたことがみえる。ここには明法道の博士・学生もふくまれていた。

【参考文献】桃裕行『上代学制の研究』（思文閣出版、一九九四年）、布施弥平治『明法道の研究』（新生社、一九六六年）　（佐藤信二）

明法博士（みょうぼうはかせ）

大学寮における明法道*の教官で、定員は二名である。正七位下に相当する。講書*・仗議・陣定などの明法勘文の作成を行った。寛弘四年（一〇〇七）五月三十日条には道長邸で明経博士*（大学博士）・明法博士・算術士が学生*らに論義*をさせていたとある。

【参考文献】桃裕行『上代学制の研究』（思文閣出版、一九九四年）、布施弥平治『明法道の研究』（新生社、一九六六年）　（佐藤信二）

毛詩（もうし）

中国最古の詩集で、西周〜春秋時代ごろに成立したとされる。約三〇〇篇の詩を集め、風・雅・頌の三部に分けられている。寛弘六年（一〇〇九）十一月二十八日には読書の儀が行われた。講師は惟宗為忠で、夕方に開催された。ここでは、「毛詩大明詩」をいう。「毛詩大明詩」は、『詩経』の詩篇の一つ。大明詩は宮廷の宴席などでうたわれた雅（大雅・文王之什）の一部で、周の文王の有徳、武王への継承をうたったもの。『詩経』は宋代になってからの名称。王季・大任・文王・武王・太公望らを讃える周の建国を語る説話詩といえる。　（佐藤信二）

求子（もとめご）

東国の風俗*歌舞に起源する、東遊*を構成する舞楽の一つ。東遊では、駿河歌と求子だけが舞をともなう。一歌・二歌・駿河舞*に続いて奏する。舞人は四人または六人。『枕草子』は「舞は、駿河舞。求子いとをかし」と、駿河舞と求子を舞楽の第一にあげている。『御堂関白記』長和二年（一〇一三）九月十六日条の、土御門第行幸では、競馬*のあと、左右近衛府の官人が東遊を奏するさい、左近衛府が駿河舞、右近衛府が求子を分担したことを明記している。東遊のうち求子だけを舞うことを片舞というが、寛弘二年（一〇〇五）三月八日条の「御前舞事」と長和五年三月十五日条の「御前一舞」は、『小右記』などによればその実例である。　（塚原明弘）

文章生（もんじょうしょう）

『伊呂波字類抄』に「学生〈文章部ガクシヤウ〉」とある。大学寮で学業を受ける身分の学生、また大学寮・紀伝道の学生。省試（文章生試）を受けるのは、普通すでに寮試に合格し一般の学生から擬文章生になった者であり、この場合はいわゆる登省宣旨により寮試を飛び越えて受験したものであろう。長和二年（一〇一三）正月十三日条には、学生の大中臣奉親が、省試に提出した詩韻「星字」を改められたことを愁訴した記事がみえる。

【所在】寛弘四年三月二十九日条、寛仁二年十月十六日・十月二十二日条

【参考文献】桃裕行『上代学制の研究』（思文閣出版、一九九四年）　（佐藤信一）

文章生試（もんじょうしょうし）

式部省の行う試験を省試、または文章省試という。長和二年（一〇一三）六月三日条にみえる。平安中期以降はとくに擬文章生が文章生となるために省試を受けることをいう。また寮試をふくむ場合もある。『西宮記』巻十五「学生等登省事」に「上卿勅ヲ奉ル、外記ヲシテ式部省ニ召シ仰セシム。但シ卿ニ至リテハ、宣旨ハ先ヅ事ノ由ヲ奏シ、勅許ノ後召シ仰サル。宣旨ニ依リテ試ヲ奉ル。学生落第セル者、且ク宣旨ヲ被リテ登省スベシ、〈未ダ試ヲ経ザルコト有ル者ハ、旧キ宣旨ニ依リテ登ルベシ。是則チ謂フラクハ無省試ノ間、下サル所ノ宣旨ナリ〉」とあり、実例は『類聚符宣抄』に多数収められている。その形式は事書に学生名をあげ、二行目に「上卿宣。奉　勅。件等人宜仰式部省令奉文章生試者」、三行目に年月日と奉者（外記）の署名であり、これを登省宣旨と称する。　（佐藤信一）

文章得業生（もんじょうとくごうしょう）

文章生または給料学生から任命された。定員は二名である。寛弘元年（一〇〇四）十一月二十八日条によると、道長は文章得業生のことに関して藤原弘道に問うている。藤原弘道は時の文章博士。

【所在】寛弘二年一月十日条、寛仁二年十月二十八日条

【参考文献】桃裕行『上代学制の研究』（思文閣出版、一九九四年）　（佐藤信一）

文章博士（もんじょうはかせ）

大学寮紀伝道の教官であり、『史記』『漢書』『後漢書』や『文選』などを講義した。天皇・摂関の侍読、紀伝勘文の上申、詩序・書序の作成、申文・願文の代作など広い範囲におよぶ。菅家・大江家・藤原家（日野家）の出身者が大半を占めた。たとえば、『うつほ物語』の藤原季英、藤英もその役職に身を置いたことで知られる。『御堂関白記』によれば、寛仁二年（一〇一八）八月九日の申の時に博士が参入した。このときの内論義の儀式の進行を『江家次第』巻八「釈奠後朝」から略述すると「一、公卿着陣、二、外記取博士等夾名覧上卿、三、天皇御南殿、着帳中御座、四、内侍召人、五、王卿参上、六、出居次将率侍従入自日華門参上着座、七、上卿召内竪、八、大臣宣召博士等、九、召問者、著問者座、十、博士称講経名、問者起論擬義、一々応召、着座問答、十一、畢博士等退下、次公卿出居下殿」という具合だった。ここの進行は『江家次第』の記述とよく合っている。

【所在】寛弘四年五月三十日条、同六年十二月二日条、長和元年十二月二十六日条、同四年十一月二十八日条

【参考文献】桃裕行『上代学制の研究』（思文閣出版、一九九四年）　（佐藤信一）

文選（もんぜん）

梁の昭明太子の撰による詩文集。『御堂関白記』では『文選』の注釈を集めた書物、『集注文選』をいう。『集注文選』は『文選』についての李善注・鈔・音決・五家注・陸善経注を集め、かつ本文の異同を校訂した案語を付す。一二〇巻。寛弘元年（一〇〇四）十一月三日条によれば、道長は同年十月三日に『集注文選』を源乗方から

入手している。中宮彰子がこの日、天皇に献上したのはこの書で、事前に道長が中宮に進上したのであろう。

【所在】寛弘三年十月二十日条、同七年八月二十九日条　（佐藤信一）

文選注（もんぜんちゅう）　『文選*』の注釈書。唐時代の顕慶三年（六五八）に李善の『文選注』六十巻の発刊をうけ、開元六年（七一八）、呂延済・劉良・張銑・呂向・李周翰の五名により『五臣注文選*』三十巻の発行をみた。両方を合わせた北宋時代の『六臣注文選』六十巻も刊行されている。編者未詳の『文選集注』は、旧鈔本が日本にのみ伝わっている。『御堂関白記』には、寛弘元年（一〇〇四）十月三日条「乗方朝臣集注文選并元白集持来、感悦無極、是有聞書等有也」、同年十一月三日条「事（了）間集注文選内大臣取之、右大臣問、内大臣申云、宮被奉集注文選云々」、寛弘三年十月二十日条「唐人令文所及蘇木・茶垸等持来、五臣注文選、文集等持来」、寛弘七年八月二十九日条「作棚厨子二双、立傍、置文書、三史・八代史・文選・文集・御覧・道々書・日本紀具書等、令・律・式等具、並二千余巻」などと『五臣注文選』『集注文選』の名がみえている。したがって、これらの「注文選」は李善注とすべきであろう。「摺本の注文選・同じき文集」は、寛弘七年十一月二十八日に「御送物」として「蒔絵の筥一双」に入れてもたらされた。　（佐藤信一）

問答（もんどう）　問頭ともいう。『延喜式』式部省式は試験施行にさいし試博士（主任試験官）と証博士（立会試験官）を置くことを規定しているが、令制の秀才・進士科試験および秀才試の後進である文章得業生試*（方略試）の試博士が問頭博士である。試験問題（策問）二題を作成するのが任務。式部省官（卿または輔）がつとめることとされているが、それ以外の儒士が指名される場合もある。受験者と省官が文章院同一曹司所属の場合は、受験者が他曹出身儒士を問頭博士に申請するのが通例であった。寛弘四年（一〇〇七）五月三十日条に「明経道・明法道・算道等道ノ博士・学生等ニ論義セシム」、「堂ノ東簀子敷ニ円座二枚ヲ敷キ、問答ノ座ト為ス」とある。

【参考文献】桃裕行『上代学制の研究』（思文閣出版、一九九四年）　（佐藤信一）

礼記（らいき）　中国古代の礼に関する書。三礼・五経の一つ。通行のテキストは前漢の戴聖によって編集されたといわれ、同じく前漢の戴徳の編になるとされる『大戴礼記』に対し、これを『小戴礼記』ともいう。『礼記』は全四十九編からなる。後漢以降、いわゆる五経の一つに数えられるようになり、儒教の根本経典の地位が確立された。『礼記』の注釈として、六朝から唐代にかけて大きな影響力をもったのが、後漢の鄭玄の注であった。初唐に撰上された『五経正義』でも、鄭玄注が採用され、これに孔穎達の疏が加えられた。宋学では、なかでも『大学』『中庸』の二編がとくに重んぜられ、四書に数えられた。寛弘六年（一〇〇九）十一月二十五日条によれば、敦良親王の誕生にさいして読書の儀で読まれ、「文王世子篇」が惟宗為忠によって講義された。

【所在】長和元年十二月二十五日条

【参考文献】桃裕行『上代学制の研究』（思文閣出版、一九九四年）、市原亨吉・今井清・鈴木隆一『全釈漢文大系　礼記・上中下』（集英社、一九七六～七九年）　（佐藤信一）

乱声（らんじょう）　笛と太鼓*、鉦鼓による無拍節の曲。唐楽*には、小乱声・新楽乱声・古楽乱声・林邑乱声・安摩乱声、高麗楽*には、高麗小乱声・高麗乱声がある。行幸の出御・入御、相撲・競馬*などの勝負、集会などに奏された。『御堂関白記』では、寛弘七年（一〇一〇）七月十七日条や同月二十八日条にみえる「乱声」は、楽舞に先立って演奏される、前奏曲としての乱声である。寛仁二年（一〇一八）四月二十一日条で楽人らが乱声しているのは、賀茂詣のため、寛仁四年三月二十二日条の「乱声」は無量寿院落慶供養のための乱声である。　　（塚原明弘）

陵王　舞楽の曲名。『御堂関白記』では「龍王」と表記。唐楽*。壱越調。左方の走舞。答舞は「納曽(蘇)利」*。「蘭陵王」とも。舞人*一人。左方の勝負楽として競馬*・賭弓などで奏された。『教訓抄』によると、北斉の蘭陵王長恭は武勇にすぐれていたが、容姿が美しすぎ、兵の士気があがらないため仮面をつけて戦い、周の大軍を金墉城下に撃ち破ったので、戦勝を記念してこの蘭陵王入陣曲を作ったという。『御堂関白記』では、勝負楽の演奏例が、長和二年（一〇一三）九月十六日条（行幸競馬）・寛仁元年（一〇一七）九月二十三日条（石清水競馬）にある。いずれも、勝った左方の「龍王」に続いて「納蘇利」も奏している。親王元服などの酒宴での演奏例が寛弘七年（一〇一〇）七月十七日条（敦康）と長和二年三月二十三日条（敦儀・敦平）に、行幸での演奏例が、競馬とは別に寛仁二年十月二十二日条（土御門第）にみえる。長和二年四月一日条には、孟夏旬政の記事に「不奏龍王・納蘇利」とあって、本来なら孟夏旬政の儀式でも「龍王」「納蘇利」を奏したことがわかる。

【所在】長和二年九月二十五日条　（塚原明弘）

伶人　音楽を奏する人のこと。楽人。平安時代には、舞人*・歌人に対し、楽器を演奏する人を指すことが多い。『御堂関白記』では、「伶人」と「楽人」を混用しない傾向がある。「召」の対象になる場合は、寛弘四年（一〇〇七）四月二十三日条・長和二年九月二十八日条にみえる「令召楽人」を例外として、「召伶人」（寛弘三年三月四日条・同年九月二十二日条・同五年正月二十五日条など）・「令召伶人」（長和二年八月二十七日条）のように、圧倒的に「伶人」が用いられている。そうでない場合は、「伶人両三物声合」（寛弘元年八月十七日条）「伶人等寄北重居…」（長和二年三月二十三日条）「伶人等乗舟」（同年九月十六日条）を例外として、「楽人等賜」（寛弘四年二月三十日条）「楽人座」（同年四月二十五日条）「楽人着座」（同年五月二十日条）のように「楽人」が用いられている。　（塚原明弘）

連句　数人の人が各々一連もしくは一句を作り、一編の詩を作りあげることをいう。当時、五言が普通であったこと、執筆が発句をよみ、入韻（＝第二句）は亭主がよむこと、二句一連一韻のものをよみつづけること、発句には対句的な表現をしないことなどのしきたりがあり、建治年中（一二七五〜七八）に池之坊不断光院の僧良季の撰になる『王沢不渇鈔』に発句および中間の句の作例がみえている。起源に漢の武帝から東方朔にいたる「栢梁台連句」があげられよう。そこでは、各人が七言の詩句を一句ずつをよみ、二つの韻*が交互にふまれている。六朝時代には、一人が二句ずつをよみ、その第二句の句尾に韻をふむ、この形式がのちには普通となる。日本では『懐風藻』にみえる大津皇子に後人の和したものを「連句」と称し、連歌に先立って百韻形式が確立した。また、連句は『本朝無題詩』二の「連句ヲ賦ス」の作者である藤原忠通と藤原茂明の題名から知られ、鎌倉初期の連歌に大きな影響をおよぼし、連歌や俳諧に心付けの発達をうながす結果を生じた。寛弘元年（一〇〇四）閏九月二十一日条によれば、道長らは早く宇治に到着して舟に乗り、連句を行ったという。宇治の別業に赴いて作文*をしたらしい。

【所在】寛仁元年十月二十五日条

【参考文献】『能勢朝次著作集』七所収「聯句と連歌」（思文閣出版、一九八七年）　（佐藤信一）

学問・芸能

蓮府秘抄（れんぷひしょう） 寛弘二年（一〇〇五）九月十一日条にみえるが、道長が日ごろ書きためた著作として知られる。早く佚われたためか、内容は全く不明であるが、蓮府が大臣ないしその邸宅を意味することから、大臣の政務に関連する秘伝の類であろうか。劉禹錫の詩に「柳営蓮府遁ニ相ヒ歓ブ」とある。普段、道長が抄出していた『蓮府秘抄』を天皇に献上したところ機嫌がよかったという。なお、『権記』寛弘七年十月二十八日条には、天皇に献上するための『蓮府秘抄』十一帖の外題を行成が書いたことがみえる。これによれば、寛弘二年に献上したものは草稿的なもので、同七年に奉呈されたものが決定版というべきものであったと考えられる。（佐藤信一）

論義（ろんぎ） 問答形式により学問の要義・経論の要義について議論問答すること。『御堂関白記』では、道長が自邸で行った学問支援のための催し。寛弘四年（一〇〇七）五月三十日に明経道*・明法道*・算道*の博士*や学生*に論義をさせ、このときは『孝経*』を論じさせた。『権記』同日条には「参左府、諸道論義・作文」とある。大学寮の四道のうち当時最も盛んであった紀伝道（文章道）を除いている点が注目される。なじみのない学問を学び、発展させるという道長の意志によるものと思われる。（佐藤信一）

和歌（わか） 漢詩に対して、日本古来の詩歌をいう。五音・七音を基調とし、長歌・旋頭歌など種々の形態があるが、平安時代は、五・七・五・七・七の短歌形式を指して和歌ということが普通である。『万葉集』以後すたれていた和歌は、平安初期に仮名文字が作られて以来急速に復興し、十世紀初頭に『古今和歌集*』が編纂されるにおよんで、貴族のたしなむ文芸として重視されるようになった。道長の時代にも漢詩・漢文と並んで和歌が盛んに作られた。公私の歌会や歌合が催され、慶賀のさいには屏風歌が詠まれた。道長自身も和歌を詠み、勅撰集には四十二首が入集（重複をふくむ）し、『栄花物語』にも十九首の道長歌が存する。

『御堂関白記』にも道長が関係した歌会や和歌詠作に関する記事が多出する。ただし、和歌そのものを記すことは稀で、四か所に八首がみえるのみである。

その第一は、寛弘元年（一〇〇四）二月六日条の裏書に記された四首で、春日祭の使に立った十三歳の息子頼通を気遣う心を詠んで公任に贈った「若菜摘む春日の原に雪降れば心づかひを今日さへぞやる」と、公任の返歌「身を摘みておぼつかなきは雪やまぬ春日の原の若菜なりけり」、さらに花山院から贈られた「我すらに思ひこそやれ春日野のをちの雪間をいかで分くらん」と、道長の返歌「三笠山雪や積むらんと思ふまに空に心の通ひけるかな」の二組の贈答が記される。第二は、寛弘八年（一〇一一）六月二十一日条に載る、臨終の床で中宮彰子に向けて一条天皇が詠んだ「露の身の草の宿りに君を置きて塵を出でぬることをこそ思へ」の歌、第三は、長和四年（一〇一五）十月二十五日条の道長五十賀の法要における公任の賀歌「相生の松をいとども祈るかな千歳の蔭に隠るべければ」と道長の返歌「老いぬとも知る人なくはいたづらに谷の松とぞ年を積ままし」、そして第四は、寛仁元年（一〇一七）三月四日条の、頼通任内大臣の大饗の席で詠まれた道長歌「このもとに我は来にけり桜花春の心ぞいとど開くる」である。子を思う親心や、親しかった公任との贈答が目立ち、道長の人柄をしのばせている。

【所在】寛弘元年二月十八・二十八日・八月二十三日条、同五年十二月二十日条、同六年九月二十三日条、同八年正月三日条、長和二年七月十四日・十月二十日条、同四年九月三十日・十月二十三日・十二月二十七日条

【参考文献】片山剛「『御堂関白記』の和歌」（『金蘭国文』創刊号、一九九七年）（妹尾好信）

和琴（わごん）　絃楽器。六絃。『御堂関白記』長和五年（一〇一六）六月二日条には「東御琴」ともみえる。埴輪（はにわ）にも表現され、古墳時代には存在したと考えられる。箏（そう）*の伝来以前から、日本古来の祭祀や固有の音楽に用いられた絃楽器。天平時代に六絃に定着した。『源氏物語』の「常夏（とこなつ）」巻では、光源氏が玉鬘（たまかずら）に、天皇の御遊でまず和琴を召すのは、日本ではこの楽器が「物の親」とされているからであると説明している。和琴の演奏は、笏拍子に歌と和琴を合わせるのであるが、『御堂関白記』寛弘六年（一〇〇九）十一月二十日条の試楽（しがく）*では、三者が合っていなかったと評されている。寛仁二年（一〇一八）四月二十二日条では、賀茂祭のさい、和琴を忘れたために、拍子だけで舞ったという。寛弘三年九月二十二日条をはじめとして、天皇家や摂関家の特別な日の贈り物として選ばれているが、同七年一月十一日にみえる「鈴鹿」は名器として名高く、『江談抄』巻三・『拾芥抄』巻上・『絲竹口伝』などに伝えられる。

（塚原明弘）

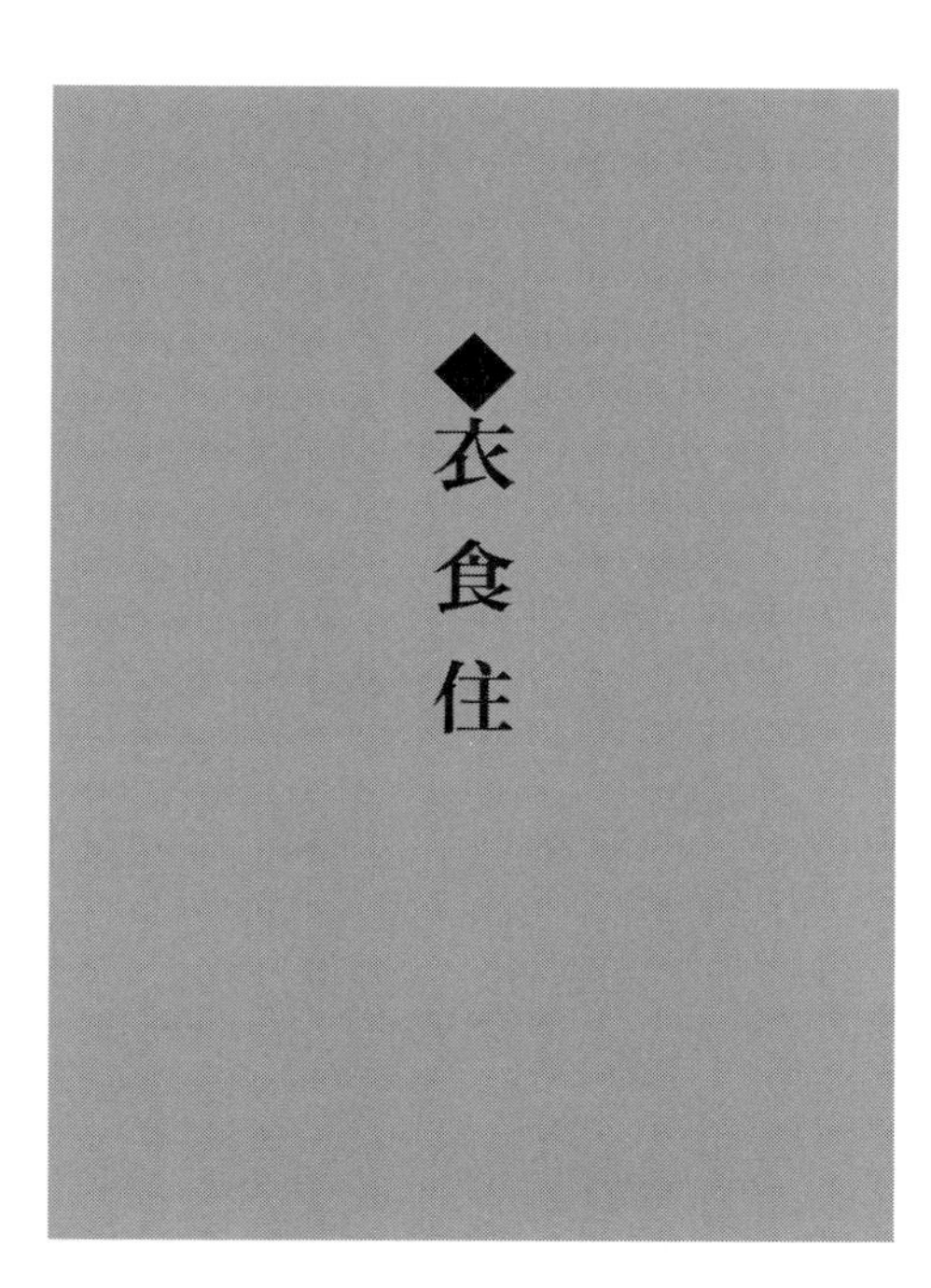

◆衣食住

貴族の衣食住

　ここでは『御堂関白記』にみえる装束・調度・乗り物・物品・物産関係の各項目をとりあげた。そのうち装束・調度・乗り物関係六十九項目を近藤好和、物品・物産関係二十三項目を松野彩が担当した。道長を中心とする当時の貴族の生活全般にわたる項目である。

　ただし、本事典の各項目はあくまでも『御堂関白記』にあらわれる用語だけを採用している。したがって本事典が当時の用語すべてを網羅しているわけではない。『御堂関白記』にあらわれる一部の用語にすぎない点をご理解いただきたい。

　そうしたなかで、まず装束関係を具体的にいえば、袙・表衣・薄物・袿・帯・織物・女装束・挿頭・褐衣・髪上・狩衣・冠・禁色・袈裟・下襲・笏・宿衣・装束・生絹・巡方帯・束帯・素服・壺切御剱・直衣・野剱・袴・単・平緒・法服・細長の三十項目である。これをさらに細分すると、被り物・頭髪関係（挿頭・髪上・冠）、着衣関係（袙・表衣・袿・女装束・褐衣・狩衣・袈裟・下襲・宿衣・束帯・素服・直衣・袴・単・法服・細長）、装身具関係（帯・笏・巡方帯・平緒）、武具関係（壺切御剱・野剱）、装束生地関係（薄物・織物・生絹）、装束概念関係（禁色・装束）に分類できる。

　ついで調度関係は、倚子・打敷・折敷・折櫃・懸盤・土器・壁代・唐櫃・櫛筥・兀子・籠物・茵・厨子・大床子・高坏・立明・衝重・机・土敷・錦端畳・火取・屛風・文台・屛幔・御簾・御帳台・破子・円座の二十八項目である。これをさらに細分すると、座具・寝具関係（倚子・兀子・茵・大床子・土敷・錦端畳・御帳台・円座）、配膳具関係（折敷・折櫃・懸盤・土器・高坏・衝重・破子）、遮蔽具関係（壁代・屛風・屛幔・御簾）、その他生活具関係（打敷・唐櫃・櫛筥・籠物・厨子・立明・机・火取・文台）に分類できる。

　ついで乗り物関係は、葦毛馬・黄牛・出車・糸毛車・牛・馬・牛車・金造車・輦車・引馬・御輿の十一項目である。これをさらに細分すると、動物関係（葦毛馬・黄牛・牛・馬・引馬）、牛車関係（出車・糸毛車・牛車・金造車）、輦輿関係（輦車・御輿）に分類できる。なお、黄牛は厳密には乗り物とは無関係だが、便宜的にここに含めた。

　ついで物品・物産関係は、糸・瓜・菓子・被物・紙・唐物・菊・金・銀泥・孔雀・米・材木・信濃布・酒肴・沈・手作布・屯食・韮・念珠・疋絹・餅・螺鈿・瑠璃の二十三項目である。これをさらに細分すると、食品関係（瓜・菓

衣食住

子・米・酒肴・屯食・韮・餅）、工芸材料・技術関係（金・銀泥・沈・螺鈿・瑠璃）、染織品関係（糸・信濃布・手作布・疋絹）、その他（被物・紙・唐物・菊・孔雀・材木・念珠）に分類できる。このうち染織品関係や被物・念珠などは装束関係に含めてもよい項目である。

以上のうちもっとも項目数が多いのが装束関係であるが、その『御堂関白記』でのあらわれ方には特徴がある。それはそれらが道長自身が着用・使用するものとしてあらわれるのではなく、おおむねが他者への賜禄品や贈答品としてあらわれるという点である。これは馬や牛でも同様である。

ついで項目数が多いのが調度関係である。その理由は、天皇の道長第行幸や天皇元服をはじめ天皇・中宮・東宮などを主体とする華やかな饗宴を道長が自邸で主催し、そうした饗宴の付設（これも装束という）に関する記述が多いからである。

内裏を含む当時のいわゆる寝殿造という建物は基本的に室内に間仕切りがなく、行事ごとにそれに合わせて室内を間仕切りし、関係調度を配置した。したがって、宮中行事もその準備はまずはその場の付設（装束）からはじまる。『御堂関白記』でも、道長は自邸での各行事の付設について詳しく記しており、そこでおのずと調度関係の項目数が多くなるのである。

以上のような特徴は、どちらも道長が当時の最高権力者であった証といえよう。

また、中国（宋）や高麗からの舶来品（輸入品）の総称である唐物をはじめ、孔雀・沈・瑠璃などの個別の舶来品や、金や材木などの高級品が項目としてみえるものも、道長が財力のある最上級貴族であったことに由来するものといえよう。

ところで、日本の政治・文化・社会は十世紀を境として大きく変化し、道長の時代は、そうした変化のいわばひとつの完成期として、平安貴族社会がもっとも華やかに展開し、文化の和風化が広く進んだ時代である。

その点は項目全体、つまりは『御堂関白記』にみえる用語全体を見渡してもわかる。というのも、各用語がそのまま中世へと継承されるからであり、道長の時代にはすでに中世へと継承される用語の成立と普及がみられるのである。これはとくに装束関係の用語に顕著であるが、こうした用語の成立と普及は、その裏にある実態としてもそれぞれの和様化が完成していたことを推測させるものである。

なお、当時の装束の全体像については、拙著『装束の日本史』（平凡社新書、二〇〇七年）を参照されたい。

（近藤好和）

衣食住

（単同型・前）

（単同型・後）

1 袙

袙（あこめ） 袙とも。肌着と上着の間の相籠の衣の意。内着の意の袿*（掛）と同類だが、袿は縫腋・裾長の女子用の下着。袙は男子・法体・男女幼童が使用。構造は身二幅・広袖一幅・垂領・闕腋・腰丈・袷。公卿以上は表綾・裏平絹。殿上人以下は表裏平絹。本来は袙で寒暖の調節をし、冬は綿衣（厚衣とも）として繭綿入れもあり、夏は裏地を剝いだ「ひえぎ」とした。色は表裏赤が原則。風流などの他色は染袙という。生地を糊張・砧打した打衣（打袙）、糊張だけの張袙もある。『御堂関白記』では、賀茂祭使教通の童・雑色や三条天皇大嘗会御禊行幸の女御代車の下仕童女・笠持童着用の風流の染袙がみえ（寛弘七年四月二十四日・長和元年閏十月二十七日各条）、道長以下が調進の一条天皇七七日法会奉仕僧の法服*の料がみえる（寛弘八年七月五日条）以外は、賜禄品としての袙（同二年十月十一日条等）。道長着用の袙を賜禄した例もみえる（寛仁二年十月十六日条）。（近藤好和）

葦毛馬（あしげうま） 青みのある白馬。年齢の増加に従って青みは薄くなり、白毛の丸い斑点が顕在する連銭葦毛などの種類がある。白馬節会*で引く馬はこの葦毛馬。白毛にも青毛にもみえるために、「白馬」と書いて「あおうま」と読んだ。『御堂関白記』では四例みえる（寛弘元年十二月十六日条等）。（近藤好和）

黄牛（あめうし） 「あめまだらうし」とも。体毛が飴色または飴色と白の斑の牛*。陰陽道では土神である土公（土公神）を鎮める牛として珍重された。内裏や邸第の新造では犯土（掘土・起土にともなう土気の禁忌）を犯すことになるため、新造なった内裏への遷幸や邸第への移徙のさいには、新造の庭中に黄牛二頭を引き出し、三日間繫立するのが例となった。『御堂関白記』でも、後一条天皇の新造一条院への遷幸（長和五年六月二日条）、同じく新造内裏への遷幸（寛仁二年四月二十八日条）、三条上皇の新造三条院への移徙（長和五年十月二十日条）で、黄牛二頭がそれぞれ引き出されている。なお、黄牛を「おうぎゅう」または「こうぎゅう」と音読すると、東南アジアから中国に分布する肩に小さな瘤のある家畜牛の総称となる。（近藤好和）

2 倚子

倚子（いし） 方形四脚の腰掛。鳥居型の背凭と左右・背後に勾欄があり、着座のさいは茵*を敷いた。天皇・東宮・公卿などが使用し、天皇・東宮の倚子は御倚子という。天皇の御倚子は紫宸殿では御帳台*の中と北廂の御粧物所、清涼殿では殿上間と台盤所に設置。御帳台と台盤所が黒柿製、殿上間が紫檀製。装飾は尋常では螺鈿*、晴儀では金銀平文とした。御粧物所は赤漆塗である。行幸先にも御倚子を設置し（寛弘三年九月二十一日条等）、勅使は派遣先に倚子が用意された（長和五年十月二日条等）。幼帝は御倚子の前に承足とよぶ木製赤地両面錦包の踏み台を置いた。東宮は左右の勾欄のない御倚子の使用が本義という。一方、公卿は新任時に、新調の倚子を太政官庁と外記庁に設置した。道長も右大臣新任時（『御堂御記抄』長徳元年七月二十二日条）と太政大臣新任時（寛仁元年十二月二十七日条）にそれぞれ新調の倚子を設置した。（近藤好和）

出車（いだしぐるま） 女房装束で飾った牛車*。晴儀の行列に従う女車（女性が乗る牛車）で、箱後方の簾の下から、女性の正装である女房装束の袖・褄・裾などを出して装飾とし

衣食住

た。三条天皇の大嘗会御禊を前に、御禊に供奉する女御代の出車に乗車予定の女房たちに絹・綾・綿が賜禄された（長和元年十月二十一日条）。これは女房たちが製作する女房装束の生地で、女房たちがそれを着用して車から出すようにも解釈できる。しかし、『満佐須計装束抄』（巻一・くるまのきぬをいだすこと）には、出車車内の装束配置が具体的に記され、それによれば、出車の女房装束は、乗車者の装束とは別個に用意して配置することがわかる。同書には童女の正装である汗衫姿の出車についても記されているが、童女では二名ないし四名が乗車し、乗車者着用の汗衫の裾や袴*を出すという。　（近藤好和）

3　出車

糸（いと）　平安時代の文献における糸は主に絹糸を指す。『御堂関白記』には、年物（その年の内に使用すべき分として支給された物品のこと）として道長が彰子に献上した品物の中に、犬頭糸（三河国産の生糸）五十絇、丹波糸（丹波国産の生糸）百絇があったとある（長和五年七月十日条）。犬頭糸は、『延喜式』（巻二十四・主計条）によると、三河国から調として納められていた生糸で、『今昔物語集』（巻二十四・第八）には、飼い犬が蚕を飲み込んでくしゃみをしたところ、犬の鼻から上質の生糸が大量に出てきたという逸話が載せられ、命名の由来であると記されている。品質が良く純白であったことから、天皇の服の材料としても使われていた。　（松野彩）

糸毛車（いとげのくるま）　屋形全体を絹糸の組緒で葺いた牛車*。檳榔毛車と同様に物見はなく、前後の軒格子の下に廂の付くものと付かないものがある。また、窠文型の金銅板を散らし、装飾と組緒の押さえをかねて金造車*ともいい、廂と屋形の腰には糸緒を捌いて総として垂らした。原則として女性用の女車で、皇后・中宮・斎院・准后・更衣・典侍・尚侍等が使用し、また東宮も使用した。このうち東宮・皇后・中宮・斎院・准后*は糸を青色に染めた青糸毛、更衣・典侍・尚侍は糸を紫に染めた紫糸毛とした。青糸毛・紫糸毛ともそれぞれ前後の簾の縁なども同色とし、下簾も前者は青裾濃、後者は紫裾濃として全体の色を揃えた。牛鞦はともに緋である。『駒競行幸絵巻』（和泉市久保惣記念美術館蔵）には東宮の青糸毛車が描かれているが、『御堂関白記』にみえる糸毛車はいずれも女車である（寛弘七年二月二十日・長和元年閏十月二十九日・寛仁二年三月七日条）。　（近藤好和）

4　糸毛車

表衣（うえのきぬ）　僧俗の正装である束帯*と法服*の上着。束帯は位袍、法服は袍ともいう。位袍の構造は、身二幅・広袖一幅半・盤領・対丈で①縫腋・有襴・蟻先付、②縫腋・有襴・入襴、③闕腋・無襴の三種類がある。①は成人天皇をふくむ文官用、②は文官のうち弁官や外記用、③は武官および幼帝をふくむ童用。ただし、公卿の武官は①を使用。位袍は位階ごとに位色の規定があるための命名で、位色は衣服令の規定を基礎として道長の時代には変化し、天皇は黄櫨染（弘仁十一年以来）、東宮は黄丹、親王や四位以上は黒、五位は深緋、六位は深緑、無位は黄となった（七位以下は実質的に消滅）。一方、法服の袍の構造は、身二幅・広袖一幅半・垂領・縫腋・腰丈で、垂領は背後に僧綱襟を立てた。色は赤・香・黒などを使用した。『御堂関白

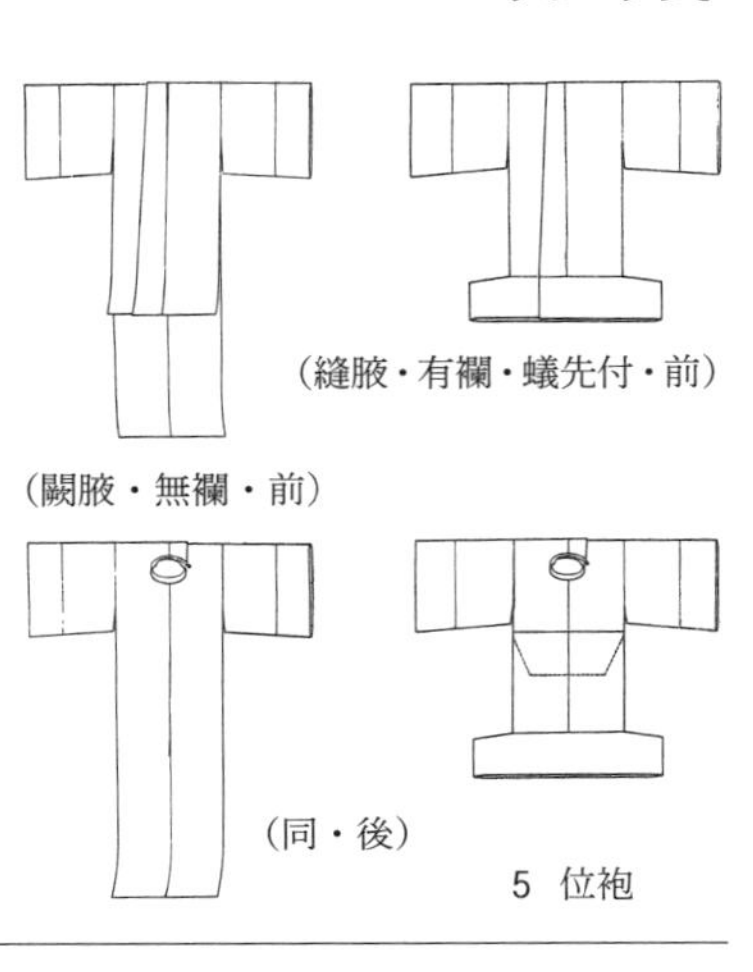

5　位袍

記』にみえる表衣も、位袍（寛弘四年正月二十日条等）と法服の袍（同七年五月二十八日条等）である。（近藤好和）

牛　偶蹄目ウシ科の動物。日本では馬*とならぶ代表的な家畜。用途は農耕・運搬・乳用・食用・皮革用とさまざま（ただし日本での食用は近代以降）。奈良時代には農耕・乳用（薬用をふくむ）での使用がうかがわれ、天平宝字五年（七六一）には唐の玄宗皇帝の求めに応じて角弓料の牛角七千八百隻を諸国から貢納させている（『続日本紀』同年十月辛酉〈十日〉条）。また、『延喜式』兵部省によれば、相模国をはじめ全国十一か国に十五の牛牧があった。摂関期以降の公家社会では牛の使用はもっぱら牛車*用。左右馬寮や各邸第の厩に馬とともに飼育されていたらしい。また、馬と同じく賜禄・贈答の対象となり、『御堂関白記』でも道長は、得た牛二頭のうち一頭を贈り、一頭は自邸で飼育し（寛弘元年閏九月二十一日条）、贈られた牛や飼育している牛を求めに応じて贈っている（寛弘元年十月二十二日・同六年十一月十日条等）。（近藤好和）

薄物　裏が透ける薄い生地。公家装束ではとくに綟織という織糸の間に隙間を作る技法で織った絹地。羅と紗がある。それぞれ有文と無文があり、有文紗には顕文紗文縠（縠紗とも）、無文紗に縠織がある。薄物は通気性のよい生地のために、羅は冠*や半臂の襴に季節不問で使用。紗は下襲*・半臂の身・位袍・雑袍などの夏の料や、女子の裳や夏の単*・袿*に使用された。いずれも裏地を付けない一重での使用である。『御堂関白記』では、童装束（寛弘七年四月二十四日条）、袙（袿に同じ—長和二年七月十二日条）、帷（同四年四月七日条）などに薄物の使用がみえ、この薄物は紗であろう。一方、各種の箱を包むための薄物がみえる（寛弘四年三月十九日条等）。この薄物が羅と紗のどちらであるかは不明だが（生地の性質からすれば紗か）、後世モノを包む袱紗や風呂敷の類を薄物というのは、実際に薄物でモノを包んだことを濫觴とするのであろう。（近藤好和）

袿　衣（敬称で御衣）とも。『御堂関白記』では褂とも。広義では肌着の単*と上着の間に着用した内着の衣の意で、装束の下着の総称。狭義では、袴*に着籠めるために闕腋・腰丈とした男子用の衵*に対し、縫腋・裾長の女子用の下着をいう。腋・丈以外の構造はともに身二幅・広袖一幅・垂領・袷（裏地付）。強装束での肌小袖の定着以前は袿の枚数で寒暖を調節。また、長袴*・単に袿を複数枚重ねた重ね袿姿が宮中外での女子の日常着であった。重ね袿には襲色があり、とくに女房装束の下着として本来は枚数も無規定で華麗を競ったが、平安末期には五枚に限定されて五衣といった。また、綾をはじめ高級な有文の絹地を使用した袿は、高位の男子や高僧への賜禄品となることが多く、とくに大振りに仕立てた大袿は賜禄のための袿。『御堂関白記』に多数みえる大袿をふくむ袿は賜禄品ばかりである（長保元年二月九日条等）。（近藤好和）

6　袿

打敷 机や燈台などの調度の下に敷く敷物。床の損傷や汚濁を防ぎ、また、装飾ともなった。『御堂関白記』では、白羅の地に春野松・桐・柏樹を刺繍した華麗な打敷もみえる（寛弘七年正月十五日条）。（近藤好和）

馬 奇蹄目ウマ科の動物。日本では牛*とならぶ代表的家畜。頸が上下する馬の大きさは、鬐甲骨（頸の根元）から前脚の蹄までの体高で測る。日本馬は体高四尺が基準。それを子馬、それより一寸ごとに刻み、五寸を中馬、八寸（または五尺）以上を大馬あるいは「丈に余る」といい、四尺以下は駒という。サラブレッドなどに比べれば小型だが、馬という種としては標準的。また、馬には単色の黒毛・鹿毛・栗毛・鴾毛・河原毛、複合色の葦毛・糟毛・鼠毛・駮毛・雲雀毛などの多様な毛並（体毛の色）がある。馬の用途は多様。前近代日本では交通・軍陣・運搬での活用はいうまでもないが、牛の牽引使用に対し、馬は騎乗使用。運搬でも物品を馬の背に積んだ。牛車*は平安時代以来盛んに使用されたが、馬車は明治期に欧米から舶来するまでない。なお、去勢や蹄鉄の技術も明治期に舶来。

摂関期の朝廷儀式でもさまざまに馬が使用された。交通・運搬のほか、神馬や祈雨・止雨の黒馬・赤馬の奉納、行幸や賀茂・春日両祭などの行列での餝馬や引馬*のような威儀的使用、走馬・競馬・騎射などの芸能的使用、白馬節会・駒牽のように馬の鑑賞を主眼とする場合もあった。朝廷の馬は左右馬寮で管理されたが、平安時代には厩牧令規定の牧制度が変質し、摂関期には朝廷の馬は、甲斐・武蔵・信濃・上野の四か国三十二牧からなる勅旨牧（勅旨で馬寮が管理する牧）から毎年貢進される貢馬（甲斐六十疋・信濃八十疋・武蔵・上野各五十疋）や、陸奥国司が良馬の産地である現地で購入して貢進した陸奥交易馬などで賄われた。毎年八月、勅旨牧からの貢馬を天皇御前で閲覧するのが駒牽である。一方、貴族社会でも賜禄・貢進などの馬の授受は非常に盛んで、『御堂関白記』でもその例は枚挙にいとまなく（長保元年九月二日条等）、道長による馬の政治的利用が議論されるほどである。

【参考】中込律子「摂関家と馬」（服藤早苗編『王朝の権力と表象』、森話社、一九九八年）（近藤好和）

瓜 ウリ科の植物の果実の総称。瓜の中でも甘いものは蜜瓜とよばれ、『御堂関白記』にも同表記がみられる（寛弘八年八月十一日条）。平安時代、瓜が参加者にふるまわれる行事として相撲（七月に行われる年中行事）があり、『御堂関白記』でも相撲御覧のさいに公卿に瓜が下賜されている（寛弘二年七月二十九日条）。また、相撲人にも瓜を下賜したことが記されている（長和五年七月二十二日・寛仁二年八月二日条）。（松野彩）

折敷 縁付きの方形盆。四隅を角切った角切折敷（角折敷）と角切らない平折敷がある。檜のへぎ板製が基本だが高級な紫檀製や沈香*製もあり、『御堂関白記』にみえる「深折敷」（寛弘三年九月二十二日条）の「深」は「沈」（沈香）の音通。（近藤好和）

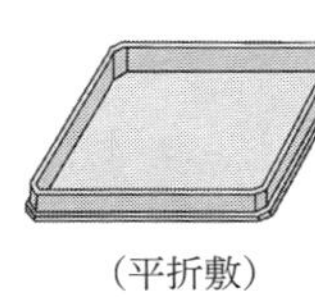
（平折敷）

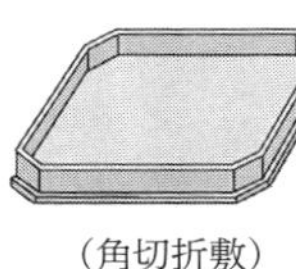
（角切折敷）

7　折敷

帯 広義では腰を結束する緒紐の総称。狭義では束帯*や布袴で上着である位袍の腰を結束する石帯をいう。構造は平安末期の強装束以降は変化するが、本来は黒革製の鉸具（バックル）式のベルト。腰回りに十個前後の銙とよぶ飾座を付設。銙の材質は古くは金*・銀などの金属製であったが、摂関期以降は白石・玉・馬瑙・犀角などになる。銙には方形の巡方と円形の丸鞆があり、それぞれに彫文様がある有文とない無文がある。一般には巡方が晴儀用、丸鞆が日常用というが、『御堂関白記』によれば必ずしもそうとは限らない（寛弘元年十月十二・十三日両条）。帯の名称は銙の材質と有文・無文・巡方・丸鞆の別でよび、石帯は白石製の銙が通常であったための通称。銙の材質は当時の宝石類であったために石帯は貴重品で、『御堂関白記』でも帯の貸借が散見される（寛弘元年二月二十六日条等）。とくに巡方馬瑙帯（同七年三月十二日条等）は稀少な高名の帯という（『宇津保物語』）。（近藤好和）

折櫃　檜のへぎ板を折り曲げて作った食物を盛る白木の箱。彩色を施す場合もある。慶事には五十合・百合にもおよぶ折櫃が下々にまで振る舞われた（寛弘五年十一月一日・同十二月二十日各条等）。（近藤好和）

8 折櫃

織物　広義では生地の総称。生地は動物繊維による絹と植物繊維による布に大別できる。布は織文様のない平織を原則とするが、絹は平織の無文と、経糸への緯糸の搦め方を変えて織文様を出した有文がある。前者は平絹（古代では絁）とよび、後者には綾・唐綾・浮織物・二陪織物・錦などの各種がある。このうち狭義の織物は綾・唐綾・浮織物・二陪織物などをいう。綾は地は平織で緯糸が経糸五本を打越して文様を出し、唐綾は地も緯糸が経糸三本を打越す。浮織物は経糸に絡めずに緯糸だけで文様を出し、二陪織物は綾地の文様を地文様とし、その上に色糸による縫取織という技法で表文様を加えた。ただし、文献にみえる織物が以上のうちのどれに該当するのかの判断は難しい面がある。『御堂関白記』にも織物は多くみえ、最多は賜禄品としての「織物褂」だが（寛弘三年十二月五日条等）、これは女子装束であるために二陪織物と考えられる。（近藤好和）

女装束　女房装束・裳唐衣装束とも。皇后以下の女子の正装。強装束以前は、通常は長袴・単*・重ね袿・裳・唐衣の構成。正式な物具では長袴を糊張した張袴に替え、重ね袿の上に打衣と表着を加えた。各構造は、長袴は六幅・裾長・腰一本。単・*袿・打衣・表着は同型で、身二幅・広袖一幅・垂領・縫腋・裾長。単のみ一重（裏地無）。ほかは袷（裏地付）。裳は本来（奈良時代）は腰を一周するスカートであったが、摂関期以降は背後に引きずるものとなった。構造は本体・大腰・引腰・小腰・頒幅からなり、本体は八幅・一重で寄襞入り。色は白が原則。材質は綾（有文）・平絹（無文）・薄物*（有文・無文）と身分や季節対応でさまざま。有文の文様は三重襷や青海波。これらを地文様として摺文様を加えた裳を地摺裳といい、禁色*である。大腰は着用者の腰に当たる部分。引腰は大腰の両端から背後に長く引く装飾の紐。小腰で裳を腰に結び付けた。頒幅は本来は裳が腰を一周するスカートであった名残り。鎌倉末期には消滅するが、摂関期にはすべての裳に残っていたと考えられる。裳は成人女子の象徴で、女子が始めて裳を着用することを着裳（裳着とも）といい、女子の元服に相当した。唐衣は上着。身二幅・広袖半幅・方領（衽のない領）・闕腋・袷。前身は袖丈、後身は前身よりも短寸という構造。唐衣の方領は返襟といい、領を折り返して裏地をみ

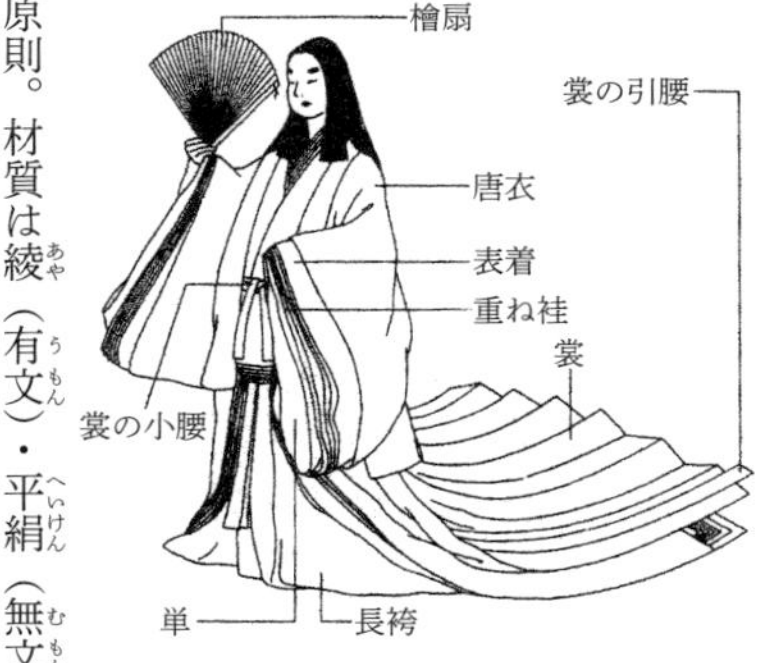

9 女装束

せて着用した。材質は二陪織物・浮織物・綾・平絹などと身分対応でさまざま。色は無規定だが、赤色・青色の表地は禁色である。

こうした全体構成に対し、裳と唐衣だけを女装束という場合がある。とくに賜禄品としての女装束はこれ。『御堂関白記』に多数みえる女装束もおおむね賜禄品で、裳と唐衣のみ。それは、全体構成ならば特記する必要のない袿を女装束に加えたとする記述が散見する（長保元年十一月一日・同二年二月十一日条等）ことからもわかる。（近藤好和）

懸盤　四脚の方形・縁付の折敷*（お盆）。四脚も底で繋がり、四方衝重の格狭間透を大きくした構造。饗宴では懸盤六脚を二行三列に配置した。『御堂関白記』によれば、もっぱら天皇・上皇・中宮・東宮の料である（寛弘三年三月四日条等）。（近藤好和）

10 懸盤

挿頭　挿頭花とも。大嘗会以下の祭会や踏歌・列見・定考などの行事で、天皇以下が冠の上緒に挿す季節の花や造花。花の種類と挿す位置は『西宮記』（巻八・挿頭花事）に詳しい。天皇は大嘗会などで藤を左に挿す。諸祭使・列見では大臣・納言上卿は藤（左）、納言桜、参議山吹（ともに右）、非参議・弁官以下は季節の時花（背後）。定考では大臣白菊、納言黄菊、参議龍胆、弁・少納言時花（位置は列見同様）。踏歌では繭綿製綿花（前）、童総角、臨時祭では祭使藤（左）、舞人桜（右、試楽日は小竹）、陪従山吹。近衛次将は挿頭なく、賀茂祭では近年は桂という。天皇へは上卿が献じ、臣下へは天皇が賜った。『御堂関白記』では、松尾・平野・石清水各社行幸（寛弘元年十月十四日・同十月二十一日・長和二年十一月二十八日条）や賀茂臨時祭（寛弘七年十一月二十二日条等）での祭使等への下賜と、大嘗会辰・巳両日節会（長和元年十一月二十三・二十四日両条）での三条天皇への献上がみえる。（近藤好和）

菓子　平安時代の貴族が食べていた菓子には、木菓子と唐菓子の二種類があった。木菓子は果実のことで、『二中歴』（巻八・産所・五十日餅図）には、松・柏・石榴（杏代）・干棗・掻栗（李代）などの名がみえる。唐菓子は唐から伝えられた製法で作ったもので、米粉や小麦粉などに甘葛（つる植物の茎からとった汁を煮詰めて作る液体の甘味料）を加えて成形し、油で揚げたものが多い。『御堂関白記』では、禎子内親王の五十日の儀の供え物に十二種類の木菓子があったと記されている（長和二年八月二十七日条）。一方、唐菓子という言葉は使われていないが、宮中での庚申待の遊宴のために、道長の妻の倫子が差し入れた菓子（同年六月九日条）、東三条院（詮子）が参内した時に道長が献上した菓子（同元年八月二十五日条）、三条院の転居にさいして道長が三条院の女房に絹百五十疋に加えて下賜した菓子などは、唐菓子の例であるとされる（長和五年十月二十日条）。（松野彩）

被物　儀式・行事などの参列者に下賜される禄の一種。下賜される品物は装束*で、肩に掛けて（被けて）退出したことから「被物」とよばれるようになった。『御堂関白記』では、彰子の入内にさいして「御書使」（入内に先立って天皇からの手紙を届ける使者）をつとめた源道方に道長が被物を与えたことが記されている（長保元年十一月一日条）。この時に与えた被物が何であるかについての記載はないが、彰子の妹の妍子・威子の入内についての記述には「女装束*」とあることから、ここも女性用の衣装が与えられたと推定される（寛弘七年二月二十日・寛仁二年三月七日条）。（松野彩）

褐衣　召具装束の一つ。束帯系*の上着で下級武官の袍。褐は中国では毛織物だ

11 褐衣姿

が、日本では麻布で代用。構造は身二幅・広袖二幅・盤領・闕腋・無襴・対丈。平安末期には身一幅に狩衣*化し、袖括も加えた。色は濃縹や紺が原則。風流では紫や蘇芳もあった。下級武官のうちでもとくに随身を筆頭に馬副・車副・手振などの召具が着用。随身の褐衣は、左方は獅子丸、右方は熊丸の摺文様を加えて蛮絵袍とよんだ。構成は束帯に準じ、細纓・緌*の冠に下襲*を着用するが、襖袴とよぶ六幅の括袴を上括または下括とし、上括では菓などの脛巾をし、履き物は浅沓や藁沓(草鞋)。これに随身は毛抜型太刀と狩胡籙を佩帯して弓を持った。褐衣は文献ではただ「褐」とも表記。『御堂関白記』では、近衛舎人(寛弘三年十月一日条)・東宮舎人・手振・車副(長和元年閏十月二十七日条)の使用がみえ、藤原広業は賀茂祭の召具用の「褐布」(褐衣用の布)を道長に献上した(寛仁二年四月十八日条)。

(近藤好和)

土器

広義では素焼きの焼き物。狭義ではそのうち酒坏をいう。『御堂関白記』では、天皇・中宮の特例として銀土器もみえ(寛弘三年三月四日条)、漆器の杯は節会で使用し、土器は旬で使用することがわかる(寛弘六年十月一日条等)。

(近藤好和)

壁代

室内用障屏具。現在のカーテンに相当し、布帛製の帳と蒲製の筵がある。帳の壁代は内裏をはじめ一般邸第で使用。材質・色・文様などは御帳台*や几帳の帳と同様に揃え、材質は冬は練絹、夏は生絹*。色は表裏白の捻重とし、表に朽木形の摺文様や季節の草花の描文様を加えた。『類聚雑要抄』巻四によれば、高九尺八寸の七幅仕立てで、幅中に幅筋とよぶ細い畳緒を垂らした。室内の臨時の間仕切りとして単独使用もあるが、もっぱら御簾と一体でその内側に掛けた。御簾を巻く時は、壁代に芯として木端とよぶ薄板を入れてともに巻きあげ、野筋で留めた。

12 壁代

一方、筵の壁代はもっぱら寺社内で使用して防壁という。『御堂関白記』によれば、三条天皇の大嘗会で、廻立殿東一間に設けた天皇沐浴用の浴所は、東面の壁を穿って筵に替え、湯を流す樋を通したという(長和元年十一月二十二日条)。この筵は壁代に相当するものであろう。

(近藤好和)

紙

平安時代には、中国から輸入された唐紙(麻紙)が珍重される一方で、和紙の染色・加工技術が発達し、楮紙や斐紙、雁皮紙などの良質な国産の紙が生産され、朝廷の文書などを記す紙は図書寮の紙屋院で生産されていた。『御堂関白記』では、春日社奉幣の宣命を書くための紙として、道長は大内記であった藤原義忠に黄紙(ミカン科の落葉高木である黄檗で染めた黄色い紙)を与えている(長和四年十月二十六日条)。なお、奉幣の宣命紙の色には規程があり、伊勢神宮は縹、賀茂神社は紅、他は黄であった(『西宮記』臨時七・臨時奉幣)。また、紙は文書を書き記すため以外に、攤打(さいころを使った遊戯、さいの目の大小で勝敗を決める)などの賭け事のさいに、賭け金の代わりとして使われていた。攤打は産養や新宅の儀(引っ越し後、三日間催行する儀式)などで行われていたもので、禎子内親王の産養九日や、三条天皇や後一条天皇が内裏に参入するさいの新宅の儀においても賭け金の代替として紙が用意されている(長和二年七月十四

衣食住

日、同四年九月二十一日、同五年六月二日・三日条）。（松野彩）

髪上（かみあげ）　女子が髪を結い上げること。垂髪を一束ねとして結い上げて前後に折り返し、元結や釵子で留めた。女子の元服に相当する着裳（裳着とも）のさいに行われ、女子の元服を髪上ともいう。ただし、女子の元服での髪上は次第に行われなくなり、鬢先の毛を切る鬢曾木に変わった。一方、儀式での陪膳役や舞妓なども髪上を行い、髪上した陪膳役などを髪上ともいった。また、髪上は出産時にも行われた。『御堂関白記』にみえる髪上は、三条天皇の倚廬入御に従った御剱役の内侍が髪上であることを示す（寛弘八年十一月十六日条）以外は、すべて髪上への賜禄の記事である。その髪上も、道長の六女尊子の着裳のさいに尊子の髪上を担当した者の意（寛仁二年四月二十六日条）のほかは、諸儀式で奉仕した髪上姿の陪膳役などの意である（寛弘元年十二月二十七日条等）。（近藤好和）

唐櫃（からびつ）　脚付収納具。韓櫃・辛櫃・「からうず」「かろうど」などとも。中国伝来。被蓋のある方形または長方形の箱（櫃）の四面に各一脚の四脚唐櫃と、前後面に各二脚、左右面に各一脚の六脚唐櫃がある。日常品から秘蔵の重要品までさまざまな物品を収納し、王権の象徴といえる神鏡・駅鈴・内印（天皇御璽）・勅封の鎰なども唐櫃に収納した。『御堂関白記』でも駅鈴・内印を入れた鈴印の唐櫃がみえる（長和五年四月一日条）。また、螺鈿*・蒔絵や金物などで装飾を加えて室内飾りの調度品ともなった。脚は垂直な榻足が本来だが、裾を外に反らせた鷺足がふつうとなった。脚の根元には横から小孔を開けて緒紐を通し、枴で運搬もでき、また緒紐を蓋に掛けて蓋の固定や装飾とした。櫃前後に大型の鐶を打ったり、蓋正面中央に懸金、櫃正面中央に壺金を打って鎰を掛けるものもあった。なお、脚のない櫃は唐櫃に対して大和櫃といった。（近藤好和）

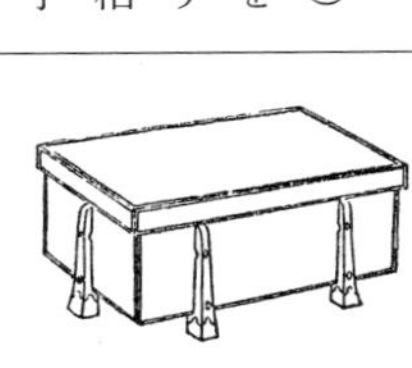
13 唐櫃

唐物（からもの）　中国（道長の時代は宋）や朝鮮から輸入した品物の総称。宋の商人が大宰府に到着すると、朝廷は購入希望リストを託した唐物使を大宰府に派遣し、優先的に品物を買いあげていた。その後、唐物使は京都に品物を持ち帰り、それを天皇が眺める唐物御覧とよばれる行事が行われた。

『御堂関白記』では、一条天皇の唐物御覧に道長が立ち会ったという記述がみられる（寛弘三年十月九日条）。また、三条天皇が唐物御覧を行った後、中宮妍子に瑠璃*の灯籠を贈ったことも記されている（長和元年五月二十日条）。なお、翌年の唐物御覧では、皇太后以下が唐物の頒下に与ったことが記され、道長が下賜された品物は、布製品が錦八疋、唐綾（日本製のものと区別する時には唐綾とよぶ）二十三疋。香料の丁子（フトモモ科の常緑高木の開花前の蕾を乾燥させたもの、香料の他に染料としても使われ、現代ではクローブとよばれる）百両、麝香（ヒマラヤなどの山岳地帯に生息するジャコウジカのオスの下腹部の臍の後方にあるフクロ状の腺を乾燥させたもので、現代ではムスクとよばれる）五臍、甘松（オミナエシ科の多年草である甘松の根茎を乾燥させて作ったもの）三斤。顔料の紺青（岩石から採取、主成分はアズライト、『続日本紀』は「金青」と表記、十八世紀に開発されたプルシアンブルーに比べて赤みの強い青）百両であった（長和二年二月四日条）。

なお、『御堂関白記』にみられる唐物は、上記の他に、布製品では唐綾が四例あり、大臣大饗では、尊者への被物*として用意された大袿の質が良くなかったので、唐綾の褂*などに変更したと記され（寛弘五年一月二十五日条)、相撲抜出のさいに公卿にも下賜されるなど(長和二年八月一日条)、貴重な品物として扱われている。また、香料では白檀(寛弘三年十月二十一日条)、染料では蘇枋(マメ科の落葉灌木、インド・タイ・マレーシアなど原産、「蘇芳」「蘇方」「蘇木」「丹木」「紅木」などとも表記され、染料の他に木工芸品の素材としても使われる)、木工芸品の素材としては紫檀(マメ科の常緑高木、インド南部原産、心材は硬く暗紫紅色、木目が美しい)もみられ、香炉や仏画・経典を納める箱の素材として使われている(長和元年二月十六日・同十月六日条)。また、男性が礼装のさいに着用する石帯の飾り石として使われる瑪瑙や斑犀(斑な紋のある犀の角)も唐物で、『御堂関白記』では、大嘗会御禊*の前駆が着用する装束の石帯の素材は、四位は斑犀、五位は瑪瑙であったと記されている(長和元年閏十月二十七日条)。

一方、道長は私的に唐人と取り引きをしている様子もみられ、曾令文(僧の商人)から購入した蘇木と茶垸(陶磁器の総称だが、とくに舶来の上等な品物を指す)を一条天皇に献上している(寛弘三年十月二十日条)。

【所在】寛弘元年五月二十一日条、長和四年四月七日・十四日条 (松野彩)

狩衣 男子装束の上着。獦衣・雁衣・狩襖などとも。本来は野行幸供奉の王卿の狩猟用の上着。参内は不勅許。野行幸廃絶後も下級武官・舎人には公服で、行列供奉の召具などの装束や、中流以下の公家の私服や遠行での着衣となった。上皇が退位後最初に烏帽子・狩衣を着用する御布衣始という儀式後は上皇も常用。幕府成立後は武士の正装となった。構造は身一幅・広袖一幅半・盤領・闕腋・対丈。身一幅のために正面は身と袖を縫合せずに袖付は背面のみ。また袖先に袖括を入れた。構成は烏帽子に指貫か狩袴。*冠の場合は布衣冠という。本来は布製・一重のために布衣ともいい、やがて絹製・袷となって表裏で襲色を生じた。狩衣には服制がなくとくに行列供奉では華美となった。『御堂関白記』でも、道長は賀茂祭路頭供奉の雑色の狩衣姿を「過差」といい(寛弘七年四月二十四日条)、同じ理由で織物を使用した随身と童の狩衣姿を咎めている(長和五年四月二十四日条)。 (近藤好和)

(前)

(後)

14 狩衣

冠 奈良時代以来の男子公式の被り物。奈良時代の朝服の被り物である頭巾(幞頭などとも)が変化したもので、髻を入れる突起部分を巾子、背後に垂れる二本の太緒を纓という。材質は五位以上は有文羅、六位以下は無文羅。色は黒。巾子の根元に左右から簪を挿して頭に固定した(紙捻による懸緒の定着は近世から)。律令制以来、男子は元服時に髻を作った(理髪)。この理髪で男子は成人と認められ、髻を保護するためのものとして、被り物は成人男子に不可欠となった。元服を加冠というのもそのためで、『御堂関白記』にも後一条天皇の元服(寛仁二年正月三日条)をはじめ加冠の記事は多い。冠は束帯*・布袴・衣冠では必ず被り、直衣*や狩衣*でも被ることがあった。また、天皇は退位するまで被り物は冠だけである。なお、『御堂関白記』にみえる冠のうち一例(長和五年正月十三日条)は、天皇礼服用の冕冠。通常の冠のことではない。 (近藤好和)

15 冠

菊 キク科の多年草。秋から冬にかけて花を咲かせる。菊は延命長寿を象徴する

衣食住

花として賞美され、菊花宴（重陽宴）・残菊宴・菊合などの行事が行われていた。また、菊酒（菊花を酒に浸したもので、飲むと寿命が延びるとされた）、着せ綿（九月八日に菊に綿をかぶせ、翌日の九日に、顔や体などを拭うと若返る、寿命が延びるといわれていた）などの習俗も行われていた。『御堂関白記』では、秋の季節感をあらわす贈り物として用いられ、敦明親王が父三条天皇の長寿を願って贈ったと推定される例や（長和四年十月八日条）、道長の娘の威子の着裳のさいに、理髪役をつとめた典侍への禄として、菊の枝に銀の小箱を結びつけたものが与えられている（同元年十月二十日条）。（松野彩）

牛車（ぎっしゃ）　車とも。牛*に牽引させる屋蓋付乗用具。輦輿使用の天皇を除き、平安期に身分不問で普及した屋形（箱）の下に車輪を付設した二輪車。『延喜式』内匠寮によれば、箱は長八尺、高三尺四寸、広三尺二寸。箱の底（䡊）両側に前方に長く伸びる轅を、その先端に軛を付設。牛を轅の間に入れ、軛に牛鞦で固定。箱両側面に窓（物見）がないものとあるものがある。箱の前後を乗降口とし、簾と布帛製の下簾を掛け、榻とよぶ台を踏み台として後ろから乗って前から降りた。榻は牛を放って駐車するさいの軛の置き台ともなった。

牛車には箱の材質・物見の状態・屋蓋の構造などでさまざまな種類があり、各特徴のどこに視点を置くかで同じ牛車でも名称が異なった。箱の材質では、箱の表面全体を細かく刻んで晒した檳榔（ヤシ科の常緑樹）の葉で覆った檳榔毛車、絹の縒糸で覆った糸毛車*、檜や竹の網代で覆った網代車などがあり、窠文型の金銅板を散らした檳榔毛車や糸毛車を金造車*（金作車とも）、網代車は表面を青地に黄で文様を描き、八曜文様をふつうとして八曜車、摂関家などは家流の異文（近衛は牡丹、九条は亀甲等）を描いて文車という。物見には引戸二枚で左右に開く長物見、引戸一枚の切物見、上下に開く蔀とした半蔀などがある。また物見上と軒下に庇を設けた庇車、箱前後の屋蓋端（軒格子）の反りを弓形に唐破風とした唐車、その軒下に庇を加えた唐庇車、箱の前後左右に屋蓋の軒先を突出させた雨眉車などがある。なお、半部物見の檳榔毛庇車を除き、檳榔毛車・糸毛車には通常は物見はない。

16 牛車

『御堂関白記』でも牛車の用例は枚挙にいとまなく当時の盛況な使用がわかるが、女子が乗車する女車をふくめてもっぱら車とのみあり（長保元年二月二十七日条等）、牛車の種類の明記は、檳榔毛金作車一例（長和元年閏十月二十七日条）、糸毛車金作車一例（長保二年二月二十五日条）、糸毛車五例（寛弘七年二月二十日条等）、金作車五例（同元年四月二十日条等）程度である。（近藤好和）

金（きん）　日本で金が産出された記録の最も古いものは、『続日本紀』の天平勝宝元年（七四九）に陸奥国から朝廷に献上されたという記述で、道長の時代にも砂金が年料として朝廷や荘園の持ち主である貴族に納められていた。『御堂関白記』には「純金」「沙金」の用例がみられ、道長が僧への謝礼として「純金」（寛仁元年十月二十九日条）、造仏の費用として「沙金」百両（一両＝約三七・五グラム）を贈ったことなどが記されている（長和五年六月十八日条）。一方、金をめぐるトラブルについても記されており、金の産地である陸奥国の国司交替時に、国司が砂金納入責任の引き継ぎを行わなかったために生じた砂金の未納分や（寛弘五年三月二十七日・五月十六日条）、長和五年（一〇一六）正月に行われた相模守平孝義の受領功過定のさいに発覚した、相模国の国分寺資材である砂金の欠損を、誰が弁済・補塡するかについての会議に道長は出席している（寛仁元年正月五日条）。さらに、盗難事件もみられ、寛仁元年（一〇一七）五月二十七日に、道長が蔵にしまっておいた二千両の金が盗まれたが、後日、犯人が捕まり、七、八百両が返還されている（寛仁元年七月十日条）。

【所在】長和元年五月二十日条　（松野彩）

禁色　公家装束の規定。下位者にとっての上位者の生地（色・材質・文様）。または上位者の生地を下位者が使用することを禁止すること。男子では束帯＊の冠＊・下着（表袴・下襲＊・半臂）・上着（位袍）等に禁色がある。その対象は有文絹地の使用。冠・上着は五位以上、下着は公卿以上の料が禁色の対象だが、下着の禁色は蔵人と賜姓皇族や外戚関係の殿上人に勅許され、形式的であれ天皇代替わりで更新された（長和五年二月三日条）。『御堂関白記』でも蔵人と頼通（寛弘元年正月十日条）・能信（長和元年十月二十五日条）はじめ道長子息（養子を含む）のほか、藤原公季（母が醍醐天皇皇女一品康子内親王）孫の公成（寛弘八年四月十三日条）、藤原公任男の定頼（長和五年二月三日条）が勅許されている。一方、女子の禁色は女房装束での表地が赤色・青色の唐衣と地摺裳。『御堂関白記』では、禎子内親王（三条天皇皇女）乳母藤原順時女に勅許（寛仁二年十月二十四日条）。　（近藤好和）

銀泥　銀の粉末を膠水（こうずい、にかわすい）で溶いた顔料。膠水はにかわ（動物の皮、腱、骨などを水で煮沸して濃縮・冷却・凝固させた低品質のゼラチン）を水に入れて湯煎で溶かした溶液のことで、日本画で絵具を画面に定着させるためなどに用いる。『御堂関白記』では、花山院の土御門第行幸のさいの院への贈り物として、銀泥の瓶子（酒を入れて注ぐための器）と手洗が贈られている（寛弘元年五月二十七日条）。　（松野彩）

櫛筥　櫛笥とも。挿櫛・梳櫛・解櫛・櫛掃・耳掻・鋏子等の理髪具を入れる合蓋付容器。男女ともに使用。二階厨子の上に置いて室内の装飾ともした。鷺足の案（机）に載せたものを唐櫛笥という。　（近藤好和）

17 櫛筥（唐櫛笥）

孔雀　キジ科の鳥類。中国から東南アジア・南アジアなどに生息。日本最古の記述は『日本書紀』で、推古天皇六年に新羅から贈られたとある。平安時代の記録には、『日本紀略』延喜九年（九〇九）十一月二十七日条に「今日、大宰府進孔雀」、同十一年三月二十六日条に「孔雀雌、産卵」などとある。『御堂関白記』には、道長が小南第で雌の孔雀（一羽）を育てていたことが記されている（長和四年四月十日・十二日、同年八月二十九日条）。この孔雀は、宋の商人が献上、大宰大監であった藤原蔵規が都に持参、天覧の後、道長に下賜されたもの。道長は孔雀が卵を産むまで性別がわからなかったという。孔雀はその後もたびたび卵を産んだが、当時の人びとは、雄がいないのに卵を産むことを不思議に思ったようで、道長も中国の類書『修文殿御覧』（北斉、祖孝徴ら撰）の孔雀部を読んで鳥が無精卵を産むことを確認し、本に書いてあることは本当だと日記に記している。　（松野彩）

袈裟　南アジアの民族衣装（サリー）を起源とする法体の着衣（装身具）。田相とよぶ方形生地を縦に縫合した甲を横に縫

衣食住

合して四周に縁を付けた構造。左肩から右腋に掛けて着用。色・材質は壊色・糞掃といい、濁った色のボロ裂の使用が本来。中国・日本へと伝来するに従って高級絹地を使用するようになった。横に縫合した甲の条数で五条～二十五条袈裟まで奇数条で十一種ある。正倉院には十一条以上も伝世するが、日本では五条・七条・九条の三種が通常。五条は法服*以外のすべての法体装束で使用する一般的な袈裟。七条は右肩に掛ける横被とともに法服で使用。構成生地すべてを同地とした平袈裟と田相のみ別地とした甲袈裟がある。九条はもっぱら禅僧の料。『御堂関白記』では、東三条院詮子御願の千袈裟関連記事（寛弘元年閏九月十三日条等）のほかは、もっぱら僧侶への賜禄品や法華八講の捧物（同元年閏九月十七日・寛仁二年五月十三日条等）としてみえる。　（近藤好和）

金造車（こがねづくりのくるま）　金作車とも。金銅（銅製金鍍*金）製金物で装飾した牛車の総称。檳榔毛や糸毛の押さえをかねて箱表面に窠文型の金銅板を散らした檳榔毛車や糸毛車*、また、金銅金物で装飾した榻を使用する檳榔毛車などをいう。前者は東宮・中宮・女御など、後者は大臣以上の料。なお、『駒競行幸絵巻』（和泉市久保惣記念美術館蔵）にみえる東宮の青糸毛金造車は赤牛鞦に金銅製杏葉を付設する。中宮彰子が敦成親王出産後の一条内裏還啓時の敦成の車を、『御堂関白記』では「金造御車」（寛弘五年十一月十七日条）、『紫式部日記』では「糸毛の御車」とし、また、同じく彰子が敦成・敦良両親王とともに枇杷殿に遷御したさいの両親王の車を、『御堂関白記』では「金造御(車欠)」（寛弘六年十二月二十六日条）、『権記』では「御庇(車欠ヵ)」（同日条）、『紫式部日記』では「糸毛の御車」とするのは、同じ車の特徴を個別の視点で記しただけで矛盾はない。　（近藤好和）

兀子（ごっし）　背凭のない方形四脚の腰掛。茵*を敷いて着座した。立礼の行事のための座具で、親王・公卿（摂関・大臣・大納言・中納言）や、御斎会終日に僧綱などが使用。『江家次第』巻十七・東宮御元服によれば、加冠役・理髪役と親王・大臣・大中納言が使用し、加冠役・親王・大臣は紫の敷物（茵か）、理髪役・大中納言は黄の敷物とみえる。ただし、「近代」は混乱し、大臣は錦の敷物、大中納言は緑の敷物になったという。『御堂関白記』では、御斎会終日の僧綱（寛弘元年正月十四日条）、三条天皇大嘗会の辰日・豊明節会での内弁道長（長和元年十一月二十三・二十五日両条）、三条および後一条天皇の道長第行幸での公卿（長和二年九月十六日・寛仁二年十月二十二日条）、道長太政大臣宣下のさいの上卿藤原顕光（寛仁元年十二月四日条）などの使用がみえる。　（近藤好和）

米（こめ）　イネ科イネ属の植物の種子。平安時代の貴族の主食は米であり、下賜する品物、布施、施米（毎年六月に京都周辺の貧しい僧に米・塩を施すこと）としても使用されていた。『御堂関白記』では、東三条院（藤原詮子）が住吉社に参詣した時に参上した遊女に、道長は衣類と米を下賜している（長保二年三月二十五日条）。なお、この時のことについて、『日本紀略』同日条は、詮子が百石、道長が五十石を与えたと記している。また、検非違使が亭子院小堂を誤って破壊してしまった事件のさいに、道長は小堂を壊された僧を気の毒に思い、米五十石、手作布五十端などの再建費用を与えている（長和四年三月二十五日条）。　（松野彩）

籠物（こもの）　籠に盛った果実。親王などの五十日や百日の祝いで籠物五十捧が折櫃*とともに親王御前の捧物となった（寛弘五年十一月一日条等）。ただし、敦良親王の五十日では絹・綿などが入れられた大籠物六捧も

衣食住

みえる（同七年正月十五日条）。　（近藤好和）

材木　内裏、貴族の邸宅、寺院などを造営・修理するさいの建築資材。平安時代には、材木を大津・勢多・淀などの港にある集積地から運んできていた。『御堂関白記』には、右衛門志であった紀宣明が大津から材木を運んできたことが記されている（長和五年三月四日条）。大津に材木の集積地があった理由として、都の外港であったこと、大津の近くに「田上杣」（杣とは建築用材切り出し用の山林のこと）があったことなどがあげられる。なお、この時の材木は、三条院や二条殿・一条院などの造作用であったと推定されるが、必要な材木数が確保できなかったため、宣明は怠状の提出を命じられている。また、長和元年（一〇一二）の火災で焼失した積善寺の再建に必要な材木を、道長が受領たちに割り当てて調達させたことも記されている（長和四年閏六月七日条）。　（松野彩）

下襲　下重とも。束帯*や布袴の下着。構造は身二幅・広袖一幅・垂領・闕腋。前身は腰丈、後身は裾長で「裾」という。表袴や指貫の上に着用し、裾は位袍の襴からはみ出して背後に引く。冬は袷。公卿以上は表裏とも綾（有文）、殿上人以下は表裏とも平絹（無文）。色は表裏で襲色があり、一日晴の風流ではさまざまな襲ねがあるが、日常は表地が白、裏地が濃蘇芳*の躑躅重。夏は薄物・一重。

18 下襲

公卿以上は濃蘇芳の縠紗、殿上人以下は二藍の縠織。公卿以上の料は禁色*の対象で、殿上人での使用は勅許（禁色勅許）を必要とした。『御堂関白記』では、道長が諸人に下襲を贈る記事が多い。贈る対象として二種類ある。まずは賀茂・春日両祭の舞人（寛弘元年四月二十日条等）。これは風流の下襲。一方、蔵人頭就任などによる禁色勅許者（同五年二月十一日条等）。これは通常の公卿の料の下襲である。また、召具の布衣や褐衣*での風流の使用もみえる（長和元年閏十月二十七日条）。　（近藤好和）

茵　室内用座具。現在の座布団に相当する、繭綿を布帛（白綾など）で包んだ正方形の敷物。『類聚雑要抄』巻四によれば、大きさは三尺五寸四方。縁と裏地を付け、縁は幅五寸。材質は唐錦や東京錦。それぞれ唐錦茵、東京錦茵（東京茵）とよぶ。裏地は濃色。筵を芯に入れることもあった。縁が錦製であることからも察せられるように高貴の料。床に直接置かず、置畳や筵の上に置き、天皇用の大床子*の上にも置いた。茵同類の座具に円座*がある。『御堂関白記』によれば、教通左大将新任饗の室礼では、大将・公卿の座は錦縁置畳で、中将・納言は茵、少将・参議は円座（寛仁元年四月三日条）、また東宮敦良親王初参内の室礼では、東宮の座は茵、摂政頼通の座は円座とある（同年八月二十一日条）。これよれば、茵と円座で身分差を付ける場合もあったか。　（近藤好和）

19 茵

信濃布　信濃国などで生産されていた布。シナノキ（シナノキ科の落葉高木）の樹皮をさらし、細く割いて糸にしたものを使って織る。布目が粗く艶があり、色は赤褐色。禄、布施、諷誦料（諷誦は経典などに節をつけて読みあげること、追善供養や祈願などのために寺社・僧に依頼した）として用いられた。『御堂関白記』では、「信濃布」よりも「信布」と表記されることの方が多く、「濃布」（長和元年五月十九日条）という表記もみられる。また、諷誦料としての使用例がほとんどで、道長は金峰山参詣に向かう途中で立ち寄った石清水八幡宮で信濃布三十端を諷誦料として納めている（寛弘四年八月二日条）。一方、院の周忌法要などでは大量の信濃布が諷誦料として納められており、三条天皇は故一条院のための法華八講結願に三百端（長和元年五月十九日条）、内蔵寮は故冷泉院の周忌御斎会に五百端（同年十月六日条）、道長も故冷泉院の三七日法要に三百端（寛弘八年十一月二十九日条）、周忌正日法事に二百端（長和元年十月二十四日条）を納めている。なお、禄として与えている例もあり、二条第造営のさいに道長が工匠たちに下賜した禄は、絹二十疋と信濃布七百端であったと記されている（長和五年三月十七日条）。

【所在】寛弘八年十一月二十九日条　（松野彩）

笏 公家装束の威儀具。手板とも。笏は正しくは「こつ」だが、骨との音通を不吉として「しゃく」と読む。象牙製や櫟を最上とする桜・柊・杉などの木製の細長い薄板。律令制下の礼服・朝服で使用し、本来は五位以上は象牙製の牙笏、六位以下は木笏。しかし、平安時代には牙笏は礼服用となり、天皇以下束帯*・布袴で木笏を使用。笏は威儀具だが、笏の裏（所持者側）に儀式次第を書いた笏紙とよぶ紙を貼り、備忘とする目的もあった。根源的には礼服・朝服の上着の袖が手が隠れるほどに長寸のために、手を出すという目的で笏を使用したのかもしれない。『御堂関白記』では、道長は五位に冠*や朝服とともに笏を贈っている（長和元年十二月二十五日・同四年正月十二日条）。『延喜式』弾正台によれば、五位以上と六位以下の笏に材質・形状に微妙な区別があり、道長時代にはそうした区別が残っていた可能性もあろう。　（近藤好和）

宿衣 「とのいぎぬ」とも。束帯*を昼装束とよぶのに対し、宿直のための着衣をいう。身分・立場でさまざまな宿衣があり、内裏での公卿・殿上人の宿衣は衣冠、雑袍勅許者は冠直衣である。衣冠は冠*・位袍・指貫、冠直衣は冠・雑袍・指貫の構成。位袍は位色の規定があり、雑袍はない。指貫は八幅の括袴。雑袍勅許で参内可能となる冠直衣に対し、衣冠での参内は不勅許。宿直時に内裏で着替えた。『御堂関白記』では、宿衣と直衣（「衣」を脱字）の並記がみえ（寛弘四年正月五日条）、この場合の宿衣は衣冠。一方、宿衣での参内もみられ（同元年八月二十三日条等）、この場合は冠直衣である。また、夜装束もみえ、これはもっぱら僧侶への賜禄品（寛弘八年八月二日条等）。宿衣も僧侶への賜禄品としてみえるため（同二年正月十八日条等）、夜装束とは宿衣であろう。道長が三条上皇に烏帽子とともに献上した夜装束（長和五年二月二十八日条）は直衣*か狩衣*と考えられる。　（近藤好和）

酒肴 酒と酒に添える食品のこと。『御堂関白記』には、春日祭使を派遣する時に、道長が神馬使を出立させたさいに、一条天皇から勅使があり、勅使に酒肴を出したことが記されている（長保二年二月十一日条）。なお、この時のことは『権記』同日条にも記載され、勅使は泥酔するほど酒を飲まされている。また、同年正月二十四日条などには、除目の時に一の大臣が内記所に酒肴を支給する慣習が記され、左大臣であった道長も下賜している。　（松野彩）

装束 広義では殿舎内外敷設・飾付・調度配置など。別称でいう室礼。狭義では歴史的着衣、とくに摂関期以降の公家男女の公服と私服さらに武家の礼装・正装、その延長にある芸能者の着衣などをいう。いずれも皆具といって必要な構成要素が一揃いとなった全体像の総称であり、さまざまな装具から構成される武具・馬具・輿車などに対しても使用される。名詞だけでなく、動詞としての用例も多い。『御堂関白記』にも装束の語は多数散見され、女装束*を筆頭に着衣としての装束（長保元年二月九日条等）か、室礼としての装束（同二年二月二十五日条等）である。そうしたなかで、唐僧念救に道長が贈った木槵子念珠六連のうち四連が琥珀装束、二連が水晶装束とある（長和四年七月十五日条）。主珠を木槵子（無患子―ムクロジ科の落葉樹）の実とし、念珠*の起点となる母珠を琥珀や水晶とした念珠である。

（近藤好和）

沈（じん）　沈香、沈水香木の略。インドから東南アジアにかけて自生するジンチョウゲ科の常緑高木である沈香樹から採取する香料。沈香樹の幹に真菌が侵入した時に、菌を防ごうとして樹脂が分泌・蓄積される。その樹脂の部分を乾燥させて抽出したものが香として使われ、とくに上質なものは伽羅と呼ばれる。沈という名称の由来は、比重が大きく、水に沈むことによるとされているが、『御堂関白記』には「深香」という表記もみられる（寛弘元年正月十一日条）。また、白檀との対比で「黒」と表記されている箇所もあり、冷泉院が道長所有の小南第に方違えしたさいに朝廷から下賜された香木は、白（白檀）・黒（沈）が各五十挺であったと記されている（寛弘三年十月二十一日条）。なお、沈は香として焚くだけではなく、念珠*や飾り物、調度品の材料としても使われ、禎子内親王の百日の祝いの膳は父の三条天皇が用意したものであったが、台盤の足は沈木で作られていた（長和二年十月二十日条）。

【所在】長和元年五月十七日条、同四年四月七日条

（松野彩）

厨子（ずし）　観音開の扉付設の収納具の総称。厨房で食物を置く厨子棚が起源といい、後涼殿西廂にある天皇の食事を調理する場を御厨子所という。仏像・仏舎利などを安置し、経典・書物・書画・楽器・文具などのさまざまな物品を収納する。外形は方形で、縦長・横長・台付・脚付・屋蓋付・棚付とさまざまで寸法に規定もない。室内を飾る調度ともなり、これは横長・小型・脚付の壺厨子やその天板の上に棚を加えた二階厨子で、二個一双で配置した。『御堂関白記』にみえる厨子は、道長が新調して書物二千余巻を納めた棚厨子が内部に棚のある大型の厨子と考えられる以外は、室内を飾る調度としての厨子と考えられ、そのなかに二階厨子がみえ（長和四年十一月十五日条。同年七月十五日条にみえる「二蓋厨子」も二階厨子であろう）、また、天皇受禅や天皇元服のさいには御座の傍らに厨子一双を置いた（長和五年正月二十九日・寛仁二年正月三日条等）。

（近藤好和）

（二階厨子）

（壺厨子）

20 厨子

生絹（すずし）　「生」で「すずし」とも。経糸・緯糸ともに表面の膠質を残したままの生糸で織った絹地。平絹を基本に綾もある。もっぱら夏の単*などの料に使用し、その点は『御堂関白記』からも確認できる（寛弘四年六月九日条等）。

（近藤好和）

巡方帯（ずんぽうのおび・じゅんぽうのおび）　腰回りの飾座である銙の形状が方形の石帯。円形の丸鞆が日常用に対し、晴儀用の帯という。しかし、『御堂関白記』によれば必ずしもそうとはかぎらない（寛弘元年十月十二・十三日両条）。つまり道長は、十二日条では従三位右中将藤原兼隆に丸鞆帯、正四位下蔵人頭左中将源経房に巡方帯を、十三日条では従三位右兵衛督源憲定に丸鞆帯、正五位下右少将源雅通に巡方帯をそれぞれ貸与した。彼らはいずれも翌十四日の松尾社行幸および二十一日の平野・北野

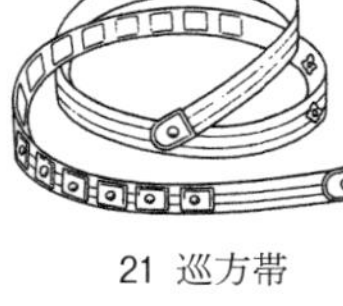

21 巡方帯

衣食住

社行幸に供奉する武官のため、行幸のための貸与であろう。そうであれば、兼隆・憲定は行幸という晴儀で丸鞆帯を使用することになり、丸鞆帯が日常用とはいえなくなる。しかも、これまで巡方と丸鞆の身分差についての指摘はないが、巡方帯は身分の低い方に貸与されている点も注意される。巡方・丸鞆の使用差に、道長の時代にはそれ以降の時代とは異なる故実があったか。（近藤好和）

束帯　奈良時代の朝服が和様化した男子の正装。雑袍勅許者や非常時を除き、本来は参内には必ず着用した。一口に束帯といっても、文官と武官、晴儀と日常（晴儀用を物具という）、身分・季節（夏・冬）・年齢（若年・壮年・老年）による相違があり、さらに時代による変化がある。最大の変革期は十二世紀。それ以前の様式を強装束（打梨とも）、以後の様式を柔装束（如木とも）という。道長の時代は柔装束のまさに最盛期である。

　柔装束の物具の構成は、被り物は冠*、肌着は大口・単*、下着は衵*・打衣・表袴・下襲*・半臂、上着は位袍、履き物は襪・靴*、装身具は石帯・魚袋、持ち物は笏*・扇（冬は檜扇、夏は蝙蝠）・帖紙。これに勅授帯剣の文官は剱、武官は剱と弓箭が加わる。打衣・靴・魚袋が物具用で、打衣・魚袋は日常は省略。靴は日常では浅沓に替えた。

　束帯ではとくに身分が重要で、冠・位袍は律令本来の位階制、表袴・下襲・半臂は九世紀末以降の新しい身分秩序が反映した。位階制は五位と六位で身分格差があり、新秩序では四位・五位が昇殿勅許される殿上人と不勅許の諸大夫に分離した。束帯の身分制の大要は、位袍の位色を根幹とし、さらに有文（織文様のある絹地）使用の可否。位階ごとの位色と有文は禁色*である。道長の時代の位色は、四位以上が黒、五位が緋、六位が緑（七位以下は実質消滅）、無位が黄。有文は冠・位袍は五位以上、下着では公卿以上が使用した。本来の身分を示す位色と冠・位袍の禁色は下位者の使用は不勅許だが、下着の禁色は天皇ミウチの象徴で、賜姓皇族や天皇外戚関係者などの一部の殿上人と蔵人には勅許された。

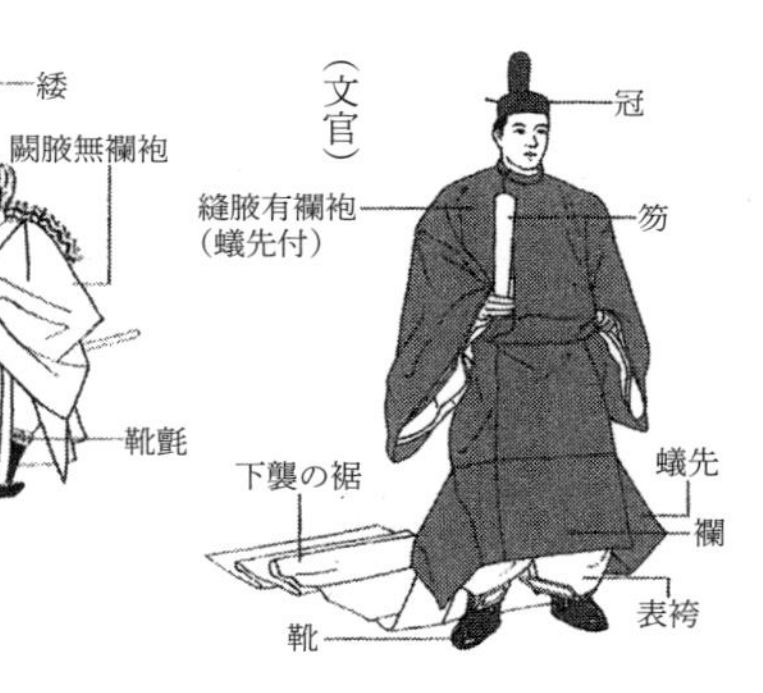

22 束帯

　『御堂関白記』では、道長は邸第を焼失して束帯だけになった藤原斉信に宿衣*・直衣*・指貫などを与え（寛弘四年正月五日条）、また、「足下所労」で束帯を着用できなかった記事（同七年八月二十一日条）などによれば、束帯は窮屈な装束であったことがわかる。（近藤好和）

素服　藤衣とも。哀悼の意をあらわす質素な材質の凶服（喪服）。とくに上皇・天皇・皇太后・皇后などの崩御にさいし、それぞれ関係の深い特定の臣下が着用。実態は不明な点が多いが、本来は、各構成要素を質素な材質とした。男子は束帯*（『西宮記』巻十九所引「或記」天暦八年正月四日条）、女子は女房装束（『左経記』長元九年五月十九日条）のようだが、後一条天皇崩御での男子の素服は、束帯の上に着用する狩衣*のようなものという（『左経記』同日条）。また、打懸（即位式で武官が着用した儀仗甲）のようともいい（『装束雑事抄』）、これらによれば盤領・闕腋・無袖・腰丈の構造か。材質は布製。素服は朝廷からの支給が原則。一条天皇崩御でも里内裏一条院で裁縫。公卿・蔵人頭・蔵人・侍読・殿上人・御厨子所衆・出納・女房等に支給された。『御堂関白記』に「巳四点縫（素服脱ヵ）」とあるが（寛弘八年七月八日条）、この主語は道長ではなく朝廷である。　（近藤好和）

大床子　天皇用の背凭や欄干のない四足の木製座具。長四尺五寸、広二尺四寸、高一尺三寸（『延喜式』木工寮）の方形。大床子間とよぶ清涼殿母屋北第三間（御帳台*南）や同北廂御手水間・朝餉間に各二脚一対で設置。その上面（着座面）は簀子。高麗縁の筵を敷き、中央に菅製の円座*を置く。天皇は大床子御膳という本来は朝夕二回の天皇正式の食事や理髪のさいに、大床子の円座の上に着座した。こうした常設の大床子に対し、諸儀式の場に応じて大床子が臨時に設置され、『御堂関白記』にみえる大床子はいずれも臨時設置のもの（寛弘元年十月十日条等）。臨時設置であっても、大床子は二脚一対で設置することは、『御堂関白記』（寛弘三年三月三日条等）や『駒競行幸絵巻』（和泉市久保惣記念美術館蔵）の描写からわかる。これによれば、『禁秘抄』上巻に大床子間常設の大床子を「三脚」とあるのは「二脚」の間違いか。　（近藤好和）

高坏　高脚付の食膳具。高脚は一本。坏部分は円形と方形がある。材質は土器・硝子・金属・木製とさまざま。『御堂関白記』では、東宮用の銀製高坏がみえ（寛弘三年九月二十二日条）、食物以外にも使用された（同四年四月二十五日条）。　（近藤好和）

立明　松明による夜間の照明。庭上に複数の人を並べて松明を持たせ、または松明を並べて地面に差した。松明は松を中心に割り木を束ねて先端に点火した照明具。軍陣の焼討などにも使用した。朝儀では主殿寮の官人や近衛が松明を持ち、松明を持つ官人を立明ともいった。『御堂関白記』にみえる立明の記事は、諸儀式で立明をつとめた官人へ賜禄する記事ばかりである（寛弘元年二月七日条等）。そのうち嬉子（道長女）の七夜産養では三十八人もの近衛立明に禄を与えている（同四年正月十一日条）。立明は心身ともに忍耐のいる仕事でそれ故の禄であろう。一方、夜間の照明としては篝火による庭燎もある。篝火は鉄籠に入れた炬木を燃やす照明具。鉄籠を鉄の三脚台に載せた居篝と鎖で吊した吊篝がある。敦良親王五十日では、月光を愛でるために庭燎を留めたという（寛弘七年正月十五日条）。　（近藤好和）

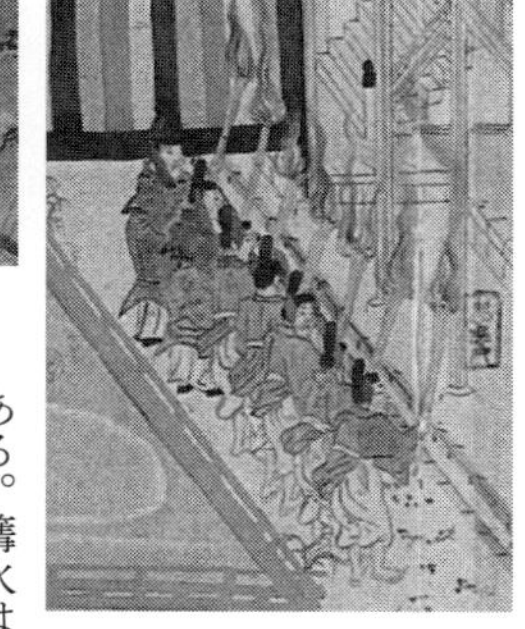

23　立明

庭燎（吊篝）

衝重　饗応の据膳。神仏への供物台ともなった。方形・縁付の折敷*（お盆）に檜の薄板で四方を囲った脚を付設。脚には格狭間透（眼象）を入れ、脚の四方に入れた四方衝重（四方とも）、三方に入れた三方衝重（三方とも）、透のない供饗がある。いずれも白木製と塗漆装飾のものがある。『御堂関白記』にみえる衝重は配膳具の意ではなく、衝重にのせた酒食の意。花宴・敦成親王百日・敦良親王五十日・同百日・後一条天皇元

24 衝重

服などの饗宴で天皇から（寛弘三年三月四日・同五年十二月二十日・同七年一月十五日・同年閏二月六日・寛仁二年正月三日条）、道長第行幸では道長から（寛弘五年十月十六日・長和二年九月十六日・寛仁二年十月二十二日条）、妍子叙位参賀や中宮移徙では中宮から（寛弘元年十二月二十七日・長和五年四月十五日条）、もっぱら公卿に供された。衝重に載せた酒食は、宮中を中心とする私的な饗宴で天皇などの主催者から公卿に出されたらしい。　（近藤好和）

机（つくえ）　案とも。案で「つくえ」とも読む。四脚長方形の台。用途は多様。執筆や読書に使用する文机と、食膳やさまざまな物品を置く置物机があり、後者のうち仏前の香花を置く台を卓ともいう。また、机を上下に重ねて下段を下机という。なお、机(几とも)は「おしまづき」とも読み、その場合は脇息（着座時に片肘をのせる台）の意となる。『御堂関白記』にも、下机（「下机覆」—寛弘二年十二月二十八日条）・置物机・鷺足机（同五年十二月二十日条）・散花机（同八年五月二十一日条等）・僧前机（長和四年十月二十五日条）・赤木机（寛仁元年二月二十一日条）・八足小机・八足白木机（ともに同二年正月三日条）等の机がみえる。置物机には御膳や御硯筥などを置き（寛弘三年九月二十二日条・同四年四月二十五日条等）、散花机や僧前机も散花・僧前（僧侶に供する食膳）を置く置物机。鷺足机・赤木机・八足小机・同白木机などは構造・材質・装飾などによる名称である。　（近藤好和）

土敷（つちしき）　地敷とも。畳の上に敷いた龍鬢筵（『江家次第』巻十七・東宮御元服等）。龍鬢筵は彩色した藺草を混ぜた錦縁の花筵。現在の花茣蓙に相当する。座具としてはこの畳・土敷の上にさらに茵*や円座*を敷く。『御堂関白記』によれば、座具として畳・土敷(地敷)・茵のセットはいずれも天皇・東宮・皇太后・公卿などの料（寛弘三年九月二十一日条等）。また、土敷上に茵と円座のどちらを敷くかは身分で相違し、中将・大中納言は茵、少将・参議は円座である（寛仁元年四月三日条）。ちなみに同条は古写本だが、古写本の「地敷」を田中塊堂氏所蔵断簡では「土敷」とする。また、長筵の上に土敷を敷く場合もあった（寛仁二年二月九日条）。一方、帳台の浜床の上に敷く繧繝縁の畳も土敷という（『満佐須計装束抄』）。一条天皇元服のさいに御帳の御倚子*を徹して敷いた土敷は、この繧繝縁の畳である（寛仁二年正月三日条）。　（近藤好和）

壺切御剱（つぼきりのぎょけん）　壺切・壺切太刀などとも。東宮相伝の宝剱。起源については諸説あるが、延喜四年（九〇四）二月十日、醍醐天皇は立太子した保明親王に自身の立太子時（寛平五年四月二日）に父宇多天皇から下賜された壺切御剱を下賜（『醍醐天皇御記』当日条）。その御剱は本来は藤原基経所有という（『宇多天皇御記』寛平元年正月十八日条）。外装は白鮫皮包の柄に海賦蒔絵・麒麟螺鈿の鞘。手貫緒や帯執は青鞣革装束の野剱（兵仗の剱）という（『兵範記』仁安三年二月二十六日条・『世俗深浅秘抄』下）。道長は壺切御剱を後一条天皇の東宮敦明親王には渡さず、敦明が東宮を辞退して孫の敦良親王が立太子するとすぐにその枕元に置いたことはつとに著名である（『御堂関白記』『小右記』『左経記』各寛仁元年八月二十三日条）。なお壺切御剱とあるのは『左経記』のみ。『御堂関白記』には壺切の名称はみえず、ただ「御剱」とあり、『小右記』では「切壺」とみえる。　（近藤好和）

輦車（てぐるま）　輦・手車とも。また小車・腰車とも。人力で移動する車。『延喜式』内匠寮記載の「腰車一具」の料によれば屋形は長六尺、広五尺。構造は松平定信の『輿車図考』にも所引の『石山寺縁起』巻四第四段の図に明瞭で、前後各四名の褐衣*姿の帯刀*が轅を手に移動させている。皇太子・男女皇族・摂関・中宮・女御・僧綱などの限定された人びとだけが勅許（輦車宣旨）を得て乗車した。乗車範囲は平安宮外郭の宮城門から内裏外郭の宮門までが一般的だが、宮門内の中重まで乗車が特別に勅許されることもあった。『御堂関白記』でも輦車宣旨は、彰子（長保元年十一月一日条）・倫子（同年十一月三日条）・元子（寛弘三年二月二十五日条）・敦成親王（同六年十月二日条）・妍子（同八年十月五日条）・道長（寛仁二年正月三日条）・威子（同年三月七日条）のみ。このうち道長は中重への乗車が勅許された。（近藤好和）

25 輦車

手作布（てづくりのぬの）　カラムシ（イラクサ科の多年草）の茎の繊維などで織った手織りの布。布の中では高級品に入るが、絹よりは格下である。『御堂関白記』には八例あり、一条天皇の一条院遷幸のさいには、女官に疋絹*、下女に手作布が下賜されている（寛弘七年十一月二十八日条）。また、手作布は布施として使われることもあり、法性寺五壇法修善結願の日には、僧の身分に従って、導師の法性寺座主に褂*一重、呪願師に絹三疋、長講僧二人と預一人に絹二疋・手作布二端を下賜しているので、絹一疋の方が、手作布二端よりも高価であったことがわかる（長和二年八月二十一日条）。他には、内裏造営にさいして、武蔵守であった源頼貞は責務を十分に果たしていなかった埋め合わせに、造営料の代替として手作布千端を進上するという申し文を道長に送って、道長の機嫌をとろうとしたことが記されている（寛仁元年十月四日条）。

【所在】寛弘二年十月十二日条、長和四年三月二十五日・十月二十五日条、寛仁元年六月二十三日条　（松野彩）

屯食（とんじき）　強飯を卵形に握り固めて盛ったもの。宮中や貴族の家での行事において台の上に積みあげるかたちで提供される。また、その台自体も屯食とよぶ。『御堂関白記』では「屯物」とも表記され、「屯物」十五例、「屯食」四例であるから、「屯物」と記されることの方が多い。なお、屯食は下仕に与えるものと説明されることが多いが、『御堂関白記』では、中宮の内裏参入に供奉した諸司・諸衛の人びとや（寛弘五年十一月十七日条）、射儀の負態として帯刀の陣に下賜されている例に加えて（長保元年閏三月十日条）、女房（長保元年閏三月十日・寛弘三年三月四日・同四年一月十一日・長和四年四月七日条）や殿上人（長和四年四月七日条）のために用意されている例もある。

【所在】長和二年七月十四日条　（松野彩）

錦端畳（にしきべりのたたみ）　錦縁畳とも。縁に錦使用の畳。繧繝錦使用の繧繝縁と高麗錦使用の高麗縁がある。繧繝錦は菱文などの織文様を入れた赤・紫・紺などを濃淡を付けて段替りに配色した錦。高麗錦は白地に黒の四弁花文や襷文を織文様とした錦で、文様が大型の大文高麗と小型の小文高麗がある。室町時代の書院造以前は、畳は座具や就寝具として単独で設置する置畳だが、繧繝縁は天皇・東宮・上皇・摂関など、高麗縁は公卿以上の料。とくに大文高麗縁は親王・大臣の料。小文高麗縁は僧綱以下も使用した（『海人藻芥』）。畳を重ねる場合は高麗縁のうえに繧繝縁を敷き、繧繝縁は御帳台*の土敷*ともなった。

衣食住

『御堂関白記』にみえる錦端畳が繧繝・高麗のどちらであるかは使用者で類推できるが、道長の直廬である飛香舎で行われた京官除目での大臣料の錦端畳は、『小右記』では高麗縁とあり（ともに長和四年十月二十七日条）、高麗縁であることがわかる。（近藤好和）

女房装束 →女装束

韮 ユリ科の多年草。古来、薬効があるとされ、『和名類聚抄』（巻十七）『医心方』（巻三十）などの記載によると、内臓、とくに胃の不調を解消するのに効果があるとされていた。『御堂関白記』にも、飲水病（糖尿病）に苦しむ道長が、韮を服用したと記されている（長和五年七月十日・十五日条）。（松野彩）

念珠 数珠。念仏を唱える時に使う。『御堂関白記』では、藤原統理が出家を思い立ち、出家前に道長の前に挨拶に来た時に、道長は木蓮子（クワ科の常緑低木であるイタビカズラのこと）の実でできた念珠を下賜している（長保元年三月二十四日条）。また、花山院が道長の土御門第に御幸した時には、道長は菩提樹の実で作られた念珠を銀の箱に入れて花山院に贈っている（寛弘元年五月二十七日条）。なお、菩提樹は、当時、日本には自生していなかった植物で、舶来の貴重な素材である。さらに、道長が入宋僧に託した書状（天台山へ施入する品物の目録）の中には、無槵子（ムクロジ科の落葉高木）の実で作られた念珠が六連とあり、六連の内訳は、母珠（中間の大きな珠）に琥珀が使われたものが二連、水晶が使われたものが四連であったと記されている（長和四年七月十五日条）。（松野彩）

直衣 公家男子の略装。天皇以下上級貴族の私服。被り物は冠か*烏帽子、肌着は下袴・単*、下着は袙*・指貫、上着は雑袍、履き物は素足に浅沓、持ち物は扇（冬は檜扇、夏は蝙蝠）に帖紙。烏帽子は身分不問の私的被り物。下袴は指貫用肌袴。指貫は八幅・裾長の括袴。雑袍は位色にかかわらない袍。構造は身二幅・広袖一幅半・盤領・縫腋・有襴・対丈。冬は表地は白綾。文様は天皇は小葵、臣下は唐花丸（のちに伏蝶丸）。裏地は二藍（紅・藍の二度染）の平絹。二藍は年齢で、若年は紅勝り、壮年は藍勝り、老人は白となる。いずれも表裏で襲色が成立。夏は二藍の顕文紗文縠の一重。文様は天皇も三重襷。改まったさいは下襲*を加えて直衣布袴といい、天皇は下袴・指貫を長袴（六幅・裾長・腰一本）に替えて御引直衣という。直衣での参内は原則不勅許だが、雑袍勅許を得れば冠直衣での参内が可能。道長も雑袍宣旨を得ていた（長和二年二月七日条）。（近藤好和）

26 冠直衣姿

野剱 野釼・野太刀とも。総称。狭義では毛抜型太刀をいう。兵仗の太刀に限らず武具には兵仗と儀仗の二面性がある。兵仗が実戦用武具、儀仗が威儀用・儀式用武具をいうが、両者が実態分化するのは摂関期頃からで、それ以前は未分化である。そのうち儀仗の太刀を餝剱と総称する。正倉院宝物の金銀鈿荘唐大刀の外装様式を継承した正式な如法餝剱とその省略形の螺鈿剱・細剱などがあり、刀身はいずれも非実用の「つなぎ」程度である。これに対し、兵仗は外装様式はさまざまだが、刀身は実戦用で彎

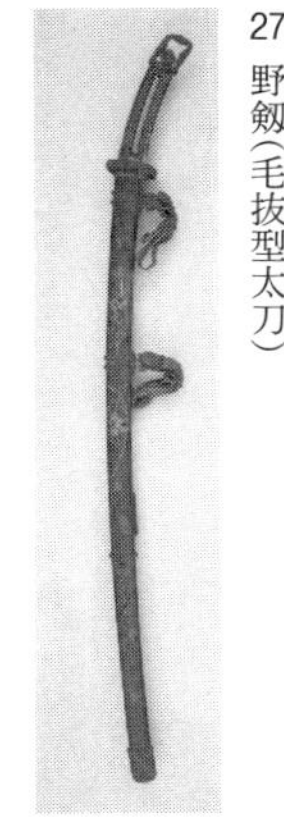
27 野剱(毛抜型太刀)

衣食住

刀化して反りが生じた。毛抜型太刀はこの兵仗の太刀の一形態。これは毛抜型の透を入れた共鉄造の柄を特徴とし、武官の太刀として採用されて衛府太刀ともいった。『御堂関白記』にみえる野剱（野釼の表記が多い）は数少ないがおおむねは兵仗の太刀の意と考えられ、いずれも賜禄品・贈答品である（寛弘元年二月七日条等）。（近藤好和）

袴　腰から下の下半身を覆う着衣。歴史的に男子は肌袴と上袴の二枚を着用。

公家男子の上袴は、束帯*用の表袴、布袴・衣冠・直衣*用の指貫、狩衣*用の狩袴、召具装束用の襖袴、水干用の小袴などがある。このうち表袴は四幅・対丈・腰一本で裾括のない切袴。それ以外はすべて腰二本で裾括のある括袴。指貫は八幅・裾長、狩袴・襖袴は六幅・裾長、小袴には六幅・対丈と四幅・裾短の二種がある。各上袴にはそれぞれに対応する肌袴があり、表袴用は大口、それ以外は下袴と総称し、小袴用には大口（腰二本で表袴用とは別個）もある。女子は原則的に肌袴に相当する長袴（六幅・裾長・腰一本、糊張した長袴を張袴という）のみを着用。『御堂関白記』では、上記のような個別名称は表袴（上袴とも）程度（寛弘五年二月十一日条等）。ほかは袴とのみある。そのうち賜禄品として袿*等とともにみえる袴（寛弘三年十二月五日条等）は原則として女子用の長袴であろう。（近藤好和）

引馬　牽馬とも。晴儀の行列に供奉する馬。銜に装着した諸差縄で左右から朧*が牽引したために引馬という。銜と面懸以外の装具は装着しない裸馬の場合と馬具皆具を装着する場合がある。前者は当初から人の騎乗を想定しておらず、後者も鞍橋を鞍覆で覆い、その場合は人が騎乗しないが、人が騎乗する場合もある。『御堂関白記』にみえる引馬は、「馬を引く」と読む用例（長保元年五月九日条等）のほかは、いずれも賀茂・春日両祭の勅使に唐鞍装備の餝馬と一対で供奉する馬具皆具の私馬（寛弘元年十一月九日・同八年四月十八日・同二十一日条等）。餝馬とともに人びとの求めに応じて道長が調進・貸与した。この引馬の馬具は大和鞍。賀茂祭では勅使の騎乗はないが、春日祭では春日大社が京都から遠路であるために往復の行程で祭使が騎乗した。（近藤好和）

疋絹　平安時代、儀式などのさいに参加者に禄として与えられた絹で、一疋（二反）ずつ巻いてあることからの命名。「ひけん」「ひきぎぬ」などとも読まれる。『御堂関白記』では、自筆本・古写本ともに「疋見」の表記を用いることが多い。疋絹は高級な贈与品と説明されることもあるが、衣裳よりも格下の贈り物である。土御門第で行われた曲水宴で漢詩の披講が終わった後に参会者に与えられた禄をみると、殿上人の六位までは衣裳が与えられ、それ以下には疋絹が与えられている（寛弘四年三月四日条）。また、敦成親王五十日では、参会した宰相以上の人びとには衣裳、殿上人には疋絹が与えられている（同五年十一月一日条）。一方、信濃布*よりは格上の品と考えられており、道長の五十賀にさいして興福寺が贈り物をしているが、その使者として訪れた僧に袿*一重、職掌人に疋絹、その他の僧には信濃布を下賜したことが記されている（長和四年十二月二十六日条）。（松野彩）

単　広義では裏地のない着衣の総称。狭義ではそのうち単衣の略称。男女公家装束・法体装束の絹製肌着をいい、強装束以降は肌小袖の定着で下着へと移行する。男子用は身二幅・広袖一幅・垂領・闕腋・腰丈の構造。材質は平絹か綾。綾の文様は菱文様が原則。色は束帯*では赤が原則。他の装束*で

28 単（女子用）

は他色も使用。女子用は身二幅・広袖一幅・垂領・縫腋・裾長。材質は平絹・綾のほかに薄物*も使用。色は赤のほかに他色も使用し、上に着用する下着の袿*と襲色が成立。なお、女子の夏の料として袿の代わりに単*を複数枚重ねた単重があり、また、単同型で布製の肌着を大帷という。『御堂関白記』にみえる単は、裏地なしの意が一例みえる（長和元年十一月二十二日条）以外はすべて肌着の単または単重（寛弘元年二月七日条等）。しかも、後一条天皇に献上した一例（長和元年五月九日条）以外はすべて賜禄品。道長着用の単を賜禄した例もみえる（寛弘四年六月九日条）。

（近藤好和）

火取 火取母・火取香炉とも。着衣に香を焚きしめる調度。薫炉・火舎・火取籠からなり、香箸・香匙が付属。薫炉は香を焚く銀製容器。香炉とも。火舎は薫炉を入れる八葉入角型の漆器。これを火取母とも。火取籠は火舎に被せる金製または銀製の籠。この上に着衣を被せて香を焚きしめた。香箸・香匙は香を薫炉に入れるための金製の毛抜型箸と匙で、薫炉とセットとなった。実際には使用せずに理髪用の髪掻水を入れた泔坏などとともに厨子*に置いて室内装飾の調度ともした。なお、着衣に焚きしめる香は薫衣香という。『御堂関白記』でも実際に火取を使用する記述はなく、室内装飾の調度の一つとしてみえる（寛弘三年三月三日・長和四年四月七日条）ほか、賜禄品や献上品（寛弘八年七月十七日・長和元年十月二十日条等）、三条天皇からの下賜品（長和二年四月十三日条）などとしてみえる。

（近藤好和）

火取籠　香箸　香匙　火舎（火取母）　薫炉

29 火取

屏風 室内用障屏具。構造は布帛や紙張の長方形の木枠一体を一扇といい、それを偶数扇繋ぎ合わせて一組とした。六曲一双といって六扇一対の組合せがもっとも一般的。扇の高さで三尺屏風・四尺屏風・六尺屏風等の区別がある。屏風の語義は風を屏ぐ。風を遮り、同時に人目を避け、室内の間仕切りともした。扇の内側には絵画や書を描いて装飾とし、諸儀式での調度となった。

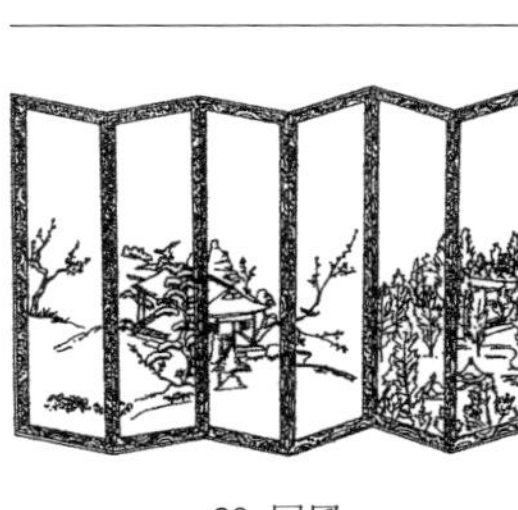

30 屏風

図様で唐絵屏風・倭絵屏風などの区別がある。正倉院宝物によれば、本来は一扇ごとに布帛の縁を付け、木枠に嵌めた金具に接扇とよぶ細紐を通して各扇を繋ぎ合わせ、『山水屏風』（京都国立博物館蔵）によれば、平安時代には縁付の各扇を蝶番繋ぎとした。縁のない各扇を紙で接合するのは中世以降である。

『御堂関白記』にみえる屏風は、上記の『山水屏風』が十一世紀後半成立であるから、縁付各扇を蝶番繋ぎとした様式であろう。注目されるのは、天皇着座の大床子*を紫宸殿などに臨時に設置する場合、背後に屏風二帖（一対）を置き（長和元年十一月十七日条等）、大床子とセットとする点である。また、両面屏風がみえる（寛弘三年三月三日条）。これは扇の表裏に絵画を描いた屏風。さらに道長は「地獄変屏風」を描いた絵師に賜禄した（長和四年十二月十九日条）。これは内裏御仏名で使用の地獄の様相を描いた屏風。

また、道長は彰子入内・後一条天皇大嘗会・摂政頼通家大饗などのために新調する屏風の色紙型（絵画中に設けた短冊形の余白）に書き込むための和歌（大饗では漢詩も）を公卿たちに求め（長保元年十月二十一日・長和五年十一月十日・同十二日・寛仁二年正月二十一日条）、それを藤原行成に書かせている（寛仁二年正月二十三日条等）。大嘗会で和歌を書き込んだ屏風を新調するのは三条天皇以降。道長による和歌の積極的政治利用を示す事例という。（近藤好和）

【参考】大津透『日本の歴史06　道長と宮廷社会』（講談社、二〇〇一年）

平緒（ひらお）　束帯*で帯剣するさいの佩緒。主に儀仗の餝剱で用い、兵仗の毛抜型太刀でも使用。長九尺・幅三寸ほどで幅広なので平緒という。貞観十六年（八七四）九月十四日の検非違使からの申請で、五位以上は唐組（捩組の組紐）、六位以下は綺（平織の織物）か高麗組（平組の組紐）となった。色は紫・紺や紫・紺・櫨などの各緂（各色と白を交互に配色したもの）を、唐組は色糸による組であらわし、綺と高麗組は染とし、それぞれ各種文様を縫物や刺繍とした。剱には三つ折りにして帯執に通し、二の足側は一搦して固定し、正面で結んで結び目は位袍の懐に隠し、余りを長く垂らした。『御堂関白記』によれば、白馬節会の宣命使藤原時光が宣制し終わり、石帯の後腰に挟んでいた笏*を抜いた時、同じく石帯の後腰に挟んでいた石帯の余りである上手も同時に抜けて正面に垂れ、平緒のようになったという（寛弘元年正月七日条）。これは余りを正面に垂らすことが平緒の特徴だからである。（近藤好和）

文台（ふだい・ぶんだい）　人びとが作文した漢詩や詠んだ和歌を書いた料紙や短冊を載せ、そのまま運ぶための高さの低い小机。『御堂関白記』でもさまざまな作文の場にみえる（寛弘二年七月十日条等）。（近藤好和）

31 文台

屏幔（へいまん）　平幔・幔とも。布帛を縫い合わせた遮蔽具。幔幕ともいい、広義では幕だが、狭義では、幕は布帛を横長に縫い合わせ、幔は布帛を縦長に縫い合わせて上下端または上端に横長の布帛を加えた。上端に乳を設けて緒紐を通し、緒紐を幕串とよぶ支柱などに掛けて垂らした。白・縹、白・紅、縹・紅などと布帛の色を交互に縫い合わせるために斑幔ともいう。『御堂関白記』によれば、屏幔は、幄舎側面の覆いとする（寛弘元年十二月二十七日条）ほかに、庭中の一定の場を屏幔単独で囲って臨時の控所などとしたり（同三年八月二十三日条）、庭中を屏幔で区切って臨時の通路とした（長和五年三月十二日条）。いずれも屏幔の使用には遮蔽の意味を含むが、遮蔽のためだけの屏幔の使用もみえ、中宮妍子が枇杷殿から還啓のさいに南階前に屏幔を引いた（長和二年四月十三日条）のも、妍子が御輿に乗りこむさまを人目に触れさせないための配慮であろう。（近藤好和）

32 屏幔

法服（ほうふく）　法体の正装。諸法会で使用。法体の参内装束でもある。肌着は大口・単*、下着は衵*・表袴*・裳、上着は袍*（表衣とも）、装身具は当帯・横被・袈裟*、持ち物は念珠*・扇・帖紙、履き物は襪・鼻高という構成。この構成は正暦五年（九九四）の朝賀廃止以降は即位式限定装束となった礼服に類似する。構成要素のうち裳・袍・横被・袈裟・念珠・鼻高が法体特有。他は束帯*と同様である。裳は十二幅・寄襞入・一重で腰に巻く。袍は身二幅・広袖一幅半・垂領・縫腋・腰丈の構造で僧綱襟を立てる。色・材質

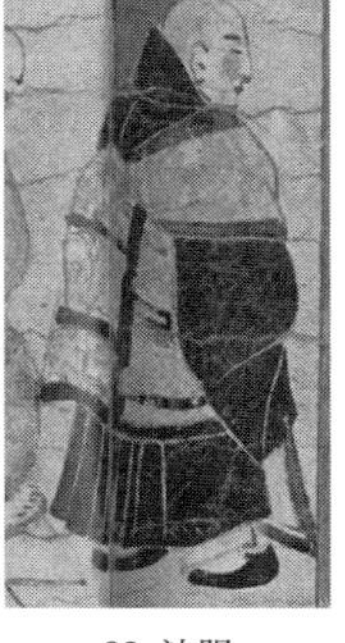
33 法服

は身分で相違するが、裳と袍は同材質。横被は袈裟と対になる右肩に掛ける法服独特の装具。袈裟は法服では七条を基本として九条も使用。念珠は法体必携。鼻高は爪先部分が隆起した（本来は反り返った）短沓である。『御堂関白記』にみえる法服はおおむね僧侶への賜禄品。一条天皇七七日法会では七僧の法服を道長以下諸卿が分担で調進した（寛弘八年七月五日条）。（近藤好和）

細長　公家装束の一つ。嬰児・童女・成人女子用の三種がある。嬰児用は身一幅・広袖一幅・盤領・闕腋・裾長の構造の亀甲文様白綾製の産衣。頸上の留は白組紐を使用。童女用は身二幅・広袖一幅・縫腋・裾長で衽のない方領の上着。二陪織物の表地に中陪を加えた三重の衣とし、童女の正装として深曾木のさいに着用した。また女子に限らず男子への賜禄品ともなった。成人女子用は童女用を闕腋とした構造の上着。小袿同様にもっぱら高位の女子が重ね袿の上に着用し、小袿の上に着用することもあった。『御堂関白記』にみえる細長は、一条天皇からの下賜品（寛弘元年十二月二十七日条）をふくめていずれも賜禄品（長保二年正月二十八日条等）。そのうち細長単独での賜禄は一例のみ（寛弘元年十二月三十日条）。ほかは女装束*や大袿といった賜禄品に追加されての賜禄である（長保二年正月二十八日条等）。（近藤好和）

（童女用）

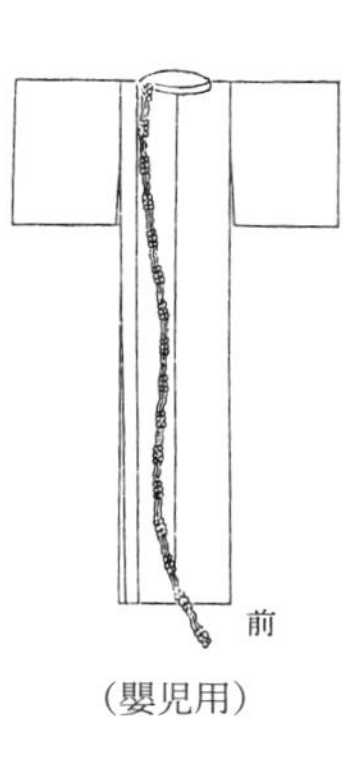

（嬰児用）

34 細長

御輿　天皇行幸用の乗物。人が騎乗する方形の床の底左右に前後に伸びる轅という棒を付設し、人力で運行する乗物を輿という。通称で塵取輿とよぶ床だけで屋蓋のない輿もあるが、床の上に屋蓋付きの屋形のある輿がふつうで、方形造の屋蓋で駕輿丁が轅を肩に担ぐ輦輿と、切妻造の屋蓋で力者（輿舁とも）が轅を持つ腰輿（手輿とも）があり、前者を天皇用として御輿という。御輿の屋形は床の四隅に立つ柱を鴨居で繋いだもので、屋形背面は屏障で覆い、前面と左右両面の三方に中央が開くかたちで御帳を掛ける。屋形の背後に高腰障子、屋形前面に腰障子を付設する。轅は主体とする二本のほかに、底中央と轅の外側左右に添轅を設置し、轅・添轅計五本を前後それぞれで軛とよぶ横木で繋いだ。屋蓋中央に金銅製の鳳凰を据えた鳳輦と葱の萌芽を形象化した葱花形を据えた葱花輦がある。両者は屋蓋の飾り以外の相違点はなく、鳳凰と葱花形を取り替えるのみ。

使用は鳳輦が節会や元三行幸などの正式の行幸用、葱花輦がそれ以外の臨時行幸用である。しかし、道長の時代には道長の意向で使用区別が乱れた。後一条天皇の土御門第行幸で天皇が母彰子同伴で乗車した御輿（寛仁二

（鳳輦）

（葱花輦）

35 御輿

衣食住

年十月二十二日条）は鳳輦（『小右記』同日条）。『小右記』によれば、節会・元三行幸以外の臨時行幸では葱花輦が適当とし、道長による鳳輦の恣意的使用に批判的である。

この御輿を運行する駕輿丁は二十二人。添轅を前後各二列三人で担ぐ十二人と、屋蓋の四隅に張った緋綱を前三人・後二人ずつで持って屋形の動揺を防ぐ十人からなる。

ちなみに腰輿の力者は前後三人。中央は轅の両端に取り付けた白布を首に掛けて両手で左右の轅を持ち、左右は轅の外側でそれぞれ片手で轅を持った。

なお、鳳輦は男神用、葱花輦は女神用の神輿となり、葱花輦は東宮・皇后・中宮も使用した。（近藤好和）

御簾　室内用障屏具。竹を細く割いた竹弓胎を連編した簾のうち殿舎使用のもの。外周や境目に萌葱地に黒の窠文様の絹製縁を付設。殿舎の母屋・廂間や廂・簀子間の上長押に設置。廂・簀子間では蔀戸裏となる。内側に壁代*を掛け、几帳や屏風*とも並用し、女房装束の前に垂らして打出や押出の室内装飾ともした。巻き上げた時は鉤とよぶ金具で留め、鉤には鉤丸とよぶ緒紐を垂らして装飾とした。奈良時代に伝来し、摂関期には使用が急増し、御簾を垂らすことで、本来の用途以外に天皇など使用者が物忌・疾病・服喪などで謹慎中であることを示し、天皇不出御ながら出御にみせかける「如在之儀」の手段ともなった。『御堂関白記』では、花山院崩御による固関廃朝や具平親王薨奏で御座の御簾を垂れたのはその顕著な例（寛弘五年二月十一日条・同六年八月十四日条）。

36 御簾

【参考】満田さおり「内裏における御簾の用法」（『紫苑』一一、二〇一三年）（近藤好和）

御帳台　帳台とも。清涼殿以下寝殿造の母屋に設置の寝所。台（浜床）四基の上に畳二枚（土敷）*、その四隅にL字型の柱台（土居）を置く。土居に帳柱各三本を立て上部を鴨居で連結。天井に屋根（承塵）を置き、組入格子（井桁型）の押木で押さえ、または格子を嵌めこみ白絹張の明障子とした。周囲には四隅に四幅帳、四面各中央に五幅帳、各帳にそれぞれ幅筋を垂らし、鴨居には帽額をめぐらした。内部は土敷の上に畳一枚（中敷）、その上に敷布団相当の筵を置く。筵の上に茵*を置いて座すこともあった。正面（清涼殿では東面、通常は南面）を出入り口とし、それ以外の三方には几帳を置き、日常は背面以外の五幅帳は巻き上げた。『御堂関白記』では、こうした寝所としての御帳台は一例のみ（長和元年十一月二十三日条）。ほかは五節舞姫帳台試という大嘗会・新嘗会に伴う行事の意である（寛弘七年十一月十三日・長和元年十一月二十日・同二年十一月十三日条）。（近藤好和）

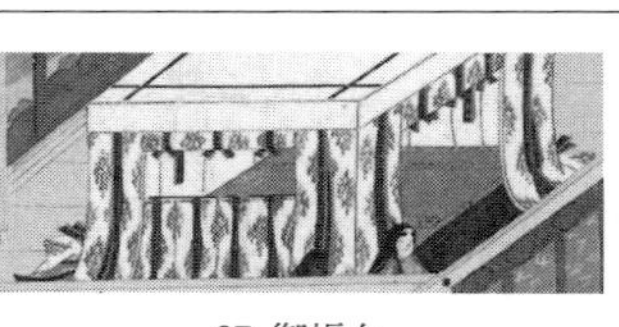
37 御帳台

餅　平安時代には、生誕儀礼（五十日・百日）のさいに、子供の口に餅を含ませる儀式が行われていた。また、結婚三日目には新郎新婦が三日夜餅とよばれる餅を食べる習俗があった。『御堂関白記』では、道長の孫である敦成親王・敦良親王・禎子内親王の五十日や百日のことが記され、土御門第で行われた敦成親王や禎子内親王の五十日では、祖父の道長が餅を食べさせている（寛弘五年十一月一日・長和二年八月二十七日条）。一方、一条院内裏で行われた敦成親王の百日、敦良親王の五十日・百日では、道長が餅を調達し、父である一条天皇が餅を食べさせている（寛弘五年十二月二十日・同七年一月十五日・同年閏二月六日条）。なお、三日夜餅は、道長の娘の寛子と小一条院（敦明親王）の結婚三日目についての例があり、餅は寛子の同母兄の頼宗が調達している（寛仁元年十一月二十四日条）。（松野彩）

螺鈿（らでん）　漆工芸の技法の一つ。貝殻の内側の真珠層の部分を切り出して文様の形に切り、木地や漆地の表面に嵌めこむ、あるいは、貼りつける技法。平安時代には、唐風の木地螺鈿から漆地螺鈿に移行し、道長の時代に表現・技法面で和様化が進んだ。『御堂関白記』には、妍子立后のさいに理髪役をつとめた兵部乳母に、父の道長が下賜した香炉や、道長が主催した冷泉院の周忌御斎会のさいに、法華経と阿弥陀経を納めた箱は、紫檀の木地に螺鈿を施したものであったと記されている（長和元年二月十六日・同年十月六日条）。また、禎子内親王の百日の祝いの膳は父の三条天皇が用意したものであったが、台盤の足は沈木で作られ、螺鈿の装飾がなされていたとある（長和二年十月二十日条）。（松野彩）

瑠璃（るり）　仏典に青色の宝石の名として頻出する語で、もともとはラピスラズリを指していたと推定されるが、ガラス製品のこと。日本では弥生時代からガラス製の装身具は作られていたが、容器を製造することができるようになったのは戦国時代からで、道長の時代は輸入品に頼っていた。『御堂関白記』では、三条天皇が輸入品の瑠璃製の灯籠を購入し、中宮妍子に献上したことが記されている（長和元年五月二十日条）。なお、この瑠璃（ガラス）の灯籠は、のちに頼通を介して春日社に奉納された可能性があり、現在も春日大社に蔵されている。形状は釣灯籠で、火袋の部分に紙を使わず、青い小さなガラスのビーズを玉簾のようにして幾条も下げたものである。また、他にも瑠璃製品がみられ、道長が亡き姉の詮子のために催した法華八講五巻の日に彰子が捧物としたものは、瑠璃製の器に入った砂金百両であった（寛弘元年五月二十一日条）。また、禎子内親王の着袴のさいには、父の三条天皇みずからが腰ひもを結ぶ役をつとめたが、その三条天皇のために頼通が用意した酒器は、瑠璃製の壺や盃であったと記されている（長和四年四月七日条）。（松野彩）

破子（わりご）　内部に仕切りを入れ、被せ蓋とした檜製の食物容器。現在の弁当箱に該当する。主に野外での遊興に持参した（寛弘元年三月二十八日条等）。女房に対しては室内での使用もみえる（長和二年八月十六日条等）。（近藤好和）

円座（わろうだ・えんざ）　円形の座具。室内だけでなく庭上でも使用した敷物。表裏を布帛包としたものと包まないものがある。一般的な円座は後者。植物繊維を渦巻状に縫い綴じた。材質は『延喜式』掃部寮によれば藺草・菅・蒋などがみえ、そのうちもっとも一般的なのは菅。菅円座はその主要産地から讃岐円座ともいった。一方、前者はもっぱら公卿以上の料。京筵に繭綿を加え、布帛で表裏を包んで錦綾の縁をめぐらした。『大饗雑事』によれば、表は白綾、裏は白平絹包。縁は、大納言は紫地錦、中納言は青地錦。参議は大文高麗。非参議は龍鬢の筵を表として高麗縁とした（大臣は不明）。『御堂関白記』でも円座（寛弘元年二月二十六日条等）と菅円座（同四年十一月八日条等）の両者がみえ、前者は天皇も使用（同四年四月二十六日条）。菅製の菅円座に対し、布帛包のものであろう。（近藤好和）

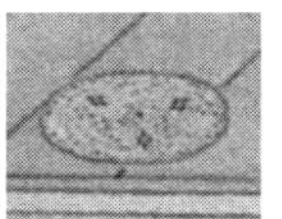

38 円座（菅）

衣食住

〔図版転載出典・所蔵〕

1・5・6・10・14・15・18・20・21・22（武官）・26・28『古典参考資料図集』（國學院高等学校、一九九四年）

2・8・34（嬰児用）『国史大辞典』（吉川弘文館）

3・4・16・25・35『輿車図考』（『改訂増補故実叢書36』明治図書出版）

7『日本国語大辞典』（小学館）

9『世界大百科事典』（平凡社）

22（文官）近藤好和『装束の日本史』（平凡社・作画／脇田悦朗、二〇〇七年）

11・23（立明）・32『年中行事絵巻』

12『宮殿調度図解』（六合館、一九〇〇年）

13『有職故実辞典』（六合館、一九一七年）

17黒漆平文唐櫛笥・24松喰鶴蒔絵散米衝重・27金地螺鈿毛抜形太刀（春日大社蔵）

19・29・30『類聚雑要抄』巻四（川本重雄・小泉和子編『類聚雑要抄指図巻』中央公論美術出版、一九九八年）

23（庭燎）『紫式部日記絵巻』蜂須賀家本

31『慕帰絵』（西本願寺蔵）

33『信貴山縁起絵巻』（朝護孫子寺蔵）

34（童女用）『古典参考図録』（國學院高等学校、二〇〇二年）

36〜38『春日権現験記絵』模本（陽明文庫蔵）

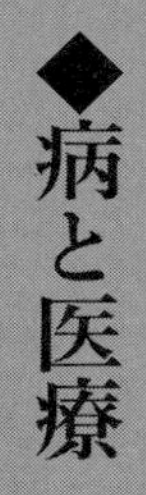

◆病と医療

藤原道長の病と医療

藤原道長の時代（摂関期）の病と医療に関しては、「物の怪」による病と僧による「加持祈禱」をイメージしがちであるが、典薬寮の医師たちを中心として、中国医学（いわゆる漢方）にもとづく治療が行われていたことは周知のところであろう。

そもそも中国医学においても、その基本テキストである『本草経集注』序に、「但し、病はまた別に先に鬼神により来るもの有り、即ちよろしく祈禱をもってこれを払うべし」とあるように、病には鬼神によって引き起こされるものがあって、その場合は薬物療法ではなく、祈禱を行うのが適切であると明記されている。

さて、摂関期の医学と医療に関しては、丹波康頼（九一二～九九五）が永観二年（九八四）に撰進した『医心方』三十巻が参考になる。『医心方』は、唐の王燾の『外台秘要方』（七五二年成立、全四十巻）に倣い、病気ごとの治療法を中国六朝・隋・唐の医書を博捜して編集されたものである。丹波雅忠（一〇二一～一〇八八）が永保元年（一〇八一）に撰した『医略抄』一巻が、『医心方』の抜粋であることを考えても、『医心方』は、道長の時代の典薬寮の医学知識の集大成であったといっていい。

また源順（九一一～九八三）撰の『和名類聚抄』（二十巻本）巻三には、身体に関する名称が集成されており、そのなかには病気の名称を網羅した「病類」、外傷や瘡腫の名称を集めた「瘡類」も含まれる（十巻本では巻二に「病類」「瘡類」がある）。巻十二には「香名類」「薬名類」が載せられ、薬として丹薬・膏薬・丸薬・散薬・湯薬・煎薬がそれぞれ各種あげられている。たとえば丸薬などは、七気丸をはじめとして六十九種が載せられている。

こうした医療は、典薬寮の医師が主に担っていたが、摂関期には丹波氏と和気氏が医道の家を確立させつつあった。『続本朝往生伝』巻一には、一条天皇のときに優れた人材が輩出したことを記すが、「医方」として、丹波重雅と和気正世があげられている。こうした医家における臨床例の積み重ねが、『医心方』や舶載された中国医書とともに、この時代の医療を形成していたと考えられる。

病に罹ったさいには、医師の診断を受けるが、『小右記』万寿二年（一〇二五）八月二十八日条に侍医丹波忠明の言として、「医療術なし、神仏に祈り申すべし」とあるように、医療に効果がない場合は、神仏に祈るしかなかった。また病が物の怪などによるものであった場合には、僧による加持祈禱が積極的に行われた。服薬の日時の吉凶は、陰陽師（おんようじ）が関与したし、いよいよ危篤となると陰陽師による「招魂祭（しょうこんさい）」なども行われた。

藤原道長の病と医療に関しては、実は『御堂関白記』にはあまり詳しい記述はない。本人が重い病を患っているときに記述がないのはむしろ当然であろう。以下に、道長の病について、『御堂関白記』『小右記』『権記（ごんき）』などにもとづき、編年的に略記しておく。病名についてはゴチックで記した。

長徳三年六月～七月（32歳）
病む（『権記』『小記目録』）、はじめ**瘧病（ぎゃくびょう）**の如し（『権記』）

長徳四年三月（33歳）
腰病（邪気）、致仕上表、出家の意向あり（『日本紀略』『小記目録』『本朝本粋』『栄花物語』など）

寛弘元年七月（39歳）
霍乱（かくらん）（食中毒か）（『御堂関白記』『小右記』）

長和元年六月（47歳）
重く悩む、頭痛割れるよう、飲食を受けず、瘧病の疑いあり、致仕上表（『小右記』）、日吉社の祟り、人魂が道長第から出た、鵄（とび）が死んだ鼠を道長の前に落とした、道長が法性寺に入るときに蛇が落ちてきた、春日社に怪異があったなど、さまざま風聞あり（『小右記』）

長和四年閏六月（50歳）
左足外傷（骨折か）（『御堂関白記』）

長和五年五月（51歳）
飲水病（糖尿病）、口が渇き昼夜の別なく水を飲む、気力なし（『小右記』）、この後も飲水病に関する記述あり（『小右記』）

寛仁二年四月～六月（53歳）
胸病（心臓神経症か）、数度の発作あり、高い叫び声をあげて苦しむ、この後も十二月以降、しばしば発作をおこす（『御堂関白記』『小右記』）

同年十月～翌年二月（54歳）
眼病（糖尿病性網膜症か）、昼夜とも視力減退、魚食を再開（『御堂関白記』『小右記』）、この後も眼病に関する記述あり（『小右記』）

寛仁三年三月（54歳）
胸病により出家、膝の所労もあり（『小右記』『御堂関白記』）、翌四月には重病のため非常赦が行われる（『小右記』）

万寿四年十月～（62歳）
痢病（『小右記』）、十一月非常赦（『小右記』『日本紀略』）

同年十一月
背中に腫物（瘡）ができる、大きさは乳垸ほどとなり、医師和気相成の診断では、毒が腹中に入ったとのこと（『小右記』）、陰陽師、招魂祭を行う（『小右記』）
同年十二月
背中の腫物に医師丹波忠明が針を施す、膿・血少々でる（『小右記』）、四日死去

以上が主だった病歴であるが、このほかにも、風病に罹患したり、熱物（腫物）ができたりといった病の記録がみられる。道長が「望月の歌」を詠んだのは、寛仁二年（一〇一八）十月のことであったが、上記のように、このころの道長は、胸病の発作と眼病による視力低下に悩んでいた。望月はすでに欠けはじめていたのである。

小項目では、主に『御堂関白記』にあらわれる病と治療に関するものを解説する。そのため『御堂関白記』に記されない飲水病や死の直前の背中の腫物、それに対する針治療については立項していない。そこで、以下に飲水病と末期の病状およびその治療について、『小右記』によりつつ解説しておく。

飲水病は「渇病」とも記され、糖尿病のことを指すと考えられる。口が渇き、そのため多量の水を飲むところからそう呼ばれたもので、『医心方』巻十二に載せる「消渇」「渇利」がこれにあたろう。「消渇」はのどが渇いて小便が出なくなる症状をいい、「渇利」はのどが渇いて多尿となる症状をいう。『和名抄』「病類」では「消渇」を「カチノヤマヒ」と読む。

『小右記』長和五年（一〇一六）五月二日条には、道長が「飲水数々、暫くも禁ずべからず」と記され、明らかに飲水病の兆候があらわれている。「もしくは飲水か、紅顔減じて、気力なし」（同月十日条）と周囲は飲水病をうたがうほど気力が衰えていたが、道長自身は、「悩事あり」とは記すものの（『御堂関白記』同年五月八日条）、具体的な病名・医療は記さず、儀式や政務をこなしている。

一方、『小右記』同月十一日条には、道長の語ったこととして、「去る三月より頻りに漿水を飲む、就中近日昼夜多く飲む、口渇きて無力、但し食は減さず」とあり、また医師は「熱気（暑気あたり）」だといっているとして、道長は「丹薬を服さずといえども、年来豆汁、大豆煎、蘇蜜煎、呵梨勒丸等を不断に服す、この験か」といったと記されている。

道長自身も実は飲水病を心配していたのであろう。大豆煎は、『医心方』巻八「脚気腫痛方」に手足が腫れたさいの治療薬として載り、蘇蜜煎は、『医心方』巻十三「治虚

労五労七傷方」に、「治諸渇及内補方」として載る。もちろん、大豆煎や蘇蜜煎という処方名は上記の治療に限定されるものではない。また同じ蘇蜜煎といっても医書により処方には異同があるが、「蘇（乳製品）」と「蜜（蜂蜜）」を主原料とする煎薬で、「渇」による虚労を補う処方であることは認めてよい。『医心方』巻十二「治消渇方」の「今案ずるに渇家食すべき物」の筆頭に「蘇蜜煎〈治消渇補内〉」があげられていることも注目すべきで、『御堂関白記』には記述がないが、道長は飲水病の治療を受けていたことが推測されるのである。

道長の飲水病の病状は、この後も『小右記』にはしばしばみえ、治安三年（一〇二三）六月十日条にも、「所労不快、枯稿もっとも甚だし」という道長の言とともに、道長が「氷水」を飲むためにたびたび座を立っていたことが記録されている。

飲水病＝糖尿病は遺伝的要因も大きく、道長の親族では藤原伊尹・道隆・伊周など他にも多くの貴族が飲水病に苦しみ、亡くなっていたことが確認される。服部敏良氏はその原因を、糖質を多く含む濁酒（どぶろく）の摂取過多によるものと推測している。

道長の末期の様子について、『栄花物語』は、法成寺（ほうじょうじ）阿弥陀堂に籠り、北枕に西向きに横たわって、九体阿弥陀仏を見上げ、極楽浄土を思いつつ、手には阿弥陀如来の手からのびる糸を握って、臨終念仏を唱えつつ往生を遂げたと描いている。しかしながら、『小右記』からは印象の異なる最期の様子がうかがえる。

万寿四年（一〇二七）十月二十八日、娘である妍子（三条中宮）の四十九日の法要の日、道長は、痢病を発症する。十一月十日になっても下痢がつづき、臥せながら汚穢にまみれていた。二十一日にも下痢はおさまらず、衰弱し、飲食もとらなくなり、その上、背に腫物ができた。二十四日には痙攣（けいれん）のような症状がでて、医師の和気相成は、背の腫物（瘡）の毒気が腹の中に入ったからだと診断した。背の腫物に針治療をすることになり、十二月一日夜に医師丹波忠明が針治療を施したが、膿汁と血が少々でただけで、道長は苦痛に呻吟した。そしてそのまま四日に死亡した（以上、『小右記』）。

『御堂関白記』には記されていないが、道長は医師の診断を受けて、豆汁、大豆煎、蘇蜜煎、呵梨勒丸などを服用し、針や灸も行っていたのである。

本項目全体に関する参考文献は以下に列挙し、いちいちの項目には付さない。ご了承いただきたい。

【参考文献】

服部敏良『平安時代医学の研究』四版、吉川弘文館、一九九四年（初版は一九五五年）
服部敏良『王朝貴族の病状診断』吉川弘文館、一九七五年
新村拓『古代医療官人制の研究—典薬寮の構造—』法政大学出版局、一九八三年
新村拓『日本医療社会史の研究—古代中世の民衆生活と医療—』法政大学出版局、一九八五年
増渕徹「平安中後期における貴族と医師」（『医療の社会史—生・老・病・死—』思文閣出版、二〇一三年）
丸山裕美子「平安中後期の医学と医療」（『日本史研究』六一九、二〇一四年）

（丸山裕美子）

疫病（えきびょう）　二十巻本『和名類聚抄』巻三「病」には「エヤミ」「トキノケ」とある。広範囲に集団的に発生する伝染病一般をいう。「疾疫」「疫癘」とも記す。流行病。前近代にはさまざまな疫病が発生したが、道長の時代には、正暦四年（九九三）～五年と寛仁四年（一〇二〇）の天然痘（疱瘡・痘瘡・裳瘡）、長徳四年（九九八）と万寿二年（一〇二五）の麻疹（赤斑瘡・赤疱瘡）、正暦四年や長和四年（一〇一五）のインフルエンザ（*咳病・咳逆）の流行などが知られる。

　こうした疫病が一旦流行すると、老若男女を問わず多くの死者が出て、京内道路に死骸が満ちることになる。朝廷の対応としては、諸社に奉幣し、諸寺や大極殿で仁王経あるいは大般若経を転読するのが一般的であった。

　寛仁元年（一〇一七）にも疫病が流行し、四月以来、公卿ら、三条上皇、太皇太后遵子をふくめ多くの死者が出ている。この疫病が何だったのかはよくわからないが、五月七日には紫宸殿で御読経を行い（寛仁元年五月七日条）、五月二十五日には十五大寺と延暦寺で仁王経を転読することを命じ（『類聚符宣抄』巻三「疾疫事」）、六月十四日からは「天下疫癘消除」のため内裏で九日間仁王経の転読を行い（『日本紀略』同日条）、六月二十三日には大極殿で千人の僧により寿命経を供養させている（寛仁元年六月二十三日条、『日本紀略』同日条）。六月晦日にいたってもなお「世間病死者」がある状況であった（六月二十九日条）。

（丸山裕美子）

咳病（がいびょう）　「しわぶきやみ」ともいい、「咳逆」「咳疫」「欬嗽」とも記される。二十巻本『和名類聚抄』巻三「病」には「欬嗽」の項で、「咳」を「シハフキ」と読む。『医心方』巻九には欬嗽の症状と治療法が載る。咳を主な症状とする呼吸器疾患である。風邪（かぜ症候群）・インフルエンザ・百日咳などの流行性の呼吸器感染症の場合と、気管支喘息などを指す場合とがあったと思われる。摂関期のインフルエンザの流行としては、正暦四年（九九三）・寛弘七年（一〇一〇）・長和四年（一〇一五）などがよく知られている。道長は寛弘二年十二月、同四年正月、同七年十一月、長和四年正月～二月などに咳病を患っており、後者の二例はインフルエンザであろう。重症化することもあり、「尚重し」とか「堪へ難し」「極めて重し」などと記されている（寛弘二年二月十日条・同四年正月十七日条・同七年十一月三日条）。

（丸山裕美子）

霍乱（かくらん）　二十巻本『和名類聚抄』巻三「病」には俗に「シリヨリクチヨリコクヤマヒ」というとあり、『医心方』巻十一に霍乱の症状と治療法が載る。下痢と嘔吐を主症状とする急性胃腸炎と考えられている。『病草紙』には、縁側で四つんばいになって口から嘔吐し、尻から下痢をする「霍乱の女」が描かれている。寛弘元年（一〇〇四）七月二日条では、道長は突然霍乱に悩み、通夜苦しんだことが記されている。同じときの様子を『小右記』は詳しく記しているが（『小右記』寛弘元年七月三日条）、ひっきりなしに嘔吐していたらしい。食中毒であったのではないかとされている。

（丸山裕美子）

呵梨勒（かりろく）　「訶梨勒」とも記す。呵梨勒は、東南アジア・南アジア原産のシクンシ科の植物の果実。『新修本草』巻十四「木部下品」に収載される。金光明最勝王経「除病品」には、呵梨勒は一切の病を除く「薬の中の王」であると記されている。しかしおそらく単独で使用されたわけではなく、「呵梨勒丸」という丸薬のかたちで服用されたものと思われる。呵梨勒丸は、『医心方』巻三「治一切風病」に、『録験方』の処方が載せられている。それによると、呵梨勒の皮の他に、檳榔人・人参・橘皮・茯苓など一三種の生薬を用いて丸薬を作り、二〇丸を服すという。

藤原実資はこの呵梨勒丸を常用しており、『小右記』では、永延元年（九八七）〜長元三年（一〇三〇）まで頻繁な服用が知られる。一度に二〇丸または三〇丸、多いときには六〇丸も服用していた。医師の調合・指導のもと、『医心方』に準拠して飲んでおり、風病だけでなく、痢病*や所労の場合にも服用していた。

『御堂関白記』には道長自身の服用は二回しかみえないが（寛弘五年正月十七日条・寛仁元年十一月三日条）、『小右記』長和五年（一〇一六）五月十一日条によると、道長は糖尿病が悪化するなか、年来「豆汁・大豆煎・蘇蜜煎・呵梨勒丸」を不断に服用していたという。また『小右記』寛仁二年（一〇一八）五月七日条では、道長は呵梨勒丸を服用したために体調を崩したとあり、実際にはたびたび服用していたものと思われる。（丸山裕美子）

脚病（きゃくびょう）　二十巻本『和名類聚抄』巻三「病」の「脚気」の項に、「脚病」ともいい、俗に「アシノケ」というとある。脚気（ビタミンB_1欠乏症）のことを指し、『医心方』巻八「脚気」に症状と治療法が載る。三条天皇は眼病に加えて脚病も患っていた（『小右記』長和三年十二月四日条、同四年五月七日条）。また藤原実資は風脚病を発症したさいに、瀉薬として呵梨勒*丸を服している（『小右記』正暦四年四月十八日条）。

道長は、長和四年（一〇一五）三月二十日条に、足元がおぼつかないという症状を記しているが、このときのみで、これが脚気であったのかどうかは不明である。なお脚気ではないが、道長はこの年六月十九日に打橋から落下して、左足を損傷して前後不覚の状態となっている。六月二十七日になってもまだ立つことができず、痛みはつづき、七月二十五日にもなお歩行困難であった。一か月以上、痛みと歩行困難がつづいており、骨折していたのかもしれない。（丸山裕美子）

瘧病（ぎゃくびょう）　二十巻本『和名類聚抄』巻三「病」には俗に「エヤミ」「ワラハヤミ」というとあり、『医心方』巻十四「瘧」に症状と治療法が載る。マラリアであると考えられ、悪寒と高熱の発作が間欠的に繰り返される。

寛弘八年（一〇一一）七月に道長の妻倫子が瘧病を患ったさいには、法性寺に参詣しており（寛弘八年七月二十七日条）、長和元年（一〇一二）六月に道長自身に瘧病の疑いがあったさいにも、同寺に参詣している（『小右記』長和元年六月十日条）。瘧病には加持祈禱が一般的な対処法であったのであろう。

『日本紀略』寛仁二年（一〇一八）八月十九日条や同二十九日条によると、東宮敦良親王はこのころ瘧病を煩っているが、『御堂関白記』には十三日から東宮の体調不良が記録されている。このとき道長は「瘧病」と記していないものの、二十九日までほぼ一日おきに御悩や「温気」「熱発作」があったことが記録され、三日熱マラリアの典型的症状であったことがわかる。（丸山裕美子）

牛矢（ぎゅうし）　牛の糞。『医心方』巻十五「治癰疽未膿方」などには、腫物の治療法として、牛矢を焼いて擣き篩い卵白と和えて塗る処方が載っている。腫物治療の外用薬として一般的だったものらしい。東宮敦良親王の脛に「熱物*（腫物）」ができたさい、医師は牛矢や雄黄*をつけるよう指示している（寛仁二年三月二十六日条）。また『水左記』承暦元年（一〇七七）閏十二月一日条によると、臂が腫れた源俊房が、医師の丹波雅忠の診断により、蓮湯・楊湯*で洗って冷やすとともに、黄牛の糞をつけるよう奨められている。（丸山裕美子）

灸治（きゅうち）　灸は艾を体の孔穴にすえて焼き、温熱刺激によって疾患の治癒を促進する療法である。古記録では、腫物の治療法として、医師の指導のもとに行われている場合が多い。

『医心方』は選者の丹波康頼が針博士だったこともあり、針灸についての記載は詳しい。巻二に人体の孔穴をあげ、また灸治の禁忌についても詳述されている。人神（年・日・時によって体内を移動する）の所在する部位への灸治は避けなければならなかったし、血忌日にも針灸は避けられていた。『御堂関白記』の暦注にも、「血忌」に「針刺」を禁じ、「人神」の所在に「針灸」をしてはいけないと記されている（長徳四年暦巻下）。灸治は身が穢れると考えられており、灸治を行うさいには、休暇届を出す必要があった。

『御堂関白記』には、道長自身の灸治の記事はみえないが、長和四年（一〇一五）七月二十九日条に、出家して比叡山に上っていた息子の顕信が、法性寺座主慶命の車宿に下ってきて、灸治を行ったことが記されている。

また道長も灸治を行ったことは、『小右記』寛仁四年（一〇二〇）九月二十八日条にみえる。医師の丹波忠明に命じて灸治をさせており、ついで十月五日にも肩に灸治をしている（『小右記』同日条）。　（丸山裕美子）

胸病（きょうびょう）　「むねやみ」「むねのけ」ともいう。

『枕草子』一八一段「病は」には、「病は、胸、物のけ、あしの気」と、胸病が病気の代表格のごとくに記されているが、これがどのような疾患を指すのかは明らかでない。『医心方』巻六には胸痛や肺・心臓の疾患と治療法が載り、結核などの肺の疾患だけでなく、呼吸器疾患や心臓の疾患もふくんでいたと思われる。道長は寛仁二年（一〇一八）四月以来、しばしば「胸病」の発作に苦しんでいたことが知られる（寛仁二年四月九日条、同三年正月十日・十七日条など）。症状は重く、「甚だ重し」「前後不覚」「辛苦終日」などと記され、『小右記』にも道長の胸病による苦痛の声が叫ぶように高かったことが記されている（『小右記』寛仁二年閏四月二十四日条）。この胸病の発作は、数時間から一日で治まっており、心臓神経症ではなかったかと推測されている。　（丸山裕美子）

紅雪（こうせつ）　石薬（鉱物系の薬）の一種。朴消（硫酸ナトリウム）を主成分とし、朱砂を加えるので紅色をしていたものらしい（『本草綱目』）。『医心方』巻十九「服紅雪方」には、『服石論』を引用して、「諸百病」を治すとみえる。唐では皇帝が臣下に下賜した例が知られる（『文苑英華』巻六三〇・六三一など）。

『新猿楽記』において、海商という設定の八郎真人が扱う唐物リストに紅雪がみえるなど、高級な輸入薬であった。藤原行成が紅雪を服用する夢をみたことが記され（『権記』寛弘六年九月九日条）、また献上された紅雪が「頗る古い」（『小右記』長和三年三月十七日条）という記述がみえるのも、通常入手が困難な薬であったからであろう。『春記』長暦三年（一〇三九）十月五日・六日条には、藤原資房の舅にあたる源経相の治療のために、藤原頼通から紅雪が送られている。高価で稀少な輸入薬であったからこそ、こうした薬の贈答が意味をもったのである。

道長も藤原公季のもとに紅雪を送ったり（長和元年九月九日条）、三条天皇に紅雪を献上したり（同年十月二十九日条）、娘の尚侍威子に差し入れたり（寛仁二年九月二十日条）している。

藤原忠平や藤原師輔が服用したことも知られ（『貞信公記』『九暦』）、三条天皇の眼病治療にも使用されている（『小右記』『御堂関白記』）。道長自身の服用は寛仁二年（一〇一八）九月二十日条にみえるが、道長はこのころ視力の衰えに悩んでおり（『小右記』同年

十月十七日条）、眼病の治療として用いたものかもしれない。（丸山裕美子）

時行（じぎょう）　養老医疾令（二十五）条には、典薬寮が毎年さまざまな病気に対する薬を処方することが規定されているが、そのなかに「時気」の薬がふくまれている。この時気について、医疾令本条の義解は「時気は時行の病」であるという（『政事要略』巻九十五所引）。つまり時行は時気＝「トキノケ」＝疫病、流行病である。また『医心方』巻十四の引用する『葛氏方』には、傷寒・時行・温疫の三者は同一とある。広義には疫病・流行病を指し、狭義には熱性伝染病の一種をいうと考えられるであろう。

「世間時行」により大赦したり（長和四年五月二十六日条）、「時行」により十五大寺に御読経を命じたりしている（寛仁元年五月二十五日条）のは、疫病・流行病の意味であろう。一方、御悩の記述を「時行に似る」と表記する（長和二年五月十九日条、寛仁元年四月二十一日条）のは、熱性伝染病の意味での使用かもしれない。

『小右記』長和四年（一〇一五）七月十二日条によると、藤原資平が夜半に突然体調を崩したさいには、下痢（痢病発動）と頭痛・高熱（頭打身熱）で非常に苦しい（心神甚苦）状況であり、「時行」を疑っている。「時行（時疫）」なのか「邪気（祟り）」なのかを安倍吉平に繰り返し占わせており（『小右記』同日・翌十三日条）、時行は邪気と混同されがちであったことがわかる。（丸山裕美子）

熱物（ねつもつ）　「ねちもつ」とも。たんに発熱を指す場合もあるが、『御堂関白記』や『小右記』などでは、熱を持った腫物のことを指すようである。たとえば、寛仁二年（一〇一八）三月二十六日条では、東宮敦良親王の脛に「小さい熱物」があったため、医師が召されて診断している。医師の見立てではたいしたことはないとのことで、もししばらく治らないようなら牛矢*や雄黄*をつけるよう指示している。『医心方』巻十五「治癰疽未膿方」などには、そうした腫物の治療法として、牛矢を焼いて搗き篩い卵白と和えて塗る処方が載っている。

道長自身もたびたび、熱物ができていたようで、寛弘四年（一〇〇七）四月八日条では、腰に「熱物」ができたため、参内しなかったとあり、長和二年（一〇一三）八月には「熱物」のために道長は飲酒しなかったとみえ（『小右記』同月二十七日条）、翌年も項に「熱物」ができている（『小右記』長和三年六月七日条）。寛仁二年六月十二日条では、頭の冠際に「熱物」ができたため、冠を着用できないとある。（丸山裕美子）

悩事（のうじ）　「悩」は一般に病気・体調不良のことをいう。天皇・上皇・東宮などの病気の場合は、「御悩」「御悩気」と表記する。妊娠・出産で苦しむことも、「悩」で表現される。『御堂関白記』においては、一条天皇の御悩や後一条天皇（敦成親王）の御悩、頼通の悩事が多く記録される。また皇女（禎子）誕生五夜の産養のさいに、中宮妍子の悩事（産後の体調不良であろう）に動転した道長が、用意しておいた禄の支給を失念してしまったことがみえる（長和二年七月十日条）。近親者の病気に敏感な道長の姿がうかがえる。

道長自身の悩事が具体的にどのような症状だったのかは記されておらず、よくわからない。ただたとえば、寛仁二年（一〇一八）五月九日条によると、道長は悩事のため故三条天皇の周忌法会を欠席しているが、『小右記』同年五月七日条によれば、呵梨勒丸*を服用したところ体調を崩してしまったということであった。（丸山裕美子）

鼻病（はなのやまい）　二十巻本『和名類聚抄』巻三「病」には鼻の病気として「鼻塞（鼻づまり）」が、同巻三「瘡」には「皶鼻（酒皶）」がみえ、『医心方』巻五にはさまざ

病と医療

まな鼻の疾患の症状と治療法が載る。『源氏物語』に登場する末摘花が「赤鼻」（石榴鼻、酒皶）であったことはよく知られ、『病草紙』には、親子で鼻の頭が黒い「鼻黒の男」が描かれている。道長が「鼻引」（長和元年八月二十九日条）や「鼻垂」（長和二年正月八日条）を理由として退出したり、外出しなかったりしたことが知られるが、その前後にとくに重い病気の様子はみられないので、いずれも軽い鼻風邪程度であったのであろう。

（丸山裕美子）

歯病（はのやまい）　二十巻本『和名類聚抄』巻三「病」には、「齵歯（八重歯）」「歴歯（歯分）」「齲歯（虫歯）」「齘歯（歯ぎしり）」がみえ、『医心方』巻五にさまざまな歯病の症状と治療法が載る。『病草紙』には、歯周病により歯がぐらついた「歯の揺らぐ男」の姿が描かれている。『枕草子』一八一段「病は」は、十八、九歳の若く美しい女性が「歯をいみじう病みて」、痛みのあまりに額髪を涙で泣き濡らした様子を記す。虫歯か歯周病による歯痛がひどかったのであろう。

『御堂関白記』には、道長自身の歯病はみえず、一条天皇・三条天皇・彰子らの歯病についての記述がある。とくに三条天皇は歯が弱かったらしい。長和元年（一〇一二）二月八日条に天皇の抜歯のことが記され、『小右記』同三年正月八日条によると、京極辺に住む嫗に歯を抜かせたこと、先年にもこの嫗に抜かせたことがみえる。医師ではなく、市井の老女に天皇の歯を抜かせているわけだが、抜歯の技術が優れていると評判でもあったのであろう。

皇太后彰子の歯が「大腫」という症状のさいに加持したところ、たちまち治癒したという記事（長和元年四月二十八日条）もあり、抜歯または加持が主な対処法であったようである。

（丸山裕美子）

蛭喰（ひるくい）　「蛭飼」ともいう。水蛭に腫物の悪血を吸わせる治療法。『医心方』巻十五「治癰疽未膿方」には、癰腫・毒腫の治療に、水蛭を十余り使用して、悪血を吸い取らせるとみえる。正倉院文書の宝亀二年（七七一）閏三月二十二日「大友路万呂請暇解」（『大日本古文書』編年文書六）に、内股にできた「瘡」の治療として「蛭食治」がみえており、八世紀半ばには広く行われていたと考えられる。

医師の立会いのもとに行われたが、『朝野群載』巻二十一「雑文上、凶事」に蛭飼吉日勘文が載るように、禁忌があり、人神（年・日・時によって体内を移動する）の所在が考慮された。

道長は長和四年（一〇一五）六月十九日に打橋から落下して左足を損傷し、一か月以上も歩行困難であったが（おそらく骨折）、八月になってもまだ快復せず、「蛭喰」を行っている（八月十二日条）。翌年三月にも傷めた足に「蛭喰」を施している（三月二十六日条）。九か月たっても腫れがひかなかったのであろう。

（丸山裕美子）

風病（ふうびょう）　「ふびょう」「かぜのやまい」ともいい、「風疾」とも記される。頭痛をともなうものは、「頭風」という。『医心方』巻三には風病の諸症状と治療法が載る。「風気」によって起こるさまざまな症状・病気を指し、風邪（かぜ症候群）だけではなく、中風などの中枢神経系の病気や、神経痛・リウマチ（リューマチ）などの末梢神経系の病気をふくむとされる。『病草紙』には、ふるえながら碁を打つ「風病の男」が描かれているが、何らかの神経系の疾患であろうとされている。道長の場合、長和四年（一〇一五）六月二日条には「風病発動」とのみあって、具体的な症状は記されていないが、『小右記』同日条によると、頭痛を主訴とするものであった。風病は「発動」あるいは「発」し、数日間は参内せず、外出せず、病状が快復すると出仕するパターンが認められる。古記録の事例をみるかぎり、風邪（かぜ症候群）を指す場合が多いのではないかと考えられる。
（丸山裕美子）

耳病（みみのやまい） 二十巻本『和名類聚抄』巻三「病」には、耳の病気として、「聾（みみしひ）」と「聤耳（みみたり）（耳漏）」がみえ、『医心方』巻五にはその他に耳鳴りや耳に異物が入った場合の治療法などが載る。耳病については、三条天皇が眼病とともに、片耳の聴力も失っていたことが知られる（『小右記』長和三年三月一日条）。また寛仁三年（一〇一九）二月二十四日条に、後一条天皇の耳の病気についての記述がみえるが、どのような症状であったのか、経過はどうだったのか、詳しいことは不明である。
（丸山裕美子）

眼病（めのやまい） 「めやみ」とも。眼の疾患全般のことで、白内障・緑内障や目の外傷などを指す。二十巻本『和名類聚抄』巻三「病」には、「盲」のほか「清目（あきしひ）（白内障）」「近目（ちかめ）（近視）」「目翳（ひ）（飛蚊症）」「雀盲（とりめ）（夜盲症）」など多くの眼病がみえ、『医心方』巻五にもさまざまな眼病の症状と治療法が載る。『病草紙』には、針による治療を受ける「眼病の男」が描かれており、白内障の手術であろうと考えられている。三条天皇の譲位の直接的なきっかけが、眼病であったことはよく知られていよう。

長和二年（一〇一三）正月十日条には、藤原隆家が昨年来「突目（つきめ）」により籠居していたことがみえるが、突目は目を突いたためにおこる角膜（黒目）の疾患が考えられる。隆家はこの眼病に苦しんでおり、大宰府にいる宋の医僧に眼病の薬を求めたり（『小右記』長和三年六月二十五日条）、治療のために自ら望んで大宰府赴任を希望したり（『小右記』長和二年二月十四日条）している。「唐の人はいみじう目をなんつくろひはべる」（『栄花物語』巻十二）というのがその理由であった。

道長も寛仁二年（一〇一八）十月以来眼病を患っており、昼夜を問わず人の顔が見えにくいと視力の衰えを嘆いている（『小右記』同年十月十七日条）。十一月に入ると、安倍吉平（よしひら）に祓（はら）えを行わせ（同月六日・十二日条）、心誉に仏眼（ぶつげん）法を修させている（同月二十四日条）。「目不明」「眼性不明」とあり、視力が急激に低下したものと思われる。道長が糖尿病（「飲水病」）を患っていたことはよく知られており、白内障か、糖尿病網膜症を発症していたのであろう。

道長の眼病は一向に改善せず、翌寛仁三年二月六日条によれば、二、三尺先の人の顔が見えず、手にとった物のみが見えるという状態であった。陰陽師（おんようじ）と医家から魚肉を食べることを推奨され、この二、三年仏道修行のために肉食を絶ってきたが、仏に許しを得た上で食することにし、その間は罪滅ぼしとして法華経一巻を書写している。ちなみにこの年三月に道長は出家を遂げている。
（丸山裕美子）

雄黄（ゆうおう） 硫化砒素鉱物。『新修本草』四「玉石中品」に収載される。『本草和名』には和名を「キニ」と載せ、伊勢国に産出すると記す（『続日本紀』にも伊勢国からの貢納がみえる）。しかしながら、雄黄は輸入薬を中心とする正倉院薬物にみえ、『新猿楽記』において海商という設定の八郎真人が扱う唐（から）物（もの）リストに「雄黄」があり、高級な輸入薬として重用されていたと思われる。実際、『小右記』には「唐物」としての雄黄がしばしば確認され（『小右記』長和二年七月二十五日・寛仁三年三月二十四日・長元二年三月二日条）、宋の商人から貢納されたり、交易品を進上されたりしている。

長和三年（一〇一四）三月十二日に内蔵寮（くら）の倉が火災で焼亡したさいには、「貴薬」は尽（ことごと）く焼失し、ただ雄黄二升ばかりがとり出されたのだという（『小右記』同月十三日条）。

貴重な薬として、内蔵寮に保管されていたことがわかる。

東宮敦良親王の脛(すね)に「熱物(ねつもつ)(腫物)」*ができたさい、医師は雄黄と牛矢(ぎゅうし)*をつけるよう指示している(寛仁二年三月二十六日条)。藤原実資は寸白(すばく)(条虫・回虫による浮腫)の治療に雄黄をつけている(『小右記』寛仁三年三月十三日条・同月二十四日条)。腫物などの治療に外用薬として用いられたものらしい。

(丸山裕美子)

痢病(りびょう) 二十巻本『和名類聚抄』巻三「病」には「痢」を「クソヒリノヤマヒ」といい、ほかに「𤸎(たい)」をあげて「赤痢」と「白痢」を載せ、赤痢を「チクソ」、白痢を「ナメ」という。『医心方』巻十一に痢病のさまざまな症状と治療法が載る。下痢の症状一般をいうが、下痢のみを主症状とするものを痢病、血便を主とするものを赤痢、粘膜便を主とするものを白痢と称し、伝染性・流行性のものは疫痢(えきり)と称した。

藤原実資は永延元年(九八七)五月から六月にかけて痢病に罹患し、一日に十回を超える下痢に悩まされた。白痢・赤痢の症状があり、典薬頭清原滋秀(しげひで)の診断を受けて、呵梨勒丸(かりろく)*を服用して治癒している(『小右記』永延元年六月九日・十一日条)。また天台座主慶円(きょうえん)は死の間際の下痢の治療に、丹波忠明(ただあき)の処方により、乳哺(にゅうほ)や生乳、大豆煎を服用している(『小右記』寛仁三年八月十九日条)。

道長は、万寿四年(一〇二七)六月ごろから体調を崩していたが、十月二十八日になって痢病を併発し、十一月十日には失禁、同二十一日には飲食は受けつけないまま下痢が止まらない深刻な状態に陥った(以上『小右記』)。この後、背中に癰(よう)(腫物)もでき、十二月四日に死去することになる。

(丸山裕美子)

蓮湯(れんとう)・楊湯(ようとう) 蓮や柳(楊)の葉を使用した湯薬・煎薬で、古記録類には、外傷や腫物、瘡の治療法として、これで傷口や瘡を洗うという処方がみられる。

たとえば、『小右記』治安三年(一〇二三)九月八日・十一日・十四日・十六日・二十日条では、顔面を負傷した藤原実資が、医師の和気相成(すけなり)や丹波忠明の診療を受けて、「蓮葉湯」や「柳湯」で傷口を洗うという治療を行っている。このとき実資は顔を一寸ばかり切っていて、蓮湯・地菘(ちすう)湯・桑湯の三種の湯と柳湯で交互に洗っている。葉を煮て、それを冷やして洗っていたようである。

道長は長和四年(一〇一五)六月十九日に打橋から落下して、左足を損傷したが、そのさいに、足が腫れて傷みがひどかったため、蓮湯や楊湯で洗うという処置をしている(同年六月二十日条)。このときは七月二十五日にもなお歩行困難であり、骨折していたのかもしれない。

(丸山裕美子)

◆御堂関白記の表現

『御堂関白記』の伝来

『御堂関白記』は、はじめは『入道殿御暦』『入道殿御日記』『御堂御日記』『御堂御暦』『法成寺入道左大臣記』などと称され、のちには『御堂御記』という呼称が固定していた。道長は関白に就いたことはないので、これがふさわしかったのであるが、予楽院本など江戸時代の写本に『御堂関白記』という呼称があらわれ、これが流布して公刊本にも用いられたため、現在も通用している。

道長は、政権を獲得した長徳元年（九九五）から日記を記しはじめ、何回かの中断を経たのち、寛弘元年（一〇〇四）からは継続的に書きつづけている。現存する『御堂関白記』は、長徳四年から治安元年（一〇二一）にいたる、道長三十三歳から五十六歳までの記事を収める。

罫線を引き、暦博士や陰陽師・宿曜師、それに道長家の家司が干支や日の吉凶などの暦注を注記した具注暦の日付の間の二行の空白部（「間明き」）に、日記を記している。表に書ききれなかった場合、またとくに和歌や儀式への出席者や賜禄の明細などを別に記したかった場合には、紙背に記載した裏書も八十一か所を数える。

十世紀前半からは朝廷が廷臣に暦を賜う頒暦がおこなわれなくなったため、暦博士や陰陽師に料紙を渡して、間明き二行がある特注の具注暦をつくらせたといわれている（頒暦は一日一行で、間明きはなかったとされる）。料紙は、多い巻では三十三紙、少ない巻では二十三紙を貼り継いだものである。一紙あたりの行数は、二十二行から二十六行と、まちまちである。現存する自筆本の具注暦巻末には、すべて前年の十一月一日という日付が記されている。

もともとは、一年分を春夏を上、秋冬を下とした二巻からなる具注暦に記した暦記が三十六巻存在したと考えられるが（『旧記目録』『御堂御暦記目録』による）、現在、陽明文庫に所蔵されているのは十四巻にすぎない。

平安時代後期、孫の藤原師実の時に、一年分一巻からなる古写本十六巻が書写された（長徳・長保年間、および寛仁三年から治安元年までは記事が少ないため、三年分をまとめて一巻としている）。自筆本の破格な漢文を普通の漢文に直そうとしたり、文字の誤りを正そうとしたりする意識がみられるが、自筆本の記載を尊重している箇所も多い（自筆本の記載を書き落としている場合も九か所ある）。一部は師実自身の筆（「大殿御筆」）によるものである。現在、陽明文庫に十二巻が所蔵されている。

また、平安時代後期に、おそらくは師実の手によって抄出された『御堂御記抄』七種もある。第一種から第五種までは古写本からの抄出、第六種と第七種は自筆本からの抄出とされている。とくに道長が日記を記しはじめた長徳元年の記事については、『御堂御記抄』第一種しか現存せず（長徳元年については、「文殿記」の抄出の可能性もある）、貴重な史料となっている。これも陽明文庫に所蔵されている。

その他、予楽院本系統（予楽院本十七冊・柳原本十一冊・明治十八年本四冊・明治十七年本八冊）、元禄本系統（元禄本二冊・久世本一冊・藤波本五冊・松岡本三冊・平松本五冊・菊亭本五冊・滋野井本六冊・林崎文庫本五冊・天保献本二冊・神習文庫本二冊・秘閣本五冊・内閣本三冊・甘露寺本五冊・榊原本五冊）、壬生本系統（壬生本一冊・鷹司本二冊・鷹司秘本四冊・天明本三冊）などの、いわゆる転写本がある。

さて、ここで『御堂関白記』に関するいくつかの問題を考えてみよう。

まず、書きはじめの時期である。いったい、道長は何年から日記を書きはじめたのであろうか。現存する『御堂関白記』は、長徳四年から治安元年にいたる暦記である。しかし、『御堂関白記』を抄出した『御堂殿御記』の第一種には、長徳元年五月十一日の内覧宣旨を賜った記事をはじめ、六月五日の任大臣宣旨の記事など、自己の政権獲得に関する断片的な記事がみられる。

この長徳元年の『御堂御記抄』については、暦記としての『御堂関白記』からの抄出ではなく、「文殿記」と呼ばれる日記を抄出したものとする考えもある。この「文殿記」が、道長自身が具注暦以外に記した日記なのか、家司などの側近が記録した日記かは、不明である。

もっとも、具注暦というものは前年の十一月までに料紙を渡して作成してもらうものである。長徳元年の前年というと、道長はいまだ伊周の後塵を拝していて、とても翌年に政権を取ることなど、思いもよらなかった時期である。長徳元年五月に突然、政権の座に就き、慌てて具注暦以外の料紙に日記を記録しはじめたと解するのが、自然な成り行きであろうと思われる。

それでも長徳二年と長徳三年は日記を記録せず、長徳四年になってはじめて具注暦に記録しはじめるのも（四日分だけだが）、道長らしいのだが。

次に、『御堂関白記』自筆本の取分巻を推定してみる。もともと三十六巻あった自筆本暦記は、鎌倉時代初期に摂関家が近衛家と九条家に分立した際に分割され、現在、近衛家の陽明文庫に所蔵されている自筆本は十四巻である。上下巻とも（つまり一年分）残っている年はない。ということは、二家で半年ずつ取り合ったのであろう。

近衛家は三十六巻のうちの半分、十八巻を九条家と分け合ったものの、四巻を近衛家から分立した鷹司家に譲った結果、現在は十四巻が残されているのであろうか。同様に、九条家も二条家と一条家が分立した際に十八巻のうちの何巻かをそれぞれ譲り、いずれも焼失させてしまったのであろう。

近衛家が鷹司家に譲ったのは、おそらく、自筆本が上下ともに残っていない寛弘三年・長和二年・同四年・同五年・寛仁元年の上下いずれかの五巻のうち、四巻分であったものと考えられる（三条天皇に退位を迫った長和三年は、当初から残されていなかったものと思われる）。たぶん、自筆本を書写した江戸時代の写本である平松本が残っている長和二年を除いた四巻だったであろうか（平松本あるいはその祖本が書写された時点で、長和二年の自筆本が九条家にあったのか、それとも別の場所にあったのかは、興味深いところである）。

ここで近衛家がどのような基準で九条家と十八巻を取り分けたかを推定してみる。現在、陽明文庫に残されている自筆本十四巻（□で囲った）と、鷹司家に譲る前には近衛家にあったと思われる四巻は、以下の通りである。その春夏、もしくは秋冬の半年の間に起こった主な出来事とともに示してみる。

長徳四年（九九八） 下01『御堂関白記』記録再開か
長保元年（九九九） 上02 東三条院行幸／下03 彰子入内
長保二年（一〇〇〇） 上04 彰子立后
寛弘元年（一〇〇四） 上05 頼通春日祭使／下06 寛弘改元
寛弘二年（一〇〇五）
寛弘三年（一〇〇六） 上07 彰子大原野社行啓／下08 内裏焼亡
寛弘四年（一〇〇七） 上09 東三条第花宴／下10 神鏡定、土御門第行幸
寛弘五年（一〇〇八） 上11 土御門第曲水宴・内裏密宴／下12 金峯山詣
寛弘六年（一〇〇九） 上13 花山院崩御／下14 彰子敦成親王出産
寛弘七年（一〇一〇） 上15 比叡山舎利会／下16 彰子敦良親王出産
寛弘八年（一〇一一） 上17 敦良親王五十日儀／下18 敦良親王百日儀
長和元年（一〇一二） 上19 一条天皇譲位・三条天皇即位／下20 内裏遷御
長和二年（一〇一三） 上21 妍子立后／下22 大嘗会
長和四年（一〇一五） 上23 東宮敦成親王朝覲行啓／下24 妍子禎子内親王出産
長和五年（一〇一六） 上25 禎子内親王着袴／下26 道長准摂政
寛仁元年（一〇一七） 上27 後一条天皇即位・道長摂政／下28 大嘗会御禊
寛仁二年（一〇一八） 上29 頼通摂政／下30 敦良親王立太子
寛仁三年（一〇一九） 上31 後一条天皇元服／下32 威子立后
寛仁四年（一〇二〇） 上33 嬉子着裳／下34 敦良親王元服
治安元年（一〇二一） 上35 無量寿院供養／下36 念仏

一見して明らかなように、女の地位や所生の皇子にかかわる巻を、近衛家では取り分けていたようである。鷹司家に譲る前に近衛家にあった巻（□で囲った）も、寛弘三年は土御門第行幸のあった下巻、長和二年は東宮朝覲行啓のあった上巻、長和四年は自分が准摂政となった下巻、寛仁元年は敦良立太子のあった下巻であったことが推測できる。

道長のおこなった儀礼は、「寛弘の佳例」という言葉が象徴するように、摂関家にとってはもっとも輝かしい先例であった。嫡流を自負する近衛家としても、将来における立后や皇子誕生、立太子などのさいの前例とするために、それらが記録されている『御堂関白記』の自筆本を自家に残しておきたかったのであろう。

なお、治安元年九月三十日から十月十三日までの具注暦断簡が陽明文庫で発見された。これももともとは近衛家が取り分けた『御堂関白記』を記した治安元年具注暦の下巻の一部である可能性も否定できないが、かといってこれが『御堂関白記』であると断定することもできない。

すでに出家して久しい道長が具注暦を必要としたのかどうか、また、具注暦を必要とするのはむしろ関白の頼通であるとも思われるのである。『御堂関白記』を記した具注暦は、たとえ記事のない巻でも、近衛家は大切に保存している。この断簡の作り方は、むしろ道長以外が暦として使用し、日記は記録しなかった、文字通り反古紙であったにふさわしいと思われる。

【参考文献】

倉本一宏『藤原道長「御堂関白記」全現代語訳』（全三冊、講談社学術文庫、二〇〇九年）
倉本一宏『藤原道長「御堂関白記」を読む』（講談社選書メチエ、二〇一三年）
阿部秋生「藤原道長の日記の諸本について」（『日本学士院紀要』第八巻第二・三号、一九五〇年）
池田尚隆「『御堂関白記』ノート」（『山梨大学教育学部研究報告　第一分冊　人文社会科学系』第三八号、一九八七年）
名和　修「『御堂関白記』余話」（『土車』第六八号、一九九三年）

（倉本一宏）

白地（あからさま）　「一時的に」（寛弘六年十二月二十七日条）、「すぐに」（同三年二月二十五日条）の意で用いられる。「白地」の表記は、『色葉字類抄』や『類聚名義抄』に登録されており、古記録での使用例が多い。　（池田尚隆）

足参（あしにてまいる）　『御堂関白記』に二例みえる。どちらも古写本長和四年（一〇一五）条。内裏焼亡のさいに三条天皇のもとに急いだ場面（十一月十七日条）と、東宮（敦成親王）御所の小火に駆け付けた場面（十二月二十四日条）で、いずれも火事に対する反応。あわてて走って行くというようなニュアンスがあるか。他に同様の用例がみえず、古写本が「走参」などを誤写した可能性もある。　（池田尚隆）

朝臣（あそん）　アソミから転じた姓の一つ。『御堂関白記』のほぼすべての用例が人名に付して用いられている。一例だけ、道長の言葉を直接話法的に記した箇所（長和五年十二月十二日条）で、甥であり養子でもある藤原兼経（道綱男）に対し、二人称の代名詞として用いた例がある（この箇所、大日本古記録は「朝臣」に「道綱カ」と傍注するが、『御堂関白記全註釈』にあるように、兼経と解すべき）。　（池田尚隆）

家（いえ）　多くは語の本義である邸宅（単に「家」とある場合は自宅）、家族、家族を中心に形作られる集団（単に「家」とある場合は自家）の意で用いられる。邸宅の例には、「家」に還る（寛弘元年二月十九日条）、家族の例に、「家」から子の誕生を知らせる手紙が届いた（長保元年九月十九日条）、家族集団の例に、解脱寺に「家」の諷誦を供えた（寛弘元年閏九月十七日条）などがある。長和五年（一〇一六）十二月十二日条に、甥であり養子でもある藤原兼経（道綱男）が一条第の券契を「家領」であるからと、道長の元に持参した記事があり、道長が家族集団を統括する卓越した地位にあったことをうかがわせる。さらに『御堂関白記』に特徴的なのは、公的な存在に代わって、道長家で対応した場合に使用された例で、石清水臨時祭に天皇が奉納する馬を、「家」から合計八頭提供した（長保元年三月二十八日条）、大原野祭に藤原氏の中宮である彰子が饗をもうけるべきところ、亡夫一条天皇の喪中であったために、「家」が奉仕した、などの例がある（長和元年二月五日条）。一方、中宮妍子の乳母であった典侍中務が誘拐される事件があり、捕まった藤原惟貞に対し、道長は「家」が処置すべき問題ではない、「公家」がみずから定められるか、といっており（長和四年四月四日）、「家」が公務を代行可能とは考えられていなかった。　（池田尚隆）

家子（いえのこ）　その家の子*、の意。正月の拝礼（長和五年正月一日条など）と、慶事における加階の場面で用いられることが多い。寛仁二年（一〇一八）年十月二十二日条の後一条天皇土御門第行幸による叙位の記事では、頼宗・能信・長家に「家子」という割注が付され、十六日の威子の立后にともなう行幸という慶事にあたって、この三人が道長家の子であるために加階を受けたことが明確にされている。同時に加階を受けた藤原兼経には「家子中」と注されており、養子も「家子」に準じることがわかる。長和四年（一〇一五）九月二十日条の、三条天皇が道長の枇杷第から新造内裏に遷幸した場面では、能信が「家子」として加階されたほか、道長の娘である嬉子と隆子がやはり「家子」として加階を受けており、「家子」は女子もふくめた概念であった。寛弘三年（一〇〇六）三月四日の一条天皇が東三条第から一条院へ遷御したさいの叙位の場面では、「家女（道長室源倫子を指す）・家子・家司」が位を賜ったとあり、室・子女・家司が「家」を構成するメンバーとして意識されていることがわかる。一方で『御堂関白記』には、『源氏物語』紅葉賀巻に「舞のさま手づかひなむ、家の子は異なる」とあるような、良家の子女を指す例はみえない。（池田尚隆）

伊賀の人に伊勢の人を借る

長和二年（一〇一三）三月二十日条の一例があるのみ。道長の考えでは藤原為任に一階を与えるべきところ、三条天皇と皇后娍子が為任の弟通任を賞したいと主張したのに対して使われたもの。伊賀の人（通任）に位をあたえるために、隣国である伊勢の人（為任）の功績を借りるのかという皮肉。他に用例がないところから、熟した諺ではなく、道長独自の言葉遣いか。（池田尚隆）

外づ

「外」が「出る」の意味で用いられたもの。長和四年（一〇一五）十二月十七日条に「従内外」、寛仁元年（一〇一七）正月二十七日条に「外南簀子」「外穏座」などの用例がある。長和四年の例（古写本）では、「外」の右側に古写本筆者によると思われる「レ」の印が付されている。おそらく疑問符であり、この用字法は一般的なものではなかったと思われる。（池田尚隆）

一家

一門、あるいは一家族の意。寛弘四年（一〇〇七）十二月二日条の木幡浄妙寺多宝塔供養の場面に、藤原公季以下の「一家上達部」が諷誦料を供えたことがみえている。浄妙寺は基経以来の藤原北家の墓所であり（寛弘二年十月十九日条）、公季は道長にとって叔父にあたるから、この「一家」は、道長家に限らず、広く藤原北家を指して用いられたもの。藤原公季については、同月十日条に、道長が公季の建立した法性寺三昧堂の供養に赴いたことがみえ、公季が「一家長」であるがゆえもあって訪れたとある。さらに長和二年（一〇一三）九月十六日の三条天皇の土御門第行幸にさいして、公季が長年の奉仕と「一家長」たるにより叙位にあずかりたいと主張し、その子の実成が行幸とのかかわりがなかったにもかかわらず、一階を得た（この日の叙位は、本来行幸を迎えた道長家の関係者が受けるべきもの）。この二例は、道長の側からも公季の側からも、二人は同じ「一家」の人であり、公季はその長老と意識されていたことを示している（氏長者は道長）。一方で、道長女威子立后の日である寛仁二年（一〇一八）十月十六日条の『小右記』に「一家立三后、未曾有」とある例は、道長家だけを指している。『御堂関白記』にこの意味の用例はみえないが、当時の「一家」意識は重層的なものであったと考えられる。（池田尚隆）

一足

駿馬の意。長保元年（九九九）三月二十六日、寛弘三年（一〇〇六）三月十六日、寛仁元年（一〇一七）九月二十日の各条にみえる。寛仁元年の例は、道長の石清水参詣のために後一条天皇から駿馬二頭を賜ったもので、「感悦余身」という道長の喜びが記されている。なお、文献によっては「逸足」と表記され、「いちあし」の読みもある。（池田尚隆）

色指

寛弘四年（一〇〇七）十二月十三日条にみえる。ものの色合いをいう語であるが、この例は「令申定朝拝色指」とあり、翌年元旦の小朝拝の次第や諸事を決めさせたと考えられる。「色々な事」ほどの意か。（池田尚隆）

雄々し

寛弘六年（一〇〇九）九月二日条にみえる。藤原義子（進内侍）が出雲守となった夫紀忠道とともに任国に下ることになり、彰子や道長から餞別が贈られた。そこに「頗雄々事也」とあり、都を離れ、出雲に下向する義子を気丈夫と誉めたものと考えられる。（池田尚隆）

家書

長和元年（一〇一二）九月二十一日条にみえる。大宰府からの解文とともに「家書一封」が届き、それは入唐した寂

照（俗名大江定基）からの手紙と贈物であったとする。公文書に対する私信の意で用いられている。（池田尚隆）

従歩（かちより）　徒歩で、の意。寛弘三年（一〇〇六）六月十六日条に、法住寺で乱闘を起こした藤原文行を、検非違使別当藤原斉信が「従歩」縄を付けて連行すべしといったとある。寛仁元年（一〇一七）九月十四日条には、藤原教通の家人のために小野明通が「従歩行」連れ去られたとみえる。これも「かちより」とよむと考えられる。『小右記』寛弘二年十一月十六日条には、内裏焼亡により一条天皇と中宮彰子が「従歩」中院に移ったとある。輦や牛車、あるいは馬での移動が普通であった貴族たちにとって、徒歩での移動は拘禁されたときや火事からの避難など、きわめて非日常的な行為であった。（池田尚隆）

向背す（きょうはいす）　寛弘六年（一〇〇九）十一月二十日条に一例みえる。賀茂臨時祭の試楽に関して、「拍・和琴・歌皆向背」とあり、演奏がちぐはぐで巧くかみ合わなかったことを指す。「向背　キヤウハイ」（『色葉字類抄』）。（池田尚隆）

経営（けいえい）　物事の準備や対応に追われること。長保二年（一〇〇〇）正月二十六日条では、右大臣藤原顕光の突然の来訪に「早々経営」したとあり、長和二年（一〇一三）十一月十六日条では、弘徽殿の小火に慌てて対応する人びとの様子に用いられている。仮名の文学作品では「けいめい」と記される。（池田尚隆）

下官（げかん）　官吏が自分のことをへりくだっていう自称。他の記録には非常に多くの例があるが、『御堂関白記』には極端に少ない。長保元年（九九九）三月十六日条、一条天皇が母后東三条院詮子の見舞いのために一条院へ行幸したさい、道長がもとのように随身を賜った箇所にみえるのみ。（池田尚隆）

荒涼（こうりょう）　つかみどころがない、いい加減である、の意。『御堂関白記』では、大宰府推問使の勘問文が要領を得ないこと（寛弘元年十月二十七日条）、道長が火事の騒ぎを「はっきりしたことではない」と戒めた場面（長和二年十一月十六日条）、土御門第の再建の遅れに苛立つ場面（寛仁二年四月十七日条）にみえる。（池田尚隆）

上卿（しょうけい）　公卿の意味で用いる場合と、政務や行事を指揮する上首の公卿を指す場合の二通りの用法がある。

公卿の意では、「西二間敷畳対座、為公卿座」「西廊為上卿座」（いずれも『御堂関白記』寛仁二年十月二十二日条）などと、「公卿」の語と区別なく用いられており、両者に用法や意味の違いはない。『御堂関白記』の用例数もやや「上卿」が多いものの、ともに多数の例があり、両者はとくに区別されることなく、並行して用いられたとみられる。なお、公卿を指す和語に「上達部」があり、『御堂関白記』中の用例数は、「公卿」「上卿」よりさらに多い。公卿の意の「上卿」については、複数形として「上卿達」（寛弘三年十一月二十三日条）、「上卿達智」（寛弘元年九月十日・長和五年正月十三日条）がみえる。

政務、行事の指揮者の意の用例は、公卿の意と比べるとかなり少ない。「行事上卿源中納言（俊賢）」（寛弘元年三月十六日条）のように、その役をつとめる人名を添えて用いられる例があるのは当然だが、一方で、一条天皇が道長に「無他上卿、可行件事（諸社奉幣）」（長徳四年七月七日条）と命じた例のように、上卿の役割をつとめるべき者の意で用いられた場合もある。「行事上右大将（道綱）」（長保元年三月二十日条）は、「上」と略された例。「源中納言（俊賢）日上」（長和二年八月十一日条）とある「日の上」は、その日に出仕した公卿のなかで、上位の者を上卿に充てたときに使う。→五九頁「上卿」

【参考文献】土田直鎮「上卿について」（『奈良平安時代史研究』吉川弘文館、一九九二年）
（池田尚隆）

属文（しょくぶん）　漢詩をつくること。『御堂関白記』では寛弘四年（一〇〇七）四月二十五日条にみえる。同年三月二十九日条には「識文」の「識」に「属」と傍書した例（古写本系統の平松本）、寛弘七年九月九日条には「織文」とある例（古写本）がある。いずれも文脈から漢詩をつくる、の意。「識文」「織文」にその意味、用例はないので、道長の当て字か誤字、あるいはのちの誤写と考えられる。
（池田尚隆）

尻口無し（しりくちなし）　『御堂関白記』には寛仁元年（一〇一七）四月十一日条に一例みえるのみ。藤原道雅と当子内親王の密通事件の調査を命じた藤原通任の報告に対して用いられている。前後に「所申事甚以異様」「相公（通任）従本不覚」とあり、話の前後が通じず要領を得ない様子を指す。
（池田尚隆）

白物（しれもの）　愚か者の意。『色葉字類抄』に「白癡〈シレモノ／又下字物〉」と登録されている。長和五年（一〇一六）正月三十日条で藤原顕光、二月二十六日条で藤原通任と藤原周頼、四月二十四日条で藤原兼隆が、常識外れの行動や懈怠（けたい）により、道長に「白物」と評されている。

【参考文献】飯沼清子「「白物」攷」（『風俗史学』一、一九九八年）
（池田尚隆）

冷まじ（すさまじ）　長和二年（一〇一三）九月十六日条に、「極冷間」の例がある。三条天皇の土御門（つちみかど）第行幸にさいして行われた競馬（くらべうま）において、一番の両馬がなかなか出走しなかったために出た言葉で、「興ざめ」の意。道長の感情が記されることの少ない『御堂関白記』においては珍しい例。「すさまじ」の訓は、『色葉字類抄』や『類聚名義抄』に登録されている。
（池田尚隆）

前物（ぜんもつ）　祝いの席で、当事者の前に供される食膳。『御堂関白記』では、敬語の付いた「御前物」のかたちで、貴人に用意した食事を指す例がほとんど。「前物」は、嬉子を出産した室倫子への「産婦前物」（寛弘四年正月九日・十一日条）など、ほぼ道長家の関係者に用意されたものに限られる。
（池田尚隆）

大失（たいしつ）　「だいしつ」とも。大変な失態。寛仁二年（一〇一八）正月七日条では、彰子を太皇太后とする宣命（せんみょう）などの次第に「大失」があり、左大臣藤原顕光が非難されている。一方で、寛弘二年（一〇〇五）正月十六日条と長和二年（一〇一三）四月一日条では、道長自身がかかわった儀式のなかで「大失」があり、「奇」（自分でも不思議だ）と記している。
（池田尚隆）

只仰せに随ふ（ただおおせにしたがふ）　御命令に従います、の意。『御堂関白記』では、天皇の命令に仕方なく従うときに用いられることがある。寛弘二年（一〇〇五）正月十日、同五年正月十六日・四月二十四日条など。
（池田尚隆）

遊牝（つるぶ）　交尾する、の意。寛弘二年（一〇〇五）七月六日条に、平安京の北辺と紀伊国で起きた馬が牛と交尾した話が記されている。「つるぶ」の訓は、『類聚名義抄』に登録されている。
（池田尚隆）

女方／女房（にょうぼう）　「女方」「女房」どちらの表記も意味は変わらず、妻の意と朝廷や貴人に仕える比較的身分の高い女性の意で使用される。『御堂関白記』では「女方」が圧倒的に多いが、数は少ないものの「女房」が「女方」と併用されているところから、「女方」の訓みは「おんながた」ではなく、「にょうぼう」であったと考えられる。他の古記録類には「女方」の用例はほとんどみえず、「女方」は道長独特の表記法といえる。

妻の意で使用された例は『貞信公記』『小右記』『権記』などにも散見されるが、それぞれ一〇例に満たない程度であるのに対し、『御堂関白記』には三〇〇例近くがみえ、際立った特徴を示している。

『御堂関白記』において妻の意で用いられる場合、ほぼすべてが源倫子を指す。登場回数の多さに加え、「女方・女房」の語がほとんど固有名詞化している点からも、倫子が道長にとって特別な存在であったことが改めて明らかになる。一方、源明子には「女方・女房」が使用されることはなく、「近衛御門」とその居所で呼ばれている。これは、道長の結婚生活、あるいは当時の結婚制度を考える際の貴重な資料となる。なお、「女房」の表記で倫子を指す例は少ないが、自筆本が残る寛弘七年（一〇一〇）三月二十五日条や寛仁二年（一〇一八）四月十日条に、確実な用例がある。

倫子以外に妻の意の「女方」が使用されたのは二例だけで、いずれも息教通の室である藤原公任女に対して用いたもの。寛仁元年六月十六日条に「大将（教通）女方猶重悩」とあるのが確かな例。長和四年（一〇一五）四月十四日条、教通第の焼亡に際し、道長が絹や米などを送った記事の中に、「二階一双・櫛筥一双相加、是為女方也」とある例は、やや苦しい訓みだが「是れを為すは女方なり」として、「これらは倫子から贈られた」の意とも解しうる。しかし寛仁元年の例があることから「是れ女方の為なり（これらは教通室のために贈った）」とみてよいだろう。倫子のほか、なぜ教通室にだけ妻の意の「女方」が使用されたのかは不明。

（池田尚隆）

母（はは）／母々／波々

母親の意。三通りの表記があるが、『御堂関白記』で特徴的なものは、「母々」という用字法。寛仁二年（一〇一八）三月七日条に、威子入内（じゅだい）にさいして「母々」が衾覆（ふすまおおい）をつとめたとあり、これは明らかに威子の母である源倫子を指す。したがって「母々」は複数形ではなく「はは」と訓（よ）むと考えられる。一方、寛弘六年（一〇〇九）十一月二十五日条には、倫子のことを「波々(はは)」と仮名で表記した例がある。「母々」は、この「波々」と同様に「母」の字を「は」の変体仮名のごとくに用いたもので、他にはみえない。道長による独特な表記法の一例である。

これら母・母々・波々は、『御堂関白記』では源倫子を指す場合が多い。敦成親王の初めての参内（さんだい）に付き従った場面（寛弘五年十一月十七日条）や後一条天皇の即位の儀に参列した場面（長和五年二月七日条）など、子孫とのかかわりで登場するさいによく用いられている。しかし、「女方・女房（にょうぼう）」の語が自身の妻の意で用いられる場合、倫子一人に限定されるのとは異なり、母親一般に対して使用される。たとえば、源明子に関しても、息顕信出家にさいしての悲嘆のさまが「母・乳母不覚」（長和元年正月十六日条）と記されている。

（池田尚隆）

比女（ひめ）

「姫」の仮名表記。貴人の娘を指す。『御堂関白記』では「姫」と「比女」が並行して用いられている。「比女」の対象は彰子（長保元年二月五日条）、妍子（長和元年二月九日条）、「比女宮」とする禎子内親王（長和四年七月二十三日条など）で、子や孫ゆえの親しさが仮名表記につながったか。『御堂関白記』以外の用例は少ない。

（池田尚隆）

道□（みち）

「道」の下に一字分の欠字が置かれたもの。寛弘四年（一〇〇七）正月三日・十三日条で、道長が一人称の略称、あるいは謙称として用いたか。ただし大日本古記録の寛弘四年前半は、古写本系統の平松本によっており、本文に問題があるのかもしれない。「道長」とあったものが、平松本に至るまでの書写の過程で、道長を敬うため欠字とされた可能性も高い。

（池田尚隆）

泔甕（ゆするのかめ）　髪を手入れするための水の入れもの。『御堂関白記』寛弘七年（一〇一〇）六月十六日条（自筆本）に、「人々落入泔甕如獵」（「獵」は「鼠」の誤りか）とある。宇治に赴いた道長が、風雨に打たれた従者たちの様子を記したもので、『御堂関白記』では珍しいユーモラスな表現。

（池田尚隆）

用意（ようい）　準備の意と、配慮・気遣いの意で使用される。長保二年（一〇〇〇）正月二十六日条など、準備の例が多い。一方で、配慮・気遣いの例は、興福寺と大和国司らの争い（寛弘三年七月十二日・十四日条）や、大宰大弐と豊後守藤原孝理の争い（長和二年十一月二十日条）の場面など、絡み合った人間関係のなかで用いられることが多い。

（池田尚隆）

狼藉たり（ろうぜきたり）　大変な混乱のさま。長和二年（一〇一三）十一月十六日条にみえる。五節舞（ごせちのまい）の後に小火騒ぎがあり、消し止められたものの「事極狼藉」という状況になり、以下の次第は略式のものとなった。

（池田尚隆）

藤原道長年表

＊＝その年の出来事を表す。閏月は□囲みで示した。

西暦	元号	天皇	道長	齢	家族	その他
九六六	康保三	村上	誕生	1		
九八〇	天元三	円融	1従五位下(冷泉院御給)	15	1母時姫没	6懐仁親王(一条天皇)誕生
九八六	寛和二	花山 一条	7蔵人従五位上。正五位下 11従四位下	21	6父兼家摂政 7姉詮子皇太后	6花山天皇出家、一条天皇践祚 7居貞親王立太子
九八七	永延元		1従四位上 9左京大夫。従三位 12源倫子と結婚	22		
九八八	二		1権中納言 ＊源明子と結婚か	23	＊彰子誕生	11尾張国郡司百姓、国守藤原元命を愁訴
九九〇	正暦元		1正三位 10中宮大夫	25	5兼家関白、三日目にこれを辞す。兄道隆関白、次いで摂政 7兼家没	1一条天皇元服 10藤原定子中宮
九九一	二		9権大納言	26	9詮子出家、東三条院となる	2円融法皇没
九九二	三		4従二位	27	1頼通誕生	5〜6洪水
九九三	四			28	4道隆関白 7岳父源雅信没 ＊頼宗誕生	＊5〜6咳病 8天台宗慈覚・智証両門の争い激化 ＊疱瘡
九九四	五			29	3妍子誕生	＊疫病

					*顕信誕生	7大風
九九五	長徳元	一条	4左大将 5内覧宣旨 6右大臣、氏長者 7仗座において藤原伊周と口論 〈この年『御堂関白記』五～九、十二月の断続的な記述あり〉	30	4道隆没 5兄道兼没 *能信誕生	4藤原済時没 5源重信・源保光・藤原朝光・源伊陟没 6藤原道頼没 *疫病
九九六	二		7左大臣正二位 8左大将を辞す 11春日詣	31	6教通誕生	1藤原伊周と藤原隆家、花山法皇を射る 4伊周と隆家に左遷の宣旨下る 5定子出家 [7]洪水大風 12脩子内親王誕生
九九七	三			32	10男子誕生	4伊周と隆家に召還の宣旨下る
九九八	四		3病いにより上表 〈この年『御堂関白記』七月の記述あり〉	33	10倫子従三位	12平維衡・平致頼、伊勢国で争乱 *疫病
九九九	長保元		2春日詣 3随身兵仗を賜る 5土御門第作文会 9西山遊覧 10彰子入内屏風歌を貴顕に依頼 〈この年『御堂関白記』二～十二月の断続的な記述あり〉	34	2彰子着裳 8詮子慈徳寺落慶供養 9子誕生 11彰子入内 12威子誕生 *寛子誕生	1長保に改元 6内裏焼亡、一条院遷幸 7新制十一ケ条下す 9淡路国守讃岐扶範を替任 11敦康親王誕生 12太皇太后昌子内親王没

一〇〇〇	二	一条	3土御門第作文会。詮子の石清水社・住吉社・四天王寺行啓に随従 4~5病いにより三度上表 〈この年『御堂関白記』一~五月の記述あり〉	35	2彰子中宮 7倫子従二位	2定子皇后。故紀斉名の妻、道長に『扶桑集』献上。美濃守源為憲、宥免 4豊楽院招俊堂に落雷 8洪水 10内裏遷幸 12媄子内親王誕生、定子没 ＊冬 疫死
一〇〇一	三		10詮子四十賀主催 〈この年から長保五年まで『御堂関白記』現存せず〉	36	1岳母穆子七十賀 2猶子源成信、藤原重家と出家 10詮子、石山寺詣 [12]詮子没	＊疫疾 5紫野御霊会 11内裏焼亡、一条院遷幸 [12]伊周を本位に復す
一〇〇二	四		1覚運に『摩訶止観』を学ぶ 3法華三十講 ＊冬 慶滋保胤四十九日に諷誦	37		6為尊親王没 9流星 10慶滋保胤没
一〇〇三	五		5土御門第歌合。宇治遊覧	38	2頼通正五位下。妍子着裳	4平維良追捕 5洪水 8寂照入宋 10内裏遷幸
一〇〇四	寛弘元		3法興院万灯会。花山法皇の白河花見に供奉 5詮子追善法華八講。花山法皇、土御門第御幸	39	2頼通春日祭使。異母姉綏子没 3倫子、仁和寺で大般若経供養 11妍子尚侍 12頼宗・顕信従五位上	2住吉社の神人、国守藤原説孝を訴える 3宇佐宮神人、陽明門で大宰権帥平惟仲を訴える

西暦	年	天皇	道長	年齢	家族	社会
			6源信に見舞の使を遣わす 7法華三十講。覚運について『法華文句』を読む 8『群書治要』十帖五十巻を上る 9清水寺参籠 ⑨宇治遊覧 12大般若経・観音経供養。歳末講経 〈この年から長和二年まで『御堂関白記』の記述が続く〉			5昭登・清仁両皇子、冷泉上皇の皇子となり親王宣下 6賀茂河堤決壊 7寛弘に改元 7～8炎旱 10源乗方、道長に『集注文選』『元白集』献上。松尾・平野・北野社行幸 11渇水 12藤原公任、上表。平惟仲、大宰権帥停任 ＊革聖(行円)、京中で布教活動
一〇〇五	二	一条	2東三条新第に移徙 5千部仁王経供養、法華三十講、立義。『法華玄義』を読む 6病い 9『蓮府秘抄』を上る。前駆藤原致光の従者、捕えられる 10木幡浄妙寺三昧堂供養。敦康親王の石山寺詣に随伴	40	8長家誕生	2番長身人部保友が盗賊に射殺される。伊周の座次が定まる 3平惟仲没。伊周昇殿。脩子内親王着裳 7伊周、勅授帯剣 8肥後守橘為愷、殺される 9安倍晴明没 11内裏焼亡、神鏡損傷、東三条第遷幸 12寂照、道長に書を送る。播磨守藤原陳政、成功重任
一〇〇六	三		3東三条第で花宴 7病い	41	3倫子正二位 12教通正五位下、能信従五位上	3一条院遷幸。藤原頼明、道長に書籍二千巻献上

西暦	年	天皇	道長	年齢	関係者	一般
			8『文集抄』『扶桑集』等を上る。小南第新宅に移徙 9土御門第行幸、東宮行啓 12法性寺五大堂供養			4源兼澄、道長に書籍千余巻献上。藤原陳政、道長に大江朝綱の蔵書三千五百巻献上。藤原兼隆、道長に書籍約千巻献上 6左衛門尉藤原文行、帯刀藤原（平カ）正輔と闘争 7客星。興福寺僧、大和守源頼親を訴える 10東三条第南院焼亡。宋商曾令文、道長に蘇木・書籍等を貢上
一〇〇七	四	一条	2春日詣 3土御門第曲水宴 5法華三十講、諸道論義 6笠置寺詣 8金峯山詣 10土御門第仏像大般若経供養 12木幡浄妙寺多宝塔供養	42	1嬉子誕生。頼通東宮権大夫 4長家・尊子着袴か 11教通春日祭使	1脩子内親王一品准三宮 2尋禅・餘慶に諡号 4内裏密宴 6流星 7大隅守菅野重忠、殺される 10因幡守橘行平、因幡介を殺害。敦道親王・覚運没 12無動寺と仁和寺観音院に阿闍梨を置く
一〇〇八	五		1両親のために法華経書写 2雲林院慈雲堂に吉方詣。法性寺修二月会 3家請印を始める	43	9孫敦成親王誕生 10倫子従一位	1伊周准大臣 2花山法皇没。尾張国郡司百姓、国守藤原中清を愁訴 5紫野御霊会。媞子内親王没

西暦	年	天皇	事項	年齢	家族	一般事項
			5定澄について『法華玄賛』を読む 10土御門第行幸			6解脱寺と修学院に阿闍梨を置く 7観修没
一〇〇九	六		5比叡山で舎利会を修す 8法性寺詣、修法 9諸社に東遊を奉納(報賽) 10土御門第で仏経供養(報賽)	44	3寛子着裳 11孫敦良親王誕生 12頼通、橘氏是定 ＊頼通、隆姫と結婚か	2伊周、呪詛により朝参停止 6伊周、朝参を赦される 7具平親王没 8源高雅出家 9筑後守菅野文信の愁訴により大宰大弐藤原高遠、停任 10一条院内裏焼亡、枇杷殿遷幸 12菅原輔正没 ＊高階明順没
一〇一〇	七	一条	[2]雲林院慈雲堂に吉方詣。法性寺修二月会 6諸衛府官人の直闕を誡める 7敦康親王元服の加冠役を務める 8棚厨子に書籍二千余巻を収める。国史編修を奏聞	45	2妍子、東宮参り 3倫子、仁和寺観音院に灌頂堂再建供養 9穆子、観音寺無常所で法事 10敦成親王着袴	1伊周没 4高階業遠没 7洪水 10源国挙、道長に故源伊行の蔵書四百余巻を献上。宋人、道長に贈り物。故大江斉光家、道長に宸記四巻を献上 11為平親王没。藤原頼親没。新造一条院遷幸 ＊滋野善言没
一〇一一	八	一条 三条	3金峯山詣と使者発遣を停める。雲林院慈雲堂に吉方詣。土御門第仏像と経供養	46	5彰子女房と内裏女房争う 6敦成親王立太子 8妍子女御	6敦康親王一品准三宮。一条天皇譲位、三条天皇践祚。一条上皇出家・没

西暦	年号	天皇	事項	年齢	事項	事項
			4一条殿雑色、居貞親王の舎人と闘乱。敦成・敦良両親王と賀茂祭見物 6勅授帯剣 8内覧宣旨、牛車宣旨下る 9一条天皇遺産処分 12盗賊に入られる		12教通中宮権大夫。敦良親王着袴 ＊頼宗、藤原伊周女と結婚か	7藤原有国没 8内裏遷幸 10法興院焼亡。三条天皇即位。冷泉上皇没。勝算没
一〇一二	長和元	三条	2雑人、大中臣輔親宅をうわなり打ち 3土御門第仏経供養 4一条天皇遺産処分。顕信と対面 5顕信の受戒に参列 6病いにより二度上表。家に虹が立つ 12脩子内親王に経を上る	47	1顕信出家 2彰子皇太后、妍子中宮。能信中宮権亮 4教通、藤原公任女と結婚 5彰子、一条天皇追善法華八講 8威子尚侍 10威子着裳 [10]威子、大嘗会御禊で女御代となる	4藤原娍子皇后 7三条天皇病い。大江匡衡没 9寂照、道長に消息。加賀国百姓と国守源政職、互いに訴えあう 10雅慶没 [10]法興院積善寺焼亡 11大嘗会 12大神宝使発遣。長和に改元
一〇一三	二		1東三条第焼亡 2法興院に仏堂建立。家請印を始める 3毎月例経供養を始める 6祇園御霊会にて雑人に散楽人を打たせる 8法性寺にて五壇法を修す 9土御門第行幸。念救と語らう 10大井川・宇治遊覧	48	1明子の下人、藤原懐平の随身らを凌轢する 6頼通権大納言、教通権中納言兼左衛門督 7禎子内親王誕生 10能信蔵人頭 12教通検非違使別当	1大中臣奉親、省試に関する愁訴 5藤原高遠没 6藤原忠輔没 8一代一度仁王会 10八十嶋祭使発遣。宇佐大神宝使発遣 11石清水行幸 12敦康親王、具平親王女と結婚。

西暦	年	天皇	道長	年齢	家族	社会
						賀茂社行幸 ＊冬　藤原知章没
一〇一四	三	三条	3三条天皇に譲位を勧める 4針を踏んで怪我 5土御門第行幸 10敦康親王の宇治遊覧に随従 11五節童女御覧で過差を咎めず ＊この年『御堂関白記』の記述現存せず	49	3頼宗権中納言 8孫生子誕生 11敦成親王、三条天皇に朝覲行啓	1藤原忠経没 2内裏焼亡。澄心・藤原正光没 3三条天皇、耳目を患う 4枇杷殿遷幸 7明肇没 8大風 9斎宮当子内親王群行 11覚慶没
一〇一五	四		1雲林院に吉方詣。法性寺詣 4宋商周文徳の献じた孔雀が産卵 [6]左足を踏み外し腫れ病む 7寂照に返書を送り、一切経論宗章疏等を求む。念救に託し天台山大慈寺に作料物を送る 8三条天皇に譲位を迫る 10准摂政 〈この年から寛仁三年九月まで『御堂関白記』の継続的な記述あり〉	50	2教通正二位 7彰子の下部、内裏女房と闘乱 10頼通左大将。彰子、道長五十賀法会主催 ＊男子誕生（長信か）	2～[6]三条天皇眼病 ＊咳病、疾疫 4敦明親王の雑人、看督長らを凌轢。隆家、大宰権帥として下向。資子内親王没 6明救、三条天皇の修法を辞退。賀茂光栄没 8大風で殷富門顛倒 9内裏遷幸 10藤原時光没 11定澄没。内裏焼亡、枇杷殿遷幸
一〇一六	五	三条 後一条	1摂政 2牛車宣旨 6准三宮、内舎人随身兵仗を賜	51	1後一条天皇践祚 2後一条天皇即位。孫真子誕生 3彰子の宮侍、内裏女房従者を	1三条天皇譲位、敦明親王立太子 3奝然没

西暦		一〇一七
年号		寛仁元
天皇		後一条
事項	る 7土御門第焼亡 12左大臣を辞す	2木幡の両親と、詮子の墓所と浄妙寺詣 3摂政を辞す。従一位 5砂金二千両盗まれる 6三条天皇遺産処分 9石清水詣 10園城寺詣 11二条第に移徙 12太政大臣
年齢		52
事項	打擲 5能信の下人と大学助大江至孝濫行 6後一条天皇、新造一条院遷幸。倫子准三宮 7頼宗検非違使別当。穆子没 10寛子、大嘗会御禊で女御代となる 11大嘗会	3頼通内大臣、次いで摂政。左大将を辞し随身兵仗を賜る 4教通左大将、長家従五位上、尊子着裳 8敦良親王立太子、教通春宮大夫。頼宗皇太后宮権大夫。教通の雑色、源長経の家を濫妨 10大神宝使発遣。一代一度仁王会 11寛子、小一条院と結婚。後一条天皇、賀茂社行幸 12八十嶋祭使発遣。威子御匣殿別当。教通、橘氏是定
事項	4橘道貞没 7法興院焼亡 8尾張国郡司百姓、国守橘経国を愁訴 9当子内親王入京。枇杷殿焼亡	2藤原明孝兄弟、大蔵忠親を殺害 3源頼親、清原致信を殺害 4藤原道雅、当子内親王に通じる。藤原懐平・菅原宣義没。寛仁に改元。三条上皇、出家 5疾疫。三条法皇没 6太皇太后藤原遵子・源憲定・源信・平親信没 7大雨洪水。源雅通没。斎院に群盗入る 8蝗虫の害。敦明親王東宮を退位、小一条院となる 10橘為義没 11当子内親王出家

一〇一八	二	後一条	1後一条天皇元服の加冠役を務め、中重内輦車宣旨下る。世尊寺に吉方詣。法性寺詣。奝然将来の一切経を二条第に移す。頼通大饗の屛風和歌を選定 2太政大臣および内舎人随身を辞す [4]法性寺五大堂に参籠 6新造土御門第に移徙 10威子立后、「この世をば」を詠む。土御門第行幸、東宮三后行啓 11眼病のために心誉、修法	53	1彰子太皇太后 3威子入内。頼通、春日詣の際、豊原為時と興福寺所司とで闘乱。長家、藤原行成女と結婚 4後一条天皇、新造内裏遷幸 10妍子皇太后、威子中宮、頼宗皇太后宮権大夫、能信中宮権大夫。頼宗・能信正二位 11嬉子尚侍、生子御匣殿別当 12孫儇子女王誕生	2～3牛馬、寒さで多く死す 4桜満開が続く。藤原兼房、藤原定頼を凌辱 [4]藤原保昌の牛童と平維衡の草刈が闘乱 8師明親王出家 9斎宮嫥子女王群行。小一条院、嵯峨野大井川遊覧 10学生源頼成の試判につき頼親愁訴 12長門守高階業敏解任。敦康親王没 ＊炎旱
一〇一九	三		2眼病のために魚肉を食す 3出家、法名行観 4病いにより非常赦 5准三宮 6上表、法名を行覚に改める 9東大寺で受戒、興福寺参詣 〈この年『御堂関白記』一～九月の継続的な記述あり〉	54	2嬉子着裳 3儇子女王、三条院御子となり内親王宣旨下る 8敦良親王元服 10長家の随身と実資の随身闘乱 12教通権大納言。頼通関白。頼通摂政に准じ官奏除目	4放火頻繁。小一条院女御藤原延子没。刀伊の入寇 9慶円没
一〇二〇	四		3無量寿院の落慶供養 12延暦寺で廻心菩薩戒を受ける [12]無量寿院十斎堂供養 〈この年『御堂関白記』三、六	55	10異母兄道綱没	＊疱瘡 5紫野御霊会 6源頼定没 7大風。明救没

西暦	年号	天皇	事項	年齢	関連事項	社会
			月の記述あり〉			11藤原懐忠没 12源政職、群盗に殺される
一〇二一	治安元	後一条	8石山寺詣 9念仏 〈この年『御堂関白記』九月の記述あり〉	56	1頼通従一位 2嬉子、東宮参り。倫子出家 3長家室(行成女)没 7頼通左大臣、教通内大臣、頼宗権大納言、能信権大納言 8頼宗春宮大夫 10後一条天皇、春日社行幸 11長家、藤原斉信女と結婚 12倫子、無量寿院西北院供養	＊疾疫 2治安に改元 5紫野御霊会。藤原顕光没 7源頼光没。藤原実資右大臣 12宇佐八幡宮火災
一〇二二	二		7法成寺金堂供養 11延暦寺中堂の十二神将供養 〈この年から『御堂関白記』の記述なし〉	57	3教通、能信との諍い 10彰子、仁和寺観音院供養 11後一条天皇、平野社・大原野社行幸	9当子内親王没
一〇二三	三		3法成寺万灯会 5法成寺逆修法事 10倫子六十賀主催。大和国七大寺・高野山・法隆寺・四天王寺等詣	58	2長家権中納言 4禎子内親王着裳 6頼通、道長に勘当される	10源経房没 12丹波守藤原資業の京宅、任国住人の放火で焼亡
一〇二四	万寿元		3法成寺僧坊焼亡 4法成寺塔十斎堂等立柱 6法成寺薬師堂供養 7法成寺金堂北端大破 10有馬温泉療養。長谷寺参詣	59	1教通室(公任女)没 3尊子、源師房と結婚 9頼通の高陽院駒競行幸 12長家正二位。後一条天皇、北野社行幸	3脩子内親王出家 4院源、仏舎利会 7万寿に改元 12花山院皇女殺される

一〇二五	二	後一条	5関寺の牛を拝む 8豊楽殿の鵄尾をとる 9嬉子の七七日法事 11法成寺三昧堂供養	60	1孫通房誕生 7寛子没 8孫親仁親王誕生、嬉子没。長家室(斉信女)没	3娍子没 4林懐没 夏～秋疱瘡
一〇二六	三		4法成寺逆修法事 8嬉子の周忌法事	61	1彰子出家、上東門院となる 2教通、禔子内親王と結婚 7頼通、能信と争論 12孫章子内親王誕生	1藤原公任出家 4懐寿没 5藤原公信没 12安倍吉平没
一〇二七	四		3法成寺尼戒壇建立 8法成寺釈迦堂供養 10妍子の七七日法事 11病いにより非常赦、度者千人を賜る。法成寺行幸・東宮行啓 12・4没(鳥辺野葬送、木幡埋葬)	62	3禎子内親王、東宮参り 4親仁親王着袴 5顕信没 9妍子没	6源俊賢没 7源政職没。実誓没 12藤原行成没

(作成：木村由美子)

平安宮内裏図

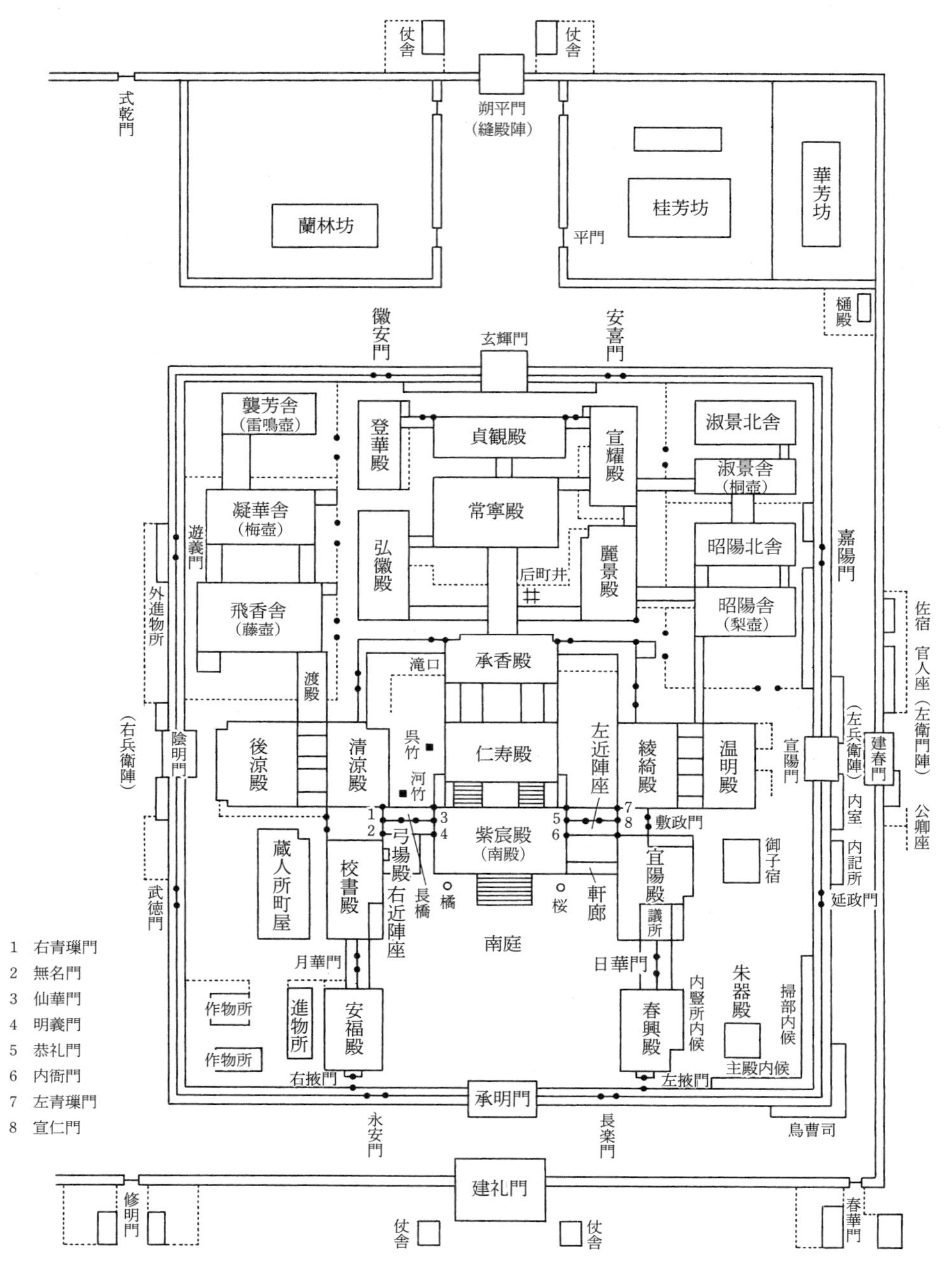

1 右青瑣門
2 無名門
3 仙華門
4 明義門
5 恭礼門
6 内衙門
7 左青瑣門
8 宣仁門

(『岩波日本史辞典』、岩波書店、1999年より転載、以下同)

平安宮清涼殿図

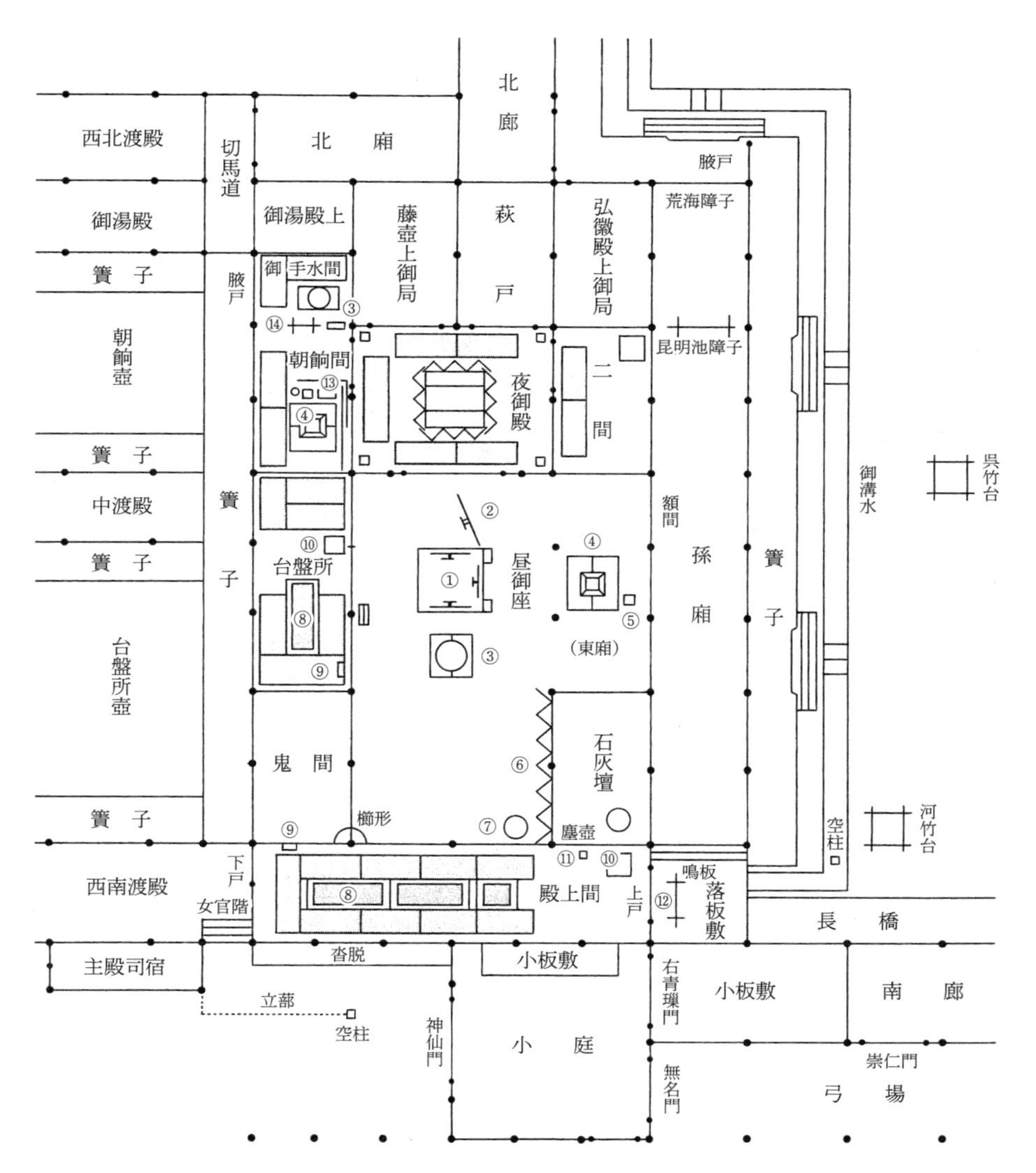

①御帳台
②三尺御几帳
③大床子御座
④平敷御座
⑤御硯筥
⑥四季御屏風
⑦陪膳円座
⑧台盤
⑨日給簡
⑩御倚子
⑪文杖
⑫年中行事障子
⑬山水御屏風
⑭小障子

(『岩波日本史辞典』、岩波書店、1999年)

東三条殿復原図

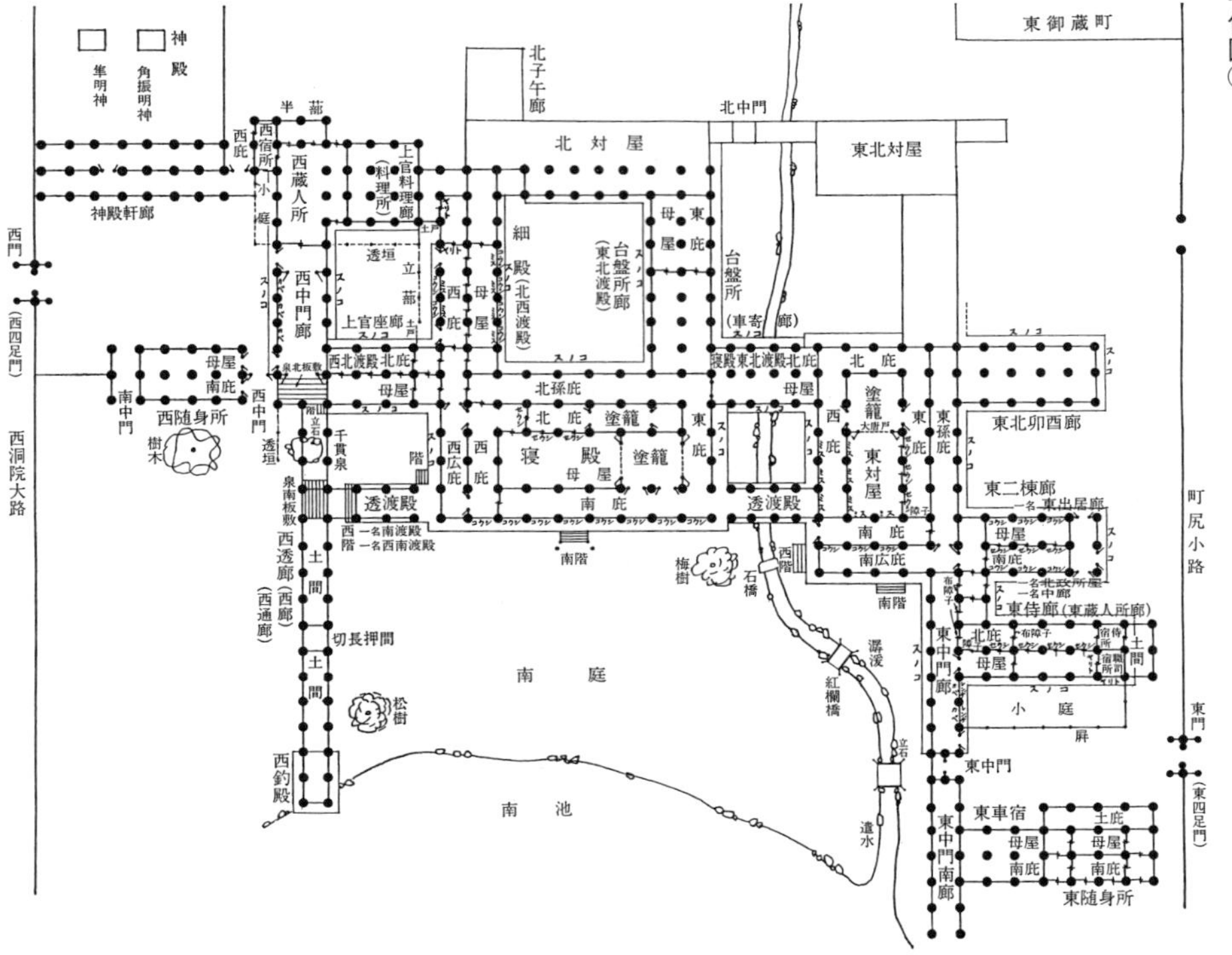

（太田静六『寝殿造の研究』、吉川弘文館、1987年）

土御門第想定図

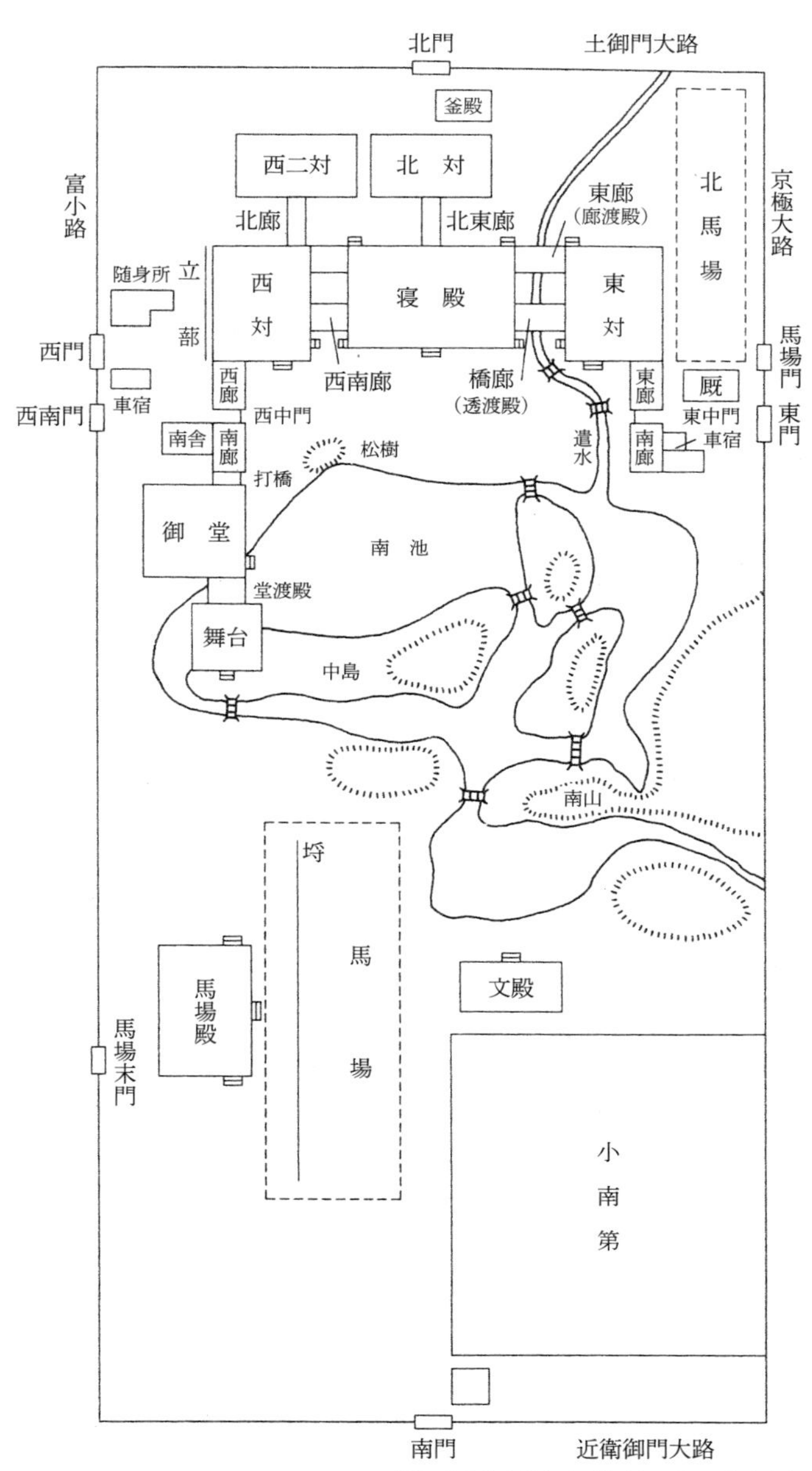

（新日本古典文学大系『紫式部日記』、岩波書店、1991年）

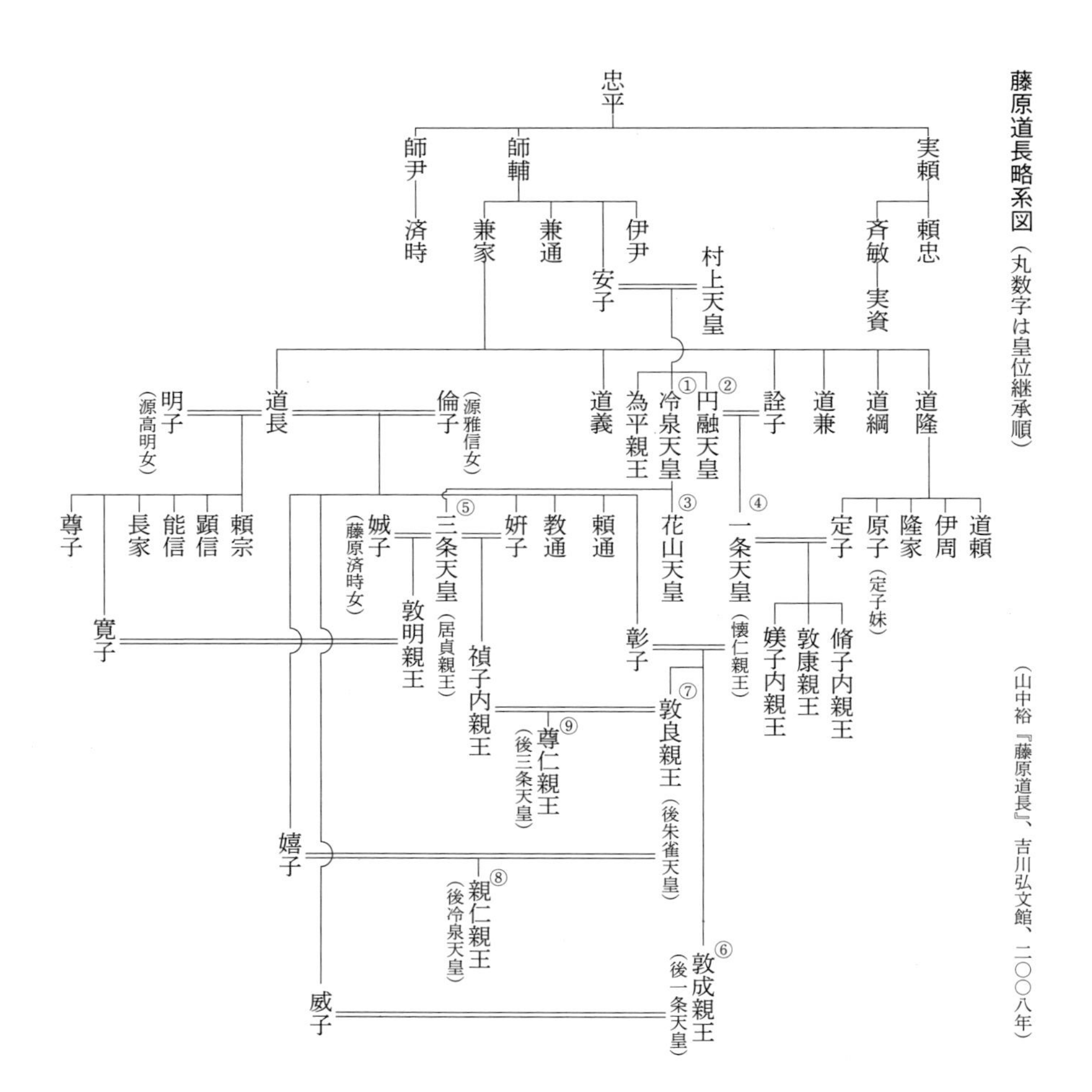

藤原道長略系図（丸数字は皇位継承順）

（山中裕『藤原道長』、吉川弘文館、二〇〇八年）

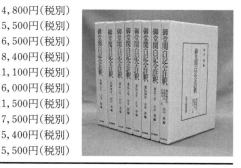

藤原道長事典（ふじわらみちながじてん）
——御堂関白記（みどうかんぱくき）からみる貴族社会（きぞくしゃかい）——

2017（平成29）年９月20日発行
2024（令和６）年４月３日第３刷

編　者　大津透・池田尚隆
発行者　田中　大
発行所　株式会社　思文閣出版
〒605-0089　京都市東山区元町355
電話　075-533-6860（代表）

装　幀　上野かおる（鷺草デザイン事務所）
印　刷
製　本　亜細亜印刷株式会社

ISBN978-4-7842-1873-8　C1021

編者／執筆者プロフィール（50音順）

（2024年３月現在）

池田尚隆（いけだ・なおたか）　元 山梨大学教育学部　平安文学

大津　透（おおつ・とおる）　東京大学文学部　日本古代史

磐下　徹（いわした・とおる）　大阪公立大学文学部　日本古代史

植村眞知子（うえむら・まちこ）　元 神戸学院大学薬学部　日本中古文学

大隅清陽（おおすみ・きよはる）　山梨大学教育学部　日本古代史

木村由美子（きむら・ゆみこ）　元 東京都立板橋有徳高校　日本中古文学

倉本一宏（くらもと・かずひろ）　国際日本文化研究センター　日本古代史

黒須(林)友里江（くろす・ゆりえ）　東京大学史料編纂所　日本古代史

近藤好和（こんどう・よしかず）　元 國學院大学・和洋女子大学　有職故実研究家

佐藤信一（さとう・しんいち）　元 白百合女子大学文学部　国文学

妹尾好信（せのお・よしのぶ）　二松學舍大学文学部　日本中古文学

武井紀子（たけい・のりこ）　日本大学文理学部　日本古代史

塚原明弘（つかはら・あきひろ）　國學院大学　日本中古文学

中島和歌子（なかじま・わかこ）　京都女子大学文学部　日本古代文学

中村康夫（なかむら・やすお）　元 国文学研究資料館　日本古代文学

福長　進（ふくなが・すすむ）　元 神戸大学文学部　日本中古文学

藤本勝義（ふじもと・かつよし）　元 青山学院女子短期大学　日本中古文学

松岡智之（まつおか・ともゆき）　お茶の水女子大学文教育学部　日本中古文学

松野　彩（まつの・あや）　国士舘大学文学部　日本古典文学

丸山裕美子（まるやま・ゆみこ）　愛知県立大学日本文化学部　日本古代史

吉田小百合（よしだ・さゆり）　元 総合研究大学院大学　日本中古文学

吉田幹生（よしだ・みきお）　成蹊大学文学部　日本古代文学

項目索引

あ

白馬節会(あおうまのせちえ) 31
白地(あからさま) 410
袙(あこめ) 364
朝座・夕座(あさざ・ゆうざ) 268
葦毛馬(あしげうま) 364
足参(あしにてまいる) 410
阿闍梨(あじゃり) 268
預(あずかり) 98
東遊(あずまあそび) 336
朝臣(あそん) 410
安倍吉平(あべのきっぺい) 140
安倍晴明(あべのせいめい) 140
阿弥陀経(あみだきょう) 268
雨(あめ) 304
黄牛(あめうし) 364

い

家(いえ) 410
家子(いえのこ) 410
五十日(いか) 31
伊賀の人に伊勢の人を借る(いがのひとにいせのひとをかる) 411
位記(いき) 31
威儀師(いぎし) 268
已講(いこう) 268
移徙(いし) 304
倚子(いし) 364
闈司奏(いしそう) 31
石山寺(いしやまでら) 269
和泉式部(いずみしきぶ) 336
伊勢神宮(いせじんぐう) 232
伊勢奉幣使(いせほうべいし) 232
伊勢例幣(いせれいへい) 233
出車(いだしぐるま) 364
一条院(いちじょういん) 207
一条院別納(いちじょういんべちのう) 207
一条第(いちじょうてい) 208
一条天皇(いちじょうてんのう) 140
一上(いちのかみ) 32
一の舞(いちのまい) 336
外づ(いづ) 411
一家(いっか) 411
一種物(いっしゅもの) 32
一足(いっそく) 411
糸(いと) 365
糸毛車(いとげのくるま) 365
射場殿(いばどの) →弓場殿(ゆばどの)
射場始(いばはじめ) 32
忌月(いみづき/いむつき) 305
忌方(いみのかた) →王相方(おうそうほう)
忌日(いみび) 305
倚廬(いろ) 32
位禄(いろく) 33
色指(いろざし) 411
石清水八幡宮(いわしみずはちまんぐう) 233
石清水八幡宮行幸(いわしみずはちまんぐうぎょうこう) 233
石清水臨時祭(いわしみずりんじさい) 234
石清水臨時祭使(いわしみずりんじさいし) 234
韻(いん) 337
院源(いんげん) 141
院司(いんし) 98
韻字(いんじ) 337

う

表衣(うえのきぬ) 365
上御局(うえのみつぼね) 208
雨儀(うぎ) 33
右近馬場(うこんのばば) 209
宇佐使(うさづかい) 235
宇佐八幡宮(うさはちまんぐう) 236
牛(うし) 366
宇治(うじ) 209
氏長者(うじのちょうじゃ) 98
薄物(うすもの) 366
袿(うちき) 366
打敷(うちしき) 367
内論義(うちろんぎ) 269, 337
内舎人(うどねり) 99
采女(うねめ) 99
産養(うぶやしない) 33
馬(うま) 367

梅宮祭(うめみやさい) 236
盂蘭盆会(うらぼんえ) 269
瓜(うり) 367
雲林院(うりんいん) 269
温明殿(うんめいでん) 209

え

永昭(えいしょう) 142
易(えき) 306
疫病(えきびょう) 397
衛門府(えもんふ) 99
円教寺(えんきょうじ) 270
円成寺(えんじょうじ) 270
宴座・穏座(えんのざ・おんのざ) 33
円融寺(えんゆうじ) 270
円融天皇(えんゆうてんのう) 142
延暦寺(えんりゃくじ) 270

お

王相方(おうそうほう) 306
御馬御覧(おうまごらん) 34
大炊御門家(おおいみかどのいえ) 209
大歌所(おおうたどころ) 100
大江匡衡(おおえのきょうこう) 142
大江景理(おおえのけいり) 142
大江清通(おおえのせいつう) 143
雄々し(おおし) 411
大中臣輔親(おおなかとみのほしん) 143
大祓(おおはらえ) 236
大原野祭(おおはらのさい) 237
大原野神社(おおはらのじんじゃ) 237
大間書(おおまがき) 34
御体御卜(おおみまのみうら) 238
大神神社(おおみわじんじゃ) 238
折敷(おしき) 367
小野文義(おののぶんぎ) 143
帯(おび) 367
御仏名(おぶつみょう) 271
小忌(おみ) 100
御湯殿儀(おゆどののぎ) 35
下名(おりな) 35
折櫃(おりびつ/おりうず) 368
織物(おりもの) 368
尾張兼時(おわりのけんじ) 143
女叙位(おんなじょい) 35
女装束(おんなしょうぞく) 368
御文(おんふみ) →点の葉子(てんのようし)
陰陽師(おんようじ) 306

か

仮(か) 35
怪(かい) 307
懐寿(かいじゅ) 144
外人(がいじん) 308
咳病(がいびょう) 397
廻立殿(かいりゅうでん) 210
還饗(かえりあるじ) 238
雅楽寮(ががくりょう) 100
加冠(かかん) →元服(げんぷく)
覚運(かくうん) 144
覚慶(かくけい) 144
学生(がくしょう) 337
楽所(がくそ) 337
霍乱(かくらん) 397
雅慶(がけい) 145
懸盤(かけばん) 369
勘解由使(かげゆし) 100
挿頭(かざし) 369
花山院(かざんいん) 210
花山天皇(かざんてんのう) 145
菓子(かし) 369
加持(かじ) 272
鹿島神宮(かしまじんぐう) 239
家書(かしょ) 411
官掌(かじょう) 101
春日行幸(かすがぎょうこう) 239
春日祭(かすがさい) 240
春日祭使(かすがさいし) 240
春日神社(かすがじんじゃ) 241
被物(かずけもの) 369
方忌(かたいみ) 308
片岡神(かたおかのかみ) 241
方違(かたたがえ) 309
褐衣(かちえ) 369
火長(かちょう) 101
従歩(かちより) 412
桂川(かつらがわ) 210
桂山荘(かつらさんそう) 210
看督長(かどのおさ) 101
香取神宮(かとりじんぐう) 242
壁代(かべしろ) 370
竈神(かまどがみ) 309
紙(かみ) 370
髪上(かみあげ) 371
雷(かみなり) 310
加名(かめい) 36
鴨川(かもがわ) 210

鴨川尻(かもがわじり) 210
賀茂祭(かもさい) 242
賀茂祭使(かもさいし) 243
賀茂神社(かもじんじゃ) 243
賀茂光栄(かものこうえい) 145
賀茂臨時祭(かもりんじさい) 244
賀茂臨時祭使(かもりんじさいし) 244
高陽院(かやのいん) 211
唐櫃(からびつ) 371
唐物(からもの) 371
狩衣(かりぎぬ) 372
呵梨勒(かりろく) 397
川合神(かわいのかみ) 245
土器(かわらけ) 370
旱(かん) 310
勧学院(かんがくいん) 101
勧学院歩(かんがくいんのあゆみ) 36
元慶寺(がんぎょうじ) 272
元日節会(がんじつのせちえ) 36
観修(かんしゅう) 146
漢書(かんじょ) 338
勘申(かんじん) 36, 311
感神院(かんじんいん) 245
巻数(かんず) 272
官奏(かんそう) 37
上達部(かんだちめ) →公卿(くぎょう)
坎日(かんにち) 311
観音経(かんのんきょう) 272
観音寺(かんのんじ) 273
官符(かんぷ) 37
灌仏会(かんぶつえ) 273
冠(かんむり／こうぶり) 372
勘文(かんもん) 38
願文(がんもん) 273

き

祈雨(きう) 312
擬階奏(ぎかいのそう) 38
菊(きく) 372
鬼気祭(きけさい) 312
議所(ぎしょ) →宜陽殿(ぎようでん)
北野(きたの) 211
北野神社(きたのじんじゃ) 245
吉上(きちじょう) →近衛府(このえふ)
乞巧奠(きっこうでん) 313
牛車(ぎっしゃ) 373
吉書(きっしょ) 38
紀伝博士(きでんはかせ)
→文章博士(もんじようはかせ)
祈年穀奉幣(きねんこくほうべい) 246
祈年祭(きねんさい) 246
紀宣明(きのせんめい) 146
季読経(きのどきょう) 274
季御読経(きのみどきょう) 274
貴布禰神社(きふねじんじゃ) 247
亀卜(きぼく) 313
擬文章生(ぎもんじょうしょう) 338
脚病(きゃくびょう) 398
瘧病(ぎゃくびょう) 398
牛矢(ぎゅうし) 398
灸治(きゅうち) 399
饗(きょう) 39
慶円(きょうえん) 146
凝華舎(ぎょうかしゃ) 211
経救(きょうきゅう) 147
経供養(きょうくよう) 274
行幸(ぎょうこう) 39
行香(ぎょうこう) 275
行事(ぎょうじ) 39
宜陽殿(ぎようでん) 211
行道(ぎょうどう) 275
向背す(きょうはいす) 412
胸病(きょうびょう) 399
慶命(きょうめい) 147
玉篇(ぎょくへん) 338
清水寺(きよみずでら) 275
金(きん) 373
禁色(きんじき) 374
銀泥(ぎんでい) 374
金峰山(きんぷせん) 211
金峯山寺(きんぷせんじ) →金峰山

く

公卿(くぎょう) 102
櫛箱(くしばこ) 374
孔雀(くじゃく) 374
薬玉(くすだま) 313
下文(くだしぶみ) 40
宮内省(くないしょう) 102
国充(くにあて) 40
具平親王(ぐへいしんのう) 147
供養法(くようほう) 276
競馬(くらべうま) 40, 338
内蔵寮(くらりょう) 103
車副(くるまぞい) 103
蔵人宣旨(くろうどせんじ) 41
蔵人所(くろうどどころ) 103
郡司読奏(ぐんじどくそう) 41

群書治要(ぐんしょちよう)　338

け

経営(けいえい)　412
慶賀(けいが)　41
家司(けいし)　104
啓陣(けいじん)　41
警蹕(けいひつ)　42
穢(けがれ)　313
下官(げかん)　412
外記(げき)　104
外記政(げきせい)　42
外記庁(げきちょう)　212
外記日記(げきにっき)　42
袈裟(けさ)　374
見参(げざん)　43
解脱寺(げだつじ)　276
結願(けちがん)　276
月華門(げっかもん)
　→日華門(にっかもん)・月華門
闕請(けっしょう)　276
月蝕(げっしょく)　→日蝕(にっしょく)・月蝕
月奏(げっそう)　43
検非違使(けびいし)　105
検非違使宣旨(けびいしせんじ)　43
解文(げぶみ)　43
外弁(げべん)　44, 212
解由(げゆ)　44
検校(けんぎょう)　44
兼字(けんじ)　44
剣璽(けんじ)　45
還城楽(げんじょうらく)　339
兼宣旨(けんせんじ)　45
元白集(げんぱくしゅう)　339
元服(げんぷく)　45
建礼門(けんれいもん)　212

こ

小一条院(こいちじょういん)　147
後一条天皇(ごいちじょうてんのう)　148
後宮十二司(こうきゅうじゅうにし)　105
孝経(こうきょう)　339
拘禁(こうきん)　46
皇后(こうごう)　106
勘事(こうじ)　46
講師(こうじ)　277
候宿(こうしゅく)　→宿直(とのい)
講書(こうしょ)　339
定考(こうじょう)　47
庚申(こうしん)　315
紅雪(こうせつ)　399
薨奏(こうそう)　47
皇太后(こうたいごう)　106
勾当(こうとう)　106
興福寺(こうふくじ)　277
講文(こうぶん)　339
広隆寺(こうりゅうじ)　278
荒涼(こうりょう)　412
後涼殿(こうりょうでん)　212
金造車(こがねづくりのくるま)　375
後漢書(ごかんじょ)　340
五巻日(ごかんのひ)　278
国忌(こき)　47, 278
古今和歌集(こきんわかしゅう)　340
獄所(ごくしょ)　107
曲水宴(ごくすいのえん)　47
極楽寺(ごくらくじ)　278
御禊(ごけい)　247
固関(こげん)　48
御斎会(ごさいえ)　279
五師(ごし)　279
五七日(ごしちにち)　279
小除目(こじもく)　48
腰結(こしゆい)　→着裳(ちゃくも)
御書所(ごしょどころ)　107
御書所試(ごしょどころのし)　48
五臣注文選(ごしんちゅうもんぜん)　340
五節舞(ごせちのまい)　48
御膳(ごぜん)　49
御前定(ごぜんさだめ)　→陣定(じんのさだめ)
後撰和歌集(ごせんわかしゅう)　340
小朝拝(こちょうばい)　49
兀子(ごっし)　375
琴(こと)　340
御燈(ごとう)　315
御燈御卜(ごとうのみうら)　248
小舎人(こどねり)　107
近衛府(このえふ)　108
近衛御門邸(このえみかどてい)　212
木幡(こはた)　212
高麗楽(こまがく)　341
駒形(こまがた)　341
駒牽(こまひき)　50
小南第(こみなみてい)　213
米(こめ)　375
籠物(こもの)　375
子守明神(こもりみょうじん)　248
暦(こよみ)　316

五龍祭(ごりゅうさい) 316
権律師(ごんのりっし) 280

さ

斎院(さいいん) 248
斎王(さいおう) 248
斎宮(さいくう) 249
斎食(さいじき) 280
最勝講(さいしょうこう) 280
済信(さいしん) 149
再拝(さいはい) 50
材木(ざいもく) 376
嵯峨(さが) 213
前駆(さきがけ) 108
作題(さくだい) 341
朔平門(さくへいもん) 213
作文(さくもん) 341
作文会(さくもんえ) 342
桟敷(さじき) 213
差文(さしぶみ) 50
座主(ざす) 280
定(さだめ) 50
定文(さだめぶみ) →陣定(じんのさだめ)
佐保(さほ) 214
侍所(さむらいどころ) →宮侍(みやのさむらい)
障(さわり) 317
産(さん) 51
算賀(さんが) 51
参議(さんぎ) 109
三宮(さんぐう) →准三宮(じゅさんぐう)
散花(さんげ) 281
三綱(さんごう) 281
讃衆(さんしゅ) 281
三条院(さんじょういん) 214
三条天皇(さんじょうてんのう) 149
算道(さんどう) 342
算博士(さんはかせ) 342
三礼(さんらい) 281
山陵使(さんりょうし) 51

し

史(し) 109
四韻(しいん) 342
止雨(しう) 249
詩宴(しえん) 342
試楽(しがく) 343
式(しき) 52
史記(しき) 343
直講(じきこう) 343
式占(しきせん／ちょくせん) 317
式部省(しきぶしょう) 109
式部省試(しきぶしょうし) 343
時行(じぎょう) 400
四教義(しきょうぎ) 281
直廬(じきろ) 214
滋野善言(しげののぜんげん) 150
試詩(しし) 343
禔子内親王(ししないしんのう) 150
侍従(じじゅう) 110
四所籍(ししょのせき) 52
詩人(しじん) 344
地震(じしん) 318
紫宸殿(ししんでん) 215
下襲(したがさね) 376
七社奉幣(しちしゃほうべい) 249
七僧(しちそう) 281
仕丁(しちょう) 110
実誓(じっせい) 150
慈徳寺(じとくじ) 282
茵(しとね) 376
信濃布(しなののぬの) 376
試判(しはん) 344
四方拝(しほうはい) 52
除目(じもく) 52
下侍(しもさぶらい) 215
下仕(しもづかえ) 110
赦(しゃ) 54
笏(しゃく) 377
錫杖衆(しゃくじょうしゅ) 282
邪気(じゃけ) 318
謝座・謝酒(しゃざ・しゃしゅ) 54
射礼(じゃらい) 54
脩子内親王(しゅうしないしんのう) 151
愁訴(しゅうそ) 55
修文殿御覧(しゅうぶんでんぎょらん) 344
呪願(じゅがん) 282
宿衣(しゅくえ) 377
主計寮(しゅけいりょう) 110
入眼(じゅげん) 55
酒肴(しゅこう) 377
准三宮(じゅさんぐう) 111
主税寮(しゅぜいりょう) 111
修善(しゅぜん) 282
入内(じゅだい) 55
出納(しゅつのう) 111
主殿寮(しゅでんりょう) 111
執筆(しゅひつ) 55
寿命経(じゅみょうきょう) 283

修理職(しゅりしき) 112
旬(しゅん) 56
巡(じゅん) 56
春秋左氏伝(しゅんじゅうさしでん) 344
准摂政(じゅんせっしょう) 112
序(じょ) 344
叙位(じょい) 57
笙(しょう) 345
譲位(じょうい) 58
請印(しょういん) 58
城外(じょうがい) 59
政官(しょうかん) →太政官(だいじょうかん)
定基(じょうき) 151
上卿(しょうけい) 59, 412
成功(じょうごう) 59
勝算(しょうさん) 151
省試(しょうし) 345
証者(しょうしゃ) 283
尚書(しょうしょ) 345
請僧(しょうそう) 283
装束(しょうぞく／そうぞく) 377
装束司(しょうぞくし) 112
定澄(じょうちょう) 152
昇殿(しょうでん) 60
昭登親王(しょうとうしんのう) 152
少納言(しょうなごん) 113
常寧殿(じょうねいでん) 215
上表(じょうひょう) 60
勝負楽(しょうぶがく) 345
尚復(しょうふく) 346
浄妙寺(じょうみょうじ) 283
属文(しょくぶん) 413
諸国申請雑事(しょこくしんせいぞうじ) 60
諸祭停止(しょさいていし) 250
諸社奉幣(しょしゃほうべい) 250
諸陣(しょじん) →六衛府(ろくえふ)
尻口無し(しりくちなし) 413
白物(しれもの) 413
沈(じん) 378
尋円(じんえん) 152
新楽府(しんがふ) 346
神祇官(じんぎかん) 113
神鏡(じんきょう) 250
賑給(しんごう) 61
尋光(じんこう) 153
真言院(しんごんいん) 215
神今食(じんこんじき) 251
神事(しんじ) 251
親王家家司(しんのうけけいし) 113
親王宣下(しんのうせんげ) 61
陣座(じんのざ) 215
陣定(じんのさだめ) 61
陣申文(じんのもうしぶみ) 62
神拝(じんぱい) 251
神馬使(じんめのつかい) 252
進物所(しんもつどころ) 114
心誉(しんよ) 153

す

随身(ずいじん) 114
随身所(ずいじんどころ) 115
衰日(すいにち) 318
菅野敦頼(すがののとんらい) 153
菅原為職(すがわらのいしょく) 153
菅原為理(すがわらのいり) 154
菅原宣義(すがわらのせんぎ) 154
菅原輔正(すがわらのほせい) 154
主基殿(すきでん)
→悠紀殿(ゆきでん)・主基殿
朱雀院(すざくいん) 216
冷まじ(すさまじ) 413
厨子(ずし) 378
生絹(すずし) 378
相撲(すまい) 63
住吉神社(すみよしじんじゃ) 252
受領(ずりょう) 115
受領功過定(ずりょうこうかさだめ) 64
受領挙(ずりょうのきょ) 64
駿河舞(するがまい) 346
巡方帯(ずんぽうのおび／じゅんぽうのおび) 378

せ

正現(せいげん) 319
清暑堂(せいしょどう) →豊楽院(ぶらくいん)
清涼殿(せいりょうでん) 216
釈奠(せきてん) 65
世尊寺(せそんじ) 284
勢多(せた) 217
節下(せちげ) 65
摂関賀茂詣(せっかんかももうで) 253
摂政(せっしょう) 116
施米(せまい) 65
宣旨(せんじ) 65
媓子女王(せんしじょおう) 154
選子内親王(せんしないしんのう) 155
千字文・千字文推位譲国篇(せんじもん・せんじもんすいいじょうこくへん) 346
懺法(せんぼう) 284

宣命(せんみょう) 66
前物(ぜんもつ) 413

そ

箏(そう) 347
造宮(ぞうぐう) 66
僧綱(そうごう) 284
雑色(ぞうしき) 116
僧前(そうぜん) 284
葬送(そうそう) 67
雑任(ぞうにん) 116
僧名定(そうみょうさだめ) →定(さだめ)
即位(そくい) 67
即位奉幣(そくいほうべい) 253
束帯(そくたい) 379
園韓神祭(そのからかみさい) 254
素服(そふく) 379
蘇芳菲(そほうひ) 347

た

題(だい) 347
大安寺(だいあんじ) 285
大学(だいがく) 347
代官(だいかん) 254
大饗(たいきょう) 68
待賢門(たいけんもん) 217
大失(たいしつ) 413
怠状(たいじょう) 68
大嘗会(だいじょうえ) 254
太政官(だいじょうかん) 116
太政官庁(だいじょうかんちょう) 217
大将軍(たいしょうぐん) 319
大床子(だいしょうじ/だいそうじ) 380
対代(たいしろ) 217
大臣(だいじん) 117
大神宝使(だいじんぽうし) 255
大星(たいせい) 319
大僧正(だいそうじょう) 285
大僧都(だいそうず) 285
大納言(だいなごん) 117
大博士(だいはかせ) 347
大般若経(だいはんにゃきょう) 285
大夫(たいふ) 118
太平楽(たいへいらく) 348
平惟仲(たいらのいちゅう) 155
平重義(たいらのじゅうぎ) 155
平親信(たいらのしんしん) 155
平生昌(たいらのせいしょう) 156
平範国(たいらのはんこく) 156
平理義(たいらのりぎ) 156
内裏(だいり) 217
大粮(たいろう) 69
高倉第(たかくらてい) 218
高階業遠(たかしなのぎょうえん) 156
高階明順(たかしなのめいじゅん) 157
高坏(たかつき) 380
高松殿(たかまつどの) 218
滝口(たきぐち) 118
滝口試(たきぐちのし) 69
工(たくみ) 118
大宰府(だざいふ) 118, 219
只仰せに随ふ(ただおおせにしたがう) 413
立明(たちあかし) 380
帯刀(たちはき) 119
帯刀試(たちはきのし) 69
橘氏是定(たちばなしぜじょう) 119
橘為義(たちばなのいぎ) 157
橘道貞(たちばなのどうてい) 157
橘徳子(たちばなのとくし) 157
多米国平(ためのこくへい) 158
垂氷(たるひ) 320
探韻(たんいん) 348
弾正台(だんじょうだい) 120
丹波奉親(たんばのほうしん) 158

ち

乳付(ちつけ) 70
着座(ちゃくざ) 70
着陣(ちゃくじん) 70
着鈦政(ちゃくだのせい) 70
着裳(ちゃくも) 71
着袴(ちゃっこ) 71
中和院(ちゅうかいん) 219
中宮(ちゅうぐう) 120
中納言(ちゅうなごん) 120
長者宣(ちょうじゃせん) 71
澄心(ちょうしん) 158
朝堂院(ちょうどういん) 219
重陽(ちょうよう) 72
勅授帯剣(ちょくじゅたいけん) 72
勅計(ちょっけい) 72

つ

衝重(ついがさね) 380
追儺(ついな) 72
月(つき) 320
月次祭(つきなみさい) 256
続文(つぎぶみ) 73

机(つくえ) 381
作物所(つくもどころ) 121
土敷(つちしき) 381
土御門第(つちみかどてい) 220
慎(つつしみ／つつしむ) 320
壺切御剱(つぼきりのぎょけん) 381
遊牝(つるぶ) 413

て

出居(でい) 73
禎子内親王(ていしないしんのう) 158
輦車(てぐるま) 382
手結(てつがい) 73
手作布(てづくりのぬの) 382
手長(てなが) 121
手振(てぶり) 121
殿上間(てんじょうのま) 221
殿上人(てんじょうびと) 121
天台舎利会(てんだいしゃりえ) 285
纏頭(てんとう) 348
点の菓子(てんのようし) 348
天文密奏(てんもんみっそう) 321

と

堂(どう) 286
唐楽(とうがく) 348
踏歌節会(とうかのせちえ) 73
東宮傅(とうぐうふ) 122
春宮坊(とうぐうぼう) 122
導師(どうし) 286
当子内親王(とうしないしんのう) 159
東大寺別当(とうだいじべっとう) 286
堂達(どうたつ) 286
堂童子(どうどうじ) 287
読経(どきょう) 287
読師(どくし／とくし) 287
読書(どくしょ) 74
所充(ところあて) 74
所衆(ところのしゅう) 122
所雑色(ところのぞうしき) 122
度者(どしゃ) 287
刀禰(とね) 122
舎人(とねり) 123
宿直(とのい) 76
豊明節会(とよのあかりのせちえ) 75
豊原為時(とよはらのいじ) 159
敦儀親王(とんぎしんのう) 159
頓給(とんきゅう) 75
敦康親王(とんこうしんのう) 159
屯食(とんじき) 382
敦道親王(とんどうしんのう) 160
敦平親王(とんへいしんのう) 160
敦良親王(とんりょうしんのう) 160

な

内印(ないいん) 75
内記(ないき) 123
内教坊(ないきょうぼう) 123
内侍(ないし) 124
内侍所(ないしどころ)　→温明殿(うんめいでん)
内豎所(ないじゅどころ) 124
内侍臨檻(ないしりんかん) 76
内膳司(ないぜんし) 125
内膳御神(ないぜんのおんかみ) 256
内弁(ないべん) 76
内覧(ないらん) 125
直物(なおしもの) 76
中務省(なかつかさしょう) 126
納曾利(なそり) 349
名対面(なだいめん) 77
鳴瀧(なるたき) 221
男方(なんぼう) 126

に

錦端畳(にしきべりのたたみ) 382
二十一社奉幣(にじゅういっしゃほうべい) 257
二条第(にじょうてい) 221
日華門・月華門(にっかもん・げっかもん) 221
日記(にっき) 77
日蝕・月蝕(にっしょく・げっしょく) 321
丹生川上神社(にふかわかみじんじゃ) 257
女官(にょうかん) 126
女官除目(にょうかんじもく) 77
女御代(にょうごだい) 258
女方／女房(にょうぼう) 126, 413
女房装束(にょうぼうしょうぞく)
　→女装束(おんなしょうぞく)
女蔵人(にょくろうど) 127
韮(にら) 383
人長(にんじょう) 349
任大臣儀(にんだいじんぎ) 78
仁和寺(にんなじ) 287
仁王会(にんのうえ) 288
仁王経(にんのうきょう) 288
任符(にんぷ) 78
任用国司(にんようこくし) 127

ぬ

縫殿寮(ぬいとのりょう)　128

ね

熱物(ねつもつ)　400
年給(ねんきゅう)　78
念珠(ねんじゅ)　383
念仏(ねんぶつ)　289

の

直衣(のうし)　383
悩事(のうじ)　400
衲衆(のうしゅ)　289
荷前(のさき)　79
野剱(のだち)　383
賭弓(のりゆみ)　80

は

唄・唄師(ばい・ばいし)　289
陪膳(ばいぜん)　128
廃朝(はいちょう)　80
拝舞(はいぶ)　80
拝礼(はいらい)　80
博士(はかせ)　349
袴(はかま)　384
白氏文集(はくしぶんしゅう)　349
白氏文集抄(はくしぶんしゅうしょう)　350
筥文(はこぶみ)　81
八卦忌(はっかいみ)　→王相方(おうそうほう)
八省院(はっしょういん)
　→朝堂院(ちょうどういん)
抜頭(ばとう)　350
花宴(はなのえん)　81
鼻病(はなのやまい)　400
花見(はなみ)　322
歯病(はのやまい)　401
母／母々／波々(はは)　414
祓(はらえ)　322
番僧(ばんそう)　289

ひ

比叡山(ひえいざん)　222
東三条第(ひがしさんじょうてい)　222
東三条第南院(ひがしさんじょうていなんいん)　222
引入(ひきいれ)　→元服(げんぷく)
引馬(ひきうま)　384
疋絹(ひきけん)　384
引出物(ひきでもの)　81
飛香舎(ひぎょうしゃ)　223
非蔵人(ひくろうど)　128
披講(ひこう)　350
非時(ひじ)　289
媄子内親王(びしないしんのう)　160
単(ひとえ)　384
火取(ひとり)　385
昼御座(ひのおまし)　223
火事(ひのこと)　324
比女(ひめ)　414
標(ひょう)　82
兵衛府(ひょうえふ)　128
屏風(びょうぶ)　385
兵部省(ひょうぶしょう)　129
平緒(ひらお)　386
平座(ひらざ)　82
平野神社(ひらのじんじゃ)　258
蛭喰(ひるくい)　401
琵琶(びわ)　350
枇杷殿(びわどの)　223

ふ

風病(ふうびょう)　401
笛(ふえ)　351
不堪佃田(ふかんでんでん)　82
服喪(ふくも)　324
封戸(ふこ)　83
扶公(ふこう)　161
諷誦(ふじゅ)　289
藤原惟規(ふじわらのいき)　161
藤原惟憲(ふじわらのいけん)　161
藤原威子(ふじわらのいし)　161
藤原伊周(ふじわらのいしゅう)　162
藤原惟任(ふじわらのいにん)　163
藤原惟風(ふじわらのいふう)　163
藤原懐忠(ふじわらのかいちゅう)　163
藤原懐平(ふじわらのかいへい)　164
藤原寛子(ふじわらのかんし)　164
藤原嬉子(ふじわらのきし)　165
藤原季随(ふじわらのきずい)　165
藤原義忠(ふじわらのぎちゅう)　165
藤原教通(ふじわらのきょうつう)　166
藤原経通(ふじわらのけいつう)　167
藤原兼家(ふじわらのけんか)　167
藤原兼経(ふじわらのけんけい)　167
藤原顕光(ふじわらのけんこう)　168
藤原兼綱(ふじわらのけんこう)　168
藤原妍子(ふじわらのけんし)　169

藤原顕信(ふじわらのけんしん)　170
藤原兼房(ふじわらのけんぼう)　170
藤原兼隆(ふじわらのけんりゅう)　171
藤原高遠(ふじわらのこうえん)　171
藤原公季(ふじわらのこうき)　171
藤原広業(ふじわらのこうぎょう)　171
藤原公信(ふじわらのこうしん)　172
藤原公成(ふじわらのこうせい)　172
藤原行成(ふじわらのこうぜい)　172
藤原公則(ふじわらのこうそく)　173
藤原公任(ふじわらのこうにん)　173
藤原済家(ふじわらのさいか)　174
藤原佐光(ふじわらのさこう)　174
藤原時姫(ふじわらのじき)　174
藤原資業(ふじわらのしぎょう)　174
藤原時光(ふじわらのじこう)　175
藤原実経(ふじわらのじっけい)　175
藤原実資(ふじわらのじっし)　175
藤原実成(ふじわらのじっせい)　177
藤原資平(ふじわらのしへい)　177
藤原重尹(ふじわらのじゅういん)　177
藤原遵子(ふじわらのじゅんし)　178
藤原彰子(ふじわらのしょうし)　178
藤原章信(ふじわらのしょうしん)　179
藤原庶政(ふじわらのしょせい)　179
藤原信経(ふじわらのしんけい)　179
藤原正光(ふじわらのせいこう)　180
藤原娍子(ふじわらのせいし)　180
藤原斉信(ふじわらのせいしん)　180
藤原斉信邸(ふじわらのせいしんてい)　224
藤原説孝(ふじわらのせっこう)　181
藤原詮子(ふじわらのせんし)　181
藤原相尹(ふじわらのそういん)　182
藤原宗相(ふじわらのそうそう)　182
藤原尊子(ふじわらのそんし)　182
藤原泰通(ふじわらのたいつう)　183
藤原知光(ふじわらのちこう)　183
藤原知章(ふじわらのちしょう)　183
藤原忠経(ふじわらのちゅうけい)　184
藤原忠輔(ふじわらのちゅうほ)　184
藤原長家(ふじわらのちょうか)　184
藤原朝経(ふじわらのちょうけい)　185
藤原通任(ふじわらのつうにん)　185
藤原定子(ふじわらのていし)　185
藤原定輔(ふじわらのていほ)　186
藤原定頼(ふじわらのていらい)　186
藤原道雅(ふじわらのどうが)　187
藤原道綱(ふじわらのどうこう)　187
藤原敦親(ふじわらのとんしん)　188
藤原能信(ふじわらののうしん)　188
藤原能通(ふじわらののうつう)　189
藤原繁子(ふじわらのはんし)　189
藤原輔尹(ふじわらのほいん)　189
藤原穆子(ふじわらのぼくし)　190
藤原輔公(ふじわらのほこう)　190
藤原保昌(ふじわらのほしょう)　190
藤原有国(ふじわらのゆうこく)　190
藤原頼親(ふじわらのらいしん)　191
藤原頼宗(ふじわらのらいそう)　191
藤原頼通(ふじわらのらいつう)　192
藤原頼任(ふじわらのらいにん)　193
藤原隆家(ふじわらのりゅうか)　193
藤原隆佐(ふじわらのりゅうさ)　193
扶桑集(ふそうしゅう)　351
風俗(ふぞく)　351
文台(ふだい／ぶんだい)　386
豊楽院(ぶらくいん)　224
文慶(ぶんけい)　194
分配(ぶんぱい)　83

へ

陪従(べいじゅう)　351
屏幔(へいまん)　386
別納(べちのう)
　→一条院別納(いちじょういんべちのう)
別当(べっとう)　129
別当宣(べっとうせん)　84
弁官(べんかん)　130
反閇(へんばい)　325

ほ

坊官除目(ぼうかんじもく)　84
法興院(ほうこういん／ほこいん)　290
法成寺(ほうじょうじ)　290
法服(ほうふく)　386
放免(ほうめん)　130
捧物(ほうもち)　291
卜占(ぼくせん)　→式占(しきせん)
法華経(ほけきょう)　291
細長(ほそなが)　387
法華三十講(ほっけさんじっこう)　291
法華八講(ほっけはっこう)　291
法性寺(ほっしょうじ)　292
法性寺五大堂(ほっしょうじごだいどう)　292
堀河院(ほりかわいん)　224
梵音衆(ぼんおんしゅ)　293
本朝麗藻(ほんちょうれいそう)　352
犯土(ぼんど)　326

本命祭(ほんみょうさい) 326

ま

舞人(まいびと／まいにん) 352
参音声(まいりおんじょう) 353
罷出音声(まかでおんじょう) 353
罷申(まかりもうし) 84
負態(まけわざ) 84,353
松前(まつがさき) 225
松尾神社(まつのおじんじゃ) 258
松本曹司(まつもとのぞうし) 225
政始(まつりごとはじめ) 85
真菜始(まなはじめ) 85
万灯会(まんとうえ) 293

み

御酒勅使(みきのちょくし) 85
御匣殿(みくしげどの) 130
供御薬(みくすりをくうず) 85
神輿(みこし) 387
御修法(みしほ) 293
御簾(みす) 388
御厨子所(みずしどころ) 131
道□(みち) 414
御注孝経(みちゅう／ぎょちゅうこうきょう) 353
御帳台(みちょうだい) 388
御堂関白集(みどうかんぱくしゅう) 353
御読経(みどきょう) 294
源雅信(みなもとのがしん) 194
源雅通(みなもとのがつう) 194
源経親(みなもとのけいしん) 194
源経房(みなもとのけいぼう) 195
源経頼(みなもとのけいらい) 195
源憲定(みなもとのけんてい) 195
源高雅(みなもとのこうが) 196
源済政(みなもとのさいせい) 196
源重信(みなもとのじゅうしん) 196
源俊賢(みなもとのしゅんけん) 196
源政職(みなもとのせいしょく) 197
源則忠(みなもとのそくちゅう) 197
源朝任(みなもとのちょうにん) 197
源道成(みなもとのどうせい) 198
源道方(みなもとのどうほう) 198
源明子(みなもとのめいし) 198
源頼光(みなもとのらいこう) 199
源頼国(みなもとのらいこく) 199
源頼親(みなもとのらいしん) 199
源頼定(みなもとのらいてい) 200
源倫子(みなもとのりんし) 200
御麻(みぬさ) 259
耳病(みみのやまい) 402
宮主(みやじ) 259
宮司(みやづかさ) 131
宮侍(みやのさむらい) 131
明経道(みょうぎょうどう) 354
明経得業生(みょうぎょうとくごうしょう) 355
明経博士(みょうぎょうはかせ) 355
名簿(みょうぶ) 86
明法道(みょうぼうどう) 355
明法博士(みょうぼうはかせ) 355

む

夢想(むそう) 327
無動寺(むどうじ) 294
宗像神(むなかたのかみ) 259
無量寿院(むりょうじゅいん)
　→法成寺(ほうじょうじ)

め

明救(めいきゅう) 201
鳴弦(めいげん) 86
明肇(めいちょう) 202
召仰(めしおおせ) 86
召次(めしつぎ) 132
召名(めしな) 86
乳母(めのと) 132
眼病(めのやまい) 402
童女(めのわらわ) 133
馬寮(めりょう) 133

も

毛詩(もうし) 355
申文(もうしぶみ) 87
沐浴(もくよく) 327
木工寮(もくりょう) 133
餅(もち) 388
求子(もとめご) 355
物忌(ものいみ) 327
物節(もののふし)　→近衛府(このえふ)
紅葉(もみじ) 329
百日(ももか) 87
文章生(もんじょうしょう) 356
文章生試(もんじょうしょうし) 356
文章得業生(もんじょうとくごうしょう) 356
文章博士(もんじょうはかせ) 356
文選(もんぜん) 356
文選注(もんぜんちゅう) 357
問答(もんどう) 357

や

八十嶋祭(やそしまさい)　260
野望(やぼう)　329
山崎(やまざき)　225
山科祭(やましなさい)　260

ゆ

維摩会(ゆいまえ)　294
雄黄(ゆうおう)　402
雪(ゆき)　329
悠紀殿・主基殿(ゆきでん・すきでん)　225
泔甕(ゆするのかめ)　415
弓場殿(ゆばどの)　225
弓(ゆみ)　87

よ

用意(ようい)　415
陽明門(ようめいもん)　225
厭物(ようもつ)　330
吉方(よきかた)　330
吉田祭(よしださい)　260
由祓(よしのはらえ)　261

ら

礼記(らいき)　357
螺鈿(らでん)　389
乱声(らんじょう)　357

り

立后(りっこう)　88
立太子(りったいし)　88
理髪(りはつ)　→元服(げんぷく)
痢病(りびょう)　403
立義(りゅうぎ)　295
陵王(りょうおう)　358
令旨(りょうじ)　89
林懐(りんかい)　202
臨時客(りんじきゃく)　89
臨時奉幣(りんじほうべい)　261

る

瑠璃(るり)　389

れ

例経(れいきょう)　295
例講(れいこう)　295
伶人(れいじん)　358
冷泉院(れいぜいいん)
　→東三条第南院(ひがしさんじょうていなんいん)
冷泉天皇(れいぜいてんのう)　202
例文(れいぶみ)　89
例幣(れいへい)　261
列見(れけん)　89
列立(れつりつ)　90
連句(れんく)　358
蓮湯・楊湯(れんとう・ようとう)　403
蓮府秘抄(れんぷひしょう)　359

ろ

狼藉たり(ろうぜきたり)　415
禄(ろく)　90
六衛府(ろくえふ)　134
録事(ろくじ)　134
論義(ろんぎ)　296, 359

わ

和歌(わか)　359
和琴(わごん)　360
移徙(わたまし)　→いし
童相撲(わらわずまい)　91
破子(わりご)　389
円座(わろうだ／えんざ)　389